밀알 아카데미 04

살아있는 역사 교회사

쿠어트 디트리히 슈미트 지음 / 정병식 옮김

신앙과지성사

■제1판

저자 서문

교회사 책이 없는 것은 아니다. 그러나 깊이 숙고한 나머지 새로운 방식으로 새롭게 교회사를 쓰려고 시도한다면 그것은 옳다고 할 수 있다. 두 가지를 언급하고 싶다. 지난 백년간 교회사의 자료를 확보하고 확장하는 일에 많은 노력을 기울였고 그리고 성공했다. 이제 강의를 위해 많은 자료들을 진지하게 검토하고 간추려야 할 때가 온 듯이 보인다. 그것은 전문 교회사가가 아닌 일반 신학자에게는 엄청난 일이다. 대부분은 교회사 속에 나타나는 분명한 개관을 제시하지 못한다. 이 책은 이 점에 있어서 그들을 도울 것임에 틀림없다. 이 책은 종단면적으로 역사를 서술하여 쉽게 접근하고 이해할 수 있는 많은 장점을 제공하고 있다. 교회사의 몇몇 영역들은 특별한 중요성을 가지고 있고 그 자체가 고유한 역사이기도 하다. 가능한 한 그것을 드러내고 싶었던 것이 이 책을 쓴 두 번째 동기다. 실제로 사용해보면 교회사를 공부하는 데 얼마나 큰 도움이 되는지 확인할 수 있을 것이다.

참고도서는 간략하게 포함시켰다.

함부르크, 1949년 6월
쿠어트 디트리히 슈미트

■제3판

저자 서문

교회사를 새로운 방식으로 서술하려는 시도에서 나온 이 책은 학계에서 일치된 좋은 반응을 얻었다. 신학자뿐만 아니라 세속사가의 인정도 본인의 특별한 기쁨이다. 다양한 영역으로 자료를 확대해 달라는 몇몇 개인의 요청도 물론 있었다. 그러나 그 모든 것을 집필에 고려했을 경우, 이 책 전체의 성격도 달라졌을 것이다.

그러나 그렇게 할 수는 없었다. 이 책은 실제로 이용자가 모든 교회사 강의를 즐겁게 듣는다는 전제에서 쓰였다. 그것은 학생들과 교회 사역자에게 적용된다. 이러한 전제에서, 오직 그 한 가지 이유에서만 이 책은 집필되었다. 그것을 염두에 두고서 이제 오래전에 나온 이 책을 다시 면밀하게 검토했다. 내용에는 변함이 없으나, 다만 참고도서를 약간 확대했다. 신학자가 아닌 사람들 역시 이 책을 읽었다. 이 책은 결코 흠점이 없는 완벽한 책은 아니다. 이 책은 교회사가 진행된 과정에 대한 분명한 개관을 중시했고, 교회사를 이끄는 근본적인 힘을 보여주고자 했다. 이것을 이해하는 것은 학생들에게도 주요한 과제다. 그 일에 하나의 도움이 되기를 소망하면서 본서를 다시 그 길로 내어 놓는다.

함부르크, 1959년 4월

쿠어트 디트리히 슈미트

제5판에 대해

저자 쿠어트 디트리히 슈미트는 1964년 7월 27일 작고했다. 제5판은 저자가 남긴 필기본을 근거로 보충과 개정이 이루어졌다. 46과 62는 에르빈 팔부쉬(Erwin Fahlbusch) 박사에 의해 저자의 의도대로 추가 삽입되었다.

출판사

서문

쿠어트 디트리히 슈미트의 교회사는 그동안 발간된 모든 교회사들과 더불어 독보적인 자리를 차지하고 있다(비교. “교회사 총서” in: 『Verkündigung und Forschung』, H.1/2 25. Jahrgang, München 1980).

주제별로 정리된 종단면적인 서술방법, 개관이 가능한 일목요연한 자료배열, 쉬운 문체와 교회사의 시대 해석에 대한 신학적 판단 등은 이 책에 부여된 특별한 가치들이다.

제8판은 본문에 있어서는 제5판과 동일하다. 다만 46과 62가 에르빈 팔부쉬(Erwin Fahlbusch) 박사에 의해 다시금 더 보완되었다. 여기에 게어하르트 루바흐(Gerhard Rubach) 교수에 의해 계속 연구하고자 하는 이들에게 안내를 주고자 해당 영역에 대한 추천 도서목록(Auswahlbibliographie)이 새로 추가되었다.

괴팅엔, 1984년 4월
출판사

역자 서문

이 책은 독일에서 교회사를 공부하는 사람들에게 오랫동안 길잡이 역할을 해왔고, 여전히 교회사에 흥미를 가진 독자들에게 애용되고 있는 교과서요, 참고서다. 저자는 고대부터 근대에 이르기까지 폭넓은 역사적 주제들을 연대기적인 방법으로 빠짐없이 서술했고, 역사가로서의 비평과 신앙적 해석도 간과하지 않았다. 교회사의 주제들은 흔히 역사가의 판단에 의해 빛을 보는가 하면 역사의 뒤안길에 파묻히기도 한다. 교회사의 방법론과 과제에서부터 본서에 등장하는 64개의 항목은 교회사를 가르치는 사람이나 혹은 배우는 사람이 반드시 다루어야 할 주요 주제들이다. 역사가의 기본적인 신학적 입장은 가끔 같은 사건을 놓고도 전혀 다른 새로운 해석을 내릴 때가 있다. 역사 배후에는 하나님의 손길이 있다는 저자의 사상을 통해 그의 역사관을 읽을 수 있다. 그는 복음적이고 또한 종교개혁적이며, 무엇보다도 마틴 루터의 사상에 깊은 영향을 받았고, 그것을 통해 역사와 신학을 해석하고 있다.

현재 국내에 교회사 총론이라고 할 수 있는 단행본이 없는 것은 아니다. 그러나 오랫동안 교회사의 본고장이라고 할 수 있는 독일의 포괄적인 교회사 단행본은 소개되지 못했다. 최근 한국신학연구소에서 독일의 대표적 교회사 총론이라고 할 수 있는 칼 호이시(Karl Heussi)의 『Kompendium der Kirchengeschichte』를 "세계교회사"라는 이름으로 번역 출간했다. 환영할 만한 일이다. 칼 호이시의 책과 슈미트의 본서는 하나는 방대함에서 그리고 다른 하나는 간결성과 짜임새에서 좋은 조화를 이룬다. 호이시의 책이 참고서라면 본서는 교과서가 될 것이다. 역자는 본서를 통해 유학 시절 교회사 이해의 폭을 많이 넓힐 수 있었고, 틈틈이 읽던 중 귀국하여 본격적으로 우리말로 옮겨 이제 그 결실을 보게 되었다. 역자가 판단하여 부연설명의 아쉬움이 남는 곳이나, 더 보충되어야 할 용어상의 문제가 있는 곳은 설명 끝에 *표를 달아 주를 붙였다. 우리말 번역이 불가피하게 초래하는 숨겨져 있는 오류를 본서 역시 피할 수는 없다. 부족한 점에 대한 독자들의 질책을 바라며 교회사를 공부하는 이들에게 좋은 길잡이가 되기를 바란다.

특별히 본서를 다시 편집하여 훌륭한 책으로 재출판해주신 신앙과지성사의 최병천 사장님과 직원들에게 진심으로 감사를 드린다.

서울, 2010년 8월

정 병 식

차례

서 론 : 일반적 토대

제1부 : 그리스-로마 문화 위에 세워진 기독교 교회의 역사

제2부 : 중세 교회사

제3부 : 종교개혁과 반종교개혁 시대의 교회사

서론
일반적 토대

서론
일반적 토대

1. 교회사의 과제와 방법

1. 교회사의 대상 교회사는 세상에서 계속 역사하시는 그리스도의 이야기다. 그리스도는 그러나 교회에 역사하신다. 그러므로 교회사는 없어서는 안 될 신학의 주요 부분이다. 신약성경도 그것을 말하고 있다. 사도행전의 집필자는, 그가 의사 누가이건, 아니면 다른 사람이건 간에, 자신이 쓴 처음 글인 누가복음을 회고하면서 이 두 번째 글을 다음과 같은 말로 시작하고 있다: "데오빌로여 내가 먼저 쓴 글에는 무릇 예수께서 행하시며 가르치시기를 시작하심부터"(행 1:1). 두 번째 책이 무엇을 말할 것인지에 대한 예고가 없다는 것은 사도행전의 문학적인 수수께끼에 속한다. 아마도 서문의 계속된 부분이 없어졌을 가능성도 있다. 그러나 만약 예수가 무엇을 행하고 가르치기 시작했는지를 처음 책이 보도했다면, 두 번째 책은 그가 무엇을 계속했는지만을 담고 있을 수 있다. 이 두 번째 책도 역시 그리스도의 가르침과 행위를 설명하고 있다. 그리스도의 행위와 가르침 외에도 집필자는 교회의 운명과 "예루살렘과 온 유대와 사마리아와 땅 끝까지"(행 1:8) 이르는 그 역사를 설명하고 있다.

예수께서 직접 승천을 설명하고 있으나, 그것이 사도행전 원래의 본문에 속하는지는 확실치 않다. 다메섹(Damaskus) 외에는 예수께서 직접 사역하는 장면은 등장하지 않는다. 사도행전에서 행동의 주체는 오히려 성령이다. 성령은 사도들이 증인의 일을 하도록 권능을 부여하는 능력으로 언급되고 있다. 그가 이 땅의 백성들에게 설교하는 것을 가능케 하고, 모두가 그것을 이해하도록 역사한다(2장). 베드로가 관원 앞에서 말할 수 있었던 것은 성령이 충만했기 때문이며(행 4:8ff.), 성령은 정부의 금지에 맞서서 그리스도의 이름을 더욱 전파하도록 모든 성도들에게 기쁨을 선사했다(행 4:31). 성령이 빌립을 가자(Gaza) 거리의 "에티오피아의 내시"(행 8:27ff.)에게로 이끌었고, 바울로 하여금 아시아에서 설교하지 못하도록 막았으며(행 16:6f.), 그 대신 다른 도시로 그를 부르셨다(행 16:8ff.). 성령이 사도행전의 주체라는 사실은 "주는 영이시기"(고후 3:17; 롬 8:1ff.) 때문에 교회의 역사는 곧 세상에서 그리스도의 역사라고 말하는 논제와 서로 모순되지 않는다. 고린도전서 12장에 의하면 성령이 그리스도의 몸을 이룬다. 교회는 그리스도의 몸이다. 그러므로 교회의 역사 역시 그리스도의 계속되는 활동의 역사임에 틀림없다.

이것은 바울의 관점만은 아니다. 사도행전 역시 이 점을 말해주고 있다. 사울이 기독교를 박해하고, 그로 인해 주께서 친히 다메섹에서 그와 직접 다음과 같은 말로 대화를 나눴다. "사울아, 사울아, 네가 어찌하여 나를 박해하느냐"(행 9:4). 교회의 박해는 곧 그리스도를 박해하는 것이며, 교회를 속이는 자는 "주의 영"을 속이는 것이다(행 5:3, 9). 신약성경이 교회에 사용하는 표현 – "하나님의 백성"(*λαὸς τοῦ θεοῦ, ἐκκλησία τοῦ θεοῦ*), "국가"(*πολίτευμα*), "이스라엘" – 은 교회가 실제로 역사적 공동체라는 것이며, 이러한 공동체는 성령으로 이루어지기는 하나, 비가시적 교회가 아니라 실제로 이 땅에서 이루어지는 역사 자체이며, 이 모든 표현은 종말론적인 실현을 의미한다.

교회 역시 역사적인 존재 형태를 갖고 있음을 강조해야만 한다. 때문에 교회의 역사를 아는 사람만이 교회를 이해할 수 있다. 교회에서는 영원하며 변할 수 없는 하나님의 진리가 가장 중요한 반면, 다른 한편 우리는 여기 이 땅에서 그 하나님의 진리를 다만 "이 세상적인 형태", 즉 역사적으로 변할 수 있는 형태로 가지고 있다. 이것은 기록된 하나님의 말씀인 성경에도 적용된다. 모든 언어가 가진 의미의 변화는 본문개정의 필요성을 보여주고 있다. 가장 심한 것은 계속 변하는 성경 말씀의 이해다. 각각의 이해 속에서 교회도 역사적으로 활동하고 있다. 칼 바르트는 변화성 안에 있는 항구성과 모든 연속성에도 불구하고 변하는 변화성을 이렇게 표현했다. "교회의 모든 시기는 곧 계시의 시기요, 인식의 시기요, 기독교 진리에 대한 고백의 시기로 이해된다. 그러한 계시, 인식 그리고 고백의 시간은 하나의 특별한 시간이기도 하다"

(『Geschichte der Theologie im 19. Jahrhundert』 2). 역사성, 변화성 그리고 연속성과 같은 표현은 교회에 적합한 말이다.

그러므로 교회의 역사는 그리스도께서 세상에서 일하시는 활동의 역사다. 이것이 신약시대 이후로 마치 사도행전이 정경을 통합하는 역할을 하듯이 교회사가 의심의 여지없이 신학의 가장 중요한 본질적 요소를 이루고 있는 이유다. 그리스도의 이러한 활동을 신학에서 부차적으로 취급하는 것은 도대체 이해할 수 없는 일이다.

교회사가 필수적인 신학의 주요 부분이라면, 그것은 교회사의 대상에 대해서도 중요한 것을 말해주고 있다. 루터의 교회 이해는 여기서 커다란 어려움을 주는 듯이 보인다. 나중에 더 상세히 설명해야 하지만, 그는 교회를 대체로 가시적 교회와 비가시적 교회라는 말로 표현하는 내적이며 영적인 교회(ecclesia interna, spiritualis)와 외적인 교회(ecclesia externa)로 구분한다. 내적인 교회는 그리스도의 몸이며, 참된 신자만이 그 구성원이다. 그들이 누구인지는 하나님만이 알고 있다. 이렇게 숨어 있는 교회의 역사는 그 때문에 아무도 쓸 수 없다. 계몽시대 이후로 교회사를 사회적 형태를 갖춘 외적이고 가시적인 교회의 역사로 축소시키고자 늘 시도해 왔다. 그러나 그러한 노력은 교회의 중요한 측면, 곧 교회는 하나님과 그리스도에 의해 일어났음을 늘 간과했다.

요한네스 폰 발터(Johannes von Walter)가 교회사를 "기독교의 역사"라고 이해했다면 그는 여기서 한 걸음 더 진보한 것이다. 그는 기독교 신앙이 처음부터 - 하르낙과는 달리 - "교회"에 속한 것으로 인식하였다. "교회"라는 의식은 본질적으로 기독교인임을 말하는 것이다.

게어하르트 에벨링(G. Ebeling)은 새로운 시도로 성경에 대한 다양한 이해의 중요성을 연구했고, 그 결과 교회사를 성경 해석의 역사라고 이해했다. 그러나 그것은, 물론 상당히 중요함에도 불구하고, 폭이 너무 좁다. 하나님은 말씀을 통해서 역사하시지만, 말씀에 대한 이해를 도모할 뿐만 아니라, 교회를 채우는 다양한 삶에도 역사한다. 복음이 중심이기는 하나, 전체는 아니다.

그리스도가 바로 "교회"에 역사한다. 그가 교회, 즉 새로운 하나님의 백성을 모은 것처럼, 성령을 통해서도 역시 그는 하나님의 백성을 모은다. 그가 일으키는 모든 개별적인 역사들이 곧 교회의 삶이다. 그의 몸을 이루는 지체로서 파울 게어하르트(1607-1676)[1]는 찬송가를 지었고, 바흐(1685-1750)는 칸타타를 작곡했으며, 건축가 소닌(Sonnin)은 교회를 세우고, 신학자는 마음 깊은 곳에서 일어나는 것은 제쳐두고라도 그의 책들에 대해 숙고하고 있다. 내적 교회이자, 참된 하나님의 백성의 삶인 이 모든 것 역시 역사적으로 이해할 수 있다. 루터가 참된 하나님의 백성인 이러한 내적인 교회를 인간의 눈으로는 결코 볼 수 없는 것으로 생각지 않았다는 것은 확실하다. 오히려 그는 내적인 교회를 역사적이며 동시에 역사를 이루어 나가는 중요한 것으로 보았다. 참된 하나님의 백성은 그에 의하면 여기 이 땅에서 그의 역사를 가지고 있다. 그의 역사를 이해하는 것이 교회사의 본래 과제다.

물론 그리스도의 역사와 교회의 생활 방식은 교회 공간에만 머물지 않는다. 그것들은 일반 문화 발전과 국가 및 국민의 삶 속에도 영향을 준다. 따라서 그 점들을 연구하는 것 역시 의미 있는 일이다. 그러나 그것은 교회사의 한 부분이 아니며, 문화사에 속하는 것이다.

그리스도가 역사하여 세운 교회와 그 교회의 삶은 나눠질 수 없고, 또 종종 구별되지 않을 정도로 외적이며 가시적 교회의 역사에 합류되어 있다. 이 외적인 교회에는 성령을 좇아 행하는 사람도 있고, 죄인도 있으며, 경건한 사람과 마찬가지로 불의한 사람도 있다. 사실 적그리스도는 루터가 새롭게 전개한 성서적 교리에 의하면 바로 교회에서 나온다. 루터의 죄 이해도 역시 교회사적인 요소다. 복음적인 이해에 의하면, 신앙인 역시 그가 살아있는 한 이기적인 죄인 됨에서 완전히 자유할 수 없다. 그렇지만 실제로 죄인이라는 사실이 신앙인을 하나님의 백성에서 떼어 놓을 수 없다. 불신앙과 완악함(회개하지 않음)이 오히려 그를 하나님의 백성에서 멀어지게 한다. 불신앙과 완고함은 기독교 내에 항상 있기 때문에 외적인 교회는 불가피하게 그리스도의 몸을 이루는 참된 지체들과 여기에 속하지 않는 사람들과의 혼합된 모임(coetus permixtus)이다. 게다가 후자가 종종 외적인 교회의 주도권을 가지는 좋지 않은 경우도 있다. 그렇지만 루터는 참된 그리스도인들이 외적인 교회에서도 가장 중요하다고 본다. 외적이며 가시적 교회의 존재가 본래 교회사는 하나님의 백성에 대한 이야기여야 한다는 주장에 대한 반제는 될 수 없다. 교회의 참된

---

1) 루터 이후 독일 최대의 프로테스탄트 찬송시 작가다. 주요 작품에는 "Haupt voll Blut und Bunden"이 있다. *

지체에는 죄인과 그 외에도 잘못을 범하는 사람들이 포함되기에 죄와 그리고 실수는 교회에 항상 존재한다. 루터가 칭의에 대하여 언급한 죄인이며 동시에 의인(simul peccator et iustus)은 교회에도 역시 적용되는 말이다.

여기서 발생하는 어려움에 대해 언급해야만 한다. 그리스도가 교회를 일으킨다고 우리는 말했다. 그러나 도대체 어떤 교회를 그가 일으키는가? 이런 질문이 제기될 것이다. 수도 없이 많은 교회가 있지 않은가! 사실 유감스럽게도 그렇다. 그렇지만 이러한 사실이 교회에 관해 말할 수 있는 가능성을 제거하는 것은 아니다. 왜냐하면 존재하는 모든 교파들 안에, 함께 그리고 그 아래서 교회인 하나님의 백성이 살기 때문이다. 하나님의 백성임을 유일하게 주장할 수 있는 어떤 교파도 없다. 그것은 복음에 달려 있다. 어떤 교파도 이교에 강하게 물들지 않았다고 배제할 수 없다. 이것은 종말론적인 전제이며, 그 아래 교회가 서 있다. 이러한 전제에서 어떤 교파도 교회사에서 배제될 수 없다. 바로 이 점에서 모두를 교회사의 서술 속에 연관시켜야 한다. 이러한 측면이 명확한 판단을 배제하지 않는다는 것은 다른 것과 연관하여 곧 설명될 것이다.

2. 교회사의 공간 그리스도의 역사를 썼다는 사실이 사도행전의 저자에게 그가 금빛 테두리의 그림을 그리게 한 동기가 되지는 않았다. 교회가 견뎌내야 했던 고난들, 극복해야 했던 시련들, 예루살렘부터 땅 끝에 이르기까지 겪어야 하는 공격들이 예수에게 일어난 일들처럼 분명하게 설명되고 있다. 그것은 교회의 역사만큼이나 중요한 교회의 본질적인 부분이다. 교회 안에 있는 갈등 역시 숨기지 않고 드러냈다. 갈라디아서에서 바울이 하듯 그렇게 날카롭지는 않다. 오히려 그 톤(Ton)이 약화되었다. 그러나 예루살렘 교회에서 이교도와 유대인들 사이에 생긴 불화도, 율법 문제에 대한 바울과 사도들의 싸움도 숨기지 않는다. 인간의 연약함도 은근히 보도하고 있다. 아나니아와 삽비라, 시몬 마그누스, 제자 유다의 배신 이야기(행 1)가 그 증거들이다. 교회의 역사는 그렇게 흘러왔다. 진리는 그러한 일에 대해 침묵하지 말 것을 요구했다. 그렇지만 바로 여기에서 만약 그러한 일들이 교회를 향해 일어날 뿐만 아니라, - 심지어 그리스도에게도 일어났다 - 교회 안에서도 역시 일어난다면, 교회사가 어떤 점에서 예수 그리스도의 활동의 역사일 수 있는가 하는 문제가 제기된다.

이 문제는 역사에 대한 신약성서적인 이해와 연관해서만이 답변할 수 있다. 그러나 그 대답은 주목할 만한 이중적 통찰의 영향을 받고 있다.

1) 신적인 카이로스(Kairos), 즉 하나님의 주재권(Königsherrschaft)이 도래했다는 것이다. 모든 일들은 이 사실을 토대로 해서 깊이 숙고된다. 예수와 함께 하나님의 나라는 시작되었다. "그 나라는 언제 오는가?"라는 유대인들의 질문은 더 이상 적절치 않다. 왜냐하면 그것은 오고 있는 것이 아니라, 이미 왔기 때문이다. 예수 자신도 그렇게 이해했다. 마귀에 대한 그의 승리는 그에 대한 결정적인 증거요, 마지막 때에 그에게 주어진 예언의 완성이다(마 11:4ff).

2) 그러나 하나님의 나라가 장차 실현되어야 한다는 다른 주장들 역시 사실이다. 예수가 자신을 "인자"(Menschensohn)라고 했을 때, 그는 자신이 세상을 심판하고 구원하기 위하여 장차 올 자임을 알고 있다. 그는 세상을 심판하고 구원하여 역사의 종말을 가져온다.

그의 성육신과 재림 사이의 시간은 교회의 시간이다. 단지 이곳에만 교회가 있다. 그리고 시간도 마찬가지로 이제 역사의 표지 아래 있다. 예수는 자신의 인격을 오실 세상의 심판자와 구원자와 동일시함으로써 유대의 묵시문학적 기대와 유대적인 신화를 역사적이며, 인격과 결합되고 실제로 이루어지는 종말론으로 바꾸고 있다(H.D. Wendland). 구원사는 구체적이고 역사적인 그의 인격 안에서 시작된다. 때가 차매 그는 나실 것이며(눅 2), 때가 차매 그는 "빌라도 총독에게 십자가 처형을 당하여" 죽을 것이다. 이러한 역사적 인간인 예수는 지금 현재의 담지자(Träger)이자, 동시에 궁극적인 하나님 나라를 가져올 자이다. 그리스도는 오셨고, 역사 속에 오셨으며, 그리스도는 오실 것이고, 그가 처음 역사 속에 오셨듯이 역사적으로 오실 것이다. 그리스도는 다스릴 것이며, 그리고 그리스도는 처음으로 직임을 수행하실 것이다. 이러한 종말론적인 진술이 갖고 있는 긴장은 해결할 수 없다. 다만 그러한 진술에 입각해서 신약성서는 역사를 본다.

하나님의 나라가 지금 이 시간인 중간시대에 감추어져 발전하고 있다는 것은 이러한 긴장과 관련된 것이다. 이것은 정확히 예수가 그의 인간적 요구를 숨기고 간접적으로 표현한 것과 같다. 그는 하나님의 아들이라는 찬란한 영광 속에서 사람들에게 나타나지 않았고, 하나님의 아들 됨(Gottessohnschaft)의 비밀이 사람들의 결단을 요구했다.

신앙과 결단을 요구하는 이러한 긴장에서 시작할 때만이 신약성서의 역사 이해가 분명해진다. 하나님의 나라가 가까이 왔다. 지금이 구원의 시간이며, 예수의 역사적인 파송 속에 그것은 주어졌다. 그러나 동시에 그 나라는 아직 이루어지지 않고 있고, 인자도 비로소 와야 하기 때문에 지금은 아직 세상의 시간이다. 구원의 시간과 세상의 시간 이 둘은 동시에 거기에 존재하며, 이 둘은 서로 나뉠 수 없는 것이다. 이 둘은 내용적으로 서로 대립하면서도, 눈에 띄게 서로가 함께 얽혀 있다. 왜냐하면 그리스도인 역시 이 두 개의 세상 속에서 살아야 하기 때문이다. 그리스도 안에 구원의 가능성이 있을 뿐만 아니라, 구원은 이미 그 안에서 실제로 현재적이라는 것은 확실히 타당하다. 그를 통해서 인간은 이제까지 자신을 종으로 삼은 여러 세력에서 자유하게 되며, 하나님 안에 있는 새로운 삶을 향하게 된다. 그렇지만 이렇게 자유하게 된 인간도 궁극적인 주의 재림까지는 여전히 옛 세상의 시간 속에 남아 있다. 그 때문에 "현재의 모습 그대로 항상 존재하라"는 교회에 대한 요구가 언제나 새로이 일어나야 한다. 그 때문에 새로운 창조는 누구나 볼 수 있는 것이 아니며, 숨겨져 있는 것이다. 교회의 역사는 다만 숨겨진 그리스도의 역사다. 그리스도의 하나님 아들 됨이 그의 인성 속에 숨겨져 있듯이, 교회 역시 직선적이고 직접적인 하나님의 고지가 아니라, 그리스도의 몸으로서 믿어지는 것이다. "교회는 숨겨져 있고, 거룩한 자들도 숨겨져 있다"(abscondita est ecclesia, latent sancti, Luther).

3. 교회사에 영향을 주는 요인들 교회의 은익성은 "교회는 그리스도로 충만하고, 모든 진리 안에서 성령으로 인도함을 받는 하나님의 백성이요, 그의 몸"이라는 사실을 부정하는 것이 아니다. 그리스도의 교회는 숨겨져 있지만 또한 일하고 있다. 게다가 그것은 "교회는 인간적인 힘에 의해 형성되는 공동체이며, 그 역사는 인간이, 그것도 실수를 하며, 오류가 있고, 좌절하는 인간이 만든다는 것"을 의미한다. 교회는 또한 세상 한가운데 서 있다. 세계사의 한 부분으로서만 교회사를 볼 수 있다. 교회사는 세계사의 한 부분이다. 말씀이 육신이 되었다는 것은 그것이 이 세상의 역사 속에서 일어났음을 뜻한다.

만일 "역사"가 이 세상이라는 공간과 시간 안에서 단 일회적이며 반복될 수 없고, 돌이킬 수 없는 발전을 하고 있다면, 예수의 삶도 역사적이며, 교회의 발전 역시 역사적이다. 그렇다면 역사는 그의 모든 소여성(Gegebenheiten)과 특별히 영적인 세력들과 더불어 그것이 일어나는 공간과 무관하지 않다. 그러므로 교회의 역사가 자리하고 있는 "영적인 공간"에 대하여 말하는 것은 옳다(J.Lortz). 이것은 교회의 발전이 교회를 이루는 그 민족의 본래적인 특성과 무관하지 않음을 의미한다. 주께서도 친히 여기 이 땅에서 추상적으로 인간의 몸을 입지 않았다. 그는 구체적인 인간의 존재를 가졌다. 그 역사의 특정 기간에 속하는 특정 민족과 성에 일치했듯이 교회 역시 민족들 위에 추상적으로 세워진 것이 아니라, 그들 가운데 있으며, 그들의 특성에 의해 영향을 받고 있다. 이것은 교회가 걸어야 할 역사적 길의 피할 수 없는 전제다. 교회 역시 위태로운 삶을 살 것임에 틀림없다. 순수한 신성 안에 있는 교회를 설명하고자 하는 사람은 그들의 역사성을 제거하게 되며, 가현과 환상에 빠지게 된다. 역사적 발전과정을 추적해보면 실제로 교회는 하나님과 인간 양자의 영향을 동시에 받았다.

교회의 형성에 관한 이러한 이중적인 진술은 교회사가 역사와 함께 있음을 의미하는 것이다. 이것은 – 루터가 우리에게 알려주었듯이 – 전적으로 하나님의 역사다. 교회에서 수행되는 모든 중요한 일들, 교회에서 활동하는 모든 사람들은 하나님의 팔이요, 얼굴이며 마스크다. 그 뒤에는 하나님이 숨어 계시지만, 그렇다고 그의 단독행위가 지워지는 것은 아니며, 이들을 통해 하나님은 세상을 다스린다.

역사는 동시에 인간의 결단의 장소다. 그 속에서 사람은 철저히 그리스도를 따를 것인지 아니면 부인할 것인지를 결정해야 한다. 그러기에 역사는 주어진 상황에서 구체적인 결단의 장소다. 구체적인 역사적 행동이나 그리스도에 대한 입장 표명이나 이 둘 모두 인간을 상호 배타적으로 인도한다. 그러므로 역사는 교회사를 포함하여 싸움터이며, 가장 어렵고, 힘든 훈련의 장소다. 역사는 역사를 보는 사람에게 항상 이것을 가르쳐준다. 하나님을 대적하는 결단, 이것은 세상에서 악의 실현이 역사를 비로소 역사가 되게 함을 의미한다. 세상에 악이 없다면 하나님의 계획은 아름답고 조화롭게 발전할 수 있겠지만, 우리는 그것을 결코 역사라고 칭할 수 없을 것이다. 그것은 우리가 영원성을 역사라고 생각하지 않는 것과 같다.

역사에서 하나님의 단독적 행위와 그리고 동일한 역사 안에서 인간의 결단의 자유는 내용상 서로 배타적인 것이나 객관적으로는 서로 없어서는 안 되는 것이며, 참된 이율배반이다. 루터는 이율배반적인 역사관으로 특별히 바울과 요한에게서 볼 수 있는 신약의 이율배반적인 사고를 새롭게 해석했다. 이러한 이율배반성 하에서 교회사를 보아야 한다.

4. 교회사의 과제 이 점에서 교회사의 과제를 규명할 수 있다. 만약 교회사가 이 세상에 계속 영향을 미치는 그리스도의 역사라고 한다면, 교회적인 하나의 제도만을 그 속에서 설명하거나 혹은 더 넓은 의미에서 어떤 형태로든지 기독교적인 충격에 의해 형성되고 접촉된 것을 추적해 가는 것은 충분치 못하다. 교회사가 반드시 계속 역사하시는 그리스도의 역사로서 가시화 되어야 하는 것은 아니다.

그리스도가 이끄는 그러한 역사는 학문적인 접근으로는 이해할 수 없으며, 아마도 신앙으로만 파악 가능하다고 이의를 제기할 것이다. 그 지적은 물론 옳다. 그렇지만 그에 대해서 두 가지를 말할 수 있다.

1) 교회사는 오직 신앙으로만 이해할 수 있는 일들에 대한 학문적 연구를 전체 신학과 공유하고 있다. 신학은 이성으로는 알 수 없으며, 먼저 믿을 때만이 이해할 수 있고, 그 후에야 비로소 학문적으로 파고들 수 있는 대상들을 다룬다. 그렇게 본다면 비록 교회사가 다시 신학의 전체 운명에 한 부분이 될지라도 괜찮을 것 같다.

2) 구약성서 신학은 이스라엘 백성의 역사를 기술하거나 또는 이스라엘 백성의 종교역사 내에서 제의적이고 교파적(nomistische)인 발전을 보여주는 것으로 만족해하지 않는다. 구약성서 신학은 오히려 그것과 함께 예수 그리스도에게 목표를 둔 "구원사"적인 노선을 추구한다. 그러나 구약성서 신학은 예수 안에 확실한 종결점이 있다고 보는 점에서 교회사보다는 용이하다. 교회사는 이러한 것이 없다. 교회사가 향하고 있는 그리스도의 재림은 아직 이루어지지 않은 요소다. 이러한 어려움은 실제로 피할 수 없다. 구약성서 신학에서처럼 교회사에서도 구속사적인 관점을 순수한 역사적 관점과 결합하려는 시도를 간과하는 것은 옳지 않다. 그렇게 할 때만이 우리는 앞에 놓인 과제를 정

말 옳게 다루는 것이다.[2)]

5. 교회사의 방법 위에 설명한 순조롭게 해결할 수 없는 이율배반성에서 교회사 연구방법을 규명할 수 있다.

1) 교회는 사람들이 결단의 자유와 그에 상응하는 책임감으로 유지되고 인도되는 공동체다. 전능하신 하나님이 직접 인간의 책임적인 참여가 없이는 역사가 진행되지 않도록 만들었다. 그러므로 사람들에 의해서 자유롭게 형성되었다는 점을 자세히 설명해야만 한다. 교회사 연구는 순전히 인간에 대한 연구라는 주장의 내적 근거가 여기에 있다. 이것이 인간론적인 교회사의 정당성이며, 계몽시대에 제기되었고(Mosheim: 루터교 역사가), 최근 "일반"(profanen) 교회사 서술에서 절정에 이르렀다. 이들에게 교회사는 일반적 사건의 한 부분이다. 일반적 역사는 다양한 관점에서 고찰될 수 있다. 교회의 역사를 이해했다면, 그와 더불어 주어진 여러 가능성 가운데 하나의 가능성을 알게 된 것이다. 교회사는 보편사에서 나온 한 단면이기 때문에, 교회사 역시 보편사와 동일한 방법과 원칙에 따라 서술되어야 한다. 결과적으로 모든 신학적이며 기독교적인 방법은 교회사를 서술하는 데 철저히 거부되었다. 단지 하나의 방법, 즉 역사적 방법만이 있을 뿐이고, 이것을 적용하는 것이 옳다. 이 모든 것은 반문의 여지없이 옳다. 실제로 교회의 사건들은 여타의 세속사 한 가운데서 일어나며, 정치적이며 문화적인 발전과 다양한 방식으로 얽혀 있고, 때로는 원인이 되기도 한다.

만약 교회가 세계 역사 속에 밀접히 연루되어 있음을 인정하고자 하지 않는다면 그것은 현실을 외면하는 것이다. 교회와 세계 역사의 상호연관성은 오히려 객관성을 가지고 보고 설명해야만 한다. 일반 역사 연구가 이룩한 방법론도 역시 객관적으로 만족스럽게 적용되는 것은 아니다. 그러나 그것과 상관없는 모양의 교회사는 교회의 현실에 맞지 않을 것 같다.

2) 다른 한편 교회를 인위적-사회적인 공동체로서 보고, 그에 상응하여 이성적인 학문의 수단을 가지고 연구하는 방법론은 교회의 현실에 결코 맞지 않다는 것도 분명하다. 교회는 그리스도의 몸이며, 따라서 사람이 통치하는

---

2) 멜란히톤은 1539년 그의 글 『교회에 관하여 그리고 하나님 말씀의 권위에 관하여』(De ecclesia et de autoritate verbi Dei)에서 교회사를 구속사로 보고 있다.

것이 아니라, 하나님이 직접 성령을 통해서 교회를 인도한다. 만약 모든 역사가 본래 그것을 움직이는 힘인 하나님에 의해서 이루어진다면, 그리고 인간은 단지 그의 도구로서 사용된다면, 교회와 교회의 역사도 역시 마찬가지다. 하나님의 교회 인도는 이성, 즉 학문으로는 이해할 수 없으며, 신앙으로만 가능하다. 신앙은 하나님의 행동 속에 나타난 역사적 사건의 핵심을 파악할 수 있다. 그러므로 신앙과 상관없는 교회사 고찰은 중요한 진술들을 쏟아내지 못할 것이다.

이것은 교회도 역사처럼 모순(Antinomie)을 갖고 있다는 전제에서 불가피하게 나온 것이다. 그것은 교회가 모순의 모든 면을 수용할 수 있고, 긴밀한 연관성 속에서 교회를 위해 존재하는 것으로 해석할 수 있음을 뜻한다. 교회사에 대한 학문적 연구와 함께 하나님과 신앙에서부터 그것을 설명하고자 하는 "신앙적인" 연구도 언제나 있어 왔다. 이러한 연구 자세는 항상 계속되었다. 유세비우스(Eusebius von Caesarea)로부터 『마그데부르크의 100년사』(Magdeburger Zenturien)와 바로니우스의 『연대기』(Annalen des Baronius)까지 해당하는 것으로서 교회사를 초월적이며 거의 이중적으로 하나님과 마귀 사이의 싸움이라고 서술한 고대교회 교회사 서술의 정당성 역시 여기에 있다. 이것은 마치 신약성서의 묵시록이 그보다 앞서 보여준 것과 같다. 학문적인 교회사 집필에서도 동일한 노력이 계속해서 전면에 등장하고 있다. 가령 네안더(August Neander, 1789-1850)는 교회사를 "기독교의 신적인 능력을 말해주는 증거로서, 기독교 경험의 요체로서, 그리고 듣기를 원하는 많은 사람들에게 수백 년 동안 울려 퍼진 신앙, 교리 그리고 경고의 음성으로서" 기독교를 서술하고자 했고, 딜타이 이후의 페르디난트 크리스티안 바우르(1792-1860) 같은 뛰어난 비판적 학자조차도 교회사를 쓰면서 역사를 성령의 사역이라고 보고 성령의 영원한 사상을 깊이 숙고하려는 목적을 가졌다. 발터 닉(Walter Nigg)도 자신의 교회사 집필에서 교회사는 교회의 "내재적"(immanente) 측면과 마찬가지로 "초월적"(transzente) 측면을 고려해야 한다고 주장하고 있다. 이 두 가지를 합할 때 완벽한 서술이 완성될 수 있기 때문이었다.

그러한 교회사 서술의 어려움은 확실히 간과할 수 없다. 왜냐하면 우리는 역사 속에서 하나님의 행동을 명쾌하게 볼 수가 없기 때문이다. 아무도 하나님 나라의 역사를 서술할 수 없다. 교회의 역사는 숨겨져 있는 그리스도의 역사라는 사실이 그것을 잘 말해주고 있다. 이것은 하나님의 뜻은, 비록 그리스도가 오셨고, 이미 이 세상에 나타나시기는 했으나, 증명할 수 없다는 것을 의미한다. 눈이 신앙의 빛을 통해서 열리지 않으면 역사 속에서 다만 진리와 오류, 선과 악, 정의와 폭력, 천재성과 어리석음, '신앙과 불신앙 사이의 분열만을 볼 것이다. 실제로 이 모든 것은 한 분 하나님이 일으키는 것이다. 하나님의 선하시고 은혜로운 뜻이 그 안에서 역사하고 있음을 본다면, 우리 모두는 역사를 바로 이해하고 있음을 의미한다. 그리스도 안에서 역사를 조정하시는 그의 마음을 우리가 알기 때문에, 그가 인도하는 그 길이 어떤 의미를 가지고 있는지를 믿고 느낄 수 있으며, 그것을 설명할 수 있고, 아니 꼭 설명해야만 하는 것이다.

물론 이러한 신앙적 인식 역시 아직은 그 영역이 협소하지만, 어쨌든 지나쳐서도 안 된다.

1) 신앙은 하나님이 모든 역사를 주재하심을 알고 있고, 하나님만이 모든 역사의 "수행자"(agens)요, "동인"(movens)임을 알고 있기에(루터의 『노예의지론』), 역사 속에서 신적인 것과 비 신적인 것, 하나님의 역사와 사탄의 역사(Robert Frick)를 나눌 수 없다. 때문에 역사가는 세상을 심판하는 직무를 담당할 수 없다. 역사를 쓴다는 것은 그 때문에 우선 다만 있었던 일을 보고, 관찰하며, 그것이 어떻게 일어났는지 숙고하는 것을 의미한다.

2) 신앙인에게 이러한 숙고는 하나님을 경외함으로 이루어진다. 하나님은 심판과 은총 안에 계신다. 역사에 대한 깊은 숙고에서 인간은 결코 심판과 은총을 나눌 수 없으며, 심판과 은총 안에 있음을 믿고, 은총을 경험한 나머지 심판을 두려워해야 한다. 긍휼을 베푸시는 하나님과 진노하시는 하나님, 계시하시지만 숨어 계시는 하나님의 대립인 세속사와 구원사 사이의 긴장은 곧 하나님이라는 개념 자체에 있어서의 긴장이다. 루터도 그것을 『노예의지론』에서 통찰하고 있다. 이러한 긴장은 인간의 눈에 제거될 수 없는 것이다.

교회사의 이중적 고찰, 즉 세상적이고 인간적인 일반적 고찰과 교회사를 신앙의 증언이자 신앙을 더 강하게 할 목적으로 쓰인 교회의 역사라고 보는 신앙적 고찰이 결국 교회와 그 역사에 관해 우리가 직면해 있는 이러한 모순을 정당화하기 위한 마지막 가능성이라고 생각할 수 있다. 루돌프 불트만(1884-1976)처럼 케류그마적 증언인 설교가 학문적인 주석과 함께 중요한 보완으로서 절대적으로 요구된다고 할 수도 있다. 그러한 관찰방식의 구분은 의심의 여지없이 깨끗한 것이며, 각자가 자신의 방법과 함께 다른 방법을 인정하는 한, 비난의 여지가 없다. 서로 모순된 이 두 가지 측면은 중요하기 때문에 꼭 필요한 상대로서 요구되는 것이다. 결국 두 가지 관찰방식의 이러한 대립은 만족스럽지 않다. "교회"와 "역사"라는 개념이 모순을 포함하고 있다는 사실은 이미 이성의 언급이 아니라, 신앙의 진술이다. 신앙은 교회에서 순수한 인간적인 모임과는 다른 종교적 신앙을 일으킬 목적의 모임을 본다. 역사에서도 신앙은 인간의 싸움과 혼란만을 보지 않는다. 그러므로 교회사의 방법과 대상에 대한 자각은 신앙의 토대에서만 가능하다. 더 나아가서 이것이 연구자의 기본자세를 결정한다. 교회사를 "오류와 폭력의 혼합행진"(괴테)이라고 보고, 그 결과 회의 속에서 끝나건, 또는 그 속에서 일어나는 모든 악에도 불구하고 하나님이 교회사를 주관한다고 생각하든, 하나님을 전적으로 신뢰하며 그를 바라보는 것이 중요하다. 그러므로 그것은 이 두 가지 관찰방식을 가능하게 하고, 꼭 필요한 관찰방식을 완전히 분리하지 않으며, 모순의 두 측면이 정당화되는 교회사 서술의 한 방법에 도달하게 된다는 영광의 요구다. 모순의 본질은 인간의 사고가 두 가지 측면을 하나의 행동으로 파악하지 못하고, 인간의 언어가 두 가지 측면을 한 문장으로 표현할 수 없다는 것이다. 그렇지만 이것도 역시 요구되지 않는다. 오직 필요한 것은 교회사에 대한 신앙적 진술이 역사를 형성한 인간의 행위에 대한 학문적 연구 결과처럼 분명하게 표현되는 것이다. 이것은 작금의 교회사 연구 동향에 대한 방법론적 요구다.

교회사의 신앙적 고찰이 어떻게 수행되어야 하는지는 확실히 말할 수 있다. 세속적, 즉 인간적-이성적 고찰은 과거의 오랜 전통을 참고할 수 있다. 상당히 많은 연구자들이 거기에 헌신했고, 더 계속 발전할 수 있는 확고한 토대를 이루어 냈다. 이에 비하여 신학적 서술은 완전히 새로운 시작에 직면해 있다. 다만 몇몇 개별적인 저술들만이 손으로 감지할 수 있는 시도를 했다. 방법론에 대해서는 아직 공식적인 대화가 없었다. 때문에 여기서도 상당한 주저함이 요구된다. 몇몇 신앙적인 미사여구를 사용하는 세속적 연구결과의 단순한 은폐가 목표에 도달케 할 수 없다는 것만은 확실하다. 더 나아가서 역사를 한편으로는 하나님의 시간, 하나님의 개입으로 보고, 다른 한편으로는 무신론적이고, 사탄적인 시간으로 구분하려는 시도에 대한 프릭(Robert Frick)의 경고에 주목해야만 한다. 그러한 구분은 하나님 밖에서 행복, 성공, 권력 또는 진보와 같은 헛된 이름을 만들고, 하나님의 독자적 행동을 부인할 위험을 의미하는 것이다. 모든 시간은 하나님의 시간이며, 동시에 그 모두는 인간의 시간이다. 하나님과 인간 또는 하나님과 사탄 사이의 구분은 모순을 조화시키는 수단이 될 수 없다. 문제는 더 심각해진다. 역사를 하나님의 계시라고 보는 역사에 대한 신학적 진술은 오해되어서는 안 된다. 하나님이 역사를 일으킨다. 그러나 그는 역사를 통해서 말하지는 않는다. 하나님은 자신을 계시하시기 전에 세상을 창조하셨고 인류의 역사가 시작되기 이전에 일하셨다. 하나님은 그리스도 안에서 자신을 계시하신 이후에도 역시 일하신다. 그러나 그는 마지막으로 그리스도 안에서 말씀하셨다(히 1:2). 숨어 계시며 역사 안에서 활동하시는 하나님은 그리스도 안에서 행하시는 그의 계시에 근거해서만 바르게 이해할 수 있다. 인간은 그분의 행동을 그분 자체에서 해석해서는 안 된다. 하나님의 행동에 대한 역사 내재적 해석이 어떤 결과를 가져올 것인지는 "독일 그리스도인"의 신학이 단번에 알려주었다. 그 안에 주어진 경고를 못 들은 체해서는 안 된다.

성경에서 확인할 수 있는 하나님의 특성에 대한 일련의 예들 외에도 루터는 역사에서 중요한 것을 보았다고 생각한다. 성경과 거의 동일시할 정도로 그에게 너무나 중요한 것이었다. 이 분야에 대해서도 역시 우리는 좀 더 나아가기 위해 그의 교리를 다루어야만 한다. 어쨌든 우리는 그리스도가 다시 오실 때까지 모순 속에 머물러야만 한다. 이 세상에는 그에 대한 해답이 없다. 역사가 끝날 때에야 비로소 우리는 기대할 수 있다. 구원사와 세속사의 혼합과 동시성이 가지고 있는 수수께끼는 그에게서 풀릴 것이다. 그때까지 우리는 그것을 견디어야 한다.

6. 역사적 판단의 문제 앞서 전개한 출발점에서 역사적 판단 문제가 새롭게 제기된다. 역사가가 판단해야만 한다는 것은 분명하다. 그는 자신을 결코 완전히 배제시킬 수 없고 – 역사에서 그가 접하는 문제들은 이미 개인적이며 또는 역사적으로 제한을 받는다 – 그러한 판단을 담고 있는 저서는 어떤 자극을 가져오지도 않을 것이다. 다만 역사가는 반드시 사건에 부합하는 판단을 하고자 노력해야 한다. 객관적으로 판단해야 할 과제는 주관적 의견을 담고 있는

입장을 배제시킨다. 그것은 역사가의 인격에 관한 문제가 아니다. 이것은 자명하다. 문제는 객관적으로 판단하는 것이 교회와 교회의 역사와 관련하여 무엇을 의미하는가 하는 것이다. 그것은 어느 정도 인간의 개인적인 의견을 말하는 것이며, 다른 한편, 이미 언급했듯이, 어느 정도 역사에 대한 하나님의 판단을 알리는 것이다. 하나님은 어떤 사람에게도 이것을 계시하지 않았다.

객관적인 판단을 하고자 할 때 교회의 본질과 과제에서 시작해야만 한다. 그렇지만 모든 교파가 교회의 본질과 과제를 다양하게 규정하고 있기 때문에 우리는 교파적으로 이해된 설명에 직면해 있다. 우리가 가진 기독교도 교파적으로 주조된 형태를 갖고 있다. 현재의 상황은 위기이며, 그것은 동시에 누구도 당당히 지나칠 수 없는 사실이기도 하다. 때문에 교회사는 모든 신학적 연구가 결정하는 교파적인 특징도 인정해야만 한다. 이 책의 판단 근거는 루터파에 속했다.

| **참고문헌** | Walter Nigg, Die Kirchengeschichtsschreibung, 1934. Heinz-Dietrich Wendland, Geschichtsanschauung und Geschichtsbewußtsein im Neuen Testament, 1938. Hanss Lilje, Luthers Geschichtsanschauung, 1932. Heinz Zahrnt, Luther deutet Geschichte, 1952. Emanuel Hirsch, Grundlegung einer christlichen Geschichtsphilosophie (Zeitschr. für Systematische Theologie 3, 1926, S.213-247). Robert Frick, Der Herr der Geschichte (Jahrbuch der Theologischen Schule Bethel 6, 1935, S.9-32). Joseph Chambon, Einführung in das Verständnis der Geschichte, 1947. Ders., Was ist Kirchengeschichte? Maßsäbe und Einsichten, 1957. Heinrich Bornkamm, Grundrißzum Studium der Kirchengeschichte, 1949. Reinhard Wittram, Das Interesse an der Geschichte, 1958.

| 세계교회사 참고문헌 | Handbuch der Kirchengeschichte, hrsg. von Gustav Krüger, 4 Teile, 1923ff.[2] Karl Heussi, Kompendium der Kirchengeschichte, 1960[12]. Johannes von Walter, Geschichte des Christentums, Bd.I2, 1948, Bd.II, 1938. (kath.) Joseph Lortz, Geschichte der Kirche in ideengeschichtlicher Betrachtung, 1958[20]. Karl Heussi und Hermann Mulert, Atlas zur Kirchengeschichte, 1937[3]. Carl Mirbt, Quellen zur Geschichte des Papsttums und des Römischen Katholizismus, 1924[4]. Denzinger, Enchiridion symbolorum, definitionum et declarationum de rebus fidei et morum, 1963[32]. Neuner-Roos, Der Glaube der Kirche in den Urkunden der Lehrverkündigung, 1965[7]. Ernst Stähelin, Die Verkündigung des Reiches Gottes in der Kirche Jesu Christi, 7 Bde., 1952ff.

2. 교회사의 구분

1. 교회사의 시대 구분의 문제는 특별히 어려운 분야다. 부분적으로는 내용 때문이기도 하고, 부분적으로는 인간의 불완전성에 그 원인이 있다. 우리 눈은 여러 가지 대상을 동시에 볼 수 있다. 그러나 우리의 능력은 그렇게 할 수 없다. 동시에 일어난 일들도 단지 순서대로 설명할 수 있을 뿐이다. 청강자 혹은 독자의 정신적 활동이 잘못된 기록을 수정해야만 한다. 거기에서 두 가지 설명 가능성이 나온다.

1) 우선 역사를 횡단면(Querschnitt)으로 놓고, 역사 전체를 보고 법 생활, 국가에 대한 교회의 관계, 교리 및 예배 영역 등등에서 200년에 혹은 313년에 혹은 451년에 발생한 것을 서술하는 방법이다. 이러한 연구방식에서는 평행성(동시성)이 잘 드러나지만, 사안의 앞뒤 연관 관계는 파괴된다.

2) 또 하나는 특별한 영역들을 취사선택하여 연도별로 그것을 집중적으로 추적해 가는 방법이다. 이것은 종단면(Längsschnitt)적 방법이다. 이것은 개별적인 영역들이 발전해 가는 과정이나 특징을 잘 드러낼 수 있지만, 많은 것들이 반복되는 단점이 있다.

오늘날 개별적 연구에서는 대체로 두 번째 방법을 더 선호하고 있다. 그러나 전체 교회사를 서술할 때는 이와 반대로 두 가지 방법을 다 결합하여 사용한다. 그러므로 역사는 몇몇 객관적으로 주어진 시대별로 나눌 수 있고, 그렇게 할 때 그 안에 포함되어 있는 삶의 모든 것들을 다시 소생시킬 수 있다.

2. 시대 구분에서 여전히 활용되고 있는 세 가지 주요 구분은 고대, 중세 그리고 근대다. 이러한 시대 구분은 비교적 최근의 일이다. 16세기 후반기에 나온 개신교의 첫 역사서 『마그데부르크 100년사』는 그 이름이 말해주듯이 역사를 100년 단위로 간단히 나누었다. 이에 대응하는 가톨릭 역사서는 개신교 역사서를 근본적으로 능가하기 위하여 1년 단위로 시대를 구분했다. 그것이 바로 바로니우스(Baronius)의 『교회의 해들』(Annales ecclesiastici, 1588ff.)이다. 위의 세 가지 형태의 시대 구분이 처음 나타난 것은 19세기 중반경 낭만주의 시대다. 그리고 그 구분은 15 · 16세기의 인문주의자들에게서 유래한 것이다. 인문주의

자들은 이러한 이름을 고대와 연관시켰고, 고대의 삶, 죽음 그리고 재생을 나타내는 데 사용했다. 크리스토프 켈라리우스(Christoph Cellarius)가 17세기 말엽이 구분을 세계사에 적용했다. 아무리 새로운 근거를 댄다고 해도, 이러한 구분은 세계사 집필에서 교회사 영역으로 넘어간 것이다.

여기서 몇 가지 어려움이 발생했다.

1) 고대의 경계다. 네안더, 야코비(Jacobi), 바우르(F.C.Baur)는 중세를 교황 대 그레고리(Gregor d. Gr., 590-604)로부터 시작한다. 다른 사람들은 680년 제6차 에큐메니컬 공의회를 그리고 또 다른 사람들은 보니파티우스(Bonifatius, 719)나 혹은 칼(Karl d. Gr) 대제를 기준으로 삼고 있다(Ferdinand Hahn). 이것은 고대와 중세 사이의 긴 과도기를 한편으로는 고대에, 다른 한편으로는 많든 적든 단호히 중세에 포함시켰음을 의미한다. 실제로 시기를 확정하는 것은 오류를 가져올 것임에 틀림없다. 시대에 획을 그을 만한 커다란 사건도 그리고 획기적인 인물도 없다. 그리스-로마 문화를 토대로 한 교회사를 게르만-로마 내지는 슬라브 민족을 토대로 한 교회사와 구분하고자, 여기서는 연대기가 아닌 사안에 따라 시대를 구분했다. 그렇게 해도 여전히 어려움이 제거되지 않았다는 것은 분명하다.

2) 근대의 시작은 두 번째 논쟁을 불러일으켰다. 에른스트 트뢸치(1865-1923)는 근대가 18세기와 함께 비로소 시작한다는 입장을 제기했다. 루터는 그의 처신이나 사상으로 보아서 철저히 중세적인 인물이라고 그는 말한다. 계몽시대와 더불어 실제로 새로운 시대가 열리고 있다는 것이다. 트뢸치의 이러한 주장에 엄청난 논쟁서가 출판되었다. 그렇지만 그는 우선 문화사가(Kulturhistoriker)다. 문화사가의 관점에서는 아마도 16세기보다는 18세기에 더 우선권이 주어질 수 있다. 그렇지만 교회사가에게는 루터와 더불어 새로운 세기가 시작한다는 것은 그 이유를 설명할 필요가 없는 당연한 문제다.

그럼에도 불구하고 칼 호이씨(Karl Heussi)가 말한 것처럼 위의 세 가지, 즉 고대, 중세 그리고 근대라는 시대구분이 정말로 사안에 적절하게 맞는지는 진지하게 논의되어야만 한다. 우선 "중세"라는 용어에는 시대를 구분하는 특별한 내용적인 특징이 없다. "근대"라는 개념도 세계관적인 전제들과 연관된 주관적 판단을 내포하고 있다. 역사의 새로운 시기가 16세기와 18세기에 시작하고 있다는 사실을 의심하는 사람은 없다. 그러므로 호이씨가 말하듯이,

사람들은 이러한 확신에 만족해했고, 전통적인 구분은 무시했다. 호이씨는 자신의 『세계교회사』 6판(1928) 이후부터 교회사를 간단히 9 시기로 구분했다. 1. 이교적인 로마 제국에서의 교회; 2. 로마 제국교회; 3. 게르만 주 단위(500-900) 시대의 교회; 4. 서구에서의 교회 전성기(10-13세기); 5. 종교개혁 이전과 르네상스; 6. 종교개혁과 반종교개혁; 7. 계몽시대; 8. 낭만주의의 반발부터 세계대전까지; 9. 전쟁의 발전과 영향 속에서의 교회. 그러나 호이씨는 교회사를 이렇게 세분화시킴으로 또 다시 그 연관성을 파괴하고 있다. 그리스-로마 문화를 토대로 교회사는 게르만-로마적인 민족세계에서와는 달리 의심의 여지없는 일치를 이루고 있다. 소위 중세도 마찬가지로 지속적인 긴장에도 불구하고 영적인 일치를 관찰할 수 있음에 틀림없다. 이것은 원래 개신교에만 해당하는 사항이다. 그러나 17세기에 일어난 단면은 너무나 깊어서 여기서 새로이 다루어야만 한다. 근대는 종교개혁과 반종교개혁의 역사와는 구분해야만 한다. 실천적 이유를 근거로 하여 네 개의 유사한 영역으로 시대를 구분하는 사람도 있다.[3)]

| 참고문헌 | Ernst Troeltsch, Protestantisches Christentum und Kirche in der Neuzeit, 1906 (=Kultur der Gegenwart Teil I Abt. IV). Karl Heussi, Altertum, Mittelalter und Neuzeit in der Kirchengeschichte, 1921. Hermann Heimpel, Über die Epochen der mittelalterlichen Geschichte (Der Mensch in seiner Gegenwart, 19572, S. 42-66).

---

3) 독일에서 출판된 가장 뛰어난 가톨릭 교회사인 키르쉬(J.P.Kirsch)의 『교회사』(Lehrbuch der Kirchengeschichte) 역시 네 개의 시대로 구분하고 있다.

제 1 부

그리스-로마 문화 위에 세워진 기독교 교회의 역사

제1부
그리스-로마 문화 위에 세워진 기독교 교회의 역사

3. 이 시대의 특징과 주요 문제

이 시대의 교회사가 안고 있으며, 고대교회사 전체를 이해하는 데 중요한 열쇠가 되는 두 가지 문제를 우선 제시했다. 이 두 문제는 모든 개별적인 것들이 속한 틀을 이루고 있다.

1. 30년에 팔레스타인에 새로운 하나님의 복음을 선포하고, 그로 인해 많은 추종자를 얻은 한 사람이 살았다. 그는 폭력에 의해 죽임을 당했고, 바람 속으로 사라졌다. 그러나 그를 따르는 소수의 신실한 무리가 있었다. 그들은 수공업자요, 직조공들이었으며, 그에 대한 믿음으로 다시 연합했다. 세기말에 이들은 거대하고도 강력한 조직을 이루었고, 모든 개개인을 묶는 연합체가 되었으며 로마는 멸망했음에도 불구하고 로마 제국의 통치령 내에서 단 하나밖에 없는 세력으로 더 오래 존속했다. 이들은 민족 이동의 거대한 세파 속에서도 스스로를 보존할 만큼 내적인 능력이 있었고, 로마 제국으로 쇄도해 오거나 혹은 국경에 거주하는 새로운 민족들을 복종시킬 수 있었다. 정복을 당한 자가 영적으로 정복자를 굴복시켰다. 이러한 복합적인 상황은 확실히 고대교회사가 안고 있는 커다란 문제를 가져왔다. 즉 어떤 방식으로 교회가 극도로 미미했던 초창기부터 이렇게 커다란 영향력을 얻게 되었는가 하는 문제다. 불가능한 것을 완성하는 데 어떤 내적인 힘이 그 안에 살아 움직이고 있었는가? 의식적으로 이용했건 혹은 무의식적으로 도움을 받았건 간에 어떤 외적인 상황이 거기에 일

조를 했는가?

기독교의 승리 자체는 잘 알려진 사실이다. 그것은 종종 자명한 것처럼 보인다. 그러나 사실 전혀 그렇지 않았다. 그 시대가 시작되는 처음도 그리고 끝에도 이 둘 사이에는 전혀 관련이 없었다. 둘 다 서로 동일한 공간에 나란히 존재할 뿐임을 보여준다. 이것을 좀 더 분명히 이해하기 위하여 '어떻게 미트라스 제의(Mithraskult)가 아닌 그리스도가 승리자가 되었는가?' 하는 질문을 던질 수 있다. 페르샤의 태양신인 미트라스는 그리스도의 출현 이전에 지상에서 활동을 시작했고, 기독교와 마찬가지로 계획적인 선교를 통해 그를 믿는 추종자를 얻고자 노력했다. 기독교와는 정반대로 그는 로마 황제의 호의를 얻었고, 로마 제국에 협력하면서 제국을 그의 편에 끌어들였다. 그럼에도 불구하고 그가 아닌 그리스도가 승리했다. 어떻게 이것이 가능했는가? 헬라와 헬라 후기 시대가 진행되는 동안 종교의 활동을 면밀히 고찰하면 할수록, 기독교의 승리는 정말 놀라운 것임을 알게 된다. 그러므로 다음과 같이 진지하게 묻게 된다. 세상을 이길 정도로 기독교가 가진 능력은 무엇인가? 이것이 문제다.

2. 두 번째 문제는 우리가 다시 한번 출발점과 종착점을 나란히 놓을 때 생긴다. 예수의 선포와 구원 사역은 기독교 역사의 시작이다. 그는 율법의 무거운 짐 아래서 한숨짓는 유대인들에게 하나님을 가리키고 있다. 율법은 어디서나 그들의 생애 전체를 조이는 어리석은 규정을 담고 있다. – 이러한 요구는 물론 경시되어서는 안 된다. 그것은 공식적으로 단 한번 주어졌기 때문이다. 하나님은 자신의 법을 사람의 마음에 써주셨고, 그의 뜻은 너무나 간단하고 너무나 분명해서 율법학자들이 경멸하듯 바라보는 백성 중에 배우지 못한 자도 그를 알 수 있다. 이러한 단순함은 동시에 측량할 수 없는 깊이를 갖고 있다. 이것을 증명하는 데에는 산상수훈만을 상기해도 된다. 예수는 더 나아가서 죄의 무거운 짐 아래 한숨짓는 유대인들에게, 왜냐하면 결코 성취할 수 없는 율법을 그들이 진지하게 여기기 때문에, 아버지를 가리켜준다. 그분은 인간을 구원하기 위하여 아들을 보내신 분이요, 인간의 행위가 전혀 없어도 죄를 사해주시는 분이요, 그의 은총이 아무 대가도 요구하지 않는 기꺼이 선물해주시는 은총이라는 것은 그가 이 땅에서 악한 자들까지도 그의 도움이 필요하도록 돌보신다는 점

에서 이미 인식할 수 있다. 그는 동시에 죄의 짐 아래 있는 인간을 자유하게 함으로써 가장 큰 도덕적 능력을 불러일으킨다. 이제 인간은 그의 마음에 쓰여 진 하나님의 뜻을 좇는 것 외에 아무것도 행할 수 없으며, 실제로도 그렇다. 후기 유대교와 비교해볼 때 엄청난 단순화다. 모든 종교적 삶이 세 개의 극, 즉 하나님, 그리스도, 그리고 인간 사이에서 작용하고 있다. 중개를 담당하는 기관과도 아무런 상관이 없으며, 제공된 속죄 및 정결 행위와도 상관이 없고, 상세한 삶의 금지 사항과도 아무런 관련이 없다. 그러나 모든 삶은, 이웃과의 관계 역시 한 가지 성격으로 제어된다. 즉 그는 너희의 아버지요, 너희는 형제들이라는 것, 다시 말하면, 모두가 한 아버지의 자녀라는 것이다.

그리고 다시 이와 상반된 교회가 생긴 것은 6세기 말이다. 온 세상에 확장된 교회는 그 구성원에게 특정한 규정들을 공포했다. 정결의 욕조인 세례는 하나님께 이르는 길을 열어주는 유일한 방법이다. 희생을 바치는 예배와 참회 제도와 같은 체계적 제도가 죄인을 하나님과 화해시켰다. 예배는 상세한 규정에 따라 시행되었다. 희생 예배를 주관하고 제의에 대한 해박한 지식을 갖고 있는 사제계급이 다시금 하나님과 인간 사이에 등장했다. 상세한 윤리적 체계인 새로운 법이 음식규정(금식일과 금식시간 등)에 이르기까지 인간의 삶을 조율했다. 법을 위반하면 어떤 경우가 죽음의 죄에 해당하며, 혹은 용서받을 수 있는 죄가 되는지 사람들은 정확히 알고 있다. 도그마(Dogmen)는 그리스도인은 삼위일체 하나님에 관하여 또는 그리스도의 신성과 인성에 대하여 어떻게 생각해야만 하는지를 규정하고 있다. 도그마와 예전, 윤리와 조직의 법적인 공고화는 엄청난 것이다. 성별된 십계명은 세상을 지배하려는 마귀 앞에서 (교회와 성도를) 보호해주며, 성인의 유물 역시 이러한 목적으로 존경받게 되었다. 이들 자체가 하늘의 왕의 군대 국가를 이루며, 개개인을 위해 등장했다. 이 모든 것은 우리 개신교가 오늘날에도 역시 가톨릭에 대해 비판적으로 고찰하는 것들이다. 성수 그리고 성인숭배, 성화사용과 성례행렬, 사제와 수도승, 이 모든 것은 이제 복음이 전하고 있는 동일한 그리스도의 이름으로 교회에서 그 대역을 하고 있다. 가장 엄청난 것은 교회의 가르침과 다른 생각을 갖는 것은 하나의 범죄가 되며, 그것은 너무도 무거워서 죄인의 죽음을 통해서만 화해될 수 있다는 것이다. (그러나 이단에게 사형을 언도한 그리스도인 황제가 제정한 법은 교회의 모든 영역에서 동의를 얻지 못했다).

6세기 말에 기독교가 처한 상황을 충분히 상상해 볼 수 있다. 본래 기독교의 승리를 알기 쉽게 드러내기 위하여 이교 신전을 교회로 바꾸었다. 그렇지만 그 결과는 종종 전혀 달랐다. 이교는 교회적인 덮개 아래서 계속 살 수 있는 가능성을 찾았다. 사람들은 기도하기 위하여 전에는 처녀 여신인 미네르바(der Minerva) 성전으로 갔었다. 그러나 이제는 동일한 장소에서 동정녀 마리아에게 기도했다. 마리아 소프라 미네르바(Maria sopra Minerva)는 오늘날에도 로마와 이탈리아의 다른 도시들에 남아 있다. 그 외에도 사람들은 병으로 고통당하는 자들을 위해 아폴로(Apollo)에게 도움을 간청했었다. 그러나 이제는 성 세바스티안에게 갔고, 그는 동일한 장소에서 동일한 기능을 하는 아폴로신의 역할을 넘겨받았다. 성인전설들은 이교 신화에서 엄청난 도움을 얻을 수 있었다. 과거에는 목동과 사냥꾼의 수호신인 판(Pan)의 그림을 가지고 벌판에 나갔으나, 이제는 그리스도의 모습을 가진 행렬이 그 자리를 대신했다. 사람들은 이전에 성전에 있는 신상에 입을 맞추었으나, 이제는 교회에서 성인과 그리스도의 신상에 입을 맞추었다.

이에 대한 예들은 얼마든지 나열할 수 있다. 그러나 본래 밝히고자 했던 것이 충분히 드러났다. 즉 예수의 선포와 6세기 고대 말기의 가톨릭교회에 의해 이루어진 것 사이에 벌어진 간격이 엄청났다는 것이다. 이교의 제의, 조직형태, 생활 및 사고방식의 수용으로 둘러싼 이교 세계가 기독교에 미친 내용적인 영향도 또한 지나칠 수 없는 것이다. 이렇게 벌어지는 차이점이 곧 고대 기독교 역사가 직면해 있는 문제다. 어떻게 이러한 상황이 벌어졌는가? 어떤 힘들이 이 같은 교회의 왜곡을 초래했는가? 이것이 고대교회사가 직면한 두 번째 큰 문제다.

3. 두 번째 큰 문제는 확실히 첫째 문제와는 모순을 이루고 있다. 여기서 우리는 그와 함께 고대교회사가 막을 내리는 엄청난 침체를 확인할 수 있다. 우리의 관찰은 바로 고대교회의 엄청난 힘의 인식과 결부되어 있다. 여기서 우리는 어떤 세력들이 교회를 그 정도로 침체케 할 수 있었는지를 물어야만 했다. 거기서 우리는 교회에 그토록 강한 힘을 부여해서 민족 이동의 혼란기에도 승리자로서 남게 한 것이 어떤 세력들이었는지를 물었다. 이 두 가지 질문은 고대교회 전체를 조망하고자 하는 사람을 위해 서로 분리되어서는 안 된다. 이 두

가지 질문은 동시에 그들의 해답을 찾아야만 한다. 고대교회사가 직면해 있는 문제가 매우 복잡한 이유는 고대교회사가 이 문제에 답변해야 하기 때문이다. 즉 교회가 점점 더 깊어가는 내면적인 삶에도 불구하고 로마 제국의 종교가 될 정도로 강하게 되었으며, 모든 이교를 제거하고 제국이 멸망했음에도 불구하고 존속하는 것이 어떻게 가능했는가 하는 점이다.

4. 이 문제의 답변과 동시에 또 한 가지를 설명해야만 한다. 즉 개인과 전체를 하나님 앞에서 어떻게 보았는가 하는 점이다. 이것이 영속하는 교회(ecclesia perpetuo mansura)에 대한 믿음으로 우리가 확신해야만 하는 구속사적인 맥락을 연구해야 할 이유다.

5. 우리의 설명이 종단면적인 것을 더 선호하기에 그리스-로마적인 문화를 토대로 이루어진 교회사의 중요한 기간에 대한 간단한 언급도 해야만 한다.

기독교는 로마 제국의 변방인 팔레스타인에서 유대교의 분파로서 형성되었다. 유대교의 그늘 속에서 우선 제국으로 스며들어 갔다. 그러나 그 후 곧 그리스-로마 문화, 로마 제국의 사회 그리고 로마 제국 자체와 투쟁해야만 했다. 바로 그 점에서 기독교가 형성된 토대와 침투해 들어가 싸움을 한 그 문화는 정신적 공간이라고 할 수 있으며, 기독교 역사에서 기본적 특징으로 설명해야 할 필연성이 있다. 제1부는 예수 시대의 유대교와 로마 제국, 제국의 구조와 문화를 이해하고자 했다.

로마 제국, 문화, 그리고 그 사회와 기독교의 싸움을 이해하는 것도 중요하다. 로마 사회와 기독교의 투쟁은 특별히 강조되어야만 한다. 로마 사회는 국가보다도 훨씬 이전에 생겨나 그들 한가운데 등장한 새로운 단체에 정말 익숙하지 않았다. 로마 사회와 기독교의 대립은 국가와 교회의 대립보다 더 깊었다. 이것은 결코 놀라운 일이 아니다. 그리스도인들은 종교적인 영역에서만이 아니라 사회적으로 통용된 윤리적인 영역에서도 통속적인 방식과는 완전히 다르게 행동했다. 그들은 고대 세계 백성들의 모임의 장(場)인 극장에 가지 않았다. 그들은 서로 싸웠을 때 법치국가인 로마에서 이성적인 사람이면 누구나가 행하는 법정에도 가지 않았다. 그들은 그들 상호간에만 결혼했다. 노예를 다루거나 혹은 스스로 종처럼 행동하는 아주 독특한 방식의 삶을 살았다. 그들은 특별히 아무 상관도 없는 노인들과 병자들을 돌보았다. 맹목적인 신앙 때문에 그들은 자신을 야수에게 내던졌다. 그 결과 엄청난 차이점들이 생겨났다. 여기서 국가가 종종 기독교에 개입하여 박해한 것은 스스로 결정한 것이 아니라, 사회를 추종한 결과라는 것을 주목해 볼 수 있다. 이와 같은 기독교 투쟁의 시기가 "고대" 교회사의 첫 기간을 이루고 있다. 이 기간은 이교국가, 즉 갈레리우스 내지는 콘스탄티누스 대제를 통한 기독교의 인정으로 막을 내린다.

황제의 칙령으로 교회의 새로운 시기가 시작되었다. 그들은 우선 관용을 얻었다. 그러자 곧이어 신속하게 국가에서 유일한 공식적 종교가 된다. 즉 교회가 제국교회가 된 것이다. 교회가 완전히 새로운 외적인 조건 속에서 발전할 수 있었던 이러한 제국교회의 시기는 고대교회사의 두 번째 기간을 이루고 있다. 그리고 이 기간은 6세기 후반까지 지속되고 있다.

민족 이동의 물결로 제국이 붕괴될 때 교회는 완전히 다른 조건 속에 다시금 처하게 되었다. 완전히 새로운 그룹으로의 제국의 붕괴는 그때까지 통일된 교회를 위태롭게 했을 뿐만 아니라, 수많은 지역 교회로 해체시킴과 동시에 그들의 공격력을 상실시킬 위험을 초래했다(이러한 위험은 동방 지역에서 실제로 나타났다). 제국의 붕괴는 무엇보다도 새로 제국의 주인이 된 게르만 민족이 교회의 존재를 다시금 문제 삼을 수 있는 위험을 초래했다. 시기적으로 추적해보면 고대교회사의 마지막 시기는 이러한 격동의 시대에 교회가 어떻게 새롭게 쇄도해오는 이교도에 대항하여 공격력을 잃지 않고 중세의 토대를 마련했다고 말할 수 있는지를 잘 보여준다.

| 원자료 | Migne, Patrologiae cursus completus. Series Graeca et Latina (MPG bzw. MPL). Corpus Scriptorum Ecclesiasticorum Latinorum (CSEL). Die Griechischen Christlichen Schriftsteller der ersten vier Jahrhunderte (GCS). Corpus Christianorum (CC). Konradus Kirch, Enchiridion fontium historiae ecclesiasticae antiquae, 1923[4].

| 고대교회사 참고문헌 | Reallexikon für Antike und Christentum (RAC). Karl Müller und Hans Frh. von Campenhausen, Kirchengeschichte Bd. I3, 1941. Hans Lietzmann, Geschichte der Alten Kirche, 4 Bde., 1932ff. (kath.) Johann Peter Kirsch, Die Kirche in der antiken griechisch-römischen Kulturwelt, 1930. Albert Ehrhard, Die katholische Kirche im Wandel der Zeiten und Völker. Bd. I: Die Kirche im Bereich der alten Völker, 1935ff.

4. 로마 제국; 그리스-로마 문화

1. 로마 제국 세계사의 발전이 끝이 나는 그 시간에 그리스도는 탄생했다. 처음에는 페르시아가 그리고 알렉산더 대왕이 이룩한 세계 제국은 로마의 통치하에 실제로 실현되었다. 아우구스투스는 지중해를 중심으로 그 주변의 모든 지역을 점령하여 로마의 통치지역은 둥근 원을 이루었다. 황제 시대는 로마제국(Imperium Romanum)의 가장 자랑스러운 시기를 구현했다. 로마가 세계문화에 기여한 가장 값진 공헌은 의심의 여지없이 로마의 국가 건설과 그의 법에 있다.

로마 정신은 교회에도 역시 영향을 끼쳤음을 전제해야만 한다. 어떤 개별적인 것들에 영향을 주었는지는 아직 확정할 수 없다. 알 수 있는 것은 다만 조직을 비교해볼 때 후기 가톨릭교회의 발전이 제국과 아주 밀접하다는 것이다. 도시들은 가장 하부에 있는 국가 통치단위의 장소였고 동시에 그리스-로마 문화의 중심지였다. 그들 위에 지방(Provinzen)이 있다. 교회가 이러한 예를 따랐다. 오늘날에도 역시 로마에서 시작되는 로마 가톨릭교회의 조직 체계는 결코 우연히 이루어진 것이 아니다. 교회가 특별히 종교적 영역에 이르기까지 법적으로 상당히 강한 면모를 갖게 된 것도 결코 우연이 아니다. 조직체의 유사성은 그만두고라도 그 연관성은 한번도 증명되지 않았다. 이미 언급했듯이, 그럼에도 불구하고 연관성이 있다는 것은 확실하다. 여기에 가톨릭교회 건설의 접촉점과 동시에 그 자신의 몰락에 대한 출발점이 있다. 그래서 루터는 1520년 12월 10일 신학적으로 분명하게 행동했고, 교황의 파문장과 더불어 교회법에 관한 책들을 불 속에 던져 넣었던 것이다.

그렇지만 기독교가 세상 제국으로 진입해 들어온 것은 매우 중요하다. 시민전쟁들이 불러일으킨 어려운 상황 이후, 제정이 보장한 안정을 사람들은 하늘의 선물로 느꼈고, 황제를 기꺼이 큐리오스(*κύριος*)와 소테르(*σωτήρ*), 즉 주님(dominus)과 하나님(deus)으로서, 주인(Herrn)이자 구원자로 숭배했다.

2. 제국은 자체 안에 잘 알려진 세계 경제를 갖추고 있었다. 아스팔트길과 다름없으며 오늘날까지도 교통에 이용되는 눈부신 도로들은 군사적인 목적을

위해 국경까지 뻗어 있다. 규칙적인 통신망과 잘 정비된 선박들이 이러한 도로망을 보완해주었다. 세계의 교통망은 선교를 위한 여행기회뿐만 아니라 그 자체가 인력과 사상의 교환을 위해서도 중요했다. 전 세계를 알고 있는 상인, 경계선을 넘어 다른 지역에 들어가 본 군인, 알렉산드리아에서 공부했으나, 보르도(Bordeaux)에서 자신의 교수를 알게 된 학자들, 이 모든 것들은 로마 제국에 잘 알려진 현상들이다. 개개인은 변화에 대한 나름대로의 생각을 지니고 있고, 기독교인이 된 상인과 군인도 다른 모든 사람들과 같았다.

또 다른 결과도 중요하다. 사람과 사상의 혼합은 불가피하게 사해동포적인 기본 생각을 가져왔음에 틀림없다. 이러한 사해동포주의는 곧 기독교 선교에 우호적으로 작용했다. 고향을 떠난 사람은 고향에 정주하고 있는 사람보다 종교적 변화를 더 빨리 결정한다는 경험이 우선 보여주고 있다. 게다가 늘 새로운 민족적 그리고 문화적 특성에로의 전환이 선교사에게 개인적인 과제를 극도로 어렵게 했을 것 같다. 이것은 만약 보편화된 기독교가 고대 도시국가의 모든 것을 적대성을 가지고 정복하고자 했다면, 상당히 어려운 난관에 부딪혔을 것임을 의미한다. 로마 제국의 국가 체제나 경제 체제가 기독교 선교에 커다란 도움이 되었다. 정말로 때가 무르익었다고 말할 수 있다.

3. 문화와 종교 전체적으로 볼 때 로마 국가는 내적으로 통일된 문화를 갖고 있었다. 피정복 민족들이 계속 그들 자신의 언어와 독특한 자신들의 문화를 유지하기는 했지만, 어느 정도였는지는 제국이 몰락할 때에 보여주었다. 그러나 이러한 민족 문화 외에도 공통된 최고의 문화가 있었다. 이것이 로마의 세속 통치를 하나가 되게 했다. 이러한 문화는 그리스 정신에서 온 것이다. 이미 알렉산더 대왕과 그의 후계자들이 그것을 동방에서 이식해 왔다. 로마가 이 두 개, 즉 동방과 그리스를 정복했을 때 로마는 기꺼이 그리스 정신을 수용했다. 이에 대한 외적인 증거는 후기 그리스 언어인 코이네(*κοινή*)가 로마 제국의 통일된 언어였다는 사실에 있다. 1세기의 모든 기독교 저술가들은 그들이 살던 장소와 상관없이 그리스어로 책을 썼다. 마르쿠스 아우렐리우스와 같은 로마 황제조차도 자신의 삶에 대해서 쓴 『고백록』을 그리스어로 집필했다.

만약 우리가 부분적으로는 이미 사도 시대에 이루어지긴 했으나 희랍 세계로의 진출이 기독교에 무엇을 의미했는지 알고자 한다면, 어떤 사상가들이 순수하게 희랍 사상을 전개했으며 그들이 수용해 사용한 해석 방법은 무엇이었는지를 물어야 한다. 희랍 정신이란 무엇인가?

1) 이 문제는 우선 '우리는 희랍인들을 어떻게 생각하는가?' 하는 관점에서부터 답변될 수 있다. 의심의 여지없이 우리는 그들을 유쾌한 삶을 즐기는 민족이요, 조화로운 미에 대한 감정이 극도로 잘 갖추어진 민족이라고 이해한다. 비극작가인 호머(Homer)가 이룩한 모든 예술은 바로 이러한 주제를 담고 있다. 그러나 이 모든 기쁨, 이 모든 아름다움에도 쓴 물방울 하나는 있다. 그것은 곧 모든 쾌락의 덧없음, 모든 미(美)의 덧없음이다. 죽음은 이 모든 세상에서 가장 큰 공포의 대상이다. 희랍의 영혼이 과도하게 미학적인 입장을 취하고, 지나치게 즐거움을 추구하기 때문에, 바로 이러한 이유에서 죽음은 그들에게 특별한 고통을 의미함에 틀림없다. 영혼에서 이러한 가시를 제거할 수 있는 사람은, 모든 것을 감내할 수 있다.

죽음에 대한 깊은 숙고와 모든 인류가 예외 없이 죽는다는 사실의 관찰에서 희랍인들은 해답의 실마리를 얻었다. 즉 영생을 가질 수 있는 것은 다만 신의 특권이라는 것이다. 더 날카로운 표현은 그것은 신적 본성의 특징이라는 것이다. 만약 인간이 이러한 영생을 얻고자 한다면, 그 역시 신적인 본성에 참여해야 하고, 신이 되어야 한다. 달리 표현하자면, 구원받고자 하는 희랍인의 동경은 우선 도덕적인 종류의 것, 즉 죄와 죄책으로부터의 구원이 아니라, 육체적인 것, 즉 육체에 고착되어 있는 죽음으로부터의 구원을 말한다. 바로 이 점에 유대적인 이해와는 다른 깊은 차이점이 있다.

2) 전혀 다른 토대에서도 동일한 결과를 얻게 된다. 철학적 방식의 모든 숙고는 곧 세상의 형성과 그 의미의 문제에 직면한다. 구약성서에서 세계는 하나님의 세계이며, 그 때문에 인간은 단지 제한적으로만 세계를 다룰 수 있다. 희랍에서 "숙고하며 세계를 규명하고 세계를 장악하고자 하는 방법이 계속 시도되었다"(불트만). 이것은 서구 문화에도 중요한 영향을 주었다. 요니세(jonische) 철학은 근원과 그와 함께 나타나는 현상의 다양성 배후에 숨겨진 궁극적 통일에 대한 물음을 이미 제기했다. 이러한 질문은 세계가 인식할 수 없는 하나의 형상, 곧 우주이기 때문에 진지하다. 그러나 형태를 갖추고 있는 것은 질료다. 그러므로 질료와 형상, 물질과 모양을 형성하는 힘이라는 상관관계가 불가피하게 생겨난다. 형성하는 것, 이념, 정신이 그렇다면 가장 중요

한 것임에 틀림없다. 인간은 우주의 한 부분이기 때문에, 더 나아가 소우주이기 때문에, 영혼이 지닌 힘의 내적 조화는 그의 행복과 평안의 전제다. 조화로운 자기 구현은 그러므로 희랍 윤리의 목적임에 틀림없다. 끝없는 윤리적 이상주의가 불가피하게 그 결과로 나타난다. 우주의 질서와 그의 법칙성에 대한 인식, 그리고 인간의 질서력 역시 그러한 형성의 전제다. 영지(Gnosis)는 그러므로 윤리의 전제다. 이러한 인식을 얻고자 추구하는 공동 노력으로서의 대화는 여기서 특별한 의미를 갖게 된다.

자유한 사람만이 자신의 삶을 추구할 수 있다. 광대한 의미의 자유는 그 자신에게서 비롯된다. 분명한 것은 바울에게서 볼 수 있듯이, 무엇으로부터의 자유(wovon)가 아닌, 무엇을 위한 자유(wozu)가 중요하다.

우주가 스스로 모양을 갖출 능력이 있고, 모양을 갖추었다고 해도, 그 우주가 허무하다는 사실은 분명하다. 허무하다는 이유는 그것이 변화하기 때문이다. 변화는 곧 허무함이다. 이것은 엘레아학파(die Eleaten)가 이미 보여주었다. 그러나 하나님은 영원하다. 하나님 사고의 기본 이치는 그러므로 불변성이다. 다르게 말하는 사람은 하나님의 신성을 범하는 것이다.

3) 이 두 가지 생각을 서로 합해보자. 변하지 않으며, 불멸하는 신성이 가변적이고 사멸하는 우주와 인간의 본성과 마주하게 된다. 그럼에도 불구하고 인간이 불멸성에 참여하고자 한다면 – 그것을 가능케 하는 신앙은 매우 생동적이다 – 분리에도 불구하고 인간과 온 우주 안에 신적인 성질의 작은 불꽃이 있어야만 한다. (다른 해결 가능성, 하나님의 창조 능력에 대한 신앙, 부활신앙은 불변성이라는 하나님의 기본 이치에 의해 배제되었다). 적어도 처음부터 신적 본성과 인간적 본성 사이에는 동일성이 존재해야만 한다. 다시금 우리는 희랍에서 하나님과 인간의 관계를 다룰 때에 유대교나 원시 그리스도교에서처럼 의지가 아닌, 본성의 관계를 문제 삼고 있다는 사실에 직면한다. 헤라클리트(Heraklit)의 로고스(*λόγος*), 아낙사고라스(Anaxagoras)의 누스(*νοῦς*), 플라톤의 이데아(*ἰδέα*), 그리고 스토아(Stoa)의 프뉴마(*πνεῦμα*)에서처럼 비록 개개인이 서로 다른 특징을 지니기는 했으나, 신적인 불꽃이 인간 안에 있다는 사상을 모든 희랍인에게서 볼 수 있다. 그리고 이들 모두가 후기 희랍시대에 신성을 영적인 것으로 보고, 물질에서, 육체에서 땅과 연관된 결국 사라질 삶의 가장 가치 없는 요소를 보았다는 점에서는 일치하고 있다. 삶의 목적은 결과적

으로 자유로운 삶을 위해 신적인 삶의 불꽃을 돕는 데 있다. 이것은 기본 태도가 이중적임을 의미한다. 희랍 정신의 기본 사고는 그러나 (단어가 지닌 신학적 의미를 볼 때) 신비적이다.

4) 어떻게 인간이 세상과 마주하고 있는 절대적 존재인 하나님과 하나가 되며 목적을 이룰 수 있는가 하는 문제에 여러 가지 답변이 제기되고 있다.

(1) 인식을 통해 자유를 얻을 수 있다는 것(인식론적 방법)은 희랍적인 것임에 틀림없다. 희랍인처럼 앎(γνῶσις)에 대한 욕구가 그처럼 강렬하게 불타오른 민족도 없다. 앎에 대한 욕구는 동일한 화제인 삶에 대한 갈망과 함께 나타난다. 여기서 인식은 곧 삶을 뜻하고 있다. 엘레아학파도 단지 사고 속에서만 사건 배후에 있는 영원한 존재를 인식할 수 있다고 믿었다. 플라톤에게 "에로스"는 중요한 영적인 힘이요, 최고와 완성을 추구하는 영혼의 동적인 욕망이다. 신플라톤(Neoplatonismus) 철학에서 이러한 사고 과정은 곧 단계적으로 신성에 이르는 수단이 된다. 그것은 포세이돈(Poseidonius) 이후 선과 진리의 자리를 대신하고 있다. 생각하면서 인간은 선과 진리와 일치하게 된다. 완성자를 표시하고자 할 때, 그래서 그를 그노스틱커(γνωστικός), 즉 영지주의자라고 부른다. 그는 동시에 하나님의 사람(θεῖος ἄνθρωπος)이기도 하다.

이와 같은 사상은 기독교와 접촉되기도 하지만 또한 기독교에 위험하다는 것을 알 수 있다. 인식(Erkenntnis), 그것은 우주 진화와 삶의 의미를 묻는 질문에 해답을 가지고 희랍인 앞에 등장한 새로운 종교였으며, 알고자 하는 열망의 성취였다. 이 새로운 종교는 답을 하나님이 직접 제공한 것으로 본다. 그러나 희랍 정신이 자신들의 숙고에 대한 답을 내리면서 그들 고유의 신관의 원리를 답변에 접목시켰을 가능성을 배제할 수 없다.

(2) 신비적 연합이라는 목적을 이루는 데 있어서 완전히 다른 또 하나의 해답은 비밀 종교 의식이다. 비밀 종교 의식은 나중에 동방에서 영향을 받은 희랍 문화의 원시적 소산물이다. 고대 희랍의 비밀 종교 의식의 종교성이 가진 종교사학적인 배경은 이 정도로 남겨두어야만 한다. 기본 사상은 비밀스러운 행동(μυστήριον)을 통해 영혼을 육체로 인한 부정(不淨)에서 해방하고 장차 임할 심판과 천성으로 향하는 길의 위험을 영원한 빛으로 극복한다는 것이다. 여기서 불멸 사상이 강력하게 나타나고 있다. 또한 불멸을 막는 것이 육체, 감각 등 물질과 결합한 것들이라는 사상도 있다. 주지주의적인 신비주의 역시

동일한 사상을 갖고 있다. 후기 희랍 신비주의의 일반적 현상이던 육체에서 그 자신을 이격시키는 금욕(Askese)은 여기서 나온 결과다. 금욕은 불멸의 장애가 되는 육을 자신에게서 제거하는 직접적인 자아 구원의 길이었다. 금욕은 구원의 전제 조건이다. "영지주의자"와 "금욕가"라는 개념은 곧 동의어가 된다. 그러나 금욕은 신비주의에서는 대체로 단지 준비 단계로만 여긴다. 구원은 성례전적인 행동을 통해서 완성된다. 신적인 물질과 연관을 맺고, 신성이라는 생명과정에 개입함으로써 인간은 신격화에 이른다. 인간이 이 땅에 거하는 동안 이것은 단지 산발적으로 일어나며, 삶이 절정에 이르렀을 때에, 즉 황홀할 때에 신비적인 관점에 의하면 미래적인 삶이 순간적으로 선취된다. 그러나 거기서 인간은 동시에 미래를 위한 보증을 갖는다.

한편으로는 기독교 성례전과 유사한 점을 볼 수 있지만, 개입한 낯선 정신의 근원 역시 명백하다. 이것도 역시 희랍적 사고의 틀 안에 있기 때문이다. 신비주의의 정결 규정이 윤리적인 측면으로 전개되는 곳에서는 스토아(Stoa)나 견유학파(Kynikern)의 경우처럼, 하나님과 인간 사이의 두 가지 의지가 아닌, 두 가지 본성의 관계가 항상 남는다. 엄격한 금욕과 하나님께 나아가고자 하는 삶을 살아서 신성으로 들어가거나 혹은 인간의 육적인 성질을 없애고 하나님의 본성으로 덧입는 것이 구원의 순간이다.

5) 다신교를 극복하는 단일신교가 그 안에서 정교하게 형성되고 있다. 물론 단일신교는 인격적인 하나님이 아니라, 철학적인 하나님을 사유했다.

6) 종교에 대해서도 제한된 의미로 간략히 언급해야만 한다. 철학과 신비주의의 경건에서 희랍 정신을 찾을 수 있다는 것은 옳다. 왜냐하면 하늘조차도 철학적인 사유를 저지할 수 없기 때문이다. 철학도 종교 앞에서 그들이 하는 일을 멈추지 않았다. 왜냐하면 그들 역시 오늘날도 마찬가지지만, 종교적 영역에서 다루어지는 문제를 취급하기 때문이다. 당시의 서구 철학은 적어도 내적으로 민족종교를 해체시켰다. 외적으로만 제의의 화려함이 후기까지 남아 있었을 뿐이다.

그러나 한 가지만은 중단시킬 수가 없었다. 즉 백성의 종교적 열망이다. 자신들의 신에 대해 회의하자, 그들은 낯선 신들에게 돌아섰다. 수많은 동방 제의(Kult)가 서방으로 흘러들어오기 시작한다. 새로운 제의는 전혀 추종자를 찾지 못할 정도로 낯설지는 않았다. 전체가 다 받아들여진 것도 있는가 하면,

부분적으로는 몇 가지 사상만이 수용되고, 다른 사상들은 다른 체계에 의해 거부되기도 했다. 절충주의(Eklektizismus)와 혼합주의(Synkretismus)는 저물어가는 고대의 종교성을 나타내는 두 가지 특징이다. (혼합주의는 고대 종교 자체에 있는 다른 뿌리를 갖고 있다.)

7) 엄청난 혼합주의 과정에 철학 역시 다시 개입되고 있다. 그것으로 비로소 혼합주의의 그림은 완성되고 있다. 왜냐하면 이탈리아부터 바벨론에 이르는 황제 제국이 갖고 있던 모든 종교들이 결국 뒤섞였기 때문이다. 모든 철학파도 뒤섞였고, 종교와 철학도 뒤섞였다. 우리에게 낯설게 다가오는 이 모든 것은 이 시대의 종교적 힘에 관한 유일한 증거다. 게다가 철학은 종교적 동경의 우선성에 머리를 굽혀야만 했고, 포세이돈(Poseidonius, 약 주전 51 사망) 이후 종교의 하녀가 되어야만 했다.

기독교가 선교를 시작했을 때 이러한 상황에 처해 있다는 것이 기독교에 무엇을 의미하는지 상세히 언급할 필요는 없다. 오래된 민족종교는 사라졌다. 그것이 없이는 선교적 성공은 매우 어려웠을 것이다. 새로운 종교적 메시지가 선포될 때 종교적으로 동일한 시대라고 주목을 끌 정도로 종교적 동경의 힘은 깨지지 않았다. 결국 동쪽에서 온 새로운 종교적인 것을 검토하는 데 익숙했고, 기독교도 그렇게 했다.

기독교는 빈 공간에 밀고 들어간 것이 아니라는 것도 동시에 분명해지고 있다. 승리를 위해 당시 존재했던 종교성으로 가득한 세계와 계속 싸워야만 했다. 지난 세기에는 기독교가 선교를 시작했을 당시 이교도의 세력이 결코 꺾인 것이 아님을 특별히 강조했으며, 무엇보다도 아우구스투스가 계획한 구 로마종교를 부활시키려는 시도를 지적했다. 위에서 대중을 위해 계획한 그러한 재흥시도는 사실 그렇게 높이 평가해서는 안 된다. 구 로마종교의 힘은 사라졌다. 다만 고대 혼합주의의 종교성만이 남아 있다. 그것 역시 이기는 데에는 상당히 큰 대가를 지불해야만 했다.

그러나 여기도 역시 긍정적인 접촉점은 있다. 그 시대의 종교적 열망은 구원에 대한 사람들의 동경을 만족시킨 단 한 개의 종교만이 성취할 수 있었다. 그것은 불현듯 나타났지만 유일신적인 특징을 갖고 있고, 도덕적인 측면에서 처음부터 끝까지 그들을 사로잡은 하나의 교리를 가진 기독교였다. 기독교는 그 시대의 문제에 대해 긍정적인 답변을 제공함으로써 성공할 수가 있었다.

8) 황제 시대가 가져온 유일한 새로운 창의적 제도인 황제제의(Kaiserkult)와 교회 사이에는 기독교 선교에 기여할 만한 아무런 접촉점도 없었으며, 다만 싸움만이 있었다. 황제제의의 뿌리는 동방에 근원이 있다. 가령 이집트에서 고대 이후 왕들은 공식적으로 신들이 성육신한 것으로 추앙되었고 그에 상응하는 숭배를 받았다. 동방의 다른 통치자들 역시 신적인 형태로 숭배를 받았다. 이러한 동방의 풍습은 몇몇 희랍 신하들의 반대에도 불구하고 알렉산더 대왕에 의해 동방으로부터 유입되었다. 그렇지만 희랍 종교에도 역시 그러한 왕 숭배와 접촉점이 있다. 희랍의 경건 역시 그러한 생각에 낯설지 않아서, 위대한 전사, 영웅들은 죽은 후 되었다. 숭배는 이제 사람뿐만 아니라 국가의 대표자에게도 해당한다는 것이 이 점에서 분명히 표현되고 있다. 황제제의는 아무런 어려움 없이 연결될 수 있었다.

산 사람을 신으로 숭배한다는 무척이나 낯선 사상이 로마에서도 발견되었다는 점에서 황제제의도 로마교에서 확실한 접촉점을 찾았다. 왜냐하면 본질을 볼 때 황제제의는 개인적인 종교성(Religiosität)이 아니라, 공적인 국가행위였기 때문이다. 제의를 통해 신들은 그들에게 부여되는 것을 받고, 사람들에게 필요한 것을 그들 편에서 준다. 희생은 모든 시민들이 가장 먼저 지켜야 할 의무다. "만약 제의를 통해 확인되지 않는다면, 최고 권력자의 평안도 잃게 된다"(심마쿠스, EP. I 46). 로마에서도 역시 개인주의가 강하면 강할수록 개인들은 이러한 종교로부터 더 불만족해 했다. 여기에 로마 혼합주의의 뿌리가 있다.

가장 강한 개입은 옛 신들에 대한 제의와 함께 황제제의였다. 죽은 자의 신격화를 로마는 이미 갖고 있었다. 실제로 주전 42년 케자르(Cäsar)는 원로원의 의결로 사후 디우스 율리우스(Divus Julius)로서 국가 신들의 반열에 들어갔다. 오랜 기간 제국에 평화를 선물한 케자르의 후계자인 옥타비아누스는 케자르만큼이나 국민들의 신적인 숭배를 갈망했다. 모든 사람들처럼 그가 가지고 있는 하늘에 속한 황제의 혼령이 신 가운데 하나로 귀속되었을 때, 그것은 다만 숭배에 대한 살아 있는 표현이었다. 그가 주전 27년 세바스토스(Σεβαστός, Augustus)라는, 즉 종교적인 의미에서도 숭배 받을 만한 위엄을 가진 자라는 칭호를 얻었을 때, 그는 실제로 백성들 위에 우뚝 서 있었다. 동방에서는 그를 기꺼이 신으로 숭배했다. 세계를 구원할 자라고 비문에서도 축하했다. 이러한 범례가 로마에서도 결국 계속 관철되었고, 로마 여신의 숭배는 황제제의와 결합되었다. 로마에서도 역시 곧 신에게처럼 살아있는 자에게 희생을 바쳤다. 황제들에게 신전도 건축해 주었고, 사제도 임명해 주었으며, 축일도 도입했다. 황제제의는 결국 제국의 모든 다양한 백성들을 그들의 민족성과 문화를 넘어 종교적으로 하나로 묶는 끈이 되었다. 특별한 특전을 얻어 황제제의에 참여하는 문제에서 자유로웠던 유대인들은 대신 매일 예루살렘 성전에서 황제를 위해 희생을 드려야만 했다. 이러한 상황에도 불구하고 기독교인들이 황제제의를 전면 거부한 것은 특별히 중요했다.

| 참고문헌 | K. Prümm, Religionsgeschischtliches Handbuch für den Raum der altchristlichen Umwelt, Hellenistisch-römische Geistesströmungen und Kulte mit Beachtung des Eigenlebens der Provinzen, 1943. A. Friedlander, Darstellungen aus der Sittengeschichte Roms, 1922ff.[10] Johannes Geffken, Der Ausgang des griechisch-römischen Heidentums, 1920. Paul Wendland, Die hellenistisch-römische Kultur in ihren Beziehungen zu Judentum und Christentum, 1912[3]. Kal Stürmer, Judentum, Griechentum und Gnosis (ThLZ 73, 1948, Sp. 581ff.). Rudolf Bultmann, Das Urchristentum im Rahmen der antiken Religionen, 1963[3].

5. 예수 당시의 유대교

기독교와 유대교의 관계는 본래 모순이 가득한 관계다. 한편으로 보면 기독교는 결코 의심의 여지없이 유대교와 대립되어 형성된 것은 아니다. 다만 핵심에 있어서 유대교적인 것을 갖고 있을 뿐이요, 구 언약의 성취라는 측면에서 종교를 완성코자 원했다. 그러므로 유대교는 기독교가 성장한 토대다. 유대인들은 예수를 추종한 첫 번째 사람들이었다. 유대인들은 예수의 말씀을 전 세계에 실어 날랐다. 로마 전역에 있는 유대교 회당은 기독교의 첫 선교 본부였다.

그러나 다른 한편 그 안에도 역시 참된 것이 있다고 기독교가 알고 있던 이교도에 대한 반대는 유대인에 대한 반대처럼 그렇게 심각하게 받아들여지지 않았다. 주후 200년 테르툴리아누스에게 박해의 발원지가 어디인지를 물었을 때, 그는 유대 회당을 지적했다.

유대교에 대한 이 두 가지 관련은 기독교에 중요한 것이 되었다. 여기서는 우선 긍정적이고 고무적인 연관성만을 서술해야 한다. 이것은 유대교의 고향인 팔레스타인 유대교에서 나온 것이 아니라, 특별히 디아스포라 유대교와 관련된 것이다. 이러한 장려는 독일에서도 그랬던 것처럼, 유대교가 로마 제국에서 거의 경멸되었을 때에 더욱 눈에 뜨였다. "인간 찌꺼기"(taeterrima gens)라고 타키투스는 그것을 칭했다. 부분적으로는 정말 잔혹한 학살인 피의 학살 등에 대한 소식들이 전해졌다.

그럼에도 불구하고 예수 시대에 로마 제국에서 유대교의 분포율은 상당히 컸다. 오늘날처럼 그들은 문화세계에서만 살았다. 이집트에서는 전 인구의 10-12%가 유대인이었다. 로마에서는 주민의 단지 2%만이 유대인이었다. 제국 전체에서 유대인의 숫자는 4-4$\frac{1}{2}$(단위: 백만) 정도로 추정했다. 그 숫자를 6백만이라고 볼 때 전체 인구의 약 7%에 해당한다(프랑크푸르트 암 마인의 유대인이 그들이 사라지기 전 단지 6.3%에 달했다는 것이 비교하는 데 도움이 된다). 상당히 커다란 유대인의 증가 수치를 관찰할 수 있긴 하지만, 그것은 믿을 수 없을 정도로 높은 수치다. 수많은 비유대인들이 유대인의 종교공동체에 가입했고, 그 때문에 유대인으로 계산되었다고 설명될 수도 있다. 그토록 큰 단체의 그늘에서 제국에 첫 선교를 시도할 수 있었다는 사실이 기독교에 뜻하는 것이 무엇인지를 즉시 이해할 수 있다.

어떻게 유대교는 고대의 강력한 반유대주의에 직면해서 그토록 큰 선교적 힘을 전개할 수 있었는가? 이것이 이 사실과 관련하여 우리가 직면한 문제다. 이 문제를 해결하기 위해 세 가지 점을 지적해야만 한다.

1. 구약 종교의 특징을 지적할 수 있다. 구약성서는 세상을 자연적인 우주가 아닌 말씀의 엄격한 의미에서 초월적인 하나님의 창조물로 이해하고 있으며, 게다가 무로부터의 창조라고 이해한다. 구약성서의 인간 이해도 역시 동일하다. 스토아에서 말하듯이, 인간은 자연 속에 포함된 것이 아니라, 자연과 마주서서 그것을 다스리도록 부름 받았다. 불트만은 특별히 이 점을 강조했다. 구약성서, 특별히 야훼 기자에 의하면, 피조물인 자연은 하나님의 통치 영역인 역사의 한 부분을 이룬다. 그러나 구약의 경건자는 언제나 동일하게 일어나는 역

사적 사건의 법칙을 파악하고자 하는 것이 아니라 - 희랍의 역사가들처럼 - 역사 속에서 실현되는 하나님의 계획과 그것이 지닌 신율적인 의미를 이해하고자 노력한다.

이스라엘은 그런 의미에서 하나님이 그들을 그 자신의 백성으로 선택했을 때 특별한 자리를 얻게 되었다. 그들의 선택은 이스라엘의 높은 우수성 때문이 아니라, 하나님의 순수한 자비 때문이다. 계약은 그 시작이 오직 하나님 안에 있었지만, 결과적으로 두 당사자의 결합을 가져왔다. 하나님의 배타성은 다른 신들의 숭배를 배제시켰다.

하나님이 역사 속에서 이스라엘 백성을 선택했기에, 그것은 역사적 사건이 되었고, 특히 하나님의 구원의 뜻이 개입된 역사가 되었다. 그러므로 역사 축제는 가장 중요한 축제다. 이것이 신성 자체의 운명을 핵심으로 삼는 신비와 역사 축제를 엄격히 구분시켜주고 있다.

선택은 게다가 항상 새롭게 보증 받아야 할 선물이 아닌 안심해도 될 소유물로서 이스라엘 민족에 의해 오해될 수도 있다. 그래서 예언자의 멸망에 대한 설교뿐만 아니라 하나님은 신실하시기 때문에 미래를 가리키는 예언자의 구원 설교도 나타났다. 예언과 종말은 동일한 것이다.

민족의 독립을 잃은 후, 예언이 제의와 율법과 더불어 이스라엘 민족의 지주가 된다. 그에 따라 한 가지 이상을 향해 자아의 날개를 펴지 못하고 하나님 주신 율법에 대한 순종을 윤리적 목적으로 삼았다. 악은 극복해야 할 단계가 아니라, 속죄를 요구하는 위반이다. 계율이 아닌 금지가 중요한 척도다. 엄격하고 배타적인 이러한 특징이 유대교를 알리는 첫 인상이 되었다.

2. 유대교는 그의 민족적인 한계를 포기했다. 이러한 방향으로 계속 전개시킨 세 가지 주요 요인이 있다.

1) 엄격하며 배타적인 민족주의다. 이에 따르면 오직 유대인만이 하나님 나라에 들어갈 수 있다. 그렇다고 할지라도 가능한 한 많은 사람들이 이 나라에 들어오는 것이 가능하도록 열심히 선교해야 하는 것은 도덕적인 의무다. 배타성은 계획적인 선교에는 커다란 자극제가 된다. 게다가 유대인들의 대망에 따르면, 이교도의 회심은 메시아 시대가 도래하는 데 있어서 하나의 전제조건이 된다는 것이다. 신명기 이사야(Deuterojesaja) 이후 이러한 사상이 활

발해졌다. 왜냐하면 바로 그 안에 집중적인 선교 수행에 대한 강력한 자극이 있기 때문이다(마 23:15). 이것은, 만약 그것이 성공했다면, 민족적인 개방으로 이어졌음에 틀림없다.

2) 이미 팔레스타인의 유대교는 더 이상 하나가 아니었다. 바리새인과 더불어 다른 단체들이 일어났다. 이들은 자신을 둘러싸고 있는 환경에 많든 적든 기꺼이 자신들을 개방했다. 바리새인보다 더 엄격했던 사두개파(Sadduzäer)와 나사렛파(Nazoräer), 그리고 쿰란문서를 통해서 우리에게 잘 알려진 에세네파(Essener)가 그들이다. 이 세상의 종말대망이 유대묵시문학에 강한 영향을 주었다는 것이 여기서 중요하다. 지상의 왕이 통치하는 세상나라 대신 적지 않은 많은 사람들은 이제 하나님이 직접 혹은 그의 사자가 이 세상을 없애고 영광의 새 나라를 세우게 될 것을 고대했다. 비유대인은 만약 그들이 도덕적인 기본요구에 맞게 삶을 산다고 해도 거기에 참여하지 못할 것이다. 여기에 분명히 민족적인 제한이 있다. 종말 대망도 확실히 일치하지 않고 있음을 보게 된다.

3) 마지막으로 유대종교의 중심이었던 성전제의(Tempelkult)가 그 위치를 상실했다는 것이 중요하다. 이것은 주후 70년 성전의 파괴로 인해 초래되었다. 예루살렘 성전 파괴는 유대교 자체 내에 민족주의적인 경향이 초래한 재난이었다. 그러나 사실 성전제의는 이미 오래전에 그 의미를 상실했다. 율법이 그 자리를 대신했다. 제의는 다만 율법에 제시되어 있기 때문에 존속했다. 그러나 종교적으로 중요한 것은 바로 율법이었다. 이로 인해 유대교는 어떤 특정한 장소에 더 이상 얽매이지 않았다. 의식 대신에 동시에 도덕적인 계명이 전면에 등장했다. 율법 학자들은 가장 중요한 계명을 묻는 질문에 "네 마음을 다하며 목숨을 다하며 힘을 다하며 뜻을 다하여 주 너의 하나님을 사랑하고 또한 네 이웃을 네 자신 같이 사랑하라"(눅 10:27)고 대답했다. 이러한 강조점 전환은 성전 밖에서도 역시, 복음서가 보여주듯이, 모두가 참여할 수 있는 순수한 영적인 예배를 가능케 했다. 사제는 더 이상 꼭 필요한 것이 아니다. 이것은 같은 시대에 유대교 밖에서, 즉 비밀종파에 성례전주의가 활개치고 있었다는 것보다 더 눈여겨보아야 할 사항이다.

유대교가 당시 자신의 발원지를 넘어 강력하게 확산된 주요 요인은 이 세 가지 일들, 즉 선교, 새로운 세상을 소망하며 국가적이며 – 세상적인 미래

대망의 과제(Aufgabe), 그리고 순수한 영적 발로이나, 본질적으로는 윤리 지향적인 회당예배를 위해서 성전에서 드리는 예배를 버린 것에 있다. 이것이 유대교 선교 성공의 이해를 돕는 두 번째 국면이다.

3. 세 번째는 위와 밀접한 연관이 있다. 많은 사람들이, 특히 동방에서 유대인들이 낯선 땅에서 획득한 커다란 특전을 소유하기 위해 유대공동체에 가입했을지라도, 순수한 의도에서 유대공동체에 들어온 참된 희랍인과 로마인도 충분히 있다. 그러나 이것은 유대교가 정말 종교로서 이러한 이교도의 종교적 갈망을 만족케 했을 경우에만 이해할 수 있다. 이것만이 이교도를 통한 반유대주의적인 기본자세의 극복을 이해할 수 있는 유일한 설명이다. 그렇지만 유대교의 힘은 그의 신 개념이었다. 이교도들 역시 당시 갈망했던 이러한 신 개념, 즉 윤리적인 단일신론(Der ethische Monotheismus)은 전 세계에 걸쳐 이들만이 갖고 있었다. 한 분 하나님, 모든 풍습보다 뛰어난 그의 도덕법, 그의 세계 심판, 이러한 것들은 디아스포라 유대인, 즉 선교사들이 로마인들에게 전해준 것들이다. 다른 모든 것들은 이 뒤에 감추어졌다. 다른 모든 것들은 팔레스타인의 회당 예배에서 이미 사라졌다. 상당히 많은 것들이 비유대인들을 위해 부차적인 것으로 여겨져야만 했다. 개방은 여기 선교에서 풍성한 열매를 가져왔다.

그러나 이러한 개방은 디아스포라에서 이미 팔레스타인에서 보통이 되어버린 정도를 훨씬 넘어섰다. 디아스포라 유대인 역시 언제나 그리고 철저히 유대인으로서 느끼기를 좋아했고 그 때문에 종말의 나라에서 특별한 지위를 기대했다. 디아스포라 유대인은 팔레스타인의 바리새인이 거부했던 비유대인과의 교제를 받아들였다. 디아스포라 유대인은 현지인의 언어인 코이네(κοινή)를 사용해야만 했다. 실제로 그들은 히브리어에 대한 지식을 잃어버릴 정도여서 그들의 성경조차도 희랍어로 번역되어야만 했다. 이 희랍어 성경은 셉투아진타(Septuaginta), 즉 70인역이라는 이름으로 우리에게 전해지고 있다. 고향에서는 히브리어 성서가 영감에 의해 쓰인 성서로 여겨졌지만, 이제 밖에서는 셉투아진타가 영감에 의해 쓰인 성경으로 인정되었다. 희랍 문화에 의해 강하게 영향을 입은 디아스포라 유대문화의 새로운 정신이 그곳에서 꽃핀 본래의 종교적 문헌에 가장 강렬하게 등장하고 있다. 역사서로는 마카비 II서(das II. Makkabäerbuch), 대중적인 생활 원리를 모은 책인 솔로몬의 지혜서(die Weisheit Salomos), 바룩서와 같은 묵시서들을 언급해 볼 수 있다.

헬레니즘에 의해 가장 큰 영향을 입은 사람은 필로(Philo)였다. 그는 언제나 유대인으로 남고자 했다. 그는 유대교의 희망을 확신했고, 개인적으로 황제에게 나아가 자신의 민족을 위해 힘을 기울였다. 그는 율법에는 지혜가 충만하며, 율법을 통해 하나님을 알 수 있다고 믿었다. 알렉산드리아에서 희랍적 지혜와 철학적 사변에서 그가 얻은 모든 것은 본래 율법이 갖고 있는 내용과 다름없었다. 구약성서의 알레고리적 해석은 그 속에 있는 희랍지혜를 알게 해주었다. 오늘날의 역사가는 필로의 신 개념이 스토아와 플라톤에 의해서 영향 받았음을 안다. 그러나 필로는 그 어떤 철학파도 제시할 수 없는 무엇인가를 가졌다. 즉 고대에 기원이 있는 원자료(Urkunde)다. 이것을 통해 그는 하나님이 유일신임을 알았다. 또한 자신의 일신론에는 철학자들이 생각하는 일신론을 능가하는 그 무엇이 있음도 알았다. 즉 희랍 사상가가 승화된 물질주의와 신성 사상까지만 파악한 반면에 유대인으로서 그는 하나님을 영적이고 인격적인 존재라고 생각했다.

그러므로 여기 디아스포라에서는 옛 유대적 요소와 새로운 헬레니즘적인 것이 완전히 뒤섞였다. 새로운 것이 너무 강하게 작용했기 때문에 유대적인 옛 경계가 그것을 지울 수가 없었다. 완전한 헬레니즘 문화가 흔쾌히 수용되고, 사람들은 헬라주의자(Hellenist)이면서도 동시에 유대인으로 남았다. 헬라와 유대의 문화적 결합은 유대교를 쉽게 수용하는 토대가 되었다. 오늘날의 기독교 선교는 그것을 얼마나 어렵게 하는지, 기독교로의 전환은 언제나 하나의 새로운 문화로의 전환을 의미한다. 디아스포라 유대교의 헬라화는 유대교가 자신의 주관을 가지고 헬라주의와 조우했을 때 일어날 수밖에 없었던 충격을 제거해주었다. 전부는 아니라 해도 그에게 줄 수 있는 것이 무엇이었겠는가? 다신론에 대해 의심하기 시작하는 이교도에게는 우선 단일신론(Monotheismus)을 제시했고, 윤리는 적어도 최고 이교철학자의 윤리와 동일하지만, 이교적인 대중의 윤리보다는 월등히 낫다고 했다. 형상이 없는 영적인 하나님 숭배, 이것은 바로 로마 제국에서 교양을 갖춘 상류층이 요구한 종교성이었다. 이들은 철학이 말하는 확실치 않는 불멸 대신에 확실한 보상을 제시했다. 이 모든 것 중에서 가장 중요한 것은 철학적 사색이 아니라, 하나님의 계시 자체에 그 출발점이 있는 역사적 종교라는 것이다. 그 시작은 하나님의 계시에 있다. 경전에는 아주 오래전부터 현재까지를 포괄하는 계시를 담고 있어서, 희랍적 소산이나 혹은 로마적인 유산도 그에 비교할 수 없다. 이러한 거룩한 경전들은 한결같이 자신들을 능가하는 어떤 것을 가리키고 있다. 즉 그들은 한 명의 메시아가 올 것이고 그가 세상을 구속할 것이라고 직접 말한다. 고전적 전통과 가장 생동감 있는 미래 대망이 여기서 조우했고, 유대인 선교의 성공을 가져왔다.

그러나 기독교 역시 조직적으로는 기존의 체제를 편승해야 했다. 기독교의 등장과 요구를 아무도 진지하게 받아들이지 않았다. 왜냐하면 모든 유대인들이 소망했던 옛 언약의 성취로만 알고 있었기 때문이다. 그러므로 기독교 선교가 우선 제국의 유대인들을 그 대상으로 삼은 것도 당연하다.

제국에서의 유대인 선교는 대부분의 도시에서 교회를 설립하고, 복음의 메시지를 선포하게 함으로써 그곳에서 좋은 성서적 지식을 가진 협력자와 동역자를 찾고, 교리문답과 예전 학교를 세울 수 있었던 토대를 마련해주었다. 선교에 대한 의무 역시 유대교로부터 그들에게 주어진 자명한 것이었다. 여기에 제시된 도움들을 결코 과대평가할 수 없다.

고대 기독교에 특별히 중요한 것으로서 내용적으로 셉투아진타와 주전 약 100년 동안의 묵시문학적 성격을 가진 유대 민족 문학을 지적할 수 있다. 종말에 대한 기대가 그 속에 가득하다는 의미에서뿐만 아니라, 역사 전체를 종말론적이고 구속사적으로 고찰했다는 점에서 그렇다. 신약성서의 역사신학은 여기에 그 뿌리가 있다. 그 속에 있는 중심 개념들은 이곳에서 이미 형성되었고(하나님의 나라, 인자), 중요한 문제들을 예비했다(하나님의 의, 우주 역사와 인간 역사의 결합, 에온(Aeonen) 상호간의 싸움 등). "묵시문학적인 사고세계는 신약성서의 기자들이 정통해 있던 영적 세계이다"(스타우퍼). 희랍종교 정신의 세계만은 아니다. 바로 신약성서의 사전적인 철저한 연구는 구약성서와 70인역이 바로 그 수원지를 이루고 있음을 보여주었다. 희랍의 영지주의는 이 싸움을 인정하고 있다.

| 참고문헌 | E. Kautzsch, Die Apokryphen und Pseudepigraphen des Alten Testaments, 1900. Wilhelm Bousset und Hugo Greβmann, Die Religion des Judentums im spat-hellenistischen Zeitalter, 1926[3] (=Handbuch zum Neuen Testament, 21). H. Bardtke, Die Handschriftenfunde am Toten Meer, Bd. I 1953[2], Bd. II 1958.

6. 예수와 원시 기독교

예수에 대한 학문적 신학과 일반 대중의 의견은 지난 세기에 서로 갈라져 대립되어 왔다. 일반 대중이 가능한 한 예수를 유대교에서 분리하고자 했다면, 신학은 오히려 아래와 같은 열띤 문제에 직면해 있다. 예수가 유대교와 도대체 무엇이 다른가? 그의 말이나 산상설교와 유사한 것을 유대문서에서도 제시할 수 있다는 것이다. 그의 모든 종교적 언어는 유대교에 그 출처가 있다. 그는 단 하나의 개념도 새로이 종교사에 도입하지 않았다. 도대체 그에게 있어서 무엇이 새로운가?

또 다른 관점에서도 이러한 문제는 더 화두가 되고 있다. 예수는 의심의 여지없이 세례 요한이 시작한 운동에 접목되었다. 세례 요한은 유대교를 그럭저럭 감내했지만, 예수는 그것을 십자가에 가져왔다. 이 둘 사이의 차이점은 어디에 그 본질이 있는가?

1. 세례 요한 목욕과 세례는 레위기의 정결의식으로부터 유대교에 전수된 것이다. 사람들은 두 가지 꼭 필요한 세례 형식을 잘 알고 있었다.

1) 첫째는 개종자 세례(die Proselytentaufe)로서 이교도였으나 유대교로 넘어온 사람이면 누구나가 받아야만 하는 이교적인 부정을 제거하기 위한 세례다.

2) 둘째는 종말론적인 세례다. 이것 역시 물론 정결 세례이나, 이것을 통해서 하나님 나라에 들어갈 기회가 열리며, 따라서 하나님 나라에 참여하고자 하는 자는 누구나 받아야만 하는 세례다.

종말론적인 세례는 요한의 세례라고 이해해야만 한다. 그것은 "하나님 나라가 가까웠기 때문에", 그의 오심에 대한 준비로서, 그 나라에 합당한 정결, 즉 "죄의 용서"를 위해 수행하는 것이다. 이 나라에 들어가는 것은 육적인 아브라함의 자녀로 제한되지 않았다. 하나님은 광야의 돌로도 아브라함의 자녀를 삼을 수 있다.

요한의 특징은 그의 이름에서 언급된 듯이 보인다. 그는 세례를 주었지만, 자신의 세례는 유대적인 풍습에 일치하는 세례를 받았다.

하나님 나라를 준비하는 요한의 세례는 그와 결합된 준엄한 참회 설교에도 불구하고 유대교를 감내했다.

2. 예수 예수는 세 가지 모습, 즉 예언자, 메시아, 그리고 구원자로서 우리에게 나타났다.

1) 우선 예언자로서 그는 하나님과 하나님 나라에 대한 새로운 메시지를 선포했다. 이 메시지는 유대교가 알고 있던 하나님-인간의 관계를 완전히 뒤집은 것이다. 유대교적 관점에 의하면 율법의 성취가 하나님께 이르는 길을 열어준다. 참회는 대체 기능을 갖고 있다고 이해했기에 그것이 율법의 성취를 대신할 수 있었다. 세례 요한 역시 참회에서 하나님의 자비를 강요하는 태도를 본다. 이러한 관계를 예수는 역전시켰다. 그에 의하면 인간이 참회를 행하기 때문에 하나님이 죄인에게 은총을 베푸는 것이 아니라, 하나님이 선을 베풀어 인간의 마음을 얻고, 인간에게 은혜롭기 때문에 그가 참회할 수 있다는 것이다. 인간의 어떤 행위와도 연관되지 않은 이러한 용서의 의지는 가령, 잃어버린 양의 비유에서 매우 아름답게 표현되고 있다. 또는 "너가 나에게 어떻게 했느냐"라고 묻거나 바로 그 행위를 통해서 인간의 마음을 얻지 않고 악한 자와 마찬가지로 선한 자에게도 동일하게 해(Sonne)를 주시는 자비로운 아버지라는 하나님에 대한 예수의 묘사에서 표현되고 있다.

하나님께 대한 이러한 마음의 애착과 헌신은 바로 참회에서 완성될 수 있다. 만약 인간이 하나님의 이러한 위엄 앞에 서 있음을 안다면, 자신은 아무것도 아님을 확신해야 한다. "하늘에 계신 너의 아버지의 온전하심 같이 너희도 온전하라." 이것은 인간에게는 불가능하다. 그러므로 하나님의 선은 인간에 대한 심판이 된다. 그러나 심판에 이르는 자는 심판에 머무르지 않는다. 하나님은 오히려 회한 속에서 자신을 고백하는 사람과의 분리를 극복하고, 더 나아가서 죄인을 아들로 부르신다.

인간은 그러므로 이 세상의 염려의 압제와 강압적인 율법의 요구라는 힘든 고통에서 하나님의 자녀라는 축복으로 오게 된다. 이것이 구원이다. 그러나 그 구원은 인간의 계속된 노력에서 얻어진 구원이 아니다. 의인의 구원도 아니며, 참회의 행위에 대한 보답도 아니다. 자신의 가치를 잃어버린 사람은 오히려 하나님께 가까이 나아간다. 바로 그 사람을 하나님은 가까이 하신다.

이러한 설교로 예수는 실제로 율법의 가치를 제거하고 있다. 율법은 더 이상 하나님 관계의 토대가 되지 못한다. 이러한 설교는 유대인이 듣기에 하나님을 모독하는 것이었다. 왜냐하면 하나님을 죄인에게 연관시키는 것은 유대적인 관념에 의하면 하나님의 거룩함을 조롱하는 것이기 때문이다. 십자가는 이러한 모독에 대한 절대적인 답변이다. 헬라의 이교도도 동일하게 느꼈다. 켈수스는 기독교의 하나님 사상을 비합리적이며, 부도덕한 것이라고 칭하고 있다. 그리스도인들의 하나님이 범죄자들을 자신의 주변에 모으는 강도의 총수라면, 그리스도인들은 세상의 불량배들을 모으고, 그로 인해 하나님의 뜻을 이룰 수 있다고 생각하나, 하나님은 실제로 그를 찬양하는 순수한 손들만을 본다는 것이다(오리겐, 『켈수스 반박』 III 59). 도덕적인 느낌도 단번에 이러한 가능성을 부인하며 – "유대인에게는 거리끼는 것이요 이방인에게는 미련한 것이로되"(고전 1:23) – 오늘날까지도 여전히 그러한 주장에 저항하고 있다.

예수는 실제로 소위 비윤리적인 하나님 개념에서 단순성과 동시에 깊이에서 동일성을 추구하는 윤리(Ethik)를 도출해냈다. 왜냐하면 인간의 마음을 강요하는 하나님의 복들이 – 큰 죄를 범한 여인의 경우를 보라(눅 7:37ff.) – 어린아이와 같은 완전한 순종과 완전한 섬김에서 만족을 찾을 수 있는 감사를 불러일으키기 때문이다. 이러한 순종은 하나님과 그의 자녀와 이웃에 대한 온전한 마음의 헌신으로 이해된다. 대가도 없이, 순수하게! 선한 사마리아인처럼!

이 모든 것들은 하나님의 나라에서 궁극적으로 완성된다. 그것은 인간이 직면한 종말론적인 것이긴 하나, 이미 현재적이기도 하다. 하나님의 나라가 거기에 있다는 것이 예언자들의 메시지, 즉 기쁜 소식이다.

2) 그러나 예수는 하나님 나라를 선포하는 예언자 이상의 의미를 가졌다. 그는 자신을 직접 데려온 자다. 그는 그 자신이 메시아다. 그는 자신을 인식하고자 했다. 우선 그는 확실히 우리와 다른 자가 아니다. 즉 그는 사람의 아들이다. 공관복음은 그것을 명확하게 보여주고 있다. 즉 지치고, 절망하고, 하나님을 바로 알고자 그리고 바르게 순종하고자 힘쓰며, 비록 찰나이지만 하나님께 절망하는 이 모든 것은 단지 인간의 경우에서만 생각할 수 있는 특징이다. 그러나 바로 이러한 인간인 예수는 자신을 메시아, 즉 주의 보내신 자라고 알고 있다. 그렇지만 이것은 유대적인 메시아 대망과 결합된 의미는 아니

다. 마귀적인 것으로서 이 모든 것은 이미 시험의 역사에서 다 없어진다. 그러나 다른 한편 위엄이 없다면 하나님 나라에 대한 그의 모든 설교는 의미 없는 것이 될 수 있다. 그럴 경우 그를 따르는 사람들은 또 다른 사람을 기다려야 할 것임에 틀림없다. 그가 직접 그 나라를 가져온다. 이러한 요구 역시 다니엘 7장과 에녹의 묵시서에서 우리가 잘 알듯이 "인자"라는 타이틀 속에 있다. 그는 하늘로부터 왔고, 하나님은 그에게 세계통치를 위임했다. 그의 인격에서 그 때문에 하나님께 대한 인간의 위치가 결정된다. 심판자 됨이 먼저다. 이것은 메시아로서 예수에게 요구되는 것이다. 그러나 이 심판자는 용서를 한다. 세상에서 죄를 용서할 완전한 권세자가 예수가 지닌 두 번째 모습이다. 이것을 통해서 그는 사람들을 아버지와의 교제로 인도한다. 그것을 통해서 그는 만인을 위한 큐리오스, 즉 주가 되고, 아버지께 가는 문이 된다. 그 문을 통해 그는 하나님의 나라를 가져온다.

하나님의 나라는 예수 안에 현존한다(눅 17:21). 그러나 누구에게나 가시적이지 않으며, 숨어 있고, 많은 사람들이 화를 낼 정도로 숨겨져 있으며, 신앙인에게만 가시적이다. 또한 그리스도 안에서만 신앙인에게 현재적이다. 현재적인 하나님의 나라는 동시에 도래할 나라이기도 하다. 인자가 영광 가운데 다시 오실 때 비로소 모두에게 가시화된다. 하나님 나라에 관한 진술이 갖고 있는 이러한 이중성은 신약성서 전체의 특징이다(1).

3) 마지막으로 예수는 구원자다. 여기서도 역시 이중성은 중요하다. 선포자의 권능만큼 선포의 내용이 인간을 하나님과 종의 관계에서 아들의 관계가 되게 한다. 이것은 이미 구원이다. 그러나 이 둘이 말씀을 전하는 자를 인간의 심판자가 되게 한다. 인간이 절망하지 않고, 위험에 직면해서도 말씀을 포기하지 않을 때 비로소 그는 구원을 이룬다. 체념이 그를 구원한다면, 인류는 종의 상태로 있을 것이다. 십자가의 죽음은 실제로 말씀이 이루어졌다는 인증이다.

이에 대한 다른 설명이 있다. 공관복음 기자는 위협적인 노예의 죽음은 예수에게 힘든 것임을, 즉 가장 고통스런 영적 시련을 뜻함을 놀라운 설명으로 분명히 드러나게 하고 있다. 고통 가운데서의 최후가 하나님이 자신의 메시아에게 의도한 실질적인 목적인가? 기둥에서의 치욕스러운 죽음은 도대체 어떤 의미를 갖고 있는가? 예수 자신이 직접 발견한 그 의미는 어떤 곳에서도 언급되고 있지 않으며, 이사야 53장이 그에게 문을 열어준 가교가 되었음은 결코 의심의 여지가 없다. 의로운 자의 대표적 고난! "선한 목자가 양을 대신하여 고난을 당한다." 인간의 모든 결함을 드러내는 심판은 여기서 완성된다. 동시에 이 심판은 죄를 정죄하는 하나님의 완전한 거룩함을 드러내는 심판이며, 인내로 그것을 견딤으로 형벌을 면제하는 심판이다. 소포클레스(Sophokles)는 콜로노스에서 외디푸스에게 다음과 같이 말한다. "한 영혼이, 그가 정말 순수하다면, 만인을 위해 속죄할 수도 있다고 나는 생각한다." 이렇게 예수는 구속자가 되었다. "그가 형벌을 담당했고, 우리는 평화를 누렸으며, 그의 아픔을 통해 우리는 나음을 입었다."

4) 예수가 하나님 나라를 건설함으로써, 하나님의 종말론적인 구원 계획을 실현했고, 새로운 하나님의 백성, 즉 교회를 세웠다. 그의 임무는 우선 이스라엘의 잃어버린 양을 찾는 것이다. 그러나 열두 사도는 모든 이스라엘이 중요함을 가르쳐준다. 그들의 파송도 동일한 것을 말해주고 있다. 그러나 백성의 지도부는 그를 반대하기로 결정하고, 백성도 같았다. 그러므로 하나님의 구원 계획은 새로운 방법으로 실현되어야만 했다. 교회에 관한 예수의 말인 마태복음 16장 18절이 고난의 예고와 결부되어 있는 것은 의미가 있다. 여기서는 미래형으로 언급되어 있다는 것이 중요하다. 왜냐하면 백성의 거절도 완성되어야 하며, 하나님도 그의 메시아를 새로운 하나님의 백성이 등장하기 전에, 즉 새 언약의 실현 이전에 체험을 통해서 공증해야만 한다. 세상의 사람들이 거기에 동참했다. 속량에 대한 말씀과 성찬시 잔배종의 말씀은 요아킴 예레미아스(Joachim Jeremias)가 특히 잘 보여주었듯이 이러한 보편적인 성격을 분명히 보여준다.

교회가 새롭고, 참된 하나님의 백성이라면, 하나님의 백성에 대한 설명들 역시 교회와 관련된 것임은 자명하다. 그리스도인들은 선택된 성(Geschlecht), 거룩한 백성, 곧 그들은 거룩한 자들이다.

동시에 그로 인해 구약성서와의 연관이 불가피해졌다. 즉 새로운 언약은 그의 약속의 성취다. 회당과 교회의 구분, 즉 잘못된 성장과 완성의 구분 역시 그로 인해 주어진 결과다. 물론 이 모든 것이 분명하게 되기까지 다소의 갈등을 치러야만 했다.

3. 베드로와 초대교회

제자들은 예수의 죽음이 갖는 의미를 이해하지 못했다. 십자가 앞에서 그들은 바람처럼 사라졌다. 부활의 경험이 그들을 다시 집결시켰고, 성령 체험은 활동의 힘을 부여한 근거가 되었다. 특이한 것은 과거의 유대 공동체와 대립한 것이 아니라, 그들 한가운데서 활동했다는 점이다. 예수가 간직했던 것처럼 구약성서를 당연히 그들의 성서로 여겼다. 그러나 사람들이 여전히 중요하게 여긴 율법 역시 그들은 가지고 있었다. 성전 제의도 충실히 지켰다. 다만 한가지만이 독특했다. 즉 다른 사람들이 기다린 예수 그리스도를 발견한 것이다. 사람들은 이제 영원한 그의 현재 안에서 살았다. 사람들은 그의 교회를 복된 영생을 사모하는 부름 받은 자들인 참된 하나님의 교회로 알았다.

이 교회에서 사도들은 이스라엘의 열두 지파에 대한 사신으로서, 교회의 장래 지도자로서뿐만 아니라, 특권과 전권을 가진 복음의 담지자로서 특별한 과제를 받았다.

12명 가운데서 베드로는 특별한 지위를 얻었다. 그는 12명의 대변자다. 부활하신 분이 자신을 보여준 첫 번째 사람도 바로 그였다. 그는 결국 세워지고 있는 교회를 위해 그리스도에게서 특별하고도 가장 근본적인 과제를 부여받는다(눅 22:31ff.; 마 16:18f.; 요 21:15ff.). 사도행전의 시작은 베드로가 복음서의 설명에 일치하는 지도적인 위치에 있음을 분명히 보여준다. 인간 베드로가 지도자로서의 이 위치를 소유한 것이 아니다 - 인간으로서 그는 연약하다 - 이 우선권은 주께서 친히 그에게 부여해주셨다는 것이 중요하다. 그동안의 연구에 의하면 이 점은 결코 의심할 수 없다. 당시의 유대 신학도 이미 하늘나라의 대변자라는 특별한 자리에 서서 하나님 백성의 구원을 위해 대표적으로 책임을 담당하는 속세의 사람들을 알고 있었다. 이러한 의미에서 부활하신 주님에 의해 베드로에게 교회의 지도 책임이 부여되고, 그 결과 그는 그 위에 교회가 세워지는 반석이 된다.

그러나 베드로는 예루살렘에서 지도적인 지위를 상실한다. 그 지위는 주의 형제인 야고보에게 넘어간다. 야고보는 예루살렘을 거룩한 새 언약도시이자 전 제국의 그리스도인들이 모이는 교회의 중심지로 만들고자 했다. 그러나 그것은 에피소드로 끝났다. 베드로는 시리아와 소아시아에서도 그 지위를 잃었다. 그곳에서는 바울이 최고의 권위를 가진 사람이 되고, 요한이 두 번째가 된다. 이러한 이중 억압이 베드로가 로마로 간 이유였다. 제국의 수도에서 그는 동방에서 잃어버린 일인자의 자리를 얻고자 힘썼다(스타우퍼).

바울 서신은 초대 교회에서 지도자가 되고자 하는 노력들이 어떤 커다란 갈등을 가져왔는지를 보여준다.

확실하게 일치한 것은 나사렛 예수가 하나님의 메시아라는 사실이었다. 바로 그 점에서 유대교와의 어려움이 발생했다는 것을 배제할 수 없다. 이러한 갈등은 유혈박해가 일어날 정도까지 고조되었다. 그러나 박해에서 중요한 것은 박해 그 자체가 아니라, 사도행전이 분명히 보여주듯이 박해가 엄청난 기독교 확장의 근거를 제공했다는 점이며, 두 번째는 그로 인해서 교회가 "유대교와 기독교"라는 문제에 직면하게 되었다는 것, 다른 표현으로 말하자면, 율법의 문제가 그들에게 시급한 것이 되었다는 점이다. 이 점에 대해 결론을 내린 사람은 바울이었다.

4. 바울

1) 바울 문제 – 예수는 끝없이 다루어진 문제다. 정반대로 쓰여진 모든 것에도 불구하고 바울이 예수를 가장 깊이 이해하고 있다는 점은 결코 의심의 여지가 없다. 그는 하나님의 요구가 얼마나 높은지를 안다. 어떤 사람도 그것을 성취할 수 없다. 그는 또한 인간은 자신의 행동으로 하나님과 마주서지만, 모든 인간은 버려진 자임을 안다. 율법은 칭의를 이루어내는 것이 아니라, 분노를 만들어낸다. 그러나 바울은 율법에서 배운 것이 아니라, 예수에게서 하나님은 조건이 없는 사랑이심을 배웠다. 이 사랑은 불의한 자의 죄를 용서하는 사랑이며, 랍비인 바울이 표현하듯이, 그를 의롭게 하는 사랑이다. 바울은 결국 죄용서와 더불어 다른 모든 것, 즉 영생과 하나님을 대적하는 모든 세력에 대한 통치가 하나님께로부터 우리에게 선물로 주어졌음을 깨달았다(롬 5:17-21).

이러한 하나님의 사랑은 예수 그리스도의 얼굴에서 사람들에게 비춰진다. "하나님께서 예수 그리스도의 얼굴에 있는 하나님의 영광을 아는 빛을 우리 마음에 비추셨느니라"(고후 4:6).

그리스도는 죄인에 대한 사랑에서 가장 고통스런 죽음인 십자가 죽음에 그 자신을 내어주셨다. 그 점에서 우리는 그의 사랑을 깨닫는다. 십자가 죽음은 동시에 측량할 수 없는 하나님의 사랑에 대한 증거다. 그도 그럴 것이 이 땅에서 일어나는 모든 일은 하나님이 역사하고 있음을 바울은 알기 때문이다. 하나님 자신이 예수, 즉 그의 아들을 죽음으로 최후를 맞도록 내어주셨다. 우리가 구원을 잃지 않도록, 즉 우리를 위해 아버지가 아들을 죽게 했다. 이것이 바로 요한이 고전적인 형식을 빌어 표현한 생각이다. "하나님이 세상을 이처럼 사랑하사 독생자를 주셨으니 이는 저를 믿는 자마다 멸망하지 않고 영생을 얻게 하려 하심이라"(요 3:16). 바로 이 점에서 바울에게 십자가는 곧 기독교의 상징이 되었음이 자명하다. 더 나아가서 하나님은 자신의 이러한 사랑의 뜻을 화해의 직임을 통해 사람들에게 알게 하신다.

이 모든 것은 메시지와 예수의 사역의 이해를 아주 명확히 증거하고 있기에 기독교 교회가 언제나 이러한 일들에 대해 동일한 분명한 느낌을 갖게 되기를 다만 소망할 뿐이다.

2) 이러한 이유에서 – 바울 자신이 비록 바리새인이었다고 할지라도 – 율법은 더 이상 기독교에 설자리가 없다는 것이 그에게 분명했다. 왜냐하면 율법의 문자에 대한 순종이 이스라엘로 하여금 하나님이 보내신 자를 저버리도록 했기 때문이다. 유대 공동체와의 격렬한 싸움으로 그는 유대인의 율법에서 이방인의 자유를 관철시켰다. 이로써 그는 교회의 계속된 역사에 중요한 사전 준비를 완수했다. 왜냐하면 율법이 사라질 때만이 기독교는 자체가 지니고 있는 보편적 의미를 얻을 수 있었기 때문이다.

이제 바울은 율법의 문제를 다루면서 그에게 명료해진 "그리스도 한 분"을 진지하게 숙고한다. 아마도 이러한 생각은 유대 묵시문학에서 가져온 사상들과 서로 연계되었을 것이다. 그리스도는 그에게 하나님의 구원사를 알게 하는 열쇠가 된다(롬 1-5장). 그리스도는 우주와 모든 숙명적 세력을 통치하는 주이며, 따라서 우주적 의미를 지닌 분이다(롬 8장; 골 1장과 2장). 바울은 그러므로 결국 그리스도가 마지막에 하나님을 적대하는 모든 세력을 제압하고 하나님께로 인도할 것이라는 사상인 우주적인 구원관을 갖게 된다(롬 5장과 11장; 빌 2장과 골 1장).

선교의 전제조건인 바울의 첫 위대성은 율법의 제거와 우주적이고 중심적인 그리스도 고찰에 있다.

3) 두 번째는 그가 직접 고대 세계를 향해서 중요한 선교적 거보를 내딛었다는 점이다.

유대인들은 예수와 믿음 안에서 한편이 된 첫 번째 사람들이었다. 그러나 이미 이전에 이러한 모임은 예루살렘에 확장되어 있었다. 헬라파, 즉 디아스포라 유대인들은 교회에 참여했다. 그들과 고대 공동체 사이에 긴장이 없지는 않았다. 그러한 긴장을 극복하고 헬라파 유대인 중에서 일곱 명의 집사들이 선출되었다. 그들의 주요 활동은 사도행전에 따르면 희랍인들에게 선교하는 일이었던 듯이 보인다. 그들 가운데 한 사람인 스데반이 성전과 율법의 조속한 멸망에 관한 예수의 메시지를 선포했을 때 유대인들은 박해를 가했다. 그들은 이러한 헬라파 사람들을 팔레스타인에서 추방했다. 디아스포라, 즉 푀니키아(Phonizien), 시리아(Syrien) 그리고 키프리아(Cypern)에서 그들은 계속 활동했다. 그곳에서 형성된 교회는 유대적인 제의 이해의 견본이 되어 예루살렘으로부터 온 많은 사람들의 방문을 받았다.

디아스포라 선교 활동에 바울도 개입했고 그것을 이방 선교로 확장했다. 시리아-그리스적인 안디옥에서부터 영적으로 뜨거운 장소인 소아시아, 에베소 그리고 그리스 문화의 심장부인 데살로니가와 아덴과 고린도를 향해 계속 나아갔으며, 결국 세계의 수도인 로마에 이르렀다. 로마 시민권을 가진 디아스포라 유대인이라는 출신과 그가 받은 교육은 바로 이러한 활동을 위해 그를 예비시켰다.

4) 마지막으로는 유대 랍비인 바울 외에는 피선교지의 언어, 즉 코이네로 기독교를 전한 사람이 없다는 점이다. 그 자신은 유대 전통에 의해 특징 지워졌다고 할지라도 얼마나 강도 높게 자신의 그리스화에 힘썼는지 간과해서는 안 된다. 가령 그의 성례전 사상은 신비주의와 직접적으로 상반되는 것이다. 그러나 바울은 신비주의에서 언어와 사상 세계를 수용하여 헬레니즘 정신에 복음을 받아들일 수 있는 가능성을 제공하고 있다. 골로새서에서 드러나듯이, 그가 유대화하는 영지주의를 방어하면서 그 개념을 수용하여 그리스도에게 적용할 때에 바로 그와 같은 일을 하고 있는 것이다. 희랍 정신세계로의 복음의 접목은 그의 선교 활동이 성공할 수 있는 중요한 전제였다. 그러나 여기서도 동시에 새로운 것이 시도될 수 있었고 그리고 시도되었음을 확실히 알 수 있다.

5. 요한

이것은 요한에게서 더 강하게 나타난다. 그는 바울의 후임으로 소아시아 교회를 담당했고, 그곳에서 로마적이고 베드로적인 전통과 상반된다고 알려진 요한의 전통을 세웠다. 그 역시 복음의 기본 개념을 힘주어 역설했다. 예수 안에 있는 영이 세상을 살필 뿐만 아니라 예수의 역사적인 인격 안에서 하나님이 결정적으로 우리와 함께 일하신다는 이러한 교리는 영지주의적인 숙고로 변형되려는 기독교의 구원이 되었다. 그러나 요한에게만 나타나는 것으로 그리스도를 우주에, 자신의 신비주의에 끌어들이고, 로고스의 이름을 그리스도에게 전도하는 점에서 동시에 적절치 못한 해석과 오역이 나타나고 있다.

분명한 것은 기독교의 계속적인 발전에 대한 출발은 이미 사도 시대에 놓여 있었다는 점이다. 사도 시대와 사도 이후의 시대 사이에 특별한 균열은 없었다.

| 참고문헌 | Ethelbert Stauffer, Die Theologie des Neuen Testaments, 1948[4]. Rudolf Bultmann, Theologie des Neuen Testaments, 1961[4]. Karl Holl, Urchristentum und Teligionsgeschichte(Gesammelte Aufsätze II, 1928, S.1-32). Hans Walter Wolff, Jesaja 53 im Urchristentum, 1942. Eduard Lohse, Martyrer und Gottesknecht, 1964[2]. Ethelberts Stauffer, Jesus, Gestalt und Geschichte, 1957. Gunther Bornkamm, Jesus von Nazareth, 1957[2]. Oskar Cullmann, Petrus, 1951. M. Dibelius-W.G.Kummel, Paulus, 1951.

7. 기독교의 확장

기독교는 바울 이후 두 개의 그룹으로 나누어졌다. 하나는 유대 기독교요, 다른 하나는 이방 기독교였다. 외적으로 드러난 생활 방식을 볼 때 이 둘 사이에는 엄청난 차이점이 존재했지만 그럼에도 불구하고 상호 관계가 유지될 수 있었다.

1. 유대 기독교는 주의 형제인 야고보의 지도로 율법에 충실했다. 야고보는 율법을 모범적으로 준수하는 사람에게 수여하는 특별한 호칭인 "의인"(Gerechte)이라는 별칭을 얻었다. 그럼에도 불구하고 그가 율법을 준수하지 않는 이방 기독교인을 그리스도 안에서 형제로 인정했다는 것은 풀리지 않는 하나의 수수께끼다. 율법과 유대 민족의 혈통을 가졌다는 것이 더 이상 구원을 얻

는 데 필수적이라고 보지 않았다는 점에 그 본질이 있다. 유대인들이 율법에 충실한 그리스도인들을 있는 그대로 수용했다는 점도 수수께끼다. 바울이 예루살렘에 마지막 체류하면서 보여준 태도가 이 모든 것들을 증명해준다(행 21장).

상세한 것을 언급하지 않아도 유대 기독교는 매우 빠르게 성장한 듯이 보인다(행 21:20). 아마도 그 때문에 곧이어 유대교와 마찰을 빚게 되었다. 야고보 자신은 그의 친율법적인 삶을 통해 순교를 피하지 않았다. 그는 62세까지 살았다. 그러나 이러한 사건 역시 교회를 율법과 분리시키지는 못했다. 교회는 다시금 예수의 친척이자 야고보의 사촌인 글로바의 아들 시므온(Simeon)을 지도자로 선출했다. 트라얀 황제의 박해로 그가 순교당한 후에도 율법에 대한 교회의 경향은 여전했다. 다만 유대전쟁에 직면하여 성지의 뜨거운 땅을 떠나 교회는 요르단 동편의 펠라(Pella)로 이주했다. 유대 기독교는 유대의 민족주의자들이 로마와 싸울 때에 의도적으로 관여하지 않았고, 그것이 결국 유대 민족주의자들과 함께 당했을 멸망에서 구해주었다. 그렇지만 성전과 제의의 파괴로 인해 종교적 토대도 동시에 잃고 말았다. 유대 기독교는 특별한 단체가 되었고, 이방 기독교적인 대교회에 의해 이미 이단이라고 판결받았다. 이어 유대인들에 의해서도 철저히 거부당했으며, 바르코흐바(Barkochba)의 통치 때에 다시 유혈 박해를 당했다. 유대 기독교는 여러 그룹으로 나누어졌지만 몇 세기 동안은 그런대로 유지되었다. 그 후 아마도 635년 아랍 민족의 침입으로 사라졌을 것으로 추측한다. 율법에 매이지 않는 바울적인 특징을 지닌 이방 기독교와 정통 유대교 사이라는 애매한 중도적 위치는 또 다른 출구를 허용치 않았다. 교회의 미래는 이방 기독교인들에게 놓여 있었다.

2. 이방 기독교 선교 이미 헬라적인 유대 기독교인들이 새로운 소식을 헬라 세계로 가지고 왔다. 바울은 그곳의 기독교를 율법과 단절시키고 흩어진 유대인에 대한 선교에서 이방 선교로 방향을 바꿨다. 이것은 1세대의 기독교가 본래 시작된 민족에서 다른 민족으로 옮겨지는 과도기를 겪었으며 그 때문에 그들이 전한 복음에서 알맹이와 껍질을 구분해야 했음을 의미한다(하르낙). 그리고 그것을 할 수 있는 충분한 힘이 입증됨으로써 폭넓게 성장할 수 있는 길을 열었다.

또 하나의 수수께끼는 갈라디아서를 쓰는 것이 내적으로 불가피했던 사람 역시 율법에 충실한 유대 기독교인과 교제를 유지했다는 것이다. 그는 유대인에게 중요했던 율법을 구원과는 전혀 상관없는 그 민족의 생활 습성으로 간주했는가? 유대인에게 해결되지 않은 채 남아 있던 공동 식사의 문제는 사도회의에서 타협을 통해 해결되었다. 그러나 이러한 입장은 계속해서 유지될 수 없었다. 교회는 보다 명백한 태도를 위해 타협안을 포기했기 때문이다. 어쨌든 그것은 초창기의 이방 기독교 공동체에 엄청나게 중요한 문제였고, 교회는 이러한 방식으로 사도들과 초대교회와의 연관성을 잃지 않았다. 그렇게 해서 고유의 전통 고리가 예수에게까지 다시 이르렀다.

이제 기독교가 이방인을 대상으로 설교를 시작함으로 로마 제국 내에서 세상의 인정을 얻고자 상호 힘을 기울였던 종교 간의 대 경쟁이 막을 올렸다. 어떤 방식과 수단으로 기독교 선교가 이방인들을 대상으로 자신의 목적을 달성했는지 이해하고자 한다면, 우선 선교가 취한 방식을 분명히 알아야만 한다. 교회가 로마 제국에서 쟁취한 선교적 승리는 두 가지 방식으로 이루어졌다. 첫째는 백성은 아직 이교도였지만, 지방의 정부, 즉 통치자를 전도하는 데 성공했다. 그러한 상황에서 백성들은 대체로 정치 지도자의 예를 따르는 경향이 있다. 그것은 위로부터 아래로의 선교다. 그것은 신속한 성공을 가져오는 장점이 있는 반면에, 보통은 질적으로 깊지 않은 승리를 보여주었다.

로마 제국에서는 아래로부터 위로의 선교라는 또 하나의 방식이 진행되었다. 그것은 개종하는 모든 이에게 죽음의 위험이 뒤따르는 극도로 험난한 방식이었다. 적은 수의 사람들이 실제로 순교를 당했지만 그 위험은 모든 사람에게 도사리고 있었다. 당시 교회가 그들의 신자에게 제시한 엄격한 도덕적 요구로 인해 그 위험은 더욱 가중되었다. 히폴리투스(Hippolytus)의 『교회지침』(Kirchenordnung)은 누군가의 교회 가입을 허용하기 전에 직장을 그만두거나 혹은 제한시켜야 할 긴 직업목록을 다른 것들과 함께 제시하고 있다(c.41). 이러한 난관에도 불구하고 장기간에 걸친 내적인 노력으로 제국의 백성들을 기독교화하는 데 성공했다. 이러한 내적인 승리에 이어 국가를 영적인 힘 앞에 굴복시키는 외적인 승리가 일어났음에 틀림없다.

1) 커다란 장애에도 불구하고 어떤 방식과 수단으로 교회는 로마 제국의 백성을 기독교화할 수 있었는가?

(1) 먼저 이러한 승리에는 유리한 조건이 갖추어져 있었음을 생각해야 한다. 하나의 제국, 하나의 언어, 하나의 교통망, 하나의 문화, 유일신에 대한 공동의 노력과 구원에 대한 공동의 염원이 그것이다(하르낙).

(2) 더 나아가서 기독교가 선포한 메시지는 당시의 영적인 상황에 질적으로 가장 적합한 것이었다. 이교 제의(Götterkult)에 대해 매우 부정적으로 평가한 철학적 설명을 신속하고도 완벽하게 활용했다. 그러나 논쟁보다 더 중요한 것은 언제나 적극적인 선포다. 그것은 헬레니즘 세계의 종교적 열망에 일치하는 복음의 핵심 메시지를 중심에 두었다. 신성의 개념만을 부각시키는 철학적인 단일신론(Monotheismus) 대신에 살아계시고 전능하신 한 분 하나님을 선포했다. 인식과 삶의 충동과는 달리 그것은 기독교 신앙을 모든 인식의 근원이며 영생의 증거라고 제시한다. 1세기 말 혹은 2세기 초에 나온 디다케의 성만찬 기도는 그리스도 안에서 신자들에게 주어진 두 가지 은사에 대해 감사의 표현을 담고 있다. "당신이 당신의 종 그리스도를 통해 우리에게 알려주신 삶과 깨달음에 대해 아버지께 감사합니다"(cap.9, 3). 순교자인 안디옥의 이그나티우스(117년 사망) 감독 역시 예수가 가져다준 불멸의 은사를 전면에 강하게 내세우고 있으며, 성찬을 불멸케 하는 약(*φάρμακον ἀθανασίας*)이라고 칭하고 있다. 2세기의 변증가인 아테나고라스(Athenagoras), 순교자 저스틴도 그것이 모든 깨달음과 영생에 대한 인식을 가져오는 기독교 최고의 것으로 찬양하고 있다. 그러므로 그 시대의 문제가 복음으로 답변되고 있다. 이러한 목회적인 사랑의 열매가 선교적인 성공이었다.

(3) 위에 언급한 사항과 함께 그리스도인들의 도덕적인 생활태도가 홍보수단으로 제시되었음에 틀림없다. 고대교회의 저술가들은 기독교인들이 지키는 도덕률이 이교도나 혹은 철학자들의 도덕보다 더 뛰어나다는 점을 강조하고 있다. 기독교인들은 일상생활의 정직성과 관련하여 고도의 훈계와 포괄적인 요구 형식으로 실제로 그것을 전파하고 있다는 것이 가장 중요하다. 기독교의 변증가들도 전적인 확신을 가지고 그리스도인들이 이러한 요구에 부합한 삶을 실제로 살고 있음을 공공연하게 주장했다. 그들의 신앙이 참임을 삶을 통해 증명한 것이다. 갓 태어난 기독교가 그것을 하느냐 혹은 안 하느냐가 선교의 성공에 중요했다.

① 교인들이 서로를 도운 사회적 보살핌, 즉 사랑의 활동이 실제 증거다.

과부와 고아 지원, 환자, 약자, 가난한 자 그리고 무능력자 지원, 죄수와 끌려온 강제부역자 지원, 빈자의 장례 협조 – 페스트가 발병했을 때에도 계속되었다 – 노예에 대한 보살핌, 무직자 지원, 위급 시에 긴급지원 태세, 이주민, 빈곤자 혹은 위험에 처한 교회에 대한 협력, 이 모든 것들이 고대교회의 자랑스럽고 영광스러운 업적이다. 모든 일 속에 그들이 지닌 형제애가 나타나 있다. 사랑 없는 세상에서 그들이 보여준 서로에 대한 형제애는 커다란 감명을 가져다주었다. 기독교에 대한 이교의 논박은 이 사실을 직접 확인시켜주고 있다.

② 실천적인 삶의 증거는 순교에서 찾을 수 있다. 그리스도를 위한 헌신은 교회가 체포된 자들에게 허락하고, 로마의 감옥에서 가능했던 돌봄에서 시작했다. "만일 그들 가운데 한 사람이 체포되어 고통 가운데 있음을 듣는다면 모두가 그의 요구를 들어주고 가능한 한 그를 자유롭게 해준다"고 아리스티데스는 자신의 변증에서 쓰고 있다. 개인에 대한 위험이 항상 개재해 있었음에도 불구하고 그들의 구호활동은 커다란 감명을 주었다. 그리스도를 증거하는 증인에게 순교 자체는 면류관이 되었고, 테르툴리아누스는 순교를 기독교의 "씨"라고 말했다(Apol. 50). 심문은 공개적으로 개최되었다. 공개심문은 피고인들이 이미 확정된 형에 대해 자신의 신앙을 알리는 데 활용된 듯이 보인다. 증명하는 행위로 인해 그들을 증인(*μάρτυρες*)이라고 불렀다. 고대의 처형은 언제나 공개적인 행사였다. 원형 경기장에서 그것이 실행되었다면, 가장 공적인 일로 개최된 것이다. 기독교인에 대한 국가의 처벌은 우선 한 도시의 모든 시민으로 하여금 새로운 종교에 비상한 관심을 갖게 만들었다. 죽음에 직면한 기독교인의 태도가 준 감명은 많은 사람들에게 오래 간직되었음에 틀림없다. 테르툴리아누스는 단지 사실만을 말로 기록했을 것이다.

2) 기독교가 선포한 내용과 그리스도인들의 삶도 중요하지만 고대교회의 선교 방법도 중요하다. 직업과도 같은 선교사의 직임은 다만 초기에 있었을 뿐이다. 바울 이후로 그를 능가한 사람이 없었다. 이미 2세기 말경에 그것은 거의 사라졌다. 교회는 선교적인 설교를 더 이상 알지 못했다. 이교 역시 언제나 평범한 교회설교만을 들었다.

선교 방법의 결여는 개별적인 모든 그리스도인들이 한 사람의 선교사라는 사실로 완전히 대체되었다. 그리스도인은 자신의 신앙을 숨길 수 없었다. 기독교인의 삶의 원칙은 이교도들에게는 당연했던 많은 것들을 금지시켰다.

교회에 속한 사람임을 즉시 알 수 있는 습관 역시 그들은 잘 알고 있었다. 예를 들자면, 그것은 성찬의 빵을 집으로 가져와서 축사한 작은 빵 조각을 가지고 식사를 시작하는 관습과 같은 것이다. 더 나아가서 그리스도인들은 다른 사람과의 대인관계를 직접 선교할 수 있는 기회로 활용했다. 친구가 친구에게, 노동자는 동료에게, 주인은 초대받은 사람에게 그리스도를 증거했다. 로마 제국은 뛰어난 교통 조건에도 불구하고 숙박시설이 미비했기 때문에 손님을 받아들여 환대하는 것은 특별히 효율적인 선교 수단으로 인식되었음에 틀림없다. 모든 선교 사역을 교회의 모든 사람들이 감당했다는 것은 고대교회가 지닌 칭찬할 만한 점이다. 박해의 모든 위험도 그리스도를 증거하는 인적 자원을 마비시키지 못했다. 그들로 인해 불과 300년도 못되어 제국의 백성들을 복음화하는 데 성공했고, 황제도 결국 교회와 평화를 체결하게 되었다. 가시적인 하나님의 축복은 교회의 이러한 개입에 달려 있다. 신약성서가 요구한 것만을 교회가 따랐다는 것을 알게 되었을 때 그것은 고대교회 선교의 공을 더 찬양케 했다. 이것은 모든 교회의 회원을 예수 그리스도의 증인이라고 보는 것이다. 그리스도에 관한 하나님의 말씀인 구원의 메시지는 선포되어야만 하며, 그리스도인은 모두가 그 선포를 위해 부름 받았다. 몇몇 사람은 거기에 추가해서 특별한 임무를 가질 수도 있다. 증인의 개념을 둘러싸고 있는 말들의 사전적 조사가 이것을 잘 보여준다.

고대교회가 기회선교(Gelegenheitsmission)의 형식을 취했다는 것은 도시를 가장 중요하게 여겼음을 말하는 것이다. 도시는 교통의 요지다. 바울도 의식적으로 지방의 요지를 방문하곤 했었다. 고대교회의 선교 방법을 그는 계속 지향했지만, 이러한 방법으로는 주변에 있는 마을들을 결코 신속하게 복음화할 수 없었다. 이교도(paganus)와 이방인(Heide)은 동의어가 되고 있다. 이것이 이러한 선교 방법의 장애다. 도시들이 기독교 신앙의 요지가 되었다는 사실이 기독교의 특징을 형성하는 데 전혀 영향이 없지는 않았다. 홀(K.Holl)은 이와 관련하여 가령 거만한 지도자의 유별난 행동, 백성의 비참함, 도시 상호간의 질투, 건축물의 경쟁과도 같은 감독들의 서열싸움 등을 언급하고 있다.

기회선교는 더 나아가서 선교가 당시 교통망, 즉 로마 제국에만 한정되도록 했다. 로마의 땅으로 온 낯선 민족은 즉시 이러한 선교의 대상이었다. 서고트족은 그에 대한 전형적인 예다. 제국의 경계를 넘어가서 이루어지는 선교는 매우 드물었다. 게르만은 제쳐두고라도 동쪽에서만은 상당히 큰 성공을 거두었다. 왜냐하면 후기 헬레니즘 시대에 아시아 내부와의 상업교류가 활발히 수행된 듯이 보이기 때문이다.

3) 기독교를 처음 받아들인 귀족들은 확신하건데 소수였다. 특별히 노예들이 비율적으로 더 많은 숫자를 차지했음에 틀림없다. 특히 노예에게 주는 교훈이 이미 신약성서에서도 큰 분량을 차지하고 있다. 완전한 인간적 평등을 여기서 발견할 수 있다. 배부른 자보다는 억눌린 사람들이 고통당하고 무거운 짐 진 자를 위한 종교를 더 쉽게 찾았다. 그렇지만 부자들 역시 극히 최소이긴 하나 상당히 이른 시기에 교회에 가입했음에 틀림없다. 그들이 기울인 관심은 수차례 비난을 당하고 있다. 빌레몬도 노예 소유자다. 총독 플리니우스(Plinius)는 111년과 113년 사이에 비티니언에서 쓰였을 것임에 틀림없는 트라얀 황제에게 보낸 기독교인에 대한 보고서에서 모든 귀족들이 교회에 출석하고 있다고 보고하고 있다. 특히 로마에서 상당히 이른 시기에 영향력 있는 귀족들이 교회에 가입한 듯이 보인다. 타키투스는 최고귀족의 일원이었던 폼포니아 그래키나(Pomponia Graecina)를 언급하고 있다(Annal. XIII 32). 그녀는 네로 치하에서 종교문제로 법정에 피소되었기에 그리스도인이었을 것으로 추측한다. 도미티안 치하에서는 집정관인 플라비우스 클레멘스와 그의 부인 플라비아 도미틸라가 교회의 일원이었다. 플라비우스 클레멘스는 95년에 처형당했고, 황제의 친척이던 그의 부인은 추방형을 선고 받았다(Cassius Dio LXVII 4). 클레멘스의 첫 서신을 고린도로 가져온 전달자들도 황제가 석방한 사람들이었다(96 n. Chr).

초기 기독교에서 여성들이 큰 역할을 했다. 서구와 헬라의 종교사와 비교해볼 때 여성은 기독교에서 처음으로 완전한 평등을 인정받았다. 이것은 많은 사람들에게 큰 매력으로 작용했다. 여성들은 바울과 함께 그리고 2세기에 이르기까지 예언자로서 등장한다. 뵈뵈(Phöbe)는 로마서 16장 1절에 의하면 겐그레아 교회의 중심인 듯이 보인다. 브리스길라도 너무나 중요해서 고대의 풍습과는 달리 그녀의 남편 아굴라보다 앞서 언급되고 있다(롬 16:3, 딤후 4 :19). 하르낙은 그녀를 '여 사도'(ἡ ἀπόστολος)라고 감히 언급하고 있다. 여성들이 전면에 등장한 것은 틀림없으며, 그 결과 바울 이후 거의 모든 고대의 저술가들이 적절한 틀 속에서 그들이 행동해 줄 것을 권면하고 있다. 그러나 여성들은 교회에서 그들의 위치를 오랜 기간 유지할 수는 없었다. 다만 사랑의 활동에서만 그 지위가 오랫동안 유지되었다.

4) 황제가 교회에 관용을 베풀고, 더 나아가서 적극적으로 장려했을 때, 수많은 사람들이 교회에 밀려들어 왔다. 이교도로 남아 있던 자들은 결국 공권력, 즉 법의 압력으로 교회에 유입되었다. 비록 개개인의 반발에도 불구하고 교회가 이러한 불가피한 협력을 받을 수밖에 없었음은 자체적인 평가에서만 이해할 수 있다.

교회는 그리스도의 몸으로 인식되었고, 그 몸 밖에서는 구원이 없다(참고 9). 만약 그렇다면 외부 사람과 잘못을 범한 어린이들에게 구원을 강요하고, 즉 그들이 교회에 들어오도록 해서 구원을 수단으로 해서 일을 시작하는 선교적 사랑은 결국 잘못된 생각일 수 있다. 그러므로 교회는 무엇보다도 구원의 기관으로 이해한다. 국가와의 새로운 관계가 불러온 위험한 변화는 선교분야 외에는 어느 곳에서도 그렇게 크게 느껴지지 않고 있다.

| 참고문헌 | Adolf von Harnack, Die Mission und Ausbreitung des Christentums in den ersten drei Jahrhunderten, 1924[4]. Karl Holl, Die Missionsmethode der alten und die der mittelalterlichen Kirche (Ges. Aufsätze III, S. 117ff.). K. Latourette, A History of the Expansion of Christianity, 7 Bde., 1937ff. dasselbe deutsch, in einem Band, hrsg. von Richard M. Honig, 1956. Hans Freiherr von Campenhausen, Die Idee des Martyriums in der alten Kirche, 1936;Gerhard Uhlhorn, Die christliche Liebestätigkeit in der alten Kirche, 1882.

8. 초기 기독교의 내적 위기

기독교 확장에 관해 언급한 모든 자료를 볼 때 도처에 세워진 그것이 마치 가톨릭교회인 것처럼 이해해서는 안 된다. 기독교는 많은 그룹으로 나뉘어 있었고, 그들 상호간의 관계도 전혀 불분명하다. 발터 바우어(Walter Bauer)가 보여주듯이, 나중에 이단이라고 정죄당한 형태들이 도처에 존재한 듯이 보인다. 그들은 대교회와 더불어 오랫동안 존속했다. 대교회가 이들 이단을 이겨내는 것은 결코 쉽지 않았다. 그러한 단체들과의 논쟁이 교회에 가져온 후유증 때문에 좀 더 상세히 알아보고자 한다.

1. 영지주의 영지주의의 기원은 여전히 의견이 분분하다(『RGG』 II를 참고하라). 그것은 후기 헬레니즘의 혼합주의적 종교 형태로서 시작은 확실히 기독교 이전으로 더 거슬러 올라간다. 세상이 빛과 어둠, 하나님과 사탄의 영역으로 나누어져 서로 대립하고 있다는 페르시아에서 유래한 이원론이 대립 저편에 마지막 통일된 힘이 있다고 보는 유대적 근원을 가진 일신론적인 특성과 결합했다. 이러한 힘의 분열을 통해 우주가 생겼다. 여기서 멀어지는 것은 선의 원리에서 멀어지는 것이요, 그것이 곧 악이다. 구원은 그곳으로의 복귀다. 그것은 신격화처럼 중요하다. "하나님처럼 되는 것은 영지를 소유한 사람이 도달하게 되는 최종 목적이다."[4] 그곳에 이르는 길은 하나님의 선물인 인식에 달려 있다. 이것이 곧 영지(Gnosis)이다.

유대교와 기독교 역시 많은 사람들에 의해 이렇게 윤곽을 드러낸 혼합주의적인 과정에 개입했다. 신약성서는 유대기독교적인 영지주의와 싸워야만 했다(골로새서, 히브리서, 목회서신, 요한복음, 요한서신). 우리가 여기서 다루고자 하는 이방기독교적인 영지주의 역시 기원후 1세기에 등장했다. 2세기는 그들의 전성기였다. 많은 영지주의적 원리가 그들 단체에 가득한 영적인 생동성에 대한 증거로서 인정받았음에 틀림없다. 그러나 그들은 단체의 통일성을 강조하지는 않는다. 성에 따라 남성 모임과 여성 모임을 구분하고, 계급과 지역적인 관점에 따라 신분상의 구분을 시도했다.

반영지주의자인 테르툴리아누스는 자신의 노력을 이렇게 썼다. "악은 어디서 왔으며, 그 본질은 어디에 있는가? 인간은 어디서 왔고, 그는 어떻게 만들어졌는가? 그리고 특별히 발렌티누스가 제기한 하나의 질문이 있다. 하나님은 어디서 왔는가?" 테오도트는 영지주의가 "우리가 누구이며 무엇인지, 어디서 왔으며 어디로 가는지, 무엇으로 우리가 구원을 얻는지, 출생은 무엇이며 중생은 무엇을 의미하는지"(78, 2)를 밝혀주고 있다고 말한다. 이것은 철학적이며 종교적으로 생각하는 사람들이 제시하는 질문이다. 영지주의자가 아는 모든 것은 다 계시로 온 것이다. 그들을 신뢰한다는 표시로 하나님의 사자가 비밀스럽게 전해준 구전이나 혹은 알레고리적 방법으로 성경에서 뽑아낸 구절을 그들은 강조한다. 바실리데스(Basilides)가 쓴 영지주의 문서는 복

4) Hermetische Schriften I 26.

음에 대한 첫 논평을 제공하고 있다.

영지주의 사고 체계에 대한 좋은 예는 영혼에 관해 언급하고 있는 나센 시편(Naassener-Psalm)이다.

만물의 제일 원리는
존재와 삶의 첫 번째 근거인
영이다.
두 번째 존재는
영의 첫 번째 아들로부터 유출된
혼돈이다.
그리고 세 번째 존재는
이 둘로부터 존재와 형식을 받은 영이다.
그리고 그것은 지상에서
죽음으로부터 쫓겨 다니는
겁 많은 야생동물과 같다.
이 죽음은 그의 능력을 끊임없이 시험한다.
오늘은 빛의 나라에 있지만,
내일은 불행 속에 있고,
고통과 눈물에 깊이 빠져 든다.
(기쁨에 이어 눈물이,
눈물에 이어 심판이,
심판에 이어 죽음이 온다.)
그리고 미로 속을 방황하면서 헛되이 출구를 찾는다.
그때 예수가 말하기를: 보소서, 아버지여,
당신의 숨결에서 아주 먼
이 땅에서 울며 번민하는
이 고통스러운 존재를
고통스러운 혼돈에서 나오기를 원하나
어디가 출구인지 알지 못한다.
그를 구하도록 아버지는

나를 보내셨고,
나는 아래로 달려 내려가
손에 봉인을 들고
모든 에온(Äonen)을 가로질러,
모든 신비로움과 거룩한 길의 비밀을 열었다.
그에게 알려준 이것을 나는 그노시스(Gnosis)라고 부른다.

영지주의 체계에 대한 예로서 발렌티누스의 영지주의에 대한 간략한 개관을 제시했다.

발렌티누스에 의하면 태초에 최고의 존재(Urwesen)인 비토스(Bythos, 심연)가 있었다. 비토스에 관해서는 부정적인 진술만이 가능하다. 시게(Siege, 침묵/고요)는 여성적인 파트너로서 하나님이 자신을 계시하기 이전에 비토스와 함께 있었다(Sap. Salom. 18:14f). 이 둘은 최초의 한 쌍(Urpaar)인 첫 두 운율(Syzygie)을 이룬다. 이제 하나님의 심연 속에 있는 삶이 확장한다. 즉 발렌티누스의 말에 의하면 하나님이 시게와 함께 두 번째 쌍, 곧 누스(이성)와 아레테이아(진리)를 만든다. 이 넷이 신적인 첫 4조(Tetras)를 구성한다 - 숫자 개념이 큰 역할을 하고 있다. 첫 4개가 다음의 4개를 불러온다. 이것은 11개의 쌍을 더 만들어낸다. 이것을 구성하는 각기 객체를 발렌티누스는 에온(Äon)이라고 부른다. 총 30개의 에온이 있으며, 각 단자는 30일 활동을 한다(Irenäus XVII 1). 그들 모두가 함께 플레로마(Pleroma), 즉 신성의 충만을 이루고 있다. 거의 모든 에온의 명칭은 성서적 개념이다.

에온이 플레로마 내에서 비토스로부터 멀어지면 멀어질수록 그들에게서 신성은 점점 사라진다. 하나님에게서 나온 모든 것은 비토스를 완전히 알고 싶어 하는 충동을 가지고 있다. 이 충동이 마지막 여성적인 에온 안에서 소피아(지혜)가 되고, 그 충동은 너무 강해서 비토스를 무너뜨리고자 시도하나, 플레로마의 경계병인 에온 호로스(Horos)가 이를 저지한다. 그러나 소피아는 자신의 열정을 통해 플레로마의 모든 질서를 무너뜨렸다. 이것은 특별한 사건을 통해서 다시 회복되어야만 한다.

이러한 목적으로 누스와 아레테이아는 새로운 한 쌍의 에온, 즉 그리스도와 성령을 만들었다. 그리스도는 에온들에게 비토스에 이르는 길을 설명해준다. 성령은 그들에게 상호 교제를 가르친다. 이것을 통해서 그들은 조물주를 찬송할 수 있는 능력을 갖게 된다. 그들이 가진 가장 아름다운 것에서 에온 예수를 만들어내며, 이것은 플레로마의 공동의 열매다. 예수는 플레로마 외부에서도 신적인 삶을 확장시킬 과제를 받았다.

플레로마로부터 신 밖의 세계로의 이전은 이렇게 시작된다. 이것은 소피아의 병적인 동경에 그 근원이 있다. 이 속에서 아카모트(Achamoth)라고 칭하는 정열에 복종한 피조물인 낮은 지혜를 만들어냈다. 그들의 감성(Affekten)에서 하급 세계, 곧 물질세계의 많은 본체들이 형성되었다. 프뉴마(영)는 물질세계가 가지고 있는 가장 좋은 것이며, 상위 단계에 오르고자 하는 아카모트의 열망에서 이루어졌다. 푸쉬케(혼)는 의식의 원리이며, 아카모트의 회심에서 이루어졌다. 휠레(Hyle), 즉 물질은 그들의 열정으로부터 만들어졌다.

세상의 창조자인 데미우르고스는 육의 영역에 속한다. 그는 아카모트의 감성에서 세상을 만들었다. 신성 내부에서 타락으로 인해 세상이 가능해진 것이다. 세상은 천사의 세계, 지옥의 세계 그리고 이 둘 사이의 푸쉬케와 휠레가 혼합된 인간 세계 등 세 개로 나누어져 있다. 인간세계에서는 데미우르고스 외에 아카모트가 직접 영향을 행사한다. 그는 인간에게 영을 불어넣는다. 이것을 통해 인간은 데미우르고스를 찬양한다. 그는 인간에게 깨달음이라는 나무의 실과는 먹지 말도록 금지시킨다. 그러나 인간은 그것을 범한다. 낙원에서 우리가 지금 살고 있는 물질세계로의 추방은 그에 대한 벌이다. 그러나 그 일로 발전의 정점이 이루어졌다. 재상승이 시작된 것이다.

그것을 가능케 하는 것은 예수 그리스도라는 에온인 소테르(구세주)이다. 그는 세례를 받을 때에 유대인이자 세상에 속한 메시아인 예수와 결합하여 지상에 자신을 드러낸다. 그를 통해서 데미우르고스와 사람들은 플레로마의 세계에 대한 인식과 더불어 구원을 얻는다. 그러므로 그의 의미는 물질과의 결합에서 신적인 플레로마를 해방하는 것이다. 전혀 영적인 노력을 하지 않는 순수한 물질주의자들은 이러한 구원으로부터 확실히 배제되었다. 그들은 결국 비토스(Bythos)에서 나온 불을 통해 모든 물질과 함께 파괴된다.

구원은 두 단계로 완성된다. 육체의 구원을 위해서는 예수의 가르침을 문자 그대로 믿고 따르는 가톨릭교회가 있다. 그것은 동시에 영적인 구원을 위해서 반드시 필요한 전단계이다. 기독교 교회의 토대에서 상부 세계, 플레로마는 소테르의 도움으로만 알 수 있다. 예수의 말씀에 대한 알레고리적 해석은 인식의 길을 열어준다. 모든 영들이 물질의 매임에서 벗어난다면, 세상의 종말이 온다. 예수는 아카모트와 결혼하고, 그와 함께 모든 영적인 사람들을 플레로마로 인도한다. 상부 세계에서 한때 나온 모든 것은 다시 그곳으로 되돌아간다.

이러한 체계 뒤에는 모순된 그 자신의 모습에 대한 깊은 인간적 경험이 있다. 인간은 자신과 적대적인 세계에 사로잡혀 있고, 영혼은 전심으로 그 세계에서 나오기를 갈망하나, 자신의 힘으로는 그곳을 탈출할 수 없다. 영지주의가 인간의 인간성을 문제 삼고 있음은 확실하다. 그러나 인간은 자신을 직접 도울 수가 없기 때문에, 상부 세계에서 한 사신이 구원을 가져다준다. 모든 인간이 구원을 갈망할 수 없다는 것은 경험적인 사실이다. 상부 세계는 모든 신적인 특성과 자극들을 의인화시킴으로 헬라적인 관념으로 다양하게 설명된다. 일련의 순서는 아래로 이어지는 가치의 단계를 의미한다. 영적인 특징을 동시에 가진 악한 물질세계의 형성은 그렇게 생각할 수 있다고 믿었다.

1) 인간의 판단이 인식하고자 하는 충동을 근거로 수행된다는 것은 전형적인 희랍 사상이다. 도덕도 충동에 예속하고 있다.

2) 하나님 개념도 희랍적이다. 하나님의 존재는 그가 확고한 축복의 삶 자체라는 사실에 그 본질이 있다.

전형적인 동양 사상은 존재와 비존재가 아닌 상반된 두 원리인 선과 악의 대립이다. 그러므로 세계를 단순히 물질의 총체라고 본다. 발렌티누스의 거대한 금욕적 윤리는 이것과 일치한다. 가령 결혼은 모두가 피해야 할 것으로 여겼다.

이러한 헬라적-동양적 종교철학은 이제 기독교적이기를 원했다. 게다가 열정을 다해서 기독교의 절대성을 알렸다. 그리스의 신들뿐만 아니라, 데미우르고스와 하나라고 본 유대의 하나님도 플레로마에서 온 구세주 아래 있다. 그의 등장은 동시에 전 우주의 운명을 결정했기에 그리스도는 끝없이 깨어 있다. 그러므로 이교적인 영지주의의 존재는 사람들이 그리스도에게 바치는 높은 경외에 대한 엄청난 증명이다.

기독교는 그것을 전혀 개의치 않고, 필요하다고 여길 경우, 고쳐 교훈되었다. 교회의 신학으로부터 단순한 영지주의의 거친 신비주의에 이르기까지 또한 급진적인 금욕으로부터 완전한 자유주의에 이르기까지 거의 모든 경우에 변화의 과정이 있다. 신약성서는 알레고리적인 해석을 하지 않아도 영지주의적 사고와 많은 유사점을 제공하고 있으며, 영지주의의 언어 사용과 흡사한 점을 보여주고 있다. 특히 두 나라의 구분이나, 빛과 어둠 혹은 죽음과 삶의 의인화에서 그것을 확인할 수 있다. 그리스도의 우주적 의미 역시 바울에게서 들을 수 있다. 제2 클레멘스 서신은 그리스도와 함께 본래 한 쌍(Syzygie)으로서 이 땅에 온 세계 이전의 교회를 말한다. 이그나티우스의 파르마콘 아타나시아스(*φάρμακον ἀθανασίας*: 불멸케 하는 약)는 영지주의가 말하는 천상의 신비식사와 상당히 유사하다. 영지주의에서는 이러한 식사를 통해 인간은 하늘로부터 오는 더 높은 본질에 오르게 된다.

기독교 영지주의가 정당한지 혹은 부당한지에 대한 명확한 답을 얻는 것이 무척 어려운 문제였음을 쉽게 알 수 있다. 영지주의가 결국 이단으로 거부된 데에는 테르툴리아누스, 이레니우스 그리고 히폴리투스의 글에 의하면 아래와 같은 이유가 결정적으로 작용했다.

1) 영지주의가 지성을 우선시한 나머지 신앙의 무가치를 강조했기 때문이다. 이에 반대하여 교회는 바울의 사상으로 대응했다.

2) 그들은 구원의 보편성을 제거했다. 물질로 이루어진 인간은 결코 구원에 참여할 수 없다는 것이다.

3) 그들은 가현설을 의존했다. 이것은 하늘의 그리스도가 복음서의 예수와 외형적인 결합만을 했을 뿐이라는 주장이다. 여기에는 그리스도의 역사적 삶이 설자리가 없다. 가현설은 이미 요한복음을 통해서도 배격되고 있다.

4) 그들은 세상을 무가치하게 본다. 하위신인 데미우르고스가 피조세계를 만들었다고 믿기 때문이다. 세상은 영지, 곧 하나님과 어울리지 않으며, 하나님과 반대되는 것이다.

영지주의 방어의 절대적 필요성에 대해서는 더 말할 필요가 없다. 만일 교회가 주의 말씀을 경청할 뿐만 아니라 세상의 사상도 자신들에게 옳은 것이라고 여길 경우 기독교적이기를 원하는 공동체가 어디로 가게 되는지 영지주의에서 처음으로 명백해졌다.

2. 마르시온

영지주의가 깊은 깨달음을 통해 교회를 높이고자 했다면,

마르시온(85-160)은 교회를 원상태로 회복시키려고 했다. 유대의 거짓 사상이 교회에 침투했기 때문에 교회의 개혁은 불가피하다는 것이다.

마르시온은 내적으로 루터가 사로잡힌 것과 동일한 것, 즉 바울의 메시지에 의해 사로잡혔다. 그것은 그리스도 안에 있는 하나님의 은총이었고, 그의 설교의 알파와 오메가였다. 이 점에서 그는 내적으로 구약성서의 하나님을 거부했다. 그에 의하면 구약성서는 유대교의 하나님만을 말하고 있다. 그 하나님은 아무것도 보답해주지 않는 분노하고 심판하는 하나님이다. 그는 동시에 제한적인 분이시다. 왜냐하면 자신의 행위를 이후에 변경하기 때문이다. 하나님에게서 비롯된 구약의 율법 역시 비록 이전의 모든 사람들이 중요하게 여겼을지라도 마르시온에게는 모순에 가득한 것이요, 구약의 하나님처럼 법적이고 잔인하다. 마르시온은 세상의 존재 역시 법적이고 잔인하다고 본다. 때문에 그는 구약성서의 이 하나님이 바로 창조주 하나님이라고 믿는다.

알레고리적 해석이나 혹은 특별한 기독론적 해석의 도움으로 예수 그리스도의 아버지를 구약성서에서 찾을 수 있다는 것을 마르시온은 부인한다. 그가 선생으로 삼은 바울이 직접 가르쳤듯이, 구약성서에는 계시의 전단계가 들어 있음도 그는 믿지 않는다. 그러나 마르시온은 자신이 언급한 사상을 거기서 읽을 수 있다는 점을 들어 구약성서를 중요한 원자료로 평가한다. 보응하는 의(義)의 하나님을 마르시온이 믿지 않고 있음은 분명하다. 그는 오히려 복음의 하나님을 믿는다. 그 하나님은 세상뿐만 아니라 세상의 하나님인 구약성서의 하나님에게서 우리를 구원하는 하나님이다. 이러한 참된 하나님, 사랑의 하나님, 비가시적 세계의 창조자가 그리스도 안에서 비로소 인간이 되었다. 전에는 아무도 이러한 하나님과 그의 그리스도에 관하여 알지 못했다. 사람들은 하나님께 낯설었다. 기독교가 선포하는 하나님도 언제나 낯설었다.

마르시온이 선한 하나님과 그리스도 사이의 연관성과 차이점을 어떻게 생각했는지는 확실히 알 수 없다. 그리스도는 그에게 지상에 나타난 선한 하나님의 출현 형태(Erscheinungsform)였던 것처럼 보인다. 악한 신인 데미우르고스가 만든 세계에서 그는 아무것도 받은 것이 없다. 그의 육체는 가현적인 몸일 뿐이다.

그에 비하여 그의 선포는 신적이며 순수한 복음이다. 복음은 하나님께서 인간들이 악한 신인 데미우르고스에게 학대당하는 것을 더는 볼 수 없었음을 뜻한다. 그 때문에 그는 그리스도를 통해 고통당한 자와 억눌린 자를 그의 사랑의 나라로 부르신다. 데미우르고스는 그 대신 그리스도를 십자가에 못 박았다. 이것으로 데미우르고스는 인간에 대한 그의 권리를 상실했다. 그리스도에게 오는 사람은 하나님의 사랑의 나라에 온다. 다른 사람들은 데미우르고스와 함께 모든 물질세계를 집어삼키는 불속에 떨어진다.

세상에 대한 경멸이 마르시온으로 하여금 극단적이고 금욕적인 윤리를 추구하도록 만들었다. 세상과의 완전한 단절은 절대적인 의무였다. 율법의 열정적인 투사는 여기서 다시금 율법 속에 놓이게 된다.

마르시온은 물론 그가 거부한 기독교 교회의 많은 특징이 이미 신약성서 속에 나타나 있음을 간과할 수는 없었다. 자신의 관점을 기초로 행한 폭넓은 역사적 비판에서 그는 이러한 비판과 논쟁을 벌였다. 그는 기독교의 형식적인 유대화가 이미 오래전에 시작되었다고 추측한다. 유대인 태생인 사도들은 그리스도를 여러 가지 점에서 오해했다. 그 때문에 마르시온은 유대 사상이 개입되지 않은 바울 서신과 누가복음만을 받아들였다. 이것만이 그에게 정경이었다.

교회는 결국 144년 마르시온을 파문했고, 그는 독자적인 교회를 세웠다. 마르시온 교회는 4세기에 동방에서 큰 위협이 되었으나, 5세기에 황제가 제정한 이단법에 의해 비로소 척결되었다. 마르시온의 배격은 절대적으로 필요했다. 창조주 하나님과 구원자 하나님의 대립은 기독교의 하나님 신앙, 곧 단일신론의 중심을 파괴했다. 그것은 동시에 구원도 위태롭게 했다. 왜냐하면 그들의 확신은 세상의 주인이 곧 그의 사랑으로 하나가 되자고 우리를 부르신 자라는 사실에 기인하기 때문이다.

마르시온은 가령, 구약성서를 그리스도 중심적으로 이해하지 않는 교회가 어디로 가게 되는지를 교훈해준다. 그 교회는 잘못될 것임에 틀림없다.

그러나 만일 교회가 마르시온과는 달리 구원자의 정체성을 창조자와 같다고 주장했다면, 교회는 이러한 정체성을 그들의 원래 가르침인 단일신론과 동일시해야 할 과제에 직면한다. 어떻게 이 두 개의 신적인 인성을 실제로 하나로 합할 수 있는가? 마르시온은 교회에 이러한 질문을 강력하게 제기했다. 두 신성의 분리를 통해 그는 당시의 교리에 더 깊이 숙고해야 할 사상적 과제를 제시해 주었다.

3. 몬타니즘 마르시온에 의해 촉발된 운동처럼 몬타니즘은 하나의 개혁 시도는 아니었으며, 교회를 영적인 측면에서 더 확대하려는 시도로 이해해야 한다.

몬타누스는 아마도 156/157년(혹자에 의하면 172년) 프리기언에서 기독교인이 되었고, 두 여인 프리스길라(Priscilla)와 막시밀라(Maximilla)와 함께 자신이 그들에게 1인칭으로 말한 성령의 그릇이자 도구임을 주장했다. 몬타누스는 예언적 형식으로 말한다. "보라, 사람은 칠현금과 같고 나(곧 성령)는 채처럼 그 위를 난다. 사람은 잠을 자나 나는 깨어 있다." 막시밀라는 "주께서 나를 말씀의 사자로 보내셨으며, 사람들이 원하든 혹은 원치 않든 하나님의 뜻을 알리도록 했다"고 강조했다. 그의 추종자들은 몬타누스를 요한복음 14장 26절에 예언된 하나님의 마지막 계시를 보여주기 위해 육체로 나타난 보혜사로 보았다.

내용적으로 볼 때 몬타누스의 교설은 새로운 것은 없다. 교리적인 수정은 그들을 반대하는 사람들에 의해서 이루어졌다. 무엇보다도 종말론적인 기본음조가 특징이다. 그들은 그리스도의 재림이 임박했다고 믿고, 그 시대의 위기들이 바로 그 징조라고 해석했다. 소아시아에 위치한 페푸자(Pepuza)에 하늘의 예루살렘이 임할 것이며, 천년왕국을 맞이하기 위해 모든 그리스도인들은 그곳으로 모여야 한다고 주장했다.

임박한 종말의 기대는 극단적이고 금욕적인 삶의 자세를 초래했다. 주께서 오고 있으며, 그 때문에 거룩한 삶을 유지해야 한다. 결혼은 다만 허용되었을 뿐이다. 재혼은 철저히 금했다. 부인들은 그들의 남편을 떠났다. 금식이 엄격히 지켜졌다. 세례 이후에 범하는 죽음의 죄는 순교를 통해서만 소멸시킬 수 있었다(참고 12, 1). 순교의 상황에서 도망하는 것은 곧 주께 대한 배신이다. 여기에 이미 엄격한 율법성이 나타나고 있으며, 이것은 교회사에서 늘 경험할 수 있는 것으로 극단적인 열광주의의 부수적 현상임을 확인할 수 있다. "성령에 대해서 말하나 사실은 문자의 노예였다"(뢰벤이히). 몬타니즘은 본래 취지였던 열광주의적 방식을 오래 유지하지 못했다. 소아시아에서 일어난 두 번째 예언운동은 큰 반응을 불러일으키지 못했다. 몬타니즘적인 원예언서가 다시 수집되었고 구약 그리고 신약성서와 더불어 제3의 계시록으로 등장했다. 직업적인 사제가 교회를 인도했다. 이 시점에 테르툴리아누스가 북아프리카에서 몬타니즘에 가입했다.

가톨릭교회는 하나님의 뜻을 새로 선포한 예언자들을 알고 있었다. 우리는 헤르마스의 목자라는 교회적인 예언서를 가지고 있다. 그러나 교회는 몬타니즘과 같은 예언의 형태를 거부했다. 무아지경을 추구하는 그들의 형식은 교회에 낯설었다. 극단적인 윤리도 별난 것이었다. 기존의 신약성서 정경(참고 9, 3)에 대한 보완은 더욱 불가능했다. 이것은 신학적으로 결정적인 요인이 되었다. 늘 그렇듯이 여기서도 역시 열광주의는 새로운 예언을 강조한 나머지 역사적 예수 그리스도를 잃었다.

| 참고문헌 | Walter Bauer, Rechtgläubigkeit und Ketzerei im ältesten Christentum, 1934 (Beitr. z. hist. Theol. 10). Walter Völker, Quellen zur Geschichte der christlichen Gnosis, 1932 (Sammlg. ausgewählter kirchen- und dogmengesch. Quellenschriften N.F.5); die meisten Stellen dieses Heftes deutsch bei. Hans Leisegang, Die Gnosis, 1955[4] (Kröners Taschenausgabe 32). G. Quispel, Gnosis als Weltreligion, 1951. Hans Jonas, Gnosis und spätantiker Geist I, 1964[3]; II, 1, 1966[2]. Adolf von Harnack, Marcion, 1924[2]. Wilhelm Schepelern, Der Montanismus und die phrygischen Kulte, 1929. P. de Labriolle, La crise Montaniste, 1913.

9. 교회의 제도적 공고화

1. 우리는 무엇이 1세기에 기독교 교회의 내적인 몰락을 초래했는지에 관한 문제에 직면해 있다. 우리가 직면한 이 문제는 보통 가톨릭교회의 형성을 논하는 연구에서 특별히 취급되고 있다. 이 문제에 대해 다음과 같이 말할 수 있다.

1) 가톨릭교회는 그 중심에 있는 모든 제도를 그리스도 또는 사도들이 직접 제정했다고 말한다. 그에 비하여 구프로테스탄트 연구는 가톨릭적인 누룩이 전혀 섞이지 않은 순수한 사도적 이상을 초대교회에서 보았고 상당히 후기에 이루어진 가톨릭이즘으로의 발전을 이탈(Abfall)이라고 평가했다. 역사적으로 볼 때, 그것은 가톨릭교회 형성의 문제를 진지하게 논의에 끌어들였던

19세기보다 훨씬 큰 진전이다. 알브레히트 리츨(1822-1889)이 제기해 아돌프 폰 하르낙이 확대시킨 이 관점은 이후 오랜 기간 동안 정당한 평가로 수용되었다. 이들은 첫 세기의 기독교를 성령에 의한 예전을 신뢰하는 아직은 "교회"가 아닌 무조직의 순수 단체라고 본다. 이들의 관점은 물론 다 틀린 것은 아니다. 교회가 형태를 갖게 된 것은 이교적인 영지주의와의 싸움 내지는 싸움의 결과라고 해야 한다. 위험한 이단 사상에 대응하면서 확고한 조직이 갖추어졌다. 이것이 200년경에 완전한 외형을 갖춘 가톨릭교회다. 200년에 있었던 세 가지, 즉 절대군주적인 주교직, 정경 그리고 신앙의 규율이 가톨릭교회의 존재를 증명해주고 있다.

이러한 주장에 첫 이의를 제기한 사람은 교회법학자인 루돌프 좀(Rudolf Sohm)이다. 그는 95년경에 신적인 권위를 대변하는 법이 교회에 존재했음을 증명했다. 그러한 신적인 교회법이 가톨릭이즘의 특징으로 평가되어야만 한다고 생각하며, 그 때문에 가톨릭교회 형성 연도를 95년으로 설정했다. 방금 언급한 양측의 주장은 구프로테스탄트측의 의견과는 달리 기독교를 토대로 한 첫 교회 형태가 가톨릭적이라는 사실에 일치를 보여주고 있다. 둘 다 교회 형성의 시대를 교회가 없던 소위 열정적인 사도 시대와는 구분하고 있다.

최근의 연구는 이 문제에 대해 더 앞선 시기로 관심이 집중되었다. 그 결과 리츨과 하르낙이 제기한 답변이나 좀(Sohm)의 결과는 더 이상 유지될 수 없다. 둘 다 동일한 실수를 범했다. 즉 무엇이 가톨릭적인 특징인지에 대해 그들은 사변적으로 숙고했다. 역사 속에서 이러한 특징이 증명되는 순간부터 교회를 "가톨릭"이라고 불렀을 것임에 틀림없다. 일반 역사의 고찰은 분명히 교파적인 선입견에 기초하고 있다.

2) 교회사적 고찰은 다르게 진행되었음에 틀림없으며 그로 인해 다른 결과에 이르렀다. 모든 사변적인 생각을 차단해야 했고, 정확한 관찰의 결과만을 주장해야 했다. 지난 세기의 연구는 이러한 방법에 의해 아래와 같은 결론을 얻었다.

(1) 교회는 모든 시대에 존재했다고 생각할 수 있다. 대부분의 학자들은 마태복음 16장 18절의 진위 자체를 의심하지 않는다. 예수가 자신의 교회에 관해 말했다고 믿는다. 사실 첫 신앙공동체는 원자료에 의하면, 철저히 독립적이며 독특한 성격과 독자적 삶을 소유한 공동체로 인식했다. 모두가 하나라

는 살아 있는 확신이 이들 무리를 사로잡았음에 틀림없다. 초대교회가 조직적 형태를 갖추고 있다고는 생각되지 않는다. 그러나 교회는 구별된 삶을 살아야 한다는 의식이 있었고, 유대교와는 완전히 구분되었다. 이것은 늦어도 예수를 다른 유대인과는 달리 그리스도와 주(κύριος)로 예배한 이후에 생겼다. 마태복음 16장에서 베드로의 고백과 "교회"라는 진술은 결코 우연히 마주한 것은 아니다. 언급한 바와 같이, 초대교회는 확실히 확정된 제도적 형태를 지닌 것은 아니다. 법적인 구속력도 없었다. 모두가 성령의 직접적인 안내를 받았고, 성령은 교회 생활에 필요한 모든 것을 어디에서나 전체에 제공했다. 혹자에게는 방언의 은사를, 혹자에게는 그것을 해석하는 은사를 주었다. 혹자에게는 교회 치리를 그리고 다른 사람에게는 하나님의 뜻을 새롭게 선포하고 하나님의 진리를 계시하는 예언의 은사를 주었다. 특히 신약에서 점차적으로 교회전체에 영향을 준 세 가지 특별한 기능, 즉 사도, 예언자, 교사가 가시화되었다. 이와 함께 지역적인 과제를 위임 받은 장로 내지는 감독 그리고 그들의 대변자인 집사들이 세워졌다. 교회의 모든 신자는 가령 가정에서 성례전을 집행할 수 있는 권한이 있었다. 더 나아가서 교회는 전체 예배 인도자를 자유롭게 결정할 권한과 헌금의 사용을 결정할 권한도 있었다. 예루살렘에서 그곳의 지도 하에 하나의 조직체를 구성하려는 시도가 있었음은 이미 언급했다. 그것이 이루어지지 않았기에 상세히 언급할 필요는 없다.

(2) 정관 같은 성문화된 자료는 없지만, 고대교회는 가톨릭이즘의 중요한 표지를 자체에 지니고 있었다. 그들은 세상에 있는 가시적 교회를 그리스도의 몸으로 알았다. 교회는 그리스도의 영인 성령의 인도를 받으며 모든 진리에 이른다고 알고 있었다. 교회를 그리스도의 몸으로 알았다는 사실은 특별히 주목해야만 한다. 이것은 교회가 행하는 일은 그리스도의 몸이 행하는 일임을 의미한다. 교회가 행하는 것은 곧 그리스도 혹은 하나님이 행하는 것이다. 이러한 교회의 자기인식을 아는 사람만이 고대교회의 발전을 이해할 수 있다. 그 사람만이 현대적 문제인 "가톨릭이즘"에 접근할 수 있다.

3) 확실히 가톨릭교회의 형성에 대한 문제는 아래와 같은 문제로 인해 복잡한 양상을 보여준다.

(1) 2세기 그러니까 성령의 시대 이후 교회가 형성되었다는 것은 더는 문제가 되지 않는다. 교회는 기독교의 형성 속에서 이루어진 것이요, 기독교와

함께 이루어진 것이다.

(2) 초대교회는 "가톨릭적"인 발전이라고 추측할 수 있는 특징을 자체에 이미 지니고 있다. 그것은 가시적 교회(ecclesia visibillis)와 그리스도의 몸(corpus Christi)을 동일하게 본 것이다.

따라서 가톨릭교회의 형성에 대한 문제는 다음과 같이 답해야 하는 듯이 보인다. 교회는 기독교가 형성되면서 "가톨릭적"인 씨를 가진 독자적인 단체로 이루어졌다. 그 후 계속해서 가톨릭적인 특별한 제도들이 만들어졌다. 2세기에 시작되고 있는 가톨릭교회의 새로운 특징들을 우리는 계속 살펴보아야만 한다.

4) 교회는 발전해 가면서 사도 시대를 전제로

(1) 그리스도의 몸이라는 확신을 갖게 되었고,

(2) 교회의 일들은 자유로운 성령의 역사로 이루어진다고 생각하여 직임을 두지 않았다. 교회의 완전한 독립성이 그 일들로 인해 제거되지도 않았다.

(3) 마지막은 전통을 중요하게 여겼다는 점이다. 이 점에 대해서는 좀 더 설명이 필요하다. 성령은 교회의 삶의 형태를 규정하는 원리로 인정할 뿐만 아니라 성령에게서 사람들은 새로운 하나님 인식과 새로운 계시를 기대했음도 확실하다. 예언자는 하나님의 이름으로 교회에 말한다. 하나님은 일인칭을 사용하여 말한다(계 16:15 "보라 내가 도둑같이 오리니", 행 13:2 "내가 불러 시키는 일을 위하여 바나바와 사울을 따로 세우라 하시니"). 즉 성령 안에서 기독교 교회는 점진적인 새롭게 선포해야 할 요소를 갖는다. 계시는 끝난 것이 아니라 교회에서 확산되어야만 한다. 그러나 초대교회에는 이러한 역동적인 요소와 함께 정적인 요소, 곧 전통에 대한 집착도 나타나고 있다. 사도들, 즉 그리스도를 직접 목격하고 사도직의 소명을 받은 열한 명과 바울은 누구보다도 예수 그리스도에 대한 첫 증인으로 인정을 받았다. 그들 가운데서도 바울은 '만삭되지 못하여 난 자'(ἔκτρωμα, 고전 15:8)였다. 이제 그리스도의 출현은 어느 날 중단된다. 이 사실은 칼 홀이 보여주듯이 교회사에 매우 중요한 것이었다. 왜냐하면 사도 전통의 사상이 이 사실에 뿌리를 두고 있기 때문이다. 확실히 교회는 영을 가지고 있다. 높으신 주를 바라보는 최고의 영적인 경험은 이 세상에서는 제한적이다. 그에 대한 인식은 후세대의 전승을 통해서만 계속 전해질 수 있다. 그와 함께 먼저 두 가지가 주어졌다.

① 이러한 전통은 사도적 전통이다. 이유는 오직 사도만이 그에 관해서 말할 수 있었기 때문이다. 사도들이 남겨준 모든 것을 밝혀주는 밝은 빛은 거기서부터 오는 것임에 틀림없다.

② 이러한 전통은 가치 면에서 영적인 인식을 능가했을 것임에 틀림없다. 왜냐하면 전통이 말한 높은 가치는 영으로는 알 수가 없었기 때문이다. 이것은 열광주의와 교회법의 싸움이 국가적, 조직적, 제도적 발전에 중요한 것이었음을 의미한다. 전통은 열광주의자들을 제거시킬 목적이 아닌 약화시킬 목적으로 사용되었다.

2. 이제 이 싸움을 직접 다루어보자. 여기서 특정한 세력들의 발전을 주목해야 한다.

1) 우선 교회 조직의 문제다. 교회에 특정한 기능을 가진 이들이 있었음을 우리는 보았다. 교회가 그것을 한 사람에게 위임했다고 해도 고대 기독교적인 관점에서 보면 그것은 교회를 이끄시는 하나님에게서 온 것이다. 이것은 예전의 형식에서 분명히 표현되고 있다. 공동체는 그것을 언제나 다시금 회수하여 다른 사람에게 줄 수 있는 자격이 있다. 공동체는 그들이 드리는 예배에 대해서는 완전히 자율적이었다. 왜냐하면 공동체에는 예배가 가장 중요했기 때문이다. 여기서 첫 번째 변화가 시작된다. 본래 예배는 영적인 은사를 가진 예언적인 사람이 인도했다. 그러한 사람이 없을 경우, 장로 가운데서 한 명이 그 일을 담당했다. 이 같은 경우에서 동일한 자격을 지닌 사람 가운데서 한 명의 대표자(primus inter pares), 곧 감독이 형성된 듯이 보인다. 그리고 이 사람이 예배를 전담했으며, 권한도 갖게 되었다. 공동체는 그 관련자를 선출하는 권한 외에는 다른 일체의 권한을 잃었다. 변화는 1세기 말엽 고린도에서 발생한 싸움에서 분명히 나타나고 있다. 그곳에서는 예배의 총 책임을 공동체로부터 선지자에게 넘겨주었다. 그러자 예배를 인도할 책임이 있다고 생각한 장로들이 분개했다. 로마는 첫 번째 클레멘스 서신(주후 95년)에서 이 문제에 개입했다. 그에 의하면 흠이 없는 감독은 이러한 권한을 도적질 당해서는 안 된다. 스스로가 성령의 은사를 받았다는 공동체 신자에게 대한 거친 말도 나타난다. "가르쳐 너희에게 복종하게 하라!"(*μάθετε ὑποτάσσεσθαι*) 이러한 요구에 대한 근거는 아래와 같이 전형적이다.

⑴ 질서가 있어야만 한다는 것이다. 그러므로 초대교회의 열광주의는 상당히 무질서했음을 느낄 수 있다.

⑵ 구약성서를 근거로 삼았다. 즉 하나님의 명령이라는 것이다.

⑶ 성례전의 완전한 시행을 위해 힘쓰는 사도, 감독 그리고 집사의 전통에 근거를 두고 있다.

이것은 이론이었다. 변화는 실제로 객관적인 필요성에 의한 것이었다. 예배 인도자는 동시에 예배에서 사랑의 헌물로 드린 교회 헌금을 사용할 수 있는 자격도 가졌다. 교회 공동체가 커지고 한눈에 보기 어렵게 되자, 분배에 대한 일을 낯선 사람에게는 맡기지 않았다. 두 번째 실제적인 이유는 안디옥의 이그나티우스의 편지에서 볼 수 있다. 교회 공동체는 그리스도인이라고 주장하면서 자칭 참된 기독교라고 부르짖는 영지주의자들과 어려운 싸움을 하고 있었다. 그러나 교회는 이들을 이단이라고 느꼈다. 그것은 그들을 평가할 수 있는 명백한 척도가 아직 없었기에 공언할 수 없었으며 다만 느꼈을 뿐이다. 이러한 상황에서 이그나티우스(Ignatius von Antiochien)는 감독의 교회 관할, 감독에 대한 교회의 순종 – 그 때문에 군주적인 감독! – 에서 해답을 찾았다. 이것은 교회 공동체에 대한 감독의 중요성을 말한 것이다. 감독의 치리와 그에 대한 교회의 전적인 순종이 영지주의가 발생한 혼란한 상황에 대한 해결책이었다. 감독은 진리가 어디에 있는지를 결정한다. 그가 있는 곳에 하나님의 교회, 곧 가톨릭교회가 있다. 가톨릭이라는 말은 여기서 처음으로 나타났다.

이러한 변화는 무엇을 의미하는가?

⑴ 무엇보다도 공식적인 교회법의 도입이다. 이 법은 그리스도의 몸의 법이기에 신적인 법이다. 이것을 위반하는 자는 하나님께 죄를 범한다. 교회는 각자가 과거에는 성령의 자유로운 인도 가운데 있다고 여겼다. 하나님은 누가 그의 이름으로 기도해야 하는지를 언제든지 결정할 수 있도록 교회에 통찰력과 이해력을 선사한다. 지금은 그들의 자유가 수고행위로 제한되었다. 감독은 항상 하나님의 지도 아래 있다. 선거라는 교회의 수단을 통해 하나님이 직접 감독을 뽑는다. 그래서 교회는 그렇게 선출된 감독을 물리칠 수 없는 것이다. 감독은 취임 후에는 합법적인 교회 예배의 주관자가 된다.

바로 여기서 어려운 문제들이 파생했다. 성령의 은사를 받은 사람을 대신해서 감독이 등장한 것은 아니다. 이것은 잘못된 것이다. 임명받은 감독 역시 성령의 은사를 받은 자다. 그는 자신을 선택한 하나님이 주신 직무 수행에 필요한 은사를 가지고 있다. 다른 결과들도 실제로 나타난다.

① 모든 교회 공동체는 이제 단지 한 명의 감독만이 있을 수 있다. 전처럼 여러 명이 존재하는 것은 불가능하다. 그 결과 이전에는 모든 경계가 유동적이었던 반면에 이제는 경계가 분명한 법적인 의미의 교회, 곧 조직적인 형태를 갖춘 감독의 관할구역이 형성되었다.

② 만인사제직의 해체다. 전에는 각자가 가정에서 가장의 주관으로 성찬을 거행할 수 있는 권한이 있었지만 이제 이러한 권한은 다 사라졌다. 다른 성례전도 모두 통상적으로 감독에게 위임되었다. 이것은 하나님과 영혼 사이에 인간 한 사람이 또 다시 등장하고 있음을 말하는 것이다. 지금까지는 두 세 사람이 그리스도의 이름으로 모인 그곳에 교회가 있었다. 그러나 이제부터는 두 세 사람이 그리스도의 이름으로 모여도 교회가 되지 못한다. 감독이 있는 그곳에 그리스도의 몸이 있고, 그 몸의 지체를 이루는 자만이 구원을 얻을 수 있다. 클레멘스나 안디옥의 이그나티우스가 보여주듯이, 새로운 제도는 하나님이 세운 제도로 인식되었다. 새로운 교회법은 단순히 법률 규범이 아니라 신앙의 법이었다.

③ 예배의 주관자는 감독이 된다. 예배를 인도할 유일한 권한을 갖고 있는 그는 하나를 위해 다른 하나를 없앨 권한도 가지고 있다.

감독은 예배에 대한 전적인 권한과 함께 교회에서 말씀을 선포할 유일한 권한을 가지고 있다. 전에는 예언자가 하나님의 이름으로 교회에서 말했다면, 이제는 감독이 그것을 하는 것이다. 과거에 예언자의 말씀은 영적인 교회가 그것을 하나님의 말씀으로 받아들여 "아멘" 하고 화답함으로(고전 14장) 효력을 가졌다. 그러나 이제는 감독이 하나님의 이름으로 아무 동의 없이 교회에 말할 권한을 평생 가지고 있다. 사제의 영적인 통치라고 할 수 있는 계층구조(Hierarchie)가 이제 실제로 구체화된 것이다.

④ 감독이 예배를 주관하게 됨으로 그는 교회의 재산에 대해서도 주인이 된다. 왜냐하면 교회의 수입은 예배에서 나오기 때문이다.

군주적 감독제도 도입이 갖고 있는 교회사적 중요성은 그것으로 분명해지고 있다. 권력 교회(Rechtskirche)와 사제 교회(Priesterkirche)로 발전이 시작된 것이다. 하나님의 말씀과 그를 통한 성령의 존재만이 아니라 특정한 형태의 조직은 참된 하나님의 교회를 구성하는 데 계속해서 필수적인 요소가 된다. 다만 이러한 변화에도 불구하고 교회는 그리스도의 몸이어야 하며 성령으로 인도되어야 한다는 교회의 요구는 항상 남아 있는 과제다.

(2) 새로운 제도의 도입은 이제야 비로소 가능케 된 두 번째 제도를 곧이어 초래했다. 감독이 개별적 교회를 통치했고, 교회와 관련된 문제들이 발생할 경우 공동으로 대처하기 위해 감독들이 모였다. 그것이 지역 총회(Synoden)를 구성했다. 우리가 알기로는 영지주의가 정당한가 혹은 정당치 못한가의 싸움에서 처음으로 감독회의가 열렸다. 지역총회 역시 중요한 신설 기관이다. 왜냐하면 교회 공동체보다 높은 상위 기관이 처음으로 교회 속에 형성되었기 때문이다. 우리가 지금까지 말한 것은 모두가 개별적 교회에 해당한다. 그러나 여기에서 이제 교회의 중앙화 과정이 시작된다.

새롭게 이루어진 교회의 중앙기관은 특별한 권위를 갖고 있다. 초대교회에는 이미 두 개의 상반된 영적 원리가 있었다. 하나는 하나님의 이름으로 말할 수 있었던 성령의 은사를 가진 개개인이요, 다른 하나는 그리스도의 몸을 이루고 있는 교회 전체였다. 물론 교회도 성령의 은사를 소유했다. 교회의 지도권은 영적으로 감독만이 갖고 있다. 더 나아가서 모든 교회도 성령의 은사를 소유한 것으로 여겨졌다. 교회 공동체가 감독을 통해 활동하듯이 교회는 총회를 이루는 몸이요 활동 기관이다. 총회가 성령에 의해서 인도받는다고 본 것은 당연한 결과였다. 그들의 결정도 영감으로 된 듯이 간주되었다. 그러므로 사도행전 15장 28절에 "그것은 성령과 우리에게 마음에 든 것이니… "라고 쓰여 있고, 그것에 대한 후기의 증거도 우리는 가지고 있다.[5)]

교회의 새로운 중앙기구인 총회가 어떤 권위를 갖고 있는지가 다시금 분명해진다. 영감을 받아 모든 일을 결정한다고 생각된 총회도 한 가지 제한은 있었다. 성령의 은사를 가진 예언자의 진술처럼 교회 공동체가 총회의 말에 아멘으로 화답할 때에만 인정을 받았다. 총회의 결정이 그 타당성을 얻는 데에도 역시 교회 전체의 인정은 필수적이었다. 따라서 총회의 명백한 결정을 위해 고대에 이루어진 싸움들을 이해할 수 있다.

5) 예를 들어 316년의 아를스 총회; Mirbt, Quellen4 Nr. 100, 41f.

2) 안디옥의 이그나티우스가 보여주듯이 교리 해석을 가진 정관의 형성과 함께 교회 교리에 대한 확실한 척도가 형성되기에 이르렀다. 이것이 정경과 신앙규범(regula fidei)이다.

이 방면에서도 역시 새로운 것을 강구하게 된 동기는 실제적인 측면에 있다. 기독교인의 모임, 즉 예배에서는 처음부터 구약성서와 함께 다른 글도 낭독되었다. 사도들의 서신과 2세기에 써진 다른 글들, 가령 클레멘스의 첫 서신(주후 95년), 헤르마스의 목자(약 140년) 등이다. 예배라는 실제적인 문제에 직면하여 그러한 글을 모은 듯이 보인다. 이러한 모음이 어떤 특별한 특징을 갖고 있는 것은 아니다. 엄격한 의미에서 볼 때 정경의 형성은 교회 외부의 요인, 즉 영지주의에 자극받은 듯이 보인다. 영지주의는 교회와 달리 통달자(Eingeweihte)와 특권자(Bevorrechte)에게만 중요한 구전으로 전달된 비밀전승뿐만 아니라 몇 가지 특별복음, 곧 오늘날 소위 "위경"(apokryphen)이라고 하는 성서 외 경전에 근거하고 있다. 이들 가운데 일부 단편이 현재도 남아 있다. 이들 단편은 해당 복음서가 어떤 영적인 토대에 근거하고 있는지를 보여준다. 그러므로 영지주의는 성서의 정경을 그들 가르침의 근원이라고 제시한다. 마르시온도 비슷한 방법을 취했다. 교회가 그를 파문하자 그의 가르침과 그가 세운 특별 교회는 바울의 10서신과 개정한 누가복음을 기초하고 있다고 주장했다.

교회는 확언하건대, 이러한 단체들과 거리를 두고자 했고 그들과 다른 주장을 해야만 했다. 그렇지만 어떤 글들이 본인들에게 정경이며 교회 가르침의 근원인지를 말하는 방법 외에는 다른 묘책이 없었다. 정경화 작업을 서둘러야만 했다. 마르시온이 준 영향은 중요한 것이었다. 교회는 다른 연관된 사항에서도 설명될 것이지만(참고 12), 바울로부터 정말 멀어져 갔으며, 율법의 자유는 말할 것도 없이 원칙적으로 바울을 포기했다. 마르시온이 자신의 교리를 오직 바울에게 근거시키고 있기에 교회는 바울을 교회의 정경에 맞게 고려하는 것이 필요했다. 그 외에도 로마가 제시한 글들이 성서로 모든 교회가 받아들인 듯이 보인다. 물론 정경의 기준 문제는 중세 전성기에 이르기까지 해결되지 않은 문제였다. 어쨌든 사도의 글을 정경으로 인정했다.

2세기가 되면서 구약 정경과 함께 신약 정경이 등장한다. 구약 정경은 구약성서를 배격한 마르시온과의 격렬한 싸움에서 확정되었다. 구약과 신약의 동일화로 인해 구약의 권위는 곧 신약의 권위로 이어졌다. 신약 역시 하나님의 영감으로 기록된 것으로 계속 인정되었다. 인간의 저서 속에 담긴 말이 곧 하나님의 말이라는 진술이 갖고 있는 긴장은 하나님의 말씀이라는 한 가지 언급으로 제거되고 있다. 확고한 권위가 있는 직임과 함께 2세기가 흐르면서 확고하고, 권위적이며, 신적인 것이 교리적 근거로서 등장한다. 그러나 교리적 근거 역시 스스로가 독자적인 타당성을 부여할 수는 없다. 구두로 전승된 사도적 전통처럼 열광주의적 요소 역시 교회에서 영적인 은사를 가진 사람이 새로운 계시를 전할 수 있다는 관점을 중요하게 여겼다. 열광주의적 요소는 상당히 축소되고 있다. 이런 점에서 볼 때 정경의 형성은 사실 교회가 확고한 조직체를 갖는 데 가장 중요한 단계가 되고 있다.

3) 세 번째에 해당하는 신앙의 규율 혹은 상징은 교회의 교리를 확정짓는 데 있어서 역사적으로 볼 때 성서보다 더 중요한 의미를 갖고 있다. 신앙고백 역시 교회의 실천적 삶에서 나온 것이다.

하나님의 현재는 그리스도 안에서

(1) 신앙고백(마 16:18)을 일으킨다. 신앙고백은 주의 말씀에 대해 성령의 역사로 행한 응답이다. "당신은 그리스도입니다"라는 말에 이미 교리적인 진술이 포함되어 있다. 사실적인 고백과 객관적인 진술이 함께 있다.

(2) 죄 고백을 가져온다(눅 5:8).

(3) 하나님을 찬양케 한다(빌 2장 Apc의 찬양). 라틴어 '고백하다'(confiteri)나 헬라어 '시인하다'(ὁμολογεῖν)는 말은 이 세 가지 기능을 모두 포함하고 있다. 독일어 "고백"(Bekennen)이라는 말은 위의 처음 두 가지만을 내포하고 있다.

(4) 신약성서는 이미 신앙고백이 갖고 있는 반이교적인 중요성을 보여주고 있다. 요한복음 4장 2절이 대표적이며, 여기에는 적극적인 신앙고백이 갖고 있는 반영지주의적 경향을 보여주고 있다.

(5) 이것으로 신앙고백은 새로운 의미를 얻고 있다. 개인이 신앙고백을 함으로 그는 동시에 교회의 신앙을 고백한다. 신앙고백은 교회적인 고백이 되고 이것으로 후에 법적인 중요성을 얻는다. 고대 상징의 발전은 본질적으로 예배, 무엇보다도 세례에서 결정된 듯이 보인다.

가장 오래된 신조형식은 그리스도만을 다루고 있다. 그도 그럴 것이 새로운 신앙공동체의 특별성은 그에 대한 고백 속에 그 본질이 있다. 또한 맨처음에는 그리스도의 이름으로만 세례를 받았다. 그리스도 중심적인 세례 고백문은 곧바로 삼위의 이름으로 확대되었다. 그리스도 이름으로 준 세례에서 아버지, 아들 그리고 성령의 이름으로 주는 세례로의 전환은 확실히 변화의 외적인 이유였다. 객관적으로 볼 때 이방기독교 공동체의 필요성이 더 결정적이었다. 그리스도인이 된 이방인은 그리스도뿐만 아니라, 그리스와 로마의 신들을 버리고 하늘과 땅의 한 분 하나님을 고백했다. 세례를 받을 때 비로소 알게 되는 성령의 개념 역시 이방 기독교인에게는 새로운 것이었다. 삼위일체적인 세례신조와 그것을 토대로 삼아 삼위를 내용으로 한 세례 고백문이 등장했으나, 전 지역에서 통일된 것은 아니다. 구 로마교회(140년경 형성)는 소위 사도신경에 기초한 세례고백문을 계속 사용하길 원했다.[6] 그러나 이것 역시 그것을 수용한 개교회의 자유에 맡겨져서 그들이 처한 상황에 맞도록 유연하게 적용했다. 즉 필요할 경우, 본문을 살며시 변경시켰다.

세례고백문은 이제 2세기 중에 신앙 규율이나 다름없는 중요성을 갖게 되었다. 교회는 그리스도인답게 행동하는지에 대한 많은 영적 태도를 세례고백문으로 판단하기 시작했다. 물론 사도적 전통을 건너 우회하는 길이었다. 교회는 사도들이 쓴 글만을 정경으로 확정했다. 그러나 문자는 이해라는 해석

---

6) *Πιστεύω είς θεόν,*	나는 하나님을 믿는다,
πατέρα παντοκράτορα,	아버지요, 전능하신 분인;
καὶ είς Χριστὸν Ιησοῦν	그리고 그리스도 예수를,
τὸν υἱὸν αὐτου τὸν μονογενῆ	그의 독생자를,
τὸν κύριον ἡμῶν,	우리 주를,
τὸν γεννηθέντα ἐκ πνεύματος ἁγίου	성령으로 잉태하사
και Μαρίας τῆς παρθενου,	동정녀 마리아에게서 나신 자를
τὸν ἐπί Ποντὶου Πιλάτου σταυρωθέντα	본디오 빌라도에 의해 십자가에 달리사
καί ταφεντα,	장사되고
τ,ῆ τρίτη ἡμέρα ἀν αστάντα ἐκ νεκρῶν,	사흘 만에 죽은 자 가운데서 다시 살아나사
ἀναβάντα είς τοὶς οὐρανούς,	하늘에 오르사
καθήμενον ἐν δεξιᾶ του πατρός,	하나님 보좌 우편에 앉아 계시다가
ὅθεν ἔρχεται κρῖναι ζῶντας καί νεκρούς,	저리로서 산 자와 죽은 자를 심판하러 오시리라
καί είς πνεῦμα ἅγιον,	성령을 믿사오며
ἁγίαν ἐκκλησίαν	거룩한 교회와
ἄφεσιν ἁμαρτιῶν	죄를 사해주신 것과
σαρκὸς ἀνάστασιν.	몸이 다시 사는 것을
'Αμήν.	믿습니다.

가장 오래된 희랍어 본문은 4세기 중엽 앙카라의 마르셀이 제공하고 있다. 라틴어 본문은 7세기에 나온 것이다. Karl Holl, 『Ges. Aufsätze』 II, S.115ff.

학적 문제를 야기시켰다. 왜냐하면 영지주의와 마르시온이 교회의 위대한 신학자와는 다르게 그 문자를 이해했기 때문이다. 이러한 어려운 상황에서 이레니우스는 성서 해석을 위해 사도적 전통에 의존했고, 그것을 추적해 올라갔다. 그 자신은 서머나 폴리캅(Polykarp von Smyrna)을 알고 있었고, 폴리캅은 요한을 알고 있었다. 전통이 갖고 있는 이러한 직접적인 연쇄고리는 여전히 존재하고 있었다. 그러므로 교회의 성서 이해는 사도적인 것으로 간주할 수 있었다. 이레니우스도 바로 이것을 주장한다. 자신의 논지를 지지하기 위해 그는 교회와 사도와의 연관성을 역사적으로 입증한다. 사도적 교회는 그러므로 가장 참된 전통의 담지자다. 이것이 바로 사도적 전승(successio apostolica)의 첫 의미다. 이러한 전통의 표현이 세례신조, 곧 전체를 짧게 요약한 것이다. 신앙고백은 수세자가 고백해야 하는 교리의 요약이었다. 새로 등장한 신학을 인정해야 하는지 혹은 그렇지 않은지를 알고자 할 때 이러한 사실을 이해해야 한다는 것은 명백하다. 새로운 것 속에는 옛 것을 거부할 아무런 근거가 없다는 것을 재차 강조해야 한다. 예언은 여전히 유효하다. 성서는 스스로가 자신을 방어할 수 있음도 재차 강조해야만 한다. 성서의 분량과 그 내용의 다양성은 제쳐두고라도 해석에 대한 의견은 여전히 일치되지 않고 있다. 알레고리적 해석이 성경의 모든 것을 밝혀줄 수는 없다. 교회가 필요했던 것은 기독의 중심교리에 대한 간단하면서도 개략적인 요약이었다. 세례 고백문이 바로 그것이다. 이것이 초기 기독교의 교의(Dogma)인 신앙의 규율이 되었다 – 여기서 교의라는 개념을 사용하지 말아야 할 근거는 없다.

그리고 그것으로 인해 정경은 아직 없지만, 우리가 본 것처럼 권력교회(Rechtskirche)와 사제교회로 발전한 교회가 동시에 교리교회가 된 것이다. 다른 말로 표현하자면, 외적인 형태가 굳어짐과 동시에 중심 교리를 가진 영적인 내용도 굳어졌다.

이것은 매우 중요한 의미를 가지고 있다. 사도교회가 했던 것처럼, 성경은 기독교 신앙의 전체적 이해에 따라 해석해야만 한다. 그러나 실제로는 고정된 신앙규범(regula fidei)에 의해 해석되었다. 신앙규칙은 해석학적 척도이다. 성경을 이 척도 아래 위치시켜 성경 자체에서 왕관을 벗겨버렸다. 그들이 형성되는 순간에 이미 왕관이 벗겨졌다. 그도 그럴 것이 성경의 의미를 결정하는 것은 물론 성경의 여주인이다. 개념에 의해서는 이러한 여주인은 사도적 전통이나, 실제로는 그것과 동일하게 여겨진 교회의 동의였다. 그러므로 성경은 결코 교회의 규정이 되지 않았다. 교회의 동의(consensus ecclesiae), 곧 교회 자체가 성서의 의미가 무엇인지를 결정했다.

4) 원칙적으로 볼 때 언급한 세 개의 영역을 견지할 동기는 없다. 교회생활의 질서, 가령 예배의 예전과 성례전 그리고 교회의 외형적 삶의 수행과 연관하여 고착과정을 관찰해 볼 수 있다. 다른 것과 관련하여 몇 가지는 상세하게 다룰 것이다.

3. 전체를 개관해보면, 교회의 제도는 모든 세세한 부분에 이르기까지 그 근원이 예배에 있다는 결론에 이른다. 직제, 정경, 세례문답, 예전 등 모든 것은 예배로 귀결된다. 교회의 구체적인 제도는 그러므로 예배 제도라고 할 수 있다.

사도 시대 기독교 공동체의 얽매이지 않은 예배의 삶을 회고해 본 사람은 어떤 확고한 형태를 가진 틀로 경직된 이 모든 교회의 제도화(Verkirchlichung) 과정을 – 이 과정은 2세기 이후에도 계속된다 – 결국에 만들어진 제도적 교회가 되는 첫 단계로서 몰락이라고 보는 경향이 있다. 물론 확정적 형태는 어느 정도의 경직화를 의미한다. 그렇지만 그 안에서 오로지 쇠퇴만을 보는 사람도 옳은 것은 아니다.

조직체를 형성하도록 모든 생생한 움직임이 있었음을 생각해야 한다. 이 중 두 가지는 매우 중요하다. 기독교의 참 모습을 지키려는 싸움과 교리적 척도를 확정하고자 한 노력에 대해서는 이미 언급했다. 거기에는 긍정적인 측면이 있다. 그와 함께 기독교는 곧 외적인 존재를 지키고자 하는 진지한 싸움 이상이 되도록 강요당했다. 이것은 가장 중요한 점이며, 기독교는 이러한 싸움에 개입되었고, 일치의 확신에 의존하여 개개신자와 공동체를 묶었을 뿐만 아니라, 확고한 조직체인 교회는 권위 있는 지도자 아래서 이러한 싸움을 수용할 수 있었다는 점이다. 이러한 싸움에서 승전의 행진을 하게 된 데에는 하나의 전제가 있었다고 주장해도 결코 지나치지 않다. 이렇게 생각하는 사람은 이러한 발전과정에 하나님의 손길이 함께 했다고 보지만은 않으며, 그에게는 무엇보다도 약화되기도 하고 융성하기도 하는 내적인 얽히고설킴이 분명하게 나타난다. 영적으로 판단해서 경직화를 의미하는 그 같은 순간이 교회에 외적으로 존립을 보장해주고 그와 함께 교회의 과제를 계속 성취할 가능성을 보장해준다.

| 참고문헌 | A. Hahn, Bibliothek der Symbole und Glaubensregeln, 1897[3]. Rudolf Sohm, Wesen und Ursprung des Katholizismus, 1912[2]. Ad. von Harnack, Entstehung und Entwicklung der Kirchenverfassung, 1910. Hans Frh. von Campenhausen, Kirchliches Amt und geistliche Vollmacht in den ersten drei Jahrhunderten, 1953. Gerhard Ebeling, Die Geschichtlichkeit der Kirche und ihrer Verkündigung als theologisches Problem, 1954

10. 기독교와 로마 국가의 투쟁

1. 국가에 대한 교회의 관계는 교회의 존속에 결정적일 수 있음을 이미 시사했다. 물론 기독교의 합법성과 불법성의 문제는 국가가 기독교를 인정된 유대교의 한 분파로 보았을 때가 아닌 기독교가 독자적인 세력으로 등장했을 때 가장 심각했다.

그러나 갈등이 일어났다는 사실은 결코 당연한 것이 아니다. 우선 그리스도인들의 왕권(Royalität)이 이교적인 국가에 비해 지나치게 컸고, 너무나 큰 나머지 황제를 위해 기도했음에도 불구하고 제국 내에서 유혈 박해를 모면할 수 없었다. 변증가 저스틴(Justin)은 정부당국자 앞에서 그리스도인은 요구받은 것보다 더 많은 세금을 기꺼이 지불했다고 호언했다.

다른 한편 로마는 종교적으로 매우 관용적이었다. 이것은 다신교적이며 혼합주의적인 토대와 연관이 있다. 당시 공적인 종교들은 이러한 토대에 근거하고 있다.

기독교 박해는 어떻게 일어났는가? 몇 가지 원인들이 함께 작용한 듯이 보인다.

1) 새로운 종교의 창시자인 예수 자신은 이미 국가의 범법자로서, 즉 대역죄인의 혐의로 처형을 당했다.

2) 그리스도인들은 로마의 수호신에 대한 경외의 표현인 황제제의에 참여하지 않았다. 그들은 그것을 완강하게 거절했고, 이러한 사실은 다신교적으로 교육된 공직자에게 의심스러운 것임에 틀림없었다.

3) 무엇보다도 그리스도인들에게 향한 민중의 미움을 언급할 수 있다.

종교적으로 무관심한 자가 경건한 자에게 갖는 자연스런 적대감이 그 배후에 있었고, 그것은 다른 좀 더 구체적인 사안을 통해 유발되었다. 그리스도인이 된 사람은 구습을 모두 버리고 새로운 모임으로 돌아섰다. 새로운 모임은 이교의 화려함과 확고한 우월감을 지닌 그들의 삶의 방식과는 전혀 다른 것이었다. 그리스도인들이 시민적인 삶에 큰 의미를 부여하지 않았다는 점에서 이것은 극단적인 범죄였다. "가련하고 불쌍하며 절망적인 무리가 우매자와 신분상의 약점으로 사회질서를 이탈하여 쉽게 신앙에 빠져드는 여성을 백성의 하부계층에서 끌어 모으고 평판이 나쁜 모반 집단을 형성하고 있다. 밤에 집회를 갖고, 금식과 인육식 등 정결한 행위가 아닌 범죄를 통해 형제애를 맺는다. 음흉하고 대중의 눈을 꺼리며 공개된 장소에서는 침묵하고 후미진 곳에서만 말하길 즐긴다. 만일 어떤 사람들이, 게다가 그들이 식자(識者)가 아니며 심지어 교육받지 못해 일상적인 활동을 전혀 이해 못하는 학문적인 경력이 전무한 사람들일 경우, 세상정부를 통치하는 어떤 확고한 것을 감히 정하고자 한다면 모두가 분개하고 분노할 것임에 틀림없다. 세속정부를 능가하는 어떤 확고한 것에 대해서는 수백 년의 역사를 지닌 철학조차도 여전히 회의적이기 때문이다." 이것은 미누치우스 펠릭스(Minucius Felix)에게서 찾은 한 지식인의 평가다. 우리는 이러한 의견이 나올 수 있음을 인정해야만 한다.

일반 민중의 비방도 대단했다. 우선 고대의 반유대주의가 유대인에 대해 제기하곤 했던 모든 비난이 그리스도인을 상대로 되풀이되었다. 전혀 형상 없는 예배를 드리며, 당나귀 머리를 가진 인간을 숭배한 유대인처럼 그리스도인의 하나님 역시 당나귀 머리를 가진 인간일 것이라고 그들은 말했다. 그 외에도 그리스도인은 범죄자로 처형되었다. 로마의 황제 궁에는 당나귀 머리를 가진 사람을 십자가에 달리게 하는 모습을 담은 그림이 있다. 그 앞에는 기도하는 모습의 남자 한 명이 서 있다. 이 그림에는 "알렉사메노스(Alexamenos)가 그의 하나님께 기도하고 있다"는 설명이 적혀 있다. 이교 노예가 자신의 동료 노예를 조롱하고 있는 것이다. 형상이 없는 숭배를 진지하게 여기는 곳에서는 무신적이라는 비난이 제기되었다. 미신적이고 악한 인간의 방식은 이단으로 배격되었다(genus hominum superstitiosum ac maleficum).[7]

---

7) Sueton, Nero 16; Mirbt Quellen4, Nr.4.

오늘날도 가끔 되살아나는 제의를 목적으로 유아들을 도살했다는 유대인에 대한 비방이 - 고대에 유포되었던 동화 - 그리스도인들에게 돌려졌다. 이러한 엄청난 의식이 어떻게 해서 수행되었는지 세세하게 고발하고 있다. 성만찬이 유아육을 먹는다(θυέστεια δεῖπνα)는 유대인에 대한 비방을 기독교인에게 전환시키는 용이한 통로 역할을 했음을 배제할 수 없다.

일반적으로 제기된 세 번째 비방은 기독교 예배에서 광란의 성적 축제가 일어난다는 것이었다. 기독교 공동체 내에서 남성과 여성 사이에 있던 강한 신뢰는 - 형제 호칭과 입맞춤 - 이러한 추측을 낳게 한 연결고리였다. 영지주의 단체에서는 실제로 있었다. 따라서 기독교에서도 당연히 그러는 줄로 알았던 것이다.

결국 임박한 종말에 대한 기대에서 그리고 고대 문화가 지닌 이교적 토대에서 나온 기독교인의 세상 외면과 문화 외면은 인간을 경멸한다는 비난을 낳았다.

그렇게 해서 기독교인에 대한 증오가 일어났다. 어떤 불행한 일이 발생하는 곳에는 하나님의 진노를 불러일으킨 기독교인들이 항상 있다는 것이다. "티베리스 강이 범람하거나, 나일 강이 전답에 물을 대지 못하거나, 하늘이 머물러 있다거나, 땅이 흔들린다거나, 기근이 일어나고, 전염병이 번지면, 즉시 기독교인들은 사자 앞에 던져졌다"(테르툴리아누스).[8] 첫 두 세기의 박해에 대한 이유는 의심의 여지없이 여기에 있었다.

2. 국가 공직자의 개입이 아닌 발생한 종교 박해가 민중의 미움을 설명할 것 같다. 그들의 대처는 박해에 대한 법적인 근거를 묻는 의문을 가져왔다. 형법은 기독교의 금지를 규정하고 있지 않다. 그러한 법은 3세기까지도 반포되지 않았다. 국가 종교를 위배한 자에게 해당하는 확고한 규정이 없었다. 형법은 황제 숭배의 거부만이 최고의 반역자로 여겨(crimen laesae maiestatis) 그에 적절한 대응을 하도록 하고 있다. 그러나 테르툴리아누스의 변증에 의하면 1세기에는 관례에 따라 소송을 진행하는 인스티투툼(institutum)이라고 칭하는 새 제도가

8) si Tiberis ascendit in moenia, si Nilus non ascendit in arva, si coelum stetit, si terra movet, si fames, si lues, statim: Christianos ad leonem.

기독교인에게 적용된 듯이 보인다. 그것은 한 가지 범죄의 입증으로 그것과 연관된 듯한 일련의 다른 것도 입증할 수 있다고 보는 관례였다. 기독교인이라는 증거만으로도 근친상간, 불경건 또는 살인의 혐의로 기소하고, 그에 합당한 처벌을 내리기에 충분했다. 그러므로 민중의 비난이 여기서 중요한 법적인 의미를 가지게 되었다. 대역죄로 기소당할 때처럼 기독교인에 대한 처벌은 항상 사형이었다. 대체로 종교적인 불법행위로 인해 죽음을 인정했다. 처형의 방식은 단두, 화형, 십자가형 그리고 원형경기장에서 동물과 혈투 등을 혼용했다. 다른 형벌에는 추방과 광산에서의 노역이 있었고, 여자들은 유곽에 갇히기도 했다. 다른 곳에서는 전혀 나오지 않는 네로의 박해 때 선택된 처형 방식(Verbrennen in Werg: 삼찌꺼기에 넣어 화형)은 기독교인들에게 그 당시 마술과 우물에 독을 섞었다는 혐의를 씌웠음을 의미한다. 이것은 아주 특별한 경우다.

범죄 소송과 함께 두 번째로 소위 공권력(coercitio)이 사용되었다. 이것은 로마의 지방 총독에게 국법이 부여하는 권한으로 필요할 경우 자신이 통치하는 지역의 평화와 질서를 위해 쓸 수 있는 압력수단이다. 국가 경찰이 지닌 자격과 같은 것이다. 일을 처리함에 있어서 재판과정은 꼭 필요하지 않다. 물론 형벌도 규정하고 있지 않다. 그러나 사형 언도는 총독에게만 부여된 권한이며, 그 아래 사람은 아니다. 111/113년 황제 트라얀의 답서는 이러한 공권력을 넘어서지 못했다. 공권력을 사용할 때 기독교인들이 그들에게 대항할 경우 그들은 완전히 관리의 자의에 맡겨졌음이 분명하다. 특히 불안 혹은 기독교인에 대한 민중의 고소는 경찰의 대처에서 그 표현을 찾아볼 수 있다. 그러나 세 번째 결과는 기독교인에 대한 계획적인 대처는 없었으며, 산발적인 억압이 있었다는 것이다. 왜냐하면 모든 총독이 동일한 방식으로 대처하지 않았다는 것이 분명하기 때문이다.

3. 이것은 64년부터 200년대 초까지의 기간이었다. 여전히 박해가 일어난 몇 지역이 있었고, 박해 당한 사람도 역시 있었다. 네로의 유혈 박해 후 177년 리옹에서 일어난 박해는 48명의 목숨을 앗아갔다. 전체적으로 볼 때 첫 두 세기에 기독교인의 신분은 법이나 경찰과 갈등을 일으킬 가능성을 늘 내포하고 있었지만, 실질적으로 그 가능성은 그다지 큰 것이 아니었다. 순교는 결코 기독교인에게 흔한 생의 끝이 아니라, 전혀 낯선 것이었다. 순교자에 대해 우리가

가지고 있는 기록들이 이것을 직접 증명해준다. 이것은 무엇보다도 순교자들이 얻은 유일한 가치를 입증하고 있다. 개개인의 운명은 존경을 받고 있다. 박해의 불꽃은 뜨겁게 타올랐으나 그것은 단 한 번도 기독교의 본질에 대한 의문을 갖지 않았다. 확실치 않은 무엇에 대한 막연한 추측 그 이상은 아니었다. 박해는 기독교의 확산을 전혀 방해할 수 없었다. 그것은 다만 거룩한 삶을 방해했을 뿐이며 회심하지 않은 많은 사람들이 불순한 동기에서 박해에 동조했다.

200년대 초기까지의 간헐적인 박해시대에 이어 거의 50여 년의 평화기간이 이어졌다. 다만 로마에서 막시미누스 트락스(Maximinus Thrax) 치하에서 평화기간이 잠시 중단되었을 뿐이다. 이 기간에 기독교인들은 법적으로는 아니지만 실제적인 관용을 경험했다. 그 시대 시리아 황제는 기독교를 시리아에서 온 종교라고 여겨 일시적인 우정을 보여주었다.

그러나 평화기간에 이어 교회와 국가는 삶과 죽음을 건 싸움을 시작했다.

4. 249년 순수혈통의 로마인인 데키우스(Decius)가 황제 자리에 올랐다. 이미 248년부터 로마 건국 천년을 기념하여 고대 로마의 영광을 재현하려는 분위기가 조성되었다. 여기에는 로마의 종교도 포함되었다. 게다가 빈틈없이 조직되어 모든 영역에서 독자적인 삶을 수행하는 교회는 어느새 국가 안의 국가가 되어버리고 말았다. 대단히 영특한 인물인 데키우스가 교회와 공식적인 싸움을 수용해서 250년(혹은 249년) 일반적인 기독교 박해를 시작한 것은 이러한 이유 때문이다. 이것은 로마 제국에서 공식적인 첫 기독교 박해였다. 황제는 칙령을 내려 제국의 모든 시민들에게 로마의 신들에게 최고의 제물을 드리도록 명령했다. 그러나 251년 황제 데키우스가 고트와의 전쟁에서 죽자, 박해도 끝났다. 발레리우스 황제는 257/258년 새롭게 기독교를 박해했다. 기독교 성직자들은 그의 두 번째 칙령에 의해 처형되어야만 했다. 고위 관리들은 기독교 신앙을 포기하지 않는 평신도를 죽음으로 위협했다. 그러나 부인 살로니나가 기독교인이던 갈리에누스는 260년 이 명령을 다시 취소시켰다.

박해가 의도대로 진척되지 못한 것은 부분적이기는 해도 정치적인 어려움에 기인했다. 그러나 그것이 결정적인 것은 아니었다. 그리스도인이었던 사람은 자신의 신분을 숨길 수 없었다. 만일 국민 전체가 국가질서에 잘 협력했더라면, 그리스도인들을 박멸하기가 쉬웠을 것임에 틀림없다. 그러나 이 경우는 그렇지가 않았다. 박해는 여전히 일어났다. 그러나 한때 기독교인을 당국에 신고했던 대다수는 추적자들 앞에서 자신을 은폐했다. 이것은 그 사이에 이루어진 커다란 변혁이다. 국민의 대다수가 교회를 위하고 기독교에 대한 국민의 정서가 달라졌다. 그러므로 박해는 국민에게 아무런 지지도 얻지를 못했다. 백성의 지원이 없는 박해는 지속되지 못했고, 결국 종국에 이르렀다. 박해로 인해 교회 공동체는 철저히 파괴되었다. 그러나 40년간의 평화기간은 다친 상처를 신속하게 낫게 해주었다. 디오클레티안이 로마의 황제가 되어 두 번씩이나 기독교를 도말하고자 시도하기까지 새로운 확장의 시기가 시작되었다.

기독교를 박해하려는 두 번째 시도의 이유는 첫 번째와는 전혀 달랐다. 황제에게는 언제나 제국의 붕괴를 막아야 한다는 유일한 과제가 있었다. 특별히 디오클레티안은 그의 제국 개혁이 보여주는 것처럼 정열적으로 그것을 시작했다. 무엇보다도 그의 정부는 북아프리카와 자신의 고향인 발칸반도 북부의 농민층에게 의존했다. 이 계층에는 군대에 주요 추종자를 가진 미트라스 제의라는 하나의 종교가 있었고, 그것은 기독교와 심각한 대립을 했다. 디오클레티안이 이 단체에 의존하고자 했을 때, 기독교와의 싸움은 불가피했다. 303-305년부터 313년까지 동방에서는 기독교가 과거에는 결코 견디어 내지 못했을 가공할 만한 박해가 일어났다. 기독교 예배는 첫 칙령에서 금지되었고, 성경은 소각되었다. 교회는 파괴되고, 기독교인들은 시민권을 상실하며 고문을 당했다. 두 번째와 세 번째 칙령은 모든 성직자의 고문과 투옥을 명했다. 네 번째 칙령은 304년 희생 제사를 거부하는 모든 사람에게 사형을 선고했다. 칙령은 제국의 몇몇 지방에서는 다양한 강도로 수행되었다.

5. 결국 콘스탄티누스 대제는 박해를 종식시켰다. 많은 혼란과 전쟁을 치른 후 비로소 일인통치자가 된 이 황제는 처음부터 디오클레티안과는 다른 정치적 토대를 추구했다. 그는 농민층에 의존한 대신에 도시에 기반을 두고 사업을 추진하는 시민계층에 의존했다. 농업정책에서 상업정책으로의 이러한 변화와 또 그 반대의 경우도 정치에서는 흔히 있는 일이다. 도시 사람은 그러나 기독교의 중심이었다(파가누스, 농민=이교도). 콘스탄티누스가 기독교에 의존하고자 했을 때 그는 최소한도 기독교에 관용을 베풀어야 했고, 결국 리키니우스와

함께 313년 기독교를 공인해주었다. 이것은 조직화된 교회의 모든 힘을 황제 개인과 황제권을 위해서 유용할 수 있다는 장점을 가졌다. 이제부터 감독들은 군대를 동행시킬 수가 있었다는 사실이 그것을 분명히 증명해준다. 기독교의 공인으로 보수한 로마 제국의 기초가 제국의 붕괴를 막아줄지 아니면 해로울지는 콘스탄티누스도 알 수가 없었다. 이런 정치적 이유와 더불어 기독교 신앙에 대한 콘스탄티누스의 개인적 태도가 그로 하여금 교회에 평화를 보장케 했다. 새로운 연구들은 이것이 매우 근거 있다고 본다. 갈레리우스가 관용정책을 인정한 사실도 그것이 정치적으로만 가능했음을 증명해주는 것이다.

평화체결이라는 정치적 결정은 다음과 같은 많은 결과를 가져다주었다.

1) 콘스탄티누스가 서로 간에 갈등을 일으키는 여러 계파로 갈라진 교회가 아니라 통일된 교회에 관심을 가질 수 있도록 작용했다. 그는 교회의 통일을 사수하려는 목적으로 즉시 교회적이며 순수이 종교적인 논쟁에 개입했다. 황제의 특별법정은 조정을 해야 할 임무를 지녔다. 로마 감독 밀티아데스(Miltiades)의 신중함은 황제의 법정이 곧 교회의 회의가 되게 했다. 콘스탄티누스는 허용했으나, 계속해서 그는 교회회의를 황제의 법정으로 취급했다. 그는 직접 교회회의를 소집하여 325년 니케아에서 첫 에큐메니컬 회의가 개최되었다. 그는 회의 쟁점을 정했고, 그것을 주도했다. 황제는 감독들이 이 회의에 참여하는 모든 경비를 부담했다. 그들은 문제를 잘 해결하도록 황제의 특별 법정에 초청된 손님들이었다. 황제는 회의 결과를 수행하는 데에도 힘을 기울였다.

2) 교회는 국가에 도움이 되어야 했기에 황제는 교회의 권위와 힘에 관심을 가졌다. 그 때문에 그가 교회에 보장해준 관용은 곧이어 재정적이며 법적인 종류의 배려로 바뀌었다. 가령 321년 이미 주일예배가 법적으로 확정되었다. 화려한 교회 건축도 허용했다. 323년 이후에는 교회가 부활절을 지키도록 추천했다. 이교적대적인 문서들을 그는 첨부했다.

이 모든 것으로 교회는 외적으로 강해졌다. 황제는 교회를 그 자신과 결부시켰다. 교회에 대한 배려는 계속해서 영향력을 유지하는 확실한 수단이었다.

콘스탄티누스가 내면적으로 기독교에 다가섰다는 것을 부인해서는 안 된다. 죽음의 침상에서 그는 세례를 받았다. 물론 그의 교회 정책이 달라진 것은 아니다. 강해진 교회였지만 국가에 봉사하게 하고 국가에 예속시키는 것이 그의 목적이었다. 콘스탄티누스는 그것을 성취했다.

6. 그 후 콘스탄티누스의 아들들이 통치하면서 사나운 성전 공격이 일어났다. 380년 테오도시우스 대제와 그라티안을 통해 법적으로 종교자유는 막을 내렸다. 앞으로 모든 시민은 의무적으로 정통 기독교인이 되어야만 했다. 이교와 이단은 국가범죄가 되었다.

이러한 움직임은 유스티니안(527-565)을 통해서 완성된다. 사제가 공직자가 되고, 국가, 곧 통치자의 전제정치는 국가의 법을 통해 교회의 가르침, 헌법, 교회의 예배를 규제함으로써 교회는 결국 국가교회가 되었다. 그러나 도덕적 삶의 규칙 자체는 교회기관인 교회회의를 통해 제시되었다.

종종 간헐적인 박해도 – 율리안 아포스타타를 언급할 수 있다 – 있었지만 우선은 관용을 받고, 그리고 장려되고 특권을 누린 교회는 직선적인 발전을 거듭하여 곧 국가교회가 되었다. 20세기가 되기까지 동방 교회는 국가교회였다. 동방에서는 세상에 있는 황제를 교회를 통치하는 하늘에 있는 황제의 모형으로 보았기 때문에 교회는 황제와 비판적으로 대립할 가능성을 상실했다. 하나님의 말씀과 마찬가지로 황제의 인격이나 정부의 방침을 비판적으로 조명할 수 없었다. 교회는 황제와 그의 행위를 축복할 가능성만을 지녔다. 이것으로 동방을 특징짓는 비잔틴이즘이 완성되었다. 물론 그것은 황제교황주의(Cäsaropapismus)와는 상관이 없다.

서방과는 달리 황제는 삼위일체 논쟁에 개입했고, 반대파를 축출했으며, 특별히 국가교회적인 태도를 초래했다. 서로마 제국의 붕괴는 궁극적으로 서방 교회를 비잔틴이즘의 운명에서 지켜주었다. 특별히 동방에서 교회가 외적으로 비대해짐과 동시에 내적인 몰락이 시작되고 있음을 알 수 있다.

7. 콘스탄티누스 대제의 기독교 공인이 가져온 결과 몇 가지를 더 주목해야만 한다. 수많은 사람들이 교회로 밀려들어 왔다. 교회는 기독교의 질적인 면을 추구할 수 없었다. 그에 대한 증거도 충분하다.

1) 그러므로 인정받았던 기독교의 도덕성도 어느 정도 사라졌음을 배제할 수 없으며,

2) 완전히 극복되지 않은 이교문화가 교회 안에서 설 자리를 찾았고 발견되었다는 점도 배제할 수 없다(참고 13, 2).

그러나 교회는 동시에 전혀 예기치 못한 완전히 새로운 과제 앞에 직면했다. 국가, 경제, 사회생활, 결혼, 가족, 교육, 예술, 학문, 법 그리고 도덕 등 이 모든 것에 대하여 교회는 이제 복음으로 답변해야 했다. 어떤 위험이 여기에 도사리고 있는지는 분명하다. 그러나 콘스탄티누스의 공인이 가져온 이러한 결과는 전체적으로 볼 때 긍정적으로 평가할 수 있다. 새로운 과제란 기독교에게는 이제까지 얽매였던 구습과의 단절을 뜻했다. 그러나 그 과제에 갑작스럽게 직면하기보다는 서서히 그것을 의식하는 것이 훨씬 바람직해 보인다.

예기치 못한 갑작스러운 환경변화에 기독교가 직면한 것은 사실이지만 한 가지만은 분명하다. 즉 콘스탄티누스 황제처럼 교회 역사에 그렇게 깊이 개입한 사람도 많지 않다는 것이다. 비록 장점과 단점이 서로 교차하여 생각된다고 해도 동시대인들은 열렬히 그를 칭송했으나, 오늘날은 그렇지 않다. 어두운 측면의 평가가 압도적이다. 물론 교회는 국가가 제공해준 평화를 결코 부인할 수 없을 것이다. 그것을 원치 않았을지라도 별다른 방법이 없었다. 국가가 박해를 지속하지 않자, 그와 함께 박해도 간단히 끝이 났다. 만일 교회가 존재 권리를 국가에 의해 인정받았다면, 교회는 신자를 위해 기뻐해야 할 당연한 근거를 가진 것이다. 콘스탄티누스와 함께 시작된 교회의 길을 잘못된 길이라고 지적해야 한다면, 그 잘못의 본질은

1) 교회가 국가의 배려를 마음에 들어 했다는 점에 있다. 이것의 결과가 무엇이었으며, 복음을 선포하고 교회를 발전시킬 자유가 그로 인해 얼마나 심각하게 손상을 입었는지는 계속된 역사가 명백하게 증명해 주었다. 교회가 국가교회가 되었을 때에 처한 이러한 위험을 인정치 않았다는 것이 교회 자체에 나쁜 결과를 가져왔다. 오늘날까지도 엄청난 짐이 된 권력과 재력과의 교회의 결합은 바로 여기서 시작되고 있다.

2) 기독교인이 가진 존재의 위기가 구원에 대한 심리적 압박이라고 생각한 점이다. 콘스탄티누스는 교회의 협력 없이 구원에 대한 심리적 압박을 제거해 주었다. 그러나 교회는 신자로 수용하기 위한 규정, 즉 교리문답 시험을 더 강화시키고자 했다. 그것이 이루어지는 대신에 압력, 곧 380년 이후 교회등록에 대한 강요가 있었고, 황제도 그것을 실행했으며, 아우구스티누스 자

신도 그것을 구원에 이르게 하는 사랑에서 비롯된 강요라고 긍정했다. 이교문화가 교회에서 하나의 권력이 되었음은 잘못 걸어간 길에서 얻은 직접적인 결과다. "콘스탄티누스 교회 시대"라고 콘스탄티누스의 이름과 결합된 교회의 잘못된 발전은 콘스탄티누스 개인이 아닌 교회 자체에 그 책임이 있다.

그러나 그러한 판단이 여기서 절대타당성을 갖는 것은 아니다. 교회는 325년 니케아 공의회와 451년 칼케톤 공의회(참고 11, 4.5)에서 황제의 도움을 입었다. 그러므로 하나님은 교회가 필요로 하는 것을 얻게 하고자 때로는 잘못된 방법도 도구로 활용하신다.

| 참고문헌 | Analecta. I. Staat und Christentum bis auf Konstantin. Hrsg. von Erwin Preuschen (=Sammlung ausgewählter kirchen-und dogmengeschichtlicher Quellenshriften. I.8),1909[2]. Ausgewählte Märtyrerakten, hrsg. von Rudolf Knopf, 1929[3]. Ethelbert Stauffer, Christus und die Cäsaren, 1964[6]. A. Ehrhard, Die Kirche der Märtyrer, 1932. Ernst Wolf, Ecclesia pressa-ecclesia militans (Theol.Lit.Zeitg.72, 1947, Nr.4). Ders., Konstantin d.Gr., 1958. Henrik Berkhof, Kirche und Kaiser, 1947.

11. 신앙, 신학 그리고 교의

어떤 하나의 종교가 성장한 토양에서 다른 지역으로 전달될 때마다, 게다가 이식(移植)이 구전의 방법으로 수행될 경우, 그 종교가 가진 모든 것 중에서 무엇이 전달되는지에 관한 의문이 생긴다. 또한 청중은 선포된 많은 복합된 사상에서 실제로 무엇을 수용하는지에 대한 질문도 제기된다. 결국에는 이 종교를 수용한 사람들은 독자적인 방법으로 그것을 적용하는지, 그렇다면 어떻게 하는지에 관한 질문으로 이어진다. 그 과정에서 의도적인 것은 아니라 해도 종교의 본질이 변화될 세 가지 가능성이 있고, 이러한 것은 결코 간과되어서는 안 된다.

1. 사도 시대에 신학적인 내용으로 기독교를 대변한 두 기둥은 바울과 요한이었다. 이 두 사람 혹은 그중 한 사람만이 장차 이방기독교 공동체의 종교적 삶에 엄청난 영향을 주었을 것이라고 추측한다면 착각이다. 우리가 가지고 있

는 사도 시대 이후의 글들인 소위 속사도(die apostolischen Väter) 문헌은 아주 명확하게 바울과 요한이 아닌 훨씬 세련된 말씀이 이교 세계에 전해졌음을 보여준다. 그 문헌에는 세 가지가 두드러지게 나타나고 있다.

1) 그리스도인의 높은 자의식이다. 사람들은 스스로를 참된 교회, 즉 참된 이스라엘이요, 하나님의 참 백성으로 이해했다. 그 때문에 하나님의 백성에게 주어진 모든 언약은 이제 그 개인에게도 동일하게 적용된다. 또한 이스라엘의 모든 성경 역시 동일하게 적용된다. 구약성경뿐만 아니라 개별 그리스도인의 삶에 엄청나게 강한 영향을 준 다른 문헌들 역시 중요했다. 그것들은 가령 제1, 2 클레멘스 서신 또는 바나바 서신 등이다. 그 결과 기독교의 유대적 채색에 계속 문이 열렸다.

참된 이스라엘을 사람들은 무엇보다도 그리스도의 몸과 더불어 하나님 및 성령의 전이라고 보았다.

2) 속사도가 기독교를 새로운 형태의 어떤 윤리라고 이해한다면, 그것은 아마도 유대적 영향 때문이다. 새 율법(Ὁ καινὸς νόμος), 이것은 곧 기독교의 호칭이 되었다. 무엇이 기독교의 핵심이며 별인지에 대한 오해가 매우 빠르게 스며들어 자리를 잡았고, 그 결과 기독교가 하나의 율법 종교가 되었음을 우리가 본다면, 우리 개신교인들은 매우 쉽게 그 핵심을 파악한 것이다. 그것이 어떻게 우리에게 일어났는가 하는 문제는 역사적으로 볼 때 그다지 수수께끼와 같은 것은 아니다. 먼저 하나님과 죄인의 교제 사상이 자연인의 윤리적 감각에는 상당히 불쾌한 것임을 다시 한번 더 지적해야만 한다(참고 6, 2a). 바로 이 점에서 예수가 모든 것의 근원이자 능력의 근거인 하나님과의 교제에 묶어 둔 윤리를 다시 분리시켜 성취하면 구원이요, 성취하지 못하면 영원한 형벌을 가져오는 하나의 요구를 만들었다는 추측이 가능하다. 더 나아가서 바울은 의식적으로 그리스도의 율법을 역설적인 형식으로 말했다. 가톨릭적인 서신, 즉 요한 서신과 야고보서는 새로운 율법에 대해 이미 언급하고 있다. 야고보서에는 2세기 초에 이방 기독교인들에게 선포된 메시지의 한 예가 포함되어 있다. 마지막으로 희랍의 도덕주의를 지적할 수 있다. 그것에 따르면 선을 아는 것이 가장 중요한 것이며, 그 후에는 그것을 행해야 한다. 행함은 다시금 하나님과의 관계를 위해 결정적인 역할을 한다. 희랍의 이러한 도덕주의는 듣게 된 새 율법의 취지를 무조건 받아들였음에 틀림없다. 이 모든 것을 미루어

볼 때 새 율법은 유대 사상이 지속하면서 2세기 초 기독교의 핵심 사상 가운데 하나가 되었음이 분명하다.

3) 생명(ζωή)의 개념이 전면에 강하게 등장하고 있다. 새 율법을 지키는 자에게 보답으로 영생이 손짓을 한다. 성찬을 통해 장차 임할 나라의 능력을 얻은 사람도 역시 이그나티우스(Ignatius von Antiochien)에 의하면 영생을 확신할 수 있다. 이 두 가지 생각은 하나로 합쳐질 수 있다. 영생의 능력을 가진 사람은 그에 걸맞게 삶을 영위해야만 하며, 죄 없는 삶을 살아갈 능력도 지니고 있다. 어쨌든 영생의 확신은 초기 교회에 생기를 불어 넣어준 중요한 요인이다.

2. 2세기 중엽 이교의 공격 앞에서 기독교를 방어한 변증가들(Apologeten)이 기독교의 모습에 새로운 특징을 추가시켰다. 그것은 지적인 특징이다. 이것은 부분적으로 그들 가운데 가장 뛰어난 사람이었던 순교자 저스틴 자신이 기독교인이 되기 이전에 철학자였다는 사실에도 기인한다.[9] 지적인 모습은 변증 자체가 갖추어야 할 요건이기도 하다.

변증과 논박은 모든 시대의 사고세계를 다루어야만 했다. 변증은 자신의 생각을 분장시켜서 상대가 그것을 받아들일 수 있도록 만드는 것이다. 2세기의 기독교 변증 역시 이렇게 했고, 그 때문에 변증은 교회의 발전에 지대한 중요성을 얻었다. 문명화된 로마 사회에 큰 인상을 보여주고자 했고, 따라서 기독교를 개화된 철학이라고 설명해야만 했다. 실제로 변증가들, 누구보다도 저스틴은 기독교를 개화된 철학이라고 묘사했다. 이것은 우선 기독교의 본질을 비추어 볼 때 근본적으로 중요한 변화를 의미한다. 하나님께 대한 모든 태도는 그 자체가 그의 본질에 대한 기본사상을 내포하고 있다. 물론 이것을 교리적 측면에서 따로 분리시킬 수도 있다. 신학은 언제나 이렇게 할 위험에 처해 있다. 변증가들은 이러한 위험에 노출되어 있었다. 그들은 의식적으로 기독교를 이론적인 가르침으로 설명하고자 시도했다. 물론 이러한 가르침은, 모든 심오한 철학처럼, 실제로 행동하라는 도덕적인 요구를 인간에게 제시한다. 그럼에도 불구하고 기독교는 이것으로 인해 완전히 변형된다는 것을 놓쳐

---

9) Carl Andresen, Logos und Nomos. Die Polemik des Kelsos wider das Christentum, 1955 (저스틴 연구에 중요하다).

서는 안 된다. 왜냐하면 하나님 나라 초대에 대한 동의가 하나의 교리가 되기 때문이다. 기독교가 하나의 교리가 된 이러한 변형은 변증가들로부터 교회를 위해 직접 글을 쓴 고대의 신학자들에게 계속 영향을 주었다. 기독교를 본질적인 하나의 가르침으로 이해했다는 점에서 전체 기독교에 적용할 수 있는 하나의 새로운 기독교 이해가 변증가와 함께 시작된 것이다.

기독교에 대한 이러한 기본적 개념의 변화는 내용적으로 볼 때 영향을 받지 않고 남을 수는 없었다. 사람들은 고유의 종교가 고대철학의 정신적 성과와 결합되었음을 보여주고자 했다. 거기에는 변증가들이 기독교의 가장 중요한 것이라며 이교도에게 제시했던 중요한 세 가지 사항이 있다. 우선 하나님을 유일자이며, 게다가 전능하신 아버지라고 제시했다. 고대의 신화를 수용하고 그것으로 그들이 지니고 있는 내용의 비도덕적 형태를 반박하는 것은 어렵지 않았다. 이교철학 역시 그것을 반박할 필요한 무기는 지니고 있었다. 그 외에도 그들은 단일신론의 사상을 충분히 연구했고, 유일신 하나님에 대한 신앙이 다신 숭배보다도 뛰어나다는 것을 표현하고자 할 때 그것을 긍정적으로 접목시켰다. 물론 여기서 플라톤적인 색채의 철학적 신 개념이 거의 변화 없이 수용되고 있다. 하나님은 아버지라는 이름에도 불구하고 세상과 마주하고 있는 불변의 존재다. 세상의 창조는 하나님으로부터 비롯된 로고스를 통해서 이루어졌고, 그 로고스는 위와 아래의 가교가 되었다. 우주 진화와 우주론에 대한 희랍인의 관심은 로고스에 대한 설명으로 만족된다. 그도 그럴 것이 세계이성인 로고스는 동시에 세계 질서의 원리다(로고스=이성). 그 외에도 그는(로고스=말씀) 하나님의 계시자요, 인간의 교사다. 세계이성인 희랍철학의 로고스와 그리스도가 같다고 보는 것은 아마도 실제로 그렇게 되어버린 기독교 헬라화의 가장 뚜렷한 요소였다. – 다음으로 기독교의 윤리가 엄청난 역할을 했다. 이미 속사도들이 기독교를 하나의 새 율법이라고 파악했을 때 이것은 이제 계속 수행되었다. 기독교는 그리스도가 새롭게 주신 율법이었다. 내용을 볼 때 이것은 최고의 도덕적 척도를 지니고 있다. – 마지막 세 번째는 불멸 사상이다. 희랍의 영혼이 갈망하는 것이 바로 여기서 제공되고 있다. 그것은 즉 그의 법을 지키는 모든 사람에게 주어지는 하나님과 함께 하는 영생이다. 부활 대신에 불멸이라는 테오필루스에게서 나타나는 사상을 볼 때 영원 소망에 대한 이해뿐만 아니라, 그 근거 역시 희랍적이다. 그것은 하나님의 법에 순종했기에 주어지는 보답이다. 18세기 계몽 시대에 핵심 어구였던 하나님, 덕, 불멸이라는 세 가지 단어는 고대 변증 서적의 주요 내용을 이루고 있다. 무엇 때문에 기독교는 변증가들에게도 구원의 종교인지를 묻는다면, 이러한 측면에서 지적할 수 있는 몇 가지 사항만을 언급할 수 있다.

1) 로고스는 하나님 자신으로부터 와서 우리에게 하나님께 대한 확실한 정보를 가져다줌으로써 모든 철학 위를 맴도는 의심을 해결해준다. 계시가 사변의 자리를 대신한다. 예언의 증거가 이러한 계시의 진리를 보장한다.

2) 세례는 이미 전에 범한 죄의 용서를 가져다준다. 세례를 받은 자는 새 율법에 대한 순종이 절대적 의무다. 죄와 죄책으로부터의 구원은 오직 세례를 통해서만 가능하다는 사상이 여전히 유지되었다.

3) 그리스도가 인간을 제어하는 마귀의 세력으로부터 구원을 가져다준다.

이 세 가지 진술이 핵심은 아니다. 이것들은 전혀 메시지의 중심에 있지 않다. 그럼에도 불구하고 변증가들은 위대한 것을 이루었다. 게다가 기독교에 대한 이교적 공격의 방어라는 그들 본래의 목적도 중심은 아니다. 변증가들은 교회의 메시지를 위해 희랍 지혜의 정신을 사용함으로써 기독교가 세계를 정복하는 데 중요한 터전을 이루어주었다(Lietzmann).

3. 두 가지가 기독교의 자체 점검을 이끌었다. 1) 기독교를 영지주의에서 만들어진 종교철학이라고 이해하려는 시도다. 그것을 통해서 사람들은 부분적이지만 구원론적인 원칙을 깊이 숙고했고, 기독교는 가장 단순한 사람도 받아들일 수 있는 신앙이라는 사실을 알게 했다.

2) 성서다. 세례 고백이 아니다. 세례 고백은 그것을 자세히 읽어보면 구원에 관한 진술을 갖고 있지 않다. "본디오 빌라도에게 죽임을 당했다"라는 말에는 "우리를 위한"이란 말이 전혀 없다. 비록 자체 점검이 급하게 진행되지 않도록 알레고리적 성서 해석방법이 방해했을지라도 사람들은 성서에서 적어도 자기 교정의 가능성을 얻었다. 자체 수정의 가능성이 있었다는 것은 값어치 있는 것이었다.

물론 새로운 기독교 연구자들도 성서적 토대를 중요시했다. 이들을 소위 초기 가톨릭 교부, 즉 신학자(Theologen)라고 부르며, 이러한 표현은 저스틴에게서 유래한 것이다. 이것은 그들 역시 개별적인 기독교 사상을 서로서로 연관시키고자 했음을 의미한다. 즉 그들은 하나의 체계를 구성했다. 그 외에도 이들은 이러한 체계를 이성적 혹은 당대의 학문에서 얻은 소위 이성적 인식으로 보완하고자 시도했다. 둘 다 어느 시대나 반드시 필요한 작업이다. 방법론적으로 볼 때 반론의 여지가 없다. 다만 명백하게 상반되는 사항에서 기독교가 세상인식에 동화될 위험이 언제나 있다.

변증가를 토대로 성서에 정향되어 기독교를 구원의 종교라고 명백히 설명하고자 시도한 신학자들 중에 특별히 소아시아 출신으로서 190년 이후 리옹의 감독이었던 이레니우스를 언급할 수 있다. 그의 글 속에 표현된 사상이 자신이 직접 구상한 것인지 아니면 다른 사람의 사상을 취한 것인지의 문제는 그를 평하는 데 있어서 큰 관심을 얻지 못하고 있다. 변증가에게서 그는 이후 시대의 모든 교회 신학, 특히 로고스 개념을 물려받았다.

부분적으로 볼 때 교회의 심각한 모순도 없지는 않았다. 독자적 존재인 로고스를 하나님과 분리시키는 것은 단일신론의 위험이라고 느꼈고, 그 때문에 다양한 방식으로 단일신론을 기독교의 핵심인 그리스도에 대한 신앙과 일치시키고자 했다. 한편으로는 그리스도 안에서 필요할 경우 아들로 혹은 영으로 하나님이 그 자신을 드러내는 출연 형태, 즉 하나의 양식만을 보았다. 그 때문에 이들을 양태론자(Modalisten)라고 불렀으며, 220년경 로마의 사벨리우스가 그 대표자였다. 다른 한편으로는 공관복음 혹은 바울의 몇몇 진술에 의존한 나머지 예수는 단순한 사람임에 틀림없지만, 세례를 받을 때에 신적인 힘과 이성이 주어졌다고 보는 견해로서 역동론자(Dynamisten)라고 칭했고, 200년경 테오도테가 그 대표자였다. 두 그룹 모두를 독재론자(Monarchianer)라고 일컫는다. 왜냐하면 그들은 하나님의 단독통치를 대변했기 때문이다. 로고스 기독론과 독재론 사이의 중재적 형태를 후에 260년 이후 안디옥의 감독인 사모사타의 바울이 제시했다. 그는 로고스의 개념을 수용했지만, 그것을 자연적인 질이 아닌 도덕적인 질로 생각했다. 교회는 이 모든 것을 이단이라고 선언함으로써 로고스 기독론은 단일신론과 조화될 수 있는 것으로 인정되었다. 이러한 의미에서 볼 때 이레니우스 역시 로고스 기독론이다.

이미 말한 것처럼 이레니우스에게 있어서 기독교는 구원의 종교다. 희랍인인 그는 구원을 죽을 운명, 즉 인간의 타고난 운명인 사망에서의 해방이라고 이해한다. 이 사망은 아담의 타락으로 인해 온 것이라는 이해를 통해 죄의 고통 역시 고찰된다. 더 나아가서 이레니우스는 불멸과 영원은 신적인 특징이라는 그리스적인 전제를 하고 있다. 인간이 사망에서 해방되고자 한다면 그는 신이 되어야만 한다. 그러나 그것은 불가능하다. 이것은 예수 그리스도를 통해서 일어난다. 그보다 앞서 구약시대에는 오랜 기간 동안 구속사가 준비되었다. 그리스도 안에서 신적인 본성을 지닌 한 존재인 하나님의 로고스가 인간 예수와 하나가 된다. 전능한(신적인) 요소와 연약한(인간적) 요소가 일치를 이루기 때문에 신적인 것이 승리한 것이며 인간적인 것을 자신에게로 끌어들인 것이나 다름없다. 결정적인 구원의 사건은 성탄, 즉 예수의 탄생이다. 왜냐하면 그 안에서 하나님과 인간, 신성과 인성의 연합이 완성되었기 때문이다. 그리스도는 두 번째 아담으로 인간존재의 모든 단계를 재회복(rekapituliert)시켜 구원을 완성한다. 이 구원은 원칙적으로 모든 인간에게 적용된다. 아담의 죄가 전 인류에게 적용되듯이 인류는 신비하게도 예수와 하나가 되었기 때문이다. 그러나 이 구원은 성례전을 받고 계명을 잘 지키는 사람에게만 실현된다. 이레니우스의 이러한 설명은 물론 변증가들의 주장과는 몇 가지가 다르다. 여기에는 분명한 구원론적인 원칙이 있다. 구원은 기독교의 중심 사상이다. 동시에 인간의 자연적 성향의 구원이 중요하다는 점이 분명하다. 그 때문에 그의 주장을 육적구원론(physische Erlösungslehre)이라고 말한다. 이러한 것은 그 이후, 원칙적으로 말해서 오늘날까지도 동방정교회적인 경건의 토대가 되고 있다. 결국 여기에는 그리스도에 관한 분명한 가르침이 있다. 이레니우스는 "왜 하나님이 사람이 되었는가?" 하는 질문을 제기했을 뿐만 아니라, "우리가 경배하도록 하기 위함"이라는 답변을 하고 있다.

백 년 동안이나 싸워온 기독교 토대에 최초로 실제적인 체계를 부여한 사람은 알렉산드리아 교리문답학교의 등불이며, 그 시대의 모든 학자들만큼이나 뛰어난 오리게네스(Origenes, 185-254)다. 그는 스승 알렉산드리아의 클레멘스처럼 기독교 총론을 집필하고자 조직적으로 희랍 지식을 사용했고, 성서에도 깊은 지식을 갖고 있었다.[10)]

---

10) J. Danióolou, Origène, Paris 1948 (engl. 1955).

희랍인들처럼 그는 세 가지를 전제한다.

1) 하나님은 불변하다. 그의 시작과 끝을 말하는 사람은 하나님의 신성을 모독하는 것이다. 모든 변화는 그러나 이미 시작과 끝을 의미한다.

2) 물질세계는 악의 총체다. 영적인 것만이 가치 있다.

3) 모든 영적 존재는 처음부터 하나님과 영원히 파괴되지 않는 일치를 이룬다.

영지주의의 기본전제들을 받아서 다시 그것을 극복하는 근거로 삼았다.

자신의 전제를 토대로 오리게네스는 3막으로 된 "하나님-세계"라는 드라마를 계획한다. 1막의 공연 장소는 하늘이며 하나님과 그의 역사를 설명한다. 피조물은 말하지 않는다. 하나님과 밀접한 관계가 있는 중요한 두 가지는 아들과 성령이며, 그 외에도 모든 영적인 무리들이 등장한다. 변증가의 경우처럼 오리게네스도 하나님의 불변성과 창조사상을 하나로 묶어야 할 과제를 갖고 있다. 방법은 그에게도 역시 로고스 개념(Logosbegriff)이었다. 로고스가 단일신론(Monotheismus)을 위태롭게 하지 않았음은 로고스 기독론의 승리 이후로 확실하다. 시간 속에서의 로고스의 생산 또는 유출은 시작이며 곧 변화요, 생산의 중지는 끝이며 곧 변화다. 오리게네스는 로고스, 즉 아들의 탄생은 시작도 끝도 없는 영원한 과정이라고 이해하여 어려움을 해결하고 있다. 하나님의 불변성에 대한 철학적 가설은 로고스의 영원한 신적 동일성(Homousie)을 요구한다.

그러나 로고스는 동시에 세상으로 내려가는 첫 단계를 의미한다. 왜냐하면 하나님이 만든 피조물 중에, 비록 영원에서 만들어졌다고 할지라도, 그는 창조의 첫 작품이며, 그런 점에서 하나님께 종속한다. 계속된 하강은 단계적으로 성령을 거쳐 피조물에 이른다. 영적인 존재 이후의 창조는 더 이상 아무런 어려움이 없다. 세상에 대한 희랍의 가르침은 이러하나, 기독교 신앙은 하나님을 창조자라고 믿으며, 로고스가 하나님과 동일하듯, "하나님과 같은 모양으로" 세상을 만드셨다고 믿는다.

드라마의 2막은 타락으로 이어지는 창조된 영물(Geister)의 발전을 묘사한다. 영물은 하나님에게서 점점 더 멀어지고자 그들의 자유를 이용했다. 선의 원리인 하나님에게서 멀어짐은 악이요, 죄다. 영물은 그렇게 죄를 범한다. 그러므로 타락은 세상시간 이전에 일어난 사건이요, 선재적(präexistent)이다.

오리게네스의 이러한 관점은 영지주의자와 일치한다. 영물의 이러한 타락은 물질세계가 만들어지게 된 원인이다. 타락한 영물을 제어하고 정화하고자 세상이 창조되었다. 땅은 형벌의 기관이며, 그 외에 아무것도 아니다. 그들의 운명은 영계에서의 관계에 달려 있다. 비교적 선하게 사는 영물은 빛의 몸(천체)을 입고, 마귀와 그들의 유혹자인 사탄은 완전히 어두움 가운데 거한다. 이 두 그룹 사이에 인간이 있다. 그들 역시 물질주의자와 이상주의자로, 혹은 세 그룹, 즉 육적인자(Somatiker), 혼적인자(Psychiker), 영적인자(Pneumatiker) 혹은 영지주의자(Gnostiker)로 나뉜다. 희랍의 인간 구분에 의하면 영, 혼 그리고 몸이다. 그 마지막 지점에 사탄이 있는 감각 세계의 창조로 하나님으로부터의 하강(Abstieg)은 끝이 난다. 다시 하나님께 이르는 상승(Wiederaufstieg)은 3막이 설명하고 있다.

구원의 목적은 하나님과 영물의 재통합이다. 그에 이르는 길은 인간의 성향에 따라 다양하다. 물질주의자에게는 예수 그리스도를 통한 객관적인 구속이 절대적으로 필요하며, 이에 비하여 이상주의자에게는 교사로서 계시하시는 그의 행위와 그의 예가 중요하다. 금욕을 통해 물질세계에서 벗어나는 것이 주요목적이다. 이것은 세상 자체에 대한 철저한 배척에서 온 것이다. 연옥(Fegefeuer)은 죽어도 정화가 되지 않는 것을 완성시켜준다. 이상적인 자기 구원이라는 주인의 방식으로 얻든지, 혹은 객관적인 낯선 구원이라는 대중적인 방법으로 얻든지, 그 결과는 모든 피조된 영물을 다시 하나님께 데려가는 것이다. "하나님-세계" 드라마는 이렇게 끝난다.

논리 정연하게 설명된 오리게네스의 사상체계에는 희랍 사상과 기독교 사상이 융합되어 있다. 기독교와 이방기독교적인 영지주의의 교회 내 공존은 어쨌든 불가피했다.

교회가 오리게네스를 기꺼이 받아들인 것은 희랍 사상이 여러 경로를 통해서 이미 그 이전에 교회에 들어왔기 때문이다. 3세기의 교회는 이방기독교인 영지주의에 의존한 2세기 교회처럼 희랍 정신을 그렇게 낯설게 느끼지 않았다. 이와 함께 두 번째 요인이 있다. 오리게네스는, 신앙의 규정에 일치하여, 아버지, 아들 그리고 영이라는 하나님의 세 가지 전개만을 받아들이며, 외적으로 기독교의 틀을 부수지 않는다. 이에 비하여 영지주의의 에온설(Äonenlehre)은 신약에도 구약에도 그 연관성이 없다. 이것이 그들을 거부한 이유다. 그렇지만 더 중요한 것은 세 번째 요인이다. 오리게네스가 영지주의의 틀을 분명히 부순 한 가지가 있다. 그것은 기독교가 선포한 구원이 보편적임을 지지했다는 점이다(Heilsuniversalismus). 그에 의하면 육적인자(Somatiker)가 다시 감각 세계에서 영적인 세계로 올라가기 위해서는 그리스도에 의해 객관적이고 순수한 형태로 이루어진 구원에 대한 신앙, 복음이 선포하는 사실에 대한 신앙만 있으면 충분하다. 그러므로 신앙이 어리석은 자에게 응급수단일 수 있다면, 인생의 목표와 행복도 이러한 방식으로 얻을 수 있다고 본다. 이것이 중요하게 작용했다. 교회는 어려움이 있었지만 오리게네스를 인정했다.

교회가 오리게네스를 수용했다고 해도 그에게 희랍적 요소가 강하게 나타나고 있음을 속일 수는 없다. 그것을 입증해 줄 신뢰할 만한 증인도 있다. 기독교의 대 적수이며, 초기에 오리게네스의 동료였던 포피리우스(Porphyrius)가 한때 그에 대해 이렇게 말했다. "희랍인이자 학문적으로 희랍교육을 받은 오리게네스는 기독교적이며 반율법적으로 살았다. 그러나 사물과 신적인 것에 대한 가르침에 대해 그는 희랍적으로 사고했고, 희랍의 기본사상으로 낯선 신화를 해석했다."[11]

한 이교철학자가 오리게네스의 신론을 문제가 없다고 인정한다면, 이것은 객관적으로 그의 기독교 정신의 정도에 대해 중요한 것을 말하는 것이다.

증인의 기록에 의하면, 오리게네스는 스스로 그리스도인이 되고자 했고, 기독교를 부인하지 않았으며 순교자의 고문도 잘 견디었다. 그의 마음은 그가 전개한 사상보다 더 굳게 그리스도에게 매어 있었다.

역사적으로 볼 때 오리게네스가 이룩한 희랍 사상과 기독교의 종합은 엄청나게 중요했다. 그것은 한때 희랍 세계에서 기독교가 민중의 종교가 되도록 한 핵심수단이 되었다. 아마도 콘스탄티누스 대제 외에 로마 제국에서 이교문화를 궁극적으로 극복하는 데 그렇게 크게 기여한 사람은 오리게네스 외에는 아무도 없다. 불가피하게 수반되었던 기독교의 질적인 약화는 전 국민을 신자로 얻는 데 지불한 대가라고 볼 수 있다. 장점과 단점, 선과 악은 동일한 현상

---

11) Euseb,H.E. VI 19,7.: "*'Ωριγένης, Ἕλλην ἐν Ἕλλησι παιδευθεὶς λόγοις... κατὰ μέν τὸν βίον χριστιανῶς ζῶν καὶ παρανόμως, κατὰ δέ τὰς περὶ τῶν πραγμάτων καὶ τοῦ θείου δόξας ἑλλην-ίζων τε καὶ τὰ Ἑλλήνων τοῖς ὀθνείοις ὑποβαλλόμενος μύθοις.*"

으로 이곳에서도 상호 공존했다.

오리게네스가 희랍 사상을 빌어 이룩한 그의 신학연구 결과는 서구 문화를 구원하는 데 기여했다. 만약 희랍 문화의 출구에 모든 희랍적인 것을 뿌리째 도태시킬 급진적인 영물이 있었다면, 그리고 기독교 역시 바로 여기서 승리를 얻었을 경우, 단 한 권의 구약성서도 필사되지 못했을 것이고, 보존되지 못했을 것이다. 기독교 학자들의 이교문화 연구는 당시에 희랍 문화와 기독교를 함께 고찰하도록 배웠음을 밝혀주고 있다. 서구 문화의 발전에 대해 큰 관심을 두지 않는 사람도 희랍 문화가 고대로부터 오늘에 이르기까지 얼마나 많은 영향을 끼쳤는지를 안다. 오리게네스가 완성한 기독교와 희랍 문화의 종합적 관찰은 계속해서 서구 문화의 토대를 이루고 있다.

4. 기독교 신학의 계속적인 발전은 그리스도의 본질(das Wesen Christi)을 좀 더 명확히 이해하려는 노력과 밀접히 연관되어 있다. 오리게네스는 그리스도에 대한 자신의 관찰을 근거로 두 가지 연결점을 제공했다. 그는 하나님께 대한 로고스의 종속을 강조했다. 이것은 우주론적인 사고를 가능케 했다. 그와 더불어 예수 안에 있는 인간적 본성도 강조되었다. 이것은 도덕적인 관심을 가질 것을 권고한 것이다. 오리게네스의 이러한 사상은 사모사타의 바울(Paul von Samosata)과 유사했다. 그렇지만 그렇게 생각한 사람은 다른 사람에게도 중요한 것인 죽을 본성의 구원을 위태롭게 했다. 왜냐하면 그들 때문에 신앙의 대상인 하나님이 인간의 몸을 입으셔야 했기 때문이다. 그 점에서부터 예수 안에 있는 로고스의 완전한 신적 동일성을 강조해야만 했다. 그러나 한쪽만 강조하는 사람은 학문을 위태롭게 하는 사람이다. 왜냐하면 그가 세상을 문제투성이로 만들었기 때문이다. 이것은 로고스가 하나님으로부터 유출되지 않았음을 의미한다. 그 결과 창조는 하나님의 불변성을 위태롭게 한다. 그렇게 생각하는 사람은 동시에 양태론에 빠지게 된다. 아리우스와 아타나시우스의 논쟁은 결국 이러한 차이점에서 시작된 것이다. 해결하기가 무척 어렵다는 것도 물론 언급되었다. 외적으로는 325년 황제의 개입으로 니케아에서 "동일본질"(Homousios)이 승리를 거두었다. 이것은 로고스가 신과 동일하다는 가르침이요, 아타나시우스(Athanasius)가 그 개척자가 되었다. 그는 종교철학이 아닌 – 그는 종교철학과 투쟁했다 – 이레니우스처럼 기독교 구원론에서 이러한 신학적 내용을 얻

었다. 육체적인 구원, 즉 사망에서 육체를 구원하는 것은 아버지와 아들의 완전한 동일성과 일치를 요구한다. 더 나아가 인간은 그가 종노릇하는 사망의 권세에서 해방되어야 한다. 예수께서 생명과 죽음으로 악마 및 마귀와 싸워 얻은 승리는 완전한 신성을 전제하고 있다. 그렇지 않을 경우 그는 생각할 수 없다. 이것이 분명한 구원론적인 개요다. 즉 하나님이 직접 그리스도 안에서 인간에게 구원을 베푸신다. 그러나 니케아 결정에도 불구하고 안정(Ruhe)은 그 후 50년이란 시간이 흐르면서 니케아 신조를 아타나시우스가 원래 했던 것과 약간 다르게 해석하는 것을 배웠을 때 비로소 왔다. 아타나시우스에게는 삼위 안에 통일(Einheit in der Dreiheit)이 가장 중요했던 반면에, 이제 사람들은 통일 안에 삼위(Dreiheit in der Einheit)를 강조했다. 하나님으로부터 세계로의 단계적인 하강은 이러한 논리를 지켜주었고, 보증해주었다. 이것이 오리겐의 제자인 세 명의 위대한 캅파도키아인들의 연구가 교회에 준 중요성이다: 대 바질(Basilius' d. Gr), 니싸의 그레고리(Gregors von Nyssa), 나치안의 그레고리(Gregors von Nazianz). 아타나시우스는 362년 알렉산드리아 공의회에서 개정된 해석이 신앙적으로 옳음을 인정했다.

우리는 오늘날 니케아 신조가 밝힌 것을 기뻐할 뿐이다. 중요한 것은 예수 안에서 하나님이 직접 우리에게 나타났고, 하나님이 직접 우리에게 알게 하셨고 그리고 우리를 구원하셨으며, 우리는 그 안에 계신 아버지를 가지고 있다는 아타나시우스의 사상이다. 아리우스에게 그리스도는 하나님의 피조물이요, 교사로서 우리가 가진 자유를 도덕적으로 지원하는 우주적인 세계원리였다. 아리우스는 하나님께 이르는 길을 인간에게 가르쳐주는 것이 예수에게 더 중요했다고 본다. 그렇지만 그 길은 항상 불확실한 것이었다. 그러나 아타나시우스에게는 아버지가 직접 예수 안에서 우리를 구원하신다는 신앙의 진술이 더 중요했다. 한 번만이라도 이 둘을 나란히 세우는 것이 필요하다. 그러면 어느 쪽이 기독교의 진리를 순수하게 대변했는지, 누가 교회 편에 서서 승리를 원했는가에 대한 모든 의심이 사라진다. 아타나시우스의 가르침에는 의심의 여지없이 긍정적인 측면이 있다. 그것은 기독교 신앙의 이중적인 보호벽을 의미한다: 즉,

1) 윤리적인 이상주의를 반대한다. 즉 인간, 모든 인간의 구원의 필요성이 분명히 제시되고 있다.

2) 하나님의 개념: 하나님은 세상의 원리일 뿐만 아니라, 구원하시는 사랑이다.

물론 그의 가르침은 약점도 있다. 약점은 두 개의 뿌리를 가지고 있다. 우선 아타나시우스의 논쟁은 하나님이 그리스도 안에서 세상을 구원했다는 순수한 신앙 진술을 지나쳐서 이러한 기본입장에서 어떤 결론들을 이끌어내도록 강요한다. 그는 알렉산드리아의 전통을 따라 자신의 구상에 일치하는 오리겐의 교리형식을 취함으로써 이것을 하고 있다. 즉 로고스와 성령 하나님은 동일한 존재를 갖고 있기에 본질적으로 동일하며 영원하다 (ὁμοούσιος=ταυτοούσιος). 그러나 그는 종속은 부인한다. 왜냐하면 그것은 그에게 하나님의 개념과 구원신앙을 위태롭게 하는 것처럼 보였기 때문이며, "반박할 수 있는 모순"을 자체에 담고 있는 형식이었기 때문이다. 기독교 신앙 전체는 하나의 역설이다. 그것은 그를 의존하는 양의 많고 적음에 달려 있지 않다. 이러한 역설은 "예수 그리스도 안에서 하나님과 만나고, 성령을 통해서 하나님은 나에게 말씀하신다"라고 말하듯이 경험한 하나님과의 만남으로 설명되지 않는다는 사실에 그 어려움이 있다. 이레니우스에게 하나의 교리에 대한 역설은 지적인 것이었으며, 그 교리는 그리스도인이 되고자 한다면 반드시 지켜야 하는 것이다.

두 번째 어려움은 이레니우스와 마찬가지로 아타나시우스에 의하면 로고스가 인간 예수를 점차적으로 숭배해야만 한다는 점에 그 본질이 있다. 안토니우스의 예가 보여주는 바와 같이(참고 12) 하나님의 영으로 충만한 인간은 이곳 지상에서 점점 숭배 받게 된다. 로고스는 동시에 본래 예수 안에서 행동하는 원리다. 그러나 인간 예수에 관한 복음서의 보도는 예수 그리스도 안에 신성의 두 번째 인격이 활동하고 있다는 생각과는 서로 조화되지 않는다. 따라서 그것을 의역하도록 강요를 받았다. 복음서가 예수에 대해서 우리에게 보도하는 것과 모순되는 기독론은 주장할 수 없다. 내용 없는 숙고에 빠지지 않고자 한다면, 이러한 확고한 토대에서 시작해야만 한다. 구체적으로 말한다면, 아타나시우스는 그리스도의 신성을 너무 강조한 나머지 그의 인성이 손상되었다. 그 결과 정통 교리 역시 이러한 어려움에 눌려 있다. 낯선 구원론, 즉 육체적(physische) 구원론이 배경에 있다는 것을 아는 사람에게 이것은 놀랄 일이 아니다.

5. 아들의 동일본질 교리는 381년(콘스탄티노플 회의) 이후 결국 수용되었고, 그로 인해 하나님께 대한 그리스도의 관계는 신과 동일하다고 결정되었다. 이 문제가 완결된 순간에 또 다른, 즉 그리스도와 인성의 관계 문제가 생기지 않았더라면, 교회에 평안이 왔을 것이다. 그것은 하나님의 문제만큼이나 육체적 구원론에 중요한 것이었다. 그도 그럴 것이 죽게 될 본성의 구원이 곧 실제 인간과 하나님 자신과의 참된 연합에 달려 있기 때문이다. 이러한 구원론의 전제는 더 나아가서 이 두 개의 본성이 서로 밀접하게 하나가 된다는 사실이다. 실제로 하나가 되어 한 가지 것이 다른 하나에 의해 삼켜진다. 다른 말로 표현하자면, 하나님과 인간이 예수 안에서 유일하게 하나가 되며, 게다가 신적인 성질이 된다는 것이다. 그 때문에 451년(칼케톤 회의) 이후 이러한 관점을 단체론(Monophysitismus)이라고 칭한다. 공의회의 보도들은 알레고리적인 해석을 통해 원칙에 강요당한 이러한 개념에 조화되었다. 이러한 신학의 본거지가 알렉산드리아다.

알레고리를 거부한 달라진 해석학적 방법처럼 사람에게 인간적인 모범이 된다는 도덕주의적인 관심은 결국 하나의 새로운 철학적 태도처럼 안디옥 사람들에게 예수 안에 신성과 인성의 엉성한 결합만을 받아들이도록 동기를 부여했다. 물론 여기서 예수 안에서 결합된 두 요소 중에 그 어느 것도 행동의 자유를 잃는 것은 아니다. 아리우스 논쟁에서처럼 로마, 즉 서구 교회는 우선 알렉산드리아 편에 섰다. 431/433년 에베소 공의회는 마리아는 테오토코스(Theotokos) 즉, 하나님의 어머니로서 경배되어야만 한다고 결정했다. 그 결과는 시리아 교회가 네스토리우스의 영향으로 – 그 때문에 네스토리우스주의자라고 일컫는다 – 로마 제국으로부터 분리를 옹호하는 민족적인 단체에 가입했다는 것이다. 안디옥 사람들의 교회적 불만족은 그러므로 제국의 해체 과정을 가속화시켰다.

그러나 449년 다시 논쟁이 재발되어 알렉산드리아인들이 그리스도는 출생 후 다만 한 가지, 신인의 본성을 가졌다는 신조를 관철시키고자 했을 때 – 육체적 구원론의 단순한 결과 – 로마는 동방으로부터 등을 돌렸다. 한편으로는 서구의 기독론에 대한 신뢰에서, 다른 한편으로는 교회 정치적인, 즉 알렉산드리아가 주도권을 잡지 못하도록 하기 위한 이유에서 단체론을 거부했다. 451년 칼케톤에서 그 교설은 교리로 승격되었다. "그리스도는 참된 하나님이요, 참된 인간이다. 신성에 따라서는 아버지와 하나이며 동시에 인성에 따라서는 우리와 하나다. 이 두 가지 본성에서 그는 섞이지 않고 변하지 않으며(反알렉산드리아), 분리되지 않고 구분되지 않는다(反안디옥)고 인정되었다. 이렇게 하여 하나의 인격으로 동행하는 두 본성의 특징이 그대로 유지되고 있다." 이러한 신조로 두 개의 극단적 주장은 배격되었다. 그러나 어떻게 이 두 개의 본성이 하나가 되는지에 대한 육체적 구원론에 중요한 문제는 답변되지 않았다. 그리고 식별할 수 있다던 것을 신속히 버려야만 했음에 틀림없다.

결과는 희랍, 특히 남부 즉, 이집트가 제국의 원심력을 강화시킨 것이었다. 이에 비해 황제는 궁지에 몰렸다. 중재신조를 통해 동방을 다시 얻으려는 모든 시도는 로마, 즉 서방이 반대했다. 그런 상황에서 생긴 로마에 대한 모든 접근은 동방에서의 반대가 더 강하게 타올랐다. 이러한 상황의 상세한 것들을 다룰 필요는 없다. 다른 세력들과 연합된 교회의 저항은 결국 서방 전체와 남동부가 비잔틴으로부터 분리되게 했다. 그러나 희랍에서는 육체적 구원론에도 불구하고 칼케톤 신조 때문에 안심할 수 있었다. 왜냐하면 6세기가 경과하면서 사람들은 플라톤주의에서 아리스토텔레스주의로 넘어갔고, 아리스토텔레스의 변증법의 도움으로 451년의 양체론적 신조가 단체론적으로 해석하는 것이 가능했거나(그 결과 5차 에큐메니컬 공의회가 553년 콘스탄티노플에서 열렸다) 혹은 신학적 연구를 그만두고 이해할 수 없는 것을 침묵하며 숭배했거나 혹은 성례전주의에서 대용을 찾았기 때문이다. 대부분의 사람들이 이 길을 갔고, 오늘날까지도 동방 교회의 대부분이 가고 있다. 로마가 필요한 것을 황제의 도움으로 관철시킨 독재자적인 서방의 행동은 동방에서 어려운 결과를 보여주었다. 그럼에도 불구하고 교회 전체를 보면, 칼케톤에서 그렇게 결정된 것은 다시금 환영할 만한 것이다. 예수 안에 독립적인 인성이 존재한다는 주장은 1) 성서적 예수 상을 지킨 것이며, 이것은 교회를 위해 유익했다. 단체론이 지배했더라면 그것을 지키지 못했을 것이다. 실제로 단체론을 주장하는 교회에서는, 오늘날까지 그 일부가 존재하지만, 성서와의 연관성이 매우 엉성하다. 2) 그와 동시에 가톨릭이건 혹은 개신교이건 서방 전체가 대변하고 있는 도덕적인 구원론이 근거한 토대가 지켜졌다.

6. 이제 우리는 서방 교회의 발전을 더 고찰해야만 한다. 동방과 서방의

관계는 5 · 6세기에 이르기까지 매우 탄탄하여 동방에서 교리가 된 교설은 서방에서도 역시 인정되었고, 그 역도 성립했다. 그러나 공적인 교회라는 덮개를 열고 그 속을 들여다보면, 서방 교회와 마찬가지로 동방도 복음을 조형하기 시작했고, 그 때문에 동 · 서방의 분리가 언젠가는 일어날 것임을 알 수 있다. 이것은 1054년 갑자기 일어나지 않았다. 희랍의 통일된 문화를 가졌던 로마 제국이 멸망할 때에 로마와 희랍 교회의 다양성이 다시 깨졌다는 것만을 분리의 배경으로 보아서는 안 된다. 이미 2세기 전반기에 기독교가 적응해가는 과정에서도 그 차이점을 감지할 수 있다. "헤르메스의 목자"(Pastor Hermae)는 분명 로마에 대해서 들었다. 그러나 로마적 특성은 테르툴리아누스에게서 싹이 텄다.[12]

법 분야에서 완성된 로마의 사고는 종교적 영역에서 죄와 벌, 업적과 보상의 개념을 핵심으로 삼았다. 둘 다 물론 법적인 한 쌍이다. 이것은 윤리적인 것을 희랍인이 주요하게 여겼던 자연적 영역에 대치시켰음을 의미한다. 유대법을 토대로 형성된 초대 교회 역시 여기에 중심을 두었기 때문에 다시 도덕적이 되었다고 말할 수 있다. 이러한 토대에서 하나의 종교를 구원의 종교라고 설교할 경우, 그 구원은 죄, 형벌 그리고 죄책의 용서만을 문제 삼는 것이다. 죽음은 다만 죄의 대가라는 부수적 역할을 할 수 있다. 이것은 우리가 다시 윤리적인 구원론 앞에 직면해 있음을 의미한다. 테르툴리아누스의 구원론은 하나님께 드리는 보속(satisfactio Dei)에서 절정을 이루고 있다. 아우구스티누스(354-430)[13]가 교회사에 남긴 가장 큰 영향이 그것이며, 그의 가장 큰 공헌은 윤리적인 구원론이 서방 교회사의 주제가 되게 했다는 점이다. 그는 끝없이 다양한 방식으로 역사에 영향을 끼쳤다. 중세 전체가 그의 마력 아래 있다. 지속적인 영향을 끼쳤기 때문이다.

그러나 서방 전체의 흠모의 대상이었던 이 사람이 로마인이 아니라, 희랍 철학에 깊이 심취했고, 일생 동안 수많은 점에서 희랍 철학에 의해 영향을 받았으며, 정말로 보편적 정신의 소유자였다는 점이 중요하다. 아우구스티누스 역시 앞서 오리겐처럼 고대 전체를 재차 종합했으나, 이제 그것을 로마적

12) Heinrich Karpp, Schrift und Geist bei Tertullian, 1955.
13) Wilhelm Kamlah, Christentum und Geschichtlichkeit, 19512; G. Nygren, Das Pradestinationsproblem in der Theologie Augustins, 1956.

사고의 기치 아래 기독교와 융합시키고자 했다. 그에 의해서 기독교 사상과 함께 고대 사상의 물결이 서방에 흘러들어 온다. 우리 모두는 여전히 이러한 통찰이 가져온 결과 아래 있다.

고대와 기독교의 결합이 아우구스티누스에 의해서 이루어졌음을 분명히 보여주기 위해 그의 성장 과정에 대해서 언급해야만 한다.

아우구스티누스에게서 고대의 파우스트를 볼 수 있다. 괴테의 파우스트가 자신의 삶의 근거를 찾고자 노력하면서 지적인 추구에 만족하지 못하고 먼저는 육적인 쾌락, 그 후 미적 관찰과 신비주의, 마지막에는 끊임없는 노동에서 행복을 찾는 것처럼, 아우구스티누스 역시 삶(das Leben)을 설명하고자 모든 사상의 계보를 두루 섭렵하고 있다. 오랜 기간 동안 감각적 쾌락을 추구했고, 평안을 찾기 전에 그것을 포기했다는 점에서 파우스트와 일치하고 있다. "나는 사랑을 갈망했고 만족스러운 안정과 함정 없는 길을 미워했다"고 그는 직접 고백한다. 그럼에도 불구하고 파우스트와 아우구스티누스 사이에는 커다란 차이점이 있다. 그도 그럴 것이 아우구스티누스에게는 진리의 문제가 곧 하나님에 대한 문제가 되고 있다. 괴테가 파우스트에서 그리고 있는 행동하는 인간(Tatmensch)이 처음에는 무용하다고 포기하는 그 철학에 사상가 아우구스티누스는 전념하고 있다.

영적인 분야로의 첫걸음은 수사학교에서 키케로의 호르텐시우스(Hortensius) 강의를 통해서였다. 이 책은 그에게 두 가지를 가져다주었다. 첫째로 그를 부자가 되는 열망에서 해방시켜주었다. 그와 더불어, 물론 이것이 중요한 것인데, 호르텐시우스는 그에게 철학에 대한 사랑을 일깨워주었다. 웅변의 명성은 더 이상 그가 열정을 쏟을 만한 가치가 있는 목표가 아니었다. 세상과 생명을 연구하는 것이 그에게는 더 중요한 것이 되었다.

이것은 결과적으로 아우구스티누스를 전통적인 기독교에서 소외시켰다. 그의 부친은 이교도였지만(아우구스티누스가 17살 때 그리스도인이 되어 죽었다), 그의 어머니 모니카는 그리스도인이었다. 그는 어린 시절부터 기독교를 알았다. 그러나 그는 당시 하나의 권위로서 완전한 순종을 요구한 가톨릭교회와 늘 대립했다. 완전한 순종은 아우구스티누스에게 불가능한 것이었다. "명령하는 사람보다는 가르치는 사람을 더 믿어야 한다"(Docentibus potius quam iubentibus esse credendum)고 그는 생각했다. 그는 마니교(Manichäismus)로 기울어졌다. 아시아 내부와 이집트에서 지난 십년간 이루어진 발견들은 마니교에 대해 새롭게 조명해주었다. 마니교는 그 이후 모든 면에서 기독교적 이단으로 간주되었다. 칼 홀이 지적하듯이, 아우구스티누스는 마니교도가 되었을 때 기독교로부터 이탈하고자 하지는 않았을 것이고, 마니교와의 교제를 통해서 자신 속에 끓어오르는 인식에 대한 충동을 가톨릭교회에서 보다 더 잘 추구할 수 있다고 믿었을 것이다. 마니교는 선과 악 사이의 이원론적인 구분의 합리성을 강조했다. 구약에 대한 그들의 비판 역시 아우구스티누스에게 감명을 주었다. 결국 자신이 직접 표명하듯이, 마니교의 엄격한 금욕적 삶의 방식이 그의 관심을 불러일으켰다. 그렇지만 그는 아직 금욕적인 삶을 취하고 세속적인 삶의 진로를 버리기로 결정할 수 없었다. 그 결과 그는 완전한 회원인 "선택자"(electus)는 될 수 없었으며, 청강자(auditor)의 위치로 만족해야 했다. 9년간 아우구스티누스는 마니교도였다. 그 후 그에게 회의가 왔다. 게다가 전에 그를 유혹했던 동일한 것이 이제 그를 내몰았다. 마니교는 그에게 세상에서의 악의 존재에 대한 명쾌한 설명을 제공했지만, 이제 그는 이러한 해답에 확신할 수 없었다. 그도 그럴 것이 그는 하나님과 벌이는 악의 싸움이 하나님의 불변성의 약화를 뜻한다고 인식했기 때문이다. 하나님의 불변성은 아우구스티누스의 신 개념의 기본전제 중의 하나다. 그러나 아우구스티누스는 자신을 억누르는 어려움에 대한 해답을 그리 쉽게 찾지는 못했다. 그래서 그는 회의론자(Skeptiker)가 되었다. 물론 시종일관된 것은 아니다. 그는 가령 하나님의 존재와 같은 특정한 사상을 꾸준히 견지했다. 쾌락을 추구하는 그의 영혼은 여전히 방황했고, 인식을 추구하는 허황된 충동에 의해 지쳤다. 그는 수년 동안 목적지에 다다를 가능성을 의심했다. 그는 서서히 이러한 의심을 극복했고, 그의 신학의 많은 특징은 회의를 통해 일어난 영혼의 결과라고 이해할 수 있다.

그에게 회의주의를 극복할 수 있게 해준 것은 신플라톤 철학이었다. 그는 마리우스 빅토리누스(Marius Viktorinus)가 번역한 플로틴의 글을 통해 신플라톤 철학을 알게 되었다. 마니교에서 아우구스티누스는 물질적인 신(神) 개념만을 알고 있었고, 마니교는 악 역시 물질적으로 파악하고 있었다. 이제 신플라톤 철학은 아우구스티누스에게 순수한 영적 존재의 존재 가능성을 보여주었다. 이것은 그에게 중요한 것이 되었다. 왜냐하면 물질주의를 벗어나

옮겨간 철학적 이상주의는 기독교 신(神) 개념 역시 사고 가능한 것처럼 그에게 보였기 때문이다. 하나님의 영이 존재한다는 것은 이제 아우구스티누스에게 자명한 것이 되었다. 불변성이라는 속성은 영이신 하나님에게 속하는 것이다. 존재는 모든 사물이 동등하다. 다만 본체는 가변적이다. 모든 사물에 있는 이러한 존재가 아우구스티누스에게는 기독교 신앙이며, 그것이 하나님의 편재를 가르쳐준다. 하나님의 불변성과 편재를 믿는 신앙이 가능하다는 사실은 아우구스티누스에게 진정한 자유를 의미했다. 그는 오랫동안 찾았던 확고한 하나님 개념을 발견했다.

그러나 회의주의와 마니교에 한때 심취했던 것이 그 이후에도 계속 영향을 미쳤다. 마니교는 로마 문화와 결합했다. 순수하고 형태 없는 영을 생각하는 것은 고대인에게는 그 자체가 불가능한 것이었다. 아우구스티누스의 삶에서 그가 회의론에 심취했던 기간은 이외에도 현실과 플라톤적 사상 세계의 완전한 실현에 대해 늘 의심하게 했다. 그 때문에 신플라톤주의의 발견과 거의 동시에 가톨릭교회가 새롭게 불가항력적인 힘으로 그에게 다가왔다는 것은 아우구스티누스에게 매우 중요한 것이었다.

신플라톤적인 하나님 개념이 그를 유혹했고, 그의 모든 어려움을 해결할 가능성을 인식했다는 현실과 궁극적 의심을 품었다는 것을 알게 해준 것은 바로 교회의 권위였다. 교회의 권위는 암브로시우스(Ambrosius, 340-397)라는 사람을 통해서 강하게 다가왔고, 그 권위에 복종해야 한다는 용기를 찾았다. 이것은 암브로시우스가 아우구스티누스에게 한 커다란 공헌이다. 암브로시우스는 두려움이 없는 왕 같은 사제였다. 그는 강력한 군주인 황제에게도 공적으로 참회를 수행하도록 요구했다. 그의 웅변은 아우구스티누스를 감동시켰다. 그는 하나님의 은총을 노래했고, 그의 노래는 음악적인 아우구스티누스에게 매우 깊은 감명을 주었다. 그는 확실히 영적인 사람이었다. 그는 설교에서 영적인 하나님을 선포했다. 아우구스티누스는 그 하나님만이 세상의 실제적인 주인이라고 생각할 수 있었다. 그 외에도 암브로시우스는 희랍의 알레고리적 해석을 통해 아우구스티누스를 무척 괴롭혔던 구약에 대한 불쾌감을 씻어주었다. 많은 어려움에 대해 암브로시우스는 아우구스티누스에게 도움의 손길을 베풀었다. 그 가운데서도 가장 큰 것은 교회의 권위가 회의론적인 사고의 남은 잔재를 버리도록 작용한 것이다. 그는 의심을 가지고 암브로시우스에게 접근할 용기가 없었다. 아우구스티누스가 느끼기에 이 사람은 지극히 고귀하고 지극히 존엄하게 교회의 권위를 대변하고 있었다. 젊은 아우구스티누스가 교회에서 멀어졌던 것을 그 사람은 종교적 진리의 본질에서 파악하는 듯했다. 교회가 선포한 영적인 하나님 개념은 우선 인간이 전혀 이해할 수 없는 것이므로 권위적인 것을 통해서만이 그 이해에 도달할 수 있다. 이러한 권위에 복종하는 자에게 비로소 영적 진리가 이해된다. "나는 알기 위하여 믿는다"(credo, ut intelligam).

그러나 아우구스티누스가 의존한 교회의 권위와 플라톤주의에서 만난 철학도 그의 회심을 이끌지는 못했다. 그는 여전히 커다란 어려움을 갖고 있었다. 돈, 명예 그리고 세상적인 영광을 추구하는 일에서는 자유했지만, 감각적인 쾌락은 아직 극복하지 못했다. 한 귀족 부인과 결혼하여 그의 영혼이 추구하는 안정을 도모하려는 목표도 있었다. 여전히 이러한 상태에 있을 때 그는 그의 불안을 더욱 가속화시키는 일을 했다. 그는 혼외 관계를 통해 임시적인 안정을 추구했다. 두 가지를 통해 그는 이러한 자극을 극복했다. 우선 폐질환이 세상에 대한 생각을 포기하도록 그를 압박했다. 그가 이러한 병을 자신의 삶의 불행이라고 보았다는 것은 당연한 것이다. 둘째는 안토니의 삶에 대한 아타나시우스의 강의와 암브로시우스의 예가 독신적 삶의 지고함을 그에게 보여주었다. 그러나 그는 아직도 내적인 쾌락을 극복할 능력을 찾지 못했다. 결국 "낮에와 같이 단정히 행하고 방탕하거나 술 취하지 말며 음란과 호색하지 말며 다투거나 시기하지 말고 오직 주 예수 그리스도로 옷 입고 정욕을 위하여 육신의 일을 도모하지 말라"는 로마서 13장 13절 이하 바울의 말이 자신의 의지를 몰아내고 평안에 이르도록 도와주었다. 그는 병이 오히려 삶의 행복을 가져왔고, 그 속에서 하나님을 다시 찾게 되었음을 깨달았다.

이것이 아우구스티누스의 회심이다(386년). 그의 회의(懷疑)는 가톨릭교회의 권위를 통해 극복되고 있다. 즉 신플라톤주의는 그를 영적인 세계로 인도했고, 이 세계가 그의 사상적 충돌을 제거해 주었다. 수도사의 예와 바울 강의는 그가 온전한 그리스도인이 되지 못하도록 가로막은 실제적인 장애를 극복할 수 있는 내적인 힘을 선물해 주었다. 이제 그는 그리스도인이다. 그 표지로서 그는 즉시 암브로시우스에게 세례를 받았다. 엄격히 말해서 이러한 과정을 "회심"이라고는 말할 수 없다. 오히려 폭풍과 충동을 통해 그리고 의심스러운 추구 후에 안정을 찾았다. 이것은 동시에 아우구스티누스가 일생 동안 꼭 붙들어야만 했던 것이 무엇이었는지를 보여준다. 그는 개인적인 강인한 의지로 고대 이상주의가 기독교적 요소들과 밀접하게 결합된 세계관을 얻었다. 아우구스티누스가 마지막 고대인이자, 현대적인 사람이라는 것은 - 물론 여기서 현대라는 것은 고대 기독교의 고유한 입장에서 볼 때다 - 그의 성장 과정을 볼 때 충분히 이해가 된다. 그의 삶이 이 두 가지를 종합하도록 이끌어주었다. 아우구스티누스에 의해서 시작되는 수많은 자극들도 이해가 된다. 고대의 삶의 정서, 금욕적인 삶으로의 전환, 고대의 회의 그리고 절대적 권위에 복종, 고대의 물질주의 그리고 고대의 이상주의, 아우구스티누스는 이 모든 것을 직접 경험했고 체험했다. 그는 실제로 고대 전체를 직접 구현해내고 있다. 그러므로 기독교는 고대의 극복뿐만 아니라, 동시에 고대의 출구가 되었다.

아우구스티누스의 성장은 그의 회심으로 끝난 것이 아니다. 그는 교회 직임을 수행하도록 부름 받았다. 교회와 연관된 삶의 진로는 그를 특정한 방향으로 더 나아가게 했다. 그는 우선 성직자로서 기독교의 서적들, 무엇보다도 바울 서신을 진지하게 연구하기 시작했다. 이로 인하여 마니교에 들어간 이후 풀고자 노력한 악의 문제, 즉 어떻게 좀 더 상세히 설명할 수 있는지의 문제를 극복하고 비로소 안정을 찾았다. 여기서부터 비로소 아우구스티누스는 펠라기우스와 대립했음을 알 수 있다. 이것은 동시에 신플라톤적인 하나님 개념을 극복하고 더 성장했음을 뜻한다. 그는 하나님을 최고의 존재요, 마음의 모든 열망이 그 안에서 안식하는 지고의 선으로 인식했다. 바울에게처럼 하나님은 절대적 의지로 그 앞에 나타났다. 그는 겸손하게 복종하고 섬김의 일을 요구한다. 정적주의는 신플라톤주의에서 시작되었지만 그 동기는 바울과 라틴 기독교로부터 나온 것이다. 이 둘 모두가 아우구스티누스에게 영향을 주었다. 신비주의와 프로테스탄트 모두 아우구스티누스에게 의존하고 있다.

그의 약력은 그의 풍부한 사상이 가득한 잡지와 같다. 이제 아우구스티누스의 사상 자체와 그 중요성을 상세히 다루고자 한다.

먼저 그의 사상의 중심은 죄론과 은총론이다. 아우구스티누스의 죄론과 은총론은 바울적인 특징을 지니고 있다. 그러나 동시에 신플라톤주의에도 상당히 의존하고 있다. 이것은 하나님의 개념을 통해서 부분적으로 알 수 있다.

아우구스티누스 역시 하나님을 최고의 존재 혹은 지고의 선(summum ens et summum bonum)처럼 중립적으로 이해한다. 바울로 인해 그의 하나님 개념은 인격적 성격을 얻지만, 신플라톤적인 원칙이 계속 영향을 주고 있다. 왜냐하면 인간은 처음부터 하나님을 최고의 선으로 관찰하고 있기 때문이다. "당신 안에서 평안을 찾기까지 우리의 마음은 불안하다"(Cor nostrum inquietum est, donec requiescat in te). 그렇지만 아담이라는 첫 인간은 그의 자유를 남용했고, 지고의 선으로부터 벗어났다. 그는 동시에 피조된 세계에 마음을 주었다. 즉 그의 영혼은 지고의 선 대신에 혼란케 하는 많은 것들 앞에 직면했고, 이리저리 유혹을 받았다. 무질서하고 지나친 욕구인 욕망(concupiscentia)은 그 때문에 죄의 핵심이 된 것이다. 욕구는 성적인 삶 속에서 가장 강렬하게 표출되기에 제6계명도 욕구를 주요 예제로 삼고 있다. 종종 제기되지만 성적 쾌락이 아우구스티누스가 말하는 욕망의 유일한 내용이라고 이해해서는 안 된다. 인간의 죄는 지고의 선인 하나님에게서 멀어지려는 욕구인 욕망에 그 본질이 있고, 형벌도 거기에 있다. 그도 그럴 것이 욕망은 우리 삶의 불행이다. 파괴적인 불안은 – 정말 깊은 통찰이다 – 하나님에 대한 감동에서만 자유할 수 있다. 즉 "당신 안에서 평안을 찾기까지 우리의 마음은 불안한 것이다". 이 모든 것은 사실 신플라톤적으로 이해될 수 있다. 아우구스티누스도 신플라톤자로서 죄의 습성은 인간에게서 목전에 있는 선을 행할 능력과 심지어는 선을 인식할 능력을 강탈해가는 힘이라는 것을 알고 있다. 행할 수 없고 인식할 수 없는 무능은 둘 다 곧이어 악한 행동을 필연적으로 가져오는 형벌이다. 악이란 인간을 내적으로 규정짓는 힘이다. 즉 인간은 선하거나 악한 행위를 하는 것이 아니라, 그것을 통해서 선하거나 악하게 된다. 더 나아가서 아우구스티누스는 악 역시 역사적으로 활동하는 세력임을 마니교로 인해서 알고 있다. 그 결과 우리 모두는 멸망의 사슬로 묶여 있고, 여기서 자유하기란 개인에게는 전혀 불가능하다. 아우구스티누스는 바울에게서 세 번째 것을 배웠다. 우리가 죄를 범하는 것은 비록 피할 수 없는 것이라고 해도 죄는 우리의 책임이라는 것이다. 우선은 심리적인 이유에서다. 그가 긍정하든지 아니면 부인하든지 인간은 원해서 죄가 되는 행위를 한다는 것은 사실이다. 조상으로부터 유전된 사망의 사슬은 원죄뿐만 아니라, 동시에 죄책을 의미한다. 그 외적인 증거로 아우구스티누스는 유아 세례와 유아 역시 겪어야만 하는 슬픔과 고통을 제시한다. 아우구스티누스는 우리가 아담 안에 있으면서 그가 범한 행위에 직접 참여했다고 말하고 있다. 그 때문에 욕망과 죽음은 그에게처럼 우리에게도 형벌이다. 죄를 범할 수밖에 없는 필연성과 그 결과 수반되는 형벌에서의 자유는 인간의 직접적인 소관이 아니다. 자유로운 하나님의 긍휼만이 이것을 할 수 있다. 그것은 그리스도의 죽음으로 일어난다. 그는 십자가에서 1) 우리를 대신하여 형벌을 받았고, 2) 마귀의 권세를 멸하였으며, 3) 인간을 하나님과 화목케 하셨다.

그리스도의 사역은 우리를 위한 것이다.

1) 그것은 죄의 용서다. 이것은 죄와 욕망의 죄에서 자유를 의미한다. 욕망 그 자체는 남아 있다. 욕망은 사라지는 것이 아니기 때문이다. 그러나 세례를 통해 그 욕망은 더 이상 죄로 간주되지 않는다. 죄 용서 외에도 그리스도의 사역은

2) 구원, 즉 욕망으로부터 점진적인 자유와 하나님께로의 인도를 의미한다. 욕망에서 금욕적인 삶으로의 자유가 함축된 아우구스티누스 자신의 회심 체험을 상기할 수 있다. 그러나 무엇보다도 은총이 먼저 역사해서 인간의 의지로 하여금 신앙의 대상인 하나님을 바라보게 하며 이러한 과정을 통해 신앙의 대상에 대한 즐거움을 갖게 하고 신앙을 불러일으키는 것이다. 인간의 영혼이 참여치 않은 것은 아니다. 영혼은 선, 즉 하나님을 원한다. 본질적인 의미에서 볼 때 구원, 회심은 그러므로 결과다.

언급된 내용을 볼 때 회심은 하나님의 단독적인 행동이라는 결론이 나온다. 그는 예수 안에 구원의 가능성을 야기시킨다. 그는 개개의 사람들을 성령을 통해서 구원으로 인도한다. – 아우구스티누스가 볼 때 성령은 분명한 기능을 갖고 있다. 선행은총(gratia praeveniens), 동행과 후속은총(gratia concomitans et subsequens), 견인의 선물(donum perseverantiae) 등 모든 스콜라신학은 아우구스티누스가 여기서 만들어 놓은 틀에 그 뿌리가 있다. 상세한 것은 여기서 다루지 않을 것이다.

죄론과 은총론은 두 가지 측면을 강조한다.

1) 아우구스티누스가 자신의 출발점으로 삼은 문제가 다시금 시급한 현안이 되었다. 세상 속에 있는 악은 어디에서 온 것인가? 완전히 자유한 가운데서 행한 아담에다 귀결시키는 것은 그에게 답이 되지 못했다. 왜냐하면 하

나님이 그것을 미리 알았고, 막을 수 있었기 때문이다. 만일 아담이 죄를 범하지 않았다면, 그렇다면 그는 죄의 시초가 아니란 말인가? 우리는 악한 자에 대한(ad malam partem) 예정의 문제에 직면한다. 이것을 해결하고자 많은 노력을 기울였지만 근본적으로 볼 때 이 문제는 해결되지 않았다.

2) 만약 인간이 직접 완전히 자유한 가운데서 행한 행동이 아니라 하나님이 단독으로 행하신 일이라고 답한다면, 이러한 관점은 이제 불가피하게 선한 자에 대한(ad bonam partem) 예정을 시인하도록 강요한다. 아우구스티누스는 이 문제를 회피하지 않았고, 바울의 예정을 바울 이후 처음으로 분명히 시인했다. 하나님의 은총은 전능하신 하나님의 행위로서 거스릴 수 없는 것이다. 아우구스티누스가 경험으로 제시했듯이, 소수의 사람만이 하나님께 올 수 있다면, 그것은 하나님이 소수의 사람만을 예정하셨기 때문이다. 아우구스티누스는 하나님의 이러한 행동에 대한 내면적 이해를 자신이 아직은 갖고 있지 못하다는 것을 알고 있다. 그렇지만 하나님의 행위 속에는 선한 것이 숨어 있다는 것을 의심할 수는 없다. 왜냐하면 하나님은 목적에 맞게 행하시기 때문이다. 예정은 아우구스티누스의 죄론과 은총론이 가져온 불가피한 사상적 결과가 아니다. 그것은 오히려 바울에게서처럼 구원의 확신을 갖도록 그를 도왔다. 하나님은 직접 자신의 전능한 손으로 인간을 사망에서 구하신다. 이것이 인간은 생각할 수도 없는 구원의 가장 확실한 토대다. 아우구스티누스 시대에 기독교가 얼마나 심하게 두려움과 희망 사이를 오르내렸는지를 본다면, 이러한 절박함 속에 구원의 확신이 놓여 있다는 가장 중요한 것을 보게 될 것이다. 아우구스티누스 역시 인간에게 그의 구원을 완벽하게 확신시킬 수는 없었다. 이것은 의롭다고 선언하는 칭의에 대한 그의 이해와 연관이 있다. 칭의는, 우리가 보았듯이, 이생의 삶에서 다만 시작하는 것이다. 그 때문에 모든 두려움이 인간에게 없는 것이 아니다. 하나님은 그에게 견인의 선물(donum perseverantiae)[14]을 주었는가? 우리는 그것을 희망해도 된다. 아우구스티누스는 동시대의 어느 누구보다도 희망과 신뢰(spes und fiducia)를 더 강하게 보았다. 그렇지만 그는 희망만을 가지고서는 완전한 확신을 할 수가 없었다. 결국 최후의 심판에 이르러서 결정이 된다. 종교개혁기에 루터가 아우구스티누

14) 성도가 끝까지 잘 인내하도록 주는 선물.

스를 뛰어넘은 것이 바로 이 점이다.

태어날 때부터 오직 악을 행할 수밖에 없는 인간이 처한 상황과 선을 행한다면 은총의 전적인 영향으로 자유할 수 있다는 아우구스티누스의 주장에 대해 그의 생전에 매우 격렬한 반대가 제기되었다. 반박의 주인공은 아일랜드의 수도사 펠라기우스(Pelagius, 354-418)와 북아프리카 출신의 켈레스티우스(Caelestius)였다. 그들은 인간이 가진 완전한 도덕적 자유를 주장했다. 인간은 본인이 원하면 모든 죄를 피할 수 있다. 아담의 죄 역시 죄를 피하고자 하는 사람을 방해할 수 없다. 아담은 인간의 처지를 악화시키는 나쁜 본보기였다. 그러나 그 역시 인간이 하나님 앞에서 도덕적인 공로를 쌓는 것을 불가능하게 만들지는 않았다. 이것이 고대 동방의 모든 교회가 도덕적인 관심에서 이미 대변했던 가르침이었고, 서방에서도 결코 다르게 생각하지 않았다. 아우구스티누스를 통한 바울사상의 부흥은 교회의 영역에서 전에 없던 새것이었음은 부인할 수 없다. 그러나 결정적인 것은 그 안에서 성서적인 새로운 교리가 다뤄지고 있다는 것이다. 아우구스티누스는 로마의 감독 인노센트 I세(401-417)를 우군으로 끌어들이는 데 성공했다. 펠라기우스는 출교되었고, 동방으로 피신했다. 그곳에서 그는 네스토리안과 결합했다. 자신의 파문을 스스로가 자초한 것이다. 431년 에베소 공의회는 그를 정죄했다. 신학적이고 그리스도 중심적인 교리와 함께 인간론적인 교리가 등장했던 때였다.

그러나 순수 아우구스티누스주의가 동방에서는 말할 것도 없이 서방 교회에 관철된 것은 아니다. 그의 은총론의 몇몇 사항, 특히 예정론은 서방에서 다시 한번 논쟁을 가져왔다. 갈리아 남부의 수사들은 인간의 죄를 벌할 수 없다는 결론을 내렸다. 이유는 인간이 그들의 죄를 피할 수 없도록 예정되었다는 점 때문이다. 이에 비해 수도사의 지도자들은 원죄의 사실성과 은총의 절대적 필요성을 인정했다. 그러나 하나님이 인간에게 은총을 주실 때 인간은 그 하나님의 은총을 자유로이 받아들일 수도 있고 거부할 수도 있다는 논제를 내놓았다. 예정(praedestinatio)은 다만 예지(praescientia)일 뿐이라는 것이다. 즉 하나님은 인간이 어떻게 결정될지 이미 알고 계신다. 구원을 실현하는 데 있어서 그들은 하나님과 인간의 협력(cooperatio hominis cum Deo)을 가르쳤다. 이것으로 교황 대 레오(Leo d. Gr)까지 소급해 가는 오늘날까지도 가톨릭 사상에 가장 중요한 문제가 제기되었다. 즉 진지하게 가르쳐진 하나님의 은총을 어떻게 인간의 공로와 보답에 대한 사상과 결합시킬 수 있는가 하는 문제다. 설명한 약점에도 불구하고 아우구스티누스의 사상은 가톨릭교회의 교리가 되었다.

아우구스티누스의 교회 개념은 그의 은총론과 밀접한 관계가 있다. 그는 예정론을 근거로 교회를 예정된 자의 모임(communio praedestinatorum), 즉 하나님이 구원하기로 정한 자들의 모임이라고 이해한다. 그는 이와 연관하여 하나님이 이방인 역시 구원하기로 예정할 수 있는 가능성을 종종 언급했다. 그러나 일반적으로는 키프리아누스로 대변되는 고대교회의 입장에 따라 구원을 철저히 교회와 결부시켰다. 교회 밖에는 구원이 없다(Extra ecclesiam nulla salus)는 말을 그는 종종 언급했다. 우리는 교회의 권위가 회의론자인 아우구스티누스에게 어떤 의미를 지녔는지를 보았다. 성서도 교회에 의해서 권위를 부여받는다. "가톨릭교회의 권위가 나를 사로잡지 않았더라면, 나는 복음을 믿지 않았을 것이다."[15] 교회가 성서를 교리의 근원이라고 제시하기 때문에 그는 그것을 믿는다. 성서를 믿는 것 역시 그러므로 기본적으로 볼 때 교회를 믿는 것이다. 그러한 관점에서 교회를 믿는 신앙의 신학적(심리학적이 아닌) 근거가 긴급히 요청되었다. 아우구스티누스는 이에 대한 명쾌한 답변을 하고 있다. 교회는 그리스도의 몸이다. 그리스도의 몸이기에 믿고 신뢰하며, 그 때문에 교회에 속하는 것이 구원의 전제 조건이 된다. 이것이 사실이라면 최고의 사랑의 의무는 모든 사람을 교회로 불러들이는 것이다. 아우구스티누스는 "강권하여 내 집을 채우라"(눅 14:23)는 예수의 비유의 말을 이 상황에 적용하기를 주저치 않는다. 그러므로 그는 북아프리카의 도나투스파에 대한 국가적 강경책을 주저한 나머지 승인했을 뿐만 아니라, 그것을 요구하기도 했다. 여기에 중세 종교재판의 뿌리가 있고, 여기에 중세 시대 게르만, 슬로베니아 그리고 다른 민족에게 부분적으로 적용했던 강압적인 선교 방법의 뿌리가 있다.

아우구스티누스가 전체 교회의 이름으로 말할 권한을 가진 세속적인 어떤 심판기관도 알지 못했다는 것은 아주 중요하다. 로마의 감독도 이러한 권한은 없다고 아우구스티누스는 분명하게 말하고 있다. 다른 감독 역시 마찬가

15) Ego evangelio non crederem, nisi me commoveret ecclesiae catholicae auctoritas.

지로 그러한 권한은 없다. 전에 이미 언급했듯이, 공의회조차도 교회가 그들의 결정을 수용할 때만 의미가 있다. 신앙이 인정하는 권위는 전체교회인 가톨릭교회이다. 가톨릭교회는 그리스도의 몸이다. 완벽하게 그것을 대변할 기관은 아직 없다. 그리스도를 대변할 어떤 대리자도 아직 없다. 빈첸츠(Vinzenz von Lerinum)의 말은 아우구스티누스에게도 역시 타당한 것이다. "어느 곳에서나, 어느 시대나, 모두가 믿은 것, 그것은 참된 가톨릭교회이며, 이것을 우리는 확신한다."[16]

지금 지상에 존재하는 가톨릭교회는 마땅히 갖추어야 하고 그리고 되어야 할 교회의 모습을 갖고 있지는 않다. 그 중심에는 여전히 악이 있다. 그러므로 지금과 나중의 교회는 구분해야만 한다. 그래도 그것은 언제나 그리스도의 몸이다. 현재 이러한 몸은 형식적인 신앙인과 뒤섞였고, 이러한 관점에서 혼합된 그리스도의 몸(corpus Christi permixtum)이 되었다. 참된 신자, 즉 예정된 자들은 신비적인 그리스도의 몸(corpus Christi mysticum)을 이룬다.

갑작스러운 하나의 사건이 아우구스티누스로 하여금 교회에 대하여 한 번 더 언급하게 했고, 국가 역시 그의 고찰에 연관시키도록 동기를 주었다. 그것은 410년 알라릭(Alarich)에 의한 로마의 정복이었다. 적의 말발굽이 로마에서 승리의 행진을 한 것은 천년이 넘는 긴 역사 가운데 처음 있는 일이었다. 상상도 못할 흥분이 대중을 지배했다. 로마의 함락은 기독교의 무가치성, 곧 기독교의 죄성에 대한 증거라고 생각했다. 고대의 신들은 로마를 보호했다. 그러나 새로운 신은 로마를 지키지 못했다. 고대교회가 내놓은 위대한 변증서인 아우구스티누스의 『신의 도성』(De civitas Dei)은 교회를 향한 이러한 거센 적대감 때문에 나온 것이다. 하나님의 왕국과 사탄의 왕국 사이에 일어나는 투쟁이 거의 마니교적으로 설명되고 있고, 뛰어난 반제(反題)로 두 나라의 특징을 규명하고자 시도했다.

이곳은 성도의 연합이요, 거기는 악한 자의 연합이다.
이곳은 영적인 거듭남이요, 거기는 육의 출생이다.

---

16) Quod ubique, quod semper, quod ab omnibus creditum est, id est vere catholicum, id teneamus.

이곳은 마음의 평화요, 거기는 세상의 평화이다.
이곳은 겸손, 거기는 교만,
이곳은 하나님 사랑, 거기는 자기사랑(自愛).

아우구스티누스가 두 왕국을 이 세상에 있는 대표자로 대치시킨 것은 역사적으로 엄청난 중요성을 갖게 되었다. 그리스도의 몸인 가톨릭교회는 사탄의 왕국인 로마 제국과 서로 대립하고 있다. 이렇게 말한다면, 국가는 인간의 원죄인 교만의 대변자요, 또한 제거해야만 할 강도의 무리(magnum latrocinium)라는 결론을 이끌어낼 수 있다. 그러나 국가에 대한 이러한 전적인 거부는 다만 가끔 찾을 수 있을 뿐이다. 오히려 교회가 완전한 하나님의 나라가 아닌 것처럼 – 그것은 혼합된 몸(corpus permixtum)이다 – 국가 역시 다만 손상된 사탄의 대변자이다. 반드시 필요하고도 유익한 국가의 과제는 죄로 인해 혼탁한 그의 영역에서 평화, 법 그리고 정의를 수호하는 것이다. 국가가 백성들의 내적 평안을 촉진시킬 때 국가는 하나님 나라의 이정표가 될 수 있다. 기독교의 능력으로 충만할 경우 국가는 이 정도까지 높아질 수 있다. 국가는 오직 하나님께 대한 영적인 복종으로 유지된다.

어떤 의미에서 볼 때 중세의 모든 교회사의 주제는 오늘에 이르기까지 아우구스티누스를 통해 제시된 것이다.

| 참고문헌 | Adolf von Harnack, Lehrbuch der Dogmengeschichte, 3 Bde., 1909ff.4. Friendrich Loofs, Leitfaden zum Studium der Dogmengeschichte, hrsg. Von Kurt Aland, 1959[6]. Reinhold Seeberg, Lehrbuch der Dogmengeschichte, 4 Bde.,1922ff.[3] Gustav Aulën, Das christliche Gottesbild in Vergangenheit und Gegenwart, 1930;Hans Frh. von Campenhausen, Griechische Kirchenväter, 1955.

12. 기독교인의 삶

신약에 있는 그리스도인들이 자신들을 일컬어 "거룩한 자들"(οἱ ἅγιοι)이라고 칭한 것은 사실 우리에게는 엄청난 도전이다. 물론 그 개념은 제의적 의미를 지녔고, 정결하다는 의미에서 거룩한 존재를 나타내고 있지만, 그것은 동시에 도덕적인 진술이며 윤리적인 요구이기도 하다. 그리고 "죄인은 공동체에서 격리된다"는 신약성서가 말하는 교회 교육의 엄격함을 잘 보여주고 있다. 또한 그리스도인이 세례를 받은 이후에도 새로운 법에 의거하여 거룩한 삶을 사는 것이 당연함을 우리에게 보여준다. 이것은 세례를 통해 주어진 죄 용서의 반복은 불가능하다는 사실에서 나온 것이다. 이러한 관찰은 사도 시대 직후의 기독교가 바울을 토대로 삼지 않았음을 잘 보여준다. 자신의 체험이라고 로마서 7장을 말하고자 하는 사람은 위에서 접한 것과는 엄격히 구분해야만 한다.

1. 교회사에서 신자에게 죄 없는 거룩한 삶을 살 것을 요구한 모든 공동체가 한 경험은 신자들이 결코 이러한 처음 요구를 계속 지키지 못한다는 것이다. 그 결과 죄인의 용서 사상이 정착되거나 혹은 교회의 요구가 부드럽게 완화되었다.

고대 기독교는 두 개의 방법을 활용했다.

1) 요구를 완화시켰다. 이것은 이미 신약의 후기 문서들이 보여주고 있다. 절대적 무죄의 이상은 실현될 수 없기 때문에 중죄와 경범죄를 구분하기 시작했다. 중죄란 그 안에서만 영생을 얻을 수 있는 그리스도의 몸에서 떨어져 나가는 것이다. 이러한 분리는 죄인의 죽음을 초래한다. 이러한 이유로 그것을 죽음에 해당하는 죄(Todsünden)라고 불렀다. 경범죄는 죽음을 초래하지 않는다. 이것은 주어진 과제보다 훨씬 많은 의무이행으로 용서되었다. 구제는 특별한 역할을 했다. 구제는 수많은 죄를 덮어주었다. 그 외에도 금식 기도 등이 있었다.

요구의 완화, 죄 개념의 약화, 그래서 죄를 죽음의 죄와 용서받을 수 있는 죄로 구분한 것, 이것이 첫 번째 방법이었다. 요한일서 5장 16절에도 이와 같은 내용이 분명하게 언급되어 있다. "누구든지 형제가 사망에 이르지 아니하는 죄 범하는 것을 보거든 구하라 그리하면 사망에 이르지 아니하는 범죄자들을 위하여 그에게 생명을 주시리라 사망에 이르는 죄가 있으니 이에 관하여 나는 구하라 하지 않노라."

2) 고대교회의 엄격주의(Rigorismus)를 단념할 다른 가능성 역시 활용되었다. 가톨릭의 참회 제도 도입이다. 메타노이아(*μετάνοια*), 즉 신약성서의 회

개가 삶 전체의 일회적인 전환을 의미한다면(루터 역시 면죄부에 대한 첫 번째 논제에서 이렇게 말하고 있다), 참회는 세례 이후에 개인이 범한 죄에 대하여 참회하는 것이다. 그러나 개별적인 참회는 매우 지연되어, 더 많은 대가를 경험해야 했다. 특징적인 것은 이러한 방식의 근거를 하나님의 계시에 두고 있다는 점이다. 물론 당시의 시대적 상황도 여기에 포함되어 있다. 선지자 헤르마스(Hermas)는 140년 하나님이 그에게 주신 메시지를 선포했다. 임박한 그리스도의 재림에 직면하여 은총을 알리기를 원하며 죄를 범한 모든 사람에게 그들이 세례를 받은 후에 범한 죄를 용서하기를 원한다고 선포하고 있다(Mandata IV 3). 용서를 수행하는 것은 감독의 권한이다.

일회적인 참회의 수행으로 그리스도께서 용서해 줄 가능성이 다시금 배제되었다. 죽음에 해당하는 죄와 용서받을 수 있는 죄로 구성된다는 주장은 타당하다. 죽음에 해당하는 죄를 범하면 하나님과 멀어지고, 돌아올 가능성이 없다. 2세기 말엽 죽음에 해당하는 죄는 다만 몇 가지에 불과했지만, 오늘날 가톨릭교회와 비교해볼 때 훨씬 강력했다. 우상숭배, 간음 그리고 살인이 죽음에 해당하는 죄였으며, 하나님과 분리되었다. 이 세 가지 배후에는 사도회의의 결의문(행 15:29)과 이미 이 세 가지를 제거한 회당의 규율이 자리하고 있다.

죽음의 죄를 범한 사람은 교회의 중보기도에서 제외되었다. 또한 예배 참석은 현관 앞에서만 허용되었다. 그는 슬픔의 표시로 부대와 재를 뒤집어썼고, 소량의 음식으로 만족해야 했으며, 자신의 몸을 돌보지 않았고, 용서를 간구하며 많은 날들을 눈물로 보내야 했다. 한동안 세 번째 부류의 죄인이 생겨난 듯이 보였다. 그들은 범죄로 인해 교회에서 배제되었지만, 그 죄에 상응하는 참회의 행위를 한 후, 감독의 용서를 받고 교회에 다시 받아들이는 경우였다.

예외적인 경우에는 죽음의 죄를 범한 사람일지라도 교회에 다시 받아들일 수 있었다. 만일 하나님의 대언자인 선지자가 하나님이 특정한 사람의 죄를 용서하였다고 선포하거나 혹은 성령을 가진 교회가 그 사실 자체를 인정했을 때는 그는 다시 완전히 교회 공동체 안에 받아들여졌다. 특히 순교자가 이러한 권한을 가졌다. 성서가 증언하는 바에 따르면(눅 12:12) 성령과 더불어 특별한 은사가 심판을 견딜 때에 주어진다. 순교자가 죄인을 다시 교회에 받아들인다면 그들도 용납되었다. 이것들은 극히 특별한 경우임에 분명하다.

로마의 감독 칼릭스트(Kalixt, 221-227)가 처음으로 이것을 제도화했다. 그는 감독으로서 사도적 직임에 근거하여 간음한 죄인을 – 이 경우만 – 다시 교회로 받아들일 수 있는 권한을 가졌다. 테르툴리아누스와 히폴리투스의 강렬한 반대에도 불구하고 칼릭스트의 행동은 관철되었기 때문에 본래 성령의 소유자(Geistträger)에게만 허용된 권한이 직임을 가진 교직자에게 넘어갔다. 헤르마스가 선포한 특별한 참회의 집행이 감독에게 위임되었다는 사실이 특별한 역할을 한 듯이 보인다. 집단 배교를 초래한 치명적인 기독교 박해는 박해 시 그리스도를 부인(否認)하는 행위와 우상숭배를 용서받을 수 없는 일련의 죄에서 빼도록 만들었다. 이것은 아프리카와 로마에서 엄격주의자들을 교회에서 분리시키는 결과를 가져왔고, 소위 노바티안 분열(novatianischen Schisma)을 초래했다. 온건한 관용책은 그럼에도 불구하고 지속되었다. 살인자만은 배제시킬 근거가 없었다. 게다가 그런 경우도 극히 드물었다. 언제 그들에게도 용납의 기회가 보장될지는 알 수 없다. 314년 앙카라(Ancyra) 총회는 어쨌든 이 문제에 대해 긍정적인 표명을 했다. 그 때부터 용서받지 못할 죄는 더 이상 없었다.

교회는 거룩한 자들로 구성된다는 본래 사상의 적어도 한 부분을 확정하려는 시도가 도나투스 논쟁에서 한 번 더 있었다. 디오클레티안의 박해 당시 사제, 심지어 감독들도 신앙을 저버렸다. 그 결과 아프리카에서 대표적으로 그러한 감독들이 집전하는 성례전은 효력이 없다는 의견이 대두했다. 사상적 진전이 노바티안 분열 때 보다 더 분명해지고 있다. 그 때는 그리스도를 부인한 자가 교회의 회원일 수 있는지의 문제를 다루었다. 그것은 엄격한 자들에게 의해서 부인되었다. 여기서는 그리스도를 부인한 자가 교회를 이끄는 기관이요, 사제일 수 있는지의 문제였다. 이러한 첨예한 문제들 역시 관대한 목회적인 의미에서 결정이 된다. 물론 그것을 통해서 가톨릭교회의 존속이 일부이지만 북아프리카에서 위협을 받지 않은 것은 아니다. 모든 신자는 200년이 지나면서 세례 이후 유혹 받지 않는 거룩한 삶에 대한 요구를 포기했다는 것이 그것이 남긴 결과다.

참회 제도는 대부분의 지역에서 함께 실시되었다. 그리스도인 각자에게 부여된 요구는 약화되었다. 일부 직업들은 기독교와 어울리지 않는 것으로 여겨졌다. 예술과 심지어 문화생활도 죄로 여겼다. 물론 몇몇 직업에 대한 목회적인 경고가 있었다고 할지라도 모든 직업과 모든 삶의 영역에 그리스도인이 참여하는 것이 개인의 결정에 맡겨지기까지 다른 것에 대한 요구는 쇠퇴되었다.

학자들은 대체로 이 같은 발전으로 기독교의 윤리적인 수준이 매우 떨어졌다고 날카롭게 지적한다. 물론 의심의 여지없이 수준은 낮아졌다. 콘스탄티누스의 기독교 공인 이후 교회로의 대량 유입은 그 이전에 진행된 교회의 내적 발전 없이는 생각할 수 없을 것 같다. 그럼에도 불구하고 아래와 같은 점은 특히 강조되고 있다.

1) 교회의 재수용이 향후 죄 용서의 보장은 아니었다. 이것이 본래의 의미였지만, 3세기에 이러한 관점은 사라졌다. 그리고 중세기에 다시 등장했다. 죄인이 절망에 빠지지 않도록 하기 위해서 우선 죄인을 받아들였다. 그렇지 않을 경우 그들은 거의 통상적으로 이교에 다시금 몸을 의탁했기 때문이다. 그 후 성찬에 참여하게 하고 하나님이 결국은 그들을 다시금 인정할 것이라는 희망으로 구원을 위해 힘쓰도록 했다. 죄는 어쨌든 구원을 가장 위태롭게 하는 행위였다.

2) 재수용은 보통 진지한 참회 요구와 결부되었고, 이러한 참회 요구는 대부분 7년 이상 소요되었다. 정해진 조건 속에서 7년간 참회 – 이것을 요구하는 교회는 아직 도덕적 태만에 병들지 않았을 수도 있다.

항상 보지 못하고 지나쳐 버리지만 결코 간과되어서는 안 되는 한 가지가 있다. 참회 제도를 도입하는 길에서 거의 잊혀진 기독교의 원초적인 진리를 다시 발견했다는 것이다. 그것은 즉 하나님은 자비하시어 죄인의 죽음을 원치 않고 용서한다는 것이다. 참회 제도의 부각은, 그것이 갖고 있는 도덕적 요구의 약화에도 불구하고 곧 교회의 개혁을 의미했다. 외적인 높은 수준의 유지가 곧 내적인 심화를 가져왔다.

위에 설명했듯이 모든 죄를 용서하는 제도의 도입으로 교회의 성격 혹은 교회의 본질이 근본적으로 바뀌었다는 것을 간과해서는 안 된다. 그리스도의 참된 모임인 성도의 교제(communio sanctorum)에서 이제 교회는 구원의 기관이 되었다. 하나의 구원의 기관인 이유는 그것이 더 이상 거룩한 자들만으로 구성되지 않았고, 거룩한 자들로 구성해야 한다는 요구도 더 이상 제기하지 않았으며, 하나님이 언젠가 그들을 보호하여 잡초와 알곡을 나누기까지 그들 가운데 섞인 가라지를 인내해야 했기 때문이다. 신비적인 그리스도의 몸(corpus Christi mysticum)과 혼합된 그리스도의 몸(corpus Christi permixtum)이라는 아우구스티누스의 구분은 칼릭스트(Kalixt)가 시작한 실제 상황에 대한 신학적 함축성을 지닌 표현이다. 그리스도의 몸이 되어야 한다는 요구를 포기하지 않고 적합한 방법으로 신자의 구원을 위해 일하는 것이 교회의 과제가 되었다. 바로 여기에 제도적인 성격이 있다. 그것은 동시에 기관이 되었고, 이 기관을 통해 그리고 그 안에서만 하나님과 인간의 교제가 이루어졌다. 다른 말로 표현하면 전에는 "거룩"한 교회라는 말이 신자의 성격에 달린 것이었다면, 이제 그것은 그들이 신뢰하고 또 그것을 집전하는 사람의 질과 상관없이 효력을 발생하는 수단인, 즉 성례전의 거룩성에 근거하고 있다. 용도의 변화에 따라 제도의 본질이 어떻게 근본적으로 변화될 수 있는지를 보여주는 좋은 예 중의 하나다.

교회의 도덕적 삶의 관찰에서 얻은 하나의 결과는 신자에 대한 윤리적 요구의 약화와 구원의 기관이라는 성격을 지닌 교회의 형성이다.

2. 동시에 요구의 강화라는 정반대의 방향으로 진행된 또 하나의 발전이 일어났다. 그 끝에서 결국 수도원 제도(Mönchtum)가 형성된다.

모든 기독교 윤리는 본래 상당히 강한 금욕적인 성격을 지니고 있었다. 정상적인 삶과 분리된 이러한 태도는 1) 종말론적인 정서에서 나왔다. 세상 종말과 그리스도의 재림이 임박해 있다. 도대체 이생의 것에 대해 무엇을 더 염려해야 하는가. 이생의 염려는 영혼을 온전히 하나님께 드리지 못하게 한다. 바울도 이미 그랬다. 그러나 만약 물질세계를 형벌의 장소로 보는 2) 희랍의 이원론이 금욕적인 삶의 기본자세를 만들어 놓지 않았더라면 재림의 지체는 불가피하게 세상일에 전념토록 했을 것이다. 희랍의 이원론은 기독교의 창조신앙과 늘 긴장에 빠졌다. 오리게네스는 예외다. 큰 교회는 창조 신앙에 근거해서 모든 그리스도인에게 독신을 요구하는 것을 거부했다. 다만 일부 교회가 수세자에게 부분적으로 그것을 적용했다. 이 두 가지를 토대로 여전히 교회에 금욕적 태도가 있었음을 이해할 수 있다. 일반적으로 생각하듯이 이들은 더 큰 명예를 얻었고, 더 큰 완전을 소유했으며 그 때문에 하늘에서의 상급도 다른 사람보다 더 클 것으로 기대했다. 축복에도 단계가 있다는 것은 넓게 보편화된 생각이었다. 이것은 디다케(Didache)와 헤르마스에 나타나고 있다. 금욕 가운데서 주중 이틀씩(수요일과 금요일) 혹은 특정한 시간을 정해놓고 하는 금식은 모든 그리스도인의 의무였다. 그 외에도 부부간의 성교 자제는 특별한 형태의 금욕에 속했다. 이미 초기부터 다양한 형태의 고행이 발견된다. 그리스도를 위해 낯선 곳을 순례하는 타지에서의 삶(ξενιτεία)은 더 높은 상급을 기대했다. 배고픔과 갈증 같은 특별한 궁핍도 감수해야 했다. 추위와 더위도 참아야 했고, 조롱, 경멸 그리고 박해도 감수해야 했다. 남몰래 하는 고행도 있었다. 박해가 멈춘 후 도처에서 고행이 순교자의 자리를 대신했다. 이들은 영의 담지자(Geistträger)로서 사도와 예언자의 자리를 대신했다. 그러므로 우리는 금욕주의에서 교회 안에 있는 열정적이고 영성적인 요소의 존속을 보게 된다. 고행자들과 직임을 가진 성직자, 즉 감독 사이의 긴장은 그러므로 누구나 감지할 수 있었다.

오래전부터 형성되어 온 금욕주의의 급성장은 3세기와 4세기가 끝날 무렵, 특별히 이집트, 시리아 그리고 인접 지역에서 동시다발적으로 열광주의(Enthusiasmus)라는 새 물결을 일으켰다.

강한 금욕 물결이 일어난 원인은 아직 완전히 밝혀지지 않았다. 동방의 이원론적인 신학이 확실히 큰 역할을 했다. 경제적 그리고 생물학적인 이유들도 함께 언급될 수 있는 듯하다. 비기독교적인 헬라 종교의 직접적인 영향 여부에 대해서는 여전히 논의 중이다. 그렇지만 가능성이 있어 보인다. 갑작스러운 금욕 바람과 새로운 형태의 출현이 그것을 말해준다. 전에는 교회에 가입하면 세상을 떠났다. 콘스탄티누스 이후 세상이 교회로 쇄도해 들어왔다. 그 결과 그리스도에게 온전히 헌신하고자 하는 사람은 교회에서 몸을 뺐다. 금욕의 주된 방식은 사막에서 홀로 사는 것이었다. 그곳에서는 여타의 것에 대한 일체의 억제가 가능했기 때문이다. 사막에서 추구한 이러한 삶의 본래 의미는 마귀와의 싸움이다. 이러한 싸움의 목적은 하나님을 보는 데서 절정에 도달하는 완전의 달성이다. 완전은 그러므로 결국 그가 더 이상 세상적인 삶, 즉 모든 세상적인 것을 포기하는 것이 아니라, 이 땅에서 이미 천사의 삶을 사는 것이라고 할 수 있다. 하나님은 그에게 만나를 주시고, 그는 천사의 무리가 하는 찬양을 듣는다. 그는 그 노래를 함께 부르고, 그 뜻은 시간과 공간을 넘어간다. 그의 눈은 인간의 마음을 꿰뚫는다. 이것이야말로 타고난 목회자이다. 미래는 궁극적으로 그에게 열려 있고, 그의 기도는 특별한 힘을 가지고 있으며, 그의 몸은 썩지 않고, 그는 하나님의 뜻을 알리는 고지자요, 천사보다 더 한 존재이다. 이것이 열정주의다.

은둔자들이 거주하는 지역은 결국 전체가 은둔자 점령지가 되었고, 바로 거기서 수도원 설립이 일어났다. 그 배경에는 특별한 금욕적인 이상이 있다. 수도원 이전 시대에 이미 최고의 금욕적 행동은 곧 자신의 뜻을 완전하고 철저히 포기하는 것이라는 사상이 싹텄다. 이것은 그러나 삶 속에서 타인에게 자신에 대한 통치를 허용하는 한 실행할 수 있었다. 이러한 이상은 공동생활을 위해 금욕적 삶의 포기를 요구했다. 그 첫 사례로 파코미우스(Pachomius, 382-346)는 320년 나일강 동편 타벤니지(Tabennisi)에 수도원을 세웠다. 모든 수도원 거주자들은 원장과 규율에 절대 복종했고, 타인과의 관계에서도 엄격한 금욕을 유지했다. 그러한 삶은 은자의 삶처럼 완전의 표지를 내포했다. 이러한 발전은 그러므로 모든 그리스도인에 대한 구원 요구의 포기가 어떻게 관철되는지에 대해 같은 시대에 내려진 결론이다. 서로 연관 관계가 있다는 것이 적어도 그 때문에 가능하다.

동방에서는 바실리우스(Basilius d, Gr. 329-379)가 수도승 규율로 큰 영향을 끼쳤다. 거기서 그는 수도사의 공동생활은 타인에 대한 사랑의 짐을 지는 그리스도의 참 몸의 모방이라고 생각했다. 4세기 후반기에 이미 승려 제도가 시작된 서방에서는 베네딕트(Benedikts von Nursia, 480-547)의 규율이 중요한 것이 되었다. 이것은 금욕적인 과도한 행위를 현명하게 절제하고 수도승에게 부여한 노동의 의무로 건전한 발전을 도모했다. 문화사적으로는 히에로니무스(Hieronymus, 340-420)와 대(大) 테오도릭(Theoderich d. Gr)의 전임 장관이던 카시오도루스(Cassiodorus, 487-583)가 수도사의 삶과 학문 연구의 이상을 결합했다는 점이 중요하다. 그 결과 본래 문화 적대자가 가장 중요한 문화 담지자가 되었다.

가장 중요한 것은 세계 교회가 전에 이미 금욕적인 대중 운동을 했던 것처럼 수도승 제도를 거부하지 않고, 인정했으며, 더 나아가 조직적으로 세워 나갔다는 것이다. 이것은 엄청난 결과를 가져왔다. 무엇보다도 교회는 거울을 만들었고 그것을 통해 그 자신의 모습을 언제나 비판적으로 고찰해야만 했다. 수도사를 완전자의 신분으로서 간주했기 때문에 계속해서 금욕적인 자극이 수도사 계급에서 교회에 역류해 들어왔다. 가톨릭교회의 모든 윤리는 그 때문에 금욕적인 기본 음조를 지녀야 했음이 틀림없다. 가톨릭교회 내에서 일어난 모든 개혁은 수도원에 그 시초를 가지고 있다. 수도사 제도가 교회에 행한 그리고 여전히 하고 있는 것들은 결코 부인할 수 없다.

다른 한편 기독교 교회를 완전자의 신분과 불완전자의 신분으로 갈라놓고, 기독교 윤리를 의무와 권고로 구분한 것은 기본적인 윤리이해에 대한 심각한 손상이다.

하나님이 금하지 않은 것은 아무것도 금지된 것이 아니며, 하나님이 제공하지 않은 것은 아무것도 주어진 것이 아닌데, 수도원 제도가 바로 그 경우라는 루터의 기본 생각이 옳다면, 대부분의 금욕적인 요구들은 보응 사상에 대해서도 역시 신중한 신학적 사고가 이루어져야 함을 말하고 있는 것이다. 비록 수도원 제도가 가장 진지하고 열정적인 하나님 사랑의 개혁운동이긴 하나, 그들의 형성은 하나의 착각이라고 말해야만 한다.

| 참고문헌 | Hugo Koch, Quellen zur Geschichte der Askese und des Mönchtums in der alten Kirche, 1933. M. J. Rouet de Journel S. J. und J. Dutilleul S. J., Enchiridion asceticum, 1930. Günther Bornkamm, Der Lohngedanke im Neuen Tertament. 1947. Karl Heussi, Der Ursprung des Mönchtums, 1936.

13. 예배의 삶

교회의 역사적 과정, 특별히 고대 세계에서 그들의 발전을 이해하고자 하는 사람은 그들의 예배 생활을 지나쳐서는 안 된다. 많은 점에서 볼 때 교회의 심장 박동은 바로 여기서 느낄 수 있다.

만약 개인이나 한 민족이 종교를 바꿀 경우, 전혀 접해 보지 못한 것 중의 하나가 형식에 대한 느낌이다. 특히 새로운 종교 자체가 분명한 독창적 형식을 갖고 있지 못할 경우, 그들이 새롭게 처한 그 세계의 형식 언어(Formensprache)가 그들을 지배할 것임에 틀림없다. 이것은 당연한 결과다. 문제는 이러한 형식들이 본래의 내용에 맞는가 하는 점이며, 만일 그렇다면 어느 정도인가 하는 문제다.

1. 고대교회의 모든 예배는, 오늘날 가톨릭과 루터교에서처럼 성만찬이 특징이다. 성만찬을 원시 기독교적인 모습에서 이해하고 그것을 그리스도의 희생에 관한 교황 그레고리우스(Gregors d. Gr. 590-604)의 의견과 비교해보면, 희랍 세계가 기독교 예배의 내용과 기독교 자체에 엄청난 영향을 끼쳤음을 분명히 알게 된다.

이러한 영향의 본질은 어디에 있으며, 어떤 방식으로 그것은 이루어졌는가?

교회가 독창적인 예배 형식을 갖추고자 모범으로 삼은 선례는 두 가지였다. 하나는 유대의 회당 예배요, 다른 하나는 이교의 신비 축제다. 모든 유대 및 이교 예배와 기독교 예배 사이에는 근본적인 중요한 차이점이 있다. 자신의 빛이나 혹은 자신의 현재에 은혜를 베풀도록, 그래서 그것을 통해 불멸에 이르고자 하나님께 영향을 행사하려는 것이 비기독교 예배의 목적이라면, 기독교 예배에는 하나님께 영향을 행사하려는 마술적인 이러한 성격은 전혀 없다. 그는 하나님을 움직이려 해서는 안 된다. 오히려 정반대다. 인간이 희생 제물을 통해 하나님께 영향을 주기보다는, 오히려 예배에서 그 자신이 하나님의 영향 속에 선다. 그는 하나님의 현존에 몸을 내맡긴다. 그와 함께 살며, 그의 뜻을 듣고, 그에게 순종할 수 있는 능력을 부여받는다. 상반된 이러한 차이점을 정확히 고려할 때만이 초기 기독교 예배 형식에 끼친 헬라의 영향에 대해 말할 수 있다.

기독교 성만찬 역시 3세기부터 희생 제물로 여겨졌다는 사실에서 - 희생 제물은 항상 마술적인 성격을 갖고 있다 - 본래 존재했던 차이점이 어느덧 사라져 버렸다는 결과를 얻게 된다.

완전히 별개인 두 개의 사상이 서로 만나 이러한 변화를 초래한 듯이 보인다.

1) 희생 사상의 발전. 100년에 나온 첫 번째 클레멘스 서신(44, 4)과 디다케(14)에서 이미 성찬을 희생 제물(Opfer)로 나타내고 있다. 그러나 그 연관성은 하나님께 나오면서 드리는 찬양과 감사가 이러한 명칭의 토대가 됨을 분명히 보여준다. 히브리서에서도 이미 시편에 이어 찬양과 감사를 희생 제물이라

고 언급하고 있다(히 13:15). 그러므로 이러한 칭호는 전혀 이상하게 보이지 않는다.

150년경 순교자 저스틴은 한 단계 더 나아가고 있다. 그에 의하면 영적인 요소가 아니라, 예배에 참여하는 자들이 가져오는 제물로서 빵, 포도주, 그리고 여타의 것들이 희생 제물의 토대를 이룬다. 그 가운데 가장 큰 것은 사랑의 제물로 서로 나누고, 보다 적은 것은 즉시 성찬으로서 먹는다. 그러므로 여기서부터 희생 사상이 자연적 요소인 빵과 포도주와 결합한 것이다. 그로 인해 계속적인 발전이 가능해졌고, 여기에 두 번째 사상이 개입했다.

2) 바울에게 있어서 성찬은 내용적으로 볼 때 그리스도의 고난을 기념하고 현재화하는 데 도움이 되는 하나의 행위이다. 부수어진 빵과 쏟아진 포도주는 그리스도의 고난과 죽음을 보여주는 그림이다.

동시에 바울에게 성만찬은 의심의 여지없는 성례전이다. 이것이 주님과 직접적인 결합을 가져오며, 때문에 합당치 못한 성찬 참여는 직접적인 위험을 내포하고 있는 것이다. 그리스도의 살과 피의 실재적 임재(Realpräsenz) 사상을 요소에서 찾는다면, 비록 이러한 문제 제기가 신약에 낯설긴 해도 이 본문을 해석학적으로 쉽게 이해할 수 있다. 어쨌든 중요한 것은 그리스도의 실재적 구원의 현재다.

요한은 표현 방식에서 변화를 보여주고 있다. 그는 영혼(σῶμα)과 피(αἷμα) 대신에 육체(σάρξ)와 피(αἷμα)를 말하고 있다. 즉 그는 육을 함께 할 때에 비로소 전체를 이루는 두 가지 요소로 나눈다. 그 외에도 그는 이러한 하늘의 음식을 먹게 될 때 일어나는 작용으로 영생을 말한다. "내 몸을 먹고 내 피를 마시는 자는 영생을 가졌다."

2세기 초 이그나티우스(Ignatius von Antiochien)는 요한의 사상을 이어받았다. 그에게 있어서 빵이라는 성찬의 요소는 "우리의 죄 때문에 고난을 당했으나, 아버지가 그의 선한 행위로 인해 다시 살리신 우리의 구원을 위한 예수 그리스도의 몸"이다(Smyrn.7,1). 성찬의 은사는 우리에게 영생이다. 만일 그가 에베소에 보내는 서신(20, 2)에서 성찬을 "불멸케 하는 약"(φάρμακον ἀθανασίας)이라고 말하고 있다면 이러한 관점을 강하게 주장한 것이다. 성찬에서 먹은 그리스도의 몸이 우리를 영원한 사망에서 구원한다. 이 세상의 약이 세상의 죽음에서 우리를 구하는 것과 같다.

본래 있었던 성만찬이 실제 식사가 아니라는 것은 실재적 관점의 영향임이 틀림없다. 하늘에 계신 주님의 몸과 피를 배부르게 먹지는 못한다. 이러한 사상은 무례한 것이다. 거룩한 관점에서 그것을 다만 조금 맛볼 뿐이다. 성례전은 곧 성찬과 분리되어 아침에 드리는 말씀 예배와 결합되었다. 저스틴이 이에 대한 확실한 증인이다(Apol. 67).

위에 전개한 이 두 가지 사상의 결합이 미사로 이어졌다. 포도주와 빵 안에 실존하는 주님이 하나님께 희생으로 드려진다. 이미 3세기 중엽 키프리아누스가 이러한 생각을 표현했고, 사제의 집례에서 희생 제물은 골고다를 모방하게 된다(imitatur, ep. 63). 그레고리 대제에게서 더 직접적인 표현을 찾을 수 있다. "그리스도가 우리를 위해 새로이 희생되고 있다"(iterum immolatur; dial. IV 58).

미사에서 완성되는 이러한 희생은, 골고다의 경우처럼,

1) 하나님과 화해시키는 예언적인 작용을 한다. 이러한 생각 속에서 원시 기독교 유산의 일부를 확인할 수 있다. 즉 그리스도의 죽음의 기억이 계속 살아있게 된다. 그러나 주의해야 할 것은 그것이 주술적인 생각 속에 포함되어 남는다는 것이다. 미사는 하나님께 영향을 행사하는 것이다. 인간을 통해 완성된 제물이 하나님과 화목케 한다. 때문에 그 제물은 타인, 죽은 자, 혹은 특정인을 위해서 특별히 특정한 동기에서 드려진다. 이러한 미사의 개념 속에 본래 "하나님이 세상을 사랑해서 자신의 독생자를 주셨다"는 개념과 완전히 서로 다른 개념이 놓여 있다. 그도 그럴 것이 여기서는 하나님께 그 아들을 제물로 드리는 것이 바로 인간이기 때문이다. 이러한 의미의 전도(顚倒)가 바로 루터가 미사를 적그리스도적이라고 거부한 이유였다.

2) 두 번째 작용은 영생이며, 이것은 요한의 사상이다.

3) 인간이 예배에서 하나님 아래 있다는 원시 기독교의 예배 개념 역시 포함되어 있다. 그리스도의 몸은 교회를 통해 하나님께 드려진다. 그렇지만 그리스도의 몸은 언제나 동일하게 교회를 의미한다. 그러므로 성찬은 교회의 자체 희생 제물을 뜻한다는 사상 역시 있다. 그렇지만 이러한 좋은 사상 역시 비판적으로 고찰되어야만 한다. 우리는 가진 모든 것으로 하나님을 섬길 의무가 있다. 희생, 더 나아가서 자기희생은 자발성이라는 생각을 그 자체에 함축하고 있다. 이런 것은 섬겨야 하는 의무가 중지된 영역에서만 가능하다. 따라

서 기독교 영역에서는 아니며, 하나님께 드리는 교회의 자기희생이라는 발전한 미사 사상에서는 더욱 아니다.

게다가 마지막 사상이 미사의 마술적 성공의 배경으로 등장하고 있다. 현대에 이르러 가톨릭교회가 그것을 다시 소생시켰다. 그리스도의 현재가 초래한 능력에 대해 묻는다면 그것은 분명하다. 오늘날 서방의 관점에 의하면 제정된 말씀의 낭독을 통해 변화가 일어난다. 동방에서는 예나 지금이나 변화를 일으키는 것은 기도, 즉 소위 그리스도의 현재를 일으키는 기도 의식이다.

빵과 포도주에서 그리스도의 현재가 일어나는 방식에 대해서는 좀처럼 언급되지 않았다. 세례에 관한 테르툴리아누스의 설명에서 바로 여기에 스토익적-신플라톤적 사상이 기초하고 있음이 분명해지고 있다. 고대에는 – 스토아 사상에서 가장 명백하게 나타나고 있다 – 하나님을 영이라고 진지하게 설명할 수 없었다. 아우구스티누스 자신에게도 이것은 얼마나 어려웠는가! 하나님은 가장 정교하고, 가장 순수한 물질이며, 끝없이 순수하고, 비가시적 실체이다. 세례에서도 역시 기도가 등장하고 있고, 이 기도를 통해서 세례에 쓰이는 물이 성별된다. 기도가 성령이 물 전체에 관철되도록 작용하고, 그 결과 이제 물 전체는 하늘에 속한 본체의 담지자인 것이다. 수세자가 물 속에 들어감으로써 성령과 접촉하게 된다. 여기서 얻는 결과는 그것이 이론이 아님을 보여준다.

1) 수세자가 몸을 세례의 성수에 실제로 접촉시키지 않으면, 허용된 분사세례라 할지라도 세례는 무효다. 즉 완성되지 않은 것으로 간주한다. 이것은 오늘날 가톨릭교회에서도 마찬가지다. 매체의 적용(applicatio materiae)은 반드시 있어야 할 성례전의 필수적 구성요소다.

2) 성별된 성찬의 요소와 마찬가지로 수세자는 성별된 세례수(水)를 몸에 지니고 집으로 간다. 선원이 그것을 지니고 항해하는 것과 같은 것이다. 실제적이고 본질적으로 신적인 능력의 담지자, 즉 테오포르(theophor)가 된 것이다. 이와 마찬가지로 성찬의 요소 역시 기도 후에는 신적인 힘의 담지자로 간주한다. 이런 이유에서 성례전이 은총의 수레(vehiculum gratiae)라고 언급되는 것을 이해할 수 있다.

헬라 정신에 깊이 담겨진 모든 예배의 발전은 예전의 형성에도 영향을 주었다. 예전의 시작은 물론 오래전이다. 처음에 확고한 형식이 없었을 때, 디다케는 선지자들에게 자유로운 기도를 허용하고 있고, 감독에게는 정해진 기도를 규정하고 있다. 이러한 제도의 배후에는 의심의 여지없이 실제적인 필요성이 자리하고 있다. 이미 구원의 기관 같은 성격의 교회 형성은 이것을 더 촉진시켰을 것임에 틀림없다. 교회가 죄를 범한 신자에게 구원을 매개하는 기관이라면, 교회의 일은 구원을 넘겨주는 수단 이외에는 아무것도 아니다. 성례전이 객관적으로 구원을 매개하는 교회의 일이라면, 그들의 객관적인 실행에 모든 것이 달려 있음도 분명하다. 그것은 의식과 반드시 필요한 형식으로 수행될 때만이 효력을 발생한다. 그 때문에 확고한 예전이 형성되어야만 했다. 이것 역시 오늘날까지도 존속하고 있다. 다른 예전도 마찬가지지만, 미사의 예전을 바꾸는 사제는 죄, 그것도 용서받을 수 없는 중죄를 범하게 된다. 임의의 변화들이 성례전 자체를 무효화시키기 때문이다.

미사, 세례 그리고 여타의 교회 의식들이 어떤 형태를 갖고 있는지 여기서 상세히 다룰 수는 없다. 그러나 이러한 성례전적인 경건이 가져온 결과에 대해서는 주목해야만 한다. 그것이 동방과 서방의 차이를 분명하게 해준다. 서방의 가톨릭교회가 미사에서 가장 중요하게 내세우는 것이 무엇인지를 숙고해보면, 그것은 의심의 여지없이 죄를 소멸시키는 미사의 작용이다. 동방과는 완전히 다르다. 우리는 앞에서(참고 11, 5) 육체적 구원에 대한 동방 교회의 관심은 서방이 자신들의 기독론 형식을 동방에 강요함으로 인해 충족되지 않았음을 보았다. 더 나아가서 동방은 신학적이고 교의적인 연구에 대한 흥미를 상실했다. 그러나 미사는 설명했듯이, 불멸을 매개하는 작용을 한다. 테오도르(Theodor von Mopsuestia, †428)는 성찬을 통해 "우리의 머리가 되시는 그리스도와 하나가 되며, 우리는 그의 몸이요, 우리가 믿듯이, 그를 통해 우리가 신적인 본성에 참여하게 된다"고 말하고 있다. 때문에 모든 관심이 성찬을 향하고 있다. 교리는 공식적으로 유효하고, 말없이 숭배되고 있다. 경건한 삶은 성례전주의에 젖어들고 그와 함께 수도 생활에 힘쓴다. 이 둘 모두는 오늘날 동방 교회의 경건의 표지다. 우리에게 하늘의 능력을 채워주며 동시에 기도로 성취되는 하늘의 식사인 전형적인 희랍의 성찬 개념은 동방에서 그 중요성을 얻은 듯이 보인다.

2. 여타의 예배 행위들 동방과 서방의 미사를 희랍의 영향이라고 이해

한다면, 예배와 관련된 민중 신앙의 특정한 특징과 고대교회의 또 다른 제도들도 상당히 많은 영향을 주었을 것이라고 본다.

다른 고대 사람들처럼 그리스도인들 역시 특정한 기념일을 정해 그들 가족의 무덤에서 축제를 열었다. 가족들은 죽은 자들의 이름을 모두 호명했고, 하나님께 중보기도를 드렸다. 그리스도의 용사들인 순교자들은 특별한 역할을 맡았다. 하나님께 드리는 그들의 중보기도는 흠이 없는 것이라고 인정되었다. 이유는 그들은 직접 하나님께 올라갔기 때문이다. 고대의 영웅처럼 그들은 난관에 빠진 모든 이들을 돕는 개인과 도시의 수호자들이 되었다. 영웅의 묘지에서처럼 그들의 묘지에서도 기적이 일어났다. 그러므로 순교자의 묘지는 교회 중심에 놓인 커다란 보물이 된다. 모든 순교자들에게 특정한 기념일이 정해졌고, 죽은 날이나 성유물 양도의 날에 숭배는 절정에 도달한다.

그리스도의 용사인 순교자의 계승자는 고행자들(Asketen)이다. 이들도 특별한 의미에서 성인으로 간주했다. 후기에 뛰어난 감독들도 그들과 동등한 대열에 등장했다.

마리아(Maria)는 주의 어머니로서 특별한 숭배를 받았다. 이레니우스는 그녀의 순종 – 주의 여종이오니 말씀대로 내게 이루어지이다(눅 1:38) – 을 하와의 불순종과 대비시키고 있고, 인간 구원의 한 몫을 할애하고 있다. 4세기에 에프램(Ephräm der Syrer)은 그녀의 육신은 신성을 잉태함으로 불멸하게 되었으며, 하늘로 승천했다고 말했다. 431년에 개최된 에베소 공의회는 그녀를 테오토코스(θεοτόκος), 즉 하나님의 어머니라고 교리화했다. 그러나 이미 3세기 말 이후로 그녀는 그렇게 숭배되고 있었다.

예전에서 성별된 요소들이 신의 이름을 갖는 것으로 간주된 것처럼 성인의 유물들 역시 순교자나 고행자처럼 실제로 영을 지닌 인격으로 취급되었다. 신적인 능력의 담지자인 그들은 그 때문에 마귀로부터의 보호를 제공했다. 필요한 경우 그들은 기적도 일으킬 수 있었다. 우선 사람들은 순교자의 묘지나 혹은 그들의 처형 장소에 소위 기념비를 세웠고, 곧이어 이런 일은 기념일에 희생 미사를 드리고자 모든 교회로 확대되었다. 4세기 말경에는 모든 교회에서 성인 유물을 제단 바로 아래 묻는 관례가 일반화되었다.

성화 역시 성인 유물과 동일한 기적을 일으키는 것으로 여겼다. 그 때문에 성인 유물처럼 성화 숭배도 급격히 확대되었다. 그도 그럴 것이 "성인 안에서 역사하는 성령이 그의 모습에도 역시 비친다"고 생각했기 때문이다. 이교 신상에 하듯이 기독교 성상에도 입맞춤으로 인사를 하게 되었다.

이교가 영웅 숭배와 신에게 드리는 제의를 구분했듯이, 기독교 신학도 그것을 구분했다. 성인과 성화에는 공경(veneratio)은 주어졌지만, 숭배(adoratio)는 허락되지 않았다. 이것은 787년 제7차 에큐메니컬 공의회가 최종 확정한 것이다. 성인은 존경해야 합당하다. 그러나 경배해서는 안 된다. 경배는 하나님께만 드리는 것이다.

속죄나 축복, 특별히 기우를 예방키 위한 청원식(Bittgänge), 전에는 신들이었지만, 이제는 하나님과 성인에게 영광을 돌리고자 하는 행진(Prozessionen), 성인이 거하는 장소에 대한 순례, 유향(Weihrauch), 성수(Weihwasser), 예배에서 쓰이는 불들이 4세기 이후 이교문화에서 기독교 예전으로 전환되어 기독교적인 관례가 된 것들이다.

이교의 형식 언어만이 아니라 이교의 정신도 기독교 교회를 점령했다. 미사가 한편으로 하나님을 높이면서 동시에 인간을 위한 거룩한 행위가 되듯이 순교자와 성인숭배는 상당히 강한 인간적인 요소를 자체에 담고 있다. 그도 그럴 것이 여기서도 역시 사람들이 그로부터 기대하는 도움이 그 전면을 차지하고 있기 때문이다. 동일한 인간적인 발전은 순교자 개념에서도 특징적으로 나타난다. 그것은 시선이 하나님의 영광 대신에 인간의 업적 쪽으로 조정되기 때문이다(von Campenhausen). 더 이상의 자세한 평가는 불필요하다.

| 참고도서 | Hans Lietzmann, Messe und Herrenmahl, 1955[3]. H.Delehaye, Les origines du culet des martyrs, 1933[2].

14. 교황권의 태동

베드로 성당의 천정 둘레에는 "너는 베드로라 내가 이 반석 위에 내 교회를 세우리니"[17]라는 거대한 황금 글씨가 반짝이고 있다. 이것은 교황청이 교황 제도의 설립과 그들의 정당성을 그리스도에게 귀결시키고 있다는 것을 표

17) Tu es Petrus et super hanc petram aedificabo ecclesiam meam. 마 16:18.

명하는 데 그 본질이 있다. 예나 지금이나 가톨릭 신학은 엄청난 학식을 동원하여 해석학적이고 역사적인 가능성, 곧 이러한 주장의 사실성을 입증하고자 노력하고 있다. 잘 알다시피 교황 제도의 형성과 발전은 가톨릭이 아닌 외부인의 눈에는 간단한 문제가 아니다. 이 둘을 어떻게 보아야만 하는가?

1. 고대 기독교 내에서 로마의 위치는 로마교회에도 적용되었음이 확실하다. 1) 로마교회는 수도에 있는 교회였고, 그로 인해 모든 시선이 집중되었으며, 베드로와 바울 역시 이러한 사실을 통해 로마로 인도되었다.

2) 더 나아가서 로마는 예루살렘과 안디옥이 그들의 입지를 상실한 후에 서방 전체, 엄밀히 따져볼 때 전 세계에서 단 하나밖에 없는 교회였고, 그들의 전통도 두 명의 사도에게로 직접 귀결시킬 수 있었다. 그로 인한 파장이 없지는 않았음을 우리는 이미 보았다. 로마의 세례 신조는 2세기에 전교회를 정복했고, 계속해서 모든 교회에서 쓰인 것이 신약성서 로마정경이다. 우리 개신교에서는 여전히 적용되고 있다.

3) 결국 로마 교회가 매우 신속하게 여타의 교회에 비해 두각을 나타냈음은 분명하다. 2세기에 다른 교회들이 그들의 원조(援助) 자세를 상당히 칭송하고 있다. 군주적인 주교 제도가 교회에 등장했을 때, 교회는 여러 지도자들에게 처음부터 그에 어울리는 지위를 보장해주어야만 했다. 그러나 로마의 주교들은 이에 만족하지 않았고, 이어지는 시기에 그들의 지위를 계속 확장하려고 했다. 이미 빅토르 1세(Viktor I, 189-198)는 2세기 말경 로마의 부활절 관습을 전 세계가 따르도록 요구했다. 그의 두 번째 후계자인 칼릭스트(221-227)는 교서 『도시와 전세계』(urbi et orbi)에서 간음죄 역시 용서할 수 있음을 선언하고, 자신이 "주교 중의 주교"(episcopus episcoporum)임을 주장하고 있다. 스테판 1세(Stephan I, 254-257)는 3세기 중엽에 이단자가 베푼 세례를 인정하는 로마의 관례를 전 세계가 수용해 줄 것을 요구하고 있다. 세 가지 모두 격렬하고도 거센 항의에 부딪혔다. 그러나 계속해서 그것을 관철시키고자 했다면 무엇이 상처를 입겠는가!

로마의 계속된 승격은 교회에 대주교 제도가 형성되면서 부여되었다. 3세기에서 4세기로 넘어가면서 시행된 제국의 분할은 교회의 교구 제도에 적합한 것이었다. 지방 대도시의 주교들은 대주교로서 그들이 관할하는 구역 내에 있는 감독들을 감독할 권한을 얻었다. 감독들은 원칙적으로 동등하다는 원리는 전교회에서 이러한 일련의 계층 구조 뒤로 사라졌다. 대주교보다 위인 총주교가 알렉산드리아, 예루살렘, 안디옥, 비잔틴, 그리고 로마에 생겼다. 로마는 서방에서 유일한 총주교가 있는 곳이었다. 이들 총주교 사이에 곧 순위 다툼이 발생한 것은 자명한 일이었다. 비잔틴과 로마가 대표적이었다. 게다가 7세기 이슬람의 등장으로 다른 총주교들은 모두 사라졌다. 남은 둘 사이에 경쟁은 결코 땅에 묻히지 않았다. 둘 모두 기독교 전체에 대한 법적인 권한을 오늘날까지도 주장한다. 서방에서는 밀라노, 카르타고 그리고 남프랑스의 아를레스가 서로 다른 시기에 로마와 경쟁하고자 시도했지만, 로마는 이 모든 시도를 물리쳤다. 로마의 감독이 바로 서구의 총주교이다.

2. 그러나 강력한 총주교들도 있었다 서방의 총주교 역시 로마 시대 이후 일어난 게르만의 격류에서 알프스 이북에 있는 도시로 쉽게 갈 수 있었고 게다가 로마가 도움을 받을 수 없을 시에는 알프스 이북으로 정치적인 무게를 옮겼다. 그곳에는 다른 도시도, 다른 감독도 없었다. 교황의 이상은 이런 환경에서 생긴 것이다. 소위 베드로의 후계를 근거로 삼는 교황 제도가 지닌 역사적 의미는 아직 높이 평가되지 않았다.

교황의 첫 시작은 아마도 칼릭스트에게 있다. 그는 고대교회의 역사에서 볼 수 있는 대단한 인물이었다. 그는 우리가 아는 한, 마태복음 16장 18절 말씀으로 로마와 베드로의 후계를 연관시킨 첫 번째 교황이다. 학식 있는 교황은 레오 1세(Leo I, 440-461)였다. 그 때문에 많은 사람들이 그를 본질적인 의미에서 제1대 교황이라고 칭한다. 레오도 그 자신이 베드로의 후계로서

1) 천국의 문을 여는 권세가 있음을 믿었다. 마태복음 16장 19절 "내가 천국 열쇠를 네게 주리니 네가 땅에서 무엇이든지 매면 하늘에서도 매일 것이요 네가 땅에서 무엇이든지 풀면 하늘에서도 풀리리라"를 레오는 자신이 전 기독교를 통치할 수 있는 최고의 통치자라는 의미로 이해했다.

2) 그는 자신에게 최고의 행정권이 위임되었다고 믿는다. 요한복음 21장 15절이 그 근거였다. "그들이 조반 먹은 후에 예수께서 시몬 베드로에게 이르시되 요한의 아들 시몬아 네가 이 사람들보다 나를 더 사랑하느냐 하시니 이르시되 주님 그러하나이다 내가 주님을 사랑하는 줄 주님께서 아시나이다 이

르시되 내 어린 양을 먹이라."

3) 마지막으로 그는 자신에게 최고의 교리결정권이 위임되었다고 믿는다. 그 근거는 누가복음 22장 32절이다. "그러나 내가 너를 위하여 네 믿음이 떨어지지 않기를 기도하였노니 너는 돌이킨 후에 네 형제를 굳게 하라."

베드로가 가진 이러한 특권들이 레오에 의하면 그를 보는 모든 이들에게 베드로는 사도들의 우두머리요, 그리스도의 대리자요, 그의 어깨에 그리스도의 교회, 곧 그리스도의 몸이 있음을 증언한다는 것이다. 베드로에게 적용되는 것은 그의 상속자 곧 로마 감독에게도 적용되는 것이다. 고대 상속법에 의하면 상속자와 피상속인 사이에 법적인 동일성이 인정되기 때문이다. 자신이 베드로라는 확신을 가령 레오 1세와 같은 로마 감독들은 자주 증언했다.

몇 가지는 후에 수정이 되었지만, 원칙적으로 볼 때 이것이 교황의 이상이다. 외적인 침략이 있고, 로마가 멸망해 가는 시점에 이러한 교황의 이상은 로마에 엄청난 도움이 되었다.

교황 제도가 교회를 정복했다는 것이 당장 결정적으로 작용하지는 않았다. 오히려 그 반대였다. 비록 교회의 교황 제도 수용의 역사가 철저히 연구되지는 않았지만, 그것은 아주 천천히 일어났음을 볼 수 있다. 그러나 이것이 이미 고대교회를 넘어 새 시대로 이끌고 있다.

| 참고도서 | Erich Caspar, Geschichte des Papsttums, 2 Bde., 1930/1933. Johannes Haller, Das Papsttum, 5 Bde., 1950/1953². (kath.)Franz Xaver Seppelt, Geschichte der Päpste, 4 Bde. 1954³. Kurt Dietrich Schmidt, Papa Petrus ipse (ZKG.54, 1935).

15. 이슬람

이슬람은 교회사에서 재난의 의미를 지니고 있다. 서방에서는 서로마가 게르만 민족에 의해 붕괴되었듯이, 동로마 제국은 모하메드의 후예들에게 습격당했다. 서방은 게르만 민족을 기독교화하고 그로 인해 새로운 기독교 시대를 위한 초석을 놓는 데 성공한 반면, 동방은 그렇지 못했다. 이슬람의 진입으로 모든 것이 즉시 바뀌지는 않았다고 해도 아시아와 아프리카에서 이슬람은 실제로 기독교의 중단을 의미했다. 그 사실은 잘 알려져 있다. 그러나 알고 있다는 것으로 인해 이러한 문제가 지닌 심각성에 대한 느낌을 버려서는 안 된다. 우리가 중요하게 여기고 백성에게 구원으로 선포한 그 신앙이 아무런 저항도 하지 못한 채 그들의 첫 쇄도 앞에서 어떻게 사라져 갔는지를 본다면, 그것은 기독교의 절대적 확신을 뒤흔들 수 있는 엄청난 일임에 틀림없다. 이슬람이라는 단어가 모든 그리스도인에게 주는 심각성은 이슬람이 오늘날도 우리가 선교해야 하며 아프리카와 아시아에서 기독교와 가장 심각한 대립을 하고 있는 유일한 종교라는 사실로 인해 더 커지고 있다. 하지만 이슬람권에서의 기독교 선교는 극히 미미한 성공만을 하고 있다.

아래 두 가지에서 그나마 작은 위로를 얻을 수 있다.

1) 이슬람의 승리에는 종교의 영역 밖에 놓인 요소들이 있었다는 것과

2) 이슬람이 종교인 한, 그 속에는 기독교의 특징이 함께 작용했다는 것이다.

그 같은 이슬람을 여기서 상세히 설명하는 것이 물론 우리의 과제는 아니다. 그러나 이슬람이 가져온 교회사적인 결과를 묻어두지 않고자 하는 교회사가에게 그 특징에 대한 짧은 개관은 피할 수 없는 과제다.

1. 이슬람은 모하메드(Mohamed)의 작품이다. 그의 유년시절에 대해 유감스럽게도 우리는 아는 것이 많지 않다. 그는 많은 종교 창시자들처럼 대동소이한 운명을 공유하고 있다. 후기의 원자료들이 그 점에 대해서 말하고 있으나, 역사적 가치는 없다. 코란에 따르면, 모하메드는 가난한 신분 출신이고, 어릴 때 고아가 되어, 고달픈 유년기를 보냈다. 무엇이 그로 하여금 삶의 의미에 대하여 깊이 숙고하도록 했는지는 알려져 있지 않다. 이런 수수께끼와 같은 문제들이 그를 혼합주의적인 연구에 몰두하게 했고, 이교와 성서적 종교인 유대교와 기독교를 거부케 한 다양한 특징을 그에게 가져다주었다. 모하메드 자신은 읽고 쓸 수 없었음이 거의 확실하다. 유대교와 기독교에 대해서 그가 가르친 모든 방식 역시, 그가 이 둘에 관해 구전으로 전해 받았음을 입증하고 있다. 그는 유대교에서 엄격한 단일신론을 수용했다. 한 분 하나님 알라(Allah)만이 존재한다. 그는 절대적인 주이시다. 기독교의 삼위일체와 하나님의 어머니 마리아는 단일신론을 모방한 것이다. - 후기 유대교와 기독교는 이분이 영원한

심판자 하나님이라는 엄청나게 중요한 사상에서 일치했다. 모하메드의 첫 설교에서 모든 인간은 죽음에서 깨어나 심판을 위해 하나님 앞에 서야 하고, 천국과 지옥이 그 보상으로 주어질 것이라는 사상이 중요한 역할을 했음에 틀림없다. 사람들은 그를 성서적 종교에서 유래한 이슬람의 영혼이라고 칭했다. - 알라가 요구한 온전한 헌신으로 그를 섬기는 자가 심판 또는 지옥의 형벌이라는 정죄에서 벗어나 감성적-미적으로 그려진 천국에 갈 수 있다. 아랍어 이슬람(Islam)이 뜻하는 헌신(Hingebung)은 곧 새로운 종교의 이름이 되었다. 마찬가지로 그에게 신앙고백을 하는 사람을 무슬림(Muslim, 이슬람의 분사)이라고 부른다. 다신교적인 성격을 벗은 원시적인 아랍종교의 특징들이 발전된 사상 속에 수용되었다. 가령 카아바(Kaaba)와 많은 다른 것들의 숭배는 거기서 유래한 것이다.

모하메드가 설교로 대중 앞에 등장한 순간, 그의 인간됨이 새로운 종교에 어떤 의미를 가지고 있는지가 화두가 되었음에 틀림없다. 모하메드는 자신이 전하는 진리를 확신한 사람으로 간주될 수 있었다. 그는 본래 자신의 설교가 모세와 예수의 가르침과 정확히 일치한다고 믿었다. 하나님이 그의 사자를 특정한 민족, 즉 유대인과 그리스도인에게 보낸 것같이, 아랍인에게도 하나님의 선지자를 보냈다고 스스로 느꼈다. 하나님이 그가 전할 말씀을 직접 그에게 계시했다. 모하메드는 후에 유대교와 기독교가 이슬람과 다른 차이점을 알았을 때, 역사가 진행되면서 본래는 참된 종교였으나 사탄적으로 형태가 변형된 것이며, 그가 다시 이것을 본래의 모습으로 구현하고 있다고 설명했다.

그는 610년 처음으로 메시지를 가지고 메카(Mekka)에 등장했다. 그러나 그의 등장은 큰 지지를 얻지 못했다. 몇몇의 개인만이 그를 동조했다. 게다가 탄압도 이어졌다. 그의 씨족은 충분한 후원을 제공하지 않았다. 그 때문에 그는 622년 소수의 추종자와 함께 메카를 떠나 메디나(Medina)로 갔다. 이것이 헤트쉬라(Hedschra), 즉 메카와의 단교이며, 모하메드파는 이것으로 그들 시대의 시작을 삼았다. 메디나에서 모하메드는 신속하게 추종자들을 끌어들였다. 그곳의 체류 역시 모든 점에서 성공적이지만은 않았다. 모하메드는 그곳에서 오히려 정치적인 지도자가 되었다. 완전한 신정통치가 실현된다. 많은 법적인 규정들은 코란에 있는 신적인 명령에 근거했다. 여기서 이슬람은 율법종교의 성격을 갖게 되었다. 그와 함께 메디나에서 전투적인 정신이 그 안에 들어왔다. 모하메드의 눈은 메디나에서 언제나 메카를 향해 있었고, 이미 초기에 이 두 도시 사이에 전투가 시작된다. 알라를 위해 전쟁에 참여하는 것은 이제 헌신의 완성이 되었다. 630년 전투는 모하메드의 승리로 끝났고, 그는 메카로 되돌아와 그곳에서 632년 죽었다.

메카에서는 한 가지 새로운 요소가 추가되었다. 그것은 메디나에서는 없었던 이교도와의 전쟁 의무였다. 기독교와의 전쟁은 모하메드 자신의 역사에서는 등장하지 않았던 것이다. 그는 그것에 관하여 아무런 지침도 남기지 않았다. 추종자들의 전쟁 사상이 그와 일치했는지는 의견이 분분하다. 왜냐하면 우리가 곧 보게 되겠지만, 모든 것이 다 알려지지는 않았기 때문이다.

모하메드 자신이 시의 형식을 빌려 남긴 말들은 코란 속에 집약되었다. 기독교가 성서에 의존하듯이, 모하메드의 신학은 코란에 의존하고 있다. 코란은 그들에게 "거룩하고 영감으로 쓰인 책"이라는 의미를 지니고 있다. 그 점 때문에 이슬람에 분열이 일어났다. 기독교에서 프로테스탄트에 해당하는 단체는 코란에만 권위를 부여하는 시아파(Schiiten)다. 다른 단체는 정확히 가톨릭처럼, 구두로 전해진 전통에도 역시 권위를 부여하는 사람들로서 수니파(Sunnah)다. 이 두 파는 서로 치열한 싸움을 했고, 그로 인해 후기에 이슬람의 추진력이 상당히 약화되었다.

2. 모하메드는 그와 같은 일로 하나의 새로운 종교를 창설한 것만은 아니다. 그는 오히려 그것을 토대로 역사에 없는 아랍의 정치적인 통합을 이루어냈다. 이때까지 반도의 주민들은 끝없이 싸운 수많은 종족으로 갈라져 있었다. 그 결과 그들은 역사에서 아무런 역할도 수행할 수 없었다. 그들은 종교적 비약을 통해 더 강해진 순수한 힘으로 하나가 되었고, 동로마 제국이 결코 갖지 못한 엄청난 힘을 소유했다. 가장 화려한 서술로 이것을 설명한들 감명을 가져오지 않을 것 같다. 사실을 있는 그대로 하나하나 열거하는 것이 오히려 감명을 가져다 줄 것임에 틀림없다. 634년에 이미 요르단과 유프라테스 강 사이의 모든 나라는 모하메드의 손에 들어갔다. 635년에는 다마스커스가 정복당했다. 638년에는 예루살렘과 안디옥이 함락되었고, 640년에는 시리아의 나머지도 무너졌다. 같은 해 페르시아의 사산 왕조의 일부가 그들에게 제물이 되었다. 641년 그들은 이집트를 정복했다. 수도인 알렉산드리아는 642년에 함락되었다. 같은

해 그들은 키레레카(Cyrenaica)를 점령했고, 643년에는 트리폴리스와 동방의 고대 메데 제국을 영입했다. 656년에는 페르시아 전체, 아르메니아 그리고 키페른(Cypern)이 손아귀에 들어왔다. 673-677년 콘스탄티노플이 처음으로 공략되었다. 그 외에도 이슬람은 중앙아시아와 인도로 진군했다. 8세기 초 투르크(Turkestan)과 카우카시엔(Kaukasien)도 그들에게 넘어갔다. 카르타고는 이미 698년 점령당했다. 콘스탄티노플은 두 번째 포위 공격을 견디어야 했고, 711년 스페인이 함락되었다. 예언자가 도피한 지 100년 만에 그들은 르와르(Loire) 강에 도달했다. 그곳에서부터 카우카수스와 지중해를 넘어 거대한 궁형의 인도에 이르기까지 불과 100년 만에 모하메드의 추종자들에게 모두 넘어갔다. 알렉산더 대왕의 제국보다 더 큰 제국이 이루어졌다.

이슬람의 팽창으로 동로마 제국은 커다란 난관에 직면했다. 7세기 중엽 이후로 발칸 반도와 소아시아의 일부에 한정되기 했으나, 엄격한 의미에서 볼 때 헬라 제국 전체가 해당되었다. 계속해서 중요한 지역들, 가령 기독교 자체의 고향이요, 거룩한 땅들이 이교도의 통치에 넘어갔다. 서로마 제국 역시 아프리카의 모든 점령지를 잃었다. 게다가 스페인까지도 넘어갔다. 그러므로 서방에서는 아랍의 침략을 통해 지리적으로 서구 유럽은 기독교적이라는 성격을 갖게 되었다.

3. 그러한 지역에서 기독교의 상황은 어떠했는가? 이것은 교회사에서 중요한 문제다. 이슬람은 서구 유럽에서 통일된 교회와 제국교회를 더 이상 볼 수 없었다. 기독론 논쟁이 진행되면서 교리적인 이유를 들어 기독교는 각기 분열되었고, 대부분 국가적인 단체로 바뀌었다. 국가교회와 같은 특별한 형태를 가진 일련의 교회가 헬라 제국에 인접한 동방에 형성되었고, 지금까지도 존재하고 있다. 에티오피아 교회가 그 대표적 예다. 이 교회는 4세기에 이집트에서 창설되어 오늘날까지도 아베시니아(에티오피아의 옛 이름)에 독립교회로 존재하고 있다. 콥트 교회가 이집트에, 야곱 교회는 시리아에, 네스토리안 교회는 페르시아에 그리고 아르메니안 교회가 생겨났다. 이슬람의 정복은 이 모든 교회에 해방을 가져다주었다. 우리가 보았듯이, 가톨릭은 모든 수단을 동원하여 이러한 이교적인 특별한 교회에 자신들의 신앙을 강요하고자 했다. 달라진 정치적 상황으로 그들은 이러한 폭정에서 자유롭게 되었다. 민족 이동 시기의 서방에서

처럼 이곳에서도 역시 감독들은 그 지역의 정치적인 대표자가 되었다. 그들이 자유를 기뻐했는지는 그들에게 대한 모하메드 추종자들의 태도에 달려 있었다.

이슬람의 지도자들이 정복한 기독교인들에게 요구한 문제들에 대해서는 유감스럽게도 우리는 아직 분명히 알지를 못한다.

말했듯이, 이교도들에게는 강제로 회심할 의무가 주어졌다. 모하메드는 성서를 가지고 있는 이교도는 구분했다. 그는 에티오피아의 기독교 제후와 평화 조약을 체결하고자 했다. 그의 후계자 중의 하나인 오메르(Omer)는 이러한 조약을 동로마 제국 기독교와 체결하려는 조약의 본보기로 삼았다. 동로마 제국의 기독교인들은 그로 인해 엄청난 손상을 입게 되었지만, 어느 정도는 자신들의 신앙을 유지할 수가 있었다. 그러나 공개적인 기독교 의식(행진, 종소리 등등)은 금지되었다.

독립 교회와 달리 제국교회의 신자는 의심의 여지없이 가장 큰 고충을 겪었다. 그들은 이미 디아스포라를 겪었고, 정치적인 관계를 통해서만 유지되었다. 그러므로 강한 성장을 보였던 시리아 외의 지역에서 그들은 거의 사라졌다. 다마스커스의 요한(Johannes von Damaskus, 675-754) 역시 아랍의 침략 후에 대작을 쓸 수 있었고, 그것으로 동방 교회의 대표적 신학자가 되었다.

다른 교회들은 제국교회의 구성원이 되는 데 큰 장점을 가지고 있었다. 그들은 민족적인 대(對) 비잔틴 관계에서 아랍인들과 일치했다. 그 결과 가령 콥트 교회는 정복당한 첫 해에 엄청난 도약을 했다. 그러나 8세기에 그들도 역시 내적으로 붕괴되기 시작했다. 모하메드 추종자들의 억압이 시작되자 그들은 더 이상 성장하지 않았다. 그리스도인들이 대량으로 이슬람으로 개종했다. 오늘날에도 대략 80만 명(원래는 6백만)이 알렉산드리아 대주교 산하에 있다.

시리아의 야곱 교회 역시 놀라운 비약을 했다. 이들은 사라센의 통치하에서 한때 100개 이상의 교구를 두었다. 그러나 그들 역시 고립을 견딜 수 없었다. 그들 역시 작은 규모(약 8만)로 축소되었다.

아르메니아 교회는 그들의 민족적인 특성 때문에 모하메드 추종자들의 통치하에서도 잘 견디어내었다. 19세기까지도 국가교회로 남아 있었다. 그러나 1895년과 특히 세계대전은 그들에게 비운의 시기였다. 그들은 말로 표현할 수 없는 고통 속에서 지냈고 아르메니아 밖에 체류했던 사람들은 거의 살해당했다. 독일 정부가 터키가 자행한 기독교인들의 도살을 거의 막지 못했다는 것이 1차 세계대전사에서 가장 큰 비극의 한 장이다.

네스토리안에게는 상황이 비교적 좋은 편이었다. 그들은 431년 로마 제국에서 추방되었으나 이교적인 페르시아의 통치하에서 상당히 억압된 삶을 살았다. 이슬람은 동맹 관계를 맺고 페르시아에서 그들의 입장을 유지하도록 보호해 주었다. 그 결과 네스토리우스 교회는 많은 발전을 이룩했다. 7세기에 이들은 모든 교회 중에서 가장 부유하고도 영적인 삶을 살았고, 외부로 놀라운 선교 활동을 전개했다. 750년에는 네스토리우스파 감독이 이집트에도 존재했다. 그러나 더 놀라운 것은 그들의 아시아 선교다. 6세기에 이미 그들은 인도에서 선교했다. 그곳을 기점으로 그들은 투르크(Turkestan)와 중앙아시아를 통해 중국으로 전진했다. 그 증거는 시리아어와 중국어로 쓰인 비문들이며 오늘날에도 남아 있다. 13세기 첫 서구인들이 중국에 왔을 때, 그곳에서 중국 기독교인들을 만났다. 베네치아인 마르코 폴로(Marco Polo)는 그 점에 대해 보고하고 있고, 다른 증거들이 그의 보고를 공증했다.[18] 다만 한 가지 모하메드 추종자들을 회심시키는 것만은 선교 열에 불타 있던 네스토리우스도 성공하지 못했다. 그렇지만 그들은 이슬람 문화에 커다란 영향을 주었다. 그도 그럴 것이 시리아역 번역으로 아랍인에게 고대 헬라 문화의 유산을 전해주었고, 이것을 통해 실질적인 문화를 세우도록 아랍인을 도와주었기 때문이다. 바그다드의 칼리파트(Kalifat)가 그에 대한 외적인 증거다.

서방의 문화에도 역시 그것은 의미가 있는 일이었다. 왜냐하면 민족이 이동하면서 플라톤은 아니지만, 아리스토텔레스는 잃어버렸기 때문이다. 아랍을 통해서 중세는 아리스토텔레스를 다시 알게 되었고, 신학에 하나의 혁명이 일어났다. 상당히 뒤늦게나마 헬라의 아리스토텔레스를 다시 알게 된 것이다.

오늘날에는 다만 일부의 네스토리안 교회가 "아시리"(Assyrer)로서 존재하고 있다. 이들은 1차 세계대전과 그 이후 엄청난 박해를 당했다. 또 다른 부류의 네스토리안들은 그 이전에 로마 또는 러시아 교회와 통합했다.

이슬람의 통치하에서 여타의 그리스도인들이 신앙을 유지했을지라도 전체적인 인상은 부정적이었다. 동로마 지역의 기독교는 결국 이슬람을 거부했

18) Vgl. in Heussi-Mulerts "Atlas der Kirchengeschichte" Karte III A.

다. 아시아와 아프리카는 교회사에서 제외되고 있다. 기독교의 역사는 이제부터 유럽의 역사다. 그렇다. 유럽 자체가 위협당했다. 스페인은 1438년까지 대부분 사라센의 손에 있었고, 이것으로 그들은 만족하지 않았다. 이슬람을 제지한 것은 프랑켄 제국과 칼 마르텔(Karl Martel)의 공헌이다. 그는 유럽뿐만 아니라 기독교를 구했다.

| 참고문헌 | Tor Andrae, Mohammed, 1932. E.Kellerhals, Der Islam. Seine Geschichte, seine Lehre, sein Wesen, 1956[2]. Gottfried Simon, Die Welt des Islam, 1948.

16. 회고

우리는 교회의 발전을 그리스-로마의 문화를 토대로 살피고 반추(反芻)했다. 처음에 우리에게는 복합적인 질문이 있었다. 하나는 어떻게 교회가 점점 더 깊은 내적 수준에 도달할 수 있었고 그러한 힘을 얻었는가였고, 다른 하나는 어떻게 교회가 로마 제국이 붕괴되는 혼란한 상황에서도 살아남았고, 완전히 달라진 역사적 조건하에서도 새롭게 발전할 수 있는 근거를 마련할 수 있었는가 하는 점이었다. 바라기는 이 두 가지는 모순이 아니라, 상호 보완적이라는 것이 분명해졌을 것이다.

고대교회의 역사는 그들의 헬라화와 라틴화가 잘 보여준다. 교회가 살고 있는 세상에 자신을 드러내는 것은 교회의 역사성에서 피할 수 없는 한 단계다. 그것은 사명에 대한 교회의 신뢰에 그 본질이 있다. 그 과제는 하나님의 말씀을 구체적인 관계 속에서 구체적인 사람들에게 전하는 것이다. 그들은 헬라에서 헬라인이 되고, 로마에서 로마인이 되어 그 과제를 실천했다. 그런 점에서 볼 때 고대의 교회는 "하나님께 대한 직접성"(direkt zu Gott)이 그 특징이다. 복음을 근거로 삶의 문제에 답하고 하나님의 평화를 전함으로써 교회는 사람들의 마음속에 살아있는 능력이 되었다. 그와 동시에 교회는 문화적, 사회적 그리고 경제적인 중요성을 갖게 되었다. 이 모든 것으로 교회는 역사적인 세력이 되었다. 조직적이고 신학적으로 이해한 제국과의 연대는 확실히 제국과 함께 멸망할 위험을 뜻했다. 그러나 교회는 자신의 힘으로 계속 성장했고, 수백 년 동안 국가의 도움 없이 거대하고 강력한 적의 위협도 견뎌냈으며, 국가에 결코 완전히 내맡겨지지 않았다는 사실이 계속 영향을 주었다. 아우구스티누스는 이와 같은 사실에 대해 간과할 수 없는 증인이다. 기독교는 제국이 멸망해가는 혼돈에서 살아남았다. 고대교회사는 교회가 수행한 신실한 선교, 목회, 행정적 과제에 대한 최고의 노래다. 교회의 힘은 여기서 쉽게 이해된다.

그렇지만 교회의 강점은 곧 교회의 약점이다. 주변 세계로의 진입은 동시에 영적으로 낯선 세계에 들어선 것이다. 오늘날 선교 분야에서 판단해보면, 혼합주의적인 기독교 사상의 수용을 통해 이교가 더 번창했고, 기독교 신앙은 이교적인 효모로 더 약화되고 있다. 죽음의 운명을 극복하는 데 있어서 구원의 차단은 이미 심각한 위험을 뜻하고 있다. 금욕에서 표현되는 것과 같은 헬라의 이원론 속에 교회가 등장한 일에서 이것은 쉽게 알 수 있다. 이교의 예전적인 형식 언어의 수용에서도 이것을 알 수 있다.

그러므로 교회의 헬라화와 라틴화는 교회가 수행할 과제의 진정한 성취요 진정한 힘이며, 동시에 내적인 위험과 새로운 신학적 과제를 내포한 것이다. 세속사의 제약을 받은 몇 가지 일들은 신학적으로 교리화되거나 혹은 예전적이고 법적으로 정경화된 사실에 본래의 위험이 놓여 있다.

어쨌든 제국의 붕괴에서도 교회는 존속했고, 게르만이라는 이질감을 가진 새 민족에 직면해서도 승리를 가져다준 것은 교회의 능력이었다. 그 힘을 주신 하나님의 뜻도 역시 거기에 그 본질이 있다.

제 2 부
중세의 교회사

제2부
중세의 교회사

17. 중세의 시대 구분과 주요 문제

우리는 지금까지 로마 제국에서의 교회 발전을 고찰했다. 이제 제국은 쇠퇴했고, 그 잿더미 속에서 하나의 새로운 세계가 탄생했다. 어느 날 갑자기 생긴 것은 아니지만, 놀라울 정도로 정확하다. 결정(結晶)과정이 끝났을 때 동로마 제국과 프랑켄 제국이 우리 앞에 등장했다. 동로마 제국은 발칸반도와 소아시아 일부 지역으로 순수한 헬라세계다. 정치적으로 볼 때 그리스 문화는 페르시아에 대한 견제 속에서만 세계 형성의 의미를 지녔다. 희랍의 사색적 힘만은 대단했다. 그러나 만족스럽지 못한 결과(참조 11)를 가져온 오랜 교리 싸움으로 그 사색적 힘을 다 소진했다. 풍부한 문화의 융성에도 불구하고 비잔틴에서는 선교의 성공을 통해서만 교회의 역사가 지속되었다. 중요한 것은 알프스 건너편인 서유럽 지역에 있다. 여기서 발전하는 새로운 관계 속에서 중세는 탄생한다.

1. 중세의 성격에 대한 문제, 즉 그것이 정말로 역사 속에서 자기 고유의 기간이라고 평가될 수 있는지의 문제는 많은 논란이 있어 왔다. 가령 호이씨(Heussi)는 그것을 부정적으로 보며, 그의 책 『교회사 편람』(Kompendium der Kirchengeschichte)에서 실제로 그것을 다루고 있다. 그러나 객관적으로 보면 호이씨의 판단은 옳지 않다. 학자들은 최근 동 · 서유럽의 역사를 비교했고, 그 결과 "서구는 중세를 가진 지역이다"라고 공식화했다. 사실 동유럽은 실제

적인 중세기가 없었다. 그곳에는 초기 이 기간을 특징지을 만한 어떤 사건도 없다. 이슬람의 침입으로 동로마 제국 지역이 상당히 축소되나, 그러나 완전히 점령당한 것은 아니며, 동로마 제국과 관련된 지역 속에서 어떤 새로운 관계도 이루어지지 않는다. 마찬가지로 비잔틴에 의해 선교된 슬라브(Slawen)도 동로마 제국을 완전히 제압하지 못하며, 오히려 그 일부가 되고 말았다. 페터 마인홀드(Peter Meinhold)는 슬라브의 기독교화를 동유럽 중세의 출발사건으로 보아야 한다고 생각하지만,[19] 서쪽에서는 실제로 일치가 이루어지는 동안에도, 슬라브(Slawentum) 문화는 동로마에 아무런 영향도 미치지 못한다. 또한 어디에서 동방의 중세가 끝나는지에 대해 그는 말하지 않는다. 러시아에 관한 한 페터의 책 『교회사 해석의 근본문제』(Grundfragen kirchlicher Geschichtsdeutung)는 획기적인 것으로 인정을 받고 있다. 그러나 그것은 오직 러시아만을 다루고 있을 뿐이다. 동유럽의 중세에 대한 문제는 여전히 미해결인 채 남아 있다.

서구에서는 로마 제국에 대한 게르만 민족의 침입과 로마 제국의 붕괴로 의심의 여지없는 새로운 시기가 시작되며, 그 시기는 인문주의와 종교개혁으로 끝나게 된다. 서구는 중세를 가지고 있다.

중세의 시기에 대한, 그리고 그 경계를 설정하고 그의 성격을 규명해주는 큰 사건에 대한 문제는 보편사(Universalgeschichte)를 언제나 어렵게 만든다.[20] 낡은 것을 없애고 새로운 관계를 이룩한 게르만의 로마 침입은 결코 일회적이 아니었으며, 이슬람의 동로마 침입처럼 결정적인 사건도 아니었다. 로마와 같은 제국은 갑자기 멸망하지 않는다. 헤르만 아우빈(Hermann Aubin)은 10년 전 로마 멸망의 시기가 300년에 달한다고 새로이 보여주었다.[21] 그러나 게르만의 마찰은 훨씬 더 많은 기간이 걸렸다. 백여 년에 걸친 이러한 과도기를 고대 또는 중세 역사라고 할 수 있는가? 교회사적으로 상당히 간단한 해결책이 있다. 만약 하임펠이 서술한 바와 같이, 중세의 성격이 내용적으로

19) Peter Meinhold, Grundfragen kirchlicher Geschichtsdeutung, in: Die Katholizität der Kirche, hrsg. v. H. Asmussen u. W. Stählin, 1957, S. 156f.

20) 헤르만 하임펠(Hermann Heimpel)은 1947년 소논문을 모은 논집(Sammlung)에서 "중세 역사의 시기에 대하여"라는 제목으로 그것을 다시 다루었다. in: Der Mensch in seiner Gegenwart, 1957^2, S. 42-66.

21) 『고대부터 중세까지』, 1949.

교회인 – 좀더 분명히 말하자면 가톨릭교회의 전제 시대 – 기독교, 고대의 영향, 귀족통치인 게르만 문화 – 물론 이러한 특징만 있는 것은 아니지만 – 라고 한다면, 게르만적인 요소들은 고대 시기와는 다르게 새로운 것이다. 게르만의 기독교화는 교회사적으로 중세의 출발을 이루고 있음에 틀림없다. 이 사건은 교회의 역사가, 비록 독자적으로는 아닐지라도, 그 안에서 계속 중요하게 작용하도록 새로운 정신적인 공간을 제공해 주었다. 또한 교회사적으로 볼 때 루터와 더불어 새로운 시대가 시작되었다는 것도 의문의 여지가 없다. 그러나 에른스트 트뢸취는 다르게 생각한다. 그는 방식과 입장을 기준으로 루터를 중세시대의 사람으로 간주하며, 새로운 시대는 계몽주의(Aufklärung)와 더불어 시작된다고 믿었다. 계몽주의는 문화사적으로 볼 때 엄청난 변혁을 의미함에는 틀림없다. 그러나 루터로 인한 복음의 재발견은 교회적으로 볼 때 그보다 더 중요한 일이다. 트뢸취는 아무런 지지를 얻지 못했다.

이에 비하여 실제로 문제가 되는 것은 '중세' 라는 이름이다. 이 용어의 등장은 그리 오래전의 일이 아니다. 할레의 교수인 크리스토프 켈라리우스(Christoph Cellarius, 1638-1707)가 1707년 역사학에 처음 사용했고, 낭만주의(Romantik) 시대에 이르러 비로소 교회사에도 사용되었다. 이 용어는 인문주의에서 나왔거나 혹은 중세 후기의 묵시 문학에서 파생했다. 인문주의에서는 '매디움 애붐' (medium aevum)을 고전적 라틴과 15 · 16세기의 새로운 것 사이에 중간시대로 사용했고, 묵시 문학에서는 '중간시대' 를 서로 다른 신적 계시들 사이의 시간이라고 불렀다. 이 개념은 그 시대의 내용적인 성격을 완전히 불필요하게 만들었음에도 불구하고 유럽의 모든 언어에 등장했다. 이제 그것을 다시 없애는 것은 불가능하다.

그 시대의 내용적 특징에 대해, 서구에서는 교회의 로마적 성격의 형성을 강조할 것임에 틀림없다. 그 성격은 로마–게르만 민족 세계를 발판으로 형성됐고, 이것은 헬라–로마 문화의 토대 위에서 형성된 고대 기독교 교회사에 비해서 새로운 것이다. 최종적인 완성과 로마 교황청의 승리는 이어지는 종교개혁 시대의 내용적 특징이자 동시에 차이점이기도 하다. 같은 공간에서 종교개혁은 일어났고, 다양한 교파로 교회의 분열이 이어졌다.

그러나 이 모든 것은 단지 서구에만 적용된다. 희랍과 슬라브 지역은 동방 교회의 영역이다. 그 내용을 포함한 이 시기에 대한 명칭은 아직 나타나지 않았다. 그 때문에 대체로 "중세 교회사"라는 무언적인 제목이 사용되었다.

2. 그 시대의 주요 문제들을 고대 교회사에서처럼 시작과 마지막을 단순히 비교하여 얻을 수는 없다. 그래서 다른 식으로 질문해야 한다. 간략한 개관은 중세 교회사가 하나 혹은 두 개의 선교적인 대승리, 즉 게르만의 기독교화와 슬라브 세계의 기독교화로 표현되고 있음을 보여준다. 교회가 이러한 승리를 얻는 데 있어서 사용한 방법과 수단은 중세가 제기하는 첫 번째 커다란 문제다. 그 안에는 몇 가지가 더 포함되어 있다. 이 승리는 교회가 과거에 많은 혜택을 입은 옛 고대 문화에서 벗어났음을 뜻하지만, 이제는 특히 기독교 신앙의 기본사고를 이해하도록 교육되어야 하는 양식 있는 새롭고 신선한 민족에게는 하나의 붕괴일 수도 있다. 교회는 자신의 신앙과 더불어 정신적으로 가장 중요한 고대 문화의 요소들을 그들에게 전수했다.

그리스 세계로의 기독교 진출과 대등한 두 번째 커다란 차이점은 교회의 형성에 있다. 확고히 굳어진 커다란 세력과 정점에 교황이 있는 단단히 구성된 계급조직으로 교회는 게르만에 맞섰다. 교황은 법을 만들 수 있고, 교리를 성문화하고, 의식과 예전을 결정할 수 있다. 교회가 그리스 세계로 들어올 당시만 해도 이 모든 것은 유동적이었다. 게르만족과 슬라브족은 전혀 다른 교회 상황 속에서 그리스인과 로마인으로서 기독교인이 되었다.

새로운 민족에게로 진출과 더불어 동시에 일련의 변혁도 일어났다. 4세기 초부터 교회는 제국교회가 되었다. 그렇지만 중세는 제국교회를 알지 못한다. 새롭게 된 서구의 황제제국 역시 전체 기독교세계를 결코 포용하지 못했다. 그의 지역 밖에 폐쇄적인 기독교 지역이 항상 있었다. 동방 교회가 그것이다. 제국교회 또는 국가교회 대신에 오히려 중세에는 지방교회가 형성된다. 이것은 한편으로는 교회의 행정통일을 불가능하게 했다. 그럼에도 불구하고 행정일치를 이루고자 노력했고, 순수한 교회제도인 로마의 감독제도로 그것을 실현했다. 교황권이 다시 급부상하여 서구의 주권을 서서히 잠식해 갔다. 교황권의 재도약에 중세 교회사의 주요 문제 중의 하나가 놓여 있다.

더 나아가서 교회가 그 승리의 가도를 달리기 시작한 고대에는 로마 국가가 이미 형성되어 있었다. 그러나 교회가 이제 접하게 될 중세의 새로운 국가들은 이제야 비로소 형성된 것이다. 그와 더불어 새로운 국가 개념이 나오고, 새로운 사회적 상황 등이 전개된다. 이러한 사회제도들은 교회에 새로운 과제를 부여했다. 그래서 교회는 그 본질을 벗어나서 이러한 새로운 국가에 사회적 문화적 영향력을 행사하고자 했다. 실제로 교회가 이러한 과제를 수행했고, 적응했던 것만큼 그것을 통해서 전에는 결코 가지지 못했던 새로운 지위를 얻었다. 정신적인 삶 전체가 그리고 공적인 삶이 교회의 영향 아래 서게 되었고 정치 분야에서도 실제적인 권력을 행사하게 되었다. 어떻게 교회가 이러한 특별하고도 결정적인 지위를 점하게 되었는지 교회의 보편적 문화 형성은 중세의 세 번째 문제이자 본질적인 문제이기도 하다.

중세 마지막 시기의 개관은 교황과 교회가 그들의 지위를 결코 중세기 동안 유지할 수 없었음을 보여준다. 고대 교회사에서처럼 서로 반대되는 노선이 처음부터 적대적으로 공존했던 것은 아니다. 중세기에 주요 원칙들은 절정에 올랐다가 몰락하게 된다. 이러한 몰락은 중세 역사가 제기하는 네 번째 큰 문제다.

3. 지금까지 전개한 주요 문제를 토대로 다음과 같은 시대 구분을 할 수 있다. 게르만의 기독교화 그리고 교회와 국가의 관계가 새롭게 공고히 된 시기가 중세 초기다. 이것은 동시에 게르만의 지방교회 시대이기도 하다. 중세 초기부터 교황과 황제 사이에 커다란 싸움이 전개되는데, 이것은 중세 전성기를 이룬다. 중세 후기는 교회 권력이 몰락하는 시기이며, 그 안에서 종교개혁사의 중요한 전제들이 형성된다.

| 참고문헌(중세 전체) | a) 원자료 : Monumenta Germaniae historica(MGH). Die Geschichtschreiber der deutschen Vorzeit. Migne, Patrologia s. S. 32. b) 일반참고문헌 : Albert Hauck, Kirchengeschichte Deutschlands (bis zum Hussitensturm), 5 Bde., 1922[6]. (kath.) Willhelm Neuß, Die Kirche des Mittelalters, 1950[2]. (kath.) Karl Bihlmeyer, Kirchengeschichte, Teil II. : Das Mittelalter, bearbeitet von Hermann Tüchle, 1948[12] (많은 참고문헌 제시). Gustav Schnürer, Kirche und Kultur im Mittelalter, 2 Bde., 1927[2], 1929. Gebhardt, Handbuch der deutschen Geschichte, Bd. I, hrsg. von Herbert Grundmann, 1954[8].

18. 게르만 문화와 종교

게르만 세계를 이해하려면 헬라 문화를 이해하고자 제기한 동일한 질문을 제기해야 한다. 즉 무엇이 게르만 정신이며, 어디에 그 특징이 있고, 어떻게 표현할 수 있는가 하는 것이다. 그러나 이렇게 질문하면 상당히 큰 어려움에 직면하게 된다. 왜냐하면 기독교 이전의 게르만의 정신적 삶의 내면으로 들어간다는 것은 무척 어렵기 때문이다. 게다가 상당히 많은 문화 그리고 종교사적 사건들은 학문적으로 볼 때 전혀 이의가 없지만, 그것이 게르만의 삶에 어떤 의미를 가졌으며, 신화와 제의에는 어떤 신앙이 숨쉬고 있는지는 학자들 간에 의견이 대단히 분분하다. 언어학적인 상이한 해석뿐만 아니라, 연구자의 세계관이 그 다양성 배후에 놓여 있고, 이것이 그 문제를 더 어렵게 만든다.

두 번째 난관은 부족한 자료에 있다. 우선 기독교 신앙에 치우쳐 있다는 종족들의 내적 관계에 대해서는 알려진 바가 별로 없다. 북쪽의 원자료(Nordische Quellen)는 남쪽에 적용하기에 적합지 않고, 후기의 것은 초기에 적용하기에 적합하지 않다. 게르만 종교가 정체되어 있지 않았고, 끊임없이 살아 움직였다는 것은 충분히 입증이 되었다. 에다(Edda)[22]는, 예를 들어서, 게르만적이면서 기독교적인 혼합주의(Synkretismus)의 표현을 내용으로 담고 있다. 아래에서 게르만에게 공통적이라고 할 수 있거나 혹은 남쪽에 해당하는 몇 가지의 특징을 보고자 한다.

1. 게르만의 문화 게르만 정신의 전형적인 특징을 알고자 한다면, 우선 그것이 그리스보다는 로마에 가까웠다는 것을 확실히 알아야만 한다. 게르만의 특징인 우화에 대한 큰 유희에도 불구하고 거기에는 사색(思索)이 없다. 우주진화론이나 우주론 등은 아무런 역할도 하지 못한다. 전쟁의 세계에서 실제로 살아남는 것, 이것이 과제요, 기쁨이요, 동시에 명예다.

나아가서 희랍인의 미학에 근거하고 있는 죽음의 공포도 없다. 죽음을

22) 고대 게르만의 삶과 사상을 잘 보여주는 아이슬란드 시학(신화전설집). *

잘 준비하는 것은 오히려 게르만 세계의 특징이다. 그들에게는 이 땅에서의 삶보다는 명예가 더 귀중했다.

특징적인 것은 살아있는 공동체 의식(Gemeinschaftsgefühl)이다. 강력한 지방분권주의(Partikularismus)에도 불구하고 그것은 하나의 큰 국가를 이루는 힘이라고 말할 수 있다. 러시아, 폴란드, 노르망디, 그리고 시칠리아에서의 바이킹의 국가 형성은 이미 잘 아는 사실이다.

삶의 중심은 개인이 아니라, 씨족(Sippe)이었다. 그가 누구이든 각각의 사람은 자신이 속한 종족의 일원으로만 존재했다. 이것은 종족 간에 피의 복수에서 가장 잘 표현되고 있다. 살인 또는 타인에 대한 공격은 그것이 개인적 차원에서 일어났다고 해도 언제나 씨족 전체의 명예와 결부되었다. 명예를 잃는 것은 곧 모든 것을 잃는 것이기에 그것은 무조건 다시 되찾아야만 했다. 명예의 유지는 우선 복수를 통해 일어났다. 그러나 복수는 결코 행위를 가한 자에게만 국한되지 않았고, 종족의 다른 구성원에게도 수행될 수 있었다. 공격의 경우 같은 씨족이 맡았고, 그렇게 해서 복수가 일어났다. 만일 배상을 통해 피의 복수가 무마되는 경우, 씨족은 살인 배상금(Wergeld)을 받는다. 이것은 씨족이 운명 공동체임을 의미했다. 더 나아가서 그것은 종족의 동질성을 의미했으며, 종족의 특별 의무에 대한 참여를 뜻했다. 왕족만이 왕이 될 수 있는 성격을 갖고, 무사의 종족은 무인만을 배출했다. 씨족 살해는 가장 큰 불의였다.

게르만의 공동체 의식은 복종 제도에서 잘 나타난다. 무기를 다룰 만큼 장성한 청년은 자발적으로 그가 신뢰하는 지도자에게 죽을 때까지 적용되는 충성과 복종을 맹세했다. 그들의 명예는 군주가 죽은 전투에서 살아 돌아오는 것을 용납하지 않았다. 충성, 또 충성만이 중요하다. 지도자의 불의가 그 관계를 파괴하기도 한다. 그의 "관용"은 부하들의 충성의 대가다. 그의 명예는 부하들에게 주는 온정에 달려 있다. 그러므로 공동체의식과 함께 정의에 대한 정신이 한 쌍을 이루고 있다. 모든 잘못된 행동에 대해서 분명한 참회를 요구한 것은 이러한 무조건적인 상호복종의 의무에서 나온 것이다.

씨족의 결속은 더 나아가서 투철한 책임감을 가져왔다. 그 속에서 인격의 권리를 보장받았다. 씨족은 모든 면에서 독립을 보장받았다. 일원은 자유롭게 지도자를 선출했다. 집에서는 제한받지 않는 자유가 있었다. 거기서 그는 아무도 책임지지 않았다. 의무가 중요하다는 확신은 종족성에서 온 것이다. 악하건 선하건 모든 행동은 곧 종족과 연관되었다. 이것이 책임감을 불러일으켰음에 틀림없다.

엄청나게 왕성한 활동력도 있었다. 누구나 본래 자신의 생활력을 확대하고자 생각한다. 그것이 종족의 힘과 명예를 확대시키기 때문이다. 이러한 활동력이 게르만족으로 하여금 바다를 건너게 했고, 아메리카의 발견자들이 되게 했다. 거기서 바이킹이 나왔다. 활동에 대한 충동은 민족 이동 시기에 충만했다. 그것은 게르만 세계에 엄청난 유혈 사태를 가져오기도 했다. 활동력이 자국 내에서 폭력이 되어 날뛰는 것을 방지할 국가질서가 없었기 때문이다. 씨족 살해 자체도 이러한 충동에서 생겨났다.

공동체 의식, 활동력 그리고 책임감은 공동 사회를 가능케 한 뿌리들이다. 게르만은 로마 및 기독교 사상과 접촉하여 얻은 자극을 통해 더 윤택해졌고, 그것으로 중세의 새로운 세계를 세울 수 있었다는 것은 놀라운 일이 아니다.

2. 게르만의 종교

여기서 우선 게르만 민족의 종교적 삶은 세속적인 것과 분리해서 생각할 수 없음을 강조하고 싶다. 특별히 정치와 종교는 나누어질 수 없는 것이다. 국민의 안녕은 신과의 관계에 달려 있다. 국민의 안녕은 또한 정치의 처음이자 마지막이다. 그러므로 이 둘은 언제나 함께 속한다.

인간이 신에게 나아갈 때 갖고 있는 중요한 기대는 종교와 정치는 삶의 전쟁에서 충실한 협력자라는 것이다. 신들은 세계를 위협하는 엄청난 마성적인 것에 대항하여 싸우며, 그 점에 있어서 동시에 인간의 협력자이다. 인간은 그러나 신들을 아주 특별한 의미에서 개인적인 협력자로도 삼을 수 있으며, 이러한 도움을 얻기 위해 종종 신들이나 또는 그가 특별히 신뢰하고 그의 지주가 되는 한 신에게 육지와 해상의 재난 시에 희생을 바치고, 신의 축복으로 풍성한 수확을 얻기 위해 희생을 드려 땅과 혼인을 거룩하게 성별한다. 특별히 싸움의 결과는 신들의 의지에 달려 있으며, 그 때문에 인간은 전쟁 시작 전에는 신들에게 적의 군마를 아니면 전쟁 후 포로들을 제물로 바친다. 브레멘의 아담(Adam von Bremen)에 의하면, 그들은 싸움에서 곤경에 처할 경우, 많은 신들 중에서 한 명의 신에게 도움을 요청하기도 했고, 승리를 얻고 난 후에는 그에게 특별한 호의를 베풀었다고 한다. 이것은 게르만의 전형적인 역사적 사고다. 신들은 전쟁의 주인으로서 역사의 주인들이다. 성공과 실패는 신들과의 관계에 달려 있다. 신들과 평화롭게 사는 자만이 그러므로 어쨌든 진정한 행복을 가진 자이다. 신들은 평화, 즉 종족의 내적인 안녕을 보장하고, 공동체 규율의 지킴이가 된다. 범죄와 시기 등 이러한 질서를 파괴하는 자는 신들에게 제물로 드려진다.

그러나 신적인 힘은 분노로 인간을 위협하는 위험한 것이 될 수도 있다. 이것 역시 같은 방법으로 미연에 예방하는데, 희생이나 기도를 드림으로 우호적인 관계를 촉진한다. 의심하지 않는 인간이라는 예물은 최고의 희생 예물이다.

인간의 행복과 신의 평화 사이의 이러한 연관성이 명백하고도 윤리적인 신들의 요구로 나타난 것은 아니다. 종종 특정한 불복종과 질투가 이러한 평화를 파괴시켜버리는 것도 사실이다. 신들은 요구 사항을 제시하나, 물론 구체적인 역사적 상황(신탁!) 또는 그러한 제의적 방식을 위해서이다. 도덕적인 영역에 대한 신들의 계명은 없다. "너는 해야만 한다, 너는 해서는 안 된다"라는 기독교의 메시지와 함께 완전히 새로운 어떤 것이 게르만 세계에 들어 왔고, 이것이 엄청난 변화를 가져왔을 것임에 틀림없다.

계명의 파기는 신에 대항하는 범죄로서 버림받는 조건이 된다. 이것 역시 기독교 형성이라는 관점에서 볼 때 상당히 의미가 있다.

고정적인 제의가 이미 언급한 위기 상황이나 특별한 경우에 드리는 희생제의와 더불어 초기에 형성된 듯이 보인다. 밝은 숲, 우물, 반석에서 신에게 희생을 드린다. 가장(家長)이 가지고 있는 그 집의 최고의 자리 역시 신성하다. 만약 대지주가 사원을 짓는다면, 그 자신이 사원에서 사제가 되거나 또는 그 일을 위해 세운 사람이 사제가 된다. 씨족의 사제는 왕이거나 또는 그에 의해 이 기능을 위임 받은 사람이 된다. 제의는 제의 식사에 참여한 사람들을 하나가 되게 한다. 공동체라는 사고는 게르만 민족에게 낯설지 않았다.

게르만 신앙의 한 가지 특성은 신들도 죽을 것임에 틀림없다는 표현이다. (광명한 세계의 귀환에 대해 보도하는 뵐루스파(Völuspä)의 마지막 구절들은 확실히 기독교적인 영향을 받았다). 신들은 죽을 수 없고, 영원히 산다는 것이 헬라 신앙의 특징인 반면, 게르만은 신들도 죽음의 운명을 피할 수 없다고 본다. 보단 오딘(Wodan-Odin)은 재난의 시간이 언제 임하는지 알기 위해 눈을 희생 제물로 드린다. 전쟁의 신인 치우-티어(Ziu-Tyr)는 재난의 황소와 늑대 모습을 한 괴물을 결박하기 위해 자신의 오른손을 제물로 바친다. 이들은 언젠가 다시 오고, 바로 그때가 세상의 종말이다. 엄청나게 황폐한 마지막 장면! 그들도 알듯이, 승리가 보장되지 않은 그 날을 준비하는 것 외에 신들에게 다른 대책은 없다. 인간에게도 종말을 겪듯이 용맹을 보여주고 명예를 유지하거나 혹은 더 높이고자 운명에 맞서는 것 외에 다른 대안은 없다. 어떤 우호적인 태도도 이 어둠을 진정시키지 못한다.

그렇다. 이 어둠은 우리가 게르만 사상에 대하여 들을 때마다 도처에서 만나는 운명 신앙을 통해 더욱 짙어만 간다. 에다(Edda)의 몇몇 구절은 본래 운명을 정하는 힘이라고 인정된 신들이 있었음을 보여준다. 그러나 그들은 이러한 자리를 유지할 수가 없었다. 그들을 능가하여 신들과 인간을 다스리는 결코 이름을 알 수 없는 새로운 하나의 힘이 등장했다. 이름을 알 수 없다는 것은 이미 알려진 것은 이름을 부를 수 있기 때문이다. 인간은 이 힘을 알 수 없다. 단지 임시변통으로 측정, 생성, 과정을 의미하는 말로 기술할 뿐이다. 전혀 예측할 수 없으면서도 확고부동한 힘, 그것이 바로 운명이다. 이러한 운명 신앙이 어둠을 더 짙게 했다. 왜냐하면 운명의 의미를 파악할 수 없기 때문이다. 무엇 때문에 전성기에 가장 뛰어난 아들이 그렇게 되어야만 하는지, 에길 스칼라그림슨(Egil Skallagrimson)은 알지 못한다. 『아들의 애도(哀悼)』는 그것을 충격적으로 전하고 있다.[23] 제삼자는 그가 아버지에 대한 복수를 성공하게 된 운명을 찬양하는 반면에 무엇 때문에 한 사람은 형제의 살인자가 되고, 다른 사람들은 군주의 비방자가 되는가? 그렇게 질문한다면 답이 없다. 단지 운명을 스스로 인정하고 그것에 대해 예라고 긍정적 답변을 하고, 운명 때문에 그렇다고 하는 한 가지 가능성만이 있을 뿐이다. 그러나 그것을 통해서도 운명의 의미를 얻지는 못한다. 여기에 아직 풀리지 않는 문제가 있다.

이방인이 그리스도에게 보여주는 첫 응답이 이교적인 사고의 발로임은 항상 하는 선교적 경험이다. 이방인은 경험한 다른 특별한 것이 없기 때문이다. 그 때문에 우리가 이 점에서부터 게르만 선교를 본다면, 게르만 민족의 그리스도 수용은 단지 그리스도가 전능한 협력자로서, 권력의 최후 승리자로서 그리고 인생의 모든 문제를 해결해주는 자로서 보여질 때만 기대할 수 있다. 선행을 통해 그리스도의 상급을 받고, 몇몇 범죄는 참회를 통해 죄 사함을 받

23) Thule III, S. 229ff.

는다는 것은 단지 그리스도를 처음 만날 때의 사람들의 자세일 뿐이다.

| 참고문헌 | Carl Clemen., Fontes historiae religionis Germanicae, 1928. Walter Baetke, Die Religion der Germanen in Quellenzeugnissen, 1949². Thule, Altnordische Dichtung und Prosa, 24 Bde.; darin auch die Edda, Deutsch von Felix Genzmer. Jan de Vries, Altgermanische Religionsgeschichte, 2 Bde., 1956².

19. 게르만의 기독교화

1. 게르만 선교의 주요 문제 1) 게르만의 기독교 회심에 대한 역사적 진위 문제는 연구사에서 여전히 풀리지 않는 중심 논제다. 그러한 진술의 정당성은 여전히 논란 중에 있다. 지난 150년간 수많은 이견과 객관적인 자료들이 연구를 통해 쏟아져 나왔고, 오늘날까지도 토론의 와중에 있다.

선교 방법과 관련하여 한편에서는 강압 선교(Schwertmission)를, 다른 한편에서는 말씀 선교(Wortmission)를 계속 주장하며, 제삼자는 단지 로마의 문화 선교만을 인정한다. 게르만의 기독교화는 단지 문화의 일면적인 현상이라는 것이다.

기독교 신앙의 문화적 힘과 관련하여 한편에서는 그것을 문화 이식이라고 단순히 찬양하는가 하면, 다른 한편에서는 그것을 문화 모독이라고 비방한다. 혹자는 게르만 문화와 가톨릭교회를 문화적으로 별 가치가 없는 것으로 보는가 하면, 또 다른 이들은 이 둘에 커다란 문화적 가치를 부여한다.

그것을 판단할 수 있는 중요한 척도에 대해서 한편에서는 기독교 신앙을 제시하고, 다른 한편에서는 게르만의 선사시대를 말하기도 한다. 또 다른 사람들은 이 둘에 동일한 가치를 부여해야 한다고 주장한다.

서로 대립되는 주장들이 명백한 세계사적인 배경을 무시하지 않고 있다는 것이 이 문제를 더욱 어렵게 만든다. 무엇이 정말로 옳은가? 이것은 여전히 중요한 문제다.

2) 게르만 선교라고 할 때, 그것은 시간적으로 800년 이상, 거의 천년에 육박하는 기간을 말한다. 3세기에 고트족은 도나우 강까지 오고, 다른 게르만족들은 기독교와 실제로 접하게 되는 라인 강까지 이르게 된다. 12세기 초 스

웨덴에는 여전히 이교문화가 나타나고 있다. 지리적으로 볼 때 흑해와 북아프리카로부터 한편으로는 아이슬란드(Island)[24]까지 그리고 다른 한편으로는 노르웨이에 이르는 지역이다. 시간적이고 공간적인 엄청난 차이를 주목하고 싶다. 그것은 매우 심각한 차이점을 보여주었다. 복합적인 것을 고려하지 않고 개별적인 고찰만을 지나치게 보편화한 것이 커다란 실수의 근원임이 입증되었다.

게르만의 기독교 회심이라는 역사적 결과가 그리스도 안에서 그리고 그와 함께하는 참된 삶을 얻었다는 의미인지 아니면, 단지 기독교화, 즉 교회에 형식적으로 가입했다는 것인지는 여전히 의견이 분분하다. 이에 대한 답변은 회심을 어떻게 이해하느냐에, 또 확실히 일어난 외적인 사건인, 즉 기독교화의 내적인 결과가 무엇이냐에 대한 판단에 달려 있다.

3) 게르만 기독교화의 본래적인 수수께끼는 고대교회의 선교 방법을 알 때 분명해진다. 고대교회의 선교는 2세기 말 이후로 신자들이 그들의 생활 주변에서 복음을 증거하는 기회선교(Gelegenheitsmission)였고, 이것이 좁게 혹은 넓게 존재했을 것이라는 사실에 대해 위에 이미 언급한바 있다. 그러한 선교는 보통 교통구획인 로마 제국의 경계선이나 제국의 끝에서 찾을 수 있다는 것도 이미 언급했다. 게르만이 기독교를 받아들일 것이라는 특별한 전망은 없었다. 그러나 이레니우스의 증언에 의하면, 새로운 신앙은 이미 2세기에 로마의 전 지역에서 게르만 속으로 파고들어갔다. 이러한 보도는 여전히 의심을 받고 있다. 그러나 독일 낱말의 역사와 언어지리학은 당시에 게르만족이 기독교 신앙에 대해 이해하고 있었다는 명백한 입증을 했다. 더 나아가서 그렇게 기독교화된 게르만과 후 세대가 서로 연관되어 있음도 입증했다. 왜냐하면 그렇지 않을 경우, 당시에 사용된 차용어(교회, 감독, 희생하다, 적선)들이 오늘날 교회 용어의 중요한 구성 요소가 될 수 없기 때문이다. 그러나 라인강 주변의 기독교는 선교사적으로 볼 때 그렇게 큰 역사적 힘을 갖지 못했다. 선교사를 낯선 지역에 보내는 계획 선교는 없었다. 어떻게 기독교 메시지를 게르만에게 전할 방법을 찾았는가? 이것이 게르만 선교의 본질적인 수수께끼다.

그러나 해답은 간단하다. 즉 기독교가 선교하면서 게르만에게 간 것이

24) 아이슬란드는 노르웨이와 그린란드 사이 북대서양에 떠 있는 작은 섬나라다. *

아니라, 게르만이 기독교로 왔다. 놀라운 하나님의 섭리가 구 로마 제국에서 유랑하며 다른 게르만에게 가장 깊은 영향을 끼친 서고트와 프랑켄을 고대교회가 행하던 기회선교의 영역 안으로 오게 했다. 이로 인해 게르만 기독교화의 토대가 만들어졌다. 이것은 민족 이동과도 직접적인 연관이 있다.

백 년 동안 세계를 긴장시킨 모든 게르만 민족의 대이동은 그 궁극적 동기가 여전히 모호하다. 혹자는 기후 악화를 지적하기도 했다. 나쁜 기후가 환경이 좋은 새로운 거주지를 찾도록 게르만을 강요했다는 것이다. 그러나 그것이 입증된다고 할지라도 거의 천년에 걸친 대이동이 그것만으로 간단히 설명될 수는 없다. 게다가 게르만은 그들이 러시아 남부의 흑지대지역과 헝가리와 같은 적합하고 비옥한 지역을 가졌을 때에도 그곳에 머물지 않았다. 과다한 인구증가로 인한 부족한 땅 문제가 우선적인 동기로서 먼저 제시되었다. 그러나 이것도 후에 수백년간 필요한 새 공간을 제공한 개간 기술이 당시에는 아직 없었다는 전제하에서만 민족 이동의 설명이 될 수 있다. 무엇 때문에 모든 게르만족이 거의 끝없는 싸움과 고통을 겪으며 인구 과밀 지역인 로마 땅으로 들어왔는가? 로마 문화의 찬란함과 남쪽의 부(富)가 그들을 유혹했다는 것도 하나의 이유가 될 수 있다. 로마 상인의 영리욕이 그들에게 목적과 길을 직접 보여주었다는 것이다.

로마 제국은 죽어가고 있었다. 게르만은 이미 쇠락하고 있는 제국에 마지막 타격을 가했다. 제국의 붕괴는 동시에 엄청난 문화적 손실을 뜻했다. 그러나 게르만의 교화 능력은 남아있는 자와의 접촉을 통해 풍성한 새 문화를 일구어냈다. 동쪽의 슬라브족은 이동해 들어간 비잔틴과 정신적 교류를 했고, 경미한 자극만을 주었다. 게르만을 토대로 삶의 전 영역과 교회 영역에서 일어난 새로운 점들을 간과해서는 안 된다. 새로운 민족의 교화를 위해 과도기가 필요했다는 것은 반박의 여지가 없다. 그러나 알폰스 돕쉬(Alfons Dopsch)가 그의 책에서 했듯이, 고대 문화의 연속성을 말하는 것은 추천할 만한 일이 되지 못한다. 새로운 건설은 이미 불가피했다. 게르만은 로마인들과 연합하여 그것을 완성했다. 그러므로 게르만 민족의 대이동은 정치 그리고 민족적으로는 유럽의 게르만화를 뜻하며, 문화적으로는 새 문화를 위한 토대를 제공했고, 종교적으로는 게르만 선교의 기초가 된 정말로 세계사적인 현상이었다.

4) 각각의 게르만이 처한 상황은 개인적인 회심을 불가능하게 했다. 아이슬란드에서는 기독교 개종을 씨족의 수치(Sippenschande)로 간주했다. 다른 곳에서는 박해가 첫 그리스도인들의 운명이었다. 종교가 공적인 사안인 곳에서는 모든 종족이 제의에 참여하는 태도를 보였다. 기독교 개종은 우선 정치적 지도자의 개종이나 혹은 민회의 결의 후에는 자유로웠다. 그 때문에 게르만 선교를 "위에서 아래로"의 선교라고 말한다. 이 때 신속하게 전 부족의 기독교화가 이루어졌지만, 많은 경우에 형식적인 관계에만 머물렀다. 그 결과는 기독교화(Christianisierung)였으며, 결코 회심(Bekehrung)은 아니었다. 게르만이 얼마만큼 기독교 신앙대로 살고자 했는지는 두 번째 문제다.

5) 강압 선교의 문제는 지나온 시기에 토론을 통해 상당히 부차적인 것임이 입증되었다. 이 문제는 해당되는 곳에서 다시 다루게 될 것이다.

2. 동게르만족의 아리우스주의로의 회심 서고트족은 놀라우리만큼 게르만 세계에 깊은 영적인 영향을 주었다. 그들은 전형적인 게르만식의 동물 장식을 만들고 형제 관계를 맺은 다른 게르만에게 전파했다. 그들에게서 새로운 형식의 게르만 시문학인 용사의 노래가 생겼고, 모든 게르만이 이것을 수용했다. 선사 시대를 연구하는 많은 학자들은 기독교화 이전에 이미 있었던 화장에서 매장으로의 변화는 게르만에게 끼친 고트족의 영향으로 설명할 수 있다는 의견을 갖고 있다. 동적이고 창조적인 이러한 부족이 남쪽으로 이동하여 기회 선교가 진행되던 지역에 오게 되었다는 것은 매우 중요하다. 전쟁의 노획물로 제국에 끌려온 노예들은 로마 인구의 일원이 되었고, 그들에게 우선 새로운 신앙을 전했다. 서고트족 그리스도인 가운데 가장 뛰어난 인물인 불필라(Wulfila, ca.311-383)는 캅파도키아 전쟁 포로의 손자이며 부친이 고트의 혈통을 지녔다. 그는 상당히 이른 시기에 평신도 성직자(Lektor)[25]가 되었다. 그 직임이 그를 유명하게 만들어주었다. 왜냐하면 이 젊은 평신도 성직자는 로마 황제에게 가는 서고트족 사신으로 선임되기 때문이다. 그는 아마도 341년 콘스탄티노플의 대주교인 유세비우스(Eusebius von Nikomedien)에 의해 "고트족 감독"으로 서품

25) 중세시대 교회의 낮은 서품(제2급)을 소지한 평신도. 오늘날에는 미사 시에 전례문을 낭독하는 평신도를 말한다. *

된다. 실제로 그는 고트족의 언어와 희랍어 및 라틴어를 구사했고, 그의 동족의 신뢰를 얻어 게르만과 기독교의 가장 적합한 중개자로 인정받았음에 틀림없다.

유세비우스로 인한 서품은 불필라가 특정 신학 내지는 교회적인 문제에 개입하는 계기가 되었다. 유세비우스는 니케아 신학의 반대자였다. 왜냐하면 오리겐의 제자인 그에게 하나님께 대한 로고스의 종속이 더 본질적이었기 때문이다. 그러나 로고스는 하나님의 피조물이라는 아리우스의 교리를 유세비우스는 적어도 341년에는 더 이상 말하지 않는다. 그러므로 이 입장을 아리우스주의라고 말할 수는 없다. 자신의 제자와 후에 친구인 아욱센티우스(Auxentius)에게 전해준 불필라의 신앙고백은 우선 아버지에 대한 아들의 예속(filium subditum et oboedientum suo in omnibus Deo patri)을 힘주어 강조하고, 그러면서도 그는 하나님의 아들임을 매우 강조하고 있다(unigenitus filius eius - dominus et deus noster). 그는 더 나아가 성령이 아들에게 종속함을 강조한다. 380년 이전에는 드러나지 않던 문제인 그의 신성은 부인되고 있다. 엄격한 종속에 대한 불필라의 관심은 오리겐 사상에서 유사성을 볼 수 있다. 불필라의 고백에는 그리스도, 로고스 등 희랍의 중요한 개념이 없다. 이것이 그의 특징이다. 아욱센티우스에 의하면 불필라에게는 오히려 정통신조를 곤란하게 만든 신성의 확연한 분리가 가장 중요하다. 불필라의 가르침을 이해하기 위해서는 게르만의 부자관계를 비유로 인용하는 것이 필요할 듯하다. 아들은 충실한 종으로서 아버지에게 완전히 종속하고, - 십자가에 죽기까지 - 복종을 통해 그의 뜻을 성취한다. 가족의 비유는 아버지와 아들의 실제적 분리를 가능케 해준다. 그리고 그것이 결국 아들을 참된 신으로 숭배하지 못하게 방해한다. 그도 그럴 것이 아들은 본질이 아닌 시작에 의해 하나님과 구분되고, 하나님의 자리에서 우리를 위해 특별한 과제와 임무를 수행하기 때문이다. 그 때문에 우리 "하나님과 주"라고 말하는 것이다. 간단한 모습이 그 결과로 나타나지만 엄격한 단일신론이 유지될지는 회의적이다.

불필라에게 영적으로 의존하고 있는 게르만의 성서주의는 매우 특징적이다. 그것은 사변 신학을 거부하고 모든 것을 불필라에게 귀결시켰다. 그는 성서를 고트어로 번역하여 성서주의의 기초를 제공했다. 그의 성서 번역은 기념비적인 게르만의 첫 문학 작품이 되었다. 그는 엄청난 과제를 창의적으로 해냈다.

348년 일어난 박해가 어린 서고트 기독교로 하여금 로마 땅을 피해가도록 한 것은 하나의 특별한 섭리다. 서고트 기독교는 현재 소피아 지역인 발칸반도의 소고트(Kleingoten)라고 일컫는 장소에 머물렀다. 우두머리격인 서고트 본대(本隊)는 이탈리아를 넘어 스페인으로 들어갔다. 불필라가 시작한 계획 선교에 의해 소고트는 도나우 지역에 있는 다른 게르만에게 자신들의 기독교 신앙을 전했다. 언어의 역사는 아리우스주의가 특별히 바이에른에 깊은 영향을 주었음을 보여주었다. 알라마넨과 튀링겐에도 그 흔적이 있다.

동고트, 반달족, 게피덴, 헤룰러, 루기어, 랑고바르덴 그리고 불군디 등은 로마 제국 땅에 들어오기 전 이러한 선교를 통해 완전히 기독교화 되었다. 무엇이 그들로 하여금 이렇게 신속하게 개종하게 했는지는 유감스럽게도 알 수 없다. 그들은 자신을 위해 기독교 신앙을 받아들였을 것이라는 추측만이 있다. 어쨌든 우리는 348년의 박해가 모든 게르만을 기독교화 하는 기초가 되었다는 사실 앞에 서 있다. 그들의 특별한 존립은 소고트 덕분이다. 바로 거기서 역사를 인도하는 하나님의 모습을 본다.

이탈리아를 향한 랑고바르덴의 행진은 568년 이어서 남하하는 아바렌(Awaren)에게 통로가 되었다. 그로 인해 소고트와 독일 민족 사이에 이교적인 걸림돌이 놓였다. 남동부에서 오는 도나우 선교는 그것으로 물론 끝났다. 동게르만은 그러나 로마지역에서 가톨릭을 좇아 로마화 되었다. 게르만의 기독교화는 여전히 중단되지 않았다.

게르만 아리우스주의의 의의를 슈베르트(Schubert)는 국가교회 건설에서 보았다. 실제로 교회는 부족의 삶과 일체가 되었다. 슈베르트에 의하면 클로드빅(Chlodwig)은 의식적으로 프랑켄의 가톨릭교회 건설을 위해 이러한 형태를 받아들였다. 바로 그 때문에 국가교회가 역사적으로 강했었다는 것이다. 그러나 클로드빅의 업적은 아리우스주의 없이는 이해할 수 없다. 그러한 의존도에도 불구하고 무엇 때문에 클로드빅이 게르만의 예배 용어를 수용하지 않았는지는 설명할 수 없다. 그 언어는 아리우스적인 교회 건설에서 여타의 모든 특징보다 훨씬 중요하다. 그러므로 게르만 아리우스주의의 의의를 여기에 둘 수 없다. 또한 그것을 아리우스 신학의 내면적인 모습에서 찾을 수도 없다. 그것은 오히려 선교에 있다. 동일한 피와 동일한 언어를 가진 사람들 안에서 하나님의 말씀은 "어떻게 게르만이면서 그리스도인일 수 있는지에 대한 좋은 예"가 되었다. 로마 제국에 들어오기 직전 놀라울 만큼 짧은 기간에 많은 부족이 기독교 신앙을 갖게 하는 가교가 된 것이 게르만 아리우스의 중요성이다.

3. 서게르만의 가톨릭화 두 개의 세계가 이제 서로 마주했다. 하나는 게르만-아리우스적 세계요, 다른 하나는 로마 가톨릭교회다. 문제는 이 두 세계의 병존과 대립이 서구 유럽의 역사에 영향을 주었는가 아니면 이 둘 중 하나만이 독점권을 누렸는가 하는 점이다. 이것은 곧 교회가 민족 우선적인 경향으로 발전해야 하는가 아니면 가톨릭교회를 중심으로 발전해야 하는가를 의미한다. 프랑켄의 왕 클로드빅은 효율적으로 그 결정을 내렸다.

1) 프랑켄

(1) 클로드빅은 프랑켄족을 통일했고(윤리적으로 전혀 문제없는 방식은 아니었지만), 프랑켄 대제국을 건설했다는 점에서 우선 중요하다. 제국의 경계는 그가 죽었을 당시 지중해와 북해, 비스카야 내해(內海)와 레히(Lech)[26]까지였다. 그의 후계자들이 영토를 더 확장했기에 프랑켄 제국은 서구의 중심 국가가 되었다.

대 테오데릭(Theoderich d. Gr, 471-526)은 동시대에 자신의 이탈리아 통치를 더 견고하게 굳히고자 로마 제국 및 국경지역의 게르만과 정략결혼이라는 정치수단을 통해 연대를 시도했다. 강력한 힘을 얻게 되자, 그는 즉시 클로드빅과 연대를 모색했고, 그의 동생 아우데플레다(Audefleda)와 결혼했다. 그녀는 클로드빅의 또 다른 자매처럼 아리우스주의로 개종한 사람이었다. 클로드빅은 테오데릭의 친척이자 불군디의 공주인 크로데칠데(Chrodechilde)를 부인으로 맞았다. 그녀는 가톨릭 신자였다. 앞에서 언급한 두 세계, 즉 가톨릭과 아리우스주의가 프랑켄의 궁정에 들어오게 되었고, 이 둘은 클로드빅을 개종시키고자 총력을 기울였다.

(2) 클로드빅은 유럽의 새 군주로서 가톨릭교회로 개종하여 토착민들과 영적으로 하나를 이루었다는 점에서 세계사적인 중요성을 얻었다. 크로데칠데는 원래 클로드빅이 자신의 백성들을 위해 결정을 회피하고자 했다고 말했

26) 바이에른주와 오스트리아 사이를 흐르는 도나우강의 지류. *

다. 그러나 자녀들에게 세례를 허용한 점에서 마음은 이미 기울었다. 그 스스로가 가톨릭교회로 들어섰다면, 그것은 개인적인 확신에 의한 일로 평가해야만 한다. 아마도 497년(Levison) 알라마넨과의 전투 중에 위기에 빠진 그는 그리스도에게 도움을 요청했고, 그 때부터 그를 섬겼다. 이러한 일들은 게르만 세계에 진부하지만, 볼프람(Wolfram von den Steinen)의 원전 비평을 통해 이에 관한 크로데칠데의 진술이 사실임이 입증되었다. 왕을 따라 신하들이 "우리는 죽은 신을 떠나 불멸의 하나님을 따른다"는 구체적인 이유로 가톨릭교회에 들어왔다.

가톨릭교회를 선택한 클로드빅의 결정은 우선 로마 가톨릭을 따르는 신하에 대한 배려에도 부응했다. 그러나 그것은 정치 이상의 중요성을 가졌다. 왜냐하면 아리우스적인 부족을 공격하는 경우 가톨릭을 믿는 신하들의 연대를 보장할 수 있기 때문이다. 클로드빅은 로마인과 게르만을 교회적으로, 즉 영적으로 하나로 통합함으로써 서구 형성의 결정적인 토대를 제공했다. 그의 업적이 없이 서구의 형성은 생각할 수 없다.

가톨릭교회는 프랑켄 제국에서 그 조직을 유지할 수 있었다. 교회의 권한 역시 계속 인정받았다. 모든 국가질서가 파괴된 시대에 교회는 주민을 돌봄으로 사회적이고 행정적인 영향력을 갖게 되었다. 가톨릭교회의 강화에서 프랑켄-가톨릭교회의 건설은 철저히 지역, 곧 국가교회의 형식을 띠었다는 사실을 주목해야 한다.

① 프랑켄 제국 밖에서 올 수 있는 법적인 영향에서 자유롭다는 말에서 그것을 알 수 있다. 지역의 경계선이 감독과 대주교의 경계선이었다. 교황 역시 도덕적인 권위로 간주했고, 법적인 그의 개입을 차단했다.

② 프랑켄 교회가 민족공의회를 열어 하나의 독자적인 중심기구를 만들었다는 말에서 그것을 알 수 있다. 중심기구는 왕 산하에 위치했고, 왕이 소집했고, 왕이 그 임무를 부여했다.

③ 성직자들은 게르만의 관례에 따라 권리와 의무를 다해야 하는 민족협회에 소속되었다. 직무의 시작은 왕이나 혹은 공작의 허가로 이루어졌다. 감독직은 지명, 곧 교회법에 의한 선출 대신에 왕이 임명했다.

클로드빅이 첫 단계를 착수했기에 자신이 세례를 받기 전에 갈리아 주교직 문제를 다루면서 국가교회 건설을 작정했다는 볼프람의 추정은 매우 실증적이다. 가톨릭교회에 들어가기 전에 그는 교회에 대한 자신의 입장을 분명히 했다. 국가교회라는 형태의 사상적 토대는 무엇보다도 익숙한 관례에 그 본질이 있다. 그것은 일종의 가톨릭교회의 게르만화를 뜻한다.

그러나 클로드빅은, 이미 언급했듯이, 500년 모든 교회에서 통용되던 지역 언어로 예배를 드리라고 강요하지 않았다. 그는 분명히 갈리아와 불군디 왕실에서 라틴어로만 드리는 가톨릭 예배를 알고 있었다. 선교적 열정이 교회로 하여금 이 문제에 반대하도록 하지 않은 것이 놀라울 뿐이다. 아리우스주의에 대한 반대가 서방 교회를 예배언어인 라틴어에 집착하도록 했다는 것도 배제할 수 없다.

국가와 교회의 관계는 클로드빅보다는 그의 후계자들의 통치 때에 더 긴밀해졌다. 클로드빅의 세례 이후에 가능했던 완전한 종교자유는 기독교에 대한 궁정의 호혜, 국가에 의한 외적인 기독교 의식의 수행, 공적으로 수행되는 이교제의 금지를 거쳐 결국 626년 다고베르트 1세(Dagobert I, 623-683)가 남은 이교도에게 강제세례를 실시함으로 끝이 났다. 프랑켄 백성이 기독교인이 되도록 강요한 원칙은 실제로 제국과 그의 통치를 이교도에게까지 확장했을 때, 운명적으로 영향을 주었을 것임에 틀림없다. 게르만선교 여기저기서 볼 수 있는 강압적인 방식의 뿌리는 여기에 있다.

종교적인 문제를 다루면서 강제라는 방식을 택한 교회적인 근거는 이미 위에서 다루었다. 당시에는 제의를 종교적인 의무만이 아니라 국민의 의무로 보았다. 프랑켄 왕들도 "백성의 구원을 위해 하나님을 섬기길 원한다"는 구실을 근거로 내세웠다. 그럼에도 불구하고 교회적으로나 국가적으로 오류를 범했다는 것은 굳이 증명할 필요는 없다.

2) 앵글로색슨. 교황 대 그레고리(Gregor der Groβe, 540-604)가 여전히 분명치 않은 이유로 계획적인 선교를 모색하고 착수한 것이 앵글로색슨의 기독교화로 이어졌다. 로마에서 파송한 선교사들의 성공 역시 개인적으로 교황의 강한 열정 덕분이다. 그들의 노력은 물론 북쪽에서 온 아일랜드와 스코틀랜드의 영국 선교와 함께 진행되었고, 이들은 로마측의 선교보다 더 큰 성공을 거두었다. 그러나 664년 휘트비(Whitby) 총회는 스코틀랜드 형태보다는 로마의 기독교 형태를 수용하기로 결정했다. 이 두 형태가 만나 영국에서는 독특한 형태의 기독교가 이루어졌다. 그 특징은 다음과 같다.

(1) 철저한 로마 밀착이다. 당시의 관점에 따르면, 교황의 모습으로 교회를 이끄는 사도 베드로가 열정적으로 숭배를 받았고, 그로 인해 새로운 것이 가톨릭교회에 도입되었다. 새로움이란 곧 조직적 형태를 말한다. 왜냐하면 교황이 대주교와 감독들을 임명할 수 있었기 때문이다.

(2) 진지한 학문 연구다. 아일랜드와 스코틀랜드의 영향은 캔터베리 첫 주교인 테오도르 폰 타르소(Theodor von Tarsus)에게 전해졌다. 가톨릭교회 전체를 볼 때 영국은 8세기에 학문의 꽃을 피웠다. 고대 전통은 여기서도 역시 각광을 받았다. 물론 아일랜드와 스코틀랜드가 큰 역할을 했다. 교회는 고대를 게르만 세계에 가져오는 전수자가 되었다. 로마와 갈리아에서 당시 고대 연구는 이교적인 것으로 거부되었다. 게르만, 기독교 그리고 고대 문화의 혼합이 중세와 서구 전체의 특징이라면, 마지막 요인은 아일랜드와 앵글로색슨이 중개자 역할을 했기 때문이다.

(3) 앵글로색슨의 또 다른 특징은 엄격한 고행이다. 이것이 그들을 선교하도록 이끌었다. 그리스도를 위한 순례(peregrinatio propter Christum)는 금욕적 삶의 왕관이다.

(4) 조직적인 것도 특징이다. 교회적으로는 감독직을 한 개의 수도원과 긴밀하게 결합시켰고, 국가적으로는 왕과 교회의 협력, 고대 게르만 왕권의 성례전적인 특징에 상응하지만 성서적으로는 사울과 다윗의 관계로 정당화시킨 교회에서의 왕의 도유(Salbung) 등이 그 예다.

그 외에도 캔터베리의 테오도르(Theodor von Canterbury)가 673년 하트포드(Hertford) 총회에서 정치적으로 7개의 왕국으로 나누어져 있던 영국을 교회적으로 하나가 되도록 만드는 데 성공함으로써 정치적 통일의 기초를 다져놓았다. 그러나 그 실현은 대 알프레드(Alfred dem Großen, 849-901)에 의해서 이루어졌다. 기독교화는 영국에서 엄청난 정치적 중요성을 지니고 있었다.

3) 독일 북부와 중부의 기독교화는 남아 있던 로마인과 동게르만의 아리우스주의가 해놓은 사전작업으로 이루어졌다. 게다가 프랑켄에 의한 정복과 식민지가 큰 영향을 주었으며, 그것은 특히 마인지역에서 지대했다. 수도원에 발판을 두고 아일랜드 및 스코틀랜드, 더 나아가 프랑켄과 긴밀한 협력하에 이루어진 선교는 남부, 곧 알라마넨과 바이에른에 집중되었다. 선교는 헤센과 튀링겐에서도 계속되었다. 독일의 교회 언어는 이 모든 지역의 흔적을

오늘날도 간직하고 있다. 오늘날의 과제는 고고학, 취락의 역사 그리고 언어 지리학의 도움으로 구체적인 지역에 대한 상세한 선교 요인을 결정하는 것이다. 그럴 경우 한 행정구역의 경계와도 일치하는 원래의 교구를 알 수도 있을 것이다.

4. 위에서 언급한 앵글로색슨의 모든 특징은 보니파티우스(Bonifatius, 673-754)를 통해 대륙의 기독교에도 역시 각인되었다. 앵글로색슨 계통에 영적 뿌리를 가진 그는 그들의 사상과 삶의 방식을 대륙에서 대변했고 철저한 준비와 추진력으로 그것을 실어 날랐다.

1) 보니파티우스는 선교사로서 윌리브로드와 함께 프리에스란트에서 활동했고, 헤센과 튀링겐에서의 활동을 통해서도 적지 않은 중요성을 얻었다. 그는 작센에서도 활동했다. 그러나 그는 그 일 때문에 독일의 사도라는 이름을 얻은 것은 아니다.

2) 선교사보다 한걸음 더 나아가 그는 독일 교회의 조직가였다. 수많은 사람들이 단체를 만들어 여기서 선교 활동을 했고, 알라마넨 이외의 지역에는 어느 곳에도 교회조직이 세워지지 않았다. 보니파티우스도 그중의 하나였던 유랑감독(Wanderbischöfe)들은 감독의 기능을 수행했다. 보니파티우스를 통해 바이에른과 중부독일은 탄탄한 교구망이 설치되었고, 수도원 설립을 통해 보강되었다. 그러나 그는 대주교 체제를 구축하지는 못했다.

3) 그는 프랑켄 교회의 개혁가라기보다는 재조직가였다. 메로빙 왕조의 몰락은 그와 밀접한 관계를 갖고 있던 교회의 쇠퇴를 초래했다. 보니파티우스가 대륙에 왔을 때 상당수의 감독이 공석이었고, 다른 것들은 교회와 전혀 상관없는 사람들의 손에 들어가 있었다. 사제의 일부는 도망친 노예였고, 그들은 주인이 알아차리지 못하도록 삭발(Tonsur)했으며, 그 결과 치명적인 악습이 초래되었다. 재건을 위해서 반드시 필요했던 교회 재산은 계속 낯선 이의 손에 들어갔다. 프랑켄 교회를 아일랜드-스코틀랜드적인 원칙으로 갱신하려는 콜룸바(Kolumban d.J.)의 노력도 헛수고였다. 그는 성 갈렌으로 그리고 다시 이탈리아 북부의 봅비오(Bobbio)로 철수해야만 했다. 프랑켄 제국의 재건자인 칼 마르텔을 그의 두 아들 칼만과 피핀이 이어받은 것은 특별한 섭리였다. 이들은 교회의 재건에 개인적으로 특별한 관심을 기울였다. 칼만은 741년

교회의 재건을 위해 함께 일하고자 동쪽에서 매우 신임을 얻은 보니파티우스를 불렀다. 왕권과 교회의 협력이라는 차원에서 보니파티우스도 그 요청을 거절하지 않았다. 프랑켄 제국의 동편인 아우스트리엔에서는 742년 게르만 회의(Concilium Germanicum)로, 서쪽인 노이스트리엔에서는 744년 소이센(Soisson) 회의로 선교가 시작된다. 궁재인 피핀과 보니파티우스의 결합은 매우 긴밀했음에 틀림없다. 왜냐하면 751년 피핀이 왕권을 장악하고자 했을 때 피핀의 사신(Fulrad von St. Denis)과 보니파티우스의 사신(Burckhardt von Wurzburg)이 교황에게 가는 사절단으로 구성되었기 때문이다. 고향의 관례에 따라 보니파티우스는 피핀을 왕으로 도유했다. 이것 역시 독일 역사에 광범위한 영향을 주었다. 왜냐하면 이러한 도유는 독일 왕이 하나님의 은총으로 그 직임을 수행하는 듯이 보였기 때문이다. 어쨌든 보니파티우스를 통해 프랑켄 왕과 교회의 결합은 더욱 긴밀해져 피핀의 정치를 신정정치라고 말하는 경향도 있었다.

피핀이 프랑켄 제국의 일인통치자가 되었을 때 그와 아우스트리엔 대주교와의 연합활동은 동부와 서부의 교회일치로 이어졌다. 거기서 제국의 영적 통일의 기반이 조성되었다. 보니파티우스의 영적인 사전활동 없이 칼 대제의 제국은 결코 생각할 수 없다.

4) 제국과 영적인 일치를 이룬 프랑켄 교회는 이전 모습과 달리 고립되지 않고, 보편교회의 일원이 되었다. 이것은 보니파티우스가 프랑켄 교회를 조직적으로 로마교회에 예속시켜 이루어졌다. 교황과의 협력은 보니파티우스에게 당연한 것이었다. 그는 교황을 선교의 주인으로 인정했다. 윌리브로드도 프리에스란트 선교 시에 교황의 인가를 요청했다. 보니파티우스는 독일 선교를 위해서 그와 같이 했다. 프랑켄도 이것을 나쁘게 여기지 않았다. 왜냐하면 칼 마르텔이 로마가 보니파티우스를 프랑켄 제국의 대주교로 임명한 것을 용인했기 때문이다. 피핀은 695년 윌리브로드를 직접 로마에 파송해 그곳에서 대주교직을 나타내는 표지인 영대를 받아오게 했다. 그러나 로마와의 실제적인 연합은 보니파티우스로 인해 이루어졌다. 그는 알프스 이북에서 온 첫 인물로서 722년 선교감독으로 파송될 때 로마교회령 감독이 하는 것과 동일한 복종의 맹세를 교황에게 했고, 그만이 로마와의 관계를 힘쓰는 것이 아니라, 그의 영향 하에 있는 모든 지역이 로마와 하나가 되어줄 것을 평생 동안

염려했다. 그는 완전한 성공을 거두었다.

알프스 이북의 교회가 보니파티우스 없이도 로마와 접촉을 했을지에 대한 질문은 유익하지 못하다. 다른 접촉들이 이미 그곳에서 이루어졌다는 것은 위에서 방금 언급했다. 왕 테오도 폰 바이에른은 716년 직접 로마를 순례했다. 영국은 지체 없이 교황에게 충성을 맹세했다. 그러므로 보니파티우스 없이도 로마와의 접촉은 가능했을 것이다. 그렇지만 보니파티우스는 그것을 실현시킨 인물이다.

이것만큼 그가 열정적으로 심혈을 기울인 일도 없다. 중세 전성기의 독일 역사를 아는 사람은 교황의 이상이 계속 발전한 이후 그것이 어떤 불행한 역사를 보여주었는지를 잘 안다. 미래에 전개될 역사를 보니파티우스 자신은 전혀 예측할 수 없었을 것이다. 다른 한편 서구가 내적으로 하나가 되고 보수적인 요소를 갖게 된 것은 교황권 아래 있었던 오랜 공동의 역사 덕분이다. 그 때문에 서구를 긍정적으로 말하는 사람은 보니파티우스의 이러한 활동을 부정할 수 없다. 그 내용이 판단의 기초가 되어야 한다.

5) 주지하듯이 게르만 문화, 기독교 그리고 고대라는 세 가지 요소가 서구를 구성하고 있다. 보니파티우스는 고대를 전수하는 데에도 큰 역할을 했다. 그는 고대 연구에도 심혈을 기울였다. 그는 고향을 떠나기 전 이미 잘 알려진 학문적 스승이었다. 그가 대륙에 세운 수도원들이 이러한 고대전통을 이어 받았다. 앵글로색슨계인 알쿠인(Alkwin von York)은 카롤링 르네상스의 기초가 되었고, 보니파티우스의 풀다 수도원은 오토 르네상스의 터가 되었다.

보니파티우스는 아무런 새로운 사상도 갖지 않았지만, 그가 없이는 불가능했다고 할 정도로 서구역사에 깊이 관여했다. 그의 기도의 삶이 보여주듯이 그는 매우 맑고 경건한 사람이자 강력한 성취력을 가진 사람이었다. 그는 중단 없는 도전과 끝없는 지구력으로 자신이 옳다고 생각한 것을 위해 싸웠고, 적기에 옳은 일을 수행하며 일생 동안 놀라운 업적을 남겼다.

5. 작센과 북유럽

1) 보니파티우스의 선교가 국경지역에서만 성공했던 작센은 게르만 선교사에서 특별한 문제점을 제공하고 있다. 이곳의 기독교화는 강압이 물론 큰 역할을 하고 있다. 강압적인 방법은 이 지역의 특징인 선교와 정복의 상호혼합에서 나왔다.

250년 이후 일어난 국경지역에서의 분쟁은 칼 대제에 의해 결국 해결되었고, 작센은 프랑켄 제국의 일부가 되었으며, 동시에 독일 제국 형성의 조건이 되었다. 프랑켄 국민은 법에 의거해 기독교인이 되어야만 했다. 그러므로 칼 대제에게 승리와 세례는 서로 연결된 것이었다. 782년 그 땅을 정복하고 프랑켄 백작령의 법을 그곳에 도입했을 때, "작센의 항복"(capitulatio de partibus Saxoniae)을 통해 그들로 하여금 의무적으로 세례를 받도록 했고, 지체하는 경우에는 사형으로 위협했다.

그러나 작센 선교의 본래적인 수수께끼는 기독교를 강압에 의해 받아들인 1세대의 후손들 가운데서 다른 게르만족에게 전례가 없을 정도로 많고 깊은 가장 참된 기독교 신앙의 증인이 나왔다는 점이다. 이러한 경건은 오직 진정한 선교를 통해서만 일어날 수 있다. 그러므로 참된 선교적 선포가 칼 대제의 강압적 행동에 앞서 일어났고, 앵글로색슨에 의해서 시작되었다. 앵글로색슨의 일상에서 그것은 철저히 용인되었다.[27] 그와 병행해서 칼 대제의 조처가 병행되었다. 그는 엄청난 개인적인 관심으로 그것을 촉진시켰다.

2) 북유럽(Norden)은 한편으로는 독일과 연결되고, 다른 한편으로는 영국과 연결되어 기독교화가 이루어졌다. 스웨덴은 동로마교회의 영향이 큰 역할을 했다(비잔틴으로의 교역). 아이슬란드에서는 의심의 여지없이 아일랜드의 은둔파 수도사와 작센의 선교가 영향을 주었다. 노르웨이는 남아있던 소수의 이교도들이 강압적인 방법으로 왕 올라프 트뤼그바손(Olaf Tryggvason, 995-1000)과 올라프 하랄드손(Olaf Haraldson, 1015-1030)을 통해 기독교로 개종했다.

1000년경 아이슬란드의 일상에서 일어난 과정은 종교 문제에 있어서도 게르만의 공동체 의식이 여전히 중요함을 알게 해준다. 가문의 수치로 여겨 이전에 취해진 기독교 금지는 기독교의 진입을 방해할 수 없었다. 1000년경 이로 인해 생긴 반립은 공공연한 파벌싸움을 일으킬 정도로 위협적이었다. 그것을 피하기 위하여 공동회의에서 이교도이자 법률가인 토르가이르(Thorgeir)에게 장차 아이슬란드의 종교적 진로에 대한 결정을 위임했다. 그는 기독교를

27) Vita Lebuini antiqua cap.6 (MGH SS XXX 2, S.794). vgl. Martin Lintzel, Untersuchungen zur Geschichte der alten Sachsen VIII (Sachsen und Anhalt 7, 1931).

택했고, 그의 말은 관철되었다.

6. 게르만이 기독교를 수용한 내적 이유를 묻는다면, 그들의 신앙에 대한 불확실한 해석이 여기서도 큰 영향을 주지만, 게르만 전체에 보편적으로 해당되는 것으로서 세 가지 혹은 네 가지를 조심스럽게 언급할 수 있다.

1) 경험한 그리스도의 능력이 가져온 힘이다. 우리는 이것을 흑해 연안부터 아이슬란드의 황폐한 해안에 이르는 지역에서 살펴볼 수 있다. 그들은 그리스도의 능력을 구했고, 게다가 위급한 상황에서 타인을 돕겠다고 서약함으로 그리스도의 돕는 힘을 추구했다. 게르만 세계에는 이에 대한 예들이 많다. 그러한 원조에서 그리스도는 자신이 역사의 진정한 주인임을 입증하고, 그 역사에 속한 게르만의 마음을 유도했다. 그러나 그들은 그리스도를 충성의 대상으로 선택함으로 장차 다른 선택의 가능성을 모두 상실했다. 그들은 유일하신 하나님을 결정했기 때문이다.

2) 악의 권세를 제압한 그리스도의 승리를 언급할 수 있다. 악마와 죽음을 무너뜨린 그리스도의 승리가 게르만에게 엄청난 감명을 주었음은 프랑켄, 앵글족 그리고 작센에서 분명히 볼 수 있다. 그들은 라그나록(Ragnarök)[28]에서 어둠의 권세의 최후를 기대했다. 승리를 얻고자 지옥에 직접 내려간 사람이 여기 있다. 그는 마귀와 싸워 수난의 금요일과 부활절이 가져온 최후의 승리를 얻게 될 것이다. 세상의 종말이 영웅적으로 일어날 가능성만 있었던 과거와는 확연히 다른 밝은 전망을 가진 새로운 종말 기대가 형성되었다. 개인의 생명이 위급할 때 그리스도가 돕는다는 것은 재앙의 세력 앞에 놓인 세계의 안전만큼이나 중요한 것이다. 많은 옛 축복의 기도가 개인적인 세계로 도입되었다.

3) 결국 하나님에 대한 신앙으로 어두운 운명에 사로잡혀 있다는 신앙이 해소된 것이다.

4) 그리고 게르만의 주종관계에서 볼 수 있는 특징인 전적인 헌신과 준비된 자세 그리고 성심을 다해 주인이자 충성의 대상으로 그리스도를 따랐다. 그리스도의 군사로서 가장 어려운 일인 수도원 봉사도 수행했다. 세상의 왕만

---

28) 북유럽 신화: 세상의 멸망. *

큼이나 하늘의 왕의 온유함을 믿었다. "주여 당신이 요청하신 것을 우리가 행하였기에 당신이 언약한 것을 주소서." 이러한 보상기대는 기독교의 게르만화의 일면을 보여주는 것이다.

7. 기독교의 게르만화 하르낙은 기독교의 헬라화나 라틴화라는 말을 할 수 없듯이 기독교의 게르만화에 대해서도 말할 수 없다는 논지를 폈다. 그에 비하여 빌헬름 노이쓰(Wilhelm Neuß)는 게르만적인 가톨릭이 형성된 점에 중세교회사의 특징이 있다고 본다. 이러한 상반된 의견은 관점의 변화를 잘 반영해주고 있다. 노이쓰에게는 중세를 구성하고 있는 세 가지 요인 중의 하나가 지나치게 강조된 듯도 하다.

희랍인들은 그리스도에 대한 가장 깊이 있는 언급을 자신들의 철학에 있는 로고스와 동일시하는 방식에서 찾았다. 게르만에게 있어서는 신약의 큐리오스 내지는 주(主)라는 개념이 옛 고지독일어인 드루트힌(druhtin, 주인)과 상통한 것이 결정적으로 작용했다. 드루트힌은 권리도 힘도 없는 노예가 무언가를 가져다주는 주인이 아니라, 자유로운 결정으로 무리에 속하고 직접 택함으로 맺어진 무리의 지도자를 말한다. 이러한 관계는 한편에서는 신뢰와 충성으로, 다른 한편에서는 주인의 "관용"으로 구성된다. 이 관계는 그러므로 쌍방적으로 느껴졌다. 부하는 죽기까지 지키겠다는 앵글로색슨의 충성서약에서처럼 "주인의 뜻을 선택한다." 주인은 부하의 위치와 운명을 결정한다. 계명을 지키고, 특히 그리스도의 군사로서 수도사의 삶을 사는 것으로 사람들은 자신의 충성을 입증했다. 공로사상이 모든 사상을 지배하고 있다. 자신의 행동으로 천국에 들어간다.

복종관계에서 구 앵글로색슨은 죄에 대한 사상을 갖게 되었다. 당시의 모든 국가적인 삶은 충성과 연관되었다. 그것을 깨는 자는 존재의 기반을 흔드는 것이었다. 그러므로 지도자에 대한 배신과 충성 파기는 가장 원초적인 재난이자, 천국에서 마귀의 행동과 같은 것이었다.

고양된 충성 업적은 불의를 사해준다. "눈에는 눈, 이에는 이"라는 원칙은 게르만에게 낯선 것이었다. 속죄에서는 공적과 죄가 머리카락 일치하듯이 꼭 같을 필요는 없었다. 특별히 개인적인 죄는 긴급한 공적으로 씻어버리는 것도 가능했다. 예를 들어 피의 복수를 배상비로 보상하는 것이다. 이러한 것이 유감스럽게도 교회의 의식 속에 들어왔다. 돈을 지불하는 것이 죄지은 사람이 행할 공적, 곧 금식, 기도 그리고 순례 등을 대신했다. 루터가 1517년 거세게 반대한 교회의 남용은 게르만적인 사고에 그 뿌리가 있다.

범죄를 저지른 당사자가 직접 참회 행위를 하는 것이 아니라 다른 사람이 대행할 수 있다는 것도 씨족에 토대를 둔 게르만의 사고다. 이러한 사상 역시 교회에서 통용되었다. 에섹스(Essex)로 인해 기독교인이 된 당시 유명했던 감독 케드(Cedd)조차 왕의 요청으로 부사제로 하여금 자신을 대신하여 계속 금식하게 하고 자신은 맹세했던 40일간의 금식을 그만두었다. 이러한 생각 역시 타인에 대한 그의 면죄인 면죄부에서 찾아볼 수 있다.

그것은 그리스도의 대리 행위를 쉽게 이해시켜 주었다. 게다가 그리스도는 신약성서에 의하면 우리 주(主)일 뿐만 아니라, 우리의 형제이기에 곧 씨족의 동료를 뜻했다. 안셀무스의 사상도 게르만적인 특징을 가지고 있다. 인간은 죄를 범해 그 죄와 연관된 사람의 명예를 훼손한다. 그 명예는 다시 회복되어야만 한다. 그것은 완전한 복수를 이행하거나 혹은 속죄행위를 받아들임으로 회복된다. 명예와 연관된 게르만의 중심사상에 대한 이러한 관점을 안셀무스는 하나님에게 적용했다. 하나님의 명예는 인간의 죄로 인해 손상되었고, 보상이나 혹은 그와 동일한 제물로 회복되어야만 한다. 안셀무스는 그리스도의 죽음을 만족과 보상의 행위로 본다.

손을 포개는 기도의 모습에도 충성의 관습이 배어 있다. 이것은 "하나님, 나는 당신을 신뢰하고 당신께 충성을 다하는 당신의 종입니다"라는 의미다.

또 다른 결과는 게르만의 직선적인 사고에서 나왔다. 게르만인은 평등을 불의와는 전혀 다른 것이라고 느꼈다. 법은 그 때문에 그 일이 자유민의 행위인지 아니면 예속민의 행위인지를, 자유민에게 일어난 일인지 아니면 예속민에게 일어난 일인지를 항상 고려했다. 그에 따라 형벌도 달랐다. 교회가 세운 현장법정도 곧 그 일을 했다. 자유민은 자유롭게 공언할 수 있었으나, 예속민은 하나님의 심판을 통해서 정화되어야만 했다. 둘 다 게르만적임을 입증하는 자료다. 자유민은 돈 혹은 교회가 제시하는 보속의 형벌을 받았고, 예속민은 두피를 벗기는 육체적인 고통도 주어질 수 있었다.

동일한 신분의 사람만이 재판할 수 있었고, 감독직 역시 명령권과 판결권을 소유했기에 이것은 비귀족층의 특권이 되었을 것임에 틀림없다. 중세 정치제도의 특징인 귀족통치, 봉건주의는 교회가 세워지는 일에도 특징이 되고 있다.

알프스 이북의 도시 부재는 엄청난 변화를 안겨주었다. 도시는 고대에 교회가 형성되는 토대였다. 도시가 없는 곳에서는 시가 땅을 교회에 제공하는 것이 불가능했다. 지역사제는 꼭 필요한 것이었다.

교회의 형성은 울리히 스투츠(Ulrich Stutz)가 설명했듯이, 교회소유권의 원칙에 따라 세워졌다. 교회의 건축자와 주인은 땅 주인이 되었다. 그는 자신의 지역에 다른 소유자나 명령권자를 용납하지 않았기에 감독이 교회 지도를 한 것이 아니라, 땅 소유자가 그것을 보유했다. 그는 성직자를 임명했고, 또한 파면했다. 헌금과 십일조 등 교회의 수입은 자신의 것이었다. 매우 점진적이지만 제한된 정도로 교회는 감독에게 어느 정도의 감독권을 주기 위해 싸웠다. 교회창립자의 법적지위 속에 개인소유교회는 오늘날에도 여전히 남아 있다.

감독직위는 곧 제후의 소유로 취급되었다고 말할 수 있다. 감독이 갖는 경제적 정치적 중요성을 볼 때 통치자들은 명철하고 신뢰할 수 있는 사람에게 그 직위를 주는 것에 관심을 가졌을 것임에 틀림없다. 왕의 지명, 곧 임명은 그 때문에 고대교회 게르만의 선거권을 점점 잠식해 갔다. 토지소유자가 사제의 유산을 갖게 되는 것처럼 선제후는 감독과 수도원장의 유산(Spolienrecht)[29]과 사제의 공석기간 동안 그 수입을 차지할 권한(Regalienrecht)을 주장했다. 실제로 프랑켄시대에 칼 마르텔(Karl Martel, 714-741)은 교회재산을 왕의 재산처럼 취급했다.

그러므로 왕은 실제로 자신의 땅에 있는 교회를 통솔했다. 이러한 원칙은 게르만 사고에 철저히 일치하고 있고, 그 결과 제후는 최고의 제의책임자가 되었다. 게르만의 법정서가 보수적인 관습법을 인정하고 있음을 생각해보면, 기존의 규정이 기독교인이 된 게르만에게는 저촉할 수 없는 하나님의 규율이라는 가치를 갖고 있음을 이해할 수 있다. 이러한 정서는 754년 이후 영국과 프랑스에서 왕이 교회의 기름부음을 통해 그 직위에 올랐을 때 더욱 강화되었다.

---

29) 죽은 가톨릭 성직자의 유산을 차지할 수 있다는 군주의 권리. 교황은 이를 인정치 않았다.

왕의 교회통치에서 우리는 기독교가 게르만화된 일면을 볼 수 있었다. 그것이 국가교회적인 형태를 조건지어 주었다. 대주교들이 모인 교회공의회 대신에 국가공의회가 등장했다(서고트: 아그데 506년, 프랑켄: 오를레앙 511, 불군디: 에파오 517). 구교회 법은 하나로 조직된 교회만을 다루었기에 심각한 긴장이 구교회와 평신도들이 교회행정에 참여하는 국가교회적인 게르만 교회 사이에서 생겨났다.

8. 게르만 기독교화의 중요성은 기독교 신앙이 국가, 경제, 모든 예술분야 등, 간단히 말해서 삶의 전 분야에 끼친 영향을 숙고해보면 즉시 분명해진다. 교리사적인 연구는 가령 희랍 사상의 영향으로 개념적 차이점을 상세히 보여주었다. 상당히 많은 추상적 개념을 가진 옛 고지 독일어의 고리를 고찰하는 사람은 기독교화를 통해 게르만이 가져온 일련의 사고를 즉시 느낀다. 더럼(Durham) 성당에서 몇 마일 거리에 있는 웨어머스(Wearmouth)와 재로(Jarrow)에 뛰어난 작은 교회를 세운 성 베네딕투스 비스콥(Biscop, †690)은 게르만이 기독교화됨으로 시작된 최고의 길을 명백히 보여주었다. 이 교회는 그 시대의 뛰어난 작품이며, 로마건축 양식의 보석이다. 또한 그들은 고대의 비명에 쓰인 루네문자(Runenschrift: 고대 게르만문자)라는 방식을 찾아냈다. 이것은 놀라운 서화로 더욱 빛이 났다. 슬라브 세계와의 비교가 보여주듯이, 게르만 민족이 가진 큰 능력은 풍부한 창작의 토대가 되었음이 분명하다. 그들은 자극을 주었고, 그들이 끼친 영향이 어떠했는지는 이어지는 시대가 증명했다.

확실히 게르만은 그들이 기독교를 받아들이기 이전에 문화 없는 야만인은 아니었다. 이것은 발굴학이 분명히 보여주었다. 오늘날 영국의 대영박물관에 있는 7세기 중엽 서섹스 동앵글족 왕인 수톤 후(Sutton Hoo) 무덤 속의 보물은 연구자에게 이것을 알게 해준다. 그럼에도 불구하고 중세문화의 절정, 알프스 이북의 예술과 학문의 전성기는 기독교 신앙에서 비롯된 다양한 자극 없이는 생각할 수 없다. 여기서 모두 다루기에는 엄청난 양이다.

가장 중요한 것은 이 시대의 역사를 통해서 예수 그리스도가 게르만에게 알려졌다는 사실이다.

| 참고문헌 | Kurt Dietrich Schmidt, Die Bekehrung der Germanen zum

Christentum, 1939ff. ders., Germanischer Glaube und Christentum, 1948. Walter Baetke, Vom Geist und Erbe Thules, 1944. Theodor Schieffer, Winfried-Bonifatius und die christliche Grundlegung Europas. 1954. Sankt Bonifatius, Gedenkgabe zum 1200. Todestag, 1954. Helge Ljungberg, Die nordische Religion und das Christentum, 1940.

20. 슬라브 민족의 기독교화

민족 이동기에 게르만이 버린 동쪽의 엘베와 도나우 지역으로 슬라브 민족들이 들어왔다. 게르만이 기독교화 되자 그들도 인접한 국경에서 선교적 의지에 사로잡힌 기독교인들을 만날 수 있었다. 성공적인 대선교의 세 번째에 해당하는 슬라브 민족 전체의 기독교화는 수백 년에 걸친 노력을 요구했다. 그것은 600-1400년에 이루어졌다. 그러나 자세히 보면 슬라브 민족의 선교 역사는 복합적인 문제를 가진 양상을 보여주고 있다. 모든 것을 파괴하는 십자군은 그들을 반대했고, 결국 여러 가지 형태의 정치적인 굴복과 낯선 식민지화가 이어졌으며, 일반적이고 상식적인 것을 기대하는 것은 불가능했다. 여기서 그 상세한 것을 다루지는 않을 것이다.

1. 슬라브 민족의 선교는 세 곳의 중심지로부터 시작했다.

1) 알프스 남부에서 가톨릭교회는 이미 7세기 말경 대주교 아퀼레야(Aquileja)가 크로아치아인(Kroaten)들에게 성공적인 선교를 수행했고, 그들의 완전한 기독교화는 9세기 초에 완성되었다.

2) 알프스 북부에서의 선교는 프랑켄 제국에 의해 전개되었다. 케른과 스타이어마르크(Steiermark) 지역의 슬라브 민족(Karantanen)은 이미 8세기에 바이에른(잘츠부르크와 파사우)에서 복음을 받아들였다. 칼 대제가 최고 지도자가 되어 슬라브 민족을 통치했을 때, 그것은 곧 그 지역에 대한 선교의 시작을 의미했다. 즉 9세기에 민족이 와해된 아바르인(Awaren), 가끔은 보헤미아도 포함하여 통치령이 주데텐(Sudeten)[30] 산맥에서부터 발라톤 호수

30) 슐레지언과 뵈멘 사이에 위치하고 있다. *

(Plattensee)[31]까지 이른 모라비아인(Mähren)[32] 그리고 레겐스부르크가 선교 임무를 수행한 체코(Tschechen)이다. 북쪽에 있는 베르덴(Verden a.d. Aller)도 서슬라브족(Wenden)과 오보트리트인(서슬라브족의 종족)에 대해 동일한 임무를 받은 듯이 보인다. 계속적인 선교수행은 이곳의 거의 모든 지역에서 독일과의 정치적 관계에 의존하고 있었다. 독일의 루드빅은 헌신적으로 선교에 임했다. 845년 그의 궁전에서 14명의 보헤미아 통치자들이 그들의 백성과 함께 세례를 받았다. 모라비아의 제후 프리비나(Pribina)는 이미 840년 이전에 그리스도인이 되었다. 그는 라티슬라브에서 루드빅의 후계자가 되었다. 모라비안인 가운데는 피상적으로 그리스도인이 된 경우도 있었다.

3) 마지막으로는 인접한 슬라브 민족에게 기독교를 전하려는 비잔틴의 노력이다. 헤라클리우스 황제 통치(610-641)하에서 세르베니아인(Serben)들이 세례를 받도록 동기를 부여했다. 그러나 이들의 개종이 피상적이었다는 증거는 827년 헬라제국이 망하자 이교가 다시 번창했다는 사실이 보여주고 있다. 그러나 그들에 대한 통치는 바실리우스 1세(Basilius I, 867-886)에 의해 갱신되었다. 이것은 헬라적인 기독교 형태가 궁극적으로 승리했음을 의미한다.

2. 비잔틴과 로마의 대립이 잘 보여주듯이 슬라브 민족을 놓고 라틴적인 선교와 헬라적인 선교가 어디에선가 서로 경쟁적으로 충돌했음에 틀림없다. 이것은 9세기에 주데텐에서부터 발칸 남부에 이르는 전 지역에서 그리고 후에 키브(Kiew)에서 한 차례 더 발생했다. 대(對)독일 관계에서 비잔틴의 후원을 모색한 모라비아의 스타니스라우스(Stanislaus)는 863년 자신의 지역에 대한 선교를 요구했다. 소위 슬라브의 사도라 칭한 키릴(Cyrillus)과 메토디우스(Methodius)가 파송되었다. 키릴은 이미 전에 크림(Krim)에서 슬라브인에게 선교를 했었다. 그는 성서와 예전을 번역하기 시작했다. 생애 최대의 업적인 이 일은 그를 "슬라브의 불필라"(slawischen Wulfila)가 되게 했다(그가 이탤릭 헬라어를 토대로 오늘날에도 계속 사용하고 있는 "키릴" 문자[33]를 만들었는지는 아직 풀리지 않은 문제다). 교황 니콜라우스 1세는 두 사람을 로마로 불렀다. 이곳에서 키릴

31) 헝가리에 있다. *
32) 중부 구체코슬로바키아의 한 지방이다. *
33) 키릴과 메토디우스는 형제였다고 하며, 이들이 만든 키릴 문자는 오늘날의 러시아 언어다. *

은 죽었고, 메토디우스는 885년 죽기까지 모라비아와 보헤미아에서 활동했다. 그러나 잘츠부르크, 파사우 그리고 프라이싱 감독들과는 심각한 갈등을 빚었다. 모라비아가 다시 독일에 속하자, 그의 제자들은 이 지역을 떠나야만 했다. 아르눌프(Arnulfs von Kärnten)의 원조요청을 야기한 이교도인 마자르족(헝가리인)의 침입은 비잔틴과 비잔틴의 영향을 받는 북부 경계선이 놓인 지역 사이에 이교적인 쐐기를 박아 놓았다.

메토디우스의 제자들은 불가리아에서 열정적인 환대를 받았다. 그곳에서 비잔틴의 영향으로 제후인 보고리스(Bogoris/Boris)가 864년 세례를 받았다. 정치적 독립을 위해 그는 프랑켄 제국과 서방 교회에 의존했다. 866년 니콜라우스 1세는 두 명의 사신을 그 지역으로 파송했다. 독일 출신의 감독 에르만리히(Ermanrich von Passau)가 이들과 동행했다. 자국인 대주교를 원하는 보고리스의 뜻이 성취되지 않았고, 메토디우스가 시르미움의 감독 자격으로 불가리아 지역에 대한 이의를 제기하자, 보고리스는 다시 비잔틴으로 기울었다. 불가리아 교회는 결국 독자적인 첫 동방 교회가 되었다.

러시아의 드넓은 지역에서는 국가를 만들려는 노르웨이인들의 힘이 정치적 결합을 가능케 했다. 러시아 출신의 바래거(Waräger)가 9세기 후반기에 일멘호수(Ilmensee)가의 노브고로트(Nowgorod)와 키에프(Kiew)를 중심으로 그곳에서 국가를 건설했다. 바이킹 선박들과 교역선박들이 그들을 콘스탄티노플까지 가게 했다. 그곳의 대주교 이그나티우스(Ignatius)와 포티우스(Photius)는 이들을 통해 선교에 대한 자극을 받았다. 945년에 노르웨이 귀족의 일부가 기독교인이 되었음이 확인되고 있다. 955(954)년 대공(大公)의 미망인인 올가(Olga/Helga)가 헬레나라는 이름으로 세례를 받았다. 그녀가 자신의 나라를 위해 성직자를 보내달라고 콘스탄티노플에 요청했으나 성과가 없자, 즉시 독일의 오토 대제에게 선교사를 요청하는 손을 내밀었다. 그 일로 열려진 엄청난 가능성들은 그러나 유감스럽게도 실현되지 않았다. 비잔틴의 새로운 황제 로마노스 2세(Romanos II)와 황녀인 테오파누(Theophanu)가 그러는 사이에 키브와의 동맹을 다시 시작했다. 오토가 보낸 감독 아달베르트(Adalbert, 후에 마그데부르크 주교가 된다)는 962년 아무런 성과없이 키브에서 철수해야만 했다. 그 후 올가의 손자인 블라디미르(Wladimir, 1015년 사망)의 개종은 러시아에 결정적인 일이 되었다. 그는 987년 비잔틴에 접근하여 세례를 받았고, 989년 황제 바실리우스 2세(Basilius II)의 누이 동생을 부인으로 삼았다. 그녀에 대해서는 이미 968년 독일의 오토 대제가 자신의 아들 오토 2세와 결혼시키려고 했었고, 아무런 성과를 거두지 못했었다.[34] 이것은 비잔틴이 새로운 동맹에 더 커다란 의미를 두고 있었다는 증거다. 러시아 교회는 13세기까지는 그리스인들이 키브의 대주교직을 소유했고, 15세기까지는 모스크바의 감독직을 갖고 있었으나, 그 후에 독자적인 교회가 되었다.

3. 서슬라브 민족의 기독교화는 다양한 방식으로 이루어졌다. 폴란드가 국가를 이룬 것은 9/10세기에 중부 바이크젤(Weichsel)과 바르테(Warthe) 지역에서 폴란드인과 비스라인이 통합된 피아스텐의 왕족 덕분이다. 변방의 태수 게로(Gero)가 미제코 1세(Miseko I)에게 독일의 통치를 인정하도록 강요했다. 965년 미제코는 보헤미아의 공주 드브라프카(Dubrawka)와 결혼했으며, 1년 후에 세례를 받았다. 968년에는 마그데부르크 교구의 요청으로 포젠(Posen)에 교구가 설치되었다. 추측하건대 독일인이 포젠의 첫 감독이었다. 미제코는 작센의 오다(Oda)와 두 번째 결혼을 했다. 이 일로 독일의 영향력이 있었을 것이라는 좋은 전망들은 오토 3세(Otto III)를 통해 사라졌다. 로마 제국의 재흥(renovatio Imperii)이라는 자신의 생각을 실현키 위해 오토는 동쪽에 있는 여러 민족들을 친구와 동지(amici et foederati)로서 계속 로마 제국에 끌어들이고자 계획했고, 호의적인 선교를 모색했다. 그는 독일 감독들의 반대에도 불구하고 교황을 통해 1000년에 그네젠을 대주교구로 승격시키고, 그것을 위해 세 나라, 즉 폼메른, 크라코비엔 그리고 슐레지엔에 세 개의 부주교구를 콜베르크, 크라카우 그리고 브레슬라우에 설치했다. 황제의 뜻을 따르지 않자, 그것으로 독일 교회의 선교임무는 독립적인 폴란드 교회에게 주어졌다. 동일한 원칙에 따라 오토 3세는 헝가리에도 독자적인 주교구를 그란(Gran)에 설치했다.

폼메른(Pommern)은 12세기 초 폴란드의 볼레스라우 3세(Boleslaw III)의 통치를 받았다. 그는 평화조약의 조건으로 그 지역 백성들에게 세례를 요구했다. 그러나 볼레스라우 3세는 폴란드에도, 로마에도 폼메른을 위한 선교사가 없었기에 1123년 밤베르크의 주교 오토(Otto)에게 도움을 요청했다. 황제 하

34) P.E. Schramm, Kaiser, Basilius und Papst in der Zeit der Ottonen (Hist. Z. 129, 1923, S. 424ff.).

인리히 5세의 사전 승낙도 얻지 않은 채 오토는 직접 폼메른으로 갔다. 독일의 도움을 받은 폴란드 선교에서 폴란드의 도움을 받은 독일 선교가 되었다. 오토는 1,000명에게 세례를 줄 수 있었다. 볼린(Wollin)에는 주교구를 설치하기 위한 토대가 마련되었으나, 많은 어려움이 교차된 후 캄민(Kammin)에 세워졌고, 마그데부르크와 그네젠의 이의제기로 교황의 직접적인 지시를 따르도록 했다. 선교는 12세기 중엽 이후 독일 농부들의 유입으로 상당히 촉진되었다. 독일 농부의 폼메른 진출은 감독과 나라의 경제적 부흥을 위해 폼메른의 제후들이 요청한 것이다. 슐레지언의 피아스텐 영주들도 이와 비슷한 일들을 수행했다.

엘베와 오더 강(江) 사이에 있는 민족들(오보드리텐, 리우티첸, 소르벤)은 하인리히 1세와 오토 대제를 통해 제국에 복속되었다. 오토는 948년 오보드리텐을 위해서는 올덴부르크/바그리엔에 그리고 리우티첸을 위해서는 하르벨베르크와 브란덴부르크에 마인츠 산하 주교구를 세워 그들을 선교하기 시작했다. 레그펠트 전투를 앞두고 한 서원이 메르제부르크(Merseburg)를 세우게 했고, 967년에는 차이츠와 마이센을 세웠다. 이듬해 많은 어려움을 극복한 후 마그데부르크 대주교구를 세웠으며, 동부지역 선교의 중심 역할을 당부했다. 그러나 백년에 걸친 양쪽의 국경싸움은 극도의 난관을 가져왔고, 이곳에서의 진정한 선교적 성공은 회의적이 되었다. 독일 황제 하인리히 2세는 폴란드 통치권에 대한 싸움에 흥미를 갖고서 선교를 그만둘 것이라는 엄청난 조건하에 폴란드에 위협당하고 있던 리우티첸과 동맹을 결성했다. 이교적인 군기를 앞세우고 리우티첸은 수차례 전투에 참여했다.

엘베와 오더강 사이에 놓인 지역의 기독교화는 독일인의 이주가 결정적인 역할을 했다. 그들은 처음에는 잘레와 엘베사이의 마크 마이센에 있었다. 마크 브란덴부르크에서는 1134년 이후 곰 알브레히트(Albrecht der Bär)가 통치권을 행사했고, 동홀스타인에서는 아돌프 폰 샤움부르크가 1134년 이후 통치했다. 이곳은 이전에 이미 브렘멘 출신의 스콜라스티쿠스 비첼린이 선교활동을 하여 어느 정도 성공을 거둔 지역이었다.

조용하면서도 성공적인 선교 활동은 교회의 열정으로 인해 원치 않게 다시 중단되었다. 2차 십자군 전쟁에 대한 베른하르트(Bernhard von Clairvaux)의 설교는 작센에서 아무런 반응을 불러일으키지 못했다. 이것이 십자군 전쟁을 이교에 대한 싸움으로 연장하도록 베른하르트를 자극시켰다. 서슬라브 민족 혹은 그들 종교의 파괴가 그의 계획 뒤에 숨겨진 목표였다. 이것은 당시 헬몰트(Helmold)에 의해서 날카로운 비판을 받았다. 성공은 다만 임시적인 것이었다. 1147년 이후 오늘날 라우엔부르크와 메클렌부르크에 해당하는 지역민들에게 독일 영주들이 이주를 장려했고, 독일인의 이주가 이곳의 이교를 느리게나마 사라지게 했다. "주변지역에 있던 슬라브 민족들은 그곳을 떠났다. 작센 사람들도 이주해 왔고, 그곳에서 거주했다. 슬라브인들은 점차 이 땅에서 사라져 갔다"고 플뢴(Plön)지역에 대한 헬몰트의 슬라브 민족 연대기에 기록되어 있다. 다른 지역 역시 그렇게 일어났을 것으로 보인다.

4. 발틱해의 리프란트(Livland) 선교는 작센 참사원이던 마인하르트에게 거슬러 올라간다. 그는 설교할 목적으로 1180년 이후 선원들과 함께 뒤나로 항해했다. 1184년 그는 윅스킬에 첫 교회를 세웠고, 함부르크-브레멘의 대주교구에 소속시켰다. 대주교는 그를 리프란트의 감독으로 임명했다. 베르트홀트 폰 록쿰(Berthold von Loccum)이 그의 후계자가 되었다. 시토회 수도사였던 그는 동료수사 베른하르트의 반(反)이교적 십자군 사상을 다시 수용했다. 첫 전투에서 그가 사망하자, 그의 후계자 아달베르트는 황제와 교황 인노센트 3세의 동의 하에 십자군을 계속 수행했다. 독일의 도시들이 세워졌다는 것은 승리를 뜻했다. 1207년 리프란트가 정복되고, 1217년에는 에스트란트가 정복되었다. 교황들은 사업을 위해 돈을 모았고, 함브루크-브레멘 감독구가 분할됨으로 교황의 대사가 모든 영적인 지도력을 갖는다는 지침도 뒤따랐다. 독일이 자유롭게 시작한 모든 것이 그러므로 교황에 의해 이어졌다. 교황청의 새로운 위치가 분명하게 부각된 것이다.

발틱해의 나라들이 정복된 후에 비로소 프로이센 싸움이 시작되었다. 1200년 초 시토회 수사인 고트프리트 폰 렌코(Gottfried von Lenko)가 그곳에서 선교를 시작했다. 그러나 곧 순교자로 생을 마쳤고, 수도원 동료인 크리스챤 폰 올리비아(Christian von Olivia)가 그의 일을 대행했다. 그는 1215년 교황에 의해 이곳 새로운 지역의 감독으로 임명받았다. 프로이센이 그를 대항하자, 그는 십자군의 도움을 모색했다. 결국 폴란드의 영주 콘라트 폰 마조비엔(Konrad von Masovien)은 헤르만 폰 잘차(Hermann von Salza)가 이끄는 독일 십자군 기사단에게 도움을 호소했다. 그러나 황제의 인가가 있고 나서야 헤르만은 동쪽으로 진군할 수 있었다. 그러므로 여기서도 독일의 선교 활동은 폴란드의 시작에서 이루어졌다. 1230년 프로이센과의 싸움이 시작되었고, 1283년 종결되었다. 이후 독일의 식민지가 종단을 뒤따랐다.

리타우엔(Litauen)은 14세기에 기독교화가 되었다. 그렇게 많은 이교도가 기독교의 형식을 따른 곳은 이곳 외에 없다. 기독교 신앙 역시 이 지역에서 가장 깊이 뿌리를 내렸다. 선교와 정복의 두 바퀴가 숙명적인 영향을 미쳤다.

선교와 식민지화를 통해 촉진된 독일문화의 동방진출은 바다에서도 한자동맹(Hanse)을 통해 이루어졌다. 이것은 동해(Ostsee)를 독일이 통치하는 지역이 되게 했다.

이러한 역사적 관계는 슬라브의 큰 땅을 로마보다 작은 비잔틴으로 간주하는 결과를 가져왔다. 신앙의 차이는 곧 문화적 차이를 뜻하기도 했다. 정치적으로 오늘날까지도 계속되고 있는 유고슬라비아의 분열로 이루어진 세르벤과 크로아텐의 심각한 대립, 동슬라브(러시아대국, 우크라이나, 바이쓰루테넨)와 폴란드의 대립은 여기에 그 근원이 있다.

| 참고문헌 | E, Schick, Kirchengeschichte Rußlands, Bd,I, 1945. A. Naegle, Kirchengeschichte Böhmens, Bd.,I, 1918. Karl Völker, Kirchengeschichte Polens, 1930. H, Heyden, Kirchengeschichte von Pommern, Bd. I, 1957[2]. Karl Schmaltz, Kirchengeschichte Mecklenburgs, Bd. I, 1953. E Kreusch, Kirchengeschichte der Windenlande. 1902. Hans-Dietrich Kahl, Zum Ergebnis des Wendenkreuzzugs von 1147 (Wichmannjahrbuch Jahrgang 11/12, 1957/1958).

21. 동 · 서방 교회의 분열

교회의 일치는 모든 기독교 사상이 추구하는 본질이다. 그리스도의 몸은 하나다. 보편교회를 뜻하는 가톨릭이라는 몸에서 이탈하는 사람은 곧 그리스도와의 연합을 상실한다. 고대교회의 이러한 관점이 중세에 그대로 수용되었지만, 그럼에도 불구하고 11세기에 교회의 분열은 하나의 현실이 되었다. 그러나 그것이 기독교 세계를 내부적으로 각성케 하지는 못했다. 기정사실화된 이러한 상황은 1세기 이후 교회가 희랍측과 라틴측으로 나뉘어 서로 대립해 왔다는 사실에서 예정된 과정이었음을 알 수 있다.

희랍교회와 희랍제국은 8 · 9세기에 비약적으로 성장했다. 그렇지만 교회는 다른 한편 지난 6세기 동안 교회에 마련된 전통에 사로잡혀 있었고, 아우구스티누스와 같은 위대한 신학자에게서 비롯되는 강한 자극이 없었다. 새롭게 유입된 슬라브 민족도 교회가 처한 상황을 새롭게 변화시키지 못했다. 전체적으로 볼 때 동방에는 서방의 특징인 세계를 변혁시키고자 하는 적극적인 성격이 없다. 그러나 그렇다고 해서 동방이 죽었다고 볼 수는 없다. 슬라브 민족에 대한 대대적인 선교 활동이 당시 동방의 생동성을 입증해준다. 더 나아가서 사라센 제국의 침입은 동방을 헬라 세계의 중심이 되게 했다. 그것은 동방의 단결과 일치를 더 굳혀 주었다. 신학과 예술에서도 눈부신 발전이 일어났다.

로마 제국의 몰락이 가져온 동 · 서방의 분리는 양측을 독자적 성격을 가진 교회로 발전하게 했다. 언어와 문화가 다양했고, 게다가 민족적 성격도 여러 가지였다. 동로마 제국이 소유권을 주장하는 제국 지역에 교회 국가가 성립하고, 교황이 프랑켄과 연대했으며, 황제 제도가 서방에 신설되고, 오토가 희랍적인 남부 이탈리아를 공격하는 등의 일을 통해 많은 정치적 차이점도 생겨났다. 교회적으로도 그리스도의 사역을 바라보는 시각이 다양했다(참고 11). 물론 그것은 교회 전체에 적용할 삼위일체론과 기독론의 확립에 방해가 되지는 않았으나, 해석에 있어서 엄청난 차이점을 가져왔다. 필리오케(filioque) 논쟁과 성상논쟁이 여기에 속한다. 그도 그럴 것이 그 뿌리가 단체론적이기 때문이다. 그리스도는 하나님이며, 때문에 모방될 수 없다. 교회, 규범 그리고 예전에 대한 견해도 다양했다. 비잔틴과 로마의 총주교는 이탈리아 남부의 같은 지역과 발칸 지역에 대한 관할권을 제기했고, 그로 인해 긴 싸움이 일어났다. 서로에 대한 불신이 고조되었고, 교회정치적인 차이점에 대해서는 극단적인 긴장이 조성되었다.

대 그레고리(Gregor d. Gr, 590-604) 시대에는 호칭문제가 갈등을 가져왔다. 비잔틴의 총주교도 로마에 쓴 서신에서 자신을 범교회적인 총주교라고 칭했다. 그레고리는, 물론 헛된 일이었지만, 이런 신성모독적이며 교만한 칭호(nefandum elationis vocabulum)에 합당한 소임을 다할 것을 요구했다. 그레고리는 마태복음 20장 26절 이하 내지는 23장 11절에 의거하여 "하나님의 종들 중의 종"(servus servorum Dei)이라고 겸손하게 자신을 칭했다. 그는 이러한 칭호로 교황의 가치를 세상에 드높인 최초의 인물이 되었다.

동 · 서방 교회의 대립은 교황 니콜라우스 1세(858-867) 재임 시 새로이 표면화되었다. 이것을 소위 포티우스(Photius) 분열이라고 한 헤르겐뢰터(Hergenröther)의 저서는 드보르닉(Dvornik)의 철저한 원전 비평연구로 인해 중요한 변화를 겪었다. 고대 비잔틴 내부의 당쟁은 857년 총주교인 이그나티우스의 불가피한 사임을 초래했다. 당시 비잔틴 제국은 어린 미카엘 3세를 대신하여 바르다스(Bardas)가 섭정을 하고 있었다. 그런데 총주교인 이그나티우스는 바르다스가 그의 며느리와 간통했다고 비난했다. 황제는 종교회의를 소집했고, 이그나티우스를 축출했으며, 바르다스의 친구인 포티우스를 총주교에 임명했다. 그는 합법적으로 선출되지 않았으나, 당시 동방 교회에서 가장 박식한 사람 중의 하나였고, 이제까지 내각의 의장으로서 가장 적임자로 인정받았다. 그렇지만 로마의 관례에 따른다면 (물론 비잔틴에서는 그렇지 않지만) 비합법적인 승진으로 총주교의 자리에 서임된 한 사람의 속인이었다. 그의 직임 수행에 대한 고소가 제기되자, 교황 니콜라우스 1세는 이 일에 관여했고, 그를 승인해주기 이전에 법적인 조사단을 파견했다. 비잔틴은 교황의 사절들을 융숭하게 대접했다. 그 결과 사절들은 861년 비잔틴회의에서 포티우스의 총주교 취임을 적법하다고 인정해 주었다. 이 사실을 안 니콜라우스는 863년 로마회의를 소집하여 사신들을 탄핵하고 이그나티우스를 다시 총주교로 세우고자 결의했다. 비잔틴과의 싸움은 불가리아에 대한 교회의 치리 문제와 뒤섞여 더욱 첨예해졌다. 이것은 곧 불가리아 교회가 로마와 비잔틴 중 어느 쪽에 충성을 바쳐야 하는가의 문제였다. 로마는 특권의 문제였고, 콘스탄티노플은 생존의 문제였다. 비잔틴이 로마의 요청을 수락하기는 실제로 불가능했다. 교황이 포티우스의 총주교 인정을 거부하자 비잔틴은 867년 콘스탄티노플 공의회를 열어 로마교황 니콜라우스 1세를 정죄했다. 오직 불가리아를 얻고자 서방의 관례를 비난했지만, 그것은 실제로 서방 전체를 비난한 것이었다. 같은 해에 비잔틴 황궁에서 일어난 반란은 상황을 반전시켜 주었다. 황제 미카엘 3세가 살해되고 바실리우스 1세(867-886)가 즉위했으며, 이것이 상황을 로마에 유리하게 만들어주었다. 새 황제는 반(反)포티우스적인 교회와 로마가 필요했다. 869년 콘스탄티노플에서 열린 새로운 공의회는 포티우스를 정죄했다. 이그나티우스는 총주교로 복직했으나, 그가 877년 죽자, 황제는 내부의 정치적 상황 때문에 이번에는 포티우스와 화해해야 했고, 교황의 인가를 얻어 그를 총주교로 임명했다. 포티우스는 876년 이그나티우스와 다시 화해했고, 모든 것을 다시 잃어버리길 원치 않았기에 로마도 그를 인정해야만 했다. 불가리아 문제는 타협을 통해 해결되었다. 즉 희랍 출신과 희랍의 문화를 가진 성직자가 그곳에 머물지만 로마의 통제를 받는다는 것이다. 이러한 해결은 확실히 불가리아에 민족교회적인 계획을 세우도록 작용했고, 결국 이루어졌다. 포티우스가 두 번이나 로마에 의해 출교당했다는 주장은 자료를 토대로 평가해볼 때 옳지 않다. 장기간에 걸친 외교적인 설전의 결과 어쨌든 동방에서도 교황의 권한이 올라갔다.

미카엘 케룰라리우스(Michael Cerularius, 1043-1058)가 비잔틴의 총대주교로 재임 시 싸움이 새로 시작되었다. 그는 서방의 광적인 적이었고, 라틴인을 이단으로 간주했다. 그의 재임기간에 서방의 교황은 첫 개혁 교황이라 불리는 레오 9세(1049-1054)였다. 심각한 대립과 분열의 전제가 갖추어졌다. 레오가 남부 이탈리아에 대한 수위권을 요구하자, 비잔틴은 이에 대응해 1053년 콘스탄티노플에 있는 라틴교회를 폐쇄했고, 수도원을 몰수했다. 이유는 그들이 성찬식 때 무교병을 사용한다는 것이다. 이것은 8세기 이후 서방에서는 일상적인 것이었다. 오크리다의 대주교 레오(Leo von Ochrida)는 총대주교인 케룰라리우스의 요청으로 "프랑켄의 모든 감독과 존경하는 교황에게"라는 서신을 보냈다. 그는 이 서신에서 라틴인을 반(半)유대인이라고 비하했다. 이유는 그들이 토요일에 금식하고 성찬에서 발효시키지 않은 무교병을 사용한다는 것이다. 또한 피를 가진 목졸라 죽인 짐승의 고기를 먹으며 금식기간 할렐루야를 부르지 않는 점을 언급했다. 다른 대적자들은 독신의 문제를 공격했다.

교황은 추기경 훔베르트(Humbert)에게 이러한 비방에 대한 답변을 하도록 지시했다. 그는 1053년 "대화"(Dialogus)라는 글로 동방을 공격하기 시작했다. 서방에서 평신도 서임을 성직매매로 보듯이, 동방에서 이루어지는 성직서품을 계시록의 니골라주의(Nikolaitismus)와 동일시했고, 마찬가지로 이단이라고 평했다. 그는 동방인에게 마케도니아의 오류를 적용했다. 이유는 그들도 필리오케(filioque)를 인정하지 않기 때문이다. 그는 동방을 파문하겠다고 위협했다. 황제 콘스탄티누스 9세(1042-1055)는 분쟁을 싫어했다. 그는 교황에게 비잔틴에 사신을 파견해 싸움을 종결해 주기를 요청했다. 교황이 로마의 특권에 대한 가장 수구적 인물인 훔베르트와 프리드리히 폰 로드링겐을 대표로 파견했을 때 사실 처음부터 성공은 없던 것과 다름없었다. 성과 없는 협상이 진행된 후 사신들은 1054년 7월 16일 훔베르트가 작성한 파문장을 성 소피아 성당의 제단 위에 놓았다. 파문장은 비잔틴인을 성직매매자, 영지주의자, 아리우스파, 도나투스파, 니골라당, 성령주의자, 마니교 그리고 유대기독교라고 비난했다. 이러한 행동은 동방의 분노를 야기시켰고, 그들도 동일한 정죄로 반박당했다.

어려운 관계에 처한 사람의 행동처럼 동방은 당시 매우 민감했고, 그들의 오랜 전통을 주장했다. 그러나 서방의 개혁운동은 호전적인 교의주의(Doktrinarismus)에 경직되어 있었다. 형제라 할지라도 서로 다를 경우 형제로 인정할 수 없었다. 동 · 서방의 분리는 이러한 역사적 상황에서 나온 것이다. 교회의 일치라는 자명한 이치와 교리적인 차이점이 없었음에도 불구하고 분리는 치유될 수 없었다. 이러한 분리는 이미 이전에 동 · 서방의 대립이 얼마나 깊었는지를 증명해 주었다.

이후에 모든 화해 시도는 오늘날까지도 성공을 거두지 못했다. 동방 교회는 – 이교적인 로마에 대해 그들은 스스로를 이렇게 부른다 – 이제 로마에 대한 복종은 생각할 수 없을 정도로 뿌리를 내린 독립적인 교회가 되었다. 서방에서는 1870년 교황의 가르침은 곧 교리로 인정되었다.[35] 서방에서는 분리가 곧 이단이었다. 동 · 서방 교회는 오늘날까지도 서로 멀리하고 있다. 서방에서는 이러한 분리를 육체의 가시라고 느끼고 있다. 양측 모두 전에는 활발했던 성직자의 교류가 동결되어 많은 손실을 입었다.

| 참고문헌 | Francis Dvornik, The Photian Schism, 1948. A. Michel, Humbert und

35) 교황 피우스 9세(1846-1878)는 1869년 12월 8일 제1차 바티칸 공의회를 열었다. 트리엔트 공의회 이후 300년 만에 열린 이 회의에서는 근대합리주의, 유물론, 무신론 등의 근대 반(反)그리스도교적 철학체계 및 얀세니즘, 페브로니우스주의(교회에 대한 국가우위설 주장) 등의 이단설을 배격하고, 교황의 무류성(無謬性)을 신조(信條)로 선언했다. 교황의 우위성을 교리적으로 확립했다는 점에서 교회 역사상 특별한 의미가 있다. 프로이센-프랑스 전쟁으로 인해 의사(議事)를 다루지도 못하고 1870년 10월 20일 정회했지만, 이 회의 결과 교황 무류설에 반대하는 사제와 신학자들에 의해 구가톨릭교회가 조직되기에 이르렀다. *

Kerullarios, 2 Bde., 1925/1930. St. Runciman, The Eastern Schism, Oxford 1955.

22. 교회와 세상의 보편적 통치자가 된 교황권

1. 교회의 주인 교황 교황 이념은 고대교회 특히 서방 교회에서 형성되었고, 중요하게 간주되었다. 게르만 민족의 이동기에 교회에서 교황의 위치는 이중적인 방식으로 계속 장려되었다.

1) 로마 제국의 붕괴로 당시 외적으로 통일을 유지시켰던 끈, 곧 제국 자체를 교회가 넘겨받았다. 그리고 서방의 총대주교이자 로마의 감독은 그들이 하나라는 상징적 인물이 되었다.

2) 교회의 로마적 성격은 게르만과 아리우스 통치지역에서 가톨릭교회가 처한 상황으로 인해 더 촉진되었다. 게르만 문화와의 신앙적이며 민족적인 대립은 라틴적인 성격을 더 강조하도록 만들어주었다. 미사에서 대중의 언어를 사용하는 것은 당시 일반적이었다. 그러나 이제 예배에서 게르만의 언어를 사용하는 것은 이단적, 즉 아리우스적이라는 뒷맛을 남겼고, 그로 인해 사용할 수 없었다. 가톨릭적인 것은 곧 로마적이라는 등식이 확신으로 등장했다. 이것은 이미 유세비우스(Eusebius von Caesarea, 260-340) 이후 계속 확장되었던 것이다.

다른 한편 게르만의 이동은 교황권의 위험을 뜻하기도 했다. 그것은 교회가 가톨릭적이고 게르만적인 영역에서 국가교회(Landeskirchen) 형태로 세워졌기 때문이다. 어떻게 이러한 위험을 극복했고, 또 앵글로색슨족과 보니파티우스가 여기서 어떤 역할을 감당했는지는 이미 앞에서 다 설명했다.

교황이 알프스 이북의 교회에서 절대적 지도력을 확보하는 데 결정적인 도움은 보니파티우스가 아니라 9세기 전반부에 살았던 라임 교구의 익명의 성직자들로부터 왔다. 카롤링 제국의 몰락은 지나치게 국가와 결탁되어 있던 국가교회와 연관이 있다. 교회가 처한 어려움과 제국의 약화라는 상황이 그들이 가진 권한을 확대하는 데 이용할 강력한 대주교를 찾게 했다. 물론 이 일은 감독들의 저항에 부딪혔다. 이러한 대립에서 감독들은 유명한 위조문헌인 익명의 이시도르 교령(pseudo-isidorischen Dekretalen)을 제출했다. 이것은 이시도르 메르카토르(Isidor Mercator)로부터 나온 일부는 진짜요 일부는 가짜인 교황과 공의회의 교령을 모은 것이다. 그는 당시 유명한 교회법 학자인 이시도르 폰 세빌라(Isidor von Sevilla, 570-636)와 동일 인물이다. 그것은 감독이 가까이 있는 대주교가 아닌 먼 교황에게 직접 예속하고 있음을 입증하려고 시도한 것이다. 자신의 부자유를 타파해야 하는 자유를 향한 감독의 싸움이었다. 이 교령은 매우 신속하게 로마에 전해졌다. 교황 니콜라우스 1세는 어쨌든 교황청의 유익을 위해 그것을 이용했다. 그는 이 교령이 로마의 문헌 가운데 있었다고 설명하기를 빼놓지 않았다.

이 위조문서는 대단히 중요한 것으로 취급되었다. 왜냐하면 중세기 내내 진짜로 여겼기 때문이다. 그 일부가 후에 가톨릭교회 법전으로 넘어갔다. 로마 교황청은 이것으로 교황사상과 함께 교회의 통치를 종교적으로 정당화시킬 수 있었고, 법문서로 사용할 수 도 있었다. 그것은 세상에서 법문서가 종교적 이유보다 더 큰 증명력을 가진 유일한 경우다.

어려운 싸움이 없지는 않았지만 교황청이 그들의 요구를 관철시키자

(1) 감독의 모든 위치가 달라졌다. 이전에 감독은 그가 누구이든 사도의 후계자로 인정받았고, 감독 서임은 양들을 초장으로 인도하라는 그리스도의 직접적인 소명을 뜻했다. 모든 감독은 그리스도의 대리자(vicarius Christi)이며, 그에게 속한 자들을 돌보아야 할 권한을 가지고 있다. 그러나 감독은 달라진 상황으로 인해 이러한 직임을 강탈당했다. 단 한 명의 그리스도의 대리자가 있을 뿐이다. 단 한 사람, 즉 교황만이 신자를 돌볼 권한을 가지고 있다. 다른 사람들은 신자를 돌보는 교황의 직임 수행에 있어서 보조자가 되는 것이다. 다른 말로 표현하여, 교황은 모든 교회에 대한 보편적 감독직의 소유자이다. 이것은 이러한 형태로 수백 년 동안 적용되었고 1870년 교리로 정해졌지만, 사실 이전에 그레고리 7세(1073-1085)의 교서(Dictatus papae)에서 고전적인 표현을 발견할 수 있다. 이미 언급한 이유는 제쳐두고라도 이러한 사상의 관철은 가능하다고 할 수 있다. 왜냐하면 그것은 감독의 실질적인 활동과는 별로 상관이 없는 일이었기 때문이다. "그것을 통해서 감독의 직업이 아닌 의미가 바뀌었다"는 하우크(Hauck)의 말은 적절한 지적이다.

(2) 익명의 이시도르 교령부터 그라티안의 교령(Decretum Gratiani)에

이르기까지 교회법이 발전하면서 교회도 본질적으로 달라졌다. 이것 역시 교황사상에 영향을 주었다. 좀(Sohm)이 말하듯이, 종교적 혹은 그리스도 몸의 성례전적 교회는 11세기 볼로냐에서 로마법적인 사고가 갱신됨에 따라 이제 로마적이고 법적인 의미에서의 단체, 즉 하나의 연합체로 이해되고 있다. 게다가 그것은 단 하나밖에 없는 단체며, 그 임무는 하나님에게서 직접 온다. 그에 상응해서 하나님이 직접 주신 직접적이고 불변하는 규정 역시 신의 법(ius divinum)으로 간주되고 있다. 다른 단체들처럼 중요한 법도 함께 있다. 이것은 인간의 법(ius humanum)이며, 요구가 있을 시에는 물론 고쳐질 수 있다. 교회는 이제 신적인 권한뿐만 아니라 인간적 권한을 가진 하나의 단체가 되었다.

두 영역의 차이점이 어디서 생겼으며, 어떻게 실현되었는지는 알려지지 않았다. 그것은 고대교회에 매우 낯선 것이었다. 그들에게 교회는 단순히 그리스도 몸이다. 교회가 하는 모든 것은 예수 그리스도의 몸이 하는 일이며, 거룩하고 성례전적인 것이다. 때문에 성례전을 특정 숫자로 제한하는 것은 불가능하다. 감독도 자리를 옮길 수 없다(can. 1 der Synode von Serdika). 하나님이 직접 그의 도시를 위해 그를 선출했다. 이러한 관점은 실제로 많은 어려움을 낳았음이 분명하다. 때문에 이러한 관점을 시급히 고쳐야만 했다. 게르만 왕들 역시 그러한 교회법적인 제지를 아무렇지도 않게 무시했다. 신의 법과 인간 법의 구별은 아우구스티누스 시대 이후에나 가능했다. 왜냐하면 이러한 구분은 그리스도의 신비적 몸과 혼합된 몸의 구분을 전제해야 했기 때문이다. 사람들은 교회에 속한 사람들을 신적인 사람과 인간적인 사람으로 구분했지만, 그 자신 안에는 그것이 혼합되어 있다고 보았다.

로마법의 의미에서 볼 때 단체는 그것을 대표하는 기관이 필요하다. 이 기관은 전권을 쥐고 그 단체를 위해서 일한다. 고대교회는 그러한 기관을 갖지 못했다. 공의회 역시 그렇지를 못했다. 어떤 것이 그에 상응하는 기능을 하게 될지 숙고해 본다면, 단연 교황밖에는 없다. 교황은 그 때문에 교회를 이끄는 기관이라고 계속 여겼다. 그와 일치해서 새로운 호칭이 그에게 주어졌다. "그리스도의 대리자"(vicarius Christi)였다. 이것은 고대의 "베드로의 후계자"(successor Petri)라는 것이다. 교회가 직접 보여주는 모든 성질들은 그것이 대표하는 모든 것에 적용된다. 특별히 교황은 신의 도움으로 무오류성을 갖고 있다. 그리스도는 이 무오류성으로 자신의 교회를 준비했다. 교황을 위해 이것을 맨 처음 요구한 사람은 그레고리 7세다. 교황이 유일하고도 무오류한 교회의 대표, 즉 지상에서 그리스도의 대리자라면, 교황과 떨어지는 사람은 곧 그리스와 떨어지는 사람이다. 그 결과 피할 수 없는 결과가 생겼다. 우선 토마스 아퀴나스에게 명백히 나타나는 교황에게 복종하는 것이 구원의 조건이 된 것이다(subesse Romano Pontifici est de necessitate salutis). 그러나 이러한 생각은 그레고리 7세의 교황교서(Dictatus Papae)에 이미 시사되어 있다(Nr. 26).

루돌프 좀(Rudolf Sohm)은 교회가 그리스도의 몸이라는 새로운 생각과 그것이 가져온 결과를 통해 알게 된 변화를 높이 평가하여, 여기서 고대 가톨릭과 새로운 가톨릭을 서로 구분하는 본질적인 단면이 이루어졌음에 틀림없다고 보고 있다. 그것이 옳은 판단인지는 여전히 논쟁중이다. 중세 전성기는 깊은 영적인 변화가 침투했고, 로마 양식이 고딕식으로 전환되는 양상을 보여주고 있다. 예술 형식의 변화는 언제나 보편적인 정신적 변혁의 표시다. 그러한 표시가 중세에는 전혀 없었기 때문에 좀의 주장은 지금까지 수용한 것보다 더 큰 중요성을 지니고 있다.

교황을 교회의 절대적인 군주로 만들어 교회의 모든 영역을 그의 발아래 둔 이러한 발전은 다만 시대발전의 한 측면에 불과하다. 그와 함께 교황을 최고의 세상 통치자가 되게 하고 그에게 엄청난 정치적 힘을 부여해주고, 그를 황제와 왕의 상위통치자로 만든 또 하나의 측면이 공존하고 있다.

2. 세상의 통치자 교황 1) 콘스탄티누스 대제가 결행한 로마에서 비잔틴으로의 황제 거처의 이전은 교황이 세상의 통치자로 발전하게 된 출발점이 되었다. 그것은 단순히 궁정감독이 될 운명에서 교황을 해방시켰다. 또한 비잔틴 감독이 부여하는 정치적인 압력에서도 벗어나게 했다. 황제에 대한 동방의 근본적인 입장 역시 중요한 역할을 했을 것이다.

2) 교회는 게르만 민족 이동의 혼란 속에서도 살아남은 유리한 대기관이었다. 로마 시민에게는 대 환난이던 시기에 교회는 그들을 위한 마지막 피난처(ultimum refugium)였고, 국가의 수많은 행정적 임무가 교회에 떨어졌다. 이런 방식으로 교회는 물론 처음에는 백성의 의식 속에서, 그리고 이후 스스로가 느끼기에 고대 로마 제국의 자리를 대신했다. 가톨릭이 곧 로마라는 등

식이 새로운 의미로 완성되었다. 유스티니안 황제의 입법은 게르만이 이탈리아를 점령한 시기에 교회에 주어진 과제와 권한을 허용했다.

3) 발전은 교황 대 그레고리(Gregor d.Gr.)를 통해 더욱 가속화되었다. 그의 열정적인 노력으로 로마 교회의 모든 소유를 중앙으로 통합하여 교회국가(patrimonium Petri)를 이루는 데 성공했다.

(1) 그는 교황청을 재정적으로 독립시켰다.

(2) 그가 실행한 교황 중심의 행정은 정치적 통치자를 연상케 했다. 이것은 그레고리가 랑고바르덴과 싸워 로마를 지켰다는 사실에서 잘 나타난다. 그 때문에 그레고리를 교회국가의 실질적인 창건자라고 여긴다.

4) 교황이 비잔틴과 단교하고 프랑켄 제국과 제휴한 것은 교회국가의 합법적인 창건에 결정적 역할을 했다. 랑고바르덴의 이탈리아 점령은 로마를 위협했고, 게르만 국가교회의 변두리로 전락할 운명에 처했다. 동로마 제국은 이러한 위험에서 로마를 건져줄 능력이 없음이 입증되었다. 그 결과 그레고리 3세(731-741)는 738년 서방, 즉 프랑켄 제국에 보호를 요청하기로 마음먹었다. 하지만 당시의 궁재였던 칼 마르텔은 그의 요청을 거절했다. 그의 아들 피핀은 메로빙가의 왕에게서 왕관을 넘겨받을 전권을 751년 그리스도의 대리자인 교황에게서 받았고, 스스로 왕위에 올랐다. 그는 왕족의 혈통이 아니라는 결점을 교황의 인정을 통해 상쇄하고자 했다. 교황이 재차 그의 머리에 도유(塗油)함으로써 교황은 제국의 전달자(translator imperii)가 되었다.

교황은 그에게 로마의 수호자라는 호칭을 주었고, 피핀은 그에 대한 보답으로 랑고바르덴의 위협 앞에서 로마를 방어해야 할 의무와 동시에 포티온과 쿠리어스 협약에서 중부 이탈리아의 특정 지역을 통치지역으로 교황에게 양도해야 할 의무를 부여받았다. 라벤나의 총주교직은 교황측이 차지했고, 게다가 로마 주변도 실제로 교황이 다 소유했다.

교황이 로마에서 실제적인 권력을 움켜쥐게 된 것은 랑고바르덴과 비잔틴의 대립 덕분이다. 그것이 교황으로 하여금 로마의 통치자가 되게 했다. 도시는 명목상으로 아직 동로마 제국에 속했다. 그러나 위에서 보았듯이, 로마는 라벤나 대주교직까지도 손에 쥐었다. 이곳은 동로마 제국이 그때까지도 랑고바르덴과 대립하며 소유권을 주장하고, 대주교라 칭하는 통치자를 통해 다스리던 지역이다. 어떻게 교황이 동로마에 속한 땅을 요구하고 피핀의 정복후 당연하다는 듯이 즉시 비잔틴에 요구할 생각을 했는지는 여전히 의문이다. 콘스탄티누스의 증여(donatio Constantini)가 한 가지 추측을 낳게 할 뿐이다. 소위 콘스탄티누스의 선물인 이 증여는 하나의 위조문서다. 이것은 스테판 2세(752-757)가 750년부터 760년 사이 로마 또는 프랑스를 방문하고, 그 후 아마도 754년 로마 지역을 방문했을 때 만들어진 것이라고 추측한다(Mirby Nr.228). 이 문서는 콘스탄티누스가 교황 실베스터에게서 세례를 받은 후 그에게 준 선물에 대한 내용을 담고 있다. 교황 실베스터(314-335)는 콘스탄티누스가 세례를 받기 2년 전에 이미 죽었다는 것이 위조의 증거다. 교황은 로마에 있는 황제의 궁과 황제의 표징을 지닐 권한을 얻었다. 결국 이것은 로마시와 모든 지방, 곧 이탈리아의 모든 도시와 지역을 다스릴 수 있는 권력을 부여받은 것이다. 이것은 서방의 모든 지역에서 황제를 모방할 수 있음을 뜻했다. 게다가 황제는 피핀이 폰티온에서 했듯이 교황의 출세를 도울 의무가 주어졌다. 황제는 비잔틴으로의 거처 이전이 베드로의 직위를 가진 자에게 본인이 마땅히 해야 하는 경외심 때문이라고 설명한다. 이 문서의 의미는 분명하다. 교황은 아주 옛날에 날인된 선물의 형태를 빌어 서방 세계에서 황제에 버금가는 위엄을 얻고자 한 것이다. 그러므로 콘스탄티누스 증여문서는 동로마제국의 중부 이탈리아 간섭을 실제로 중단시킴을 전제한 것이다. 황제칭호는 그것을 지닌 사람이 세상의 주인임을 말한다. 그러므로 위조문서는 정치적으로 세상의 통치자가 되고자 하는 교황의 요구를 반영하고 있다. 어떻게 이토록 엄청난 생각이 교황청에 들어왔는지는, 이미 언급했듯이, 아직은 명확치가 않다. 중세 전성기에 이 요구는 아우구스티누스가 전개한 사상에 의존했다. 국가는 이곳 지상에서 교황이 인도하는 하나님 나라에 가입함으로 윤리적 존재 권리를 부여받는다. 그 때문에 국가는 교황에게 복종해야만 한다. 그러나 아우구스티누스가 이러한 요구가 등장하는 8세기에도 영향을 주었는지는 회의적이다. 그레고리 대제가 이탈리아에서 행한 실제 통치가 이러한 사상의 핵심을 이루고 있음도 배제할 수 없다. 어쨌든 이러한 요구는 현실이 되었고, 게다가 법적인 근거를 지니고 있다. 그도 그럴 것이 콘스탄티누스의 황제의 선물이 중세 내내 사실로 여겨졌고, 교황에 의해서 법적 문서로 이용되었기 때문이다. 중세 후기에 이르러서 정치적인 문헌이 로마와 반목시키고자 선물을 주는 자가 선물을 받는 자보다 더 높다고 가르치자 증여문서 인용이 중단되었다.

세상에서의 교황의 위치에 대해 익명의 이시도르 교령은 중요하다. 감독의 면책특권처럼 성직자들도 역시 세속 권력으로부터 자유하고자 했다. 그 때문에 당시 전혀 이의없이 제후들이 행했던 공의회의 소집과 확정, 교령과 대립되는 국가의 법 파기, 세속적인 판사가 성직자를 심문할 수 없는 권한이 교황에게 있음이 인정되었다(papa a nemine iudicetur). 이러한 의미로 콘스탄티누스의 증여문서는 수용되었고, 교황은 세상의 머리(caput totius orbis)로 표현되었다.

그러므로 중세 교황제도에 대해서는 두 가지 관점이 있다.

1) 교황은 교회에 대한 절대적 권한을 가지고 있다. 이것은 행정적이고 법적인 권한이다. 또한 기독교의 교리를 결정할 수 있는 무오한 권위를 가지고 있다.

2) 적어도 서방에서는 최고의 정치적 존재다.

위의 두 가지를 한마디로 말한다면, 신정정치가 사제의 손에 있다는 것이다.

교회 국가를 다스리는 일차적인 정치적 통치자로서 교황은 그 외에도 최고 통치자가 갖는 존엄성을 갖고 있다. 이것은 교황청의 완전한 정치적 자유를 요구하는 것이다. 교황의 결정은 마치 그것이 영적인 직임에서 나오는 과제인양 종종 엄청난 중요성을 지녀서 교황이 교회국가에 대한 통치를 통해 자기 지역의 정치적 이득을 고려하도록 강요했다. 그 때문에 한편으로는 피핀의 증여가 그리고 다른 한편으로는 그에게 주어진 로마의 아버지(patricius Romanorum)라는 권위부여가 엄청난 결과를 가져왔다.

| 참고문헌 | Rudolf Sohm, Das altkatholische Kirchenrecht und das Dekret Gratians (Festschrift für Adolf Wach, 1918. 14) 참고.

23. 대립세력인 황제권의 발전

1. 서방 전체로의 프랑크 제국의 확장과 칼 대제의 통치 칼 대제 통치의 토대는 모든 점에서 볼 때 그의 아버지 피핀이 만들었다. 형제인 칼만이 정

계에서 은퇴하자 피핀은 우선 궁재로서 홀로 통치했고, 751년 이후 왕이 되어 프랑크 제국을 이끌었다. 그는 아쿠이트족(Aquitanien)을 내몰아 갈리아 지역을 정비했고, 바이에른의 알라마넨을 굴복시켜 독일 통치지역을 확보했다(742/743, 749). 그는 작센과도 싸웠다. 독일 황제가 로마로 진군한 것처럼 그는 이탈리아로 진군하여 칼 대제의 이탈리아 통치를 위한 기초를 다졌다.

피핀이 교회국가 지역을 선물하여 교황에게 완전한 통치를 양도했는지 혹은 그 자신이 여전히 최고 통치자로 자처했는지는 논의 중이다. 어머니 베르트라다(Bertrada)의 영향으로 칼 대제는 어쨌든 우선 랑고바르덴과 평화를 모색했고, 교황 스테판 3세(768-772) 역시 그와 같은 정책을 폈지만, 그의 후임인 하드리안 1세(772-795)는 다시 반랑고바르덴 정책을 추진했다. 랑고바르덴 왕 데지데리우스와 칼 대제의 우호적인 관계 역시 정략결혼으로 더 밀접했지만 오래 지탱하지는 못했다. 774년 그는 직접 랑고바르덴의 왕이 되었다. 같은 해 "로마의 아버지"도 되었다. 아버지가 교황에게 준 선물을 그 역시 반복해 선사했지만, 그것이 어느 정도인지는 여전히 풀리지 않은 문제다. 그러나 칼 대제는 자신이 교황에게 준 땅에서도 최고의 통치자임을 요구한 것만은 확실하다.

무어인을 스페인에서 몰아내려는 새 왕의 목적은 피레네 산맥을 넘는 난관으로 인해 실패로 돌아갔다. 결과는 고작 스페인 국경인 에프로(Ebro)를 차지했을 뿐이다.

이에 비하여 칼 대제는 작센을 완전히 제압했고 프랑크 제국에 합병시켰다. 이것으로 훗날 이루어질 동프랑크의 토대가 만들어졌다.

게르만 동부 지역에서는 아바르(Awaren)와 슬라브(Slawen)를 정복했고, 그들에게 기독교를 선교했다. 칼 대제는 남동부에서 독일 동부지역 경계선(오스트리아)의 창시자가 되었다. 슬라브 민족은 결국 칼 대제가 최고 통치자임을 인정해야 했다. 평생에 걸친 많은 싸움의 결과, 칼 대제는 영국의 일부를 제외하고 서방 기독교 전체를 복종시켰다. 그는 보편적인 서구 세계를 이룩하여 서구의 완성자가 되었다.

2. 국가와 교회에 대한 칼 대제의 영적 통치 하나님의 은혜(Dei gratia)에 의한 왕으로서 칼 대제는 자신의 직임을 평화를 유지하고, 법과 정의를 실현

하며 약한 자를 도울 뿐만 아니라 영적인 일을 바로잡는 최고의 세속 권력으로 이해했다. 왕의 손에 놓인 영적 직임과 세속적 직임의 결합은 고대 게르만의 관습에도 일치했다. 이것은 성서적으로는 멜기세덱과 다윗의 예에서, 그리고 교회적으로는 칼 대제가 즐겨 읽은 아우구스티누스의 『신의 도성』(De civitate Dei)에 나오는 "행복한 황제"(imperator felix)로 정당화되었다. 이것은 두 가지 측면을 갖고 있다.

1) 교회의 국가경영 참여다. 서방의 라틴적인 교육업무는 이미 메로빙 시대에 사라졌다. 그로 인해 성직자가 교육을 독점했고, 이것이 그에게 국가적인 일에 영향을 행사하도록 만들었다. 성직자가 궁정의 요직을 차지했고, 그들의 선임자는 제국 수상의 직위를 가졌으며 그 때문에 그에 상응하는 영적 직임도 주어졌다. 이것으로 미루어 마인츠 대주교가 후에 독일 제국의 수상직위를 소유한 것을 이해할 수 있다. 더 나아가서 황제는 성직자를 자신의 고문과 외교관으로 활용했다. 여기서부터 교회와 국가는 나누어질 수 없는 하나의 기관이 된 것이다.

2) 칼 대제의 교회 통치다. 칼 대제는 전임자가 했던 것처럼 주교들을 임명했고, 그의 조부 칼 마르텔처럼 교회 재산을 거의 모두 사용했다. 물론 교회의 유익을 위해서다. 그는 이미 보니파티우스가 추구한 대주교법을 실행했다. 많은 왕들도 성직계급의 개선을 중요하게 여겼다. 성직자 양성은 수도원과 성당 부속학교에서 이루어졌다. 칼 대제는 국민의 도덕 향상에도 관심을 기울였다. 그는 모두가 주기도문과 신앙고백을 암기하도록 했다. 파울루스 디아코누스(Paulus Diakonus, 720-797)가 모은 설교집을 출판했고, 주일성수와 예배 참여에 힘썼다.

황제는 교회의 교리적 논쟁에도 관여했다. 스페인에서 양자론 논쟁이 발생했다. 이것은 신성에 따르면 의심의 여지없이 하나님의 아들인 그리스도가 인성에 의해서는 본질 혹은 양자에 입각하여 하나님의 아들이 되는지 혹은 그렇게 호칭할 뿐인지에 대한 문제였다. 스페인의 관심사는 그리스도를 우리와 완전히 동일화시켜 우리도 역시 양자를 통해 하나님의 자녀로 고양시키는 데 목적이 있었다. 칼 대제는 791/792년 레겐스부르크에서 프랑크 제국회의를 열어 펠릭스(Felix von Urgellis)가 이끄는 스페인을 반박하기로 결정했다.

787년 니케아 에큐메니컬 공의회는 성상숭배의 정당성과 부당성을 따지는 논쟁에 대해 그것을 부당하다고 결정했다. 프랑크 제국은 이 공의회에 초청받지 못했다. 그 이유로 칼 대제는 이 공의회를 인정치 않았고, 프랑크와 영국에서 이 문제를 새롭게 조사하게 했다. 그 결과는 『칼 대제의 책』(libri Carolini)에 편집되었다. 794년 프랑크푸르트에서 열린 공의회는 교회에 성상이 있거나 혹은 없거나 그것은 교회적으로 볼 때 동일한 문제라고 결정했고, 787년의 공의회를 거부했다.

마지막으로는 소위 필리오케(filioque) 논쟁이 일어났다. 동방은 성령이 성자처럼 아버지에게서 직접 나온다고 가르친 반면, 스페인에서는 아우구스티누스의 영향으로 삼위일체가 행하는 일로 성령이 아버지 그리고 아들에게서 나온다고 믿고, "아버지와 아들로부터의 방출"(processio spiritus sancti a pater filioque)을 가르쳤다. 프랑크 제국에서는 이 문장을 신앙고백에 삽입했다. 아켄에서 열린 공의회도 동방과 논쟁이 일어나자 809년 프랑크 제국에서 쓰이는 용례가 옳다고 결정했다. 후에 로마에서도 이것을 받아들이자 동방과 서방의 교리적 차이가 발생했고, 오늘날까지 계속되고 있다.

교리 영역에 황제가 개입한 배후에는 제국의 내적인 통일을 위해 하나의 관점만이 인정되어야 한다는 굳은 의지가 놓여 있다. 교황이 표현한 것처럼, 신앙고백을 바꾸고 교회의 교리결정에 직접 관여한 것은 "고대교회와 동일하게 하려고 했다"는 사실 외에는 유익한 것이 없다.

교황 자신도 랑고바르덴의 지방주교가 되지 않기 위해 프랑켄에 도움을 호소했다. 이 때문에 그가 친프랑켄적이 되었다는 것은 당연하다. 칼 대제는 로마에서 분명한 통치력을 획득했다. 그는 교황 선출에 영향도 미칠 수 있고, 결정도 했다. 교황과 더불어 로마의 관리 역시 황제에게 충성을 맹세해야 했다. 그는 교황을 의도적으로 이러한 위치에 세운 것으로 보인다. 교황은 제국에서 첫째요 최고의 성직자이긴 하나 칼 대제에게 복종해야 했고, 때문에 보니파티우스 시대 이후 프랑켄 교회에 미친 그의 영향은 위험한 것은 아니었다. 로마에 대한 칼 대제의 위상은 황제 대관에서 분명히 찾을 수 있다.

3. 칼 황제의 대관 자료가 빈약하고 그것을 언급하는 자료들도 상당히 서로 다름에도 불구하고 칼 대제의 대관은 이러한 과정의 자연적 귀결처럼 보인다. 서방은 하나의 새로운 정치적 통일체가 되었다. 황제의 칭호는 통치의 표

현이라는 점을 결코 잊지 않았다. 동방에서는 여자(이레네)가 왕위에 앉았기 때문에 그곳에서는 황제의 위엄이 효력이 없었다. 황제의 위엄을 받아들여 이탈리아에 대한 동로마의 요구를 단번에 제지하는 것이 상책인 듯 보였다. 콘스탄티누스의 증여로 자신도 같은 지위를 요구한 교황이 칼 대제의 대관에 협력했다는 것만이 놀라울 뿐이다. 이유는 칼 대제에게 완전히 의존하고 싶었기 때문이다. 교황은 황제 대관을 주관했고, 자신은 황제 직위의 수여자가 되었으며, 그 결과 본래 의도했던 교황청을 구했다.

4. 학문적 관심 칼 대제가 활기를 넣어 카롤링의 문예부흥을 가져온 학문에 대한 관심은 그의 개인적인 공헌이다. 왜냐하면 그것은 황제 이념의 발로도 아니며 교회적 의무도 아니었기 때문이다. 그는 요크 성당학교의 교장인 알쿠인(Alkwin, 735-804), 랑고바르덴의 역사 편찬자 파울루스 디아코누스 그리고 칼 대제의 전기 작가인 아인하르트(Einhart, 775-840) 등 당대의 지도적인 학자들을 소집하여 궁전 내에 학술원을 만들고 그들의 활동영역을 넓혀주었고, 자신의 시대에 도움이 될 만한 고대의 문화적 가치를 찾았다. 황제의 관심은 게르만의 과거에까지 미쳐 산문 등 그들의 문학작품을 수집하게 했다.

5. 칼 대제는 프랑크 제국을 서방에 확장시켰고, 그로 인해 서방에 정치적 통일을 선사했다. 한 몸(corpus unum), 즉 이 모든 지역이 하나라는 이념은 백년간이나 지탱했고 이후 역사 발전의 중요 요인이 되었다. 그의 통치 지역은 전 서구에 해당했고, 이것은 클로드빅이 시작하여 보니파티우스가 계속 전개한 정신적 통일을 가져왔다. 칼 대제가 통치한 형태는 하나의 신정통치와 같은 것이다. 국가와 교회는 한 손, 곧 황제에 의해 다스려진다. 사실 어떤 점에서는 교회에 유익도 했으나, 이러한 형태는 이후 전개될 엄청난 싸움의 근거가 되었다.

| 참고문헌 | K. Heldmann, Das Kaisertum Karls d. Gr., 1928. P.E. Schramm, Die Anerkennung Karls d.Gr. als Kaiser (Hist.Zeitschr. 172, 1951). Ios. Calmette, Karl d.Gr., 1948.

24. 속권과 교권의 싸움

1. 싸움의 영적 근거 교황은 자신이 세계를 다스리고 통치할 신적인 힘의 소유자임을 주장했고 칼 대제의 제국 역시 세속적 힘이 신정통치의 성격을 가지고 있음을 주장했다. 8세기 후반이라는 같은 시기에, 동일한 지역에서 알프스를 경계로 남쪽의 교회국가와 북쪽의 기독교 서방 사이에 세상에 대한 최고 통치권 요구가 머리와 마음을 정복했다. 둘 사이에 생사를 건 싸움이 일어났다. 한쪽만이 세상의 최고 통치자일 수 있다. 상반된 서로의 요구는 권력을 쟁취하거나 혹은 이념을 버리지 않는 한, 이후 전개되는 수백 년의 역사에 거부할 수 없는 기초를 제공하고 있다. 싸웠던 수 세기 동안 모든 우여곡절과 역사의 기복은, 물론 많은 개별적인 문제들이 내포되었다고 할지라도, 바로 여기서부터 시작되었다.

이중의 대립이 분열을 내포하고 있었다.

1) 교황은 교회 안과 밖의 통치를 요구했다. 그 요구는 자신이 베드로의 후계(successor Petri)요, 그리스도의 대리자(vicarius Christi)라는 확신에 뿌리를 두고 있다. 때문에 그는 포기할 수 없었다.

세속의 군주 역시, 특히 황제가 교황과 다름없이 교회 안과 밖의 통치를 요구했다. 그것은 전제군주의 욕망에서가 아니었다. 게르만의 정서에 의하면 그것이 그에게 어울렸기 때문이다. 왕이요 동시에 제왕으로 기름부음 받은 사울과 다윗의 경우를 보아도 그것이 성서적으로 정당했다. 그러므로 그 역시 이러한 요구를 포기할 수 없었다.

2) 교회국가에도 실제적인 분열이 있었다. 교황은 혼자서만 교회국가를 다스리고자 했고, 황제는 자신이 교회국가의 최고 통치자라고 알고 있다.

원칙적으로 볼 때 교회를 위한 싸움은 우선은 국가로부터 교회의 자유를 획득하기 위한 노력을 의미했다. 이러한 싸움을 이해하는 데 있어서 오늘날 우리는 복음의 측면에서 문화 갈등의 휴유증에 시달렸던 선조들과는 다른 접근법을 갖고 있다. 그렇다고 우리는 이러한 싸움을 정당화할 수는 없다. 자유를 위한 싸움은 권력의 문제와 수습 불가능할 정도로 엉켜 있었다는 사실이 그 실현을 불가능하게 했다. 처음부터 죽음의 독에 중독되었던 것이다. 암브로시우스(Ambrosius)와 테오도시우스(Theodosius d.Gr)의 대립은 영적이며 더욱이 깨끗하게 끝까지 싸운 싸움이었다. 황제 아나스타시우스(Anastasius)와 싸운 겔라시우스 1세(Gelasius I, 492-496)에게서 이미 권력의 문제가 개입되고 있다. 콘스탄티누스 증여 이후의 상황이기에 의문의 여지없이 자명하다.

교회는 실제로 경건한 왕의 통치하에서도 역시 권리를 인정받고 내적으로 자유할 수 있다. 교황들은 로마 귀족 계급의 파벌 싸움에 휩싸여 개인의 품행조차 상실했지만, 독일의 황제들은 11세기 중반까지 교황청을 포함하여 교회의 정신적이고 영적인 고양을 위해서 더 많은 일을 수행했다. 그렇지만 교회가 국가의 지도를 받으면 세상의 유익을 오용할 위험이 항상 있다. 그것을 끊기는 매우 어렵다. 그러므로 이러한 측면에서 국가로부터 자유하고자 하는 교회의 싸움을 조금이나마 이해할 수 있다.

국가편에서 볼 때 그것은 황제가 상속 받은 권리에 관한 문제였다. 중세는 극도로 순수한 권리에 대한 정서가 있었다. 게르만에게 권리는 곧 명예와 직결된 것이요, 이 명예는 게르만 개인윤리에 있어서 최고의 가치를 지니고 있다. 그 외에도 황제의 권력의 일부는 교회에 대한 그의 영향력에 달린 것이었다. 이 점은 좀 더 상세한 설명이 필요하다.

당시 교회의 자유요구가 정당한가 혹은 정당치 못한가에 대한 근본적인 판단은 그러한 교회의 요구가 세상을 다스리고 싶은 욕구와 연루되었기에 거짓되다는 관점에 의해 내려져서는 안 된다. 어떻게 교회가 구체적인 역사적 정황, 즉 로마 제국 멸망이 초래한 혼란을 통해 점점 더 커가는 힘을 얻게 되었는지, 간단히 말해서 소속된 성도에 대한 사랑의 의무를 다해서 그러한 힘을 얻었다고 이해하는 것이 오히려 더 타당하다. 그 후 권력이 가진 마성적 힘이 역사했고, 이제는 다스리고 싶다고 마음에 드는 것을 요구하게 된 것이다.

프랑켄 제국으로 하여금 지역 내 교회의 통치를 완전히 한손에 넣도록 만든 것도 역사적 정황 때문이다. 보니파티우스는 먼저 교황에게 협조를 간청했지만, 그가 아무런 응답이 없자, 궁재에게 교회를 새롭게 정비할 계획을 위임했다. 그 후 황제는 교회 통치를 자신의 권리로 요구하게 된 것이다.

그것은 비극적인 대립이요, 수습하기 어려울 정도로 책임과 숙명, 책임과 필연성이 뒤엉켜 있다는 점에서 비극적이다. 양쪽 모두 당위성을 주장했기 때문에 고르디우스의 매듭[36]을 푸는 데 100년이 걸렸다는 것은 그리 놀라운 일이 아니다.

중세에 벌어진 교권과 속권의 싸움을 동일한 대상에 대한 두 경쟁자의 싸움이나 혹은 교회의 자유를 위한 싸움이라고 본다면 피상적으로 판단한 것이다. 우리는 이미 교황청이 그들의 요구를 아우구스티누스의 사상으로 설명하고 있음을 보았다. 자체가 교만의 대리자(der Vertreter der superbia)로 보이는 국가는 하나님 나라에 소속해야만 도덕적인 존재의 권리를 얻는다. 교회의 싸움은 기독교 세계의 바른 질서를 위한 것이다. 이 사상은 세상을 하나님 나라로 만드는 것이 중요하다는 원대한 이념을 함축하고 있다. 세상이 하나님 나라로 속할 때에 이것은 실현된다. 그 당시에 이것은 구체적으로 그리스도의 대리자인 교황의 통치를 통해서 성취됨을 의미했다. 모든 가톨릭교회는 이러한 사상으로 세상을 재구성해야 한다는 자극을 얻었다. 역사적으로 볼 때 이것은 중세적인 상황에서만 전개될 수 있었다. 그것은 엄청난 힘을 발산했다. 복음에 비추어 볼 때 그것은 확실히 거짓된 하나님 나라 개념이다. 세상이 하나님 나라가 될 수 없다. 그러한 판단은 이 사상이 가장 위대하다는 현혹과 강압적인 폭력 앞에서 눈을 감아서는 안 된다. 그렇게 강력한 힘을 발산하고 오늘날까지도 파장이 미치는 이념은 이렇게 이해된 아우구스티누스의 『신의 도성』 외에는 역사에 없었다.

아우구스티누스의 『신의 도성』은 칼 대제의 생각을 조종했다. 우리는 어떻게 그가 자신의 제국을 신정통치 방식으로 이끌고자 했는지를 이미 보았다. 목적은 무엇이었는가? 신의 도성을 만들고자 한 것이 아닌가? 그것은 결국 세속화된 하나님 나라 사상이다. 그것이 교황과 황제를 최고의 적임자라고 열광케 했고 귀족화시켰다.

갈등은 계속 되었다. 한 사람만이 세상에서 지도자가 될 수 있다. 교황은

---

36) "고르디우스 매듭"이란 그리스로마신화에 등장한다. 그리스 프리지아에서 시민들이 왕을 뽑기 위해 신탁을 받고자 모였다. 신탁의 내용은 "왕이 될 사람이 달구지를 타고 온다"는 것이었다. 마침 그때 가난한 농부, 고르디우스가 아내와 아들을 달구지에 싣고 그곳을 지났고 사람들은 그를 왕으로 삼았다. 고르디우스는 제우스 신에게 달구지를 바치고 그것을 바위에 묶어 놓았다. 아주 특별한 매듭으로… 그리고 그 매듭을 푸는 사람이 아시아를 정복할 것이다라는 신탁을 받았다. 그 후 많은 사람들이 그 매듭을 풀려 했지만 교묘히 꼬인 그 매듭을 결국 풀지 못했다. 먼 훗날 알렉산더 대왕이 그곳에 도착하여 그 매듭을 풀고자 도전했고, 그는 결국 그 매듭을 풀고 아시아를 정복했다. *

이러한 대립에서 이념적인 우위에 있다. 이것은 분명하다. 그럼에도 불구하고 권력의 마귀가 그 싸움을 날조했다고 본다.

무엇 때문에 역사의 주가 되는 하나님이 자신의 교회를 시험하고 혼탁한 싸움을 하게 했는지 물어야만 한다. 그러나 답변할 가능성은 아직 보이지 않는다. 자유를 위한 교황청과 교회 전체의 노력 속에 포함된 국가 비판적인 자세가 서방 교회를 무비판적인 수용, 다시 말해서 동방 교회에서는 당시 두드러진 특징이던 국가의 일이면 무조건 축복해주는 관례를 방지해 주었다는 것은 확실하다. 이 점에서 볼 때 교회는 의심의 여지없이 하나님의 요구를 정부를 포함하여 모두에게 알릴 진정한 과제의 일부를 구했다. 세상을 하나님의 나라로 만들어야 한다는 생각이 늘 교회를 사로잡았음에 틀림없다. 그러나 권력 싸움으로 교회는 세속화되었고, 부질없는 이상을 실현하고자 하면서 점점 잘못된 상황에 빠져들어갔다. 그것이 어떤 의미를 지니고 있는지는, 이미 말했듯이 아직도 해답을 찾지 못한 질문이다.

여기서 벌어진 근본적인 싸움은 이후의 역사에서는 매우 드물게 나타난다. 대부분이 구체적인 개별사안에 숨겨져 있다.

교황과 황제가 대립했던 시기에 특별히 각자가 구체적으로 얻고자 했던 대상과 그 해결을 예의 주시하면서 전개 과정을 보고자 한다.

2. 칼 대제부터 오토 대제까지(841-973) 이어지는 세기의 역사는 우리가 이미 보았듯이, 외적으로 볼 때 세속 통치자의 손에서 완전히 실현된 신정정치로 시작된다. 그러나 이러한 상태는 칼 대제의 후계자가 자신과 필적할 만한 인물일 경우에 유지될 수 있는 것이었다. 아쉽게도 실제는 그렇지 못했다. 카롤링 제국이 몰락하는 정도에 따라 교황의 입지는 올라갔다.

카롤링 제국 몰락의 의미는 다섯 가지로 나누어 볼 수 있다.

1) 843년 베르덩 조약은 카롤링 제국의 외적인 몰락을 가져와 나중에 다시 하나가 되긴 했으나 여러 개의 나라로 분열시켰다. 교황은 제국과의 몇몇 갈등에서 서로를 반목시킬 수 있는 기회를 얻었다. 그는 점점 구체화되는 왕과 민족적 대립에서 유럽을 자신의 편으로 활용할 수가 있었다.

2) 노이스트리엔 지역의 국가 경영 실패는 메로빙 왕조 통치하에서처럼 국가교회였던 교회의 몰락을 뜻했다. 그것은 황제보다는 로마와 더 긴밀한 관

계를 유지하는 데 교회의 구원이 있다고 본 성직자단의 형성을 가져왔다(위 이시도르!). 이것은 로마가 알프스 이북에서도 교회적이며 영적인 도움을 발견했음을 의미한다.

3) 제국의 동쪽인 독일에서는 중앙집권력의 약화가 작센, 바이에른, 슈바벤의 민족의식을 다시 강화시켜주었다. 이 때 교황은 내부의 대립에 관여하여 서로를 반목시킬 수 있는 기회를 얻었다.

4) 그러나 가장 중요한 것은 프랑켄의 군주정치가 신정통치적인 성격을 상실했다는 사실이다. 첫 후계자인 경건자 루드빅(Ludwig der Fromme)은 칼 대제가 했던 정도와 이상에 부합하는 내적이며 영적인 교회의 삶에 더 이상 관여하고자 신경을 쓰지 않았다. 그 같은 일은 교회 자체에 위임되었다. 죄를 사해줄 수 있는 권세를 가진 교황에게 자신에 대한 영적인 권세를 승인하는 것은 오랫동안 교회가 원한 것이다. 이것은 그가 통치자보다는 적어도 우월함을 그들이 인정한다는 것을 의미했다. 그러나 갈등이 일어났을 때는 언제나 상반된 태도를 야기했음에 틀림없다.

5) 마지막으로 중세후기까지 교황의 권한을 의심한 독일 왕은 없었다. 여기서도 역시 국가 권력의 약화를 확인할 수 있다.

카롤링 제국의 몰락이 가져온 이 모든 결과들은 신생 독일 황제권에 중요한 것들이었다. 황제 칭호와 황제 이념은 962년 오토 대제를 통해 독일 왕권과 결합되었다. 그러나 새로운 독일 제국은, 물론 그것을 얻고자 시도해 본 적이 없지는 않았지만, 결코 한번도 칼 대제가 했던 서방에 대한 최고통치권을 발휘해본 적이 없다.

카롤링 제국의 몰락은 교황권에는 큰 도움이 되지 못했다. 니콜라우스 1세(858-867)처럼 추진력 있는 교황이 확신을 가지고 교황청이 주도하는 보편적인 교회국가를 세우고자 노력했지만, 실현되기도 전에 그는 죽었다. 이후 나약한 후계자들이 등장하면서 교황권은 로마 정치파당의 소용돌이에 휩쓸렸다. 영적 세력인 로마는 당시 홀로 지탱할 수 없는 듯이 보였다. 로마는 강력한 친구의 도움을 필요로 했다. 도덕적 타락은 9-10세기에 가장 심했고 사람들은 교황청 역사에서 이 시대를 도색정치(Pornokratie)의 시대라고 불렀다.

교황권의 자멸은 지역교회 이념을 프랑스와 독일에 다시 확장시키는 결과를 가져왔다. 국가와 교회가 오토 대제에 의해 얼마나 밀접하게 결합되었는지는 이미 잘 알고 있다. 이전에 독일 황제는 5명의 부족공작이 가결해야만 그 권한을 새로이 인정받을 수 있었다. 이런 제도는 황제에게 강력한 힘을 부여하지 않았다. 그 때문에 오토는 독일 주교에게 황제를 지지해줄 것을 요청했다. 독일 주교는 과거 왕과 공작의 싸움에서 지역통치자에게 종속하지 않기 위해 언제나 왕의 편에 서 있었다. 오토는 기존 주교들은 제압하고 부족공작의 충성을 다짐받았다. 그는 직접 감독을 임명했고, 감독과 제국 수도원장들에게 지역을 다스릴 수 있는 권한을 부여했다. 전형적인 독일 형태인 성직자이면서 동시에 선제후 신분의 제도가 만들어졌다. 가끔은 유동적이었으나 독일의 주교단은 수백 년 동안 중앙 집권력을 보좌한 가장 강력한 지지기반이었다. 독일 제국의 통일은 주교들 덕분이다.

다른 한 가지는 더 중요하다. 특별히 11세기 초에 독일에서 국가공의회(Nationalsynoden)가 다시 일어났다. 무엇보다도 성직자 결혼이 제국 전체에서 자명한 제도가 되어 특별한 영역에 대한 독일의 관례가 교회에서 설 자리를 얻었다. 다른 나라에도 그 같은 특정한 시기는 있었다. 중요한 것은 독일에서 11세기에 성직자 결혼과 다른 국가적인 관례가 합법적인 인정을 받았다는 것이다(1022년 제링겐 공의회와 교령, 보름스 출신의 부르카르트의 교리집). 이것은 가장 중요한 위(僞)이시도르 법[37]을 국가교회법으로 개정하거나 대체하고자 하는 시도가 있었음을 말하는 것이다. 그러나 이러한 시도는 계속되지 않았다. 왕의 권력은 교회의 도움으로 재건되었다. 이 도움은 만약 교회가 국가의 삶 속에 세워졌을 때에 비로소 신뢰할 수 있는 것이었으나 실제로 그렇지 못했다. 교회를 로마와 단절시키려는 것은 독일에서 한 번도 시도되지 않았다. 그러나 프랑스에서는 그러한 생각이 점차 싹트고 있었다. 독일 교회는 초독일적인 사회의 구성체였다. 이것이 별로 중요하지 않았다는 것은 교황권이 독일 감독들의 제국선제후 승격을 크게 걱정하지 않았다는 사실이 잘 보여준다. 그러나 로마와의 밀접한 관계는 다시 한번 중요한 일이 될 수 있었

37) 스페인 세비야의 이시도르(이시도루스)가 편집했다는 교령집. 그러나 실제로는 프랑스에서 850년 무렵에 만들어졌다. 내용은, ① 니케아 공의회 이전의 교황 서한(전부 위작임), ② 공의회 회의록(태반은 사실임), ③ 실베스터 1세로부터 그레고리우스 2세까지의 교황, 즉 로마 주교의 서한집(그중 35통은 위작임), ④ 기타 〈콘스탄티누스의 기부장〉 프랑크국(國) 국법 등인데, 진짜와 가짜를 교묘하게 배열 · 구성하고 있다. 이의 목적은 주교구(主敎區)에 대한 주교의 권리를 옹호하고, 교황권에 대한 권위를 요구하는 데 있었다. 마그데부르크의 3기사가 처음으로 이 책의 진위성(眞僞性)을 순수하게 파헤쳤다. *

다. 여기서 오토 대제가 시작했고 그의 후계자들이 확장시킨 제국체제의 공백이 갈라지고 있다. 오토의 후계자들도 이러한 공백이 의미 없는 것이 되지 않도록 노력했다.

국가교회의 시작과 더불어 왕이나 황제는 하나님 앞에서 교회를 통치할 책임이 있다는 신정정치 사상이 다시 활기를 띠었다. 그 통치권은 하나님이 준 것이라고 자명하게 받아들였다. 이러한 의무가 왕들로 하여금 불가피하게 로마에 개입하도록 강요했다.

독일 황제가 교황청에 영향력을 행사한 외적인 동기는 황제의 위엄에 그 본질이 있었다. 그것을 얻고자 왕은 로마로 행진했다. 그러나 적어도 오토 대제에게는 다른 한 가지 요인이 함께 작용했다. 그는 감독과 로마의 관계를 방해하지 않았다. 만일 그가 칼 대제의 예를 좇아 교황을 독일 제국에 복종케 했다면, 독일 감독들과 그의 연합은 위험하지 않았을 것이다. 그렇게만 된다면 대주교의 로마 의존은 황제의 통치 속에 있을 것이고 그들과 경쟁하지 않았을 것이다. 어쨌든 962년 독일 제국과 교황청과의 영속적인 결합이 실현되었다.

오토는 교황청을 개선하기 위해 즉시 정열적으로 개입했다. 신실치 못한 교황 요한네스 12세를 법정에 세웠다. 이것은 칼 대제가 레오 3세에게 "교황은 아무에게도 판단 받지 않는다"(papa a nemine iudicetur)고 맹세하여 칼 대제도 피했던 사항이다. 그러는 사이에 위(僞)이시도르 교령과 니콜라우스 1세가 영향을 주었다. 오토의 대책은 모든 관련자를 압박했다. 오토는 그의 후계자처럼 교황과 황제에 관하여 별로 설명을 하지 않았다. 이것은 당시 거의 불가능했을 것이다. 그 후 11세기에는 교황청의 뜻대로 진행되었다. 그러나 이것 역시 교회의 개혁을 위해 직접 로마로 온 독일 황제의 협력이 없는 것은 아니었다.

3. 클루니 개혁운동 황폐된 수도사 제도를 개선하려는 첫 개혁운동은 930년대에 불군디 수도원 클루니에서 시작되었다. 클루니 수도원의 개혁 계획은 전 교회를 개혁대상으로 삼았다. 특별히 성직자 결혼은 그들에게 갈등의 돌이었다. 더 나아가서 그들은 자신들이 가지고 있는 교회에 대한 평신도들의 고유 권한이 교회생활의 심각한 손상을 가져왔다고 생각했다. 그들은 최고가를 지불하는 이에게 성직을 파는 성직매매(Simonie)를 가장 싫어했다. 추기경 훔베

르트는 자신의 저서 『반 성직매매 3서』(libri tres adversus simoniacos, 1057)에서 성직매매의 개념을 확대 적용했다. 그는 평신도의 모든 교회활동과 평신도가 교회 직임을 소유하는 평신도 서임(Laieninvestitur)을 그 개념에 포함시켰다. 실제로 이러한 서임은 응분의 대가 없이는 주어지지 않았다. 그것은 게르만의 법 적용과도 일치했다.

고대교회법은 이 모든 것을 엄격히 금했다. 그러므로 모든 개혁의 원칙이 마련되었다. - 플루리의 아보(Abbo von Fleury, 1004년 사망)와 로드링겐(Lothringer)이 시초다 - 교회법의 복구를 통해서만 교회는 개혁될 수 있다. 교황청의 엄격한 자세가 반영된 위이시도르(Pseudo-Isidor) 문헌은 의심의 여지없이 고대교회법에 속했다. 만일 교황청 실세들이 그것을 사용했을 경우 개혁운동은 가공할 무기를 교황의 손에 쥐어주었음에 틀림없다. 왜냐하면 그 싸움은 중앙집권적인 교황 이념을 위해 모든 민족교회나 황제의 교회통치권도 꺾을 것임에 틀림없기 때문이다.

중세 전성기 독일이 낳은 가장 찬란한 통치자인 하인리히 3세(1039-1056)는 개혁적 인물을 교황 자리에 앉혔다. 오직 교회만을 위한 배려였다. 그는 베네딕트 9세(1033-1044)와 같은 썩은 인간들의 통치로부터 교회를 자유케 하고 싶었다.[38] 황제는 교회 개혁의 이상을 꿈꾸던 레오 9세(Leo IX, 1049-1054)를 새 교황으로 임명했고, 클루니 개혁이념으로 로마를 정복했다. 레오 9세와 하인리히 3세의 강한 개인적인 우정은 교황과 황제 사이에 당연시되었던 갈등이 하인리히의 통치시기에 발생하지 못하게 해주었다.

4. 서임권 논쟁(1056-1122)

하인리히 3세가 1056년 죽자, 왕권은 6세에 불과한 하인리히 4세에게 계승되었다. 이제 개혁 운동을 관철시킬 수 있는 기회가 왔다. 이것은 이제 로마의 때가 온 것을 의미했다. 교회 개혁은 그레고리 7세(1073-1085) 하에서 가장 활발하게 전개되었다. 오랜 싸움의 역사는 이념과 정치권력의 대립이 우선 배후에 있음을 분명하게 보여주고 있다. 교회 내부의 문제를 다루는 첫 번째 국면부터 싸움은 불이 붙었다. 그것은 평신도 서임권의 문제였다.

---

38) 베네딕트 9세는 1045년 자신의 대부인 그레고리 6세(1045-1046)에게 교황좌를 팔아넘겼다. *

1) 개혁을 원하는 교황청 내 대부분의 성직자들이 교황 편에 가담했다.

2) 개혁을 반대하는 자들은 교회의 형벌, 즉 파문으로 대응할 가능성을 교황은 갖고 있었다. 파문은 당시 구원의 문제를 완전히 해결치 못하고 죽는 사람에게는 영생의 상실을 뜻했다. 걸리면 치명적인 가공할 무기였다. 동시에 그것은 순수하지 못한 무기였다. 왜냐하면 그것은 복음을 위해 쓰인 것이 아니라, 결코 보편적이라고 할 수 없는 교회법과 같은 교령을 위해 사용되었고, 다른 규정에 의해 철저히 비판되었기 때문이다. 이러한 무기는 황제에게도 동일하게 적용할 수 있었다.

교황이 황제 대신에 감독의 서임을 결정하겠다는 요구를 관철시키자,

1) 그때까지도 지역 영주가 소유했던 교회에 대한 결정권이 교황에게 넘어갔다.

2) 이것은 이제까지의 서임권 싸움에서 교황이 승자가 되었음을 의미했다. 교회 문제에 대한 싸움은 동시에 세상의 서열을 결정했다. 확고한 자세로 이 문제에 대한 싸움을 그레고리 7세가 진행했을 때 황제에게는 매우 불리한 상황이었다.

그러나 황제 역시 서임권을 포기할 수 없었다. 대주교는 가장 중요한 황제 측근이었다. 어떻게 황제가 이러한 사람의 선출을 교황청에 위임할 수 있겠는가!? 대주교는 동시에 나라의 많은 재산을 받았는데, 그의 선임권을 교황에게 주고 어떻게 황제가 이것을 감당할 수 있겠는가!?

하인리히 4세가 밀라노와 다른 도시의 주교 자리를 포기하지 않자, 그레고리 7세가 사순절 회의에서 선언한 평신도 서임 금지로 1075년 싸움은 시작되었다. 최고의 형벌이라는 교황의 위협적인 간섭에 하인리히 4세는 1076년 보름스 공의회를 열어 교황 폐위로 맞섰다. 교황도 황제의 폐위, 파문 그리고 복종을 맹세할 때만이 다시 정상화될 수 있다고 역습했다. 교황이 내린 교회 파문은 당시 심각한 결과를 가져왔다. 복종의 의무가 해제되고, 성례 참여도 금지되며, 버림받은 존재가 되는 것이었다. 이에 가세하여 독일 제후들도 1076년 가을, 만일 하인리히 4세가 1년 이내에 교회의 파문에서 복귀되지 않을 경우, 하인리히를 폐위시키겠다고 결정했다. 이것이 왕을 압박했고 1077년 눈 덮인 카놋사(Canossa)로 참회의 길을 가게 했다. 그러나 왕의 행동과는 상관없이 제후들은 슈바벤의 루돌프(Rudolf von Schwaben)를 하인리히

4세에 맞설 새 왕으로 옹립했고, 하인리히 4세는 또 다시 추방당했다. 전쟁은 불가피했다. 독일 제후와 교황의 지지를 받는 루돌프와의 싸움에서 하인리히 4세는 승리했다. 그 후 일어난 독일 내 내란으로 그는 즉시 귀국했고, 아들이 일으킨 반란을 진압해야만 했다. 일생을 전쟁으로 보낸 하인리히는 1106년 죽었고, 독일 황제의 직위도 포기해야 했다. 그레고리 7세도 1085년 유배지에서 이미 죽었다.

그레고리의 후임은 세상의 통치권을 얻고자 계속 싸우지 않았다. 서임권 문제로 싸움의 폭을 제한시켰다. 이것은 평화의 전제 조건이었다. 다른 한편 종교적인 싸움은 독일을 내적으로 갈기갈기 찢어 놓았다. 하인리히 5세는 이미 국가를 위해 평화를 동경했음에 틀림없다.

그 외에도 50년간의 싸움에서 이전에 알지 못했던 많은 것을 배울 수 있었다. 이제 주교들은 영적인 의무와 세속적인 의무를 구분했다. 1122년 보름스 협약(Konkordat von Worms)이라는 합의가 성사되었다. 이 합의에 근거하여 선거와 서임에 있어서 특권이 분할되었다. 반지, 지팡이 그리고 홀은 감독 지위의 표지였다. 반지(감독의 반지)와 지팡이(목자의 지팡이)는 물론 영적인 힘의 상징이었고, 이에 비하여 홀은 세속 통치력의 상징이었다. 이것을 토대로 서임 특권의 분할이 객관적으로 투명하게 이루어졌다. 왕은 대주교가 반지와 지팡이로 서임되었음을 인정하고, 홀을 내리는 서임권은 자신이 보유했다. 왕은 독일에서 사람을 선출하는 데 엄청난 영향력이 자신에게 주어졌음을 알고 난 후에 비로소 그것을 확실히 이해했다. 이러한 선출은 황제와 주교의 연관성을 보장했다.

독일에서는 그 이후 감독 선출의 새 규정이 만들어졌다. 교회법에 명시된 기관인 성직자와 국민이 자유롭게 새로운 감독을 선출했다. 그러나 그 선출은 왕 앞에서나 혹은 그가 보낸 사신 앞에서 수행되어야 했다. 왕은 자기가 원하는 후보를 추천할 수도 있었다. 왕이든 혹은 대주교든 의심스러운 선출로 결정되는 사람은 확정을 짓지 않았다. 그 후 왕은 선출된 사람에게 홀을 주어 서임을 하고 특권을 위임한다. 봉토를 받은 사람은 충성 맹세로 홀 서임에 응답한다. 왕의 서임은 독일에서는 성직 서임 이전에 시행되었다. 이것은 왕이 마음에 들지 않는 후보자를 사전에 차단하기 위한 방법이었다. 그 외에도 그가 받은 재산은 교회의 재산이 아닌 제국의 재산으로 인정되었다. 마지막으로

서품이 시행되며 반지와 지팡이로 대주교를 통한 서임이 행해졌다.

이탈리아에서는 강한 반성직 경향을 가진 혁명적 단체인 파타리아(Pataria)가 하인리히 5세의 통치하에 주교의 권한을 분쇄하는 데 성공했다. 그것은 동시에 황제 권한을 막은 것과 같았다. 이탈리아의 규정(Regelung)은 이것을 분명히 확정했다. 왕은 그곳에서 선거에 아무런 영향을 미치지 못했다. 교회법에 의거한 자유선거가 새로 주교가 될 사람을 결정하고, 그 후 거룩한 예식이 이어지며 반지와 지팡이로 서임된다. 그 후 주교는 6개월 이내에 홀을 내리는 왕의 서품을 요청해야 하고 봉신서약을 해야 한다. 북부 이탈리아에서 그것은 사실 제국신분의 상실을 뜻했다. 이러한 규정은 불군디에도 적용되었다.

보름스 협약은 50년간의 전쟁을 끝냈다. 이 싸움의 출구를 판단의 척도로 삼는 사람은 누가 궁극적으로 성공했는지를 분명히 안다. 교황청만이 성공했다. 물론 그들은 마지막 목적을 이루지 못했다. 세상에 대한 주재권도 얻지 못했고, 독일 주교에게 영향력을 행사하는 것도 실패했다. 그러나

1) 그들은 이탈리아에서 엄청난 영향력을 얻었고,

2) 독일 황제가 가진 특권의 일부를 빼앗았으며

3) 싸움의 시간들은 그때까지도 제국의 일부 기관에 불과했던 독일 교회에 자립의식을 일깨워주었다. 국가와 동등한 독립적인 기관임을 안 것이다. 1122년 모든 독일 주교들이 그레고리우스처럼 생각했다는 사실에서 이러한 의식이 분명히 나타나고 있다. 이것이 가장 큰 교황의 소득이었다.

독일 황제에게도 그 손실은 감당할 만한 것이었다. 독일 내 주교 선출에 중요한 영향을 미칠 수 있었기 때문이다.

5. 프리드리히 바바로싸(Friedrich I. Barbarossa)[39]와 알렉산더 3세 싸움의 두 번째 국면은 바바로싸의 통치(1152-1190) 때에 일어났다. 보름스 종교협약은 스플린부르크의 로타르와 콘라트의 교회적인 소극적 태도에 힘입어 평화의 시대를 가져왔다. 그러나 이번에도 역시 교황청에는 좋게 작용하지 않았다. 교황청은 로마 내부의 분열로 파당싸움에 휩싸였다. 프리드리히 1세가 다

39) 붉은 수염이라는 뜻. *

시 옛 황제의 꿈을 꾸고, 다른 한편 강력한 사람들이 교황이 되자, 싸움은 새롭게 번졌다. 이번에는 교회적인 사안들이 싸움의 대상이 아니었으며, 그것은 곧 정치권력의 문제였다. 이탈리아 북부의 제국 땅을 다시 되찾으려는 바바로싸의 시도는 이미 하드리안 4세(1154-1159) 재임 시부터 갈등을 가져왔다. 하드리안이 1159년 죽자, 바바로싸는 새 교황 선출권을 장악했다. 그레고리의 개혁사상을 가진 대다수의 추기경들은 알렉산더 3세(1159-1181)를 선출했다. 그러나 황제를 따르는 소수의 추기경들은 빅토르 4세를 대립교황으로 내세웠다. 바바로싸는 자신은 교회의 후견인으로서 이러한 대립을 조정할 권한이 있음을 주장했다. 이 둘 가운데 누가 베드로의 자리를 계승할 권한이 있는지가 이제 싸움의 대상이었다. 이 문제의 향방이 황제의 승리 혹은 패배를 결정지었다. 북부 이탈리아 도시들이 교황 알렉산더 3세를 추종하여 알렉산드리아라는 요새를 구축하고 바바로싸의 퇴로를 막았다. 알렉산더 3세는 북부 이탈리아의 랑고바르덴 도시 그리고 시칠리와 동맹을 체결했다. 때마침 일어난 말라리아는 황제의 수상인 라인날트(Rainald von Dassel)를 급사시키고 1176년 많은 병사들을 죽게 했다. 바바로싸는 조카인 사자공 하인리히(Heinrich des Lowen)에게 협조를 요청했으나 거절당했다. 이 모든 것은 마지막 승리를 목전에 둔 바바로싸의 운명을 결정했다. 1177년 베네딕(Venedig) 평화조약에서 그는 알렉산더 3세를 교황으로 인정해야만 했고, 교황도 제국에 대한 최고 통치권을 요구하지는 않았다. 이것은 분명 황제의 정치적 패배였다.

1) 그것은 독일 교회에 아무런 영향을 가져오지 못했다. 만일 황제가 독일 교회의 통치자였다면, 그것은 바로 바바로싸였다. 알렉산더 3세는 보름스 정교협약을 침해하지 않았다. 그가 죽은 후 황제는 교회에 대해 자신의 영향력을 확장할 수 있었다. 그것은 그의 아들 하인리히 6세에게 그대로 전해졌다.

2) 프리드리히 바바로싸는 정치적으로 신속히 회복했다. 조카인 사자공 하인리히를 굴복시켰다. 그는 처가인 영국으로 망명을 떠났다. 1183년 콘스탄츠 협약은 랑고바르덴 도시와의 싸움을 종결시켰다. 아들을 시칠리의 노르망 영토의 상속녀인 콘스탄체(Konstanze)와 결혼시켜 그때까지도 로마에 속했던 남부 이탈리아 영토를 새롭게 얻은 것은 황제의 정치적 걸작품이었다. 이것은 로마의 고립을 의미할 뿐만 아니라, 독일 황제에 의한 교황령의 완벽한 포위를 뜻했다. 이로써 로마는 칼 대제와 오토 대제가 준비했던 동일한 운명에 다

시금 처했다. 즉 교황이 독일에 예속되는 것이다. 슈타우펜가의 황제권이 이러한 정책으로 얼마나 위험한 길에 접어들었는지를 그것은 잘 보여준다.

바바로싸를 계승한 그의 아들 하인리히 6세가 남부 이탈리아 영지를 손에 쥐자 로마는 사력을 다해 이러한 사슬을 끊고자 전력을 기울였다. 본래 독일 귀족들은 하인리히 6세를 왕으로 원치 않았다. 일부 귀족들은 왕 암살 계획을 주도했으나 실패로 끝났다. 황제비 콘스탄체가 이 음모에 가담되었다고 생각한 하인리히 6세는 그녀로 하여금 반역자들의 처형을 지켜보게 했다. 그 후 십자군 원정을 계획했지만 말라리아에 걸려 1197년 메시나에서 운명했다. 한때 하인리히 3세의 죽음처럼 혹독한 운명(아들 프리드리히 2세가 불과 세 살이었을 때 죽은 하인리히 6세의 운명을 말함)이 황제에게 몰아치지 않았다면 교황은 결코 승리를 얻지 못했을 것이다.

6. 인노센트 3세와 독일 황제 독일 제국이 황제세습 혼란에 빠져 있던 가장 약화된 시기에 로마에서는 유례없는 강력한 교황이 교황청을 이끌었다. 바로 인노센트 3세(Innocent III, 1198-1216)였다. 그의 등장으로 교황권과 황제권 사이의 새로운 투쟁은 이미 끝난 것이었다. 이 세 번째 국면의 싸움은 누가 독일 황제가 되느냐의 문제였다. 바바로싸가 통치했던 시대와는 많은 차이점이 있었다. 그때는 황제가 자신이 원하는 대립교황을 세울 수 있는가의 문제였다. 그러나 이제는 교황이 독일에 자신이 원하는 왕을 세우고자 하는 문제로 바뀌었다.

1) 인노센트 3세는 이탈리아에서 독일 황제에 대항하여 민족독립의 영웅으로 두각을 나타내고, 제국 영토에서 교회국가를 다시 일으켜 세우는 데 성공했다.

2) 또한 황녀 콘스탄체가 조기에 죽자 미성년자인 프리드리히 2세를 대신하여 왕의 영지인 시칠리 통치자가 되었다.

그는 이탈리아에서 회복한 권력을 토대로 독일 문제에 개입했다. 당시 독일에서는 하인리히 6세가 죽자 두 명의 라이벌 왕이 선출되었다. 호엔슈타우펜가 측에서는 프리드리히 바바로싸의 차남인 필립을 왕으로 선출했고, 벨프(Welf) 가문은 바바로싸의 라이벌이던 사자공 하인리히의 아들인 브룬스윅의 오토 4세(Otto IV)를 왕으로 추대했다. 교황 인노센트 3세는 이 기회를 놓치지 않았다. 스스로를 "그리스도의 대리자"로 높인 그는 세속의 왕을 결정할 수 있는 권한이 자신에게 있음을 자처했다. 벨프가의 오토 4세가 교황의 최고 수위권을 인정하고, 로마에 대한 제국의 권리를 포기하겠다며 자신의 왕위 확정을 간절히 요청하자, 이노센트 3세는 1201년 그를 독일의 왕으로 인정했다. 한편 필립(Philipp von Schwaben)은 대부분의 독일 귀족의 지지를 받았지만 비텔스바흐 출신의 오토(Otto von Wittelsbach)에게 살해되었다. 이제는 단일 왕이 된 오토 4세가 독일 대부분의 지지를 받자 군대를 모아 세력을 키웠고, 교황은 점차 그를 경계했다. 교황의 패배였다.

역사에서는 가끔 전 세계의 운명이 날카로운 칼날 위에 설 때가 있다. 필립의 살해가 없었다면 어떠했을까. 오토 4세는 왕이 되었다. 그가 1201년 교황에게 인정한 모든 것을 인노센트는 이제 확고히 주장했다. 게다가 오토 4세는 1209년 보름스 협약과 감독에게 주는 독일 왕의 봉신권을 폐지했다(재산권과 특혜권리). 교황은 독일 교회의 통치자였고, 감독 임명으로 독일에 커다란 정치적 영향력을 행사했다. 감독이 가진 제국의 토지는 곧 교회의 토지였다. 교황청은 게다가 성직자에게 최고의 법적 기관으로 인정되었다. 오토는 문자 그대로 황제의 관을 벌었고, 1209년 그것을 얻었다. 교황의 승리는 완벽했다.

오토가 황제가 된 후 이전의 모든 조처를 즉시 없애지 않았다면 어떻게 되었을까. 그는 교황에게 맹세했음도 결코 염두에 두지 않았다. 황제가 된 지 일년 만에 시칠리 섬을 제외한 이탈리아 전체가 오토의 수중에 들어왔다. 교황이 친히 권력을 쥐도록 도와준 그 황제가 다스리는 지역이 로마를 포위하게 된 것은 이제 하나의 현실이 되었다.

모든 기대에도 불구하고 한때 보호자와의 싸움은 불가피했다. 교황은 오토를 대적하기 위해 프랑스의 필립 2세와 동맹을 맺었다. 그 외에도 그는 과거 교황들의 전형적인 술책을 다시 사용했다. 그는 이탈리아 북부 및 독일의 귀족과 영주들에게 오토를 대항하여 봉기를 일으키도록 부추겼다. 동시대인이던 수도사 케사리우스(Cäsarius von Heisterbach)는 이렇게 적고 있다. "왕과의 싸움에서 제후들은 수시로 변했다. 때로는 돈 때문에, 사랑 때문에, 두려움 때문에 오늘은 이 사람에게 맹세하지만, 내일은 저 사람에게 맹세할 것이다"(Dial. X 24). 제후들은 이제 배신할 준비가 되어 있었다. 다만 교황을 참으로 믿을 수 있는가의 문제가 그들을 괴롭혔다. 그러나 결국에는 그것도 해결되었다. 1211년 9월(최종적으로는 1212년 12월) 그들은 이미 1196년에 오토에게 했던 충성의 서약을 파기함으로써 프리드리히 2세를 오토 4세 대신 독일 왕으로 선출했다. 이런 방식으로 그들은 교황청의 직접적인 영향력을 배제시켰다. 인노센트 3세는 재임 초기에 프리드리히 2세의 독일 통치를 격렬하게 반대했었다. 그러나 이제 그를 뽑도록 직접 도왔다. 교황은 그에게 구속되는 일을 피했다. 교황은 로마인에게 프리드리히 2세를 황제로 선언했다. 그에게 황제의 대관을 약속했다.

프리드리히 2세는 자신에게 제공된 황제 대관을 정말로 거부해야 한다는 것을 잘 알고 있었다. 그럼에도 불구하고 그는 제안을 받아들였다. 교황을 자기편으로 삼았을 때 모든 것이 성공할 수 있을 것임을 희망했기 때문이다. 1212년 4월 그는 교황청이 제시한 모든 조건에 맹세했다. 그는 무엇보다도 시칠리의 왕으로서 공개적으로 교황에게 충성 맹세를 해야만 했다. 독일 제국과 관계된 언약들은 1213년 7월 12일에 포고된 소위 “에게르의 금인칙령”(Goldenen Bulle von Eger)에 포함되어 있다. 프리드리히 2세는 이 칙령에서 1209년 오토 4세가 스파이어에서 황제대관을 매입할 때 했던 약속을 넘겨받았다. 독일 제후들은 왕이 교황에게 맹세한 서약의 증인들이었다. 그들은 왕의 약속을 승인했다. 이것은 제국의 법이 되었다. 에게르에서 한 약속들은 스파이어에서 한 것보다 더 포괄적이다. 인노센트 3세는 독일 교회에 대한 싸움에서 여전히 승자로 남았다. 클로드빅 이후 독일 왕이 교회에서 차지했던 위치와 아우구스티누스 사상을 통해 더욱 심화된 게르만의 왕 이념이 가지고 있던 위치는 사라졌고 세속 권력에서의 교회의 해방은 사실이 되었다. 교황의 프랑스 동맹군이 1214년 부빈 전투에서 오토 4세를 결정적으로 제압하자, 프리드리히 2세의 위치는 독일에서 더욱 확고해졌다. 세 번째 국면은 다시금 교황의 명백한 승리로 끝을 맺는다.

7. 스타우퍼의 몰락[40] 프리드리히 2세와 그의 후계자들이 통치할 당시

40) 독일은 11세기 중반부터 12세기 중반까지 정치적 갈등과 종교적 투쟁의 시기였다. 왕은 귀족을 통제하지 못했고, 봉기와 분란이 이곳저곳에서 자주 일어났다. 이러한 혼란기를 틈타 거대 왕조가 등장했다. 작센의 벨프(Welf) 가문, 바이에른의 비텔스바흐(Wittelsbach) 가문 그리고 1079년 슈바벤의 공작이 된 호엔슈타우펜(Hohenstaufen) 가문이다. 호엔슈타우펜 가문은 괴팅겐 근처에 있는 슈타우프 성에서 유래된 이름이다. *

가 싸움의 네 번째와 마지막 다섯 번째 국면이다. 교황권은 얻고자 하는 모든 것을 다 얻었다. 그러나 프리드리히 2세는 여전히 독일과 시칠리의 통치자였다. 이러한 상황에서 로마와 프리드리히 2세 사이에 평화는 불가능했다. 그가 십자군 출병 약속을 지키지 않았다는 구실을 들어 교황 그레고리 9세는 1227년 그를 파문했다. 프리드리히 2세의 평화를 위한 노력에도 불구하고 인노센트 4세(1243-1254)는 그렇게 시작된 싸움을 지속시켰다. 그러나 군사적 기반이 약했던 인노센트 4세는 프리드리히 2세가 이탈리아에 있는 한 아무것도 얻을 수가 없었다. 황제의 패배는 물론이고 그가 이탈리아를 떠나게 만든 것은 고도로 숙련된 교황의 조처였다. 그는 변장을 하고 제노바 배를 이용해 우선 부친의 도시인 제노바로 그리고 그 후 1244년 리옹으로 도망했다. 1245년 그곳에서 개최된, 로마의 계산에 의하면, 13번째가 되는 에큐메니컬 공의회에서 프리드리히는 새로이 정죄되었다.

프리드리히 2세 개인에게서 우리는 높은 근대적 특징을 발견하게 된다. 그는 그레고리 9세 재임 시에도 교황과의 싸움에서 영적인 무기를 사용했었다. 리옹 공의회의 정죄에 대해 그는 교황의 정치성에 대해 공격하는 기독교 선언으로 응답했다. 그는 교황의 영적인 힘을 인정했다. 그러나 자신에게 주어진 신적이며 인간적인 권리에 의거하여 황제나 왕보다도 높다는 교황의 모든 주장은 단호히 거부했다. 아무도 책임을 물을 수 없는 것은 오히려 세속권력이다. 오직 하나님만이 황제를 직접 심판할 수 있다. 계속된 글에서 프리드리히 2세는 지난 세기에 교황의 태도를 자세히 관찰했다. 맹세한 서약 파기, 폭도들과의 동맹 그리고 법률 침해 등 이 모든 것은 다른 비난들과 함께 교황을 공적으로 고소하는 글에 포함되었다. 그러나 황제는 부정적인 판단으로만 일관할 수는 없었다. 그는 교황청의 올바른 형태에 대하여 긍정적인 글을 써야만 했다. 이것을 위해 황제는 그 시대의 핵심적 말인 “고대교회의 순수성과 청빈으로의 교회의 복귀”라는 말을 사용했다. 지나치게 부유한 나머지 교회는 경건을 상실했다. 세속적인 모든 소유를 버릴 때 교회는 자신에게 주어지는 영적인 의미를 회복할 수 있다.

교황권이 권력의 최고 정상에 오른 순간에 그에 대한 철저한 반대가 일어났음을 본다. 본래 순전히 정치적이던 교황권의 반대자 프리드리히 2세는 정치적인 반대를 넘어 특별히 두뇌를 이루고 있는 교회의 핵심 인사에 대한 개혁을 요구했다. 중요한 용어인 "교회 지도층 개혁"은, 물론 그 후에는 "교회 전체 개혁"으로 확대되었지만, 정치적인 교황 이념과 어울려 교황의 통치가 실현되는 순간에 거의 태어났다. 무엇으로 개혁을 실현하려고 생각했는지를 주목해야 한다. 우선 사도적인 순수성으로의 복귀가 모든 난관의 해결을 약속하는 핵심 내용이다. 주요 자극이 외부에서 오듯이 개혁 요구에서도 외적인 것에 의존했다. 공격은 경제적이고 정치적이며 사회적 성격의 것이었다. 그러나 사람들은 같은 핵심 용어인 사도적 규범으로의 복귀를 사회생활의 영역에서 종교의 영역으로 옮길 필요가 있었다. 즉 복음적인 삶의 형식(도덕)에로의 복귀에서 복음으로의 복귀를 해야만 했다. 이것은 후에 루터가 했던 것이다. 개혁의 완성자인 루터 역시 프리드리히 2세가 시작한 개혁 운동의 노선에 있었다. 프리드리히 2세의 교황권 공격에서 중요한 것은 의미 없는 단편적인 정치적 싸움이 아니라, 교회 발전의 새로운 시기가 그와 더불어 시작했다는 점이다.

인노센트 4세는 물론 황제에게 죄를 덮어씌우지는 않았다. 교황은 교황권과 황제권 사이에 형성된 긴밀한 관계에서 출발하고 있다. 그도 그럴 것이 교황이 황제를 심사하고 선출했으며 축성했다. 이러한 과정을 통해 황제는 교황의 수하가 되고 제국을 하사받았다. 물론 황제는 교황에게 충성을 맹세해야만 했다. 이러한 생각을 토대로 교황은 프리드리히 2세가 자신은 교황의 통치 아래 있지 않다고 주장하자 그것은 하나님이 세우신 질서를 대적하는 반란이며, 하나님 자신을 대적하는 것이라고 천명한다. 그리스도는 제사장이며 동시에 왕이었고(히브리서 7장), 따라서 교황 역시 두 가지 기능을 가지고 있다고 보았다.

국가의 절대적 독립과 국가에 대한 교황의 절대적 통치 문제를 놓고 교황과 황제의 대립이 프리드리히 2세와 인노센트 4세가 서로에게 보낸 논쟁서보다 그렇게 날카롭고 원색적으로 언급된 적은 중세에 결코 없었다. 타협이란 실제로 불가능했다. 교황은 프리드리히 2세가 조건 없이 굴복한다면 파문을 철회해주고자 했다. 그럼에도 파문 선고는 그대로 유지되어야 했다. 이것은 프리드리히 2세 개인에게 한정된 것이 아니라, 그의 가문 전체에 해당되었다. 교황 편에서는 교황의 생각이 바뀌기보다는 하늘에서 별이 떨어지고 강물이 피로 변하기를 바라는 것이 더 낫다는 맹세를 첨부했다.

싸움의 결말은 잘 알려져 있다. 프리드리히 2세는 이탈리아 시칠리에 있었다. 교황은 독일에서 반 황제 분위기를 조성시켰다. 하인리히 라스페(Heinrich Raspe)가 대립황제가 되었다. 독일의 모든 신앙적 분위기는 구걸승단의 도움으로 황제를 견제하는 교황의 정치적 싸움에 유리하게 작용했다. 고위 성직의 완전 석권은 정략적으로 활용되었다. 그러나 인노센트 4세에게도 한계는 있었다. 그는 군대가 없었다. 그래서 프리드리히 2세는 제압될 수 없었다. 프리드리히 2세가 1250년 황제로서 죽자, 아들인 콘라트 4세가 왕이 되었다. 그러나 4년 후 그 역시 사망하자, 이복 형제였던 만프레드(Manfred)가 시칠리의 왕이 되었다. 1265년 교황이 된 클레멘스 4세(1265-1268)는 슈타우펜 가문을 무너뜨릴 목적으로 프랑스와 동맹을 체결하고 시칠리를 프랑스 왕의 동생인 샤를에게 봉토로 하사했다. 만프레드와 샤를의 싸움은 불가피했다. 샤를과의 싸움에서 만프레드가 사망하자 콘라딘(Konradin)이 그의 뒤를 이었다. 그러나 그 역시 전쟁에서 패했고, 1268년 나폴리 광장에서 처형당함으로 호엔슈타우펜 왕조는 막을 내렸다. 이번에도 교황권은 승리했다.

8. 결론 위에 말했지만 교황 이념의 실현은 인노센트 4세보다도 인노센트 3세가 더 분명히 보여주었다. 독일 교회는 정복되었다. 독일 황제는 교황의 손에 있었다. 동시에 시칠리의 왕이기도 한 독일 황제는 그의 봉신이 되었고, 영국의 요한은 자발적으로 가신이 되었으며, 프랑스의 필립 2세도 교황의 뜻에 무릎을 꿇었다. 아라곤의 베드로인 레옹의 알폰스 9세도 자발적으로 교황에게 자신의 왕위를 선사해서 가신으로 받아들여졌고, 포르투칼, 덴마크, 폴란드, 보헤미아, 헝가리도 인노센트에게 복종했다. 동방의 라틴 황제권도 굴복하자 미워했던 비잔틴의 연적(戀敵)도 가치가 없어졌다. 물론 세계 통치가 아직은 완전히 실현된 것은 아니다. 인노센트 3세 역시 권력의 한계를 느꼈다.

이제 교황의 세상 지배에 관하여 근본적으로 검토해 보자. 우리가 생각하기에 그러한 사상 자체는 이미 오래된 것이다. 콘스탄티누스 증여를 작성한 무명의 편집자가 이미 그러한 사상을 제시했다. 그리고 니콜라우스 1세가 그것을 교황에게 적용했다. 그레고리 7세는 세상의 질서라는 의미로 신의 도성에 이것을 접목시켰다. 인노센트는 12세기 중반 이후 황제가 패권을 잡은 후에 그것을 실현하는 데 성공했다. 패권을 얻는 데 성공한 수단에 대해서 다시 한번 더 살펴보자. 교황이 의존한 순수한 외적인 힘, 로마와 이탈리아 대부분에 대한 통치는 그 자체가 세계 통치를 위한 토대는 아니었다. 이것을 우선 명백히 해야만 한다. 교황청의 외교적 재능을 더 높게 평가해야만 한다. 세상에 있는 다양한 대립 속에서 그들이 보여준 전문가와 같은 역할이 그것을 알게 해준다. 교황의 권력 투쟁에서 사용된 교회적 승인의 적절한 작용도 과소평가되어서는 안 된다. 그러나 작용한 이러한 수단을 가지고서도 인노센트 3세가 추구하고 달성한 인상적인 승리는 설명할 수 없다. 교황에 대한 봉신관계의 자발적 생성은 여전히 이해할 수 없다. 결국 그 때문에 교황권은 자신의 승리를 세속권력으로부터 자유하고자 하는 교회의 이념 탓으로 돌린다. 세속의 구속에서 해방하고자 하는 교회의 자유사상과 교회를 통해 세상을 재편성해야 한다는 사상은 11세기 클루니 개혁진영과 12세기 베른하르트 폰 클레르보의 영향에 힘입어 실제적인 힘이 되었다. 철저하고도 진지하게 개인적 느낌을 다룬 『세상의 경멸에 대해』(De contemptu mundi)를 썼고, 교황으로서 참회시편을 주석했으며, 스스로를 하나님과 인간 사이에 하나님보다는 작고 인간보다는 크다고 칭하면서 가능한 모든 수단을 다해 세상을 지배하고자 심혈을 기울였던 인노센트 3세(1198-1216)와 같은 교황에게서 발전된 이념을 가진 권력투쟁의 실상을 더욱 분명하게 볼 수 있다. 교회에 의한 세상 통치는, 그 당시의 신앙에 따르면, 물론 다른 형태들과 더불어 세상의 부정(die Verneinung der Welt)을 완성하는 형식이다. 『세상의 경멸에 대해』의 저자와 세상 통치자를 한 사람에게서 함께 볼 수 있다. 교황의 인격의 본질은 세상을 지배해야 하는 이유와 세상을 하나님께 복종시켜 그 고유 가치를 없애야 한다는 사상 속에 있다. 교황권의 승리는 교회적인 사상의 승리였다.

그러나 이제 그 승리가 그토록 기다렸던 하나님의 나라를 이 땅에 만들지 않았음을 진지하게 생각해 보아야 한다. 우선 교황이 세속 권력을 얻고자 투쟁했던 시기는 피와 미움, 배신과 맹세파기, 약탈과 강도, 양심의 고통과 경직성을 가져왔다. 충격적인 그림들이 그것을 보여준다. 볼셰비즘 시대에 추구했듯이 고통의 시대가 지난 후 궁극적인 세계평화가 이루어진다고 희망할 수 있었는가? 이러한 성공은 중세 가톨릭교회에 어쨌든 만족스러운 것이 못되었다. 교황청은 그 당시 가장 강력한 제국인 독일을 뿌리까지 흔드는 데 성공했다. 그러나 폐허된 그곳에서 새 삶을 꽃피우지는 못했다. 왜냐하면 교회는 세상이 정의와 사랑으로 서로서로 살 수 있는 제국은 아니었기 때문이다. 만약 그렇게 된다면 세상 지배 이념을 구현하고자 한 싸움의 결과는 장기적으로 볼 때 독일 제국이 교회를 파괴시킨 것이나 다름없다. 오늘날 중세기의 상황을 동경하는 사람은 – 그들은 그것을 가장 좋은 이상이라고 우리 눈앞에 제시 한다 – 위에서 언급한 것을 잊어서는 안 된다.

1) 즉 엄청난 피와 고난의 시기가 교황이 세계 지배 이념을 실현하고자 치른 싸움의 첫 열매였다.

2) 그리고 이상적인 사랑의 나라는 교회의 통치하에서도 결코 이루어지지 않았다. 교회의 통치하에서 정의의 제국을 만들 계획이 있었다. 그러나 그 실현은 계획과는 전혀 다르게 보였다. 독일 제국의 파괴는 이 계획을 실현하고자 치른 싸움의 유리하고도 직접적인 정치적 결과다. 인노센트 이전에 생존했던 바바로싸가 독일 민족에게 독일 제국의 가치를 백년간이나 주지시켰음은 당연한 것이다.

위에서 언급한 직접적인 결과와 다른 또 하나의 결과는 깊이 숙고해보면 떠오르게 된다. 교황권이 독일 황제의 권력을 가지고 독일 제국을 파괴했다는 것이다. 잘 알다시피 다스리도록 본래 주어진 그의 통치 영역은 세계제국을 건설하기에는 너무나 작은 땅이었다. 또한 그 이상은 역사가 진행되면서 교황청의 의존을 거부했다. 교황권은 황제권에 직접 뛰어들었다.

교황들이 교회의 절대 통치자가 된 것은 그들이 정치적 힘을 한때 소유했었다는 사실 덕분이다. 교회 행정에 대한 왕의 협력은 게르만의 사고 세계에 그 뿌리가 있고 아우구스티누스적이며 신정통치적으로 심화되었다. 소수의 통치자만이 내적으로 성직과 연관되어 그들은 자발적으로 왕이 교회에 관여할 권한을 없애버렸다. 그러나 정치적 열세에 처하는 경우에는 그것도 어려웠다. 독일 교회의 통치자였던 프리드리히 바바로싸 시대와 제국법으로 교회 통치를 금지시킨 1213년 금인헌장 사이의 정치적 상황의 급변은 이러한 관계를 명백히 해주고 있다.

교황에 의한 교회의 일인지배는 그의 정치적 지배의 시기를 오래 지속시켰다. 교황들은 인노센트 3세가 가진 보편적 권한을 계속 활용했다. 교황청이 융성하던 시기에 이러한 교회 중심적 통치는 오류를 보여주었다. 교황청이 정치적으로 깊이 빠져들수록 그러한 오류들도 더 많이 감지되었고, 그것이 가져오는 파장도 그만큼 컸다. 원성의 소리는 점점 격해지고 끝은 보이지 않았다. 그들을 반대하는 기류가 중세 후기에 교회 안에 생겼다. 이러한 반대기류가 없었다면 루터의 양심적 행동과 영웅적인 용기에도 불구하고 종교개혁의 성취는 생각할 수 없었을 것이다. 위에서 깊이 숙고해보면 다른 결과들이 떠오른다고 말한 이유는 바로 거기에 있다. 우리 프로테스탄트는 많은 것들을 가톨릭교회와 분리했다. 그렇지 않을 경우 순수한 복음의 재획득은 결코 없을 것이기 때문이다. 게다가 주요 교리에 대한 서로 반대되는 국민들의 견해를 일반화 했다. 그러자 복음에 토대를 둔 적개심이 성공적으로 장벽을 부술 수 있었다. 가톨릭 교인에게 가장 높은 종교적 심의기관인 교황청에 대한 반대기류의 등장도 사실이 되었다. 만약 교황의 이상이 그저 꿈이 되지 않고 실현될 경우, 그에 대한 반대 역시 실현될 수 있다. 역설적으로 표현하자면, 교회와 세상에 대한 교황의 보편적 통치의 실현은 종교개혁 관철의 전제다. 교황권 돌출의 역사를 면밀히 살펴본다면 기독교적이며 독일적인 우리의 양심은 분명히 거부할 것이다. 이 일도 그렇게 본다면, 교회의 길에 꼭 필요한 단계였다. 그 끝을 관찰해보면, 그 뒤에는 잘못된 길 역시 자신에게 유익하게 사용하는 모든 역사의 통치자가 등장하고 있다.

| 참고문헌 | Robert Holtzmann, Geschichte der sächsischen Kaiserzeit (900–1024), 1961[4]. / G. Tellenbach, Libertas. Kirche und Weltordnung im Zeitalter des Investiturstreits, 1936. / Karl Hampe, Deutsche Kaisergeschichte in der Zeit der Salier und Staufer, 1963[11]. / Friedrich Heer, Aufgang Europas, 1949. / Ders., Die Tragödie des heiligen Reichs, 1952.

25. 십자군

십자군은 관점에 따라 다양하게 평가할 수 있다. 이슬람 역사에 십자군이 주는 의미는 없다. 이미 이슬람의 침공이 항상 있었던 팔레스타인이라는 황폐한 땅 혹은 이집트의 작은 지역을 침공한 정도로 평가한다. 동방 교회에도 십자군은 거의 흔적이 없다. 십자군은 내면적인 측면에서 동방과 아무런 접촉도 없었다. 그러나 서·남부 유럽사와 서방 교회의 역사에 십자군은 깊은 영향을 주었다. 그것을 통해서만 십자군에 교회사적인 그리고 세속사적인 의미가 부여된다.

십자군은 적어도 1095년부터 1270년 혹은 1291년의 기간에 일어났다. 적어도 200년간 거의 7세대가 이교도와의 전쟁이라는 사상의 영향 속에 있었다. 대부분의 싸움에 프랑스가 참전했고, 그 다음이 독일이다. 영국과 이탈리아도 참여했으나 그 숫자는 큰 격차를 보여준다. 스페인만이 참여하지 않았다. 이미 자신의 땅에서 사라센을 충분히 겪었기 때문이다.

1. 십자군 운동의 동기와 전제는 무엇이었는가? 1) 기독교가 존재하는 한 어느 곳에서나 볼 수 있는 순례를 말할 수 있다. 콘스탄티누스 대제 하에서도 그것은 이미 실행되고 있었다. 주께서 직접 살았고 고통당한 성지에 머물러 기도한다는 것은 언제나 특별한 매력을 주었다. 그레고리 대제는 순례자를 위해 예루살렘에 순례자 숙박소를 지었다. 이슬람이 그 땅을 점령하자 그러한 순례는 당연히 어려움에 직면했다. 그 이후에 완전히 중지된 것은 아니었다. 10세기와 11세기에 교회의 경건이 고조되자 순례 열정도 다시 고조되었다. 이미 11세기에 동방으로 떠나고자 함께 참여한 사람들이 가끔은 작은 무리를 이루었다.

2) 만약 기독교에 대한 이슬람의 전통적인 적개심이 없었다면 전쟁의 움직임도 없었을 것이다. 적개심은 이슬람만큼이나 그렇게 오래된 것이다. 이슬람 세계가 셀주크 터키의 손에 들어갔을 때 적개심은 새로운 자양분을 얻었다. 그들은 한층 격앙된 적개심으로 그 지역의 기독교와 맞섰다. 그들은 동방제국에 맞서 이슬람의 팽창정책을 새롭게 추진했다. 황제 미카엘 7세는 이미 그러한 상황에 직면하여 교황에게 도움을 요청했다. 그 결과 그레고리 7세(1073-1085)가 처음으로 십자군을 계획했다. 5만의 엄청난 서방의 군대가 원군으로 결성되었다. 교황도 직접 참여하고자 했다. 반면에 황제 하인리히 4세가 교황 부재 시 제국 내에서 기독교를 통치해야 했다.

3) 그러나 십자군 운동을 가능케 한 가장 중요한 전제는 교황권 아래서의 기독교 통일이었다. 만약 당시에 독립적인 지역교회가 있었다면 독일이나 이탈리아 또는 프랑스와 동방의 동맹이 이루어졌을 것이다. 그러나 그것은 전 서방 기독교를 하나로 이해한 십자가 이념과는 다른 것 같았다. 십자군은 서방 교회의 통일을 전제하고 있다. 11세기에 교황권은 일치를 위한 요소로서 적

절했다. 그 이념이 먹혀들어 실제로 전 서방 세계가 참여하는 것이 가능했다. 특별히 기독교 보호라는 명목보다는 이교와의 전쟁이라는 명분으로 기사단이 창립되었다. 아돌프 바스(Adolf Waas)는 하나님과 그의 지휘 하에 싸우고자 하는 기사의 뜻을 중요한 요소로 본다. 그것은 하나님의 전사라는 봉건적 형태를 가진 기독교 신앙의 한 표현이며, 교황권이 그것을 넘겨받았다.

교황 개인과 십자군에 참여한 자의 종교적 동기도 본래 십자군을 일으킨 주요 요인이다. 함께 했던 자들은 대부분 다시 돌아오지 못했다. 십자군에 끼어드는 것은 엄청난 결단에 속했다. 중세인의 삶은 20세기에 사는 사람들의 삶처럼 그렇게 큰 가치가 있는 것이 아님을 고려해본다면 그것은 일리가 있다. 그리스도는 사람들을 위해 자신의 피를 쏟았다. 이제 그들 자신의 피를 그리스도를 위해 흘리도록 기회가 제공되었다. 많은 사람들이 그렇게 하여 죄 용서의 확신을 얻고 영생을 얻기 위하여 기쁨으로 동참했다. 물론 그를 위해 확실한 방법은 동네마다 있었다. 곧 수도원이었다. 그러나 수도원에 적합지 않은 많은 사람들에게 이러한 새로운 기회는 수도복과 기도로 영생을 소유하듯이 칼과 싸움으로 동일한 것을 얻을 수 있게 했다. 1095년 많은 무리가 우르반 2세의 호소로 클레몽트에서 십자군을 결성했을 때 그것은 확실히 기독교 신앙의 역사적 순간이었다. 그것은 동시에 영적 수장인 교황에게도 감격적 순간이었다. 정치적으로 그의 입지에 큰 의미를 가지고 있어서 정상을 향해 거보를 내딛은 것과 같았다. 십자군은 전쟁 업무였기에 그들을 지휘하는 것은 라틴 기독교의 세속 군주인 황제에게 부여되었을 것이다. 그러나 하인리히 4세는 1095년 파문 상태에 있었고, 자신의 제국 통치권을 회복하고자 북이탈리아에서 고군분투하고 있었다. 교황이 직접 십자군을 지휘한다면 어떤 경쟁도 두려워할 필요가 없었다.

4) 종교적 동기와 함께 세속적 동기도 중요한 역할을 했음을 무시하고자 한다면 그것은 현실 세계를 보지 않고자 눈을 감아버리는 것과 같을 것이다. 교황 자신에게도 역시 마찬가지다. 그는 십자군 전쟁을 통해 자신의 통치 지역을 확장하기를 희망했다. 그도 그럴 것이 성지를 정복할 뿐만 아니라 기독교인의 통치를 받도록 해야 했기 때문이다. 이러한 원조를 통해 동방 교회를 다시 찾는다는 생각 역시 교황 그레고리 7세에게 영향을 주었다. 제후들은 그곳에 자신의 국가를 세우고자 했고, 가난한 사람들은 그곳에서 자신의 토지와

땅을 얻고자 희망했다. 채무자들은 이러한 방식으로 자신의 채무를 없앨 수 있다고 희망했다. 고향에서는 똑같은 칼을 쓸 수 없었던 일반인이 여기 하나님의 싸움에서는 기사와 동등하게 등장했다. 따라서 사회적 동기도 많은 사람을 유혹했을 것이다. 또한 상인들이 당시 견본을 유럽으로 가져온 동화와 같은 동방의 보물들이 모두에게 큰 역할을 했다. 세속의 경제적 동기가 시간이 흐르면서 어느 정도까지 큰 의미를 얻었음이 분명하다. 십자군 운동은 후기에 이를수록 초기보다 종교적 동기는 상당히 약화되었다. 그러나 그들 모두는 일괄면죄를 받는 완전한 면죄를 믿었다. 이것은 공식적으로는 종교적 이유에서 참여한 사람들에게만 해당되었으나 천국에 가기 위한 노력보다 다른 동기가 더 중요했던 사람도 해당되었다.

2. 십자군을 순서에 따라 상세히 구분하여 설명하는 것이 일반적인 경향이다. 그러나 모든 것이 사실이라고 가정해서는 안 된다. 실제로 그것은 거의 2백년에 걸쳐 일어난 동방으로의 지속적인 밀물이었다. 이미 1차 십자군 이전에 일단의 무리가 교황의 설교에 감동한 나머지 동방으로 떠났다. 마음이 앞선 대부분의 사람들은 도중에 전멸당했다. 보스포러스 해협을 넘는 사람은 예외 없이 사라센에 의해 죽임을 당했다. 그 사이에 몇몇 잘 조직된 병사들도 끊임없이 동방으로 진군했다. 많은 경우 순례자들로 구성되었다. 다만 일부의 사람들은 성지에 정착해 살고자 하는 뜻도 있었다. 종종 그러한 주장이 제기되기는 하나 새로운 정착지를 찾아간다는 이유에서 민족 이동을 말하는 것은 전혀 타당성이 없다. 중세 작가들이 지적하는 환상적인 숫자는 확실히 잘못된 것이다. 그 점에 대해서 이곳에서 상세히 다룰 수는 없다. 하지만 1차 십자군만은 중세 자료를 토대로 해서 볼 때 그 참여자가 실제로 매우 큰 듯하다.

십자군의 군사적 부분을 상세히 다루는 것은 이 책의 범위가 허용치 않는다. 동화처럼 다양하고 흥미 있는 동방에서의 유럽국가 건설을 상세히 고찰할 수는 없다. 1차 십자군은 세워진 제후들과는 상관없이 1099년 예루살렘을 왕의 제국으로 만들기 위해 로드링겐의 고트프리트가 이끌었음은 누구나 알고 있다. 4차 십자군(1202-1204)은 콘스탄티노플에 1261년까지 존속했던 라틴 황제권을 이룩했다. 그들은 팔레스타인까지 도달하지는 못했으며, 도중에 숨어 지내야만 했다. 6차 십자군은 프리드리히 2세의 지휘로 1229년 거룩한 성지를 향해 출발했다. 그러나 1244년 예루살렘은 다시금 터키의 손에 점령되었고, 그곳을 탈환하고자 하는 모든 시도는 실패했다. 십자군은 완전한 실패로 끝났다. 거룩한 땅은 1918년까지 이교도의 손에 들어갔고, 지금도 위협받고 있다.

3. 십자군 실패의 원인 십자군의 실패에는 많은 원인들이 복합적으로 작용했다.

1) 가장 중요한 이유 가운데 하나는 일사불란한 조직력의 부재였다. 이것은 부분적으로 교황의 지도력과도 직접 관련된다. 신학을 아는 사람은 전쟁을 전혀 이해할 수 없다는 것이 일반적이다. 황제가 지휘했다면 확실히 많은 것이 달랐을 것이다. 모든 무리를 자신을 위해 끌어들였다. 제후들은 자신의 지역출신 병사들을 모아 십자군을 편성했다. 유럽의 힘이 결집되었다고 할 수는 없었다. 그 외에도 그들은 목적이 일치하지 않았다. 궁극적인 목적은 같았다고 할지라도 그것을 위한 단계적인 목적은 모두 달랐다. 제후들은 다른 도시도 점령하고자 했고, 가능하다면 그곳을 자신이 통치하는 제후령으로 만들고자 했다. 더 나아가서 종교적인 열정에 사로잡힌 사람들은 좋은 병사는 아니었다. 만일 이기고자 한다면 용맹과 더불어 무기 역시 잘 다룰 수 있어야만 했다. 또한 많은 사람들이 처자와 동행했다. 그곳에 도착한 유럽 각지에서 온 천민의 무리는 무시한다고 해도 셀 수 없는 고령자, 병자 그리고 불구자들이 교황이 약속한 영생의 복에 현혹되어 집결지에 왔다. 정말 불필요한 일부 사람들은 되돌려 보냈다. 그들은 십자군 전쟁을 수행하는 데 필요한 많은 재정을 소모시킬 뿐이었다. 게다가 식량 보급에 대한 대책도 없었다. 예루살렘은 결국 정복했지만, 팔레스타인 황무지에서는 아무런 곡식도 얻을 수 없었다. 아시아에서 싸운 장기전에서는 엄청나게 많은 사람들이 희생되었다. 당시 형성된 기사단이 서방과 긴밀히 동맹을 하지 않았더라면 엄청난 재난이 불가피했을 것이다. 이탈리아의 도시들은 전쟁기간 동안 보급품을 실어 나르는 주요 요충지로서 인정되었다. 베네치아가 첫 군함을 동방으로 보냈을 때 키프리아 항구에서 피사 함대에 의해 습격당했다. 유럽 내의 대립은 동방에서의 전쟁 수행에 영향을 주었다. 중앙 통제력의 부재는 그러므로 쉽게 파악할 수 있었다.

2) 매우 큰 영향을 준 두 번째 요인은 동방에 대한 십자군의 태도에 있었다. 그들은 동로마에 의해 부름을 받았다. 동로마는 예루살렘으로 가는 길목에 있었고, 아시아 전역을 점령한 이슬람과 적대관계에 놓여 있었기 때문에 그와의 협력은 마땅한 것이었으며 장기간에 걸친 전쟁에서 꼭 필요한 전제 사항이었다. 그러나 동로마는 첫 십자군을 악한 영에 사로잡혀 있다고 느꼈다. 보스포러스의 고대 문화민족에게 서방의 십자군은 약탈자로 등장했다. 이들은 적지에서 하듯이 계속해서 약탈을 일삼았다. 부에 대한 탐욕은 발칸에서 그들이 전리품으로 얻은 모든 것을 빼앗아 갔다. 교회의 차이점은 이미 이 점에서 이교도, 즉 적이라는 느낌을 쉽게 갖게 했다. 게다가 정치적인 분열도 일어났다. 헬라인은 이슬람이 점령한 소아시아 지역을 그들의 것이라고 보았고, 점령한 후에는 그것을 요구했다. 그러나 십자군은 헬라의 황제를 위해서가 아니라 그리스도를 위해서 싸우고자 했고, 다른 사람과 그 자신을 위해서 싸우고자 했다. 전쟁은 곧 이어졌다. 헬라인과는 달리 십자군이 도취된 공격적 태도는 인노센트 3세하에서 라틴 황제권이 건설되면서 가장 강렬하게 표현되고 있다. 헬라인은 십자군을 돕기보다는 할 수 있는 한 그들을 방해했고, 그것은 성공적이었다.

3) 또 다른 요인은 십자군의 도덕적 태도에 있었다. 초기 단계를 벗어나 장기전이 되는 전쟁은 영웅적이며 비도덕적인 특징을 가져온다. 거기에 유럽에서부터 의심스러운 요소들이 첨가되었고, 동방에 비도덕적인 결과를 남겼다. 노획물은 살아있는 많은 사람들을 부자가 되게 했다. 동방의 사치, 동방이 제공한 음식, 노예 제도, 동방의 비도덕성 등 이 모든 것의 영향이 없지는 않았다. 사람들이 모이도록 적절한 조건을 갖춘 항구 도시와 광산에서의 성적 문란도 같은 영향을 주었다. 순례자의 보고는 성지에 넘쳐나는 외설에 대해 고통스런 하소연을 하고 있다.

건강한 육체와 영혼으로 순례를 시작한 많은 사람들은 육체와 영혼이 병든 채 그곳에서 다시 고향으로 돌아왔다. 유럽인의 어떤 온전한 감성이 그 시대에 서방에 있었는지를 생각해 본다면, 놀라지 않을 수 있다. 오히려 가령 기사단에게 도덕적 수준이 요구되었다는 사실에 놀란다. 그러나 십자군의 힘은 전쟁이 가져오는 이러한 동반현상으로 상당히 약화되었다.

4) 또한 십자군의 관심을 본래의 목적에서 다른 곳으로 유도하고, 알비

파와 같은 서방 내부의 적과 황제, 그리고 이교적인 동방을 제압하기 위해 교황 자신이 직접 행한 것을 생각해보면, 십자군의 실패를 이해할 수 있다.

5) 마지막으로 십자군은 하나의 종교전쟁이었다. 십자군은 이슬람의 광신적 종교성을 유발시켰다. 이것이 뜻하는 바는 1차 세계대전에서 아르메니아인들의 운명이 잘 보여주고 있다. 이 모든 것은 십자군이 실패를 초래하는데 함께 작용했다.

4. 십자군의 결과

십자군의 실패는 서방에 많은 결과를 가져왔다.

1) 정치적 결과다. 십자군의 헬라인에 대한 적대감은 계속해서 헬라 제국의 약화로 이어졌다. 헬라는 수백 년 동안 동쪽 방벽으로서 이슬람의 공격 앞에서 유럽을 지켜주었다. 비잔틴은 그러나 반기독교를 외치는 이슬람의 힘이 다시 강해졌을 때 약화되었다. 게다가 이슬람은 서방의 전투를 배웠다. 콘스탄티노플이 함락되고 후에 터키가 빈의 목전까지 진격했다면, 이것은 어쨌든 십자군의 결과라고 이해할 수 있다.

2) 문화적으로 역작용이 일어났다. 몽골과 터키의 이슬람 지역 정복은 이슬람의 종교적이며 전투적인 능력을 파괴하지 못했지만, 그러나 문화적인 중요성은 파괴했다. 이와는 달리 서방은 십자군을 통해 칼리프(Kalifen)가 통치했던 고대 아랍 문화를 수용했고, 그것을 통해 오리엔트 문화를 능가했다. 오리엔트의 지식을 수용한 서구 학문의 발전은 13세기에 전성기를 맞이하며 오늘날도 이때를 중세의 왕관이라고 본다.

3) 경제적으로는 지중해 동부 해안 일대가 가늠할 수 없을 정도로 발전했다. 사람들은 이제 엄청난 양의 향료와 열매를 서방으로 유입해오기 시작했다. 아랍의 의학을 알 수 있는 많은 약품, 목화, 비단, 가사용품 그리고 악기가 들어왔다. 벽지라는 단어는 유럽인이 동방에서 배운 것이며, 거실을 치장하는 이것은 확실히 동방의 영향을 잘 보여준다. 장기와 서양 바둑이 새로운 놀이가 되었다. 아라비아 숫자 체계가 없이는 서방의 모든 기술적 발전은 생각해 볼 수도 없다. 왜냐하면 로마인에게 큰 수학적 과제는 실천 불가능한 것이었기 때문이다. 종이는 중국에서 발견했지만, 서방이 오리엔트를 통해 그것을 알게 되었다. 책 인쇄는 동물의 피부에다 쓰는 양피지가 일찍이 이용되었다.

이탈리아는 새로운 교역이 가져다준 장점을 활용했다. 세계의 무역상들이 중국-인도에서 소아시아를 거쳐 이탈리아로 왔다. 이탈리아는 몇 년 지나지 않아 부자가 되었다. 중세에 남부 독일 도시들의 융성은 이러한 교역과 무관하지 않다. 이들 도시는 오리엔트의 상품들을 계속해서 독일 북부, 프랑스 북부 그리고 영국에 전달했기 때문이다. 인도로 가는 해로의 발견과 아메리카의 발견은 오늘날까지 북해의 해변을 교역의 중심지가 되게 했다.

그렇지만 가장 큰 교역은 십자군이 직접 수행한 금전 교역이다. 십자군은 중세 초기 자연 경제를 화폐 경제로 변형시킨 가장 큰 요소 가운데 하나였다. 농업에서 산업 경제로 변모하는 과정에서 우리는 그 자체가 얼마나 큰 혼란을 가져왔는지를 잘 안다.

4) 서방의 문화 여건의 변화는 동시에 교회에도 깊은 영향을 주었다. 우선 십자군은 그 자체가 교회 영향력의 현격한 강화를 뜻했다. 십자군이 교회의 주관이었다는 것은 교회의 강화에 대한 하나의 증거다. 교회 자체도 이러한 방향으로 계속 일관했다. 교황이 호엔슈타우퍼 가문을 칠 수 있었던 것은 십자군 운동과는 조금도 상관이 없다. 기사단의 창설도 교회가 가진 권력의 증대를 의미했다. 왜냐하면 교회는 기사단인 귀족이 교회를 돕도록 끌어들이는 데 성공했기 때문이다. 그 외에도 십자군을 통해서 면죄부와 성유물 숭배가 엄청나게 장려되었다. 일괄면죄부가 대량으로 판매되었고, 이것은 중세 후기까지 그 중요성을 잃지 않았다. 수많은 기념일과 성유물 숭배가 팔레스타인에서 유럽으로 전해졌다. 십자가와 관련된 물건만 해도 나무가 작은 숲을 이룰 정도였다.

이 모든 것이 다 중요하지만, 더욱 중요한 것은 당시 서방이 가졌던 일반적인 세계관이 십자군으로 인해 확대되고 변화되었다는 점이다. 서방은 십자군을 통해 식물계와 동물계를 포함하여 다른 여타의 나라들로 이루어진 외적인 세계가 얼마나 무한하며 큰지를 알게 되었다. 사람들은 이제야 지구의 크기와 풍요로움 그리고 다른 민족에게서 큰 감명을 얻었다. 그리고 비록 이교도이긴 해도 터키인에게서 더 용맹한 전사를 보았고 아랍인에게서 종교뿐만 아니라 도덕적 감화를 준 성실하며 수준 높은 문화를 가진 사람들을 알게 되었다는 사실에 더 큰 의미가 있었다. 한때 기독교의 경계 밖으로 넘어갔던 많은 사람들이 귀환하여 관용의 정신을 확산시켰을 가능성도 배제할 수 없다. 교회는 그들만이 가졌던 절대적인 타당성을 상실했다. 비판적 분위기도 확산되었다. 모든 문화는 그때까지 교회 문화였다. 오리엔트의 영향으로 이루어진 새로운 문화는 이제 비교회적이었다. 경제적 동요가 순식간에 교회가 시작하지 않은 문화를 확산시키기 시작했다는 사실이 중요하다.

전혀 다른 방식의 비교회적 문화도 이루어졌다. 십자군은 유럽의 다양한 종족을 혼합시켰다. 국제성이 성립된 것이다. 그러나 이러한 민족의 혼합은 비록 그것이 동일한 목적을 가졌다고 할지라도 항상 반가운 일만은 아니었다. 이들은 긴밀한 접촉으로 자신들이 가진 고유의 특성을 알게 되었다. 이것은 곧 국제성이 민족의식을 강화시켜서 이제 막 시작된 유럽 민족이라는 민족적 성격을 견고하게 해주었음을 의미한다.

교황청에 미친 역작용도 생각할 수 있다. 상당히 많은 금액이 필요했다. 십자군을 위해 사용해야 할 엄청난 액수의 금액은 종종 동방보다는 서방에서 십자군을 선언한 교황청의 전쟁에 쓰였다. 기독교 오용의 근원이 바로 여기에 있다.

십자군 원정의 결말도 잘 주목해야 한다. 교황은 "하나님이 그것을 원하신다"고 설교했다. 교황은 그리스도로의 대리자로서 모든 십자군의 총 지휘자였다. 어린아이와 같은 단순한 신뢰로 대중은 교황의 호소에 응했다. 익숙해져버린 다른 실패처럼 그 실패 속에도 하나님의 심판은 없단 말인가? 오늘날 남아 있는 자료들은 이러한 사실이 어떤 의심을 불러일으켰는지를 보여준다. 즉 하나님은 기독교인에게 승리를 거부했다는 것이다. 모하메드의 하나님이 교황의 하나님보다 더 강한가? 대중의 혁명이 일어나지는 않았지만 의심의 분위기는 더욱 깊어만 갔다.

그러므로 우선 교황청의 득세를 뜻했던 십자군 전쟁은 전개과정에서 반로마적 분위기를 더욱 강화시킨 강력한 요인이 되었고, 우리는 이미 이것을 프리드리히 2세와 인노센트 4세의 싸움에서 목격했다.

| 참고문헌 | Recueil des Historiens des Croisades publiés par les soins de l' Académie des Inscriptions et Belles Lettres, 15 Bde., 1841ff. Carl Erdmann, Die Entstehung des Kreuzzugsgedanken, 1935. Adolf Waas, Geschichte der Kreuzzüge, 2 Bde., 1956. Kenneth M. Setton, A History of the Crusades, 5 Bde., 1955ff. St. Runciman, Geschichte der Kreuzzüge, 3 Bde., 1957/1960.

26. 구걸 승단

서방의 모든 수도원은 1100년까지 베네딕트의 규율을 준수했다. 그것은 그레고리 대제의 영향으로 특히 영국에서 지배적이었다. 칼 대제는 제국의 모든 수도원으로 하여금 그 규율에 복종케 했다. 클루니 수도원 시대는 이 규율의 전성기였다. 그러나 우리가 이미 보았듯이, 개혁운동을 무기력하게 만든 논쟁이 진행되면서 세속적인 관심이 점차 전면에 등장했다. 교황권은 외적으로 승리를 향해 나아가는 듯했지만, 내적으로는 이미 쇠퇴의 과정을 걷기 시작했다. 수도원 문화도 매우 빠르게 이러한 몰락에 편승했다. 클루니 개혁 이전의 쇠퇴에서처럼 여기서도 경제적 이유가 원인이다. 많은 수도원들은 당시 부유했다. 모든 수도사는 하인을 거느리고 있었다. 금욕적인 삶은 이제는 더 이상 큰 이상이 아니었다. 그러나 일련의 또 다른 수도원들은 너무 가난했다. 그들의 경작지는 수도원 식구들의 생존을 보장할 만큼 충분한 수확을 가져오지 못했다. 수도원 몰락의 본질적인 원인은 더 깊은 데 있다. 수도원의 위기는 그 자체가 수도승 사상의 위기다.

고대에 수도승은 세속을 멀리했다. 세상을 뒤로하고 깊이 묵상하는 사색적인 삶을 통해 그들은 영혼의 구원을 추구했다. 서방에서는 일찍이 매우 중요한 변화가 있었다. 수도사는 가장 활동적인 문화 요소였다. 그레고리 대제가 그들에게 부여해준 선교 임무는 임시적인 성질의 것이었다. 영국에서는 이미 그들에 의해 뛰어난 학문적 업적이 이루어졌다. 칼 대제는 그들을 대륙으로 초청했고, 학문과 교육에 대한 포괄적인 과제를 수행하도록 지시했다. 그러나 클루니 개혁 운동은 이와 같은 수도원 문화와 싸웠다. 대학들이 세워졌고, 신설된 대학들이 국민 교육과 같은 성질의 과제를 전부 맡았다. 베네딕트 수도원은 주로 독일에서 설교와 영적인 활동에 주력하도록 대체되었다. 그러나 이것 역시 두 가지와 갈등을 빚었다. 사제는 수도사로 인해 자신들의 교회 일이 방해 받기를 원치 않았다. 수도원 자체에서도 그러한 생각들이 나왔다. 수도원 밖에서의 활동이 수도사 생활의 본래의 취지에 모순된다는 것은 의심의 여지가 없다. 활동의 정당성을 옹호하는 목소리가 수도사들 가운데서 나왔다는 사실보다 더 명확하게 고대 수도 사상의 진정한 위기를 보여주는 것은 없다. 몇몇 외적인 세상적 소유의 포기를 더 이상 금욕이나 공로라고 보지 않았다. 그러한 체념은 공허한 것이며 무가치한 것임을 인식했다. 거기에 고대 수도사 문화가 쇠퇴하고 책임 있는 행동을 촉구한 서방세계로 인해 고대의 금욕적 사상을 의심하게 된 가장 깊은 원인이 있다. 왜 시도한 모든 개혁이 아무런 결실을 가져오지 못했는가에 대한 이유도 거기에 있다. 당시 일련의 새로운 금욕 형태가 형성되었다. 이들 모두가 로마 지역에서 시작되었다는 특징을 갖고 있다. 우리는 이러한 사실에서 어쨌든 수도 사상의 사색적 특징은 독일에서도 로마에서처럼 그렇게 깊이 뿌리 내리지 못했음을 알 수 있다. 그와 함께 두 번째 이유가 있다. 독일 교회의 힘은 모든 국민에게 피해를 준 교황과 황제의 싸움 속에서 모두 소모되었다. 영적인 영역에 대한 지휘는 처음에는 로마에 그리고 나중에는 프랑스로 넘어갔다. 그 시대의 수도원 역사가 우리가 알게 된 이러한 사실의 첫 징조다. 프랑스에서는 씨토 수도회(Zisterzienser-Orden, 1098년 설립)가 클레르보의 베른하르트를 통해 새롭게 부각되었다. 베른하르트는 명쾌한 시찰 제도를 통해 몇몇 수도원을 최고 위치로 끌어올렸다. 씨토회는 베네딕트의 규율에 맞추어 육체노동을 중시했다. 독일에서 그들의 중요성은 바로 그 점에 있었다. 그들은 육체노동의 의무를 다하기 위해 자신들이 가진 땅과 토지를 경작했다. 땅을 경작하고 농업을 촉진하여 독일 도처, 특별히 동부에서 상당한 업적을 이룩해냈다. 13세기에 씨토회 수도원은 1,800여 개에 달했다. 그러나 예배에 대한 의무와 노동의 의무가 서로 불일치했고 억제해야 할 부에 대한 문제로 씨토회는 급속히 몰락했다.

씨토회는 엄격한 금욕생활로 유명해졌다. 그 점에서 그들은 세속적 욕구를 멸하는 금욕에 관한 한 중세에 엄격하기로 이름난 카르투지아 수도회(Karthäusern)를 훨씬 능가했다.

사제 수도회도 새로 형성되었다. 그 가운데 가장 유명한 것은 크산텐의 노르베르트(Norbert von Xanten)가 창시한 프레몽트레 수도회(Prämonstratenser)였다. 노르베르트는 청빈과 설교활동을 서로 결합시킨 잘 짜여진 성당 참사회와 같은 방식을 통해 사도적 이상을 실현하고자 했다. 그러나 그는 교회에서만 설교하고자 하지는 않았으며, 자유로운 유랑설교자로 활동하고자 했다. 교황 겔라시우스 2세(1118-1119)가 그에게 그것을 허용했다. 그러나 후임 교황인 칼릭스트 2세(1119-1124)는 노르베르트가 어느 한 특정 공동체에 소속되어야 한다는 조건하에서 그것을 허용했다. 프레몽트레 수도회는 이렇게 해서 창립되었다. 수도원 설교가 그들에게 주된 업무가 되자 유랑 설교는 자연히 중단되었다. 아우구스티누스 규율은 그들에게 합법적인 기초를 제공해주었다. 프레몽트레 수도회는 전성기에 1,000여 개에 달하는 수도원을 보유했다. 그들 모두는 대부분 시골 마을에 있었다. 그 때문에 그들은 교회의 발전에 그다지 큰 영향을 미치지 못했다. 왜냐하면 영적인 삶의 무게 중심은 13세기에도 역시 도시에 있었기 때문이다.

새롭게 설립된 수도회인 구걸 승단(Bettelorden)은 더 큰 영향을 끼쳤다. 구걸 승단의 태동은 주로 성 프란시스의 개인적 성품의 결과다. 그는 발도파 사상에 큰 자극을 받았다. 전혀 새로운 형태의 수도회가 교회에 생겼고, 이것은 수도원 외부의 경건에 큰 영향을 주었다. 부유한 상인의 아들로 본래 기사가 되고자 했던 그의 야심은 그리스도를 섬기라고 요구하는 꿈을 통해 달라졌다. 당시 그 자체가 구원의 능력으로서 교회적 봉건주의와 대립했던 청빈이라는 그 시대의 가장 심각한 문제가 그를 사로잡았다. 사도처럼 청빈하게 살면서 그는 주위에 몰려든 동료들과 함께 도움을 필요로 하는 사람들, 특별히 나병환자들을 보살펴주고자 했다. 마태복음 10장 7절을 통해 "사도처럼 살고" "사도처럼 설교하라"는 과제를 받았다. 사람들에게 설교하고, 그들의 어려움을 돕고, 주의 식탁에서 먹는 일(생활비를 매일매일 적선에 의존한다는 뜻)은 은둔자가 되어 홀로 독거하거나 수도원 담장 안에 자신을 숨기는 사람은 결코 할 수 없는 일이다. 바로 여기서 새로운 형태의 수도회가 태어났다. 그것은 소유와 명예의 포기에 참 뜻이 있는 금욕으로 사랑 안에서 자유로이 그리스도를 섬기는 것이다. 자신을 중심한 자유로운 동료들의 연합체에서 하나의 수도회가 된 것은 교황청의 개입 때문이다.

교황의 세속 지배를 실현한 인노센트 3세와 세속의 소유를 분토처럼 멀리하고 거지와 다름없이 살았던 성 프란시스가 동시에 존재했던 그 시대에 큰 갈등의 가능성을 예견할 수 있다. 그러나 프란시스는 특별했다. 그는 복음을 이해했고 그 시대의 교회와 마찰을 빚지 않았다. 그는 개혁의지를 갖고 있지 않았다. 이것이 그가 프리드리히 2세와 극단적으로 다른 점이다. 프란시스는 긍정적인 예를 통해 사람의 마음을 끌고자 했다. 무소유의 삶이 얼마나 행복한지를 사람들이 알도록 그의 추종자들은 기쁘게 노래하고 춤추어야 했다.

새로운 형태의 수도회들이 연이어 생겨났다. 그러나 저마다 다른 형태의 특별한 과제를 수행했다. 도미니크는 이단에 빠진 영혼들의 내적 치유에 힘썼다. 그들은 교회가 정한 형벌의 방식이 아닌 설교와 상담을 이용했다. 가능한 자질을 갖춘 설교자를 확보하기 위하여 도미니크회는 대학 도시인 파리와 볼로냐에서 홍보 활동에 주력했다. 신학적인 학문 활동도 시작했으며, 이것은 프란시스회에 영향을 주었다. 시간이 흐르면서 도미니크회가 종교 재판에 깊이 개입한 것은 유감스러운 일이다.

세상을 도피하지 않는 적극적이고 활동적인 삶의 형식을 취한 기사단(성전 기사단, 요한니터 기사단, 독일 기사단)도 생겼다. 수도회로서 전통적인 원리를 따랐으나 그들에게 주어진 임무를 완수하기 위해 기사들이 사용하는 무기를 이용했다. 이들은 무엇보다도 십자군과의 특별한 관계 속에서 태동되었다. 순례자들을 보호하고, 이교와 대적하며, 병자와 부상자를 돌보는 일이 필요했다. 교회가 이교와 전쟁을 종결하자 그들의 존재가 드러났고, 큰 의미를 갖게 되었다.

이러한 새로운 형태의 수도회들이 교회에 어떠한 영향을 주었는지도 간단히 서술해야 한다. 무엇보다도 구걸 승단이 취한 두 가지 기능은 설교와 고해성사를 받아주는 것이었다. 이미 초기부터 프란시스회와 도미니크회는 교황에게서 이러한 특권을 얻어, 세상의 어디에서나 설교할 수 있었고 고해를 수행할 수 있었다. 교구의 간섭과 상관없이 교황으로부터 직접 임무를 부여받은 성직자 단체였다. 그들은 종종 세속적인 성직자 그리고 기존 수도회와 갈등을 빚으면서 임무를 실천했고 그로 인해 민중 경건에 큰 중요성을 얻었다. 구걸 승단으로 인해 설교가 비로소 대중적이 되었다. 또한 구걸 승단이 참회 제도를 비로소 대중적이 되게 했다. 심리적으로 볼 때 일년 내내 곁에 사는 사제보다는 내일 다시 다른 곳으로 떠나는 알 수 없는 한 사람에게 고해하는 것이 더 편했다. 1215년 라테란 공의회가 결정한 매해(年) 의무 고해 제도는 구걸 승단의 도움으로만이 실현될 수 있었다. 프란시스회는 이와 함께 가톨릭교회가 오늘날 카리타스(Caritas)라고 부르는 사회적 봉사 활동으로 많은 업적을 남겼다. 그러므로 이 모든 것을 고려해 볼 때 앞에서 살펴본 여러 징조를 통해 교회의 대중화에 기초를 세웠다. 그들은 교황의 뜻을 따라 모든 일을 수행했고, 순수한 교황청의 전위대가 되었다. 교황청이 얼마나 강한 무기를 보유하게 되었는지 명백하다. 언급한 것처럼 이미 인노센트 4세와 프리드리히 2세의 싸움에서 이들이 교황청에 끼친 많은 장점이 입증되었다. 신학사에도 그들은 엄청난 중요성을 가지고 있다. 도미니크회에는 학문적인 활동이 처음부터 위임되었다. 그러나 프란시스회도 매우 신속하게 학문적인 활동에 관여했다. 두 교단의 논쟁이 저물어가는 중세 후기의 모든 신학에 깊이 얼룩져 있다. 종교개혁으로 제기된 새로운 문제들로 인해 비로소 그들의 중요성이 상실되었다.

성 프란시스가 남긴 감명은 민중 경건에 많은 내적인 영향을 주었다. 사도의 청빈 사상은 그 때문에 민중에 깊이 파고 들었다. 사람들은 그에게서 자신의 무소유에 대한 위안을 찾았다. 사람들은 그를 통해 계층구조 속에서 전혀 배울 수 없던 것을 배울 수 있었다. 즉 겸손을 그리스도인의 큰 덕목으로 삼았다. 수도사와 평신도 사이의 거리감도 구걸승단을 통해 좁혀졌다.

구걸 승단 역시, 특히 프란시스회는 그들이 모든 사람에게 본래적인 삶의 이상을 주고자 했음을 무엇보다도 잊지 않았다. 이것은 평신도 세계에서 사회적인 작용을 일으켰다. 우선 성 프란시스의 이상을 따라 살기를 원한 여자들이 여자 수도회를 만들었다. 창립자인 성 클라라(Clara)를 기념해 클라린회(Klarissinnen)라고 칭하거나 혹은 제2의 성 프란시스회라고 불렀다. 결혼을 했기에 수도회에 가입할 수 없는 남자 평신도 역시 모임을 시작했다. 프란시스는 그들에게 일상적인 삶에 충실하기를 요구했고, 그 속에서도 겸손과 탐심을 엄격히 자제하여 참회의 삶을 살도록 요구했다. 의복은 단순하게 입고, 평범한 삶을 강조하면서도 그러나 교회에 대한 의무만은 철저히 지키도록 했다. 그들을 "참회 형제들"(fratres de poenitentia)이라고 불렀고, 그 후 참회형제단과 하나가 되었다. 이들을 제3의 성 프란시스회라고도 불렀다. 오늘날에는 테르티아리에르(Tertiarier)라고 지칭한다. 이들은 서원하지 않고, 곧 수도사가 아닌 신분으로 일상적인 삶을 영위하면서 경건에 힘쓰는 평신도로 구성된 세 번째 수도회라는 뜻이다.

도미니크회 역시 창시자인 도미니크가 죽은 후 참회형제단을 결성했다. 이들은 제3의 수도회(tertius ordo) 혹은 성 도미니크회(S. Dominici)라고 불렀다. 오랫동안 존속되어 오던 기존의 형제단은 대부분 구걸 승단에 편입되었다. 이 두 교단은 형제단의 도움으로 평신도 세계에 대한 우위권을 확보하기 위해 가끔 신학적 문제에서처럼 격렬한 싸움을 전개했다. 그들의 영향은 결코 과소평가할 수 없다.

| 참고문헌 | M. Heimbucher, Die Orden und Kongregationen der katholischen Kirche, 3 Bde., 1932/1934[3]. Walter Nigg, Große Heilige, 1962[7]. K. Beyschlag, Franz von Assisi und die Bergpredigt Jesu, 1955. B. Altaner, Der heilige Dominikus, 1922.

27. 서방의 학문과 교육

기독교로 개종한 게르만이 학문 활동을 할 수 있기까지는 수백년이 걸렸다는 의견이 늘 제기되었다. 그러나 이러한 주장은 부분적으로만 타당하다.

특히 앵글로색슨과 작센에서 기독교적인 시(詩)가 발전했다. 그곳에서는 영웅시를 주로 쓴 캐트몬(Kaedmon, †680)과 키네불프(Kynewulf)를 언급할 수 있고, 이곳 대륙에서는 작센의 귀족인 고트샬크(Gottschalk, 805-868)와 노트케르(Notker, †912)가 송가를 주로 지었다.

미술은 책에 삽화를 넣으면서 전성기를 맞이했다. 아치형 건축 양식으로 게르만은 놀라운 건축물들을 만들어냈다. 후기에 등장한 플라스틱은 대가의 작품들을 가능케 했다.

역사 기술은 비교적 일찍 발전했다. 앵글로색슨의 베다 베네라빌리스(Beda Venerabilis, 673-735)는 대작 『앵글족 교회사』(Historia ecclesiastica gentis Anglorum)를 집필했다. 또한 베다는 박식한 학자였다. 그는 자신의 권위로 이미 525년 로마 수도사인 디오니시우스 엑시구스(Dionysius Exiguus, 500-560)가 교황 요한 1세(523-526)의 명령으로 그리스도의 탄생에 근거하여 발전시킨 연대기를 서방에 널리 통용시켰다. 랑고바르덴에서는 파울루스 디아코누스(720-797)가 『랑고바르덴 역사』(Historia Langobardorum)를 집필했고, 프랑크에서는 아인하르트(775-840)가 『칼 대제의 생애』(Vita Caroli Magni)를 그리고 작센에서는 비두킨트(Widukind von Corvey, 925-1004)가 『작센의 역사』(Res gestae Saxonicae)를 썼다.

게르만의 학문적 능력이 느린 속도로 점차적으로 보충되었다는 주장은 추상적 학문 분야인 철학과 신학에만 해당하는 말이다. 칼 대제 시대에 비교적 활발했던 학문적 노력은 형태와 내용으로 미루어 볼 때 고대교회에서 보여주었던 논쟁의 여파다. 히라바누스 마우루스(Hrabanus Maurus, 784-856)에게서 절정에 올랐던 9세기 주해 연구 역시 독특한 성격이 결여되어 있다. 교부 자료를 전달하고 있다는 점에서만 의미가 있을 뿐이다.

그렇지만 9세기는 영적인 생동감을 잘 보여준다. 그것은 당시 팽배해 있던 신학적 차이에서 알 수 있다.

1) 우선 생명과 죽음의 이중 예정을 가르친 작센의 고트샬크[41]와 히라바누스 마우루스 그리고 힝크마(Hinkmar von Reims, 806-882) 사이에 예정론에 대한 논쟁이 벌어졌다. 고트샬크 측에서 뛰어난 신학자들이 등장했다.

2) 두 번째 차이점은 고트샬크와 힝크마의 서로 다른 삼위일체 이해였다. 고트샬크는 세 가지 신성을 주장했다. 반면 힝크마는 "동일한 하나의 신성을 가진 삼위일체 당신께 영광을"(Gloria tibi trinitas aequalis una deitas)이라는 고대 찬송으로 이중 예정을 반대했다. 글들을 주고받았지만 아무런 결과를 얻지는 못했다.

3) 더욱 심했던 것은 영혼의 본질, 특히 영혼의 시작에 관한 견해 차이였다. 동방 교회는 하나님에 의해 새로 태어난 영혼은 새로 피조된다고 가르쳤고, 이것을 창조주의라고 칭했다. 반면 고트샬크는 영혼은 부모로부터 전달된다는 소위 전승주의를 고집했다. 이것은 아우구스티누스도 확고하게 결정치 못한 사항이었다.

4) 네 번째는 둘 다 코르비 수도원 출신인 파샤시우스 라트베르투스(Paschasius Radbertus)와 라트람누스가 설전을 벌인 마리아의 순결성(virginitas Mariae) 문제였다. 라트람누스는 예수의 자연적 출생을 가정한 반면, 라트베르투스는 마리아의 순결성이 손상되지 않았다고 가르쳤다.

5) 결국 라트람누스와 라트베르투스는 성만찬에 대해서도 의견이 일치하지 않았다. 라트베르투스가 빵과 피가 그리스도의 몸과 피로 변한다(commutatio)고 가르친 반면, 라트람누스와 고트샬크는 아우구스티누스의 상징적 이해를 대변했다.

41) Klaus Viehaber, Gottschalk der Sachse, 1956.

비록 신플라톤적인 노선이긴 했어도 9세기에 요한네스 에리우게나(Johannes Eriugena, 요한네스 스코투스라고도 불렸다. 810-877)는 자신의 주저 『본성의 구분에 관하여』(De divisione naturae)에서 뛰어난 신학적 능력을 보여주었다. 그 자체가 표현할 용어가 없는 존재를 뜻하는 하나님의 단일성(All-Einheit Gott)이 직접 다양성을 결정하고 피조되지 않은 창조적 본성(natura creatrix non creata)이 된다. 그것이 먼저 피조된 창조적 본성(natura creatrix creata)인 이데아의 세계를 만들고, 그것의 주선으로 창조할 수 없는 피조된 세계(natura non creans creata)인 감각 세계를 만든다. 그 후 세계는 감각계에서 나와 그리스도의 도움으로 다시금 모든 사물의 궁극적 목적이며, 그 자체는 창조할 수도 그리고 창조되지도 않은 본성(natura non creans non creata)인 하나님에게로 올라간다. 철학과 신학은 여기서 하나의 폐쇄된 체계로 통합되었다.

에리우게나는 그러나 중세의 영적이며 신학적 노력의 대표적 형태인 스콜라신학의 아버지는 아니었다. 그것은 캔터베리의 안셀무스(Anselm von Canterbury, 1033-1109)에게서 비로소 시작된다.

소크라테스는 인식한 것을 명확하고 확고하며 간략한 개념으로 표현하고 사고하는 것이 학문의 과제라고 했다. 이것은 사실 명확성에 이르는 가장 좋은 방법이다. 그러나 그것은 실재적인 개념을 논리 속에 가둘 위험을 내포하고 있다. 이러한 소크라테스의 논제로부터 도대체 개념과 현실은 서로 어떤 관계에 있는가 하는 문제가 제기되었다. 모든 사고는 실재를 파악하고자 한다. 그러나 단지 개념적으로 생각할 뿐이다. 개념과 실재는 어떤 관계인가? 이것이 중세 철학과 신학이 줄곧 풀고자 매달렸던 첫 번째 문제였다.

중세 초기는 플라톤적으로 사고했다. 유개념인 보편(universalia)은 플라톤적인 이념에 일치한다. 단지 그들에게만 완전한 의미로서 실재가 부여된다. 그들은 개별적인 것들과 특별한 것들을 자체에 내포하고 있고 자체적으로 그것을 만들어내기도 한다. 인과관계는 논리적 종속에 상응한다. 하나님은 최고의 이념이자, 동시에 최고선이기 때문에, 그를 멀리하는 것은 곧 선의 부재를 뜻한다. 그러므로 인과관계는 동시에 가치의 서열이며 의미의 서열이 된다. 이것을 토대로 안셀무스는 존재론적인 신 존재 증명을 전개했다. 최고의 이념인 하나님은 가장 완전한 존재(ens perfectissimum)인 동시에 가장 참된 존재(ens realissimum)다.

토마스 아퀴나스(1224-1274)가 대표자였던 아리스토텔레스 사상은 보편이 실재한다고 인식했다. 그러나 플라톤주의처럼 개체보다 앞선 것이 아니라, 개체 안에 있다고 믿었다. 개체와 함께 그리고 개체 안에서 이념 역시 실재한다.

이러한 틀 속에서 아벨라아드(1079-1142)는 특별한 위치를 차지하고 있다. 그는 모든 보편적인 것을 하나의 개념(conceptus)이라고 이해한다. 그 때문에 그의 입장을 개념론이라고 부른다. 개념은 하나님 안에서 사물보다 앞서 존재한다(=conceptus mentis/ 정신의 개념). 개념은 개체가 가지고 있는 성격을 나타내는 특징과 동일한 것으로 사물 속에 있다. 인간의 사고 안에서 그것은 사물에 의해 형성된다. 왜냐하면 개념은 추상적으로만 구성될 수 있기 때문이다. 참된 실재가 어디서 그리고 어떻게 그 개념을 얻게 되는지 명확치 않다는 점에서 어느 정도의 회의가 없지는 않았다고 할지라도 이러한 중재신학적 관점은 장래성이 있었다. 오캄은 어쨌든 이러한 개념론에서 유명론을 발전시켰다. 보편이란 없다. 그것은 다만 개념, 이름 그리고 사물에 대한 추상일 뿐이다. 이것은 사고의 혁명을 의미했다. 왜냐하면 유명론으로 개념과 현실의 관계에 대한 소크라테스적 사고에서 주어진 토대가 부정적으로 답변되었기 때문이다.

스콜라신학의 과제와 목표는 안셀무스에 의하면 신적 계시인 권위[42]와 우리 안에 있는 신적 빛(lumen divinium)이라고 이해하는 이성(ratio) 사이의 모순을 극복하고 둘을 조화시키는 것이며, 그렇게 하여 계시를 철학적으로 이해하는 것이다. 그는 신앙에서 출발한다. 믿기 위하여 아는 것이 아니라, 알기 위하여 믿는다(neque enim quaero intelligere ut credam, sed credo ut intelligam). 또한 믿음이 지성을 추구한다(fides quaerit intellectum)고 말한다. 무관심이 믿는 것을 계속 사고하지 못하게 한다. 그는 열정적인 노력으로 계시된 진리인 권위와 이성을 하나로 통일하고자 했고, 그것을 통해 조화로운 세계관에 도달하고자 했다. 절대적 진리와 우리의 진리 인식 사이에 완전한 일치는 그의 인식론적인 전제이기 때문에 그는 그것을 할 수 있다. 권위와 이

---

42) 여기서 권위란 중세 가톨릭의 전통과 유사한 것으로서 교회의 결정, 교황의 교령 그리고 교부들의 저작 등 교회가 판단의 근거로 삼고 있는 모든 것을 의미한다. *

성은 신앙과 지식이라는 오늘날의 두 개념과 상응하는 것이 아니다. 신앙과 지식은 둘 다 스콜라신학이 확실히 눈여겨본 인간의 태도방식이다. 그러나 설명했듯이 권위와 이성은 그들에게 초인간적인 것이다. 더 나아가서 우리는 오늘날 신앙의 확신과 이성의 확신을 "서로 경쟁적인 두 가지"로 보는 데 반해, 스콜라신학자에게 권위는 우선 계시와 교부 저작에서 그들의 문학적 표현을 찾을 수 있는 신적인 권위다. 그것은 새로운 시대의 권위 개념이 뜻하듯이 도덕적이며 법적인 타당성을 부여하는 확실한 하나의 현실이다. 권위와 교부들의 교의 목록 중 가장 유명한 것은 페트루스 롬바르두스(1100-1160)의 것이다. 이 책은 15세기까지 셀 수 없을 만큼 많이 주해되었다. 이성은 인간에게 있는 신적인 빛(lumen divinum)이다. 그러므로 우선 권위(auctoritas)와 이성(ratio) 사이에 객관적인 일치가 결과로서 나타난다. 하나님의 피조물인 세상과 하나님이 역사하는 구원은 객관적으로 서로 일치해야만 한다. 인격적인 일치도 역시 결과로서 나타난다. 신적인 빛인 이성은 세상에 있는 신적인 것과 구원사건을 인식할 수도 있고 파악할 수도 있다.

권위와 이성의 문제를 둘러싼 논쟁의 새 국면은 아벨라아드(1079-1142)가 선도했다. 그는 베른하르트와 서로 적수였다. 권위는 우선 성서를 말하고 더 나아가서 교부의 전통을 의미했다. 날카로운 관찰자인 아벨라아드는 이러한 전통이 완전히 일치하지 않음을 인식했고, 그의 책 『긍정과 부정』(Sic et non)에서 교부들의 변증법적인 진술 158항을 제시했다. 전통을 훼손시키려는 목적이 아니라 변증법이라는 새로운 방법론적인 길을 제시하고자 한 것이다. 면밀한 주석을 했지만 그것이 조화로운 진술을 이끌어내지 못한다면, 단지 하나의 가능성, 즉 권위들을 변증법적으로 연구하는 것만이 남아 있다. 결국 이성이 결정해야만 한다.

스콜라의 학문적 방식은 아마도 아벨라아드의 이 책에 의존한 것이다. 이 책에서처럼 스콜라적 저서에서도 먼저 방법론적인 하나의 질문이 제기된다(=sic). 그리고 제기된 질문에 대해 부정적인 반박을 한다(=contra, 아벨라아드에 의하면 이것이 콘트라이다). 논의는 더 진행되어 이제 제기된 질문에 대해 긍정적인 답변을 한다(=pro). 긍정적인 답변을 제시할 때 권위가 핵심 역할을 한다. 마지막 답변(respondeo dicendum)에서는 저자의 고유 의견이 이어지고 부정과 긍정의 논지를 재차 비판적으로 조명하여 명확한 이유를 제시한다. 결론에는 모든 모순을 극복한 조화가 담겨 있지만 학문적 연구와 강의에서는 강렬한 긴장을 초래했다. 그 시대 사람들은 아벨라아드의 책을 전혀 터무니없는 것으로 받아들였고, 비록 그가 이성과 이성의 능력을 안셀무스보다 더 비판적으로 대립시켰음에도 불구하고 몇몇 사람들은 강하게 거부했다.

페트루스 롬바르두스의 『4권의 교의학』(Libri quattuor sententiarum)은 권위를 둘러싼 문제에 중요한 역할을 했다. 이 책은 객관적인 서술 때문에 중세 전성기와 후기의 교의학 교과서로 사용되었다.

토마스 아퀴나스 역시 특별한 위치를 점하고 있다. 새로 알려진 아리스토텔레스 저서를 통해 일어난 아리스토텔레스주의는 범신론적 경향 때문에 엄격히 배격되었다. 그러나 알베르투스 마그누스(1206-1280)는 그것을 기독교 신앙과 용해하고자 시도했고, 특히 토마스는 아리스토텔레스를 아우구스티누스적이며 안셀무스적인 전통과 결합시켜 궁극적으로 그것을 받아들이는 것을 자신의 과제로 삼았으며, 그것을 기초로 장엄한 조화를 이룩해냈다. 그는 "은총이 주어졌고 그것이 본성을 완성한다"(gratia supponit et perficit naturam)는 기본 사상에서 출발했다. 그는 자연적인 것을 있는 그대로 인식하고, 그들에게서 궁극적인 가치를 보지 않은 채 모든 학문의 영역에 끌어들였다. 자연은 초자연, 곧 은총을 통해 완성된다. 이들의 상호연관성은 심오한 질서의 표현이다. 거기에는 "선한 것을 원하시는 하나님"이 직접 참여하고 있다. 토마스는 이러한 질서 사상(ordo-Gedanken)을 모든 사물은 저마다 목적을 향해서 움직이고 있다는 아리스토텔레스 사상과 연결했다. 아우구스티누스가 전개한 새로운 하나님 나라 이해가 이미 형상의 과제를 자체에 내포하고 있기 때문에 연관해서 보는 것도 가능했다. 오늘날 가톨릭 학문, 특히 전 세계에 있는 모든 가톨릭 대학은 모든 삶의 문제를 토마스적 고찰에 근거해서 풀고 있다. 교황 레오 13세(1878-1903)가 그를 가톨릭교회의 대표적 신학자로 선포했기 때문에 그의 신학 체계는 근대에도 역시 엄청난 중요성을 얻게 되었다. 그에 못지않은 연적(戀敵)은 둔스 스코투스(Duns Scotus, 1266-1308)였다. 그도 역시 토마스처럼 아리스토텔레스적인 실재론자였다. 토마스가 지적인 측면을 지향했다면, 그는 의지적 측면을 지향했다. 그는 "하나님이 원하는 것은 다 선하다"고 함으로써 의지의 우위를 가르쳤다. 또한 인간에게는 명상 대신에 사랑에서 절정에 이르는 순종의 행위가 중요하다고 보았다. 둔스 스코투스는 프란시스 회원이고, 토마스는 도미니크 회원이었기에 이 두 사람의 논쟁은 곧 두 교단의 논쟁이 되었다.

토마스가 주장한 모든 존재의 일관된 조화는 유명론에 의해서 도전을 받았다. 14세기가 알려준 삶의 엄청난 긴장은 조화의 관점이 지탱할 수 없었다. 이러한 경험은 오캄(William of Occam, 1285-1349)이 주장한 유명론의 등장으로 무대 뒤에 서게 되었다. 왜냐하면 개념이 논리적인 추상일 경우 형이상학과 학문적인 신학은 동시에 그 토대를 잃게 되기 때문이다. 오캄은 그렇다고 해서 불신앙을 갖지는 않았다. 교회의 가르침이 비합리적이라 해도 그와 연관된 권위가 확실하다면 순종으로 인식해야 한다. 오캄에게 성서는 확고한 권위였기 때문에 성서는 전체 체계에서 엄청난 중요성을 갖게 된다. 그 외에도 오캄은 둔스 스코투스처럼 의지주의자였고 스코투스가 했던 것보다 더 하나님의 자유를 강조했다. 하나님의 자유라는 견지에서 선과 악은 하나님의 뜻에 일치하든 혹은 그렇지 않든 비로소 그들의 자질을 얻게 된다.

스콜라신학과 유사한 방법으로 교회법이 연구되었다. 교회법은 로마법처럼 논리적인 체계가 아닌 게르만과 유사한 관습과 판례처럼 발전되었다. 많은 개별적 사안들을 모은 목록도 등장했다. 볼로냐 법률가 그라티안(†1158)은 교회법에 커다란 긴장이 있음을 인식했고 1140년 출판된 책 『모순된 정경의 조화』(Concordantia discordantium canonum)에서 그러한 문제를 해결하고자 노력했다. 개별적 사안들을 다 모은 책은 교회법의 토대가 되었고 공식적인 성격을 부여받았다. 후기에 나온 목록과 함께 그것은 『교회법전』(Corpus iuris canonici)이 되었고, 이것은 1917년에 『가톨릭 법전』(Codex iuris canonici)이 나오자 그 중요성을 잃었다.

교황은 세계를 굴복시켰고, 그 자신이 법률적 사안에 있어서 최고의 항소기관이었다. 이것은 다시 말하면 교회법이 세상의 기독교적이며 도덕적인 법이 되고자 했기에 교회법은 세상, 곧 실제적인 삶에서 엄청난 중요성을 얻게 되었다. 그 때문에 교회법은 14 · 15세기에 신학보다도 더 관심을 끌었다.

11 · 12세기에 볼로냐 대학에서 이루어진 로마법의 갱신은 교회법을 로마 교황청에 편향된 사고방식으로 연구하게끔 했다. 그 과정에서 『교회법전』이 가지고 있는 중요한 신학적 요소가 『가톨릭 법전』에 종속되었다. 이러한 방식은 신학 자체에도 밀고 들어왔다. 이것이 오늘날까지도 특징적인 가

톨릭교회의 법제화라는 결과를 가져왔다. 후에 루터는 열정적으로 이것을 거부했다.

| 참고문헌 | Martin Grabmann, Geschichte der scholastischen Methode, 2 Bde., 1909/1911. ders., Geschichte der katholischen Theologie seit der Väterzeit, 1933. ders., Thomas von Aquin, 1949[8]. A.M. Landgraf, Dogmengeschichte der Frühscholastik, Bd. I I-IV 2, 1952 bis 1956. Karl Barth, Fides quaerens intellectum, 1931 (dazu F.Haenchen in der Festschrift Karl Heim, 1934), 1958[2]. Hans Erich Feine, Kirchliche Rechtsgeschichte, Bd. 1, 1955[3].

28. 중세의 신비주의와 민중경건

1. 분위기를 보면 신비주의와 신학, 곧 신비주의와 가톨릭교회 사이에 대립이 추측된다. 그러나 그것은 옳지 않다. 스콜라신학과 신비주의는 한 짝이다. 다만 강조점이 다르다고 말할 수 있다. 신비주의는 가톨릭교회의 "fides, quae creditur" 대신에 "fides, qua creditur"에 모든 중심을 둔다.[43] 신학은 신비주의를 인간의 영혼은 신적인 본성이기에 그 때문에 하나님과 자연적으로 하나 될 수 있다고 보는 관점이라고 이해한다. 종교개혁적 사고와는 완전히 정반대되는 관점이다. 하나님을 보고 향유하고(visio et fruitio) 그리고 그와 연합(unio Dei)하기 위한 목적으로 그것을 먼저 인식하고 그 후 그것을 성취하기 위해 인간은 전력을 다해야 한다. 정결, 조명 그리고 연합이라는 순서로 영혼의 상승이 일어난다.

중세의 모든 신비주의는 신플라톤주의와 연관된다. 신플라톤 사상은 두 개의 통로를 통해 서방에 소개되었다. 하나는 아우구스티누스를 통해서였다. 그는 한평생 신플라톤주의를 탐닉했고, 신학과 중세 신비주의에 커다란 촉매자가 되었다. 다른 또 하나는 6세기 신비주의 작품인 소위 디오니시우스 아레오파기타(Dionysius Areopagita)를 통해서였다. 이 글들은 신플라톤주의와 기독교를 섞은 혼합주의가 그 내용이며, 바울의 제자인 디오니시우스(행 17:34)

43) "fides, quae creditur"는 "그것(믿음)이 믿어지는 믿음"이라는 뜻으로 믿음의 내용을 강조하는 것이요, "fides qua creditur"는 "그것(믿음)을 통하여 믿어지는 믿음"이라는 뜻으로 받아들이는 기능으로서 믿음의 행위를 강조하는 말이다.

가 썼다. 중세도 이것을 사실로 평가했다. 요한네스 에리우게나는 이것을 라틴어로 번역했고, 그로부터 백년 후에 크게 활용되었다.

12세기에 신플라톤 사상은 블랑켄부르크 백작가문 출신 독일인인 성 빅톨의 휴고(Hugo von St. Viktor, 1097-1141)가 파리에서 아레오파기타 주석을 쓰면서 재등장했다. 휴고 역시 이성에 의해서는 전혀 인식할 수 없는 하나님을 알 수 있는 길을 제시했다. 모든 존재의 인과적 조건을 따르면 영혼은 결국 하나님께 이른다. 여기서 인식 곧 철학은 경건한 삶의 직접적인 수단이듯이 영혼이 하나님께 오르는 수단도 된다. 금욕은 항상 감성과 의지도 세상을 멀리해야 한다는 사상을 동반해야만 한다. 인간이 감각적 세계에서 자유할 때만이 하나님과 하나를 이룰 수 있다. 더 나아가서 또 하나의 전제는 이전의 죄책을 깨끗이 씻어버리는 것이다. 그것은 교회가 제시한 종교적 방안, 곧 세례, 견진성사 그리고 성찬을 통해 할 수 있으며, 선행과 고행을 통해서 그리고 세상으로 돌아간 경우에는 참회의 성례전을 통해서도 할 수 있다. 교회가 만든 이러한 제도를 통해서 영혼에게 성령과 거룩함이 선사되고, 결국 세상에서 나와 실제로 하나님과 하나가 될 수 있다. 그 후 점차로 영혼은 그 자신이 하나님의 일부라는 생각을 갖게 되고, 알 수 없는 장소로 되돌아가 내적으로 사랑의 팔로 알 수 없는 것들을 감싸 안으며, 영원히 살기를 소망한다. 그러나 이러한 일은 지상에서는 일어나지 않는다. 여기에는 다만 이러한 체험을 가능하다면 자주 해보고자 하는 목적만이 있다.

방금 설명한 것과는 다른 신비주의적 경향도 동시대에 있었다. 그들은 예수의 지상 생활을 자신들의 모범으로 삼았다. 예수의 삶을 본받는 것은 곧 주를 따르는 것을 생각하는 것이며, 가령 성 프란시스가 했듯이 도덕적인 삶의 영역에서만 그를 자신의 모범으로 삼는 것이다. 그와 함께 그들의 감정이 예수를 향하게 함으로써 예수에 대한 이러한 시각을 신비주의적 신학 노선으로 유도하는 경향도 있다. 이러한 감정적 예수 사랑의 주요 대표자는 베른하르트 폰 클레르보(1090-1153)였다. 이 점이 베른하르트가 교회에 끼친 가장 심오한 영향이며, 그는 하나님이 아닌 예수를 신비적 관찰의 대상으로 삼았다. 그의 관찰의 전면에는 하나님의 아들인 인간 예수가 있다. 인간 한 사람만은 정열적인 사랑으로 다룰 수 있다. 예수라는 인간 속에 하나님 자신이 있다. 따라서 신랑과 신부의 관계처럼 예수 안에서 하나님과 교통할 수 있다. 교회가 유대교의 선례를 따라 오래전부터 영혼의 하나님 관계에 관련시킨 아가의 노래에서 본을 딴 감정적이며 성적인 열정이 여기서 등장한다.

물론 감정적 예수 사랑은 베른하르트 자신에 의하면 인간이 동경해야 할 본래 목표는 아니다. 그것은 오히려 그것을 통해서 하나님과 연합, 곧 참된 신비적 체험을 얻게 되는 수단이어야 한다. 그리스도에 대한 사랑은 그러므로 신비주의 방법에서 하위 수준의 단계일 뿐이다. 왜냐하면 모든 역사를 포함하여 역사적 예수 너머에서 전개되는 단계는 훨씬 높고 고결하기 때문이다. 그렇지만 실제로 베른하르트 자신도 거의 언제나 이 세상에 있는 영혼의 신랑을 향한 하위수준의 사랑의 단계에만 머물러 있었다. 그의 경건은 그 속에서 살았다. 그의 후계자의 경건도 대부분 그 속에서 살았다. 베른하르트는 빅토르파와 밀접한 관계를 갖고자 힘썼다. 빅토르파가 말하는 신비주의적 구원의 방식에 예수 사랑을 대입시킨 것은 그 자체가 여전히 강력한 신플라톤적 색체를 가진 신비주의가 지닌 기독교적 성격의 새로운 강화를 뜻했다. 이러한 신비주의적 경건이 후기 수도원 제도로 확장되었고, 어느 정도는 가톨릭교회에 흘러들어 왔다. 개신교 역시 그중 일부를 받았거나 혹은 나중에 다시 받아들였다.

지금까지 설명한 신비주의 형태에서 중요한 것은 직접적인 행위로 고행과 하나님과의 연합을 불러오는 것이다. 이러한 형태의 신비주의와 종교적 인격의 목표는 하나님과 하나가 되는 데 있다고 보고 다른 방식으로 그것을 달성하고자 희망한 또 다른 형태의 신비주의는 구분이 된다. 그들은 모든 활동은 영혼을 구속하고 있다고 생각했다. 따라서 하나님과 하나되는 것은 모든 활동을 중단한 채 고요하고 공허하게 될 때 가능했다. 그 때문에 이러한 경향의 신비주의를 명상을 주로 하는 경향과는 달리 정적(靜寂)인 신비주의라고 불렀다.

교회가 제시한 구원의 수단이 빅토르파에게 얼마나 중요했는지를 우리는 보았다. 그러나 이것은 예수에 대한 사랑을 말하는 베른하르트에게도 필요했다. 경험적 교회와 관계하지 않고도 예수를 생각하면서 신부 같은 감정을 일으킬 수 있다. 물론 친교회적 인물인 베른하르트는 이러한 결론을 내리지는 않았다. 그러나 교회비판적인 사람들에게 이러한 결론은 자명한 것이 되었다. 신비주의 흐름 내에서도 제도적 교회와 똑같은 경향이 등장하고 있다. 몇몇 단체들은 교회와 싸움을 일으킬 정도로 진보적이었다. 반교회적이며 정적인 신비주의는 평신도를 중심으로 기반을 확대해 나갔다. 13세기에 눈에 보일 정도로 그들의 등장은 분명해졌다. 내용적으로 다른 신비주의 형태와 다른 어느 정도의 변화도 일어났다. 모든 활동을 완전히 중단하는 데서 온전함의 이상이 있다고 보았다. 영혼이 완전히 텅 비게 될 때에 하나님이 직접 그 자신에게 들어온다는 것이다. 영혼의 신격화가 이루어진다. 신비주의적 완전자는 하나님의 일부, 곧 하나님과 같게 된다. 바로 이 점에서 모든 천사와 성인은 모든 교회보다 심지어 많은 이들이 말하듯이, 그리스도보다 높다. 이러한 정적인 신비주의 역시 교회의 수도사 제도에 개입되어 후기에 하나의 세력으로 확대되었다.

그것은 에크하르트(1260-1327)가 주요 대표자인 독일 신비주의에도 영향을 주었다. 체념(Gelassenheit, 이것은 하나님을 인정한다), 은거(Abgeschiedenheit), 자기 비움은 그에게 하나님과 연합하는 전제다. 영혼을 비우는 것은 감각적, 정신적 그리고 개념적인 상태의 모든 혼란을 비우는 것이며 그때 비로소 영혼은 하나님의 장소가 된다. "모든 피조성을 비우는 자는 하나님으로 가득 차게 된다." 모든 완전은 인간이 가난, 불행, 굴욕, 적대 그리고 우리를 억누르는 모든 것을 기꺼이, 기쁘게, 자유롭게, 열망하며, 평화로이, 흔들리지 않고 그리고 심지어 죽기까지 고통당할 수 있느냐에 달려 있다. 부요함, 성공, 명예 그리고 기쁨도 동일하게 적용할 수 있을 것이다. "왜 죄인인가"라고 묻지 말아야 한다. 왜(Warum)라는 말 속에는 여전히 자신의 의지와 자신의 판단이 숨겨져 있기 때문이다. 그것은 여전히 우리 자아의 표현이다. 이러한 체념과 내적인 자유는 외적 행동에서 만들어낼 수 있다. "이것을 초상으로 삼으라"며 에크하르트는 말한다. "문은 경첩을 중심으로 열리고 닫힌다. 나는 문의 외적인 판자를 외적인 인간에 비유하고 경첩을 내적인 인간에 비유한다. 문이 열리고 닫힐 때 외적인 판자는 따라 움직이지만 경첩은 부동의 형태로 항상 그 자리에 있으며, 조금도 변하지 않는다. 은거하는 마음도 이와 같은 것이다."

이러한 체념의 설교, 내적인 자유의 복음은 에크하르트를 통해 중세 후기에 크게 확대되었다. 영혼이 은거의 높은 길을 가도록 가르친 외적인 교회성도 똑같게 여겨졌음은 분명하다. 그것은 은거에 도달할 수 있는 수단으로서의 역할을 할 수 있다. 그러나 은거 자체는 하나님과 완전한 연합이라는 목적을 이루기 위한 수단일 뿐이다.

에크하르트는 도미니크 교단 회원으로서 강의해야 했기에 자신의 생각을 독일어로 서술할 필요가 있었다. 이 일을 통해 그는 비범한 재능을 가진 언어 창조자임이 입증되었다. 계속적인 그의 영향은 상당 부분이 이것에 기인하고 있다. 에크하르트는 동시에 신학자이기도 하며, 도미니크파로서 토마스 아퀴나스의 제자이기도 하다. 하인리히 에벨링(Heinrich Ebeling)은 중세 전성기에 아우구스티누스주의와 아리스토텔레스주의 사이에서 벌어진 싸움에서 그가 특별한 위치를 차지하고 있음을 보여주었다. 에크하르트의 신학적 중요성은 신플라톤적인 요소와 토마스의 아리스토텔레스주의를 하나로 합한 데 있다. 어쨌든 에크하르트는 그 시대 교회의 충실한 아들로 남기를 원했고 열정을 다해 그 시대 교회의 칭의론을 위해 싸웠다. 그의 제자인 타울러, 수스 그리고 루이스브록(Ruysbroek)은 일부 에크하르트 사상의 날카로운 점들을 다듬었다. 신비적 삶을 추종한 평신도들은 중세 후기 종교적 문화적 삶의 활력소인 "하나님의 친구들"(Gottesfreunde)이라는 연합체를 결성했다.

2. 교회의 경건은 모든 시대마다 공식적으로 통용된 신학과는 조금씩 달랐다. 직접적인 원자료가 부족한 관계로 그 모두를 설명하기는 무척 어렵다.

신약성서에 등장하는 모든 그리스도인은 성인이다. 그러나 우리는 이미 이러한 성질을 기독교적인 삶을 수행한 영웅에게만 제한시킨 중요한 발전을 보았다. 전혀 충분히 고려되지 않은 변화가 있었다. 어쨌든 중세 초기의 특징은 알프스 이북에서 성인숭배가 놀라운 비약을 했다는 점이다. 게르만의 영웅숭배가 그 안에 새롭게 표현된 것인가? 성인 제의는 게다가 아타나시우스가 쓴 『안토니우스의 생애』(Vita Antonii)를 견본으로 한 성인전기에서 새로운 문헌(Literaturzweig)들을 가져왔다.

게르만의 관점에 의하면 감각적인 것이 초감각적인 능력의 담지자가 될 수 있기 때문에 성인숭배와 함께 성유물 숭배(Reliquienkult)가 번성했음은 당연하다. 유명한 성인의 삶을 번역하는 것은 곧 역사적 업적이 되었다.

"그렇다면 누가 성인인가?"라는 근본적인 문제는 교회가 결정했고, 죽은 사람의 숭배에서 그 사람의 가치가 평가되었다. 9세기에는 감독들이 그에 대한 권한을 갖고 있었으나 993년 이후에는 교황을 통한 승인이 공식적으로 필요하게 되었다.

더 나아가서 남아 있는 시, 화보 그리고 교회 건축은 중세 초기에 마귀를 대적하는 것이 일상적인 삶에서 상당히 중요했음을 보여주고 있다. 그리스도의 구원 사역 역시 많은 경우에 마귀와 모든 악한 세력을 물리친 승리에서 절정을 이루고 있다. 안셀무스을 통해서 비로소 여기에 다른 가치가 부여되었다.

평신도 경건의 또 다른 형태는 참회 제도의 형성이다. 고대교회는 죽음의 죄를 범한 경우에만 공적인 참회를 시행할 수 있었다. 영국의 수도원에서는 용서받을 수 있는 죄와 마음속으로 범한 죄 역시 참회하는 것이 관례가 되었다. 이러한 관례는 개인 고해를 불가피하게 만들었고, 영국의 영향으로 개인 고해는 일반적인 현상이 되었다. 1215년 라테란 공의회는 부활절에 연 1회 고해를 의무화시켰고 불이행자는 출교시킴으로 교회에 대한 최소 의무로 규정했다. 고해는 용서(Absolution)에서 절정에 이른다. 용서는 행위의 보속(satisfactio operis)으로 이어졌다. 11세기 이후에 행위의 보속 대신에 돈을 기부하는 형식이 통용되었다. 12세기 이후부터는 사죄를 선언하는 용서의 형식이 "하나님이 너를 용서했다"(Deus te absolvat)에서 직설법적인 형식인 "내가 너를 용서한다"(ego te absolvo)로 바뀌었다. 이것은 성례전적인 죄 사함을 선포하는 형식으로 오늘날에도 쓰이고 있다. 그 외에도 위에서 이미 언급한 것처럼 무거운 개인적인 참회 형벌, 가령 금식 등이 객관적인 기도 혹은 구제 등, 소위 돈을 주고 자격을 다시 회복하는 속전(Redemption)으로 바뀐 관습은 게르만의 기본 사고에 의해 만들어진 것이다. 참회서는 다양한 형태의 참회 행위뿐만 아니라 그에 대한 벌과금을 규정해 놓고 있다. 객관적으로 볼 때 면죄부(indulgentia)도 같은 생각에 근거하고 있다. 그것이 역사적으로 속전에서 발전된 것인지는 해결되지 않은 문제다. 면죄부의 특성은 속전과는 달리 참회의 성례전과 관계없이 받은 몇몇 혹은 모든 형벌에 대한 용서라는 점에 그 본질이 있다. 그것은 공식적으로는 죄책에 대한 성례전적인 용서를 전제로 하고 있다. 십자군 참전, 순례, 기도 혹은 교회가 정한 특별한 목적의 기금기부와 같은 활동을 해도 면죄부를 받을 수 있다. 십자가 신학의 틀에서 보면 결코 불가능한 행위와 보답의 타산적인 설명이 그 속에 있다.

새로운 것은 교구 재판이다. 감독의 교구 시찰은 가우백작(Gaugrafen)의 부가로 칼 대제를 통해 확대되었고 배심원인 백성의 관여로 윤리적 문제를 다루는 법정으로 변형되었다. 교구 재판은 교회의 민중 교육에 중요한 부분이 되었다.

주일마다 전 교인이 성찬에 참여하는 것은 고대의 마지막 때에 이미 중지되었다. 서방에서는 일년에 세 번 참여하는 것이 일상적인 관례였다. 12세기 이후 성찬식 때에 평신도에게 잔을 주지 않는 악습이 도입되었다. 성찬의 손상을 사전에 보호한다는 것이 그에 대한 동기였다. 6세기 이후 이미 개인 미사(Privatmesse)가 통용되었다. 고대교회에서도 볼 수 있으며 서방에서는 암브로시우스가 대표적인 성찬의 요소가 그리스도의 몸과 피로 변한다는 성찬 이해는 중세에도 계속 이어져 내려왔고, 비록 아우구스티누스의 상징적 이해와 논쟁이 없지는 않았지만 1215년 화체설(Transsubstantiationslehre)로서 교리화되었다. 이러한 이해는 1264년 교황 우르반 4세가 이단의 불신과 어리석음을 종식시키기 위해 합법화하여 선포한 성체 축제 행렬(Fronleichnamfest)이라는 결과를 가져왔다.

기도로서 평신도들은 주기도문과 신앙고백을 주로 사용했다. 12세기에 마리아 송가(Ave Maria, 눅 1:28-42)가 추가되었다. 오늘날의 형태는 16세기에 이루어진 것이다. 12세기 이후 마리아 숭배에서 점차로 묵주 기도(Rosenkranz)가 발전했다. 지금의 형식(15회 영광송과 함께 15회 주기도문, 15×10 마리아 송가, 예수와 마리아의 15가지 비밀 관찰)은 16세기에 이루어진 것이다. 지나치게 반복되어 형식적인 면도 나타나고 있으며, 교회 생활의 다른 측면들이 그로 인해 희생되었다.

| 참고문헌 | J. Quint, Textbuch zur Mystik des Mittelalters, 1952. F.W. Wentzlaff-Eggebert, Deutsche Mystik zwischen Mittelalter und Neuzeit, 1944. L.A. Veit, Volksfrommes Brauchtum und Kirche im deutschen Mittelalter, 1936. H. Grundmann, Religiöse Bewegungen im Mittelalter, 1961.

29. 이단과 그 대책

1. 이단은 언제나 교회 상황의 높낮이를 잴 수 있는 좋은 척도다. 교회가 민중의 종교적 열망에 부응하지 못하고 민중은 교회와 바른 관계에 있지 못할

때 이단이 발생했다. 교회 개혁의 필요성에 대해 여러 번 언급했다. 때문에 12세기에 갑자기 서방 전체에서 이단이 발생한 것은 전혀 놀랄 일이 아니다. 교황 인노센트 3세도 아래와 같은 말로 그 연관성을 확인해주고 있다. "파수들은 모두 눈이 멀었고, 말 못하며 짖을 수 없는 개다. 그들은 악한 종처럼 주인이 그들에게 맡긴 달란트를 땅에 썩혔다. 예언자들이 말했듯이, 지위의 높낮이를 막론하고 그들 모두는 인색하고 선물을 좋아하고 대가를 바라며, 불의한 자를 선물 때문에 옳다고 하고 가난한 자의 권리를 빼앗는다. 그들은 악을 선이라 하고 선을 악이라고 한다. 어둠을 빛으로 빛을 어둠으로 만들고 신(酸) 것을 단(甘) 것으로 그리고 단 것을 신 것으로 만든다. 그들은 복음의 말씀을 오역하여 왜곡하고 교회의 법을 혼란시킨다. 그 때문에 이단의 오만함이 횡횡하고 교회에 대한 비방이 증가하고 있다."

증대된 종교적 욕구와 평신도들의 성장한 영적 자립심이 이 시대 이단의 두 번째 뿌리로서 작용했다.

중세 이단의 대표적 형태인 카타리파의 근원은 이 세계를 악한 신의 창조물로 본 이원론적 기독교 혼합주의인 고대교회의 마니교로 거슬러 올라간다. 마니교의 관점에서 볼 때 인간은 엄격한 고행을 통해 악한 세상에서 벗어나 선한 하나님이 다스리는 빛의 세계로 올라서야 한다. 마니교는 로마 황제가 선포한 이단법으로 음성적으로만 잔존할 수 있었다. 마니교의 이념은 11세기에 카타리파를 통해 다시 표면에 부상했고 12세기에는 가톨릭교회에 실제적인 위험이 되었다. 핵심적인 문제는 특별히 물질세계에 나타나 여전히 인간존재를 위협하는 엄청난 힘을 가진 악한 세력의 문제였다. 그 때문에 그들은 결혼을 멀리하고 국가의 존재를 거부하며 엄청난 적대감으로 육체와 열정적으로 싸움을 벌였다. 죽음을 열정적으로 동경하며, 엔두라(Endura)를 통해 기꺼이 아사(餓死)를 자초한다. 그러한 운동은 귀족적 원리가 지배적이었으며 세속적 통치에 몰두했던 부유한 교회와 대등하게 등장했을 때 큰 감명을 주었음에 틀림없다.

리옹의 부유한 상인 페트루스 발데스(Petrus Waldes)에게 기원을 둔 전혀 다른 종류의 단체인 발도파도 비슷한 감명을 주었다. 불안에 싸인 나머지 그는 부자 청년에게 한 예수의 말씀을 따라 성실치 못하게 얻은 모든 재산을 가난한 자들에게 주고 거지로서 살았다. 거기서부터 청빈하게 살면서 전 세계를 다니며 설교한 사도적 삶의 이상이 그를 사로잡았다. 그러나 교회 당국은 그와 그를 따르던 다른 평신도들이 설교하는 것을 금했기 때문에 발데스를 대결로 몰아갔다. 성서의 명령을 따르느냐 아니면 교회의 명령에 불복하느냐 하는 불가피한 상황에서 그는 후자를 택했다. 그 결과 그의 불복종은 하나님을 대적한 불복종이 되었다. 교회의 개혁 의지는 발데스와 프란시스를 구분했다. 교회가 사도적 삶을 살 때에만 교회는 완전한 권한을 소유할 수 있다고 발데스는 생각했다. 성서주의는 교회에 대한 계속된 비판을 가져왔다. 발데스가 성인이 아니라 이단으로 죽은 것은 여기에 그 이유가 있다. 발도파도 많은 추종자를 얻었다.

마지막으로 요아킴 폰 피오레(Joachim von Fiore, 1135-1202)가 창시자인 중세의 영성주의에 대해 언급해야만 한다. 그는 삼위일체를 세 가지 인격에서 세 개의 시대로 해석했다. 첫 번째는 아버지의 시대로서 그리스도의 출생으로 끝난다. 1260년을 요아킴은 모든 이가 준비해야 할 성령시대의 개막이라고 기대했다. 그때는 모든 의식은 사라지고 인간은 하나님에 의해 직접 가르침을 받는 시대다. 이러한 메시지는 사람들에게 큰 기대를 불러왔고 커다란 세력을 결집할 수 있었다. 특별히 프란시스회를 적대하는 단체가 그들을 받아들였고, 그들의 반교회적인 태도는 적지 않은 교회의 비판은 초래했다.

2. 이단 운동은 많은 추종자로 인해 가톨릭교회에 심각한 위협이 되었다.

이들은 발도파나 요아킴파처럼 교회 안에서 번져 나갔고, 눈으로 볼 수 없는 적이었다는 사실이 그 위험성을 더 증폭시켰다. 다른 한편 교회는 만일 이단이 자신의 독자성을 포기하지 않을 경우 인정할 수 없었다. 이단과의 싸움은 불가피했다. 어떤 형식으로 이들을 다루어야 하는지가 제기되었다. 세 가지 혹은 네 가지 방식을 중세에 찾을 수 있다.

우선 이단의 종교적 욕구를 가능한 만족시켜주려고 노력했다. 인노센트 3세는 발도파에게 "가난한 가톨릭인"(pauperes catholici)으로 살도록 허락했다.

물론 그들이 가톨릭교회로 다시 돌아오도록 선교와 복음전도 활동을 전개하는 등 진지한 노력도 기울였다. 이미 언급했듯이, 도미니크회는 이러한 목적으로 창립되었다.

그러나 이러한 시도는 오래가지 못하고 이단에 대한 강압적 대응이 등장했다. 이미 로마 황제들이 이러한 방법을 사용했지만 이 방법은 게르만의 통치 지역에서 사라졌다. 클루니 개혁의 주창자들도 이단이라고 여긴 하나님에 대한 거부를 영적인 방법으로 대처해야 한다는 의견을 갖고 있었다. 뤼티흐의 감독 바초(Wazo von Lüttich, †1045)는 "죽이기 위해서가 아니라 살리기 위해서 우리가 하나님께 서임을 받았다"(non ad mortificandum sed potius ad vivificandum auctore Deo inungimur)고 말하고 있다. 그러나 그 후 곧 하나님의 적은 폭력으로 대처해야 한다는 것이 일반화되었다. 이단은 도덕적으로도 버림받은 사람들이라는 항간의 의견은 그리 큰 영향을 주지 못했다. 오히려 "교회 밖에는 구원이 없다"(extra ecclesiam nulla salus)는 생각이 더 결정적으로 작용했다. 이단을 영혼이 부패한 자라고 보며 그들에게서 교회의 성도를 보호하고자 필요할 경우 폭력도 불사하겠다는 것은 하나님의 교회가 타락했다는 명백한 이유로서 충분하다. 이단은 그 자체가 범죄였다. 그렇지만 "교회는 피에 갈급해서는 안 된다"(ecclesia non sitit sanguinem)는 고대교회의 원칙도 중요하다. 교회는 형벌을 직접 수행할 수 없었다. 그렇지만 교회는 세속 국가에게 최고 통치권을 요구했다. 국가는 그 때문에 교회가 심판을 진행할 때에 그들의 팔을 제공해야만 했다. 그것은 예외 없이 이루어졌다.

어떤 형벌이 사용되었는지는 아직 말하지 않았다. 북쪽에서는 화형이 집행되었다. 이 방법은 이미 오래전부터 게르만이 마법사에게 사용했음을 입증할 수 있다. 남쪽에서는 처음에는 파문과 추방의 방법이 사용되었다. 이것은 가진 소유를 모두 빼앗고, 나라 밖으로 추방하는 것이었다.

그레고리 9세는 1231년 종교재판소를 만들었다. 이것은 1184년 루키우스 3세(1181-1185)가 이단적인 교구를 감독하라고 위임한 감독의 교구재판과 연결되었다. 그레고리 9세(1227-1241)는 교황청이 소송을 직접 담당케 했다. 동시에 참회하지 않은 자나 타락한 자에게는 화형을 선고했다.

종교재판의 진정한 공포는 그 적용에 있었다. 고소인과 판사는 동일인이었다. 재판은 비밀이었다. 1252년 이후 증명의 과정으로 고문이 이용되었다. 교황 니콜라우스 1세(858-867)는 그것은 하나님의 법에 위배된다고 하여 금지시켰다. 형벌은 잔인했다. 쾰른의 연대기 작가는 악명 높은 독일 종교재판가인 콘라트 폰 마르부르크(Konrad von Marburg)의 활동에 관해서 "죽음을 압도할 힘을 얻은 불이 그때 피기 시작했다"고 말한다. 감독들도 이의를 제기했다. 그러나 그레고리 9세는 콘라트를 거의 성인과 다름없는 사람(vir quasi sanctus)으로 여겼다. 1233년 그는 마르부르크에서 타살당했다. 이 재판관은 감히 범법자에게 대항하지도 못했다. 15세기 특히 스페인에서 종교재판의 재앙을 쉽게 찾을 수 있다. 세르빌라에서는 1440년대에 4천 명이 화형을 당했고, 3만 명이 중형을 받았다. 구아데루페에서는 3천 명의 주민이, 게다가 1485년 한 해에만 53명의 주민이 산 채로 화형을 당했다. 그 가운데 46명은 다시 부관참사되었고, 16명은 영원한 이단으로 정죄를 받았으며 갈렌으로 보내지거나 형벌을 받았다.

가톨릭교회 안에서 종교재판에 대한 판단의 목소리는 다양하다. 그러나 대부분 종교재판을 그 시대의 상황에서 설명하려고 하며 따라서 정당하고 불가피한 것으로 보고자 한다. 그러나 만일 역사에서 어떤 종교도 종교재판을 통해 기독교가 보여준 것과 같은 그러한 전율을 보여준 적이 없다는 그러한 주장이 옳다면, 그러한 시대사적 설명은 올바른 설명일 수는 없다. 종교재판이 죄인을 위해 그의 피를 쏟은 그리스도의 이름으로 가져온 피와 불의 강은 오히려 신앙의 시련을 뜻했고, 개혁자들 역시 이러한 폭력적인 이단 대처에서 죽어갔다. 발터 닉(Walter Nigg)이 말하듯이, 우리 모두가 참회해야 한다는 것 외에 사실 다른 말이 필요 없다.

이단은 종교재판이나 혹은 전쟁 같은 폭력으로 말살해야 한다는 기본원칙의 역사적 의미는 중세를 넘어섰다. 나중에 살펴보겠지만, 독일, 네덜란드, 스위스가 교파적 분열의 무거운 짐을 져야만 했던 것은 이러한 원리 때문이다. 프랑스와 다른 나라에서 프로테스탄트의 도말 역시 종교재판의 책임이다. 우리는 오늘날도 종교재판의 영향은 느낀다. 그것에 대해 정확한 판단을 하는 것은 아주 중요한 것이다.

| 참고문헌 | Walter Nigg, Das Buch der Ketzer, 1949. A. Borst, Die Katharer, 1953. J. v. Walter, Die ersten Wanderprediger Frankreichs, 2 Bde., 1903/1906. Ernst Benz, Ecclesia spiritualis, 1934. A.S. Turberville, Mediaeval Heresy and the Inquisition, 1933.

30. 중세의 특징

삶의 전 영역을 지배했던 중세만이 가진 성격은 무엇인가? 이렇게 물으면 그 시대는 모든 힘을 하나로 통합하고 만사를 하나의 관점으로 보고자 큰 노력을 기울였던 때였다는 것이 불현듯 떠오른다. 신적인 질서가 모든 경우에 용인되었다.

칼 대제에게서 그러한 노력의 흔적을 볼 수 있다. 신정정치와 같은 통치 형태는 경제와 제국의 영적인 삶 그리고 교회를 하나의 통치와 하나의 이념으로 묶고자 한 그의 통일된 의지의 명백한 표현이다. 그가 정복한 이교도에 대한 강경책은 그의 통일 의지를 반영해주는 분명한 증거다. 물론 형식은 어느 정도 전체주의적인 체계였다. 그러나 특징은 권력 추구에 있는 것이 아니라, 이미 언급했듯이, 통일 의지에 있고, 그것은 너무나 강력해서 필요할 경우에는 무관한 사람들조차 강제로 자신의 질서 속에 영입시켰다.

이러한 통일 의지는 9세기에 요한네스 에리우게나의 신학에서도 그 강렬한 표현을 찾을 수 있다. 거기서 그는 거의 범신론으로 고조되었다.

10세기 오토에 의한 황제국의 갱신은 그러한 이념이 살아 있다는 하나의 증거이며, 교황제도에 의해 신정정치 이념이 수용되었다. 세계는 하나의 손이 하나의 원칙에 따라 통치한다는, 즉 질서가 유지된다는 것 외에 달리 생각할 수 없었다. 이러한 조화의 사상은 아퀴나스의 신학에서 날카롭게 표현되고 있다. 그러나 왕, 제후, 성직자, 평신도 그리고 심지어 작센법전의 저자인 아이케(Eike)와 레프고(Repgow)와 같은 중세 전성기의 모든 사람들이 강압적인 대 이단정책을 긍정했다는 것은 - 연관된 사람들은 제외하고라도 - 이러한 욕구가 얼마나 생동적이었는지를 보여주는 것이다. 몇 가지 논박은 다만 부당한 종교재판의 적용에 대한 것일 뿐이다.

이러한 일치된 문화에서 중세는 세상의 구원을 달성할 수 있을 것이라고 확신했다. 십자군 전쟁과 이교와의 전쟁 사상 배후에 있는 팽창 정책은 세상의 구원을 위해서 보냄을 받았다는 파송 의식 속에 가장 깊은 이유가 있다.

국가와 교회의 상호 조화, 다양한 귀족들의 융화, 철학과 신학의 조화, 하늘과 땅, 사람과 하나님의 조화는 중세를 촉진시킨 강력한 촉매제다. 이 속에 중세의 맥박이 뛰고 있다.

이것은 새로운 인식은 아니다. 그러나 주목할 것은 내가 아는 한 아무도 이러한 통일 의지가 어디에서 왔는지, 역사적으로 볼 때 그 근원은 어디인지 하는 문제를 제기하지 않았다는 것이다. 그것이 게르만일 수는 없다. 게르만의 사고는 친구-적 관계에서 이루어진다. 이곳 세상은 가장 깊은 심연이다. 때문에 그것을 조화롭다고 고찰하는 것은 불가능하다. 우트가르트(Utgard - 북유럽신화: 악마와 거인의 왕국)는 복종이 아니라도 결코 미트가르트(Mitgard)가 될 수 없다. 멸망(Ragnarök)은 종말에 이루어진다. 게르만 문화 역시 제의를 세속 군주에게 위임하는 관례를 통해 이러한 이념이 발전하는 데 큰 공헌을 했다. 우리가 본 것처럼, 세속적 군주는 곧 교회의 주인이 된다. 교회는 고대문화의 전수자가 될 뿐만 아니라, 모든 학문과 예술이 교회를 통해 계속 장려되기에 일치된 문화가 여기서 형성된다. 어떻게 그것을 신적인 질서(ordo divinus)라고 이해할 수 있는가?

우선 그 생각은 아우구스티누스에게서 나타난다. 만일 세속적 군주가 자신의 뜻을 신의 뜻에 복종시켜 하나님 나라에 긍정적인 의미를 갖게 될 때에 그를 행복한 황제라는 보는 그의 관점에서 그 질서가 상당히 강조되고 있다. 그러나 잠깐 시사된 그 이상은 아니다. 그도 그럴 것이 아우구스티누스 역시 한때 마니교에 심취해 하나님 나라(civitas Dei)와 마귀 나라(civitas diaboli) 상호간에 강한 적대감이 아주 뚜렷한 특징을 보여주기 때문이다. 중세 초기에도 역시 그리스도와 마귀의 대립은 게르만의 정서와 일치하여 지배적인 역할을 하고 있다. 그러나 중세가 진행되면서 아우구스티누스에게도 조화가 있었음을 보게 되었고, 이것을 절대화시켰고, 다른 모든 사람들이 한 것보다 더 분명하게 보여주었다.

아우구스티누스의 신정정치 사상은 그의 철저한 신플라톤 철학 체험과 관련되어 있다. 이것은 요한네스 에리우게나에게도 영향을 끼쳤다. 중세 초기는 철학과 신학 모두 신플라톤적으로 사고했다. 그러므로 일부 고대의 영향 중 특히 신플라톤주의의 영향을 감지할 수 있다.

의미는 충분히 있다. 왜냐하면 세상을 우주로 보고 하나의 우주를 형성하려는 의지가 숨어 있기 때문이다. 장엄한 명백성과 동시에 강압적인 폭력이 그것이다. 세상을 재구성하려는 엄청난 충동은 거기서부터 시작되었다. 19세기 많은 우여곡절 끝에 이 이념은 가톨릭교회를 통해 다시금 완벽하게 재수용되었기 때문에 오늘날도 세상을 재구성하려는 충동이 거기서 나오고 있다. 세계와 인간은 우리에게 어두운 수수께끼요, 조화롭게 정리되길 원치 않는 심각한 긴장이 가득하다. 우리 인간만이 가진 하나님의 형상은 은폐된 하나님(deus absconditus)과 계시된 하나님(deus revelatus) 사이의 깊은 긴장을 내포하고 있다. 세상은 인간의 범죄에 개방되어 있고, 하나님은 언제나 자유롭게 행동하시며, 그 때문에 조직화할 수 없다(H.Bornkamm). 이러한 비판 때문에 세계를 하나의 우주, 곧 기독교적인 우주로 만들려는 장대한 계획을 바라보는 관점을 빼앗겨서는 안 된다. 이러한 사상의 유혹과 웅장함을 보지 못하는 사람은 중세에 제대로 접근하지 못한다. 그 이념이 구성된 후 그것을 실현하고자 하는 불가피한 시도가 진행되었다. 그 시도는 중세의 커다란 역사적 과제였다.

대체로 이러한 시도에서 교회의 로마화도 일부 보게 된다. 베네딕트 폰 아니아네(Benedikt von Aniane)는 서고트 가문의 백작이었다. 로마적인 즉 빅토리아적인 신화는 블랑켄부르크의 독일 백작에게 거슬러 올라간다. 토마스 아퀴나스는 독일 스승인 알베르투스 마그누스의 제자이지만 랑고바르덴 귀족 혈통을 가지고 있다. 그레고리 7세(1073-1085)는 랑고바르덴이었다. 그러한 관찰이 이미 경고다. 로마화라는 핵심 단어로는 역사적으로도 신학적으로도 아무것도 얻은 것이 없다.

중세가 어디로 이끌려 갔는지를 생각해보자. 무슨 결과를 남겼는가? 교회의 자유라는 위대한 이념은 권력 투쟁으로 그 의미를 상실했다. 대리자인 교황의 통치가 세상 속에서의 세상에 대한 그리스도의 통치라고 이해함으로 하나님 나라 사상이 세속화되었다. 하나님 나라를 확장하려는 열정은 이교도에게 전쟁과 십자군 같은 폭력을 사용함으로 순수성을 상실했다. 교회를 하나로 통일하려는 열정적 의지는 이단자 처형과 종교재판의 공포를 가져왔고 동방과의 분열을 피할 수도 극복할 수도 없었다. 세상을 하나님 나라로 만들려고 시도한 것은 중세의 역사적 과제가 아니었으며, 기독교적 우주의 불가능성을 입증한 것이다. 우리가 더 연구해야 할 중세 후기가 실제로 이것을 보여주고 있다. 이것을 증명하는 것은 동시에 종교개혁을 준비하는 것이다.

31. 14·15세기의 교황권과 교회

우리는 중세를 하나(eine Einheit)라고 소개받았다. 교회의 지배를 통해 모든 정신적 삶, 곧 모든 문화가 영적으로 하나가 되었다. 인노센트 3세 하에서는 서구가 교황의 통치하에 정치적 통일을 했다고 말할 수 있다. 이슬람과 이교도를 향한 십자군 전쟁은 공동으로 인식한 과제가 이러한 일치였음을 보여준다. 그것도 역시 교황의 주도하에 일어났다. 그러나 이렇게 말하는 순간 거기서 동시에 하강도 시작했다.

1. 중세 후기 교황청의 역사 중세 후기사의 입문으로서 중세 후기 교황청의 역사를 잘 살펴보면 이 점이 분명해진다.

1) 교황청은 프랑켄 제국과 그의 도움으로만 호헨슈타우펜을 이길 수 있었다. 이것으로 독일은 정치적으로 끝이 났다. 다만 임시정부와 그의 마지막은 교황의 의지 덕분이다. 교황은 루돌프(Rudolf von Habsburg)의 고소에 대해 "우리는 당신을 로마의 왕으로 임명한다"(Te regum Romanorum nominamus)는 간결한 말로 답변하고 있다.

그러나 교황권은 그의 승리를 기뻐하지 않았다. 독일 통치권의 위험에 대해 프랑스에 대한 권리 포기로 맞바꾸었기 때문이다. 보니페이스 8세(1294-1303)보다 이것을 더 분명히 보여주는 경우는 없다. 그는 진부하지만 그러나 날카롭게 "교황은 영적이며 세속적인 두 검의 소유자다. 그는 하나님이 임명한 왕의 판사다. 정치적이건 종교적이건 로마 감독에게 복종하는 것은 모든 인간이 구원받는 데 절대 조건이다(칙령 "하나의 거룩한 교회")[44]라고 프랑스의 미남자 필립을 향해 주장했다. 불행하게도 그 요구는 연약한 지반에 서 있었다. 교황은 결국 필립이 자신의 주인임을 인정해야 했다. 필립은 우선 은과 금이 프랑스에서 유출되어 나가는 것을 금지시켰고, 교황청을 재정적으로 마비시켰다. 더 나아가서 필립은 교황을 이단이라고 고소했고, 에큐메니컬

---

44) subesse pontifici Romano omni creaturae humanae omnino est de necessitate salutis.

공의회가 그를 심문할 것을 요구했다. 1303년 교황이 파문을 선고하기 전에 필립은 그를 사로잡았다. 이 싸움은 왕이 어떤 힘들에 의존해서 교황청에 그런 태도를 취하게 되었는지를 잘 보여준다. 그것은 하나 된 국가다. 유럽에 민족주의가 형성되도록 이끈 힘을 여기서 상세히 논할 수는 없다. 그러나 민족주의가 형성되면서 서방의 일치를 방해하거나 파괴했음에 틀림없을 힘들이 발생했다는 사실은 분명히 보고자 한다. 이러한 힘이 보편적인 교황권에 큰 타격을 가했다. 왕, 귀족 그리고 성직자의 연합된 힘에 비하여 로마는 무기력했다. 14세기는 교황에 대한 프랑스의 승리로 시작한다. 계속된 일련의 일들은 교황청에 대한 프랑스의 영향을 더욱 강화시켰다. 이어지는 세기의 모든 교황들은 국적이 프랑스였다. 1309년부터 1377년까지 교황청은 프랑스 지역인 아비뇽에 있었다. 도시가 프랑스 왕의 손에 있지 않고 교황의 소유였다고 해서 이 기간에 교황들이 프랑스 왕에게 충성을 다했다는 것을 속여 알지 못하게 할 수는 없다. 프랑스는 보편적인 성격을 지닌 교황권을 다스리는 데 정말 관심이 많았다. 아비뇽의 교황청도 당연하듯이 프랑스라면 하지 못할 전 세계에 대한 모든 주재권을 주장했다. 바이에른의 루드빅도 요한 22세 치하에서 그것을 체감했다. 이념적으로 볼 때 중립적이어야 하며 그들의 말에서도 역시 중립적임을 알 수 있는 교황권이 현실에서는 파당적이 되었을 때에도 세상은 그렇게 나쁘게 받아들이지 않았다. 친프랑스적 경향을 가진 교황권의 보편적인 요구는 교황청 자체를 전혀 다른 방향으로 흐르게 했다.

이탈리아에서는 단테(1265-1321)가 새로운 평화 요구를 제기했다. 즉 기름부음 받은 왕은 오직 하나님께만 복종해야 한다는 것이다. 독일 선제후들은 1338년 쿠르베라인(Kurverein zu Rense)에서 선제후들이 뽑은 사람은 누구든지 교황의 승낙이 없이도 적법한 독일 왕이라고 선언했다. 바이에른의 루드빅은 이러한 문구를 제국법에 삽입시켜 황제권은 오직 그 근원이 하나님께만 있다고 천명했다. 빌헬름 폰 오캄과 파두아의 마르실리우스(1275-1342)도 불과 백년만 거슬러 올라가도 즉시 효력을 발휘했을 교황의 이념을 반대했다. 그것들은 마르실리우스의 작품인 『평화의 옹호자』(Defensor pacis)에 고전적으로 설명되어 있다. 『평화의 옹호자』는 아리스토텔레스로부터 시작하긴 하지만 결국 교회를 염두에 두어 완전한 기독교 공동체, 곧 교회의 이념을 대변했다는 점에서 획기적인 것이 되었다. 교회는 영적인 나라로서 세상이 아닌 신의 법 아래 있지만, 동시에 교회는 세속적인 사회구성체로서 인간의 이성이 그 가치를 인정한 인간의 법을 준수하며 살아야 한다. 그 때문에 마르실리우스는 다음을 강조한다.

(1) 사제는 신앙을 강요하고 파문할 권한이 없다. 그들의 과제는 오직 가르치고 섬기는 것이다.

(2) 사제는 국민주권의 사상을 대변하는 첫째 인물이 아니다. 국민, 전체 시민이 국가와 권력의 참된 수반자다. 마르실리우스는 법을 만드는 주체와 그것을 실행하는 힘을 합리적으로 구분한다. 법을 만드는 힘은 국민에게 있다. 이에 반하여 그것을 집행할 수 있는 힘은 언제나 소수자, 곧 국민이 임무를 부여한 사람에게만 있다. 그와 관련하여 그는 당시 독일 제국과 같이 군주를 선거로 선출하는 국가 형태를 최고의 제도라고 주장한다. 그는 황제를 공동체의 일치성을 대표하는 하나님의 대리자(vicarius Dei)라고 평한다. 그는 권력의 통일을 유지해야 한다. 기독교 국가 권력에 경쟁이 되는 합법적인 경쟁상대를 마르실리우스는 인정하지 않는다. 만일 제후가 그들의 권한을 남용할 때는 국민은 그들이 제후에게 준 권한을 회수할 수 있다고 말한 점에서 마르실리우스에게는 국민주권 사상이 그것을 집행할 수 있는 힘과 마주하고 있다.

(3) 마르실리우스가 자연법적 사고에서 얻은 결과인 두 번째 사상은 교회와 연관되어 있다. 기독교 국가는 가장 완전한 인간 공동체라는 생각 속에 이미 국가와 교회의 관계에 대한 특별한 관점이 들어 있다. 완전한 공동체는 소수의 완전자가 위에, 즉 국가가 교회위에 존재한다. 교회를 감독하고, 직원을 임명하고, 교회 재산을 관리하는 이 모든 것은 국가의 실행 영역에 속한다. 교회는 그러므로 개개의 국가에 소속된다. 즉 국가교회(Landeskirche)가 되는 것이다. 개개의 국가교회에서 선출된 대표들로 구성된 공의회(Synoden)는 보편적 교회(ecclesia universalis)를 대변하는 최고의 기관이다. 교황의 우위권이 역사성을 지니고 있다는 것은 여기서 거부된다(요한네스 헹켈). 먼 훗날 세계에 해당하는 여기서 처음 등장한 새로운 국가 이념 속에 지속적인 교황권 공격의 뿌리가 있다. 바이에른의 루드빅이 마르실리우스와 같은 사람에게서 얼마나 큰 도움을 받았는지가 분명해졌다. 교황이 황제를 임명하는 대신에 로마 시민이 황제를 선출하도록 했을 때 마르실리우스의 사상이 실제로 얼마나 효력을 나타냈는지를 보여주는 것이다.

이것은 보편적이고자 하지만 그러나 특수한 것인 교황권이 얼마나 강한 모순을 지녔는지를 잘 보여주는 것이기도 하다. 민족과 국가적인 사상이 존재의 근거를 빼앗고자 교황을 위협했다.

2) 또 다른 사항도 여기에 추가되었다. 가톨릭교회라는 거대한 유기체적 행정부는 언제나 엄청난 액수의 돈을 필요로 했다. 지도부가 내적으로 가치를 상실할수록 그들의 돈 요구는 더욱 거세어졌다. 교황청은 점차로 그에 적절한 제도를 마련해 갔다. 돈을 이용하는 것이 아비뇽에서부터 가늠키 어려울 정도로 증가되었다. 세속 제후들에게 파는 성직매매는 폐지되었다. 그것은 교황청의 수입원이었다. 성직을 판 수입으로 교회의 내적인 생활을 충당했다. 외적으로는 초년도 성직 상납금(fructus primi anni)을 징수하기 위해 가능한 한 많은 성직자를 자주 교체했다. 자리가 없을 경우에는 대기표를 구입했다. 이것은 공공연한 사기였다. 그도 그럴 것이 대기자들이 같은 자리를 놓고 동시에 대기표를 구입했기 때문이다. 법적인 판결도 높은 비용이 책정되었다. 책정되어 있거나 혹은 결정된 지불 의무를 교황청에 이행하지 않는 자는 종교적 형벌인 파문을 선고했다. 1365년 세 종류의 서류에는 7명의 대주교, 49명의 감독, 123명의 수도원장 그리고 2명의 대수도사를 위증죄로 선고하고 있으며, 벌금을 내지 못했다는 이유로 출교시킨 내용이 담겨 있다. 그 돈이 어디에 쓰였는지를 주목해보면 교황청의 금전욕만큼 기독교의 분노를 자아낸 것도 없다. 문서들이 보관되어 있기에 상세한 것을 알 수 있다. 요한네스 22세(1316-1334)는 자신을 위한 전쟁에 수입의 63.7%, 직원 봉급에 12.7%, 구제, 교회 신축 그리고 선교에 7.16%, 의복에 3.35%, 장식에 0.17% 건물에 2.9%, 부식에 2.5% 친척과 친구에 4%를 소모했다. 그리스도의 대리자인 교황의 생활비 내역이다.

3) 마지막으로 한 가지가 더 있다. 프리드리히 2세 치하에서 교회는 사도적 청빈으로 돌아가야 한다는 주장이 공공연하게 제기되었음을 보았다. 아시시의 프란시스와 도미니크를 통해 그리스도의 청빈한 삶을 따르는 제자의 사상이 백성의 경건을 결정짓는 요인이 되었다. 요한 22세는 그럼에도 불구하고 1323년 예수와 사도들은 가진 것이 없었기 때문에 이단으로 정죄당했다는 주장을 했다. 이러한 입장은 금전욕에 가득 찬 요한네스와 잘 어울리지만 그것은 내적으로 가장 순수한 신앙을 가진 교회의 성도들에게 깊은 상처를 주었다.

이러한 배경에서 교회의 개혁이 울려 퍼지게 되었고, 유럽 전역에 메아리쳐 갔으며 큰 반응을 불러일으켰다.

4) 개혁의 외침은 1378년 두 명의 교황 선출로 교황청의 분열이 초래되었을 때 절정에 올랐다. 한 명은 로마에, 다른 한 명은 아비뇽에 거하면서 둘 다 그리스도의 대리자임을 자처했고, 서로가 상대를 파문했다. 그 영향은 끔직했다. 양쪽의 교황청은 더 많은 자금을 필요로 했다. 각자가 자기 관할지역에서만 자금을 조달했기 때문에 더 조밀한 지역으로 압력은 확대되었다. 더욱 심각한 것은 종교적 삶에 미친 영향이었다. 교황은 그리스도의 대리자다. 그에게 복종하는 것이 구원의 조건이다. 이제 그리스도의 참된 대리자는 어디에 있는가? 그것을 아직도 포기하지 않았다는 것은 교황 이념이 얼마나 강했는가에 대한 증거다. 그러나 이미 오래전에 일어난 비판적 정신이 활발하게 일어났음은 배제할 수 없다. 교황청의 분열은 다시금 민족국가를 강화시켜 주었다. 왜냐하면 각 나라는 어떤 교황을 지지해야 할지를 결정해야 했기 때문이다. 그러나 그들은 책임은 없고 특정한 특권만을 자행했다. 중세 후기에 지역 군주와 같은 교회의 우위는 교황청의 분열에 그 뿌리가 있다.

교황청의 분열을 극복하기 위해 사람들은 다시 마르실리우스의 사상에 의존했다. 교회는 모든 신자의 모임이며, 교회를 대표하는 것은 평신도도 참여할 수 있는 공의회다. 공의회는 오류를 범할 수 없으며, 교황보다 우위에 있다. 교황 역시 공의회의 결정을 따라야 한다.

콘스탄츠 공의회(1414-1418)는 이러한 배경에서 황제가 소집하여 개최되었다. 국가가 이러한 보편적 공의회를 소집했다는 사실은 얼마나 민족주의가 진보했는지를 보여준다. 공의회의 도움으로 교황청 분열을 극복하는 데 성공했다. 그렇지만 교회의 행정 곧 로마의 집권을 통해 찢겨진 상처를 다시 제거하는 것은 성공하지 못했다. 바젤(1431-1449)에서 또 한번의 시도가 진지하게 이루어졌다. 그러나 바젤 공의회는 기울인 노력에도 불구하고 교황청을 다시 분열시켰다. 이것으로 그 자신의 운명이 결정되었다. 전혀 결과가 없는 것은 아니나 바젤 공의회는 실패했다.

1) 공의회가 교황보다 높다는 생각이 폭넓게 확산되어 있었다. 루터의 종교개혁의 성공은 이러한 사상이 없었다면 불가능했을 것이다.

2) 프랑스는 1438년 부르주의 국사조칙(Pragmatischen Sanktion von

Bourges)[45]에서 그리고 독일은 1439년 마인츠의 수용기구(Akzeptations-instrument)에서 바젤 공의회가 결정한 개혁을 자국에서 부분적으로 직접 적용하고 실천했다. 유감스럽게도 황제 프리드리히 3세는 1448년 빈 협약에서 오스트리아 상속지를 다시 포기했다.

어쨌든 백성과 평신도의 입장이 크게 반영된 교회 정관을 새롭게 만들고자 노력했던 공의회는 외적으로 실패했다. 교황권은 공의회주의와의 싸움을 성공적으로 치를 수 있었고, 1516년 교황이 소집한 5차 라테란 공의회는 보편적 공의회를 정죄할 수 있었다.

결과: 로마는 이 승리 후 의심의 여지없이 지난 200년보다 더 강해졌다. 분열을 이겨냈고, 프랑스의 포위에서 벗어났으며, 혼자서도 자신의 지위를 견고하게 할 수 있었다.

그러나 만일 교황청이 손에 다시 쥔 새로운 권좌가 교회 전체를 개혁하자는 외침의 동기였는지를 묻는다면 분명하게 아니라고 말할 수 있다. 시대의 징조를 인식하고 개혁 운동의 선봉에 서는 대신에 교황청은 철저히 그에 역행했다. 클루니 수도원 개혁운동 역시 교황청에 대해 반감을 표시하지 않고 자발적으로 전개되었다. 교황청은 결국 클루니 개혁운동도 극복해냈다. 교황이 친히 이 운동의 지휘자가 되고, 그것으로 인해 그는 세상 지위를 얻었다. 이제 교황권은 비슷한 상황을 거부했다. 이것은 그의 승리가 교회정치적이었을 뿐 교회적이며 영적인 것은 아니었음을 뜻했다. 교황청은 프랑스에서 해방되었으나, 교회국가의 정치라는 더 복잡한 상황으로 점차 깊숙이 말려들어 갔다. 교회국가가 점차 관심의 중심에 등장했다. 그러나 이와 더불어 교황은 에스터, 곤차가, 메디치, 파르네제와 같은 르네상스 시대 이탈리아 지역 제후 수준으로 격하되었다. 몇몇의 교황은 실제로 이런 가문에서 배출되었다. 교황권이 이탈리아 내부 정치에 연루되는 정도만큼 그의 보편적 가치도 상실되었다. 이러한 정책은 스페인, 프랑스와 정치적 대립을 초래했다. 이렇게 갈라진 갈등이 종교개혁 시대에도 역시 교황청의 삶을 지배하고 있었다.

더 나아가서 교황들은 이탈리아 도시 제후들처럼 르네상스 운동에 적극

45) 프랑스 왕이 고위성직자 임명권을 장악했고, 교회의 수입에도 관여하여 교회재산에 과세할 권한을 갖게 되었다. *

개입했다. 물론 여러 가지 점에서 볼 때 그들이 당대의 예술과 예술가들을 헌신케 한 것은 하나의 큰 공헌이다. 그렇지만 이러한 예술 후원은 엄청난 액수의 돈이 소요되었고, 교회의 본래 과제를 수행하기 위한 비용은 더 이상 남아나지 않았다. 무엇보다도 교황권은 르네상스에 내적으로 아무런 도움도 되지 않았다. 물론 외적인 교회 습성은 언제나 유지되었지만 내적 무질서는 더 이상 어떻게 할 수 없을 정도로 도덕적으로 완전히 황폐화되었다. 얼마만큼 조각가의 일을 보장해주었는지 그가 다른 사람에게 사용했던 방법대로 독살당한 알렉산더 6세(로드리고 보르자, 1492-1503)의 이름만으로도 충분하다. 그리고 레오 10세(1513-1521)의 비공식 비서는 그리스도를 제우스 궁전에서 나온 미네르바(Minerva e Jovis capite orta)라고 말했고, 참회를 "하나님과 조상과 상관과 화해할 수 있는 것"(deos superosque manesque placare potest)이라고 설명했다. 설교자는 설교에서 교황을 앞에 두고 그들이 이곳 지상에서 제의적으로 추앙되어야 한다고 하늘의 왕과 다른 신들에게 간청했다. 레오는 불경한 운명의 여신 파르제가 율리우스 2세(1503-1513)를 기만했던 그 해를 추가했다. 레오 10세(1513-1521)가 성무 일과서의 찬송가를 변경토록 명령했다면 그것은 고대양식을 가진 성지모방보다 더한 것이요, 그것은 기독교에 대한 배반이었다.

레오 10세는 교황의 지위를 매우 안전하다고 보았고 "우리는 하나님이 우리에게 선사하신 교황권을 누리고자 한다"고 말했다. 그는 많은 이유를 가지고 있다. 정확히 직시하면 즉시 안전하다고 하는 그의 느낌이 얼마나 공허한 것인지를 발견할 수 있다. 그는 시대의 징조를 알지 못했다. 교황권은 발판을 삼아 성장해 왔던 그 토대를 직접 파괴했다. 교황의 이상은 교황의 행동으로 불신당했다. 그것이 종교개혁을 위해 무엇을 예비해주었는지는 더 상세한 설명이 불필요하다.

2. 교황의 역사에서 눈을 돌려 여타의 교회 생활을 좀 더 살펴보자. 긍정적인 방식이든 혹은 부정적인 방식이든 그 속에는 미래를 위한 중요한 요소가 담겨 있다. 15세기의 교황제도에서 계층구조적인 결론을 이끌어내는 사람은 정확하게 진단한 것이다. 돈을 주고 사는 성직 구매는 어떤 결과를 가져왔는가? 그 외에도 혼탁한 모습은 도처에 넘치고 있다. 대주교 귄터 폰 마그데부르크는

그가 35년 동안 그 직위에 있었지만 처음으로 미사를 드렸고, 감독 로베르트 폰 스트라스부르는 일생 동안 한 번도 미사를 드리지 못했다. 아이크스퇴트(Eichstätt)의 성당 참사원은 예외 없이 귀족이었고, 축일 행진의 조롱자임을 확인할 수 있다. 독신은 물론 부차적인 문제였다. 계급이 낮은 성직자들도 결코 좋은 상황은 아니었다. 주방에서 일하는 여성과의 혼외관계는 결혼과 유사한 형태로 전혀 해가 없는 매춘 방식이었다. 이것은 거의 일반화되었다. 사제가 라틴어 본문의 의미를 전혀 알지 못했고 그 본문을 미사나 성찬식에서 옳게 사용하거나 혹은 잘못 사용하거나 하는 것도 중요하지 않았다.

수도원 소속 사제보다는 세속사제에게 황금기였다는 주장이 가끔 제기되었다. 많은 사람들이 여기에 동의한다. 수도사는 그 시대의 문학에서 우둔함과 비천함의 총체로 풍자되었다는 것도 어쨌든 사실이다. 포식은 일상적인 것이었다. 방종도 적지 않았다. 심지어 여자수도원도 다르지 않았다. 손님으로 영접한 보헤미아 기사를 위해 노이스(Neuß) 수도원에서는 무도회도 개최하였다. "수도원 여자들은 매우 고상한 옷을 입었고 세련된 춤을 추었으며, 모두가 하인을 거느렸다"고 기록되어 있다. 1505년 쾰른 제국회의에서 열린 축제에서는 대주교가 여자 수도원장과 춤으로 개회를 했다. 연대기 사가는 오버도르프의 여자 수녀원을 귀족의 사창가라고 칭하고 있다. 다른 수도원들도 그와 똑같은 칭호를 받았다.

성직자들의 삶이 백성에게 어떤 영향을 주었는지는 충분히 상상할 수 있다. 기피, 성찬의 경멸, 기독교에 대해 근본적인 의심을 품게 한 회의, 6계명뿐만 아니라 기독교의 도덕율에 대한 무시 등을 다른 계층에서 계속 확인할 수 있다. 파괴가 종교개혁의 촉진만을 뜻한 것은 아님이 분명하다.

이러한 관찰에만 머물 수는 없다. 그러한 상황에 대해 강력한 저항이 일어나고 있다. 곧 개혁 시도다. 몇몇 감독과 사제들은 그들이 가지고 있는 직임의 의무를 진지하게 여겼다. 몇몇 지역 제후들은 교회의 상태를 그들의 통치 영역으로 끌어들이고자 했다. 스페인에서는 15세기 말 추기경 키메네스(Ximénes)의 지도하에 비교적 큰 성공을 거두었다. 그의 명성은 스페인 종교재판의 공포가 되었다. 이탈리아에서는 16세기 초에 적어도 몇몇 단체가 형성되었고, 이들은 아우구스티누스의 영향으로 가톨릭이즘을 심화하는 데 전력을 기울였다. 그들은 많은 성과를 얻었고 세력을 확대했다. 수도회 중에도 개혁 수도회가 등장했다. 이들은 고대 규율의 엄격성을 새롭게 갱신하고자 했다. 인문주의라는 새로운 학문적 경향이 그들에게 영향을 주었다. 히에로니무스의 이상이 입구 역할을 했다. 네덜란드와 독일 북부를 중심으로 빈데스하임 모임(Kongregation)이 아우구스티누스 성가 수도회에서 일어났다. 베네딕트 수도회에는 스비아코(Subiaco)가 이탈리아에서, 멜크가 오스트리아 남부에서, 부르스펠데가 독일 북부에서 같은 역할을 했다. 도미니크회 가운데서는 롬바르드인 회중이 개혁적인 영향을 주었다. 프란시스회에서는 가령 시에나의 베르나르디노와 카피스트라노의 요한 같은 몇몇 인물을 언급할 수 있다.

평신도 세계에도 역시 교회와 교회가 제시하는 은총의 수단에 대한 무시와 함께 뚜렷한 냉소가 나타나고 있다. 교회와 사회적 목적을 위한 자발적 기부는 결코 지금보다 크지 않았다. 많은 면죄부 제공도 결코 필요를 만족시킬 수 없었다. 새로운 교회와 성당이 등장하고, 새로운 미사가 거행되었으며, 성인숭배를 위해 성유물이 수집되고, 새로운 성인이 추앙되고, 항상 새로운 형제단에 가입했고, 집단적인 기도가 그 속에서 이루어졌다. 내용과 경건은 부차적인 것이요, 중요한 것이 아니었음에 틀림없다. 쾰른에 있는 11,000명의 동정녀 형제단은 마리아 찬가와 함께 11,000번의 주기도문을 외우는 것이 가입 조건이었다.

그러나 이 모든 것은 차후에 감지되는 자극의 징조로서만 실제적 의미를 갖고 있다. 제공된 엄청나게 많은 사례들이 있으며, 첫째 모든 사례마다 중세 후기의 교회생활이 위험할 정도로 피상적이었음을 증명하고 있다. 공로를 쌓아야 한다는 한 가지 생각만이 지배적이었다. 공로사상은 자발적인 자선, 미사참여, 다(多)기도, 성유물 수집 그리고 그 외에도 많은 것들을 담고 있다. 공로사상은 종교적 근본관계를 산술에 맞추기 때문에 그 자체가 상당히 천박하다. 공로 수집은 그 형식 자체가 천박한 것이다. 소위 선행의 대량 집적화는 극도의 피상성을 초래했다. 선행의 의미, 목적, 이유 그리고 동기는 이러한 선행 쌓기에서 전혀 중요하지 않았다. 몇 가지인지가 중요하며, 행위의 질적인 문제에 대해서는 묻지 않는다. 이 모든 것은 중세 말기에 가톨릭교회의 종교성이 얼마나 깊었는지를 보여주는 징후다.

둘째로 더 중요한 것은 이러한 현상들이 나타내는 것이다. 그것은 그 시대의 종교적 동경뿐만 아니라 불안을 동시에 보여주고 있다. 지금 많은 공적을 쌓았으나 충분하지 않다고 괴로워하는 것은 종교적 동경, 구원의 갈망 곧 구원의 고통이 얼마나 사람들을 평안이 없이 앞으로만 무작정 내몰고 있는지에 대한 강한 증거다. 사실 15세기를 종교적 욕구가 거의 질식된 시기로 말할 수 있다고 생각하는 사람은 완전한 오산이다. 오히려 그 반대다. 종교적 욕구는 살아 있을 뿐만 아니라, 흥분하고 있고, 집요하게 요구하고 있으며, 그의 고통은 오히려 모든 노력과 시도에도 불구하고 어디서도 구원을 찾지 못했다는 것이다. "어떻게 내가 구원을 얻을 수 있는가" 하는 물음은 루터의 개인적 질문만은 아니다. 그 이전의 모든 민족의 물음이다. 만일 평신도들에게 이러한 열정이 없었다면 그리고 당시처럼 그것이 널리 확산되지 않았더라면 종교개혁의 모든 역사를 이해할 수 없을지도 모른다. 종교개혁기에 종교적 문제는 곧 역사를 움직인 그 시대의 문제가 되었고, 이것은 그 이전에도 이후에도 유례가 없었다. 만일 이전 시대를 교회 붕괴와 종교적 삶이 위축된 시대라고 한다면 어떻게 그것이 가능했는지는 전혀 알 수 없다. 종교적 문제를 전혀 고려하지 않는 세대는 종교적인 종교개혁의 수행자가 되지 못한다. 그러나 소위 영혼구원을 위해 몸부림치면서 영혼이 찢기고 상해본 경험을 가진 세대가 평화를 선물해 줄 수 있는 새로운 메시지를 열정적으로 받아들인다는 것은 명백하다. 그러므로 중세 후기에 종교적 불안과 종교적인 많은 노력들이 있었다는 사실은 종교개혁사를 이해하는 중요한 토대 가운데 하나다. 한 인간으로서 루터도 그러한 전이해 없이는 이해할 수 없으며 종교개혁사도 마찬가지다.

한 단계 더 나아가 보자. 우리는 종교개혁의 간접적인 준비와 함께 평신도 세계에 있는 강렬한 종교적 열망에서 직접적인 준비도 보게 된다. 혹자는 중세 후기에 설교가 매우 인기 있었음도 지적한다. 사람들은 미사만 좋아한 것이 아니다. 종교적 진리에 대한 해석도 알기 쉽게 해주기를 원했다. 그 뒤에는 주목할 가치가 있는 종교적 가르침을 받고 싶다는 소망이 숨어 있다. 전체적으로 보면 중요한 종교적 독자성의 표시가 있다. 사람들은 스스로 숙고하고 판단을 내리고 가르치고자 했다. 같은 경향으로 이 시기에 독일 성경의 확산을 지적할 수 있다. 종교 서적의 폭넓은 보급 역시 중요하다. 성서와 종교 서적 이 두 가지는 내용을 통해 큰 영향을 주었다. 가장 애독하는 책은 루돌프 폰 작센의 『그리스도의 삶』(Vita Christi)과 토마스 폰 켐펜(1379/1380-1491)의 『그리스도를 본받아』(Imitatio Christi)였고, 사람들은 그 책에 표현된 것을 현재 교회 생활의 척도로 삼았다. 비판 정신은 거기서부터 평신도에게로 유입되었음에 틀림없다. 왜냐하면 그것은 부정적이 아니라 긍정적이었고, 긍정적으로 평가해야만 할 심오한 종교적 태도에 대해 설명했기 때문이다. 신비주의(Mystik)도 동일한 영향을 주었다. 이미 언급했듯이, 신비주의는 이미 오래전에 수도원에서 민중 속으로 파고들었고, 민중에게 독특한 언어로 알려졌다. 영혼이 하나님께 올라가는 데에는 이 모든 것을 통제하는 것이 중요하다거나 혹은 가장 깊은 영혼의 심연에서 하나님을 찾기 때문에 만일 신비주의가 가장 민감한 영혼의 자극을 주목하도록 가르친다면, 신비주의를 배운 사람은 최고의 독립학교를 나온 것이다. 루터의 성숙한 설교와 자유 설교는 바로 여기서 생겨났다. 몇몇 남성들과 그들의 추종자도 같은 영향을 끼쳤다. 위클리프(1324-1383)와 그의 추종자들인 롤라드파는 영국에서, 후스(1369-1415)와 민족선언을 한 보헤미아 형제들은 대륙에서 활동했다. "종말이 목전에 있고 칼 5세는 마지막 황제다"와 같은 묵시적인 종말론적 분위기도 다시 일어났다. 이러한 묵시문학은 그 시대의 내적 불안의 표시다. 이러한 분위기가 가톨릭교회에 대한 비판을 깨웠고 오직 성서에 근거한 새로운 사상을 신뢰하게 만들었다.

| 참고문헌 | Ludwig Frhr. v. Pastor, Geschichte der Päpste seit dem Ausgang des Mittelalters, 16 Bde., seit 1886. Willy Andreas, Deutschland vor der Reformation, 1959[6]. Johannes Heckel, Marsilius von Padua und Martin Luther (Zeitschr.d. Savigny-Stiftung f. Rechtsgeschichte, Kanonistische Abt., Bd.44, 1958).

32. 르네상스와 인문주의

15세기의 정신운동 중에서도 인문주의(Humanismus)는 특별히 두드러졌다. 그 속에서 새로운 세계가 태어났기 때문이다. 모든 생활 영역, 국가와 귀족, 경제와 문화의 서열 대신 그리고 중세 전성기를 지배했던 하나님 나라의 이상적인 건설 속에 자율(Autonomie)이 등장했다. 파두아의 마르실리우스는 국가를 기독교 공동체로 이해했다. 이와는 달리 마키아벨리에게 국가는 완전히 세속적인 것이다. 사람보다 높다는 우위 사상은 없다. 권력을 얻기 위한 권력과 모든 합리적 수단을 가진 권력, 이것이 전부다. – 그러나 인간에 관한 고찰에서 새로운 세계의 등장을 감지하게 된다. 사람이 모든 사물의 척도다. 사람이 중심이다. 페트라르카(Petrarca, 1304–1374)는 이러한 의미에서 인문주의자다. 즉 그는 그에게 다가오는 모든 것에서 그 자신을 위해 가지고 있는 가치만을 그리워하는 인간이요, 그 주변에서 그가 만나는 모든 것을 오직 개인적 삶을 풍요롭게 하며 자신의 개성을 촉진하기 위한 도구로만 보는 사람이다. 인간에 대한 열정적 믿음, 인간의 가치에 대한 믿음이 그것과 결합되어 있다고 말해야만 한다. 인간에 대한 이러한 높은 평가는 스콜라 전성기에 마련되었다. 그렇지만 그것은 고대와의 접촉을 통해 출현한 것이다. 모든 비관주의가 철저히 여기서 극복되고 그 대신에 인간 존엄 사상이 등장했다. 피코 델라 미란돌라(1463–1494)가 이러한 사상을 세웠다. "정해진 자리도 없고, 고유의 모습도 없으며, 특별한 용무도 없이 모든 다른 피조물에게 부여한 것과 같이 하나님이 세상의 중심에 인간을 세웠다. 인간은 세속적으로도 영적으로도 만들어지지 않았다. 그는 동물로 변할 수 있고, 하늘을 향해 오를 수도 있다. 모든 것이 단 하나 자신의 의지에 달려 있다. 그가 원하고 되고자 하는 것을 갖도록 인간에게 주어져 있다." 인간의 가치는 이것과 연관되어 있다.

여기서 중요한 것은 물론 교회의 인간론이 그 형식을 포기했다는 점이 아니다. 교회는 펠라기우스 정죄 이후로 인간에게 감히 독자적 힘을 부여하지 못했고, 극단적인 경우에 하나님의 은총을 통해 고유의 독자적 행동이 보완되도록 했다. 그러나 인문주의는 인간은 실제로 독자적인 존재로 보았다. 그것은 여기서 강조하는 전혀 다른 분위기, 즉 달라진 영적인 태도보다 더 중요한 것이다. 비관론 대신 낙관론이, 금욕 대신 세계에 대한 긍정이 대두하고, 피안 대신에 현세를 택했다.

낙관적인 세계관은 자신의 가치를 믿는 기쁜 신념을 통해 인간에 대한 비관적 시각을 대체한 것이다. 우리는 여러 곳에서 그것을 알 수 있다. 페트라르카와 플로랜스의 인문주의자들이 그 대표적 경우다. 라파엘(1483–1520)과 티치안(1477–1576)과 같은 위대한 예술의 대가들이 보여주듯이 그것은 자연주의와 르네상스 예술의 기쁜 감성에서 가장 돋보인다. 르네상스 인간의 삶에서 성(Erotik)은 확고한 형태를 갖게 되고 감각적인 것은 더 이상 화제가 되지 않았다. – 보카치오, 삶과 대화, 건축과 미술에서 미를 추구하는 모든 동경이 그 시대의 낙관적 세계관을 말해주고 있다. 플로렌스는 사신의 외교적 보고를 고대 웅변의 형식으로 제출했고 전 세계가 그 예를 따랐다. 징조로 보아 예술은 이제 세속적인 예술이 되고 있었다.

현세에 대한 순수한 애착은 낙관적인 세계관에 속한다. 인문주의자가 보통 하나님 사상을 강조하지는 않지만, 그렇다고 이것이 현세 지향적임을 의미하는 것은 아니다. 하나님은 여전히 창조자지만, 인간을 철저히 독자적이라고 본다. 스콜라신학 역시 완전한 인간, 다시 말해 인류의 목표에 도달한 인간의 이상을 알고 있었다. 그것이 구원이다. 스콜라신학에서 1) 구원은 인간이 자신의 본성을 극대화하고 성례전에서 그에게 주어지는 초자연적 은총을 통해서 완성된다. 2) 구원은 초월적인 목표인 피안의 세계에 자신을 복종시킴으로 된다.

그러나 이 모든 초월적 경향은 인문주의자들에게는 실효성이 없어 보였다. 인문주의가 순수 자연주의를 대표하듯이, 그가 추구하는 목표 역시 현세 지향적이다. 그들은 즉 개성(Persönlichkeit)을 추구한다. 인문주의가 긍정하는 인간성을 추구하는 이념이 개인과 상치될 경우, 그 이념 역시 세계내적이다. 자율이 아닐 경우, 땅과 역사 등 절대화된 고대에서 멀어진다.

그러므로 여기서 인간의 가치를 긍정하고 세계를 긍정하는 현세지향적인 새로운 세계가 이루어진다. 인문주의 역시 이 모든 것을 통해서 가톨릭교회의 해체에 협력했다. 왜냐하면 위에서 다룬 대부분의 특징들은 17세기에서야 비로소 효력이 나타났기 때문이다. 오늘날 통속적으로 종교개혁의 산물이라고 여기는 모든 것은 그 근원이 사실 인문주의에 있다. 앞에서 논한 여러 가지 원리 가운데 단 하나만이 루터에게 이어졌다. 인문주의적인 개인주의가 루터의 만인사제론과 기독교인의 자유에서 유사한 음조를 내고 있다.

후기 인문주의는 그 낙관적인 태도와는 상관없이 종교에 적극적으로 관여하고 있다. 학문적인 연구를 통해서처럼 이러한 참여로 인해

1) 인문주의는 종교개혁에 긍정적인 중요성을 갖게 되었다. 이 점에 대해서는 나중에 다시 언급하겠다.

2) 인문주의가, 물론 오늘날까지도 생생한 기존 교회의 틀 안에서지만, 자유로운 인문주의적 기독교 교육의 틀을 만들었다는 점도 중요하다.

종교적 삶과 연관해 볼 때 인문주의는 우선 언어적 역량으로 중요성을 갖

게 되었다. “근원으로의 회귀”(Zurück zu den Quellen)라는 모토는 기독교의 틀에서 볼 때 “성서로의 회귀”(zurück zur Bibel)를 뜻했다. 로이힐린(J.Reuchlin, 1455-1522)은 인문주의가 낳은 첫 히브리어 학자로서 구약성서 원문을 연구할 수 있는 통로를 열어놓았다. 에라스무스(1469-1536)는 대중이 사용할 수 있는 『희랍어 신약성서』(1516)를 세상에 선사했다. 또한 가령 콘스탄티누스의 증여문서를 위서라고 인정한 인문주의의 비판적 역사학도 중요하다(로렌티우스 발라).

그렇지만 더 결정적인 것은 인문주의가 직접 종교적 문제도 다루었다는 점이다. 여기서 비롯된 첫 결과가 기독교의 상대화였다.

1) 인문주의는 단 하나의 절대적인 것으로서 고대만을 인정했다. 기독교가 인정받으려면 거기에 맞추어야 했다.

2) 문화 분야의 독립이 여기에도 재차 영향을 주었다. 종교는 문화 전체에서 다른 것과 더불어 한 영역이 된다. 독립적인 분야가 많이 있듯이, 종교를 잴 수 있는 척도도 많이 있었다. 종교는 그 순위를 위해서도 싸워야 했다. 성직과 평신도의 구분은 적어도 원칙적으로는 깨졌다. 대신에 지식인과 비지식인이 새로 등장했다.

3) 원칙적으로 인간에게는 한 가지 지켜야 할 의무가 있었다. 곧 진리다. 이 진리는 비록 다양하게 보인다고 할지라도 항상 하나다. “이교 사상가와 기독교 사상가의 체계가 서로 다른 것처럼 보이지만 원칙적으로 볼 때 그것들은 본래 하나인 진리의 연장일 뿐이다”라고 피코(Pico)는 말한다. 계몽주의 역시 모든 종교를 상대화시켰다. 기독교 윤리 역시 이러한 상대주의에 끌려갔다.

모든 인문주의자들에게 나타나는 이러한 상대적 기독교 평가는 기독교를 현재의 경직되고 왜곡된 상태에서 원래 순수한 상태로 되돌리려는 노력과 연관되어 있다. 열정적인 개혁 성향을 그들에게서 볼 수 있고, 이러한 개혁 성향은 종교개혁과 인문주의가 서로 만나는 교량이 되었다.

결국 인문주의의 종교성은, 이미 언급했듯이, 철저히 교육 종교라는 점이다. 참된 철학의 궁극적 목적과 기독교의 구원이 서로 일치한다. 이것은 기독교가 실제적인 진리의 가르침, 구체적으로 말해서 도덕적 가르침이라는 것을 의미한다. 그러나 도덕적 가르침의 내용은 자유로운 개인들이 직접 결정한다. 이것은 중요한 것이 되었다. 왜냐하면 그것으로 가톨릭교회에 만연된 윤리적 타율성이 깨지고, 행위에 대한 외적인 가치 역시 부서지기 때문이다. 여기서 당시 교회적 삶에 대한 반대가 움트게 되고, 루터에게 이어지는 새로운 가교가 만들어졌다.

독일에서 인문주의가 소위 근대의 경건(devotio moderna)과 공동생활 형제단과 결합한 것은 독일을 위해서도 중요한 것이 되었다. 특히 후자는 영적으로 각성한 평신도 조직으로 성직자인 게에르트 그로테에 의해 시작되어 자신들의 경건을 위해서 토마스 폰 켐펜의 『그리스도를 본받아』를 가장 중요하게 여겼다.

1) 근대의 경건은 신비주의의 영향을 받아 개인적인 종교 체험과 하나님에 대한 직관을 중요하게 여겼다. 그 결과 종교에서 단순히 의식적인 것과 형상을 지닌 입상과 같은 것을 가치 없게 여겼다. 따라서 근대의 경건은 인문주의와 만날 수 있는 가교였고 종교개혁의 사전준비였다.

2) 근대의 경건은 또한 심오한 윤리를 추구했다. 하나님께 영광을 돌리며, 하나님의 뜻과의 내적인 합일이 궁극적 목적이다. 이로 인해 루터뿐만 아니라 이그나티우스 폰 로욜라도 하나님께 영광을 크게 강조했다. 근대의 경건도 인문주의자들처럼 외적인 행위를 그것이 근거하고 있는 의지에 귀결시킨다. 오직 의지만이, 다르게 표현해서 양심이 판단의 근거다.

3) 근대의 경건은 평신도 운동으로서 철저히 반성직적이었고 반신학적 성격을 지녔다.

4) 마지막으로 그것은 철저히 성서 중심적이었다.

인문주의는 비록 고대 이교문화의 영향이 전혀 없지는 않았다고 해도 알프스 이남보다는 이북에서 즉시 기독교 신앙과 많은 긍정적인 관계를 얻게 되었다.

네덜란드적이며 독일적인 인문주의가 세상에 부각된 것은 로테르담의 에라스무스를 통해서다. 자신을 데지데리우스(Desiderius)라고 칭한 그는 데벤터에서 교육받았으며, 빈데스하임 수도원에 들어갔고 근대 경건의 영향하에 성장했다. 그는 옥스퍼드에서 콜렛과 토마스 모어를 통해 철저한 인문주의의 영향을 받았다. 이러한 발전과정으로 인해 에라스무스는 이교에 강하게 노출된 이탈리아 인문주의의 정신을 공유할 수 없었다. 후에 이탈리아에 체류할 때 그는 그곳의 인문주의에 대해 비평가 역할을 했다. 긍정적인 결과는 로렌티우스 발라가 제기한 고대와 기독교의 관계성 문제를 자신의 삶의 문제로 삼았다는 점이다. 그는 역사적인 방법, 즉 기독교의 원 토대에로 복귀를 통해 문제의 해답을 찾을 수 있다고 본 점에서 로렌티우스 발라를 따랐다. 비판적인 성서학과 교부 연구는 답변에 이르는 도구를 제공한다. 에라스무스는 물론 이탈리아인과는 다른 방법을 택했다. 발라는 고대를 가장 중요하게 여겨 기독교보다 위에 놓았고, 기독교를 고대에 적응시켰다. 이것은 에라스무스에게는 불가능했다. 고대를 토대로 기독교적-초자연적 상부구조를 세웠던 스콜라의 길도 그는 갈 수 없었다. 그는 오히려 독자적인 방식으로 역사에서 출발하여 고대와 기독교를 똑같은 비중을 갖고 모든 중요한 점에서 서로 일치하는 두 존재로 보았다. 이러한 통찰은 그가 기독교 고대를 기독교의 고전적 시대로, 오리겐의 시대를 고대와 기독교의 종합이 이루어진 시대로 봄으로 가능케 된 것이다. 이러한 해답 속에는

1) 기독교에 대한 비판적 태도가 나타나고 있다. 그 속에 있는 모든 것이 다 가치 있는 것은 아니다. 에라스무스는 기독교와 유사한 것을 구별해내고, 그 나머지만을 받아들였다.

2) 기독교에 대한 비판적 태도는 절대적으로 중요한 것은 아니며, 개혁되어야만 한다. 즉 그것은 수정을 통해, 다시 말하면 종교개혁을 통해 원래의 순수함을 되찾아야 한다. 그렇게 될 경우 그것은 바로 알고 있는 고대와 일치하는 것이다.

에라스무스 안에 근대 경건의 종교적 개혁의지와 성서주의가 인문주의의 역사적 개혁 의지 및 성서주의와 얼마만큼 밀접하게 결합하고 있는지 분명히 나타나고 있다. 여기서 성서주의는 역사적 정당성을 얻으나, 다른 한편 종교는 그들이 가진 본래의 힘을 상실한다. 종교가 상실한 것을 교육학이 다시 얻게 해준다. 교육학은 기독교에 이르는 길을 찾아줄 종교적 과제를 가지고 있다. 이러한 과제의 해결을 가능케 할 고대의 연구는 불가피하게 신학 공부와 연결되어 있다.

그의 노력의 궁극적 목적인 가톨릭교회의 실제적 개혁은 이것을 토대로 해서 나온 결과다. 그것을 돕기 위해 그는 1516년 신약성서를 출판했다. 『기독교전사수칙』(Enchiridion militis christiani)은 지식인을 위한 종교 서적으로

쓰였다. 그는 기독교 전사(militia Christi)의 사상을 근대의 경건에서 얻었다. 이 책의 가장 중요한 내용은 그리스도가 가르치고 전례를 보여준 소박하고 모두가 이해할 수 있는 윤리다. 이 점에서 에라스무스는 그 시대 교회의 가장 날카로운 비평가가 되었다. 지배적인 신학, 수도사제도, 문화 등 손상되지 않은 것은 없다. 그는 교리에 대한 비평도 외면하지 않는다. 그에 의하면 도그마는 스콜라 철학의 산물이다. 에라스무스의 입장이 대단했기에 – 그는 인문주의자들의 왕이었다 – 그의 연구는 영적 세계의 힘이 되었다.

에라스무스가 계획한 교회 개혁은 보편적 성격을 가지고 있다. 교황은 없어서는 안 될 일치의 상징이다. 기독교는 교육 종교로서 평안과 평화 외에는 아무것도 필요치 않다. 에라스무스는 세계주의자이며 16세기 초 서구 통일 운동의 전사였다. 그는 교육과 평화를 통한 세상의 윤리 외에는 아무것도 동경하지 않았다. 그는 서구의 첫 평화주의자로서 실제적 중요성을 갖고 있다. 윤리와 도덕, 학문과 문화에서 최고에 오른 계몽된 교육 종교, 이것이 에라스무스적인 종교성의 마지막 표시다.

인문주의는 독일에서 울리히 폰 후텐(1488-1523)에게서 비롯되는 또 하나의 특별한 형태를 만들어냈다. 그는 인문주의 안에 역시 국제적으로 조성된 민족 사상을 강조했고 새로운 황제권과 자신의 삶을 통한 독일 민족의 해방을 위해 온 힘을 기울였다.

| 참고문헌 | Jacob Burckhardt, Die Kultur der Renaissance in Italien, 2 Bde., 1950[20]. Wilh. Dilthey, Weltanschauung und Analyse des Menschen seit Renaissance und Reformation, 1921[3]. J. Huizinga, Erasmus, dt. von W. Kaegi, 1936.

제 3 부
종교개혁과 반종교개혁 시대의 교회사

제3부
종교개혁과 반종교개혁 시대의 교회사

33. 이 시대의 특징과 주요 문제

교회를 완전히 개혁해야 한다는 호소가 수백 년 동안 메아리쳤다. 16세기에 그것은 완성되어야 했지만, 세기가 저물어갈 무렵에도 교회는 개혁되지 않았고, 서구에는 네 개 혹은 다섯 개의 교회가 생겼다. 이들 모두는 스스로 개혁된 교회로 자처했다. 바로 가톨릭, 루터파, 개혁파, 영국 교회 그리고 열광주의 단체다. 종교개혁의 수행은 서구 교회의 통일성을 완전히 파괴했고, 이로 인해 교회사는 순수한 역사적 방법으로는 해결할 수 없으며, 신학적으로도 결코 쉽지 않은 난제들이 포함된 문제에 직면했다. 참되고 진정한 종교개혁은 도대체 어디서 일어났는가? 어떤 교회가 종교개혁과 상응하는 정말 "복음적인" 교회인가? 진리를 완전히 소유한 교회는 없는 것은 아닌가? 모든 결과들을 종합적으로 분석할 때 비로소 밝힐 수 있는 사안을 모두가 한쪽 면만 서로 다른 자신의 시각으로 본 것은 아닌가(소위 가지이론)? 종교개혁의 본질은 무엇인가? 유명론이 가르친 몇 가지 위험한 독단성의 거부와 함께 당시 교회에 만연되어 있던 몇몇 외적인 부조리와 거짓된 행위의 제거만이 중요한 것인가? 이러한 의미에서 볼 때 가톨릭교회를 개혁하고자 한 트리엔트 공의회는 전혀 성과가 없지는 않았다. 그렇지 않으면 교회는 내적으로나 외적으로 원시교회 상태로 회귀해야만 하는가? 다시 말하면 성서가 제시하는 척도에 따라 새롭게 세워져야만 하는가? 이것은 개혁파의 기본사고다. 또는 종교개혁의 본질을 루터란이 오직 믿음(sola fide), 오직 은혜(sola gratia), 오직 성서

(sola scriptura)와 결부시키는 복음의 재발견이라고 보아야 하는가? 전통을 신뢰하고 동시에 전적으로 의존하고 있음에도 불구하고 교황의 독재를 뿌리치고, 영국인의 생각처럼 교회를 국교회적으로 세우는 것만이 중요한가? 개인적인 영성 원리가 장려되고, 성서에 토대를 두는 것이 오류인가? 과격파 혹은 모든 형태의 열광주의자들이 말하듯이 인간의 내면에서 일어나는 직접적인 하나님의 계시만이 종교적인 실질적 가치를 갖는가?

다른 질문을 하는 이들도 있다. 그들은 종교개혁의 본질을 신학적인 일로 규정하려는 시도를 오류라고 여기며, 종교개혁을 문화사적인 전환으로, 유럽 정신사의 한 사건으로, 그들을 묶고 있던 사슬을 잘라낸 서구 정신의 위대한 해방의 시작으로 본다. 루터는 이 일을 시작했을 뿐이며, 그것은 오늘날도 아직 끝나지 않았고, 종교개혁의 세기보다는 계몽주의의 세기가 이를 위해 더 큰 중요성을 갖고 있다고 본다. 생각을 더 전개해보자. 종교개혁을 독일 민족사의 한 사건으로만, 즉 당시에는 실현하지 못했으나, 국가교회의 설립을 목적으로 교황교회의 "로마적"(römischen) 정신을 통한 종교적 간섭을 반대하는 독일민족의 항거로만 평가할 수 있는가? 이 모든 질문들은 역사연구를 통해 제기되었다. 이 점들은 분명하게 설명되어야 한다. 종교개혁사와 내적인 연관을 맺고자 하는 사람은 그에 대한 입장을 분명히 밝혀야만 한다. 기본적인 질문들은 역사적이 아닌, 오로지 신학적으로 또는 세계사적으로만 답변될 수 있다는 것은 의심의 여지없이 분명하다.

종교개혁은 또한 문화사적인 큰 의의를 지니고 있다. 그것은 "근대"(modernen)가 이루어지는 데 큰 가교 역할을 했다. 문화사가는 종교개혁의 이러한 측면을 힘주어 전면에 부각시킬 것이다. 그러나 본질적으로 볼 때 종교개혁은 괴테(Goethe)가 생각한 것처럼, 교권의 지배와 "영적 오만함의 사슬"(Fesseln geistiger Borniertheit)에서 유럽인을 해방시킨 것은 아니다. "개혁된"(reformierten) 교회는 이와 같은 방식으로는 이해할 수 없다. 독일 민족의 항거라는 민족적인 차원에서도 역시 이해할 수 없다. 물론 루터는 자신이 독일인임을 느꼈고, 동시에 민족적 특성이 교회의 형태에 영향을 미치게 됨을 분명히 알고 있었다. 그러나 종교개혁이 거둔 민족적인 의미는 루터가 재발견한 복음을 근거로 하여 일어난 교회의 내적 갱신이라는 본래적인 일에 비하면 부수적인 열매일 뿐이다. 이것은 어떤 경우에서건 타당하다. 본서의 저자는, 위에 이미 언급했지만, 여기서도 역시 복음의 재발견을 종교개혁의 진원지(Quellenort)로 보고, 동시에 그것을 교회적이고 영적인 중심으로 보아야 한다고 생각한다. 루터파 신학자는 이렇게 판단한다. 이 점에서부터 그는 종교개혁을 역사적으로 서술할 수 있다. 다른 교파에 속한 사람은 이 관점에 동의하지 않으며, 그 때문에 다른 사항을 더 강조할 것임에 틀림없다. 16세기의 교회사 저술에서 알 수 있는 커다란 차이점은 여기에 그 근원이 있다. 영국인은 영국에서 일어난 사건을 더 중요하게 여길 것이고, 개혁파는 스위스의 종교개혁을 전면에 더 부각시킬 것이다. 모두가 사실 설명에 정도의 차이는 있으나 새 시대에 등장한 모든 교파교회의 형성을 설명해야만 한다. 이것이 모든 종교개혁사에 제기된 과제요, 그 해결을 위해 노력해야 했던 과제다.

동시에 이러한 교회들의 상호관계를 설명해야만 하는 과제 역시 제시되었다. 루터는 교회분열을 원치 않았고, 게다가 만들어지는 복음적인 형태가 모순되지 않은 고대교회의 연장이라고 알고 있었기에 – 물론 고대교회가 사실은 "가톨릭적"이었지만 – 종교개혁과 가톨릭주의라는 명칭만으로도 이미 어려움은 충분하다. 이 대립은 반종교개혁시대인 1555년 종교평화회담 이후 한 차례 더 무서운 싸움의 형태를 취한다. 루터와 츠빙글리, 루터와 칼빈 내지는 루터란과 칼빈파 사이의 관계 역시 문제가 많으며, 경솔한 단정과 선입견이 문제의 난이도를 더 가중시키고 있다. 이러한 문제는 오늘날 독일 개신교의 신앙고백에 대한 새로운 설명과 관련해서 특별한 관심이 요구되고 있다. 개혁신학과 당시 열광주의적 운동의 관계 역시 성령주의의 영향과 관련하여 간과되어서는 안 된다. 인문주의와 종교개혁을 서로 합하거나 구분하는 독특한 유사점과 상이점 역시 중요하다. 영국 교회와의 논쟁은 이와 달리 근대에 이르러 비로소 대두했다.

종교개혁을 추진한 교회들은 시련이 없지 않았다. 이들은 교황청의 파문, 황제의 배척 또는 여타의 싸움에 직면하여 이 세상에서 삶의 가능성을 획득하기 이전에 고된 싸움을 이겨야만 했다. 종교개혁사는 또한 그 시대의 모든 정치적인 연관관계를 알지 않고서는 이해할 수 없다. 그들의 수많은 대립이 가톨릭이 만든 이단법의 효력을 상실케 했으며, 주체적으로 판단하여 비가톨릭 교회를 인정하는 일을 가능케 했다.

더 나아가서 종교개혁은 중세 후기가 만들어 놓은 전제들로 인해 일어날 수 있었다는 것도 자명한 사실이다. 중세 후기에 가톨릭은 내적으로 약해졌고, 반대세력은 더 강해졌다. 이러한 반대는 두 가지 혹은 세 가지 흐름에서 그 표현을 찾아볼 수 있다. 하나는 중앙집권적인 교황권에 대한 민족과 국가의 반대요, 두 번째는 가톨릭교회의 외적인 폐단에 대한 민중의 싸움이며, 마지막으로는 "평안히 땅에 거하는 자"(Stillen im Lande, 시 35:20)라는 모임과 같은 평신도들의 종교적인 각성을 말할 수 있다. 게어하르트 리터(Gerhard Ritter)가 적절히 지적했듯이, 루터에게서 이 모든 흐름이 통합되고 있다. 그는 열정적인 독일인이요, 민중의 연사였고, 줄기찬 공격력을 소유했을 뿐만 아니라, 영감이 풍부한 신학적 사상가였다. 바로 이러한 것들을 통해 루터는 새로운 개척자가 된 것이다.

본래 영적인 운동의 본질은 특별히 밝게 빛난다. 그 때문에 개신교 신학자와 그리스도인들은 신약시대와 함께 종교개혁사를 특별히 사랑한다. 그렇지만 신학적으로 볼 때 종교개혁사는 개신교인들에게 아주 어려운 문제를 내포하고 있다. 물론 개신교인은 복음의 재발견을 오직 하나님의 선물로 여기며, 전적으로 그 점에 대해 확신하고 있다. 하나님이 역사 배후에 활동하고 있다는 의미는 이러한 사건에서 계속 드러나고 있다. 그러나 무엇 때문에 서구교회가 하나 되지 못했는가는 개신교 신학자들에게도 역시 문제로 남는다. 물론 이러한 일치는 이단에 효율적으로 대처하기까지만 필요했던 일치라고 역사적으로 지적할 수 있다. 교회의 일치는 그러나 콘스탄티누스 이후 국가의 개입을 통해서 처음으로 이루어졌다. 콘스탄티누스 이전에는 이 책이 보여주는 것 이상으로 많은 분열과 이단들이 난립했다. 그럼에도 불구하고 세상에 있는 역사적 교회의 일치는 커다란 자산이며, 그의 상실은 매우 고통스러운 것이다. 그 때문에 분열에 대한 정말로 만족스러운 신학적인 설명을 반드시 찾아야만 한다. 지금까지 많은 노력에도 불구하고 크게 얻은 것은 없다. 그러므로 여전히 문제로 남아 있을 뿐이다.

반종교개혁의 시대는 종교개혁을 복음의 재발견이라고 평하는 개신교인들에게 상당히 어려운 신학적 문제다. 복음을 "있는 그대로 순수하게" 전파하지 못한 가톨릭교회는 이제 유리한 고지를 다시 되찾아 그것을 시대의 표지로 삼았다. 공격의 중압감을 잃고, 현재상황을 유지하고자 주춤한 개신교회의, 적어도 루터란의 경우, 약점이 어디에 있는지를 먼저 찾았다. 원칙대로 가톨릭은 이제 한 번 더 세력을 넓힐 수 있는 새로운 힘에 대해 물어야만 했다. 실행에 옮긴 노력의 결과도 역시 분명히 글로 밝혔다. 이러한 역사적 문제들이 만족스럽게 답변된다고 해도, 무엇 때문에 하나님이 개신교에 완전한 승리를 주시지 않고, 가톨릭교회를 다시금 강하게 하셨는지는, 실제로 그렇게 되었듯이, 여전히 신학적인 문제로 남는다. 이러한 문제에 대해 해답을 찾기란 그리 간단치만은 않다.

| 참고문헌 | Karl Schottenloher, Bibliographie zur deutschen Geschichte im Zeitalter der Glaubensspaltung 1517-1585, 6 Bde., 1933-1940. Gerhard Ritter, Die Neugestaltung Europas im 16. Jahrhundert, 1950. Karl Brandi, Kaiser Karl V., Bd., I, 19424, Bd. II, 1941. Joseph Lortz, Die Reformation in Deutschland, 2 Bde., 1963[4].

34. 1517년까지 루터의 영적 성장

복음의 재발견이 루터가 일으킨 종교개혁의 본래적인 진원지라면, 그의 생애에 일어난 사건과 준비는 종교개혁사의 출발점이 되어야만 한다. 루터의 영적인 성장을 이해하는 데 있어서 1900년부터 1920년 사이에 발견된 1517년 이전에 쓰인 강의 원고 내지는 학생들의 필기본의 재발견은 완전히 새로운 토대를 제공해 주었고, 그 이전에 쓰인 대부분의 참고도서를 가치 없는 것으로 만들어버렸다. 그렇지만 원자료의 해석은 상당히 많은 어려움을 갖고 있고, 루터 학자들은 여전히 완전한 의견의 일치를 이루어내지 못하고 있다. 그렇지만 가톨릭과 개신교 학자들 간에는 비교적 큰 일치에 도달하고 있다.

1. 루터의 유년기 그는 수도원에 들어가기까지 철저히 신앙적인 교육을 받았다. 당시 널리 확산되어 있던 반성직자적이며 반교황적인 분위기나 혹은 이단적인 운동을 어느 곳에서도 그는 접하지 않았다. 오히려 그 반대로 융성했던 가톨릭적인 경건을 부모에게서 그리고 학교에서 접했을 것임에 틀림없다. 이것이 오토 쉘(Otto Scheel)이 루터의 유년기를 비판적으로 연구한 후 내린 결론이다. 루터는 교회에 충실했던 부모에 의해서 엄하면서도 동시에 온전한 사랑으로 양육을 받았다. 마그데부르크에서 루터는 1년 동안 성당학교를 다니며,

공동생활형제단과 인연을 맺었다. 이들은 당시 "근대적 경건"(devotio moderna)의 정신적 영향을 받고 있었다. 명확한 이유 없이 루터는 다시금 아이제나흐로 옮겼고, 이곳에서 고타와 살베의 집에 머물며, 친아들처럼 사랑을 받고, 가톨릭적인 유년기를 보냈다. 이 시절에 그는 아이제나흐 학교 책임자인 브라운과 친분을 갖게 되었다. 대학 역시 그곳에서 공부하는 학생들에게 교회의 중요성을 제시했을 것임은 의심의 여지가 없다. 루터는 인문주의적인 비판을 접하지 못했다. 에어푸르트 대학의 인문주의 그룹은 1507년경에 생겼으며, 이것은 루터가 수도원에 들어간 그 이후기 때문이다.

2. 루터의 수도원 갈등 부모의 동의 없이 이루어진 루터의 수도원 귀의는 그의 삶에서 커다란 수수께끼다. 스토테른하임에서 겪은 폭우 경험은 무엇 때문에 이 젊은 석사가 죽음에 직면하여 이러한 서원을 했는지, 그리고 여타의 다른 방법은 전혀 없었는지 하는 문제를 설명해주지 않는다. 왜 그는 시작한 지 얼마 되지도 않은 교직 수업을 중단했는가? 만약 스토테른하임에서 루터가 한 체험이 초심자의 형태로 수도원으로 들어가라는 직접적인 소명의 의미였다면, 종교적 삶(vita religiosa)의 선택은 물론 자명한 것이며, 이것은 원자료의 몇몇 언급에 의해서도 확인 가능하다. 어쨌든 그는 1505년 에어푸르트에 있는 유명한 아우구스티누스 은둔파 '검은 수도원'(Schwarze Kloster)에 들어갔고, 이 수도원은 종교개혁의 수원지가 되었다. 수도원에서 루터는 자신의 영혼을 평온케 하고자 일정기간 많은 고행을 쌓았다. 그러나 내적인 고통은 너무나 깊어서 모든 것을 다 파괴시켰다. 이러한 고통이 복음을 재발견할 수 있는 길이 되어주었다. 따라서 루터의 스토테른하임 체험 배후에는 특별한 의미의 하나님의 손길이 있었음을 보게 된다.

루터가 수도원에서 겪은 갈등은 당시 교회가 범했던 오용을 비판하도록 자극한 것이 아니라, 하나님과 교회의 요구를 더욱 진지하게 수행하도록 불을 붙였다. 루터는 부패한 가톨릭이 아닌 참된 가톨릭주의를 붙들고자 온 정열을 기울였으나, 그것은 이루어질 수 없었다. 이것은 면죄부 판매가 그를 대중 앞에 나타나도록 했다는 사실에 항상 가려져 잘못된 결론을 이끌기도 한다. 게다가 비록 차후에는 그것을 반박해야 했지만, 스콜라 신학의 수업도 그에게는 상당히 중요한 것이었다.

당시 가톨릭교회의 가르침은 오늘날과 같지 않았다. 그 때에는 자신의 선행을 통하여 천국에 이를 수 있는 공로를 쌓아야 한다고 가르쳤다. 그렇게 생각했던 펠라기우스는 418년에 이미 정죄를 당했으나, 이러한 정죄를 어느 누구도 진지하게 생각하지 않았다. 에어푸르트 대학에서 루터 역시 깊이 빠져 들었던 유명론도 인간은 그 스스로가 할 수 있는 것(facere quod in se est)을 먼저 해야만 한다고 가르쳤다. 유명론적인 가르침에 따르면, 그렇다 할지라도 인간은 모든 의를 다 성취할 수는 없다. 의는 하나님의 은총의 선물이다. 다만 인간은 그 은총을 받기에 적합한 전제를 구비하는 것이며, 하나님은 조건이 구비된 인간에게 그의 은총을 선물하고, 그를 받아들인다. 괴테는 그의 파우스트(천사의 노래) 결론에서 이러한 교리를 다음과 같은 말로 가장 간명하고 아름답게 표현했다. "끊임없이 힘쓰는 그를 우리는 구원할 수 있다."

구원을 얻는 데 절대적으로 필요한 전제조건인 "facere quod in se est"의 요구는 이미 언급한 공로 대사냥과 서로 연관되는 것이다. 예를 들어 범한 죄를 씻는 데 도움이 된다고 생각한 참회의 성례전에도 이것은 적용되었으며, 그것은 인간이 그의 죄를 완전히 참회해야 하며, 그와 일치하는 참회의 행위를 동시에 수행해야만 함을 의미했다. 이러한 조건이 성취되었을 때만이 사제의 용서는 유효하다. 이러한 조건은 그러나 루터를, 비록 그가 그것을 진지하게 여겼을 때에도, 구원을 확신할 수 없는 절망적인 상황으로 몰아갔다. 참된 회개는 한시적이거나 혹은 영원한 형벌 때문에만 죄를 미워하지 말 것을 요구한다. 한시적이거나 영원한 형벌 때문에만 죄를 미워하게 된다면, 그것은 항상 사람이 그 자신의 운명을 위한다는 차원에서만, 다시 말하면 회개가 결국은 자신만을 위한다는 차원에서 전개되기 때문이다. 회개는 하나님께 대한 사랑이 동기가 되어 솟아날 때만이 합당하다. 하나님은 죄를 미워한다. 하나님께 대한 사랑에서 인간은 죄를 미워해야 한다. 루터 역시 하나님께 대한 이러한 사랑을 자신의 마음속에 일으키고자 끝없이 노력했다. 그러나 그의 노력은 허사였다. 오히려 죄를 벌하시는 하나님을 그가 두려워하고 있음이 더욱 의식되었다. 루터는 자신의 운명에 대한 염려가 그의 영혼을 가득 채우고 있음을 발견했다. 그는 자아의 포로가 되어 있었다. 그 때문에 합당한 참회를 수행하는 것은 그에게 불가능했다. 영혼을 샅샅이 뒤져서 모든 죄를 다 찾아냈음에도 불구하고 정말로 모든 죄를 다 회개했는지 알 수 없어 그를 불안케 했다.

심리학적으로 타당한 관찰인, 즉 과거에 저지른 죄를 상기할 때에 – 물론 회개할 목적으로 되새기지만 – 그 죄를 저지르고 싶은 욕구가 다시 생겨나고 그것으로 인해 마음으로 다시 죄를 범하게 된다는 것 역시 그를 더욱 괴롭게 했다. 유명론에 의하면 용서의 효력은 전제조건을 실행했느냐의 여부에 달려 있기 때문에 루터는 자신의 죄가 용서되었다는 것을 믿을 수 없었다. 여기서 "어떻게 해야 내가 은총의 하나님을 얻을 수 있는가" 하는 물음이 긴급한 중요성을 얻게 된다.

이렇게 해서 일어난 구원의 문제는 신학수업이 루터로 하여금 예정론에 대항하도록 강요했을 때 절정에 달했다. 그의 내적인 상태를 고려해볼 때 그 결과는 사실 그대로였다. 즉 그는 버림받는 것을 두려워했다. 이러한 두려움은 그러나 서너 가지의 결과를 초래했다. 그는 하나님이 존재하지 않기를 소망했다. 만약 그렇다면 그 역시 죄에 대한 책임이 없을 것이기 때문이었다. 정말로 그는 하나님을 미워했다. 그 하나님은 사람들에게 구원에 이르는 길을 열어두었으나, 그러나 그에게만은, 즉 루터에게만은 그 길로 가는 것을 막는 하나님이었다. 이러한 미움이, 루터 그 자신도 분명히 의식하고 있었듯이, 딛고 서야 할 기초를 쓸어가 버렸다. 하나님께 대한 사랑은 구원의 전제 조건이다. 그러나 그의 마음은 사랑 대신에 하나님께 대한 미움으로 가득했다. 그것으로 모든 구원은 그에게서 사라졌다. 그는 희망 없는 분노의 자녀였다.

"두려움이 절망으로 나를 내몰아,
내게는 죽음 외에 아무것도 없었으며,
지옥으로 잠겨야만 했다."

한동안 루터는 신비주의에서 평안을 찾고자 시도했다. 하나님은 그와 신비적 합일을 하는 사람을 받아들일 것이기 때문이었다. 여기서 합일이란 곧 구원의 확신을 내포하고 있다. 보나벤투라도 하나님과 합일에 도달할 수 있는 자신의 가르침으로 그것을 정말로 이루어냈다고 루터는 고백한다. 신비주의가 가르친 영혼 저 깊은 곳으로의 몰입은 그러나 인간 속에 있는 하나님과 동일한 속성의 불꽃을 찾게 하는 것이 아니라, 여전히 불쌍하고 속박된 자아만을 발견하게 해주었다. 이 방법으로도 그는 목적하는 바를 이룰 수 없었다. 그는 신비주의를 알게 된 것으로 만족했다.

수도원의 일로 가야만 했던 1510/1511년 로마 여행 역시, 물론 이 여행은 수도원에서 루터가 얼마나 큰 인정을 받고 있었는지를 알려주지만, 루터는 이 여행이 자신의 영적 고통을 도와줄 것으로 기대했던 것 같다. 그러나 로마 여행은 루터가 갈망하던 도움을 가져다주지 못했다. 1511년 비텐베르크에서, 두 번째이자 궁극적인 체류를 하게 될 때 잘 알게 된 수도원 총대리신부 요한네스 스타우피츠가 어느 정도 루터를 도와줄 수 있었고, 극도의 절망 앞에서 그를 지켜주었다. 스타우피츠는 유명론자는 아니었으며, 루터가 두 번째 만났을 때에는 근대적 경건에 영향을 받은 토마스주의자(Thomist)였다. 그는 루터에게,

1) 내적인 고통을 하나님께서 그를 치유하는 수단으로 이해하라고 가르쳤다. 여기서 스타우피츠에게 있는 신비주의의 영향을 알 수 있다.

2) 그는 더 나아가서 예정을 "그리스도의 고난" 속에서 이해하도록 권고했다. 그렇게 한다면, 그것은 공로가 된다는 것이다. (에른스트 볼프가 보여주었듯이,[46] 예정은 이렇게 해석할 수 있는 것이지, "가는 길"이 아니다). 스타우피츠는 그리스도 안에 계시된 하나님의 사랑을 루터에게 가르쳤다. 바로 그 사랑에서 예정은 구원하기로 정했다는 사전결정의 의미를 갖는다.

루터는 이 두 가지의 가르침을 자신을 자유하게 만든 중요한 내용으로 받아들였고, 이로 인하여 평생 동안 스타우피츠에게 감사했다.

3) 성례전에 관한 한, 스타우피츠는 루터에게서 이 문제를 제거시킬 수는 없었지만, 여기서도 적지 않은 도움을 그에게 베풀었다. 스타우피츠는 하나님께 이르는 길목의 첫 단계에는 유명론에서 요구하는 인간 스스로의 노력이 있는 것이 아니라, 하나님이 직접 그의 은총의 행위, 즉 모든 인간적인 행위보다 앞서는 은혜인 선행하는 은총(gratia praeveniens)을 통해 자신에게 이르는 길을 시작한다는 토마스 아퀴나스의 사상을 가지고 가르쳤다. 하나님이 먼저 주신 선행하는 은총과 협력하여 – 은총을 통한 계속적인 도움으로 – 인간은 오로지 성례전을 받는 데 꼭 필요한 조건에 도달하는 것이다. 이러한 사상으로 루터는 하나님과 그리스도에 대하여 새로운 시각을 갖게 되었다. 그는

---

46) Staupitz und Luther, 1927.

하나님과 그리스도를 지금까지 생각했던 것처럼 더 이상 심판자라고 보지 않고, 돕는 자요, 친구로서 보는 법을 배웠다. 토마스의 가르침에 의하면, 성례전을 받을 때에 인간에게는 아담이 원죄를 통해 상실했던 하나님의 계명을 실제로 지킬 수 있는 능력이 다시 부여된다. 전심으로 하나님을 사랑하라는 첫 번째 계명 역시 지킬 수 있다. 왜냐하면 성례전은 주입된 은총(gratia infusa)으로 마음속에 사랑(caritas), 즉 하나님께 대한 온전한 사랑을 일깨우기 때문이다. 이러한 가르침은 루터가 내적으로 완전히 평안을 찾지 못하게 했다. 세상과 그 자신을 위한 모든 생각이 철저히 차단된 전심으로 하는 온전한 하나님 사랑을 그는 할 수가 없었다. 그는 자신을 기만하며 헌신할 수 없었다. 성례전이 그에게 아무런 영향도 미치지 못하고, 그것이 그를 구원하지 못하자, 그는 성례전을 합당하게 받을 수 없었으며, 그 가르침의 정당성을 의심하고, 게다가 수도사의 순종도 아무런 의미가 없게 되었다. 만약 그가 성례전을 합당하게 받지 않았다면, 그의 전제조건들은 충분하지 않을 것임에 틀림없다. 그는 자신의 죄로 아직도 아픔을 겪었다. 은총의 하나님을 얻고자 하는 씨름은 아직 끝나지 않았다. 또 다시 성례전의 참된 수용과 연관된 그 조건이, 즉 올바른 전제조건을 갖추라는 요구가 영적 고통의 근원지였다. 여기서 루터가 후에 했던 말을 이해할 수 있다. “이러한 조건은 모든 것을 불행하게 만드는데 그 목적이 있다.”[47] 그도 그럴 것이 하나님의 도움은 그 조건의 성취 여부에 달려 있기 때문이다. 하나님은 기만하지도 속이지도 않는다. 그의 판단은 냉혹할 정도로 정확하다. 루터의 고통스러운 내적인 싸움은 “은총을 베푸는” 하나님을 얻고자 하는 싸움인 동시에 하나님의 “의”를 이해하고자 하는 몸부림이라고 이해할 수 있다. 해답은 루터가 철저히 연구한 여백주기가 보여주듯이,[48] 이미 아우구스티누스로부터 시작되었다고 할 수 있으며, 그 후 성서적 개념을 알고자 깊이 몰두한 나머지 어느 날 소위 성탑 체험에서 그의 의심에 대한 궁극적인 해답을 찾았다고 할 수 있다.

3. 루터의 성탑 체험 루터의 방이 있었던 비텐베르크 수도원의 탑은 내

47) WA, Tischreden V Nr. 6017.
48) Adolf Hamel, Der junge Luther und Augustin, 1934f.

용적으로 복음의 재발견과 깊은 연관이 있다. 이러한 과정이 단 한번의 체험으로 일어났는지 혹은 여러 단계로 진행되었는지, 그리고 그 최종적이며 결정적인 단계가 성탑 체험인지에 관해서는 완전히 설명되지 않고 있다. 아마도 후자일 것이라고 추측해본다. 이러한 체험의 시점 역시 의견이 분분하다. 가장 빠른 초기설 - 로마 여행 이전 - 은 오늘날 일반적으로 받아들여지지 않는다. 페트루스 롬바르두스의 교의학에 직접 기입해 넣은 루터의 여백주기는 여전히 가톨릭적이다. 후기설 역시, 비록 그것이 루터 자신의 직접적인 언급을 인용하고 있을지라도, 대부분의 연구자들에 의해 거부되고 있다. 대부분의 학자는 로마서 강의가, 적어도 뒷부분에서 새로운 복음의 개념을 분명하게 말하고 있다고 믿는다. 복음의 발견은 그 때문에 1515년 가을 이전, 아무리 늦어도 1516년 봄 이전이라고 정할 수 있다. 이들 연구자들에게 1511-1515/1516년은 가장 가능성 있는 기간이다.

이 기간을 상세히 분석하여 좀 더 명확히 설명하는 것은, 비록 이때 쓴 루터의 시편원고가 우리에게 남아 있다고 할지라도, 매우 어렵다. 그 기간 내 어디에서 그가 복음적으로 가르쳤는가 하는 문제는 확고히 답변할 수 없다. 불가타 시편 70편(루터성서는 시편 71편) 본문주해에 따라, 대체로 1514년 가을로 가늠할 뿐이다. "주의 의로 나를 자유케 하며"라고 그곳에 쓰인 시편 70(71)편 2절이 루터로 하여금 하나님의 의에 대해 새로운 숙고를 하도록 만들었다. "의인"(iustus)과 "의"(iustitia)라는 말들은 그 자신의 고백에 의하면 그의 양심을 찌르는 가시였고, 들을 때마다 그를 경악케 했다. 하나님의 의가 그를 자유케 한다는 것을 그는 정말 이해할 수 없었다. 하나님의 의가 구원의 기초라면, 그는 자신을 버림받은 자로 간주해야만 했다. 성탑 체험에 대한 그 자신의 직접적인 언급에서 여러 번 시사한 시편 70(71)편 2절에 대한 진지한 숙고가 당시에 이미 뛰어난 성서전문가였던 그를 로마서 1장 17절과 로마서 3장 21절로 인도했을 수도 있다. 루터는 이 말 속에 이전에 보았던 것과는 완전히 다른 뜻이 있다는 언어학적인 발견을 했다. 루터는 '하나님의 의'라는 말에서 소유격을 새로이 이해하게 되었다. 하나님의 의 - 그것은 하나님과 동일한 질이 아니라(주체의 소유격: Gen. subjectivus), 하나님이 남에게 부여하는 속성이다(목적의 소유격: Gen. objectivus). 루터는 그것을 새로이 접근했고, 그 때 같은 방식으로 이해해야만 하는 다른 많은 성서적 표현들이 그에게 떠올랐다. 즉 하나님의 사랑은 하나님이 인간에게 주시는 사랑이며, 하나님의 구원, 하나님의 축복 등도 다 마찬가지다. 루터 자신의 말로 표현하면 다음과 같다. 중요한 것은 그에게 주어진 것을 모든 사람에게 나누어 주는 능동적인 하나님의 의가 아니라 – 인간은 행함으로, "능동적"(aktiv)으로 물론 성례전, 즉 은총을 통해 그에게 먼저 매개된 능력을 토대로 공로를 벌어야 한다 – "수동적"(passive)인 하나님의 의이며, 이것을 통해 우리는 의롭게 되고, 우리가 고난을 당하는 "수동적" 의인 것이다. 하나님 앞에서 의를 얻고자 루터는 몸부림쳤다. 하나님을 사랑하는 것은 사람이 꼭 수고해야만 하는 행위일 수 없음을 루터는 스타우피츠를 통해서 이미 배웠다. 그는 이제 하나님의 의를 자신이 쌓은 노력에 대한 보답으로 주어진 왕관이나 혹은 그 자신의 행위로서가 아니라, 하나님이 주시는 순수한 은총의 선물로 이해한다. 의를 하나님의 선물로 이해할 때 인간이 그 자신의 행위 – 가톨릭의 가르침에 의하면 이것은 구원의 전제조건이다 – 에 의지해서는 결코 얻을 수 없는 모든 확신을 얻을 수 있다. 의를 하나님의 선물이라고 이해하자, 루터는 다시 태어났음을 느꼈다. 그때까지 성서에 있는 의라는 말을 미워했지만, 이제 이 말은 그가 가장 사랑하는 말이 되었다. 천국의 문이 그에게 활짝 열렸다.

"이제 기뻐하라, 사랑하는 형제자매여,
그리고 우리가 즐겁게 춤추자."
무엇에 대해서?
"하나님이 우리에게 주신 것과
그의 놀라운 이적을!"
"공짜로 그것을 얻었다."

하나님의 말씀 가운데서 이러한 놀라운 일을 인식했을 때 하나님은 루터를 커다란 그의 곤경에서 구하셨다.

어떻게 인간이 하나님 앞에서 타당한 새로운 칭의에 도달할 수 있는가 하는 문제에 대한 답변은 이것으로 이미 주어진 것이다. 즉 칭의는 하나님의 선물(donum Dei)이다. 루터의 모든 인식은 인간이 수동적이며, 신적인 역사의 대상일 뿐이라는 점에서 절정을 이루고 있다. 복음을 설교할 때에 하나님의 능력으로 그 앞에서 타당한 칭의가 우리에게 주어지는 데 있어서 그 통로가 되는 믿음을 인간의 행위로 이해하는 것보다 더 큰 오해는 없다. 인간이 꼭 성취해야 할 조건으로 신앙 대신에 도덕적인 업적이 등장했다. 바로 이것이 더욱 악화된 가톨릭의 실체다. 루터의 눈에 이것은 곧 "하나님의 영광을 탈취하는 것" 그 자체였다. 왜냐하면 하나님의 영광은 어떤 인간적인 것도 철저히 배제된 가운데 왕과 같은 위엄으로 칭의를 선물하는 데서 극치를 이루기 때문이다. 여기에는 물론 그리스도의 구속 사역도 저촉을 받는다. 그것은 구원을 그분만의 유일한 구속의 행위와 연관짓지 않고, 부분적으로 인간적 행위와 관련시키기 때문이다.

이러한 구원은 실제로 믿음으로 실현된다. "의인은 믿음으로 산다"(Iustus ex fide vivit). 이것은 루터가 새롭게 통찰한 인식의 가장 핵심적인 요소다. 심판자 앞에서 종이 가졌던 두려움이 여기서는 아버지에 대한 아이의 신뢰가 되고 있고, 용서의 언약에 대한 진지한 수용과 신임 등, 이 모든 것이 루터가 말하는 믿음이라는 말에 담긴 뜻이다. 그렇지만 인간은 그 자신의 힘으로는 이러한 신뢰에로 뛰어오를 수 없다. 하나님이 직접 인간 안에 그것을 가능케 해주어야만 하며, 물론 이것 역시 하나님은 말씀과 성령을 통해서 수행하시는 것이다(제3조항의 설명). 신앙은 실제로 하나님의 선물(donum Dei) 외에 아무것도 아니다. 그러나 바로 여기서 개념적으로나 혹은 심리적으로 한 가지 어려운 문제가 발생한다. 신앙은 심리적으로 볼 때 의문의 여지없이 인간의 한 행위다. 심리적으로 볼 때 인간적인 행위에 불과한 신앙을 하나님의 선물로 여겨야만 한다는 것이 개념적으로 이해하기 어려운 점이다. 신앙을 인간의 행위처럼 생각하는 오해는 업적을 쌓으려는 자연인의 끝없는 욕망과 더불어 이러한 어려움 속에 뿌리를 두고 있다.

성탑 체험을 통해 루터는 하나님의 칭의만을 배운 것은 아니다. 그는 동시에 율법과 복음의 대립도 깨닫게 되었다. 전에는 율법이 그를 다스렸다. 율법을 성취하느냐 혹은 못하느냐가 그의 운명을 결정했다. 이것을 기준 삼아 그는 스스로를 정죄 받은 자로 간주했다. 복음 역시 그에게는 율법이었다. 왜냐하면 이것 역시 보상적인 하나님의 의를 계시하고 있기 때문이다. 즉 복음도 하나의 요구를 내포하고 있다는 것이다. 이제 그는 복음을 복음, 즉 그리스도안에서 사랑이시며, 죄인을 찾으시는 아버지를 계시하신 하나님의 자유로운 선물로 인식했다.

또는 다른 말로 표현하여, 루터는 그리스도 내지는 그리스도의 십자가를 발견했다고 할 수 있다. 십자가, 그것은 가장 큰 하나님의 분노의 계시다. 여기서 하나님은 그 자신의 아들을 심판하신다. 그것은 그가 세상 죄를 담당했기 때문이다. 또한 동시에 하나님의 사랑을 증명하는 데 있어서 십자가보다 더 큰 증거는 없다. 그는 자신의 아들을 십자가에 내어주심으로 죄, 사망 그리고 마귀로부터 우리를 구하셨다.

이러한 새로운 하나님의 칭의 이해는 전통적이고 도덕적이며 그리고 종교적인 판단의 획기적인 전환을 뜻했다. 오직 하나님의 긍휼만을 믿을 수 있다는 것은 스콜라적인 견해에 의하면 뻔뻔함 그 자체였다. 이러한 오만함에 대항하여 싸우도록 배웠지만, 이제는 그것이 그에게 환호와 기쁨의 근원이었다. 하나님의 은총만이 오직 서게 해야 한다는 것은 가톨릭적인 견해에 따르면 전혀 의미가 없었다. 대가와 보상에 대한 율법이 적용되지 않을 때 도덕적인 세계질서는 전혀 성립될 수 없다고 보았기 때문이다. 그러므로 도덕적인 세계질서의 수호자이기도 하신 하나님 역시 율법을 지켜줄 것임에 틀림없다. 그러나 이토록 성화된 율법은 루터에 의해 일종의 신성모독이 되고 말았다. 그것은 율법이 인간에 대한 하나님의 뜻을 바르게 인식하지 못하게 하고, 하나님 앞에서 인간이 서 있는 자리를 오인하게 만들기 때문이다.

오토 쉘의 말을 빌리면, 예수와 바울 이후로 적어도 인류 안에서 여기서처럼 급진적인 가치의 전도가 일어난 곳은 없다. 사람으로부터 하나님께로 이르는 길은 완전히 벽으로 차단되어 있다. 그러므로 진지하게 죄를 평가해야만 한다. 오직 하나님께로부터 사람에게로 이르는, 즉 그리스도라고 부르는 길이 있을 뿐이다. 이것이 루터를 자유케 한 새로운 통찰이다. 인간을 향한 하나님의 방법이 그에게 "우리 하나님은 견고한 성이다"라는 확신을 가져다주었다. 그는 저주의 확신에서 벗어나 구원의 확신을 얻게 되었고, 그것은 환희와 기쁨이 되었다. 이러한 확신과 기쁨은 루터의 삶 속에 일생동안 같이했다. 그것이 엄청난 역사를 일으키도록 힘을 제공한 근원이다. 루터는 새롭게 발견한 인식을 결코 그 자신만을 위해서 간직하지 않았다.

4. 루터와 대중 루터는 성탑에서 스콜라신학이 전혀 알지 못한 하나의

새로운 통찰이 자신에게 선물로 주어졌음을 확신했다. 이러한 선물이 지닌 내적인 가치에 대해서도 그는 역시 잘 알고 있었다. "천국의 문이 내게 열렸다." 그는 자신의 새로운 통찰을 강의를 듣는 학생들에게 즉시 들려주었다. 다만 복음의 재발견으로 인한 결과들은 그에게 즉시 나타나지 않았다. 가톨릭의 원리가 기반을 잃었음을 아직은 알지 못했다. 그렇지만 이제 그에게 스콜라신학과는 완전히 다르다고 깨닫게 된 구원론이 가장 중요하다는 사실만은 분명했다. 그럼에도 불구하고 오랜 전통에 반대하여 복음의 새로운 옛 진리를 지체 없이 고백했다. 루터가 이것으로 불법을 저지른 것은 아닌가? 가톨릭교회는 오늘날까지도 비록 그들이 루터의 영성을 높이 평가하고 개인적으로는 모두가 그를 정당하다고 평가할지라도, 오늘날 흔히 볼 수 있듯이, 그가 단순한 교리적 혼란과 남용이라는 차원에서 전체 가톨릭주의(Katholizismus)에 대한 싸움을 불러일으켰고, 그러므로 잘못한 것이라고 판단한다. 루터 자신도 여전히 자신이 깨달은 "새로운 것"에 대하여 극도의 영적 시련을 겪고 있었다. 그는 적대자들의 아래와 같은 물음에 답해야 했다. "너는 과거의 모든 선생들이 아무것도 몰랐다고 생각하느냐? 하나님이 그렇게 오랜 세월 동안 자신의 백성을 무지 가운데 놔두었겠느냐?" 여기에는

1) 심리적으로 그가 이전에 수도원에서 영적인 시련을 이기고자 철저히 노력했다는 점이 매우 중요했다. 교회의 영적 상담을 통해서도 실질적인 도움을 찾지 못한 채, 그는 수도원에서 온갖 영적 시련을 홀로 이겨내야만 했고 혼자서 극복하는 법을 배웠다. 이제 그는 비록 혼자일지라도 자신이 얻은 새로운 통찰을 고백할 수 있었다.

2) 무엇보다도 중요한 것은 새로운 통찰이 성서에서 그에게 흘러 나왔다는 것이며, 그 자신의 사색적인 숙고의 산물이 아니라는 것이다. 루터도 교육받았던 사상인 유명론은 이미 성서를 한 점 오류가 없는 하나님의 계시라고 평가했다. 그러므로 결국 성서의 저자인 하나님이 그의 새로운 발견의 배후에서 있었다.

3) 그 외에도 루터는 우선, 비록 잘못되었다고 할지라도, 고대교회의 가장 훌륭한 증인들을 얻었다고 믿었다. 즉 그들은 히에로니무스와 아우구스티누스, 클레르보의 베른하르트와 타울러다.

4) 성서학 박사인 그의 직임이 자신의 가르침을 공개적으로 선포하도록

해주었고, 그에 대한 정당성을 부여해주었다. 1512년 그는 성서학 박사학위를 받았다. 이 직임이 부여된 의무를 수행하도록 그를 강요했다. 하나님의 은사는 처음부터 그에게 과제가 되었다. 그로 인해 그는 전통을 버릴 때에 가끔 그를 괴롭게 한 영적 시련을 항상 잘 극복했다.

그렇지만 그가 모든 대중에게로 즉시 튀어나오지 않은 것은 잘한 일이었다. 4년 동안을 그는 잠잠히 지냈고, 그동안 그는 자신의 새로운 통찰을 더 심화시키며, 성서적 근거를 갖출 수 있었다. 로마서(1515/1516), 갈라디아서(1516/1517) 그리고 히브리서(1517/1518) 강의는 좋은 기회였다. 이렇게 루터는 면죄부 판매가 그를 대중 앞으로 인도했을 때 핵심적인 사항에 대해 신학적으로 완벽한 이해에 도달해 있었다.

| 참고문헌 | Ernst Walter Zeeden, Martin Luther und die deutsche Reformation im Urteil des deutschen Luthertums, 2 Bde., 1950/1952. Heinrich Bornkamm, Luther im Spiegel der deutschen Geistesgeschichte, 1955. Adolf Herte, Das katholische Lutherbild im Bann der Lutherkommentare des Cochläus, 3 Bde., 1943. Otto Scheel, Dokumente zu Luthers Entwicklung, 1929[2]. J. Köstlin und G. Kawerau, Martin Luther, 2 Bde., 1903[5]. Otto Scheel, Martin Luther (bis 1514), 2 Bde., 1921[3] und 1930[5]. Heinrich Boehmer, Der junge Luther, 1951[4]. Gerhard Ritter, Luther, Gestalt und Tat, 1959[6].

35. 루터의 신학적 사고

1. 루터의 성서론

1) 루터는 새로운 이론을 출발점으로 삼지는 않았다. 다만 성서적 진리를 알리고 싶었다. 그 때문에 자신의 중요한 생각을 불가피하게 성서적 진술의 형식을 빌려 언급해야만 했다. 그의 신학은 성서적 개념의 신학이다. 이것은 아리스토텔레스의 영향으로 이루어진 스콜라 신학의 모든 용어들을 폐기시켰다. 엄청날 정도의 수정이 이루어졌으며, 그것은 인문주의가 고대에 기울인 관심을 통해 초래했던 것만큼이나 큰 것이었다. 루터는 보수적인 사람으로서 새로운 것을 도입하기보다는 전통적인 개념을 새롭게 해석했다. 이것이 그의 사상의 이해를 상당히 어렵게 만드는 것이다.

2) 루터는 모든 개별적인 문제를 깊이 생각하고 성서의 모든 말씀을 성서의 중심인 오직 믿음을 통한 죄인의 칭의로부터 해석한다. 그가 조직신학을

쓰지는 않았지만 체계적인 사상적 연관성은 이미 존재했다.

3) 루터는 성서에 대해 문자적으로 성령을 통한 영감이라고 종종 언급했고, 그 점에서 성서의 표현방식을 중요하게 여겼으며 문자를 고집했다. 비록 그가 신약성서의 정경화를 인간의 연약성에 대한 응급수단과도 같은 하나님의 처방으로 간주했다 할지라도, 그 자체는 곧 엄청난 일이며, 성령의 약속을 의미한다.[49] 성서가 아닌 하나님의 말씀이 여기서 더 중요하다. 그는 성서를 다룰 때마다 반드시 서문을 작성했으며, 문자에 사로잡히는 것이 중요한 것이 아니라는 – 성서의 진정성을 의심하고, 많은 성서를 정경에서 빼야 될 것으로 추측되는 – 비판적이고 분명한 설명을 그 속에서 볼 수 있다.

이 두 개의 서로 다른 진술을 어떻게 규명해야 하는가? 설명에 의하면, 하나님의 말씀은 그리스도다. 왜냐하면 성서는 그리스도를 증거하고 있고, 그런 이유에서 성서가 그리스도를 증거하는 한, 인정해야만 하는 하나의 권위이기도 하다. 그리스도는 신약뿐만 아니라 구약에서도 말씀하고 있다. 이 점에서 성서에 대한 루터의 집착이 이해가 된다. 어떤 사람도 그가 의무를 다해 지켜야 할 하나의 현실인 하나님의 계시를 제거할 수 없다. 단 한 가지 태도, 즉 믿음만이 있을 뿐이다. 비록 비이성적으로 보인다 할지라도 루터에 의하면 이것이 옳은 것이다. 루터는 유명론에서 이성은 결코 초자연적인 것을 인식할 수 없다는 관점을 얻었다. 단지 계시만이 우리에게 초자연적이며 동시에 초이성적인 것을 알려준다.

이 점에서 성서를 향한 루터의 자유 역시 그 의미가 분명해진다. 성서는 그에 의하면 단지 유대인에게만 해당하는 많은 것을 담고 있다. 예를 들어 구약성서의 율법 책에 관하여 그는 다음과 같이 말한다. "모세는 다만 유대백성에게 준 것이며, 우리 이교도와 그리스도인에게는 해당이 없다. 우리는 복음과 새로운 언약을 가지고 있다."[50] 루터가 『소교리문답』에서 십계명을 해석하고 배우게 했다면, 그중 몇 가지는 신약에 나오는 그리스도가 직접 확증했고, 또한 이것들이 창조주 하나님이 만든 자연법을 가르치고 있기 때문에 그렇게 한 것이다.[51] 그리스도를 하나님이 인간에게 말씀하신 유일한 말씀이라

49) WA 10 I 1,627,1ff.
50) WA 18,76,4ff.
51) Vgl. Heinrich Bornkamm, Luther und das Alte Testament, 1948.

고 보는 이러한 원자료에서 두 가지가 그로부터 흐르고 있다. 즉 한편으로는 자유함과 다른 한편으로는 성서에 고정되어 있는 증언에 대한 집착이다.

4) 루터는 하나님의 말씀을 중심에 둠으로 하나님이 그 안에서 인간과 교제하는 영적이고-인간적인 방식을 가장 날카롭게 표현하고 있다. 가톨릭의 가르침에 의하면 하나님은 성례전에서 인간과 관계하신다. 게다가 성례전은 주입된 은총(gratia infusa)을 통해 영혼 안에서 신비스럽게 작용하여 인간을 변화시키며, 인간의 의식과는 전혀 상관없이 실현된다(ex opere operato). 그러나 루터는 이러한 생각과 근본적으로 다르다. 하나님은 말씀 외에 그 무엇을 통해서도 인간과 교제를 갖지 않는다. 이것은 다섯 가지 의미를 가지고 있다.

(1) 하나님과의 관계는 인간의 완전한 의식 가운데서 분명하게 진행되는 과정을 포함하고 있다. 의심, 영적 시련, 참회, 신앙, 사랑, 계명 등은 심리적으로 인간의 의식적 행위이며, 이러한 것이 없다면 인간도 거기에 없는 것이다. 그러므로 행해진 행위(opus operatum)라는 가톨릭의 은총론뿐만 아니라, 신비주의 역시 거부된다. 그것은 단지 감정일 뿐이며 그들의 몰입의 체험 역시 비복음적이기 때문이다. 하나님과의 관계는 루터에 의하면 분명히 의식되는 것이며, 그 때문에 언어적으로 표현 가능하고, 말씀 선포가 교회의 중요한 활동을 이루는 것이다.

(2) 이것은 하나님과 인간 사이에 하나의 인격적인 관계가 형성되어 있음을 말하고 있다. 하나님은 영이신 인격이다. 그러한 분으로서 하나님은 자신의 말씀을 통해 우리와 교제하신다. 성례전에서 절정을 이루는 가톨릭의 교리는 이러한 연관성을 모호하게 하고 있다. 즉 무의식중에 진행되는 인간의 중요한 변화는 최고 선(summum bonum)인 하나님과의 질적인 연관성을 조건으로 하고 있다. 여기서 하나님은 어쨌든 순수한 영적 본성은 아니다.

(3) 더 나아가서 이것은 하나님께 대한 인간의 윤리적 관계를 표현하고 있다. 그도 그럴 것이 하나님의 말씀은 우선 인간의 이성이나 감정을 향한 것이 아니라, 양심을 향하고 있기 때문이다. 하나님 말씀은 율법과 복음, 즉 요구와 약속을 포함하고 있다. 요구는 항상 의지에 호소할 것이고, 양심이 그에 대한 판단을 한다. 그러므로 양심은 루터에 의한다면, 하나님과의 관계에 있어서 본래적인 중심이다. 악한 양심은 죄의식에서 하나님을 회피하게 되고,

선한 양심은 용서의 위로를 받으며 하나님을 찾는다.

(4) 그 외에도 "하나님 말씀"은 하나님과의 교제가 우리에게 그 시작이 있는 것이 아니라, 하나님에게 있음을 말한다. 우리가 하나님께로 접근하는 것이 아니라, 그가 우리에게 말씀하시는 것이다. 다만 그가 우리에게 말할 때와 그리고 말하는 그 장소에서 그와 우리 사이에 교제가 성립된다.

(5) 하나님의 말씀은 하나님의 창조 능력을 공유하고 있다. 즉 말씀은 그의 창조수단이다. 더 나아가서 그 말씀 안에 하나님이 직접, 그것도 하나님 전체가 숨어 계신다. 그의 말씀은 그에게 "그러므로 마찬가지로 신성 전체가 그 안에 있으며, 이 말씀을 가진 자는 신성 전체를 가진 자다"와 같았다. 루터의 성서론은 하나님이 그것을 "헛되이 내게로 되돌아오지"(사 55:11) 않게 한다는 말씀에서 절정을 이루고 있다. 루터의 특징이라고 할 수 있는 역동적인 하나님 말씀 이해는 바로 이 점에서 필연적으로 얻어진 것이다.

5) 만약 성서가 단지 하나님의 말씀, 하나님의 계시를 포함하고 있다면, 그렇다면 하나님에 관해 정확히 말하고자 할 때 오로지 성서 외에 다른 어떤 것도 필요하지 않다는 결론에 이른다. 계시의 원천이라고 제시되는 그 외의 모든 것을 루터는 그 때문에 거부해야만 했다. 이러한 것들은 즉 구두로 사도들에 의해 전해졌다는 사도적 전승(die apostolische Tradition), 성서 외에 교회가 보관하고 있는 가르침, 거기에다 교회의 전통(die kirchliche Tradition), 즉 교부들의 말, 공의회의 결정, 교황의 교령 등이다. 하나님께로부터 나왔다고 간주할 수 없는 모든 것은 인간의 계명이다(마 15:9, 고전 2:5). 루터가 이것들을 그렇게 생각하는 순간, 그러한 자료들은 하나님을 비방하는 것이 되고 말았다. 왜냐하면 하나님에 관해서 알 수 있고 그리고 하나님 앞에서 중요한 것을 주장하고자 하는 것은 그에게는 하나님의 권위에 대한 공격이었고, 그 자체가 곧 하나님 모독이었다.

이것으로 루터의 오직 성서(sola scriptura), 즉 성서만이 하나님을 알 수 있는 근원이라는 그 기본 경향이 더욱 분명해지고 있다. 인간적인 사색에 토대를 둔 하나님과의 관계는 루터에 의하면 환상 외에 아무것도 가져오지 못한다. 그는 환상을 원하는 것이 아니라 진리, 곧 하나님 앞에 있는 진리를 원한다. 하나님이 직접 하신 그 자신의 말에 근거할 때만이 그는 진리를 갖게 된다. 이것이 그리스도다. 그러므로 루터에게는 모든 것이 오직 성서에 달려 있다.

6) 성서만이 하나님의 계시를 담고 있다면, 이 세상의 어떤 기관도 성서를 해석할 권한을 자기 것으로 삼을 권한이 없다.[52] 이것은 다른 어떤 낯선 것을 성서보다 더 높은 주인으로 삼는 것을 의미한다. 성서를 바르게 이해하고자 하는 사람은 성서 자체의 내적인 연관성에서 성서를 이해하려고 해야 한다. "성서를 통해서 해석된 성서"(scriptura scripturã interpretata)라는 형식의 말은 오직 성서만이 교회의 가르침의 원천이라는 뜻이다. 이렇게 말하면서 루터는 여러 가지를 발견하고 있다. 우선

(1) 그는 언어학적인 기본 원칙을 발견한다. 이것은 당시 활발히 전개되었던 인문주의에도 낯선 것이다. 즉 성서의 모든 문장은 성서가 지닌 의미의 상호 연관성 속에서 설명되어야 한다는 것이다.

(2) 그 외에도 알레고리적인 해석이 필요 없다는 것이다. 알레고리적 해석은 성서의 모든 낱말을 그 뒤에 숨겨져 있는 신비한 지혜에 대한 상징으로서 이해하는 것이다. 그러나 문자적이며 언어학적인 설명만이 타당하며 적합하다(실제로 루터는 자신의 이러한 해석원리를 아직 수행하지는 않았다). 루터는 그 때문에 성서가 기록된 원래의 역사적 정황을 배제하거나 혹은 그것과 상관없이 성서를 사용하는 것을 강력히 부인한다. 성서해석을 하고자 할 때 역사적 정황을 꼭 주의해야 한다. 이것은 곧 현대의 언어학적인 성서 해석이 그들의 근거를 루터의 신학적 인식에 두고 있음을 의미하는 것이다.

루터가 언어학적인 해석을 벗어나는 것이 한 가지 있다. 그곳에 무엇이 있으며 그것이 역사적인 연관성 속에서 어떻게 해석되어야 하는지에 대한 결정은 다만 본래적 이해를 위한 사전 준비일 뿐이다. 결국 모든 성서 연구에 있어서는 본질적인 사안, 즉 복음의 인식이 중요하다. 모든 해석은 그 때문에 루터에게는 성서적 복음을 있는 그대로 파악하고자 노력할 때 비로소 의미 있는 것이 된다. 그는 죽기 전에 한 가지 예를 들어 이 점을 분명하게 해주었다(1546년 2월 16일). "어느 누구도 부꼬리치스(Bucolicis)에 나오는 버질(Vergil)을 이해할 수 없다. 왜냐하면 그는 5년간 양치는 목자였기 때문이다. 아무도 게오르기치스(Georgicis)에 나오는 버질을 이해할 수 없다. 이유는 5년간 그가

52) Gerhard Ebeling, Evangelische Evangelienauslegung. Eine Untersuchung zu Luthers Hermeneutik, 1942.

농부였기 때문이다. 아무도 그의 서신에서 키케로를 이해할 수 없다. 그것은 그가 25년간 국가에서 활동했기 때문이다. 아무도 성서를 충분히 음미했다고 생각하지 않는다. 왜냐하면 100년간 엘리야와 엘리사 같은 선지자, 세례 요한, 그리스도 그리고 사도들이 공동체를 다스렸기 때문이다. 우리는 거지다. 이것은 참이다."[53]

이러한 해석의 원칙을 준수하는 사람만이, 루터에 의하면, 성서에 하나님의 말씀이라는 성격을 부여하는 것이다. 이 점을 무시하는 사람은 곧 다시 환상주의의 위험에 빠진다. 이것은 동시에 평신도도 역시 성서해석을 하기에 적합하며 자격이 있다는 결론을 가져왔다. 물론 루터는 "성령의 검"(Schwert des Heiligen Geistes)인 언어에 대한 지식을 상당히 높이 평가해서 이것이 학자들에게 의심할 수 없는 특권을 주는 것이긴 하나, 학자가 그 문제를 잘 알지 못하는 한, 평신도는 성령 충만한 나머지 성서를 바로 이해하는 데 있어서 학자보다 더 좋은 전제들을 가지고 있음을 인정했다.

7) 가톨릭교회에 있어서 성서는 다만 교회의 가르침의 근원이다(물론 다른 큰 것들과 더불어). 성서 밖에 있는 하나의 커다란 권위인 교회가 그들의 해석을 결정하는 것처럼, 교회가 성서와 다른 원전에서 보편적으로 적용되는 교리로서 무엇을 받아들일 것인지를 결정한다. 성서의 척도는 교회이며, 결국은 교황이다. 루터는 이 점에 반대하여 성서의 본질을 지키려 힘을 기울였다. 그에 의하면 무엇이 중심적 교리인지는 성서 혼자서 결정한다. 성서는 그에게 교회 교리의 척도이자 근원이다. 오직 성서(sola scriptura)만이 바로 그 점에서 최종적인 구속력을 얻게 된다.

2. 루터의 신관

하나님 인식은 단지 그리스도 안에서 그리고 그리스도를 통해서만 가능하다는 것은 이미 명백한 것이 되었다. 내용적으로 볼 때 루터의 신론에 있어서 우선 하나님에 대한 두 가지 진술이 독특하다.

1) 하나님은 그의 본질에 의하면, 살아있는 의지(lebendiger Wille)이다. 중단 없는 활동, 끝이 없는 행위, 지칠 줄 모르는 창조력, 이것이 하나님을 나타낸다. 하나님의 창조 행위는 영원까지 계속된다. 고요한 하나님의 뜻을 루

53) WA 48,241.

터는 결코 생각할 수 없다. 만일 그가 쉬고 있다면 그는 더 이상 하나님이 아닐 것이다.

2) 하나님의 뜻이 가장 중요하고 하나님의 개념은 전능의 사상을 내포하고 있기에, 이러한 뜻이 역사하는 데에는 제한도 없고 경계도 없다. 그가 창조했을 뿐만 아니라, 전능하신 손으로 보존하시고 이끄신다는 것만 생각할 수 있다. 크건 혹은 작건, 존재하는 모든 것은 전능하시며 제어할 수 없는 하나님의 뜻 아래 있다. 하나님의 전능과 편재의 개념은 하나님의 단독적 행위(Alleinwirksamkeit)로 확대된다. 존재하고 발생하는 모든 것은 하나님이 그것을 계획했고, 원하는 그대로 존재하고 일어나는 것이다. 하나님을 장안에 가두어두는 사람은 하나님의 영광과 이름을 탈취하는 자다. 루터가 강조하듯이, 그것은 가장 큰 신성모독죄를 범하는 것이다.

하나님에 관한 이러한 중요한 언급들은 불가피하게 많은 다른 결과들을 가져왔다.

1) 하나님의 단독적 행위에서 인간의지가 부자유하다는 결론이 나온다. 이에 대한 강조는 여기서 아주 중요하다. 왜냐하면 사람들이 비판하는 노예의지에 대한 그의 가르침이 무엇보다도 인간을 비관적으로 관찰하여 나온 결론이 아님이 분명해지기 때문이다. 특히 1525에 쓴 그의 저서 『노예의지론』(De servo arbitrio)이 보여주듯이, 그것은 먼저 루터의 하나님 개념에서 나온 결과다. "이것을 이해하지 못하는 사람은 그리스도인이라고 말할 수 없다." 이 말은 이 사상에 대한 루터의 생각이 어떤 것인지를 보여주고 있다. 노예의지에 대한 가르침은 그 때문에 루터의 원교훈(Urlehren)에 속하는 것이다.

한 가지 측면을 특별히 더 강조해야만 한다. 인간이 구원을 얻고자 어떤 긍정적인 것도 기여할 수 없다는 것은 위에서 이미 분명하게 언급했다. 그러나 어떤 부정적인 것도 그는 전혀 할 수 없다. 하나님의 은총 앞에서 그는 자신의 마음도 닫을 수 없다. 다른 말로 표현한다면, 그는 하나님을 향해 전혀 마음을 완고하게 할 수 없다. 이것은 개신교 진영에서 항상 간과되고 있다. 하나님이 인간에게 자신의 뜻을 향하실 때 그것은 인간을 감동시키는 전능하신 뜻이지만, 이에 비하여 인간의 뜻은 아무것도 아니다. 하나님은 인간을 그 자신과 만날 수 있도록 이끌어 온다. 곧 하나님은 원치 않는 의지(ex nolentibus volentes)로 그것을 행하는 것이다. 루터는 확신을 가지고 힘주어 은총에 저항할 수 없음을 가르친다. 하나님의 손에 붙들린 인간은 옹기장이 손에 있는 진흙처럼 무능하고 저항할 수 없다. "우리가 배우는 것은 우리가 직접 만든 것도 아니며 영향을 준 것도 아니고, 하나님이 우리에게 역사하여 우리가 창조되었다는 것이다. 그러므로 우리는 만들어진 자요, 만든 자가 아니다."[54] 자유에 대해서는 전혀 언급할 여지가 없다.

2) 만일 모든 것이 하나님에 의해 이루어졌고, 일어났다면, 죄와 이 세상에서의 악의 문제가 불가피하게 곧 떠오른다. 앞에서 언급한 전제들이 타당하다면, 그렇다면 세상에 있는 악 역시 하나님이 만들었음에 틀림없다. 그가 악을 징계하시며 벌하신다면, 이것은 일으킨 자인 자신을 벌하시는 것이 아닌가? 그러나 이것이 옳은가, 이러한 논리가 정말로 타당성이 있는가? 하고 루터는 자신에게 묻고 있다. 그는 우선 자신의 출발 논지인 하나님의 독자적 활동에서 결론을 이끌고자 시도한다.

(1) 하나님이 자신에 대한 안목을 갖도록 하기 위해 사람들을 직접 죄에 빠지도록 허락했음을 루터는 알고 있다. 마귀 역시 하나님의 통치 아래 있으며, 하나님이 알고 있는 것을 행해야만 한다고 루터가 말했다면, 이것은 같은 경험에 대한 또 다른 표현형식이다.[55]

(2) 루터는 하나님의 편재사상을 대단히 중요하게 생각하고 있으며, 그 결과 지옥과 악에도 현존한다고 본다. "그(하나님)는 어디에나, 죽음에도, 지옥에도, 적의 한가운데에도, 물론 그들의 마음속에도 현존하신다. 왜냐하면 그는 모든 것을 지으셨고, 자신이 원하는 것을 해야만 하는 모든 것을 다스리시기 때문이다."[56]

(3) 그러나 루터는, 본인이 물론 그렇게 보았다고 할지라고, 하나님 자신이 악을 지은 자라는 결론을 감히 내리고자 하지는 않았다. 루터는 "영향을 주다"(wirken)와 "야기시키다"(verursachen)를 구분한다. 하나님은 악에 영향을 주기는 하나, 악을 일으키는 분은 아니다. 악의 조성자는 악한 자다. 루터

54) WA 5, 544,20f.: Fieri nos docemur, non facere et non nos operamur sed deus nos operatur, facturae non factores sumus.
55) Hermanus Obendiek, Der Teufel bei Martin Luther, 1931.
56) WA 19,219,31ff.

의 비교는 그가 이것으로 뜻하고자 하는 것이 무엇인지를 분명하게 해준다. 사과나무를 심는 자는 사과가 자라도록 영향을 준다. 그러나 이 사과가 좋을지 혹은 나쁠지는 나무의 성향에 달려 있는 것이며, 심는 자에게 있지 않다. 마찬가지로 하나님은 악이 활동하도록 허용한다. 그러나 그 행위가 나쁘게 되는 것은 악인에게 이유가 있지, 하나님에게 있는 것이 아니다. 이것으로 루터는 하나님이 죄를 만든 자가 아님을 논증하고 있다. 그렇지만 이러한 개념이 완벽한 해답은 될 수 없다. 가끔 루터가 주는 답변은 이보다 더 크다. 즉 그것은 너무나 난해한 문제이기에 결코 답변될 수 없다는 것이다. 세상에 있는 악의 문제는 하나님의 비밀이다.

3) 마지막 결론을 택해야 하는 이러한 두려움 배후에는 하나님의 거룩성 사상만이 있는 것은 아니다. 인간의 책임성 문제가 동시에 루터를 가로막는다. 하나님이 어떻게 자신이 직접 영향을 준 악을 벌할 수 있는가 하는 문제가 이미 시작된다. 루터는 이에 비하여 인간의 완전한 독자적 책임을 강조했다. 이것은 조금도 의심의 여지가 없다. 다만 그에 대한 심리학적인 근거가 아닌 신학적 근거를 갖고 있는지가 의심스러울 뿐이다. 심리학적으로 볼 때 인간이 선택의 자유를 가졌다는 것은 부인할 수 없는 사실이다. 즉 악한 행동을 하기에 앞서 인간은 그대로 결행할 것인가(ja), 아니면 그만둘 것인가(nein)의 싸움을 겪는다. 경고하기도 하고 심판하기도 하는 양심의 목소리가 모든 사람에게 있다. 그렇다면 이것으로 인간의 죄책은 이미 객관적으로 주어진 것인가? 루터는 어쨌든 이와 동일한 생각을 했다. 이것은 곧 루터가 하나님의 독자적 활동과 인간의 자율적 책임 사이에 하나의 참된 모순이 있음을 가르치고 있음을 의미한다. 모순의 개념을 루터 역시 알고 있다. 논리적으로 상반된 결론을 내릴 수 있는 두 문장이 참이며 동시에 현안과도 일치한다는 이러한 모순을 좀 더 완전히 해결하기 위해 다시 제시해야만 한다. 죄와 인간을 생각할 때 루터는 그의 죄성을 확신한다. 즉 인간은 확실히 타락했다. 왜냐하면 인간은 자신의 행위 가운데서 가치 있는 것만을 수용하기 때문이다. 논리적인 사고결과에 따르면, 모든 인간적인 행위에서 하나님의 독자적 활동은 완전히 배제된다. 그렇지만 이와는 반대로 루터가 하나님의 개념과 그의 구원의 역사를 생각한다면, 그는 전적인 하나님의 독자적 행위와 절대적인 인간의 수동성을 확인하고 있음에 틀림없다. 이러한 생각은 논리적으로 인간의 책임감을 배제하는 것이다.

그렇지만 루터는 이러한 논리적인 모순에도 불구하고 두 가지, 즉 인간 스스로의 책임감과 하나님의 독자적 활동을 다 주장한다. 어쨌든 이 같은 서술은 그의 소견의 사실성을 더욱 빛나게 했다. 하나님과 더불어 사는 사람은 실제로 이러한 상황에 직면해 있다. 그는 영혼의 가장 깊은 곳에서 죄인임을 알고, 하나님과의 삶이 깊어질수록 이것이 그 자신의 책임이라는 느낌을 더욱 선명하게 갖는다. 믿음이 이루어놓은 성취를 바라본다면, 여기에는 티끌만큼도 그 자신의 행위가 없음을 절대적으로 확고히 알게 된다. 모든 것이 이해할 수 없는 신적인 은총의 선물이다. 죄 인식은 이미 그 안에서 행하시는 하나님의 사역이다. 하나님은 인간에게 너무나 강력한 존재여서 그가 전능하다는 생각은 논리적으로 이끌어낸 결론일 뿐만 아니라, 강력한 힘으로 떠오른 것이다. 하나님의 전능과 인간의 죄 사이의 이율배반이 사실적인 문제를 놀라운 방식으로 설명하고 있다. 이것은 그렇지만 모순이란 문제를 철저히 숙고할 때만이 나오는 것이며, 성취 자체에는 포함되어 있지 않다는 것을 의미한다.

그러나 그 같은 모순된 사고만이 성서의 모든 내용을 찬양할 수 있다. 바울에게서 이와 관련된 날카로운 표현을 찾을 수 있고, 공관복음과 요한복음에도 이러한 모순된 이중적 진술이 있다.

모순이라는 개념에는 논리적인 해결 시도가 포기되어야 한다고 언급되고 있다. 진리를 입증하는 데 있어서 이러한 비합리성은 루터에게는 상반성보다도 오히려 더 나은 것이었다. 많은 것들이 모호하다는 것은 루터에게는 오히려 하나님의 위엄에 속한 것이다. 우리 인간이 완전히 사고할 수 있는 하나님은 더 이상 하나님이 아닌 것 같다. 왜냐하면 우리가 그를 장악하고 있기 때문이다. 동시에 루터는 하나님으로부터 볼 때 모든 것이 명백하다고 확신한다. 어떤 문제도 이곳 지상에서는 우리 인간에게 모순되게 보일 수밖에 없다. 그러므로 루터는 그 역시 찬란한 영광 속에서 언젠가는 알게 될 것이라는 희망으로 산다.

4) 또 다른 측면에서 루터는 동일한 어려움에 직면했다. 하나님의 전능에 대한 생각을 너무 진지하게 수용해서 그것을 하나님의 단독행위(Alleinwirksamkeit Gottes)로 확대시킬 때, 왜 하나님이 자신의 은총을 받도록 모든 사람을 준비시키지 않는가 하는 문제가 제기될 것임에 틀림없다. 바울은 이미 만인화해론(Allversöhnungslehre)을 시사했고, 오리겐은 그것을 완

전히 완성했다. 그렇지만 루터는 그것을 거부했다. 또 다시 책임성에 대한 생각이 그로 하여금 하나님의 심판을 주장하도록 강요했다. 마지막 심판을 알고, 하나님의 단독행위를 가르쳐야 하는 사람에게는 예정론(Prädestination)만이 유일한 출구다. 오래전에 하나님은 특정한 사람들을 심판에서 구원하기로 결정했다. 루터가 예정론자처럼 가르쳤다는 것은 의문의 여지가 없다. 그러나 이 점 역시 그에게 어려움을 안겨주었다. 루터에게 항상 최종의 권위였던 성서를 보아도 하나님은 모든 사람의 구원을 원하신다고 쓰여 있기 때문이다. 루터 자신은 이러한 말씀에 근거하여 그리스도를 통한 구원의 보편성을 항상 강조했다. 그렇다면 예정은 무엇인가? 단지 일부만 구원을 받는가? 그것은 지나친 혹독함, 곧 하나님의 불의가 아닌가? 이러한 상황에서 루터는 앞에서 언급했던 이율배반(Antinomie)이 하나님 안에 잘못 놓였다거나 혹은 인간만이 가지고 있는 하나님의 형상에 잘못 놓이게 되었다고 답변한다. 그는 숨어 계신 하나님(Deus absconditus, 사 45:15)과 계시된 하나님(Deus revelatus)을 구분한다.

숨어계신 하나님은 높이 경배해야 할 신적인 위엄의 비밀(secretum longe reverendissimum maiestatis divinae)을 가지고 있다. 그는 숨어 계시고자 한다. 어느 누구도 그를 파악해내고자 무모한 시도를 해서는 안 된다. 어떻게 그가 단호한 태도로 죄, 죽음, 그리고 마귀를 통치하며, 심지어 인간의 영원한 저주를 말할 수 있는가 하는 비밀 역시 이러한 숨어 계신 하나님과 연관되어 있다.

이러한 하나님은 의도적으로 숨어 계신 하나님이라고 일컬어진다. 이것은 그가 인간과 아무런 상관이 없음을 의미한다. 인간은 오직 계시된 하나님 또는 선포되고, 계시되고, 제의적으로 경배 받는 하나님의 의지(voluntas dei praedicata, revelata, culta), 성육하신 하나님(Deus incarnatus), 그리스도, 게다가 십자가에 달리신 그리스도(Christus crucifixus) 안에서 우리에게 주어진 타당성만을 가지고 있다. 그리스도 안에서 그 자신을 계시한 하나님은 죄인의 죽음이 아닌 삶을 원하신다. 하나님을 이해하는 데 있어서 완전히 새로운 루터의 통찰은 바로 여기서 나온 결과다. 하나님은 결코 잠잠하신 의지가 아니다. "의지"(Wille)는 중성적인 개념이다. 그 때문에 그 의지가 어떤 종류인지에 관해서는 아무것도 말하지 않는다. 루터는 그리스도에게서 그 답을 찾아내어 이러한 의지의 종류를 사랑이라고 쓰고 있다. 그의 본질을 이루는 이러한 하나님의 사랑은 창조의 기본 동인(Grundursache)이다. 그도 그럴 것이 이에 대한 가장 설득력 있는 이유는 하나님이 그 자신 외에도 생명을 만들었고, 그에게 자신의 일부를 주었다는 사실이다. 그러므로 전적으로 모든 것을 선물하는 자요, 이유 없이 그러면서도 한없이 깊이 사랑하는 자인 하나님을 루터는 복음과 그리스도 안에서 알게 되었다. 모든 것, 즉 하늘과 땅에 있는 모든 존재가 이제 이러한 하나님에 대해 그에게 설교하고 증언하고 있다.

루터가 한편으로는 하나님의 사랑을 높이 찬양하지만 동시에 전례가 없을 정도로 진지하게 하나님의 진노에 대해 증언했고 그것을 설교했다는 사실에 이의를 제기할 수도 있다. 어떻게 이러한 진노가 그의 사랑과 조화되는가? 여기서 두 가지 점을 주목해야 한다.

(1) 루터는 하나님의 진노가 감당 못할 정도로 그 자신을 누르고 있다고 느꼈으며, 그 결과 지옥 한가운데에 머물고 있는 것처럼 진지하게 언급했다. 하나님의 진노에 대한 이러한 그의 이해는 루터의 전체사상과 고립되어 있지 않다. 그것은 내용적으로 하나님의 거룩성에 대한 그의 이해와 완전히 일치한다. 하나님은 거룩한 분으로서 죄인에게 진노해야만 한다. 루터는 하나님의 진노에 대한 사상을 하나님의 사랑에 대한 생각 속에 파묻어버릴 수는 없었다. 죄에 대한 심판인 하나님의 진노는 하나의 현실이다. 그러나 다른 한편, 루터에 따르면 모든 악에 영향을 주는 하나님의 진노가 피조물 모두를 심판에 멸망하도록 인도하지는 않는다. 그렇게 될 경우, 세상 창조는 아무런 의미가 없을 것이다. 루터는 하나님의 진노와 사랑이 일으키는 긴장 너머에서 하나의 조화를 찾아야만 했다. 그는 이사야 28장 21절의 말씀에서 그것을 찾았다. 이 말씀에서 그는 하나님의 진노와 사랑은 같은 차원에 있지 않음을 인식했다. 사랑은 하나님의 본래적인 일(proprium opus Dei)이다. 그러나 이러한 사랑은 낯선 일(opus alienum), 즉 진노 뒤에 숨겨져 있다. 하나님의 진노는 단지 그렇게 보이는 것이 아니다. 하나님은 실제로 진노하신다. 그러나 그것은 사실 사랑의 진노다. 왜냐하면 하나님의 진노가 사람들을 엄습하여 인간 안에 있는 죄를 깨닫게 하고, 양심의 법정을 통과하도록 하여 그 자신에게로 인도하기 때문이다. 목적지에 도달한 사람은 진노가 죄인을 찾으시는 하나님의 사랑의 표현이었음을 비로소 확실히 느낀다. 객관적으로 볼 때 진노와 사랑의 조화는

이미 이전에 있었다.

하나님의 진노와 사랑, 하나님의 '낯선 일'과 '본래적 일'의 조화는 그의 사랑이 얼마나 깊은가를 뜻하는 것이다. 하나님은 단순히 좋은 분이 아니다. 그를 좀 더 깊이 체험하면 그의 사랑은 부성애라는 말 속에 포함된 아버지의 열심을 담고 있음을 알 수 있다. 교육적인 쓴맛은 루터에 의하면 하나님 사랑의 특징이다. 이 사랑은 험난한 고통에서도 가장 사랑하는 사람을 찾으시는 사랑이다.

그리스도의 모습에서 더 풍부하게 되는 이러한 신론은 하나님의 행위에 관한 루터의 가장 중요한 진술이다. 정반대의 방식으로 하나님은 일하신다(Sub contrario agit Deus). 밖으로 드러난 현상을 보면, 본래 그가 하고자 한 것과는 정반대로 하나님은 일하신다. 그분은 높아지고자 할 때 낮아지고, 살고자 할 때 죽이며, 하늘에 오르고자 할 때 지옥으로 인도한다(삼상 2:6f).

(2) 루터는 그러나 그가 하나님의 분노에 대해 말했을 때, 긍휼의 분노와 함께 엄격함의 진노도 있음을 주장했다. 이 엄격함은 벌하고 파멸시키는 진노다. 예정론과 하나님의 거룩성에 대한 사상이 이것을 말해준다. 인간의 책임성에 대한 사상 역시 이것을 긍정하고 있다. 즉 하나님은 모든 사람을 다 구원하지는 않는다는 것이다. 이러한 확신이 지속적으로 루터의 하나님 개념에 영향을 주었다. 하나님은 계시하시는 그의 사랑에도 불구하고 동시에 지옥으로 파멸시킬 수 있는 권세를 가진 분이다. 여기서 숨어 계신 하나님과 계시된 하나님 사이에 존재하는 긴장은 사라지지 않는다. 그렇지만 긍휼의 분노와 하나님의 사랑과 관련하여 루터가 이루어낸 상호조화는 숨어 계신 하나님과 계시된 하나님에 대한 개념 세계에 영향을 주었다. 예정하시는 하나님의 뜻이 우리가 이해할 수 없는 비밀을 간직하고 있고, 하나님이 그로 인해 불의하다는 책임을 뒤집어 쓸 수 있음을 수긍한다고 할지라고 루터는 하나님 안에서는 이러한 긴장이 제거되었음을 의심하지 않는다. 하나님의 행동은 비록 그것이 우리에게 의미 없이 보인다 할지라고 의미 있는 것이다. 우리가 보기에 숨어 계신 하나님과 계시된 하나님, 멸하시는 분노와 구원하시는 사랑 사이에는 모순이 있다. 그러나 신앙은 하나님 안에서 이러한 모순이 의미적절하게 제거되었다고 믿는다. 루터는 더군다나 나중에 이렇게 말하고 있다. "만약 당신이 계시하시는 하나님을 믿고, 그의 말씀을 들으면, 그는 당신에게 숨어 계신 하나

님을 나타내 보이실 것이다."[57]

5) 마지막으로 고통과 세상에 있는 고난의 문제가 하나님의 단독행위 사상과 서로 상반된다. 루터는 모든 세계사를 이끌고 있는 전능한 의지에 대해 어떻게 말하고 있는가? 세계가 겪고 있는 엄청난 재난과 관련해 어떻게 그는 이러한 의지의 본성인 사랑을 설명하고 있는가? 이러한 문제는 오늘날 대부분의 사람들에게 윤리적인 악보다도 훨씬 큰 문제다. 하지만 루터는 그 반대였다. 이것이 실제적인 문제임을 루터도 역시 알고 있었다. 여기서도 물론 답변은 숨어 계신 하나님에 대한 언급이 첫 단어로 나온다. 우리는 오늘날 이 개념에 대해 완벽한 이해를 하고 있지만, 19세기는 깨지지 않는 진보신앙으로 갇혀 있었다.

그렇지만 이 영역에 대한 것은 그 문제에 대한 실마리를 찾는 데 있어서 루터에게 전혀 어려운 것이 아니었다. 그 중요한 의미는 믿는 신자에게도 어느 정도 알려져 있다. 그것은 교육적인 쓴맛을 가진 하나님의 사랑과 깊은 관련이 있다. 하나님의 사랑의 마지막 목적은 인간을 하나님께로 인도하는 데 있다. 루터는 직접적인 경험을 바탕으로 인간이 먼저 자신을 쳐부수지 않는 한 결코 하나님을 찾을 수 없으며, 어떻게 하나님이 그를 발견하게 될지 알고 있다. 사람의 마음이 우상을 의지하고 있는 한, 하나님을 찾을 수 없다. 그러므로 사람이 그에게 이르는 길을 찾기 전에 먼저 사람을 사로잡고 있는 모든 것이 하나님에 의해 파괴되어야 한다. 하나님은 이러한 파괴를 슬픔과 고통의 학교에서 수행하신다. 루터에 의하면 거기서 인간은 그 자신의 힘을 의지하기를 포기한다. 거기서 세상에 있는 유용한 모든 것이 허무함을 알게 되고, 하나님 말씀에 마음을 열게 된다. 이러한 관점에서 루터는 하나님이 무거운 십자가를 사람의 어깨 위에 짐 지울 때 그것이 하나님의 사랑에 대한 가장 큰 증거라고 여겼다. 역으로 하나님이 사람에게 더 이상의 영적 시련을 주지 않을 때, 루터에게 그것은 하나님이 그 사람에게서 손을 떼셨다는 가장 확실한 표지였다. 하나님의 사랑은 사람을 이런 혹독한 학교로 보낼 정도로 깊은 것이다. 십자가 신학(Theologia crucis)은 바로 이런 의미다. 만일 교회가 벌하시고 징계

57) WA 43,460,26ff.: Si credis in deum revelatum et recipis verbum eius, paulatum etiam absconditum deum revelabit.

하시는 하나님의 손길에서 사람들이 찾는 사랑을 보도록 진지하게 가르쳤다면, 교회는 민족이 겪고 있는 고통에 실제적인 도움을 제공했을 것 같다. 믿지 않는 자들은 이것을 이해할 수 없다는 것을 루터는 확실히 언급했다.

6) 루터의 역사관.[58] 역사에 관한 루터의 풍부한 사고는 일어나는 모든 일에 대한 마지막 근거를 묻는 질문에 최종 출발점이 있다. 역사에 대한 그의 사상은 아래에서 위로 오르는 것이 아니라, 다만 뿌리가 하나님사고(Gottesgedanken)에 있을 뿐이다. 여기서도 역시 그는 하나님의 독자적 행동에서 출발한다. "변치 않고, 영원하며 오류가 없는 의지로 그는 모든 것을 예견하고 준비하며 그것을 완성한다."[59] 발생하는 모든 일의 일차적 이유는 "반드시 일어나야만 하는 하나님 자신의 일이라는 것이며, 아무도 그와 함께 할 수 없고, 그가 혼자서 한다는 것이다." 인생들이 그 점에 대하여 불평할 수도 있고, 불신자들은 기분이 상할 수도 있으며, 등을 돌릴 수도 있다. 그렇지만 "그는 하나님이며, 따라서 그의 의지를 잴 수 있는 어떠한 원인도, 근거도 있을 수 없다. 하나님은 그 자체가 만물의 척도이며 그와 동등하거나 그보다 높은 것은 아무 것도 없기 때문이다."[60] 이것은 분명히 역사를 강조한 것이다. 심지어 루터는 다음과 같이 말하고 있다. "그러므로 니느웨도 하나님의 도시라고 부른다. 왜냐하면 하나님께서 그 도시를 키웠고 복을 주셨으며, 그 도시를 염려하시며, 이끄시기 때문이다."[61]

인간이 직접 역사에서 행동하며 활동하고 있고, 게다가 모든 것을 결정하고 있다는 반박할 수 없는 가시적인 사실도 루터에게는 반박논증이 될 수 없다. 그는 – 첫 번째 조항의 설명은 이것을 분명히 밝혀주고 있다 – 드러난 것 배후에 숨겨져 있는 본래 작용하고 있는 힘을 본다. "한니발에게는 위대한 정신과 독특한 열심이 있었고, 알렉산더에게도 큰 재능이 있어서 그들은 그것을 통해 훌륭한 많은 일들을 수행했다. 그렇지만 그들은 꼭두각시 인형과 같

58) Hanns Lilje, Luthers Geschichtsanschauung, 1932

59) WA 18,615,13f.: Omnia incommutabili et aeterna infallibilique voluntate et praevidet et proponit et facit.

60) WA 18,712,32ff.: Deus est, cuius voluntatis nulla est causa nec ratio, quae illi ceu regula et mensura praescribatur, cum nihil sit illi aequale aut superius, sed ipsa est regula omnium.

61) WA 42,507,8f.: Ninive igitur civitas Dei dicitur (!), quod Deus ei incrementa et benedictionem suam dedit, et curat ac gubernat eam.

은 것이다. 안타깝게도 우리는 그것만을 본다. (그러나) 신의 조종이 있다. 그것을 통해서 나라가 세워지기도 하고, 허물어지기도 한다. 우리는 (그것을) 보지 못한다."[62] 우리가 그것을 보지 못한다고 해도 신적인 조종은 항상 거기에 있기에 우리는 인간은 단지 인형이나 가면일 뿐이며, 그 배후에는 일차적인 하나님의 행동이 숨어 있음을 믿는다. 그는 "왕, 선제후, 영주 그리고 판사에게 세상을 다스리며, 평화를 지키고 악을 벌하라고 말한다. 그러나 그 자신이 직접 이 일을 하고자 하지 않으며, 검을 주며 '악을 징계하고, 경건한 자를 보호하며, 평화를 유지하라' 고 말한다. 그는 우리를 통해 일하시며, 우리는 그의 가면이다. 우리 그리스도인들이 잘 알듯이, 그는 그 가면 아래 숨어 계시며, 모든 일에 영향을 주고 있다. 그와 마찬가지로 영적인 정부에서는 그리스도인들이 직접 모든 것을 행하고, 가르치며, 위로하고, 징계한다. 사도들은 말씀, 직임 그리고 외적으로 수행해야 하는 봉사가 있다. 그러므로 그는 이 둘 즉, 세상과 그 속에 있는 모든 것을 통치해야 할 육적인 정부와 영적인 정부를 위해 우리 사람들을 필요로 한다."[63] "영적인 사람은 가면과 하나님을 구분하듯이 드러난 현상과 말씀을 구분한다. 그 때문에 하나님의 모든 창조는 가면이다. 신성과 가면을 구분할 수 있는 것은 우리(그리스도인들)의 지혜다. 세상은 이것을 구분하지 못한다.[64]

역사의 진행이 어떤 국면이든지 하나님의 독자적인 일이라는 이러한 진술은 루터의 역사관의 일면만을 본 것이다. 여기서도 역시 신 주도적인 역사에 대립하여 책임 있는 인간의 독자적 행위를 말하는 이율배반적인 사상(der antinomische Gedanke)이 중요하다. 여기서 루터는 역사에 "구경꾼의 태도"(Zuschauerhaltung)란 없다는 중요한 통찰을 얻었다. 하나님은 우리가 활동하기를 원하며, 이것이 곧 그의 창조의 의미다. 우리가 한 행동에 대해서 우리는 책임이 있다. 정치적인 위반 역시 그 자체가 역사적 의미를 가지고 있으며, 때

62) WA 42,507,16f.: In Annibale magnus animus et singularis industria est – In Alexandro sunt maiora dona, quibus instructus foeliciter gerit omnia ... Sed istae quasi larvae sunt, quas solas videmus: Gubernationem divinam, qua aut stabiliuntur imperia, aut evertuntur, non videmus.

63) WA 23,8,33ff.

64) WA 40 I,174,1ff.: ...spiritualis persona ...discernit faciem a Verbo quam larvam ab ipso deo ... Ideo universa creatura eius larva est. Ideo scientia nostra, ut discernamus a larva, hoc non facit mundus.

문에 우리는 그 일 역시 책임을 져야 한다. 중도(Neutralität)가 지배하는 "중간영역"(medium regnum)은 없다.

루터는 바로 이 점에서 의와 불의가 뒤섞여 있는 수수께끼 같은 역사의 현실에 대한 통찰을 얻었다. 그 안에는 이미 세상의 악이 소용돌이치고 있다. 이것과 연관하여 마귀에 대해 언급해야만 할 정도로 이것은 그에게 중요한 것이다. 루터는 여기서 마귀를 하나님의 적극적인 대적자로 보며, 그의 나라는 하나님의 나라와 모순관계에 있다고 본다. 이러한 분열은 루터에 의하면 역사의 본질에 속한다. 하나님이 직접 통치하신다면, 역사는 더 이상 없을 것이며, 천국은 이미 그곳에 있다.

역사에서 하나님의 독자적 활동과 마귀 및 인간의 영향 사이의 모순은 물론 이 땅에 있는 우리가 보기에는 풀 수 없는 난제다. 그러나 루터는 바로 그 점에서 두 가지 중요한 통찰을 하고 있다.

(1) 첫째는 역사 안에 하나님의 숨어 계심에 대한 사상이다. 그것은 하나님의 자기은폐다. 인간은 하나님의 가면이자, 하나님의 "가장무도회"며, 그 뒤에 하나님은 숨어 계신다. 조종키를 잡은 자는 혼자 결정하는 것이지만, 그러나 그는 자신이 혼자 조종을 한다는 것을 결코 보여주지 않는다. 하나님의 이러한 은폐는 특별히 구원사와 또한 우리가 곧 상세히 관찰해야만 할 그리스도에게도 해당한다.

(2) 루터는 하나님이 이러한 은폐의 수단을 사용하는 것은 실제로 자율적인 역사적 삶이 가능케 하기 위한 것이며, 게다가 인간을 벌주기 위함이라고 말한다. 하나님이 직접 그리고 드러내놓고 역사 속에서 활동을 전개하면, 인간은 아무것도 행하지 않은 채 모든 것을 하나님께 내맡길 것이다.

하나님의 독자적 활동과 더 나아가 인간과 마귀의 독자적 활동 사이에 생기는 이율배반적인 대립이 갖는 의미는 단지 하나님만이 알고 있으며, 신앙인들이 생각하기에 이러한 이율배반적인 대립이 역사를 구성하고 있다. 그것이 하나의 뜻을 가지고 있음을 루터는 다시금 주장하며, 상세히 그것을 설명하고자 시도한다. 하나님이 언젠가는 역사를 종결지을 것임을 그 역시 확신하고 있다. 내가 만약 루터를 바르게 이해하고 있다면, 이러한 종말을 혁명적인 종결로 이해해서는 안 된다. 모든 것을 하나님이 역사하고 있기 때문에, 모든 것 또한 혁명적인 사상을 반박하는 "하나님께로 직결"(direkt zu Gott)된다(Ranke).

3. 루터의 그리스도론 루터의 그리스도론은 오늘날 루터 신학 중 가장 논의가 많은 부분이다. 대부분의 학자들은 루터 신학을 그리스도 중심적으로 서술하는 데 익숙해 있다. 이에 반하여 칼 홀은 신중심적으로 루터 신학을 서술했으나, 엄청난 반박을 감수해야만 했다. 그러므로 첫 번째 질문은 바로 이것이다. 루터에 의하면 그리스도는 어떤 의미를 가지고 있는가? 이것은 두 번째 질문과도 밀접한 연관을 가지고 있다. 즉 그리스도의 인격과 그의 사역에 대해서 루터는 어떻게 생각하고 있는가? 이러한 문제를 해결하고자 많은 시도가 있어왔다.

1) 루터는 그리스도의 인격에 관하여 매우 단순하게 가르쳤다. 그는 451년 칼케톤에서 이루어진 고대 기독론 교리 중 두 본성론(혹은 양성론, Zweinaturenlehre)을 기꺼이 수용했다. 문제는 다만 어떤 생각에서 그가 그것을 동의했는가 하는 것이다. 이렇게 질문한다면, 다음과 같은 점이 분명해진다.

(1) 루터의 본래 관심은 그리스도의 인성에 있었다. 왜냐하면 그것은 하나님 아버지의 계시이기 때문이다. 하나님이 인간에게 직접 나타나기에는 그의 위엄은 너무나 크고, 인간의 이해 능력은 너무 작다. 그 때문에 그는 인간의 감각적인 조건에 자신을 조화시켜서 인간의 모습으로 나타났다. 그렇지만 인간 예수 안에는 온전한 신성이 살고 있다. "영원한 빛이 그 안에 임한다." 이 사람의 모습에서, 십자가의 길에 대한 그의 순종에서 그리고 그의 자비하신 사랑에서 – 이 사랑에 대한 가장 큰 증거는 십자가다 – 사람을 대하는 하나님의 방법이 분명해지고, 하나님이 주신 사랑이 분명히 인식되고 있다. 그리스도의 고난과 행동에서 우리는 확실히 "정반대의 방식으로 행하시는"(sub contrario agit) 하나님의 뜻을 직접 알게 된다. 그러므로 인간 예수는 하나님의 계시다. "더 나아가서 당신은 이 사람 외에 어떤 다른 신을 알아서는 안 되며, 그의 인성에 의지해야 한다."[65] 이러한 하나님의 계시는 그러나 동시에 하나의 은폐이기도 하다. "그 안에 있는 하나님"(Gott in ihm)은 모든 사람에게 분명하게 인식되지 않는다. 게다가 대부분의 사람들은 그를 외면한다. 그가 하나님이라는 것, 그리스도는 하나님의 뜻과 하나님의 사랑을 전할뿐만 아

65) WA 40 I,77,1f.: Prorsus nullum deum scito extra istum hominem et haere in ista humanitate.

니라, 그 자신이 직접 일들을 수행하고, 그것을 통해서 자신이 하나님임을 입증한다는 사실은 오직 신앙만이 인식할 수 있다. 사도들이 설교를 통해서 하듯이 그리스도는 평화를 가져오는 것이 아니라, 그는 그 자신을 선물함으로써 평화를 가져온다. 아버지는 선물하시고, 죄 용서와 평화를 이룩한다. 그리스도도 동일한 것을 선물한다. 특별히 은총과 죄 용서, 새로운 삶, 칭의, 죄와 마귀로부터의 자유를 선물한다. 이 모든 것들은 피조물에게는 가능치 않으며, 오직 유일한 위엄을 가진 자만이 가능하다. 이 모든 것이 가장 높은 위엄의 영광인 창조의 여신(Schöpferin)에 속한 것이다.[66] 그러므로 이 모든 것을 행하는 그리스도는 하나님 자신임이 틀림없다. 다른 말로 표현하자면, 그리스도는 하나님 나라에 들어가는 문을 열 수 있는 힘을 가지고 있다. 그는 오늘날도 이러한 위임을 수행하신다. 그 때문에 루터는 사람인 그를 하나님이라고 인식했다.

루터가 무엇 때문에 고대교회의 교리형식을 준수했는지가 이것으로 분명해지고 있다. 그는 정말로 인간 예수 그리스도를 하나님으로 인정했다. 그의 기독론 이해는 초기의 기독론 이해와 완전히 일치하고 있다. 고대교회의 두 그룹, 즉 동방과 서방에 있어서 그리스도의 본성의 상호 관계는 가장 중요한 신학적 사항이었다. 서방에서도 역시 마찬가지였다. 안셀무스의 "왜 하나님이 사람이 되었는가"(Cur deus homo)는 이 사실을 매우 분명하게 보여주고 있다. 루터에게도 인격의 일치는 중요했다. 그리스도가 신성을 가졌다는 사실은 우리에게도 중요하다. 하지만 그의 도덕적인 행동, 그의 순종, 그의 사랑, 그의 역사도 중요한 것이다. 그러므로 루터는 고대교회의 교리가 이중 본성과 더불어 인격의 통일을 가르쳤기 때문에 수용할 수 있었다.

인격의 통일에 얼마나 강하게 루터가 집착했는지는 이중 본성에도 불구하고 이러한 통일을 신학적으로 파악하고자 심혈을 기울인 그의 노력이 보여주고 있고, 그것이 결국은 속성의 교류(communicatio idiomatum)라는 고대교회의 교리를 수용하게 했다. 이 말은 이디오마타(idiomata) 즉 예수 그리스도의 속성인 인성은 신성과 동일하고, 그 역도 성립한다는 것이다. 그것은 원칙적으로 그리스도에 관해 말할 수 있는 모든 것은 하나의 인격으로 말할 수 있

66) WA 40 I,81,14ff.

다는 시도다. 본질과 인격의 구분에 대한 내적인 극복은 바로 그 점에 본질이 있다.

그리스도는 그러므로 인성을 지니신 하나님이다. 다른 한편 루터는 그리스도는 하나님이 그 자신을 사람에게 주신 선물이라고 확신한다. 그리스도를 통해 일어난 모든 것은 하나님 자신의 만 가지 행위에 의해서 일어난 것이다. 십자가 죽음 역시 하나님의 행동이다. 이 점에서 루터는 그리스도를 하나님 아래 있는 것과 같은 방식으로 보았음에 틀림없으며, 바로 이 점을 칼 홀은 강조했다. 이러한 사실은 그리스도는 사람들을 결코 자신에게 인도하지 않고, 항상 아버지에게 인도했다는 표현에서 가장 잘 볼 수 있다. 그는 자신의 뜻을 행하지 않고, 아버지의 뜻을 행한다. 무엇보다도 그는 자신의 일을 그만두고, 영혼에 대한 통치를 아버지에게 넘겨드리며, 이렇게 함으로 그는 곧 온 세상 안에 있는 그의 전부가 된다.

(2) 그렇지만 다른 한편 그리스도는 직접 하나님 자신에게 참여한다. 그가 행하는 것을 하나님은 행하시는데, 이것은 하나님이 그리스도에게 그것을 행하게 함으로써 이루어지는 것이다. 이것을 루터는 강조했기 때문에 그의 진술은 거의 사벨리안적으로 들리고 있다. 어쨌든 종속을 지나치게 강조해서는 안 된다. 이러한 진술에도 역시 내적인 긴장은 남아 있다.

2) 그리스도의 사역은 세 가지 점에서 중요하다.

(1) 먼저 그것은 우리에게 주신 하나님의 말씀이요, 계시다. 그는 공생애 기간에만 이것을 행한 것이 아니다. 오늘날도 행하고 있다. 왜냐하면 육신이 말씀이 되도록 말씀이 육신이 되었기 때문이다.[67] 이러한 하나님의 말씀으로서 그는 오늘날도 아직 활동하고 계시며, 세상 끝 날까지 머문다.

(2) 이와 함께 그의 죽음 역시 분명하다. 루터는 안셀무스가 대변하는 가톨릭교회의 고전적 이해를 거부했다. 그들에 의하면 그리스도는 자신의 죽음으로 하나님께 끝없는 선을 가져왔고, 하나님은 이것을 그리스도를 믿는 사람들에게 사용한다는 것이다. 그리스스의 죽음과 부활은 루터에 의하면 오히려,

① 하나님이 우리에게 행하고자 하시는 일의 원형(Urbild)이다(라틴어의 도덕적인 본보기에 해당하는 엑셈플름(exemplum)이 아니라 선례(exemplar)다). 그

---

67) WA 1,28,27.: verbum fit caro, ut caro fiat verbum.

리스도처럼 그러므로 우리 역시 고난과 죽음에 우리를 내어 맡기지만, 사망에 남고자 함이 아니라, 그것을 통과하여 영광에 이르고자 함이다.

② 그리스도의 죽음은 하나님이 그에게 부과하고 그가 우리를 위해 짊어진 진정한 형벌이다. 이것은 십자가상의 네 번째 말씀에 분명히 나타나 있다. "나의 하나님, 나의 하나님, 어찌하여 나를 버리셨나이까!" 여기서 루터는 그리스도의 첫 자기고백을 보았고, 자신이 짊어진 죄 때문에 하나님이 그를 버린 가장 깊은 심연이라고 평했다. 그러나 그리스도는 자신에 대한 하나님의 분노를 느꼈을 뿐만 아니라, 동시에 그것을 극복했다. 게다가 그는 하나님께 기도하고 – 십자가상의 네 번째 말씀은 시편 22편에 속한다 – 묵묵히 순종(빌 2장)함으로 그것을 극복하고 있다. 이렇게 하여 하나님의 분노가 진정되고, 우리에게 유익하게 되는 것이다. 그리스도는 그러므로 우리가 얻은 벌을 실제로 담당하셨다. 루터의 후예들에게 이사야 53장의 "그가 징계를 받음으로 우리가 평화를 누리고"가 개신교회 성금요일 설교본문이 되었다는 것은 바로 그 점에서 이해가 된다. 루터 역시 그리스도의 구원 사역을 가르쳤다는 것은 루터 연구에서 이미 합의된 사항이다. 그리스도는 우리를 위해(pro nobis) 성서에 분명하게 우뚝 서 있다.

그리스도가 하나님의 진노를 우리에게 공로가 되도록 이겨냈기에, 그의 죽음은 또한,

① 하나님의 화해(Versöhnung)다. 무엇 때문에 하나님이 화해를 목적으로 – 어떤 의미에서는 하나님의 직접적인 화해라고 할 수 있다 – 이러한 방법을 택하셨는가 하는 질문은 결코 답할 수 없다. 하나님의 분노가 얼마나 큰지 그것이 실제로 보여주었다고만 지적할 수 있다. 율법은 부정적인 의미로만 주어진 것은 아니다. 율법은 하나님의 적극적인 뜻을 내포하고 있다. 율법의 거룩성과 존엄성을 표현하는 것이 모든 형벌의 뜻이다. 그러므로 그리스도의 죽음은 또한,

② 보속(Satisfactio)이다. 그러나 이러한 보속은 하나님께 대한 것이 아니라, 율법에 대한 보속이다.

여기서 제기되는 여타의 문제는 매우 어렵다. 그리스도는 하나님께 속죄했고, 이렇게 함으로 하나님의 분노를 담당했다. 그렇다면 무엇 때문에 우리는 아직도 하나님의 분노 아래 있는가? 그는 이미 분노를 그쳤다. 즉 하나님

은 더 이상 분노치 않는다. 예를 들어, 츠빙글리는 이렇게 주장했다. 그러나 루터는 분노를 오늘에도 여전히 일어나고 있는 현실로 본다. 무엇 때문에? 그는 이러한 문제를 원칙적으로 답변할 수 없었다. 다만 그는 죄의 심각함만을 지적한다. 죄의 목표는 우리 자신이지 그리스도가 아니다. 그러나 원칙적으로 그리스도는 하나님의 분노를 항상 담당하신다. 그 때문에

③ 루터에게 그리스도의 사역은 인간을 죄책으로부터 구원하는 것이다.

(3) 하나님께 정말로 속죄가 되었다는 것은 그리스도의 부활에서 분명히 나타나고 있다. 죽음과 부활은 함께 속한 것이다. 왜냐하면 부활이 없으면, 십자가에서 수행되는 하나님의 분노의 심판은 그의 최후의 말이 될 것이기 때문이다. 부활을 통해 사랑이 가장 중요함이 입증된다. 성취된 하나님의 속죄에 대한 계시만이 아니라, 부활도 우리 인간들에게 중요한 것이다. 인간은 타락 이후 하나님의 분노 아래 있을 뿐만 아니라, 죄를 통해 그를 다스릴 힘을 얻는 마귀, 죽음과 같은 악한 세력의 통제하에 있다. 부활은 이제,

① 사망에게서 그 능력을 취했음을 보여준다. 이것으로 분노의 힘을 극복했다.

② 부활은 루터에 의하면 우리 안에 있는 그리스도(Christus in nobis)를 설명해준다. 그리스도는 하늘에 머물고자 승천한 것이 아니다. 루터의 말과 같이 생명을 얻고자, 부활하고자, 인간의 마음속에 있다. 인간의 마음속에 있다는 이러한 그의 부활의 의미는 죄와의 싸움이다. 죄와의 싸움은 그러므로 점진적으로, 그리고 육체의 죽음으로 완성되고, 승리하는 것이며, 결국 죄는 인간에 대한 그들의 통치력을 상실한다. “우리 안에 있는 그리스도”(Christus in nobis)는 “우리를 위한 그리스도”(Christus pro nobis)와 더불어 루터에게 자명한 것이다. 루터는 부활과 함께 그리스도의 말씀의 성격을 설명하고 있다. 이것은 하나님의 말씀이다. 만일 마음속에 있는 하나님의 말씀이 살아있는 힘이 된다면, 그리스도가 그 안에서 살고, 그 안에서 부활함을 의미하는 것이다.

③ 그리고 마귀 역시 그리스도가 주님이 되는 그곳에서 그의 지배력을 상실한다.

그러므로 그리스도의 업적은 루터가 『소교리문답』 두 번째 조항에서 말하듯이, 이런 점에서 구원, 즉 죄, 죽음 그리고 마귀로부터의 구원이다.

무엇보다도 그리스도는 주인(Christus der Herr)이 되고, 죄, 죽음 그리고

마귀는 인간에 대한 그들의 통치력을 상실한다. 그리스도가 그들의 자리를 대신한다. 여기 주인 됨에는 원칙적으로 그리스도가 인간에 대해 갖고 있는 모든 의미가 다 내포되었다. 즉 그의 통치력의 근거인 "우리를 위한 그리스도"(Christus pro nobis)와 이러한 통치력의 수행인 "우리 안에 있는 그리스도"(Christus in nobis)다. 바로 이 점에서 "우리를 위한 그리스도"와 "우리 안에 있는 그리스도"가 루터에게 어떻게 나뉠 수 없이 함께 쓰이고 있는지가 여기서 다시 한번 분명히 드러나고 있다.

4. 루터의 성령론[68] 루터의 성령론은 그의 기독론과 밀접한 연관관계를 갖고 있다. 그리스도는 단번에, 과거에, 우리에게 구원을 가져다주었다. 성령은 성육신하신 그리스도(Christus incarnatus)와 우리 사이에 있는 시간적 간격에 가교가 되시며, 구원이 우리에게 현재적 사건이 되게 한다. 성령이 없이는 어느 누구도 결코 그리스도와 하나님께 갈 수 없다. 『소교리문답』의 세 번째 조항은 고전적인 형식으로 이것을 설명하고 있다. 이것은 구원이 어떤 조작된 인위적인 사전노력과는 무관함을 말해준다. 그러므로 성령에 대한 인간의 각별한 관련은 오직 은총이 필요함을 확실히 제시해주는 것이다.

루터의 성령론의 특징은 성령은 결코 사람에게 직접 역사하지 않으며, 전체적인 그 모든 활동이 말씀과 철저히 연관되어 있는 점이다. 성령의 말씀화(die Inverbation)는 그리스도의 성육신과 일치한다. 그도 그럴 것이 우리 사람들은 성령을 직접 만날 수 없다. 우리의 연약함 때문에 그는 깊은 의미를 지닌 복장(Gewand)을 선택하고 있다. 그렇지만 루터 사상이 가지고 있는 그리스도에 대한 집중이 이러한 성령의 말씀화를 요구하고 있다. 하나님, 예수 그리스도, 성령이 성서라는 수단이 없이 직접 사람들에게 말하게 된다면, 그리스도를 통해 하나님께 이르는 그 유일한 길은 필요 없을 것이다. 우리는 그리스도를 단지 "말씀" 안에서만 얻게 된다.

루터의 성서이해는 매우 중요한 측면을 갖고 있다. 말씀은 하나님이 사람에게 그 자신을 알리고 그와 연합하기 위해 사용하는 연장이다. 말씀이 선

68) Kurt Dietrich Schmidt, Luthers Lehre vom heiligen Gesit (Festschrift Simon Schoffel, 1950.

포된 뜻대로 실제로 역사하려면 두 번째 요소가 더해져야 하며, 이것이 곧 성령이다. 그러므로 외적인 들음에서 내적인 청취(Vernehmen)가 이루어진다. 루터는 문자와 영이 아닌, 외적인 말씀과 내적인 말씀을 구분함으로 이것을 표현하고 있다.

성경의 바른 해석은 성령의 내적 도움이 있을 때 가능하다. "유대인이나 모든 교만한 자들에게도 마찬가지다. 그들은 성서를 이해한다면 그것으로 충분하다고 믿었다. 이해를 돕는 영이나, 그것이 이해되는 방식과 방법에 대해서 그들은 염려하지 않는다. … 오직 영만이 하나님이 뜻하신 그대로 성서를 바르게 이해한다."[69] 성서는 성령이 없이는 아무런 가치가 없다. 완성이란 그러므로 이 두 가지, 즉 말씀과 성령이 역사하는 곳에만 있다. 그 때문에 오직 성서만 단편적으로 강조해서는 안 된다. 물론 루터의 성서이해는 가톨릭의 신인식과는 중요한 차이점이 있음을 말해주고 있다. 성서와 성령이 함께 신앙의 기초가 되거나 혹은 성령은 말씀을 통해서 온다고 말할 때 비로소 모든 문제를 바르게 설명하는 것이다.

성서와 성령의 밀접한 결합은 루터 사상의 특징인 역동적인 성격을 잘 보여주고 있다. 성서는 지적으로 숭배하는 진리를 모은 정체된 책이 아니라, 생명을 창조하고, 생명을 간직하고 있는 창조적인 위대한 책이다.

중요한 것은 물론 성령의 역사이며, 성령은 성서를 통해 우리를 그리스도에게로 인도한다. 인간에 대한 하나님의 모든 행동은 본래 이것과 관련하여 설명되어야만 했다. 그러나 루터에 의하면 성령은 항상 오늘도 은밀히 그리고 비가시적으로 역사한다. 가시적이고 기적을 일으키는 성령의 역사는 신약성서 시대에만 제한된 것이다.

창조적이며 생명을 만드는 활동을 통해서 성령 역시 이제 주님이며 하나님(als dominus und deus)임을 입증하고 있다. 아버지와 아들과 함께 성령 역시 하나님이라고 기도하며 영광을 돌리는 교회의 고백을 루터는 동의하고 있음에 틀림없다. 성령도 그리스도처럼 인간에게 주신 하나님의 선물이라는 것이 그의 신성을 없애는 것은 아니다. 왜냐하면 선물 속에 하나님 자신이 숨어서 현존하기 때문이다.

69) WA 56,336,6ff.

루터가 성령을 하나님이라고 인식한 것은 삼위일체론에 대한 그의 긍정적 사상을 담고 있다. 그는 삼위일체론에서 아우구스티누스를 따르고 있다. 이유는 그 역시 삼위의 통일성을 강조하기 때문이다. "각각의 인격 자체가 온전한 신성을 갖고 있고, 그 외의 다른 인격은 없다."[70] 하나님은 직접 삼위의 각기 인격이 활동하도록 역사한다. 하나님의 일은 구원의 일이며, 이것은 루터에게 매우 중요하다.

그렇지만 삼위일체론에서도 역시 루터는 고대교리에 지적인 동의를 한 것이 아니라, 자신의 모든 선포를 삼위일체론적으로 변형했다는 사실을 주목하게 된다. 하나님의 말씀은 그리스도다. 그러나 그것은 성령을 통해서 역사된다. 교회는 하나님의 백성이요, 그리스도의 몸이며, 성령의 집이자 전이다. 이것을 이해한 사람은 비로소 루터의 삼위일체사상이 갖고 있는 위대한 생동감을 깨닫게 된다.

5. 루터의 칭의론 루터가 인간의 칭의를 오직 하나님만의 순수한 행위로 보았다는 점은 이미 여러 번 언급했다. 루터에게서 볼 수 있는 가톨릭교회와는 다른 중요한 새로운 점은 칭의가 아무런 다른 요인의 개입이 없이 오직 은총(sola gratia)을 통해서 일어난다는 점에 있다. 칭의를 다만 하나님의 일로 보고, 그렇게 말하는 사람은 하나님이 인간을 의롭게 할 때 하시는 일이 무엇인지를 반드시 말해야만 한다. 루터는 우선 칭의를 하나님의 관점에서 서술하고 있다. 그러나 다른 한편 칭의는 의롭게 되어지는 인간이 당하는 일이다. 루터의 성서론은 이미 우리에게 하나님은 항상 인간과 함께 일하시며, 인간도 그것을 의식하고 있음을 보여주었다. 인간은 하나님이 그를 대할 때 일어나는 일을 알고 있다. 그 때문에 루터는 칭의를 인간이 당하는 일로 설명하고 있음에 틀림없다. 그렇지만 일차적이고 중요한 관점은 그것이 하나님에 의해서 일어난다는 것이다. 왜냐하면 오직 하나님은 능동적이며, 인간은 수동적으로 임하기 때문이다. 칭의에 대한 루터의 진술에서 이러한 이중성을 예리하게 발견한 것은 칼 홀(Karl Holl)의 공헌이다.

1) 그러므로 우선 칭의는 하나님이 하시는 일(Gottes Tun)이라는 중요한

70) WA 39 II, 287,21.

관점 하에 서술되어야 한다. 그것을 설명해주는 마지막 근거는 이미 위에 언급한 것처럼 그리스도다. 그리고 그것은 하나님 자신의 사랑을 의미한다. 인간편에서건, 그리스도에게서건 칭의를 주시는 하나님께 필요한 것은 아무것도 없다. 캔터베리의 안셀무스가 주장했듯이 – 우리를 위한 그리스도(Christus pro nobis)는 루터에 의하면 우리에게 주시는 하나님의 선물이다 – 하나님은 그가 의롭게 하는 인간에게 그의 사랑, 오직 은총(sola gratia)을 선물한다. 이러한 사랑이 추구하는 목표는 하나님과 연합하여 살아감으로 하나님의 보좌 앞에 모여 하나님의 위엄에 참여하는 완전한 자들의 공동체를 실현하는 것이다.

그러나 인간의 죄성이라는 커다란 장애물이 하나님과의 이러한 연합의 실현을 방해한다. 이 죄성이 거룩하신 하나님으로 하여금 인간과 교제하는 것을 불가능하게 만든다. 그러므로 중요한 것은 인간과 하나님 사이를 가르고 있는 틈을 어떻게 연결할 수 있는가 하는 문제다. 하나님이 그 간격에 다리를 놓으신다. 문제는 어떻게 그가 그 일을 하는가다. 그리고 그가 그것을 행할 때 발생하는 일이 무엇인가?

그에 대한 답변에는 세 가지 하나님의 특성이 중요하다.

(1) 먼저는 하나님의 거룩성이다. 이것은 그가 죄인과 교제하고자 하는 것을 방해한다.

(2) 두 번째는 하나님은 항상 새로운 것을 창조하시는 의지라는 사실이다. 이것은 인간이 의롭게 될 때, 그는 곧 다른 사람이 아닌 창조자요, 어느 누구도 그의 일을 방해할 수 없는 전능하신 의지와 교제함을 의미하는 것이다. 그는 올바른 의사로서 우리를 치유하시고 우리의 허약함을 고치신다. 두 개의 인격이 서로 교류할 때 보다 더 강한 자의 의지가 늘 승리한다. 여기서 인간은 전능자와 직접 교제한다. 그러므로 그의 뜻은 하나님의 뜻에 맞게 형성해야 한다. 하나님을 반박하는 사람이 하나님과 뜻을 합하는 사람이 되고, 불경건한 사람(impius)이 의로운 사람(iustus)이 된다. 이것은 처음부터 의도된 결과다. 하나님께서 인간을 사랑하신다면, 이것은 그가 인간의 죄책을 용서하시고, 그를 의롭다고 설명할 뿐만 아니라, 인간을 정말로 새롭게 갱신시키고, 거룩하게 하고, 죄의 권세로부터 자유케 하며, 의롭게 만들고자 한다는 것을 의미한다. 그것은 법정의 선고, 즉 그것을 통해서 본래 죄인이 이제는

깨끗하다고 선언되는 단순한 법정적인 행위(actus forensis)만은 아니다. 그것은 실제로 새로운 창조다. 칭의(iustificatio)는 그러므로 곧 인간의 성화(sanctificatio)다. 멜란히톤은 이 두 가지 개념을 구분했다. 그러나 루터에게 이 둘은 동일하다. 하나이자 동일한 하나님의 행동이 이 둘을 포괄하고 있다. 이러한 관점만이 루터의 성탑 체험과 일치한다. 거기서 루터는 로마서 1장 17절의 주제인 하나님의 칭의는 그가 우리에게 위임해주시는 하나님의 특성임을 깨달았다. 그의 칭의는 그것이 선물하는 칭의로서 드러날 때 가장 위대한 것이 된다. 물론 하나님의 이러한 새로운 창조 행위는 루터에 따르면 아직 완성된 것은 아니다. 옛 사람이 매일 죽고, 매일같이 하나님 앞에서 의와 거룩함으로 사는 새 사람이 태어난다고 할지라도, 옛 사람은 계속 다시 일어나며, 그 때문에 항상 새로이 죽어야만 한다. 인간은 죽음에서야 비로소 실제적이며 궁극적으로 죄에서 자유하게 된다. 그렇지만 여기서는 이제 하나님의 세 번째 특성이 중요하다. 즉,

(3) 하나님은 영원한 분이라는 사실이다. 영원이란 무시간(Zeitlosigkeit)을 의미한다. 하나님 안에서 공간의 구분이 없듯이, 모든 시간의 구분 또한 없다. 하나님께는 시간의 제약이란 것이 없기 때문에 우리가 보기에는 미래에 완성될 것도 그 자신에게는 이미 현재다. 그러므로 하나님 편에서 볼 때 인간은 이미 거룩하다. 그분이 친히 인간을 그렇게 만들었다.

그러므로 루터에 의하면 칭의는 하나님 편에서 본 것이며, 본래적인 칭의는 곧 하나님이 인간을 사랑으로 품으셨고, 죄의 권세와 죄책에서 인간을 자유케 한 것이다.

2) 하나님이 이렇게 역사할 때 인간은 무엇을 경험하는가? 이러한 역사는 인간에게 결코 숨겨져 있지 않음을 이미 언급했다. 루터가 말하듯이, 인간은 나무가 베어질 때 느끼지 못하는 통나무의 역할을 하는 것이 아니다. 결코 그럴 수 없다. 왜냐하면 인간을 의롭게 할 때 하나님은 그에게 자신과의 교제(Gemeinschaft)를 선물로 주시기 때문이다. 교제는 이 두 당사자의 마음이 있는 거기에만 있다. 그러므로 이러한 교제가 올바로 성사되기 위해서는 인간의 마음 역시 분명히 하나님을 향하고 있어야만 한다.

이 관계에서 한 가지는 분명해졌다. 즉 인간이 하게 되는 모든 실제적인 하나님 경험의 초기에는, 루터가 생각하듯이, 그의 계명을 완전히 따르지 못

함에 대한 인식, 다시 말하면 하나님의 계명을 지키기에는 인간이 연약하다는 무능력에 대한 인식이 있다. 이러한 인식은 먼저 인간과 하나님 사이의 간격을 더 깊게 만든다. 성취할 수 없는 것을 사람에게 요구하는 하나님에 대한 미움이 생길 뿐만 아니라, 심지어 인간은 하나님으로부터 전혀 강요받고자 원치 않는다. 인간의 이기적인 생각은 산상수훈의 말씀이 그의 마음에서 살아있는 능력이 되기를 전혀 원하지 않는다. 완전히 무능력하다는, 즉 절대적으로 죄인이라는 의식은 그가 견디기 어려운 것이다. 하나님의 말씀과 계명을 접하면 드러나는 첫 현상은 하나님께 대한 공개적인 반항이다. 그러나 이 모든 인간의 반박노력은 아무것도 도움이 되지 못한다. 왜냐하면 하나님은 우리를 다스리시는 전능자이기 때문이다. 하나님은 그가 사랑하는 사람을 내적으로 제압한다. 게다가 그는 자신의 사랑을 통해 인간을 제압한다. 루터는 설교에서 두려움과 공포라는 동기를 전면에 내세우는 것을 가장 하찮게 여겼다. 하나님께 대한 두려움은 확실히 인간이 제일 먼저 느끼는 것이다. 그러나 두려움이 지배적인 것이 되는 한, 모든 예배는 단지 가식일 뿐이다. 왜냐하면 두려움에서 벗어나고픈 이기적인 생각에서 예배가 이루어질 것이기 때문이다. 하나님과의 내적인 마음의 일치만이 온전한 예배를 가져온다. 그것은 결코 두려움을 통해서는 생겨나지 않으며, 단지 사랑을 통해서만 온다. 하나님은 그리스도 안에서 살아있는 사랑 자체가 되어 우리와 만난다. 이 사랑이 참회를 일으킨다. 왜냐하면 긍휼하신 하나님의 사랑에 직면해서만이 인간은 그 마음의 완고함과 더러움을 분명하게 깨닫기 때문이다. 복음은 완전한 의미를 가진 하나님의 분노의 계시다. 그것은 하나님이 우리를 어떻게 보는지를 보여준다.

사람의 뜻을 제어하고 하나님의 뜻에 사로잡히게 하는 능력은 복음을 통해 온다. 왜냐하면 인간을 참회하게 하고 겸손케 하는 것은 하나님의 사랑과 은총이기 때문이다. 이러한 사랑과 은총이 결국 하나님이 주시는 사랑과 은총 자체를 신뢰하고, 자신을 거기에 드리도록 인간의 뜻을 제어한다. 여기에는 아무런 조건이 없으며, 다만 구원에 대한 확신만이 필요하다. 하나님과의 새로운 관계는 인간의 어떤 행위에 근거하는 것이 아니라, 오직 하나님의 뜻에 의한 것이다. 사람은 비록 신실치 못하다고 할지라도 그는 신실하시다.

그러므로 하나님이 그 자신과의 교제를 우리에게 일으키는 것이다. 이렇게 함으로 인간의 마음은 새로워진다. 인간은 아무 조건 없는 하나님의 사랑의 선물을 소리쳐 감사하지 않고는 받을 수 없다. 감사는 루터적인 의미에서 본다면 순종의 행위다. 루터의 견지에서 볼 때 그것은 "신앙은 선한 열매를 가져와야만 한다"(fides debet bonos fructus parere, Con. Aug. VI.)가 아니라, "신앙은 선한 열매를 가져온다"(fides parit bonos fructus)를 의미한다. 그러나 이것이 사람이란 이 땅에서 항상 좌절하고 타락할 수 있음을 배제시키는 것은 아니다. 우리는 살아있는 한, 언제나 죄인(impii)이라는 것을 경험으로 알 수 있다. 인간 편에서 본다면, 칭의(iustificatio)는 그러므로 순수한 하나의 법정적인 선언(actus forensis), 즉 은혜(Begnadigung)다. 우리는 의로운 것이 아니라, 의롭다고 간주된 것이다(Non iusti sumus, sed iusti imputamus). 신앙은 그러나 완성의 언약이다. 우리는 신앙 안에서 이미 복된 자다.

이 점에서 루터가 무엇 때문에 의롭게 된 자를 "죄인인 동시에 의인"(simul peccator et iustus)이라고 말해야만 했는지 이해할 수 있다. 죄인(Peccator)은 경험적으로 존재하는 그 자신의 상태를 본 것이다. 그러나 의인(iustus)은 하나님으로 눈으로 그리고 그 자신의 신앙에서 본 것이다.

3) 신앙이 루터에게 무엇을 의미했는지 여기서 완전히 알 수 있다. 가톨릭은 신앙을 지식과 동의를 포함하는, 즉 교회교리에 대한 인식과 그에 대한 지적인 동의라고 이해한다. 루터에게도 역시 신앙이란 우선 하나님과 하나님의 방식에 대한 확실한 인식을 포함하고 있다. 그러나 하나님 인식은 오직 성서에만 있다. 그렇다면 결국 성서만이 신앙의 대상이며, 교회의 가르침은 신앙의 대상이 아니다. 그 외에도 신앙은 복음적 이해에 의하면 피두치아(fiducia), 즉 하나님께 대한 신뢰를 담고 있어야만 한다. 하나님이 직접 자신의 사랑을 통해 불러일으킨 그에 대한 마음의 신뢰만을 염두에 두어야 한다고 말하는 것은 옳다. 이것은 그가 주신 언약을 진지하게 여기고, 그를 "믿는" 믿음을 말한다. 그 때문에 이러한 신뢰를 믿음(Glaube)이라고 말한다. 이러한 신앙과 신뢰는 생애 전체를 포괄하고 생애 전체를 변화시키는 행위다. 그것은 법정에서 하나님 자녀의 위치로 옮겨가는 인간의 위치이동을 의미한다. 그 때문에 하나님께 대한 사랑이 없는 신앙은 루터에 의하면 불가능하다. 마음의 신뢰를 가져야 하는 근거는 우리에게 선포된 하나님의 복음이다. 이성은 복음을 이해할 수 없다. 마음이 신뢰할 때, 그 안에는 의심의 여지없는 분명한 방법이 있다. 인간은 하나님과 함께하고 하나님을 향하고자 애쓴다. 인간이 그

것을 감행하는 것은 하나님이 죄를 용서하겠다고 인간에게 언약했을 뿐만 아니라, 하나님을 사랑하고 전적으로 신뢰할 것을 명령했기 때문이다. 그러므로 신앙은 순종의 행위도 내포하고 있다. 하나님께 순종하며 그를 전적으로 신뢰하고 사랑함으로써 신앙은 1계명을 성취한다. 이제 그는 인간이 하나님을 얻었다고 믿는다. 루터가 첫 계명에 대해 『대교리문답』에서 말하듯이 마음은 그를 확신하는 것 외에 다른 위로를 알지 못한다. 또한 마음은 세상적인 모든 것을 다 버리게 된다.

이 모든 것을 한마디로 표현하면, 신앙이란, 온전한 마음을 하나님께 드리고 그와 함께 사는 것이다. 그 안에 모든 것, 즉 마음의 평화와 하나님의 뜻대로 살고자 하는 내적인 열망이 있다. 신앙에 있어서 중요한 것은 단 한번의 동의로 좋은 것을 받는 일회적인 응답이 아니다. 바로 하나님과 그리고 하나님 앞에서 사는 삶이 중요하다. 비록 "신앙"이 "하나님과의 교제 안에서 사는" 것임을 의미할지라도, 신앙은 어떤 내적인 성향(habitus)도 부여하지 않으며, 항구적이며 질적인 사람의 변화를 일으키지도 않고, 매일같이 다시 새롭게 되는 것이다. 신앙은, 그 본질을 보면, 우리의 일이 아니라, 우리 안에서의 하나님의 일이며, 그 때문에 우리가 지금 우리의 신앙을 걱정한다는 것은 잘못된 것이다. 루터에 의하면 중요한 것은 우리 자신을 보는 것이 아니라, 하나님의 언약을 듣는 것이다. 이러한 시선의 변화만이 내적인 평안을 가져온다. 또한 하나님 앞에서의 새로운 삶이 지닌 선물의 성격도 동시에 유지된다.

4) 루터는 이러한 자신의 메시지를 가지고 가톨릭 사상을 면밀히 연구했다. 그는 이러한 신앙이해로 동료들과 이어지는 시대에 아무도 줄 수 없는 것을 그들에게 선물했다. 그것은 구원의 확신이다. 가톨릭교회는 구원의 확신을 줄 수 없다. 왜냐하면 구원은 그들에 의하면, 하나님의 은총과 인간의 행위라는 두 가지 요소에 근거하고 있기 때문이다. 그중의 하나인 인간은 항상 불확실한 요소다. 그러므로 경건한 삶은 항상 두려움과 희망 사이를 표류한다. 루터는 이러한 불확실하고 고통스런 표류에 종지부를 찍었다. 하나님은 홀로 행하신다. 그가 시작하신 것은 그가 역시 완성할 것이다. 인간은 하나님의 역사를 믿는 그의 믿음 안에서 이것을 경험한다. 이것으로 인간은 자신이 하나님께 받아들여졌다는 확신을 얻는다. 삶은 이제 더 이상 불확실이라는 고통 속에 있지 않으며, 기쁨과 감사의 환희 속에 있다.

6. 루터의 윤리적 원칙 칭의는 루터에 의하면, 하나님 편에서 볼 때, 새로운 창조며 그 점에서 인간의 구원이다. 인간도 역시 하나님과 함께 자신의 삶 속에서 시작되는 어떤 새로운 것을 느낀다. 신앙은 그래서 의지와 양심이 하나님께 매임을 의미한다. 이러한 점에서 볼 때, 소위 타율적(heternom)인 가톨릭과는 정반대되는 자율적(autonom) 윤리가 루터에게 있다고 말하는 것은 의미가 없다. 루터는 자율적 윤리는 하나님께 위배된다고 반박했음에 틀림없다. 왜냐하면 새로운 삶은 그 자체에 담긴 힘에 의해서도, 내용적으로 볼 때 인간 그 자신에게서 나오는 것이 아니라 오직 하나님께로부터 오는 것이기 때문이다. 하나님은 거룩한 교제를 할 수 있도록 힘을 주시고, 정말로 선한 것을 볼 수 있는 통찰력도 선사하신다. 그러므로 새로운 삶은 하나님께 대한 인간의 매임에 달려 있다. 그것은 철저히 신율(theonom)적인 것이다.

그러나 하나님께 대한 인간의 매임은 루터에 의하면 이제 인간의 자유이기도 하다. 루터는 죄의 불가항력성이 가장 심각한 노예상태(Knechtschaft)임을 직접 경험했다. 이러한 노예상태에서 그는 하나님의 율법을 의식했다. 그러므로 율법은 노예를 만드는 것이다. 인간은 신앙으로 죄의 노예에서 자유하게 되며, 동시에 이제 율법으로부터도 자유하게 된다. 왜냐하면 루터에 의하면 하나님은 결코 강압된 섬김을 원치 않기 때문이다. 기쁨과 자유 안에서 그의 뜻을 행하지 않는 사람은 결코 온 마음과 온 뜻을 다해 그의 계명을 수행하는 사람이 아니다. 루터 역시 인간이 하나님 뜻을 자유롭고 내면적으로 직접 수긍해야 함을 요구하고 있다. 인간을 이렇게 이해하는 한, 루터도 윤리적 행위의 자율에 대해 말하고 있다고 어느 정도 확신을 가지고 말할 수 있다. 그러나 이러한 자율이 가진 신율적인 뿌리를 숨기는 사람은 루터의 생각을 부당하게 축소시키는 것이다.

하나님의 뜻은 신앙인들 앞에 더 이상 계속해서 율법의 형태로 나타나지 않는다. 구약과 신약의 모든 율법은 하나님의 뜻에 대해 자신의 효력을 상실했다. 물론 하나님과의 연관성은 사라지지 않는다. 그러나 하나님은 더 이상 경직되고 외부에서 주어진 율법의 형태(Form)로 그와 연합한 사람들과 교제하지 않는다. 인간은 하나님과의 교제에서 하나님의 뜻이 무엇인지를 직접 배운다. 삶은 매우 다양하고 창조적인 풍부함을 지니고 있어 율법에 사로잡히는 것은 불가능하다. 인간이 정말로 하나님의 뜻을 실현하고자 한다면, 규정에 얽매여서는 안 되며, 창조적이어야만 한다. 하나님과의 교제에서 그는 창조적이 된다. 창조적이 되는 것(Dies Schöperisch-Werden)을 루터는 그리스도인의 자유라고 부르며, 일생 동안 이것을 강조했다. 자유를 훼손하는 사람은 복음 자체를 훼손하는 사람이다. 하나님 안에서 인간은 모든 인간적인 규정에서 자유할 뿐만 아니라, 하나님의 법에서도 자유하다. 왜냐하면 그는 하나님 자체에 얽매이기 때문이다.

루터에 의하면 마음은 결국 하나님과 하나가 되어 어떻게 행동해야만 하는지를 더 이상 묻지 않고, 묻기 이전에 선하며 하나님의 뜻에 합당한 것을 이미 다 완료한다(로마서 서문). 신앙은 더 이상 조금도 애쓰고 싸울 필요가 없다. 하나님의 뜻은 마음속에 퍼지는 유일한 자극제다. 루터는 이것을 "복된 것"이라고 칭한다. 그와 더불어 마음속에 또 다른 어떤 것이 자극하고 있는 한, 그것은 악이 완전히 죽지 않았다는 표지다. 그러므로 인간이 하나님과 함께 할 때 얻게 되는 자유는 너무나 커서 악과의 싸움조차도 신앙인에게는 문제가 되지 않는다.

루터는 이것을 자유라고 이해한다. "그리스도인은 믿음 안에서 만물의 주인이며, 아무에게도 예속하지 않는다." 왜냐하면 그는 모든 주인의 주가 되시는 자의 편에 있고, 모든 만물은 그를 섬겨야 하기 때문이다. 이것이 신앙의 거장주의(Titanismus)다. 그리고 이러한 거장주의의 힘이 자연적이며 프로메테우스적(Prometheisch)인 모든 음성보다 훨씬 더 위대하다는 것은 의심의 여지가 없다.

여기에는 인간의 자연적 교만이 이러한 신앙적 태도를 장악하고, 그것을 용납할 수 없는 신앙의 교만으로 변색시킬 위험이 있다. 루터도 이러한 위험에 대하여 염려했다. 신앙인의 전 생애가 참회 아래 있어야 한다는 사실을 통해 그는 칭의의 중요성을 확고히 강조한다. 면죄부 95개 논제는 바로 이것으로 시작하고 있다. "우리 주요 우리 선생인 예수 그리스도가 '회개하라' 고 말씀했을 때, 그는 신자의 전 생애가 참회이기를 원한 것이다."[71] 참회란 루터에 의하면, 위에 언급했듯이, 자신을 학대하는 인간의 행위가 아니다. 오히려 신앙이 추구

71) Dominus et magister noster Jesus Christus dicendo: Penitentiam agite etc. omnem vitam fidelium penitentiam esse voluit.

하는 하나님의 말씀이 그것을 일으킨다. 참된 참회는 이미 범한 죄에 시선을 향하는 그곳에 있지 않다. 진정한 참회 혹은 회개는 인간의 시선이 하나님을 향하는 그곳에만 있다. 만약 그렇게 한다면, 당연한 의무를 다 이행치 못했음을 깨닫게 되고 악에 대한 미움을 갖게 된다. 하나님을 향한 이러한 시선은 동시에 선의 진수요, 선을 더욱 추구하고 마음을 하나님의 뜻에 일치시키는 박차다. 죄에 대한 통회, 죄를 미워함 그리고 새롭게 되고자 하는 의지 등 세 가지 참회의 구성요소는 하나님을 향한 시선에서 흘러나온다.

참회가 평생 동안 계속 되어야 한다는 것은 더 이상 특이한 것이 아니다. 참회는 분명히 자기심판을 내포하고 있다. 이러한 점이 루터의 칭의론을 증명해준다. 왜냐하면 참회를 통해 그리스도인은 그를 참아주고, 용서하며 그리고 강하게 하시는 하나님의 사랑으로 이 땅에서 단 한번 사는 것이며, 새로운 힘과 또 내적 평화는 다만 하나님의 선물이요, 신앙 거인주의(Glaubenstitanismus)에도 불구하고 신앙의 교만이 근본적으로 그 곁에 나타난다는 자각이 계속해서 유지되기 때문이다. 『소교리문답』에서의 세례에 대한 루터의 설명은 첫째 논제와 동일한 내용을 담고 있다. "그것은 우리 안에 있는 옛 아담이 매일 매일의 참회와 회개를 통해 (물 속에) 장사되어야 하며, 모든 죄와 악한 욕망과 함께 죽어야 하고, 또 다시 매일 의와 거룩함으로 하나님 앞에서 영원히 사는 새로운 사람이 되어야 한다는 것을 의미한다."

하나님 앞에서의 그러한 삶은 사랑의 삶이며, 이웃을 섬기는 삶이다. 하나님 자신은 그의 사랑이 우리를 향하도록 강요하는 섬김을 필요로 하지 않는다. 그는 우리에게 오히려 이웃을 가리킨다. 우리는 그리스도가 우리에게 한 것과 동일하게 이웃을 섬겨야 한다. 이것은 그리스도가 간청하며 자신에게 온 이웃들에게 하신 것처럼 삶의 곤경에 처해 있는 그들을 외적으로 돕고, 또한 그리스도가 우리 죄를 담당하셨듯이, 그의 죄 역시 함께 담당하는 것을 의미한다.

루터는 "사랑으로 행해지지 않은 모든 것"은 "천벌과 저주를 받는다"고 강렬한 말을 할 정도로 사랑의 요구를 진지하게 여겼다. 그렇지만 이러한 사랑의 계명도 역시 "신앙 안에서", 즉 즐거운 확신 가운데서 하나님이 기뻐하고 그의 뜻과 일치하는 것을 행할 때에 실제로 성취되는 것이다.

7. 루터의 교회 개념[72] 교회는 하나님의 참된 백성이라는 사실이 루터의 교회론에서 가장 중요하다. 이 점에서부터 그가 교회에 대해 말한 모든 것을 이해할 수 있다.

1) 참된 교회는 부활하신 그리스도가 그들의 주가 되어 마음속에 살아 계시고, 죄 용서함을 받아 의롭게 되었으며, 참된 신앙에 굳게 서 있는 자들이 구성한다.

2) 이러한 거룩한 자들의 모임(congregatio sanctorum)은 비가시적(invisibilis)이며, 항상 비가시적(invisibilis)으로 존재할 것임에 틀림없다. 왜냐하면 하나님이 의롭게 한 사람은 인간이 아니라고 확신할 수 있기 때문이다. 어떤 한 사람이 그가 정말로 믿는다고 주장할 수 있다. 하지만 그가 주장하는 것이 덧없는 위선이 아닌지는 아무도 알 수가 없다. 우리는 항상 경건치 못하며, 죄인이기 때문에 구분도 불가능하다. 죄 역시 부정적인 인식의 토대가 아니다. 오히려 신앙이 아무런 열매를 맺지 못할 때 그런 인식을 가져온다.

3) 이러한 비가시성에도 불구하고 성도의 모임은 실제적인 코뮤니오(communio), 즉 거룩한 자들의 공동체다. 물론 이 땅에서 시민적인 삶을 사는데 반드시 그런 공동체가 존재할 필요는 없다. 그러나 신앙적으로는 반드시 거룩한 공동체여야 한다. 그들의 머리되신 그리스도 안에서 간접적으로뿐만 아니라, 직접적인 교제 안에서 무엇보다도 중보기도를 통해 신자들은 실제로 하나가 된다. 루터는 결코 중단해서는 안 되는 이 중보기도를 매우 높이 평가했다. 더 나아가서 신앙인은 종종 은밀한 방법으로, 안면부지의 사람일지라도, 일상생활 속에서 다른 사람을 만나 자신의 경험을 통해 그를 도와야 한다고 생각한다. 교회는 그러므로 비록 비가시적일지라도 신앙의 공동체요 사랑의 공동체다.

4) 교회는 그들의 본질상 비가시성에도 불구하고 루터에게는 동시에 역사적인 것이며, 역사에 영향을 주는 것이다. 하나님의 백성은 여기 지상에서 참된 역사를 가지고 있으며, 엄격히 제한할 수 없는 것이다. 다른 백성들처럼 형태 없이 살지 않으며, 교회의 삶의 형태 역시 변할 수 있다. 하나님은 자신의 말을 선포할 것을 그의 백성에게 위임해 주었다. 이러한 하나님의 백성은

---

72) WA 11,272,1f.

불가피한 경우 교회의 개혁을 수행한다. 교회와 세상에서 신앙의 열매라고 느껴지는 모든 것은 하나님의 백성이 가져오는 것이다. 루터는 이러한 내용을 요약하여 1539년 『공의회와 교회에 관하여』(Von Conciliis und Kirchen)에서 전개했다.

5) 이러한 하나님의 백성이 단지 하나라는 것은 자명하다. 모든 신앙인은, 그들이 살고 있는 곳에서, 하나님의 백성에 속한다는 것도 마찬가지로 명백하다. 그 점에서 루터는 가령 세 번째 조항의 설명에서 교회의 통일성(Einheit)과 보편성(Katholizität)을 매우 강조했다. 루터를 새로운 교회의 창시자로 칭찬하는 사람은 그를 근본적으로 오해한 것이다.

6) 참된 교회가 일으키는 것에 대해서는 이미 상세히 언급했다. 즉 그것은 하나님의 말씀이다. 그것은 신앙을 추구하면서 믿는 자를 거룩한 공동체의 회원이 되게 한다. 이것으로 교회는 외적인 가시적인 측면을 갖게 된다. 내적인 교회(ecclesia interna)가 하나님의 말씀 위에 세워졌다면, 내적 교회의 주된 임무는 하나님의 말씀을 선포하는 것이다. 하나님의 말씀은 곧 헛되이 돌아오지 않는다는 언약을 가지고 있다. 그러므로 말씀은 가장 중요한 교회의 표지(nota ecclesiae)다. 이 표지로 사람들은 교회의 존재를 알 수 있다. 『공의회와 교회에 관하여』에서 루터는 교회의 표지들을 몇 가지 더 열거하고 있다. 즉 세례, 성만찬, 죄사함의 권세, 설교직, 기도, 십자가와 그리스도를 위한 고난 등이다. 거기에서 다음과 같은 결과들이 나온다.

(1) 만약 말씀이 교회가 기초하고 있는 것이라면, 교회는 말씀을 선포하는 것이 우선적인 과제다. 말씀은 율법과 복음으로 구성되어 있다. 교회는 그러므로 하나님의 요구를 알게 하고 하나님의 언약을 듣는 곳이다. 그 외에는 아무것도 아니다. 이러한 선포를 듣는지 혹은 안 듣는지, 알 수는 없다. 그것은 교회의 관할이 아니다. 이것으로 교회가 신앙에 대해 갖고 있는 모든 사법적인 힘은 근거를 상실한다. 그러나 신자의 삶에 대해서 교회는 물론 교회의 규칙으로 경계할 수 있다.

(2) 말씀이 사람의 마음속에 신앙을 일으킨다면, 그것이 하나님과의 완전한 교제에로 인도하는 것이다. 더 나아가서 계층구조는 있을 수 없다. 교회 안에서 인간의 모든 특권, 즉 계층구조는 배제되었다. 감독 역시, 그의 직권과 상관없이, 영적으로는 한 사람의 평신도 외에 아무것도 아니다.

(3) 신앙은, 루터에 의하면, 하나님의 영이 말씀을 직접 인간의 마음에 역사함으로 형성된다. 인간은 그러므로 단독자로, 즉 각기 책임적인 존재로 하나님과 대면해 있다. 이것으로 하나님과 인간 사이의 사제의 모든 중재는 그 기능을 상실한다.

(4) 하나님은 사람들에게 과제를 수행하도록 자신의 은사를 항상 베푸신다. 인간은 다른 사람에게 자신에게 일어난 구원을 증거해야 하며, 영향을 끼쳐야 한다. 각자 개개인은 그 점에서 주어진 은사의 양에 따라 복음을 선포하도록 부름을 받았다. 거기에는 영적인 서열의 차이가 존재하지 않기 때문에 선포가 어떤 형태를 취하든지 정당하며, 성례전 집행도 마찬가지다.

이러한 네 가지 요점들을 루터는 "모든 신자의 만인사제직"(Allgemeinen Priestertums aller Gläubigen)이라는 개념으로 요약했다. 이것은 사제와 감독으로부터 벗어날 자유의 권한뿐만 아니라, 의무, 즉 권한과 함께 사제의 직무를 담당해야 할 의무도 내포하고 있다. 여기서 사제의 직무란 말씀과 행실을 통해 하나님과 함께 하는 삶의 복됨과 능력에 대해 증거하고 중보해야 함을 말한다. 질서는 교회 안에 여전히 유지된다. 설교는 루터에 의하면 교회가 설교자로 세운 사람만이 공적으로 수행할 수 있다. 사적인 설교는 자유롭게 행할 수 있다. 공적인 설교는 교회의 동의가 필요하다. 이러한 의미로 하나님은 직접 직임을 만드셨다. 소명 받지 않고 그것을 행하는 사람은 없는 권한을 부당하게 취한 사람이며, 하나님의 축복이 그에게 임하지 않을 것이다. 루터는 설교할 수 있는 공적인 권한과 단 한 사람만이 수행할 수 있는 공적인 실행을 이렇게 조화시키고 있다.

7) 앞서 언급된 사항을 근거로 볼 때 루터가 누구를 교회 안에서 가장 높은 권한의 소유자로 보는가 하는 것은 명백하다. 그것은 공동체다. 루터가 인정한 감독 직임은 공동체가 가진 이러한 권한의 제거를 의미하는 것이 아니다. 감독의 시찰(Visitation)은 조력적인 사랑의 사역이며, 결코 공동체를 통치하고자 하는 활동이 아니다.

물론 루터는 – 시찰이 그것을 알게 했다 – 모든 공동체에 성숙치 못함, 무능력, 심지어 불신앙이 있음을 보았다. 게다가 그는 전체 교회에서 단지 소수의 사람만이 내적 교회에 속한다고 비관적으로까지 생각했다. 그럼에도 불구하고 그는 판단할 수 있는 권한을 가진 자들의 범위를 소수의 선택된 자들

로 제한하려는 - 이러한 생각이 자신에 생겼다고 할지라도 - 모든 시도를 단념한다. 그러한 선택은 즉,

(1) 불가능하다. 단지 하나님만이 인간의 마음을 볼 수 있다.

(2) 모든 공동체는 그들의 권한이 거기서 가장 좋은 것이 되도록 질서 잡혀 있어야 한다고 루터는 생각한다. 다른 질서는 선한 자를 압제하는 견딜 수 없는 악인의 독재를 의미할 것이다. 루터는 자신의 비관주의에도 불구하고 민족교회(Volkskirche)를 긍정한다. 왜냐하면 결국 하나님이 정부에 앉아 자신의 영원한 나라가 상처를 받지 않도록 모든 것을 인도할 것이기 때문이다.

(3) 민족교회는 양육활동을 배제하지 않는다. 교리의 가르침은 절대적으로 필요하다. 왜냐하면 거짓된 가르침은 하나님께 비방이 되기 때문이다(주기도문의 두 번째 기도 설명). 그러나 죄를 범하는 행위 역시 교회의 양육을 받아야만 한다.

8) 신앙을 일으키는 하나님의 말씀은 교회에 속한 것이다. 하나님의 말씀은 결코 헛되이 돌아오지 않는다. 그것은 전능자의 능력을 지니고 있다. 참된 하나님의 교회는 이단들 한가운데서도 존재한다는 것을 그는 진지하게 인정한다. 참된 교회는 이단의 활동에도 불구하고, 가령 적그리스도인 교황이 있는 로마에서도 언제나 새로이 형성되고 있다고 그는 믿는다. 하나님의 말씀이 지닌 능력에 대한 믿음으로 인해 루터의 교회론은 상당히 중요한 에큐메니컬적인 측면을 지니고 있다. 루터는 상당히 혁신적이었다. 왜냐하면 역사적으로 이러한 측면을 강조한 최초의 사람이 되었기 때문이다. 강조하지만, 이것은 명확치 않은 관용에서가 아니라, 그의 하나님 말씀 이해에서 온 것이다.

8. 말씀과 성례전의 관계 세례와 성만찬이라는 두 가지 성례전의 고집은 위에 언급한, 하나님은 오직 그의 말씀을 통해서 우리에게 관계하신다는 원리의 제한을 의미하지 않는다. 왜냐하면 성례전에 있어서도, 그것을 집행함에 있어서 수반되는 말씀은 가장 중요한 것이기 때문이다. "물이 아니라, 하나님의 말씀이 물과 함께 그리고 물과 더불어 행하는 것이다."[73] 육체는 단지 빵과 포도주만을 맛본다. 그러나 말씀이 홀로 사람에게 그가 성찬에서 먹는 것이 무

73) WA 23,190,11ff.

엇이며, 무엇 때문에 그것을 먹는지 말해준다. 성례전은 그러므로 "보는 말씀"(verba visibilia)이다. 이것은 그리스도가 직접 제정하셨기 때문에 당연히 실행하는 것이다. 성례전이 지닌 표지는 루터에 의하면 하나님이 우리를 돕고자 우리의 감각에 맞게 자신의 말씀에 끌어들인 하나의 수단이다. 근본적으로 말해서 그것은 아무런 상징적인 성격을 지니고 있지 않다. 그리스도가 선택했다는 것 외에 표지의 종류는 문제가 되지 않는다. 그러나 이러한 것을 루터는 상세히 설명하지는 않았다. 가끔 그는 표지 역시, 가령 물세례를 상징적으로 해석했다. 그 외에도 루터는 성례전을 하나님이 인간에게 개인적으로 타당한 자신의 은총을 주시겠다는 하나의 보증이라고 평가한다. 말씀의 설교는 항상 전체를 대상으로 수행하는 것이다. 그러나 성례전은 각기 개인이 개별적으로 받는 것이다. 성례전은 그러므로 사람들에게 개별적인 구원의 확신을 더 강하게 해주는 봉사를 수행하는 것이다.

1) 세례. 세례는 루터에 의하면 세 가지 요점을 가지고 있다.

(1) 그것은 하나님의 이름으로 일어난다. 하나님 자신이 세례를 통해 수세자와 만난다. 세례는 교회가 수세자를 회원으로 받아들이는 영입행위가 아니다. 하나님은 세례를 통해 우리를 그와 교제할 수 있도록 만드신다.

(2) 세례는 삶의 시작이다. 이것은 인간의 어떤 행위도 하나님의 은총을 자신에게 끌어올 수 없으며, 은총은 오직 하나님이 홀로 선물하시는 행위며, 이것으로 인해 하나님과의 교제가 시작된다는 점이 여기서 날카롭게 표현되고 있다.

(3) 루터는 세례를 종종 상징적으로 해석했다. 로마서 6장을 따라 죽음(물 속에 잠김)과 부활(다시 물에서 올라옴)을 통해 새로운 사람이 된다는 것이다.

이 세 가지 요점을 종합해보면, 무엇 때문에 세례가 루터에게 오직 은총을 통한 칭의(iustificatio sola gratia)라는 그의 칭의론의 가장 강렬한 표현이 되었는지가 설명된다. 날마다 그것을 행하라는 요구로 그는 『소교리문답』에서 세례론을 끝내고 있다.

세례는 가톨릭이 가르치는 바처럼 오페레 오페라토(opere operato), 즉 단순한 외적인 집행만으로 효력이 나타나는 것이 아니다. 죄 용서에 대한 하나님의 동의는 오직 신앙의 결과다. 신앙으로 받을 때 세례는 효력을 발휘한다. 성례전 역시, 만약 신앙으로 이것을 받는다면, 효력을 발휘할 수 있다. 루터는 끊임없이 이것을 강조했다.

성례전이 오직 신앙 안에서만 효력을 발생한다는 관점으로 인해 유아세례와 관련하여 상당히 어려운 문제가 발생했다. 물론 루터는 유아세례를 확신한다. 여러 가지 근거를 들어 아이에게 세례를 베풀 정당성을 확립하고자 노력했다.

(1) 그는 먼저 교회가 사도 시대 이후로 계속 시행해 왔음을 지적한다.

(2) 두 번째로 그는 경험을 말한다. 즉 경험이 유아세례도 효력을 발휘함을 증명한다는 것이다.

(3) 세례가 없다면 교회도 없다. 유아세례가 부당하다면, 영원히 지속되는 교회(ecclesia perpetuo mansura)에 관한 하나님의 언약도 가치가 없을 것이다.

(4) 성경이 그것을 금하지 않는다.

(5) 아버지들이 아이를 대신하여 믿고 있다. 루터는 그러나 1521년 이후 더 이상 이것을 반복하지는 않는다.

(6) 성서적 증빙 구절은 누가복음 1장 44절이다. 하나님은 미성년자(Unmündigen)에게도 마음의 신앙을 부어주신다. 그러나 그것이 중요한 것이 아니다. 왜냐하면 신앙이 세례에 합당한 행위를 만드는 것이 아니라, 신앙이 세례를 받아들이기 때문이다. 중요한 것은 오히려

(7) 그것이 그리스도의 명령이라는 것이다(막 10:13-16).[74]

유아세례의 문제와 함께 세례는 또 하나의 어려움을 제공하고 있다. 세례는 각기 개인에게 개별적으로 선물하신 하나님의 은총이다. "우리 하나님이 시작하신 것은 그가 역시 완성하실 것이다"라는 확신으로 루터는 살고 있다. 그렇다면 세례 받은 사람들을 어떻게 잃어버릴 수가 있는가? 그들 모두가 구원 받지 못하는 것은 틀림없지 않은가? 일상의 경험에서 보듯이 세례 받은 많은 사람들이 하나님과의 교제 밖에 서 있다. 여기서 드러나는 어려움은 루터처럼 세례를 은총의 보증이라고 확고히 생각하는 사람에게는 결코 풀 수 없는 문제다. 단지 세례를 언약이라고 이해하는 사람은 이러한 모순을 해결할 수 있다. 왜냐하면 루터 자신이 말했듯이, 인간은 자신의 불신앙에 대하여 책

74) Paul Althaus, Martin Luther über die Kindertaufe (Theo. Literaturzeitung, 73, 1948, Sp. 705ff.).

임이 있기 때문이다. 여기서 나타나는 언약과 보증 사이에 형성되는 긴장은 결코 해결할 수 없는 문제다.

2) 성만찬. 성만찬의 의미 역시 그것에 참여하는 자에게 하나님의 용서를 확신시키기 위한 것이다. 성만찬에 참여하는 사람은 십자가에서 그를 위해 죽으신 그리스도의 몸과 그를 위해서 쏟으신 그리스도의 피가 일으킨 것을 넘겨받음으로 하나님의 용서를 확신하게 된다. 죄 용서 외에도 루터는 특별한 의미를 성만찬에 부여하고 있다. 그는 가끔 성찬에서 우리에게 주어지는 그리스도의 몸은 그 자신의 불멸성에 의거하여 우리 몸에도 역시 불멸성을 준다는 고대교회의 사상을 수용한다.[75] 그러나 믿음으로 그를 영접할 때만이 그리스도는 육적인 구원에 영향을 준다. 루터는 결코 성만찬을 불멸케 하는 약(*φάρμακον ἀθανασίας*)이라고 가르치지 않는다. 성찬의 성례전에서도 역시 결정적인 중요성을 갖는 것은 감각적 표지인 요소(Gabe)가 아니라, "너를 위해 죽었다", "죄를 용서하기 위해"와 같은 거기에 수반되는 말씀이다. 마지막으로 루터는 한 몸의 지체로서 형제가 되도록 묶어주는 성만찬의 교제 성격을 강한 어조로 강조했다.

말씀에 대한 강조에도 불구하고 루터는 성찬에서의 그리스도의 몸과 피의 실재적 임재(Realpräsenz)를 단호한 태도로 확신했다. 가톨릭교회처럼, 그는 화체설을 가르치는 것이 아니라, 확실히 공재설(Konsubstantiation)을 가르쳤다. 빵과 포도주는 있는 그대로 변함이 없이 존재한다. 그렇지만 신비로운 그리스도의 몸과 피가 그것들과 결합한다. 루터가 성찬에서 그리스도의 구원의 현재성을 확신한 것은 츠빙글리의 공허한 성찬론에 동조할 수 없었던 가장 깊은 이유였다. 제정의 말씀은 이러한 그의 경험과 상응하는 것이다.

복음에 대한 이해를 기초로 루터는 성만찬과 긴밀히 결합되어 있는 가톨릭의 미사론을 단호히 거부했다. 가톨릭의 미사론은 루터에게 있어서 실제적인 상황을 뒤바꾼 것이다. 미사의 본질은 그리스도의 골고다 희생을 매일 하나님께 새로이 드린다는 생각에서 연유한 것이다. 루터는 세 가지 이유에서 이러한 사상을 반대한다.

(1) 그는 그리스도의 죽음이 하나님께 드려진 하나의 희생이었다는 것을

75) WA 23,203,228ff., 242f.

부인한다. 하나님은 그에게 아무것도 받지 않으신다. 그리스도는 다만 우리를 위해 형벌을 담당하신 것이다.

(2) 인간의 희생이 하나님의 화해를 가져올 것이라는 생각에 대해 그는 분노한다. 하나님의 단독행위에 대한 그의 관점은 인간에 의해 드려진 제물이라는 사상을 결코 허용하지 않는다.

(3) 하나님은 미사에서 오히려 실제로 우리에게 주신 그의 은총의 선물을 제물로 삼고 있다(요 3:16). 인간에게 주신 하나님의 선물이 여기서 하나님께 드리는 인간의 선물이 되고 있다. (루터는 이렇게 미사를 스승인 가브리엘 빌의 가르침으로 해석했다). 이것은 루터가 계속해서 하나님 비방이라고 평한 실제적인 현실의 완전한 반전이다. 그것을 근절하고자 그는 세속정부에 호소했다. 왜냐하면 국가 안에서 수행되는 그러한 일을 통해 국가의 안녕 역시 위협받기 때문이다.

9. 세상에서의 삶 루터의 모든 관심은 원칙적으로 다가올 영광의 나라, 즉 내세에 있었다. 이 땅에서 우리 모두는 손님일 뿐이다. 지상에서의 시간은 심지어 참된 십자가의 길이다. 우리의 죄로 인해 이 세상에서 우리의 삶은 외적으로나 혹은 내적으로 고난으로 가득 차 있다. 루터도 당시의 많은 사람들처럼 최후의 심판이 임박해 있다고 생각했다. 종말이 가까웠다거나 혹은 세상을 곤고한 땅으로 보는 관점에서 1세기의 그리스도인들이 보여준 경우처럼 세상을 완전히 등진 삶의 자세도 추측할 수 있다. 세상이 무가치하며 덧없다는 의식은 재세례파처럼 그들의 지켜야 할 모든 제도를 무가치한 것으로 경시하고, 기독교적인 허무주의와 무정부주의로 빠지게 했다.

루터는 이 두 가지 위험을 다 피했다. 여기에는 사랑에 대한 하나님의 계명이 중요한 영향을 주었다. 이웃을 사랑으로 섬겨야 할 의무를 아는 사람은 그것으로 세상을 등지는 것을 극복한 것이다. 세상에서 도피하는 것은 이웃을 섬길 기회를 강탈하는 것이다.

이와 함께 순종이 두 번째 요인으로 작용했다. 하나님은 세상을 위해 친히 세우신 모든 질서에 순종할 것을 요구한다. 루터는 세 가지 질서를 말하는데 결혼, 직업, 그리고 국가다.

1) 결혼. 결혼이 하나님이 만드신 질서라고 평하는 것은 비록 그것이 수

도사와는 상관없는 일일지라도 루터에게 가장 쉬운 일이다. 하나님의 질서는 그 자체가 중요하다고 해서 제도가 되는 것이 아니라, 하나님이 직접 다스려야 하며, 하나님 나라와 적극적인 관계 속에 있을 때에 하나의 제도가 된다. 두 가지 이유에서 볼 때 결혼은 이와 부합되는 제도다.

(1) 결혼은 두 사람의 공동체다. 하나님은 결혼을 통해 이들이 그 자신의 창조적인 능력에 참여하도록 허용한다. 결혼은 그러므로 살아있는 영혼을 얻는 수단이며, 이들에게 하나님은 자신의 나라에 들어올 것을 언약하신다. 그러므로 결혼은 실제로 하나님 나라를 위한 것이다. 그러나 동시에 루터는 결혼을 순수한 자연 질서(자연법적인 의미에서)라고 평가한다. 왜냐하면 결혼은 기독교의 영역뿐만 아니라 인류가 있는 곳마다 있기 때문이다. 기독교적인 결혼과 비기독교적인 결혼의 구분은 결혼의 본질에 따른 구분이 아니라, 결혼의 지도(Führung) 혹은 관리에 따른 구분이다. 그런 면에서 결혼은 루터에게 세상의 제도였다.

이러한 기본적인 입장에서 다음과 같은 결론이 나온다.

① 결혼은 성례전이 아니다.

② 결혼 규정에 대한 커다란 책임을 갖는 것은 세속권력, 즉 국가이며, 교회가 아니다.

③ 결혼 금지를 명할 권한을 가진 자는 아무도 없다.

(2) 결혼에 대한 기본적인 이러한 생각을 넘어 루터는 기독교인들의 결혼에 대해 더 언급한다. 그는 결혼에는 사람들에게 부여된 특별히 커다란 기회, 즉 하나님과의 관계를 유지하고, 무엇보다도 이웃 사랑의 형태를 유지할 수 있는 기회가 있다고 본다. 그러므로 결혼은 이기심을 극복할 수 있는 최고의 학교다. 결혼은 사람을 종일 묶어둠으로써, 그에게 다른 한 사람이나 혹은 여러 사람을 위해 거기에 존재해야 하고, 그들을 사랑하기 위해 항상 거기에 있어야만 할 필연성을 부여해준다. 바로 이 점에서 루터는 남편과 아이들을 위해 생을 헌신하는 어머니보다 더 위대한 성인은 없다고 생각한다. 자신의 연로한 어머니를 그린 알브레히트 뒤러(Albrecht Dürer, 1471-1528)의 그림은 그러한 성인에 대한 전형적인 그림이다. 그와 같은 의미에서 결혼은 루터에게 가장 높은 영적인 제도다.

2) 직업. 결혼과 함께 두 번째 질서는 직업이다. 직업에 대한 긍정적인

평가는 결혼을 설명하는 똑같은 뿌리에서 나왔다. 가톨릭교회는 두 가지 신분, 즉 성직 계급과 평신도를 구분했다. 성직자는 예배에만 종사하는 사람이다. 평신도는 가끔 하나님께 봉사하며 직업을 가지고, 어느 때나 하나님의 사랑의 행위를 불러일으키는 사람이다. 하나님의 사랑은 직업적인 삶에 항상 수반되는 것이다. 여기서 루터는 완전히 다른 평가를 시도한다. 교황과 수도승에게서 루터는 복된 신분과 죄인의 신분과도 같은 차이점을 인식했다. 어떤 직위가 그리스도인에게 허용될 수 있는지 혹은 아닌지를 재는 척도는 "그것이 기독교 공동체에 유익한지" 혹은, 루터 역시 말했듯이, "그것이 사랑에서 솟아난 것인지"를 묻는 질문이다. 여기서도 역시 사랑의 의무를 성취하는 것이 중요하다. 루터의 커다란 발견은 세속적인 직업을 가진 그리스도인이 어떻게든 다시 하나님 곁에 서고자 하는 특별한 행위를 통해서는 이러한 사랑의 의무를 완성할 수 없으며, 자신의 직업으로 이웃을 섬길 때 사랑의 의무를 완성한다는 것이다.

이것은 노동에 대한 완전히 새로운 평가를 의미한다. 노동은 우선 루터의 관점을 가지고 그것을 바라보는 사람에게는 더 이상 생계수단이 아니다. 물론 노동을 하면 그 대가를 받아야 한다. 사람은 노동을 통해 얻는 수입으로 살기 때문이다. 그러나 이러한 관점은 더 이상 중요하지 않다. 노동을 통해 부자가 되고자 하는 것은 그리스도인의 목적이 될 수 없다. 그것은 봉사정신과는 반대된다. 우리가 행한 일의 결과가 이웃에게 유용하게 될 때 우리는 이웃을 섬기는 것이며, 하나님은 그것을 원한다. 교사는 아이를 가르침으로 이웃을 섬기고, 목사는 설교함으로 이웃을 섬긴다. 이렇게 함으로 모든 일은 하나의 커다란 의미를 갖게 된다. 일은, 왜냐하면 그것은 이웃에 대한 봉사이기 때문에, 직접 하나님께 봉사하는 것이다. 인간은 그의 이웃 안에서만 하나님께 봉사할 수 있다. 이와 함께 엄청난 의무가 일에 부여되게 된다. 이기적인 동기를 배제하는 것은 물론이거니와 그리스도인은 더 이상 그의 외적인 의무만을 성취하기 위해 일하는 것이 아니라, 그 일로 하나님 앞에 서기 위하여 일해야만 한다. 단순한 의무이행 외에도 철저하고도 부단한 최선의 노력이 조건이다. 이러한 이해를 토대로 근대의 노동정신이 싹텄다.

다른 측면으로부터 일 혹은 오히려 일과 연관된 인간의 능력에 관한 새로운 개념도 나타났다. 이러한 것들은 더 이상 생존하기 위한 수단이 아니라 이웃을 섬기도록 하나님이 직접 주신 기회요, 가능성이다. 루터가 해석한 말로 말하자면, 그것은 곧 "직업"(Beruf)이다. 가톨릭교회에는 사제의 신분 혹은 수도사의 신분처럼 사람이 "부름을 받는"(berufen) 신분만이 있었다. 루터는 이러한 개념을 모든 "직업"에 적용한다. 이미 어휘 속에 표현된 전형적인 독일어 직업 개념은 그러므로 세상에서의 일에 가치와 중요성을 부여한 루터의 종교적인 기본사고에 뿌리를 갖고 있다.

일을 "직업"이라고 보는 이러한 새로운 이해는 어떤 것이 실제로 이론의 여지없이 직업이 될 수 있는가 하는 판결을 가능케 한다. 몇 가지 예를 들 수 있다. 가정주부의 일은 루터에게 특별한 의미에서의 직업이다. 농부, 모든 수공업자, 교사, 목사의 일도, 그가 하나님의 말씀을 선포하는 한, 마찬가지로 직업이다. 물론 모든 것이 봉사로서 성취될 때만이다. 그와 함께 문제를 책임지는 공직자가 있다. 상인에 대해 긍정적인 입장을 갖는 것은 루터에게 매우 어려운 일이었다. 고리대금업은 이웃을 약탈하는 것이다. 루터는 그것을 매춘처럼 아주 나쁜 죄라고 평했다. 삶에 중요치 않은, 곧 해로운 상품의 공급도 마찬가지로 죄다. 다른 한편 루터는 성실한 상인의 일은 사회유지를 위해 꼭 필요함을 부인하지 않는다. 그러나 상인은 생활필수품에 대해 어떻게 가격을 책정해야만 하는가? 수요와 공급의 법칙을 따라 정하는 것을 루터는 중죄에 해당하는 범죄로 여긴다. 왜냐하면 이것은 이웃의 필요를 악용함을 의미하기 때문이다. 상인은 일용근로자가 하루에 얼마를 버는지 알아야 하며, 물론 잡비도 고려해야 하고, 구매 가격을 얼마나 많이 올려야 하는지를 알아야 한다고 권고한다. 이것이 정확한 가격을 가져다준다. – 마지막으로 의심의 여지없이 어떤 방식으로도 "직업"이라고 이해할 수 없는 일들이 있다. 가령 거지 또는 강도, 고리대금업 등이다. 설교하지 않는 교황, 감독, 사제, 수도사, 수녀 신분도 마찬가지다. 왜냐하면 이러한 신분은 하나님께 대립되는 것이다.[76] 그들은 이웃을 빨아먹는 자들이다.

3) 국가.[77] 정부에는 국가(Staat)라는 특별한 말이 잘 어울린다. 의심의 여지없이 정부는 복음과 크게 긴장관계를 갖는다. 이 문제는 루터 연구에 있

76) WA 10 I,317,16ff.

77) Johannes Heckel, Lex charitatis, 1953. ders., Im Irrgarten der Zwei-Reiche- Lehre, 1957. Heinrich Bornkamm, Luthers Lehre von den zwei Reichen, 1960².

어서 여전히 의견이 분분하다. 루터의 두 왕국론(Zwei-Reiche-Lehre)의 적용성 또는 신학적 정당성이 오늘날 의심받고 있을 뿐만 아니라, 이미 그 해석과 연관하여 요한네스 헤켈은 두 왕국론의 오류에 관해 말하고 있다.

객관적으로 볼 때 루터는 단 한순간도 산상설교가 인간에게 하나님의 뜻을 선포하고 있음을 의심하지 않았다. 그는 항상 복음을 다시금 율법으로 만들려는 것과 복음에서 사회질서를 추론하려는 것을 거부했다. 이것은 그에게는 복음 중의 복음을 포기하는 것이었다. 그럼에도 불구하고, 인간이 요구하는 완전한 사랑이 무엇인지가 산상수훈에 잘 제시되어 있다는 것은 옳다. 그리스도인들의 의무, 즉 완전한 자기헌신, 몸과 삶과 모든 선한 것으로 이웃을 섬기기 위한 자신의 희생은 산상수훈에서 나온 것이다. "악을 대항하라"는 것도 역시 산상수훈에서 나온다. 이것은 자연인이 본능적으로 단순하게 행하는 것이며, 그리스도인은 반드시 극복해야 할 관점이다. 그것은 그가 완전히 십자가의 길(via crucis)이라는 의무 아래 있기 때문이다. 이것은 곧 무저항(Wehrlosigkeit)을 말한다. 복음과 국가 사이에 있는 엄청난 긴장도 거기서부터 나온 것이다. 국가는 사랑이 아닌 힘으로 통치하는 것이며, 국가의 목적은 권력의 고양이지 자기헌신이 아니라는 것을 루터에게 분명했다. 그는 복음이 요구하고 참된 그리스도인이 되게 하는 사랑의 공동체는 "세상", 즉 비그리스도인들에게 불가능하며, "세상"이라는 질서를 강요하는 방법 외에 없음을 분명히 알고 있었다. 모든 사람은, 그리스도인 역시, 음식과 옷을 가져야만 한다는 것을 그는 결국 알았다. 문제는 존재하는 이러한 모든 욕구를 만족시키려는 형태가 복음 및 사랑의 계명과 잘 부합되는가에 있다. 국가의 강제력이 복음을 앞세우는 사랑의 공동체와 어떻게 협력할 수 있는가 하는 문제에 대하여 루터는 긍정적인 답변을 준다. 이 둘, 즉 국가와 복음의 대립은 이들을 가장 깊이 묶어주는 것임을 루터는 발견했다.

인간에 대한 뛰어난 판단이 루터에게 모든 무정부상태는 곧바로 서로에 대한 전쟁을 의미한다는 결론을 가져다주었다. 바로 여기서 그는 국가의 우선 목표는 평화며, 그와 함께 문화가 가능토록 해야 한다는 아리스토텔레스적인 국가 이론을 긍정해야만 했다. 그러나 국가는 자신의 공권력으로 하나님 나라에 실질적인 봉사를 할 수 있다. 왜냐하면 국가는 복음의 존재를 가능케 함으로써, 하나님의 나라가 세상에 확장되는 것을 가능케 해준다. 두 가지 전제가 여기에 기초하고 있다.

⑴ 참된 그리스도인은 항상 소수다.

⑵ 국가가 공권력으로 악한 자들을 잡아두지 않을 경우, 저항치 말아야 한다는 그리스도인들의 의무 결과, 이들은 인류 가운데서 도태될 것이다. 국가가 행사하는 직임은 공권력의 사용이며, 역설적으로 이것은 시민에 대한 실제적인 사랑의 봉사가 되고, 그들에 대한 보호가 된다. 국가가 시행하는 형벌은 하나의 낯선 행위(opus alienum)와 같다. 이것은 마치 사랑을 실현키 위해 하나님의 분노가 낯선 행위(opera aliena)를 일으키는 것과 같다. 국가가 사랑의 일을 하고, 하나님 나라에 대한 봉사를 담당하고 있기 때문에 국가 역시 루터에게는 성서적으로 인정된 실제적인 하나님의 기관이다.

위에 언급한 말에서, 그리스도인은 정부의 직임을 맡아도 된다는 결론이 나온다. 그리스도인의 복종의 의무는 그 한계가 어디까지인가 하는 이유도 여기서 나온다.

국가적인 삶은 하나님이 직접 주신 질서이기 때문에 하나님께 대한 복종의 의무를 루터는 이 질서에 부여하고 있다. 정부에 대한 반항은 곧 하나님께 대한 반항이요, 그러므로 죄다. 국가가 정당치 못하다 해도 복종의 의무가 제거되는 것은 아니다. 왜냐하면 부당한 고난을 당했던 그리스도가 직접 보여주었듯이, 보호는 십자가의 길(via crucis)에서 시작되기 때문이다. 이에 비하여 분노는 사람이 그리스도를 완전히 따르고 있지 못함을 보여준다. 만약 그리스도인이 부당하게 강도를 당하고, 투옥되고, 혹은 순교를 당한다면, 이의를 제기하여 정당치 못한 것을 정당치 못하다고 말해야 한다. 그는 이것을 부당한 사람을 심문하기 위해 행하여야 한다. 그러므로 구두로 하는 저항은 요구되고 있다. 물론 부당하게 들어선 정부는 죄와 죄책으로 고통을 받게 된다. 한 사람의 죄는 다른 사람도 역시 죄를 범해도 된다는 면죄증이 아니며, 반대로 그는 선한 자세로 그것을 극복해야 한다. 그러므로 복종의 의무는 필요하다.

주어진 원칙에서 동시에 복종의 한계가 나온다. 인간은 하나님의 뜻을 위반해서는 안 된다. 이러한 위험이 있는 곳에 "사람보다 하나님께 더 순종해야 한다"는 원칙이 적용된다. 국가가 하나님을 거부하도록 강요하면, 불순종의 의무가 적용된다. 전제적인 폭군처럼 극단적인 경우 루터는 그에 대한 무장 항거를 인정했다.

루터로 하여금 기독교적인 모든 허무주의를 거부하고 그 대신 이 세상에서 매일 매일의 삶을 확고하고 힘 있게 긍정하도록 작용한 동기는 이웃 사랑과 하나님의 질서에 대한 복종이다. 그러나 이세상의 삶에 대한 이러한 긍정은 세상을 높게 보거나 혹은 문화에 기인한 것이 아니라 복음에 대한 루터의 이해에서 온 것이다.

이러한 핵심적인 교리를 선포함으로 루터는 1517년 대중 앞에 모습을 드러냈고 그것을 통해서 세상을 변형시켰다.

| 참고문헌 | Reinhold Seeberg, Lehrbuch der Dogmengeschichte, Bd. Ⅳ I 5, 1953. Karl Holl, Gesammelte Aufsätze zur Kirchengeschichte, Bd. I 7, 1948 und Bd. III, 1928. Erich Seeberg, Luthers Theologie. Motive und Ideen, 2 Bde., 1929/1937. Wilfried Joest, Gesetz und Freiheit, 1961[3].

36. 독일 종교개혁 I

- 비텐베르크부터 보름스까지(1516-1521) -

1. 면죄부 논쟁과 1519년 라이프치히 논쟁 1517년 루터가 대중에게 자신을 드러낸 것은 목회상담적인 관심, 즉 면죄부의 무서운 결과 때문이었다. 참회와 관련해서 그는 이것을 알게 되었고, 대응조처를 취하는 것이 필요하다고 생각했다. 이와 함께 재발견된 복음으로 모든 교회를 개혁할 수 있을지 혹은 새로운 움직임을 이단이라고 정죄하여 씨를 제거하는 것이 교황에게 성공할지에 대한 문제가 역사적으로 제기되었다. 사실이 되어버린 교회의 분열은 누구도 원치 않았다.

면죄부는 내용적으로 볼 때 죄책에서 벗어나는 자유를 의미하지 않는다. 참회의 성례전만이 그것을 보증해준다. 면죄부는 다만 사람이 죄를 범하여 얻게 된 한시적인 형벌을 이생과 연옥에서 면해주는 것이다. 면죄부는 죽은 자를 위해서도 구입할 수 있다. 하나님과의 관계를 금전적 행위로 바꾼 면죄부는 복음적인 참회 사상에서 보면 하나의 수치다. 당시 브란덴부르크에서 판매된 베드로 교회 면죄부는 형태와 내용을 볼 때 교황청과 선천적 재능을 가진 브란덴부르크 왕자이자, 마인츠의 젊은 대주교의 주도로 여러명의 감독이 합의하여 만들어낸 작품이었다. 루터는 물론 이 젊은 대주교를 알지 못했다. 마인츠의 알브레히트는 이 직위를 넘겨받고자 엄청난 비용을 지불해야 했고, 교황청은 그에게 비용의 절반을 요구하며 베드로 교회 신축을 위해 1506년 발행된 면죄부를 그와 그의 형의 지역에서 팔도록 제안했다. 알브레히트도 여기에 동의했다. 아우구스부르크의 은행가인 푸거는 전액을 선불해 주었고, 수입의 절반을 매일같이 회수해 갔다. 알브레히트의 면죄부 판매 대사는 도미니크회원 요한 텟첼이었다. 그의 설교는 정도를 지나쳐 면죄부의 효능을 왜곡시켰다. "돈이 금고에 떨어지자마자, 영혼은 천국으로 뛰어오른다." 루터는 고해신부로서 이러한 면죄부의 영향을 다루어야만 했다. 그는 우선 설교를 통해 면죄부를 반대했다. 그는 1517년 10월 31일 95개 논제로 면죄부의 효능에 대한 공개적인 토론을 지식인들에게 요구했다. 교회사의 놀라운 순간은 하나님의 영적인 관심에서 이루어진 것이다. 그날을 택한 것은 의도적인 것이었다. 왜냐하면 만성절(Allerheiligentag)에 비텐베르크 성 교회에는 엄청난 성유물들이 공개적으로 전시되기 때문이다. 성문에 붙은 루터의 논제는 면죄부 구입을 원한 방문객들의 발을 붙들었다. 논제 자체는 매우 보수적이었다. 올바른 참회에 대한 설명으로 논제는 시작된다. 이것은 성서적인 참회사상을 새롭게 해석한 것이다. "우리 주요 선생이신 예수 그리스도께서 '회개하라' 고 말했을 때, 그는 신자의 전 생애가 참회이기를 원한 것이다." 비록 루터가 아직은 면죄부를 완전히 거부하지는 않았다고 할지라도 많은 논제들이 그 심각성을 말해주고 있다. 그는 노골적이며 대중적인 방식으로 면죄부 반대를 전개했다. 가령 논제 82는 "왜 교황은 가장 거룩한 사랑을 이유로 연옥에 있는 영혼들을 구원하지 않고, 그에게는 아주 사소한 원인이라고 할 수 있는 영혼들의 커다란 고통 때문이라고 하는가? 그는 셀 수 없을 정도로 많은 영혼들을 전혀 거룩하지 않은 돈으로 구원하려 하지 않는가?"라고 말하고 있다. 어쨌든 이 논제는 엄청난 주목을 받았고, 미코니우스(Myconius)가 말했듯이, 마치 천사가 전파자라도 되는 듯이 신속히 확산되었다. 논제를 내걸어 비범한 수도사는 대중적인 사람이 되었고, 38년 안에 독일의 대부분과 그 외의 많은 지역에서 종교개혁적인 복음을 전하는 데 성공했다.

논제가 가져온 학문적인 논쟁은 가톨릭적인 참회의 성례전에 대한 자신의 반박이 정당함을 확신시켜 주었다. 그는 즉시 교황의 권위 문제를 다루었다. 강력한 루터의 상대였던 잉골스타트 대학 교수 요한 에크(Johann Eck)와 벌인 1519년 유명한 라이프치히 논쟁은 바로 그 문제를 다루었다. 이 토론에서 루터는 교황의 권위 문제와 함께 공의회의 무오류성도 비판했다. 후스를 정죄한 것은 콘스탄츠 공의회(1414-1418)의 명백한 오류였다.

루터가 속한 교단적인 틀 안에서 개최된 1518년 하이델베르크 논쟁은 자유의지의 문제와 아리스토텔레스의 권위 문제를 다루었다.

2. 첫 동료들 비텐베르크 동료들인 칼슈타트라고 불리운 안드레아스 보덴스타인, 니콜라우스 폰 암스도르프, 요한네스 될쉬와의 결속은 이미 전에 이루어졌다. 하이델베르크 논쟁은 적극적인 새로운 동료들을 그의 편에 안겨주었다. 요한네스 브렌츠와 에어하르트 쉬네프는 뷔르템베르크의 종교개혁자들이 되었고, 지칠 줄 모르는 전사인 - 그리고 중개자! - 마틴 부처(Martin Bucer)는 스트라스부르와 영국에서 활동했다. 라이프치히 논쟁은 이미 1517년부터 주목해온 많은 인문주의자들을 루터의 동료가 되게 했다. 뉘른베르크에서는 예를 들어 한스 작스 및 알브레히트 뒤러와 함께 라차루스 스펭글러를 중심으로 하는 인문주의자들이 루터 편에 가담했고, 아우구스부르크에서는 포이팅거가 루터 편에 섰다. 이들과 함께 독일의 지도층이 루터를 지지했다. 무엇보다도 루터가 젊고 그리고 후에 대학의 유명한 학자가 된 필립 멜란히톤(1497-1560)을 평생 동안 친구요 동료로서 알게 된 것은 매우 중요했다. 네덜란드에서는 "공동생활형제단"의 회원들이 루터 편에 섰고, 바젤에서는 에라스무스 출판자인 프로벤이 루터의 라틴어 서적을 재인쇄하여 외국으로 확산시켰다. 루터의 사상은 이미 그 해에 독일을 넘어 다른 지역으로 쇄도하고 있었다. 루터와 인문주의자들을 결합시켜준 요인들은 다음과 같다.

1) 스콜라신학에 대한 공통된 반대

2) 성서적인 공통된 기본 태도

3) 교회 개혁에 대한 공통된 소원

루터가 그의 글에서 전개한 애국적인 호소들은 울리히 폰 후텐의 마음을 잡아끌었고, 이 사람을 통해 제국 기사단이 그의 편에 가담했다. 이들은 당시에 존재했던 직업군인들이었으며, 루터 편에 가담하기로 결정했다. 보헤미아인들도 1520년 루터와 관련을 도모했다. 이로써 중세기 말엽의 개혁 노력들도 차후에 이루어진 개신교의 형성에 하나의 도움이 되었음이 입증되었다.

1520년에 나온 종교개혁 저서들은 독일 민족을 완전히 루터 편으로 인도했다. 그것은 『선행에 관한 설교』, 『기독교 개선에 관하여 독일 그리스도인 귀족들에게』, 『교회의 바벨론 포로 서곡』 그리고 『그리스도인의 자유에 관하여』다. 이 글들은 각기 핵심인 칭의론에서 발전된 루터의 교회 개념, 루터의 국가이해, 그리스도인의 삶에 관한 고찰, 즉 그의 윤리 그리고 올바른 예배론을 담고 있다. 그러므로 이 글들은 교회 갱신을 위한 좋은 프로그램들을 제공하고 있다. 그 영향은 대단했다. 1520년 이후 종교개혁은 정치계에서도 고려해야만 할 하나의 정신적인 힘이 되었다.

3. 정치적인 협력 정치적인 협력은 어떻게 가능할 수 있었는가? 무엇 때문에 로마 교황청은 이단으로 비쳐지자마자 즉시 이단법에 따라 루터를 다루지 못했는가? 이 운동을 단순히 수도사들의 싸움, 다시 말하면, 루터가 속했던 아우구스티누스 은둔파 수도원과 면죄부 설교자 텟첼이 속한 도미니크파 사이에 벌어진 수도사들의 싸움이라고 본 잘못된 판단과 더불어 그 이유는 정치에 있었다. 중요한 시기인 이때(1519) 황제 막시밀리안이 죽었다. 임박한 황제 선출을 앞두고 그러나 교황청은 루터의 지역 영주로서 그가 세운 대학교수를 힘닿는 데까지 보호해주었던 프리드리히 현제의 도움이 필요했다. 교황청은 심지어 프리드리히를 독일 황제로 내정했다. 왜냐하면 교황청은 두 명의 황제 후보, 즉 프랑스의 프란츠 1세(Franz I)와 칼 5세(Karl V, 1520-1556)를 원치 않았기 때문이다. 그러나 프리드리히는 황제 자리를 사양했고, 황제 후보자를 결정하는 데 중요한 자신의 투표권을 교황청도 차선책으로 바랐던 합스부르크의 칼 5세에게 던졌다. 혈통으로 볼 때 칼 5세는 비독일인이었고, 니더불군디(Niederburgund)지역[78]의 프랑스 언어권에서 교육받고 성장했기에 독일에서 결코 힘을 발휘하지 못했다. 세계의 절반이 그의 수중에 있었으며, 그 때문에 독일은 언제나 그의 정치에서 하나의 작은 요인밖에 되지 못했다. 이렇게 중요한 시기에 독일은 한 낯선 사람을 황제로서 가져야만 했던 것이 운명적인 사건을 가져왔다.

78) 오늘날의 네덜란드와 벨기에 지역. *

황제 선출은 그때까지도 루터 문제에 대해 소극적으로 임했던 로마의 태도를 뒤바꿔주었다. 5개월에 걸친 긴 협의 끝에 1520년 6월 15일 마침내 파문위협교서인 "주여 분기하소서"(Exsurge Domine)가 공포되었다. 루터는 그로 인하여 더 이상 최종적인 교황의 선고를 기다리지 않았고, 1520년 12월 10일 교회법문과 참회 지침서와 함께 교서 "주여 분기하소서"를 모인 학생들 앞에서 불태움으로 자신에게는 "적그리스도"가 된 교황과 모든 교황청의 제도를 공개적으로 거부했다. 이것은 참회론과 동시에 가톨릭교회의 모든 법체계에 대한 거부였다. 사실 이것은 단순한 항의가 아니었다. 이 일로 인해 그 자신도 언젠가는 이 종이쪽지들처럼 불태워질 수도 있음을 감안해야 했기 때문이다. 그는 다음날 강의에서 학생들에게 처음으로 분명히 '이제 복음을 배신할 것인가, 아니면 순교를 당할 것인가 하는 것이 중요하다' 고 언급했다. 그리고 1521년 1월 21일 자신이 직접 출교를 선언했다.

4. 보름스 독일 제국법에 따르면 교회 파문에 이어 지체 없이 제국에서의 추방도 이어져야 한다. 이것이 간단히 실행되지 않고, 파문당한 사람이 1521년 4월 18일 심문을 받기 위해 보름스에서 개최된 제국회의와 황제 앞에 나타날 수 있었다는 것은 아주 파격적인 일이었으며, 루터를 송사한 이단법의 첫 붕괴였다.

1) 황제는 자신이 황제가 되는 데 중요한 역할을 했던 프리드리히 현제가 자신으로 하여금 루터에게 관심을 갖고, 루터 심문에 대해 언급해 달라는 요청을 거절할 수 없었다.

2) 그 외에도 그는 어떤 독일인도 심문 없이 정죄할 수 없도록 한 자신의 선거공약을 지켜야 할 의무가 있었다.

3) 독일민족의 여론도 고려해야 했다. 그것이 어느 정도였는지는 루터의 보름스 여행이 보여주었다. 그것은 하나의 승리의 여정과도 같았다. 에어푸르트(Erfurt) 대학은 루터가 시를 통과할 때 마치 높은 국가 고관이나 혹은 교회의 중요인물의 행렬인양 축하하며 그를 – 파문당한 사람 – 영접했다.

루터는 보름스로 가고 오는 길에서 콘스탄츠에서 당한 후스와는 달리 자유 통행에 대한 안전을 보장받았다. 보름스에서의 심문은 잘 진행되지 못했다. 성서의 증언이나 혹은 분명한 이유를 통해 증명되지 않을 경우, 루터는 자신의 모든 주장에 대한 취소를 거부했다. "왜냐하면 양심을 거스려 행동하는 것은 거짓이기 때문이다." "하나님 나를 도우소서, 아멘!"이라는 확신으로 루터는 자신의 말을 맺었다.

보름스 국회는 독일 사람의 의식 속에 깊이 각인되었다. 세상과 교회의 가장 높은 대표들 앞에서 양심의 자유라는 원리를 언급함으로 보름스 국회는 실제로 새로운 세계의 탄생시간을 의미하게 되었다(뢰벤이히). 루터가 황제와 제국국회 앞에 단독자로서 설 수 있었던 것은 먼저 하나님 앞에 단독자로서 서야만 했기 때문에 가능했다. 그는 여기서 잘 견디어냄으로 가장 높은 세상의 권세 앞에서도 견디어낼 수 있었다.

그러나 루터는 황제를 설복시키지는 못했다. 다음날 황제 칼 5세는 제국의원들에게 모든 그의 나라와 그의 친구와 그 자신의 삶을 바쳐 루터를 위험스런 이단으로 배격하기로 결정했다고 선포했다. 그러나 많은 제후들이 귀가한 후인 1521년 5월 26일에야 비로소 루터와 그의 추종자들에 대한 국회의 추방이 공식적으로 발표되었다. 하지만 모든 제국의원들의 이름으로 반포된 것처럼 보이기 위하여 그것은 5월 8일자로 날짜를 앞당겨 기입했다.

종교개혁사의 첫 국면은 이것을 실제로 국민적인 운동으로 만들기는 했으나, 교황, 황제 그리고 제국의회를 통한 그들의 정죄로 끝이 났다.

37. 독일 종교개혁 II

- 보름스부터 뉘른베르크 휴회까지(1521-1532) -

1. 보름스 국회부터 1526년 스파이어 국회까지 제국의회에서 추방된 사람은 법률의 보호를 받을 수 없는 가련한 처지였지만, 루터와 대부분의 그의 추종자의 경우 선포된 판결은 전혀 성사될 수 없었다. 이러한 현상에 대한 이유는 무엇인가? 교황, 황제 그리고 제국의회라는 요소 안에 뭉친 엄청난 권력은 더 시급한 문제만을 초래했기 때문이다.

1) 세계의 정치적 상황. 먼저 그들과 대립된 정치적인 세계정황을 지적할 수 있다. 이에 대한 이해 없이는 종교개혁도 이해할 수 없다. 당시 정치세계의 중심에는 물론 황제인 칼 5세가 있었다. 독일의 황제이자, 네덜란드, 네아펠,

스페인 그리고 미대륙의 주인으로 세계의 절반이 그의 수중에 있었다. 그는 가톨릭적인 세계교회를 하나님이 주신 것으로서 그의 제국에 대한 짝이라고 여겼다. 근대적 경건(Devotio moderna) 사상의 영향을 받은 그에게는 그러나 교회의 참된 개혁도 중요한 문제였다. 따라서 개혁을 거부한 교황청은 그의 첫 번째 적이었고, 순수한 교회적 방식으로 대응하고자 했다. 그러나 정치적인 요인이 여기에 덧붙여졌다. 이미 나폴리의 통치자가 된 칼은 이탈리아 북부(밀라노)를 놓고 프랑스와 전쟁을 시작하여 교회국가를 완전히 포위하고자 위협했다. 스타우퍼(Staufer) 시대에도 이미 교황청은 독일 황제의 적이었다. 지금도 역시 교회는 황제를 두려워했다. 전체 종교개혁 기간 동안 황제와 교황 사이에 매우 다양한 형태로 분열이 일어났고, 이러한 일이 없었다면 종교개혁은 결코 이 세상에서 그 뜻을 이루지 못했을 것이다.

황제를 불안하게 만든 두 번째 적은 반(反)프랑스 고립화 정책에서 생겼다. 프랑스를 고립시키고자 한 정책은 그의 조부인 스페인의 페르디난트와 이사벨라가 시작한 것이며, 그 자신도 역시 계획대로 강행했다. 그것은 가톨릭 세계를 프랑스적인 그룹과 스페인적인 그룹으로 나누는 것을 의미했고, 그것으로 가톨릭은 계속 크게 약화되어 갔다.

1533년 세 번째 적으로 영국의 헨리 8세(Heinrich VIII, 1509-1547)가 여기에 개입했다. 그는 스페인이 프랑스를 고립시키려 하는 정책에 관심을 가졌고, 칼 5세의 숙모인 아라곤의 캐더린과 결혼했다. 헨리 8세는 그러나 자신의 부인을 추방했고, 이것으로 가문의 명예 및 황제의 정치적인 관심에 상처를 입혔다.

마지막으로 기독교 전체와 특히 황제 내지 1527년 이후 헝가리의 왕이었던 그의 동생 페르디난트는 합스부르크-독일과 헝가리에서 새롭게 출현하는 터키의 공격으로 상당한 위협을 받고 있었다. 터키는 1526년 헝가리를 단숨에 점령했고, 1529년 빈(Wien)에 나타났다. 이러한 위급한 상황이 루터로 하여금 터키와의 전쟁을 호소케 했다. 그러나 그는 십자군 전쟁은 철저히 반대했다.

이러한 대외정책의 발전과 함께 독일 내부에서도 황제의 절대적 경향에 반대하는 지역선제후들의 대립이 일어났다.

종교개혁기의 유럽은 최고 권력을 가진 모든 세력들 간에 긴장이 들끓고 있었다. 이러한 긴장들은 칼 황제의 삶을 계속 바뀌는 적들과 평생 싸움으로 일관하게 만들었다. 처음부터 단호하게 대처했던 루터와의 싸움은 칼 5세가 감당해야 할 과제 가운데 작은 한 부분에 불과하다고 보았으며, 그 결과 긴급하다고 여긴 많은 일 뒤로 제쳐두어야만 했다.

1521년 보름스 제국회의가 끝난 직후 프랑스와의 전쟁이 시작되었고, 황제는 1526년까지 전쟁에 몰두해야 했다. 독일 제후들은 보름스 칙령을 적용할 때 닥칠 위험을 짊어지기를 원치 않았고, 심지어 그들은 교황청에 반대하여 마음속에 담아 왔던 "독일민족의 불만"(gravamina der deutschen Nation)이라 일컬어진 수많은 오류들을 루터가 제거해주기를 오히려 희망했다. 그러므로 어떤 행동들도 일어나지 않았다.

2) 종교개혁의 확산. 정치와 함께 계속 증가일로에 있는 종교개혁의 확산을 두 번째 요소로서 언급해야만 한다. 이러한 요인이 그들의 억압을 불가능하게 만들었다. 비록 루터 자신이 선제후로 인해 바르트부르크 성에 숨겨지고, 그 일로 그가 우선은 차단되었다고 할지라도 종교개혁은 계속 확산되었다. 다만 루터의 글들만이 계속 영향을 주었다. 이 글 가운데 1522년에 나온 독일어 신약성서가 있다(1534년에는 독일어 성서 전체가 완성된다). 루터는 이 성경으로 독일민족에게 언어적인 일치감과 그 언어 속에 흐르는 강한 정신적 통일을 선물했다. 루터를 표준 독일어의 창조자라고 보아서는 안 되지만, 그의 독일어 성서번역은 작센과 보헤미아 공용어의 기초가 되었다. 그러나 독일 전체의 이러한 언어 통일은 루터 성서의 영향 덕분이다. 독일어 성서는 미세한 부분과 특별히 리듬(Rhythmus)에 이르기까지 언어적으로 섬세하게 다듬어졌고, 모든 음절을 철저히 숙고한 것이다. 루터는 성서를 독일어로 번역했을 뿐만 아니라, 신학적으로 단호하게 "그리스도에게 초점을 맞추어"(auf Christus hin) 그 의미를 해석했고, 언어적으로 볼 때 여러 가지 해석이 가능한 곳은 중심, 즉 "오직 은혜에 의한 칭의"에서부터 그것을 해석해 갔다. 1521년 멜란히톤은 그의 『신학해제』(Loci communes)에서 처음으로 루터적인 교의학을 집필했다.

이전에 수도사였거나 혹은 사제였던 상당히 많은 설교자들이 이제 글들과 함께 수많은 대중에게 살아있는 말씀을 설교했다. 이들은 공장이나 혹은 식당, 거리 또는 관청에서 복음을 증거했다. 바르트부르크 성에서 쓴 루터의 설교는 많은 목사들이 배울 수 있었고 오늘날까지도 배우고 있는 설교의 좋은 모델이 되었다.

설교는 특별히 성가를 통해 지원 받았다. 비텐베르크에는 1524년에 이미 개신교의 첫 찬송가가 생겼다. 이것은 루터가 직접 지은 찬송을 상당히 포함하고 있다. 교회를 개혁한 위대한 신학자가 언어의 천재이자 동시에 시인이었다는 것은 하나님의 특별한 은사다. 게다가 그는 자신의 많은 찬송에 직접 곡을 붙인 하나님의 은총의 작사자였고, 대부분 루터교회의 본질에 상응한 예술적 형태의 근거를 만들어주었고, 예전 외에도 예배에서 음악은 특별한 자리를 차지했고, 2백년이 경과하면서 요한 세바스티안 바흐(Johann Sebastian Bach, 1685-1750)에서 그 절정에 도달했다(뢰벤이히).

종교개혁에 큰 역할을 한 출판물로서는 전단지(Flugblatt)를 말할 수 있다. 한 장 혹은 여러 장의 전단지들은 통렬한 풍자를 가득 담고 있고, 대체로 삽화를 곁들였다. 바로 직전 구텐베르크(Gutenberg)가 발명한 인쇄술이 아니었다면 종교개혁의 확장은 생각할 수 없었을 것이다. 때문에 이 점에서도 하나님의 섭리의 역사를 보게 된다.

이러한 인쇄물을 통해 위에 이미 언급한 단체와 더불어

(1) 많은 도시에서 사회-혁명적인 움직임이 일어났다. 초기 자본주의 형태를 성급히 취한 자연경제에서 황폐경제로의 이행, 아메리카의 발견으로 인한 교역로의 변화와 인도로 가는 해로(海路), 여기에 로마법의 수용, 이 모든 것은 사회계층의 급격한 재편성을 가져왔다. 교회와 관련된 기관이나 혹은 사람들이 향유했던 엄청난 각종 특권들이 이미 오래전부터 이들을 증오로 들끓게 했다. 그러므로 귀족정부에 대항하는 길드(Zünfte)조합의 봉기가 종종 종교개혁에 수반되었다.

(2) 15세기 말 이후로 불안한 농민층도 루터에게 접근했다. 농민운동은 그들이 커다란 부담을 느낀 세금의무에 상당히 큰 원인이 있다. 또한 기사들과 도시들 사이에 계속된 파벌싸움에도 그 원인이 있으며, 거기서 파생된 모든 짐은 결국 농민들이 져야 했다. 마지막으로는 토지로 인해 노예가 된 농민의 법적인 상태에도 그 원인이 있다. "그리스도인의 자유에 관하여"라는 루터의 설교는 여기에 화약처럼 작용했다. 농민전쟁의 첫 징후가 가시화되었을 때 루터는 여전히 농민 편에 서 있었다.

3) 1524-1525년의 위기. 독일 종교개혁이 꽃피는 봄날처럼 진전되었지만, 1524/25년은 결코 과소평가해서는 안 되는 하나의 위기의 해였다. 이때

(1) 루터는 열광주의와 중요한 논쟁을 했다. 그도 신앙에 있어서 성령의 중요성을 매우 강조했었다. 하나님과의 교제는 성령을 통한 직접적이며 내적인 각성과 영감에 근거하고 있다는 관점은 너무 일방적이다. 루터는 성서를 하나님의 구속사를 증언하는 유일한 증인이요, 그리스도에 대한 말씀이라고 말한다. 더 나아가서 그는 결과적으로 볼 때 열광주의는 거의 예외 없이 단순한 당연성으로 끝이 나고 있음을 잘 알고 있었다. 열광주의가 성령의 수용과 연결짓는 '첫 번째 육의 사망'(prima mortificatio carnis)은 '오직 은총'(sola gratia)을 쓸모없게 만든다. 종교개혁 시대의 열광주의는 엄격한 율법주의적인 태도를 견지하여, 그리스도의 자유를 제거시켰고, 동시에 복음을 사회적인 이론으로 격하시켰다. 루터는 열광주의를 배격하면서 포기할 수 없는 복음의 기초를 굳게 지켰다.

이미 1522년 열광주의의 율법주의와 민감한 첫 갈등이 있었다. 루터가 바르트부르크에 머무는 동안 비텐베르크의 실제적인 개혁은 칼슈타트에게 넘어갔다. 그는 다음과 같이 요구했다.

① 결혼은 하나님의 법이기에 목사들이 결혼할 것을 요구했고,

② 수녀들과 수도사들은 수도원을 떠날 것을 요구했으며,

③ 봉헌송(Offertorium), 성체봉대(Elevation), 성직의복과 같은 비복음적인 요소를 미사에서 제거할 것을 요구했다. 긍정적인 것은 그러나 그가 1521년 성탄절에 처음으로 모두가 다 함께 양종성찬(beiderlei Gestalt)을 거행한 것이다(2천 명 참석).

④ 마지막으로 그는 성화와 부제단의 제거를 요구했다. 이것은 성화 논쟁을 초래했다. 그로 인해 종교개혁이 혁명으로 변질할 위험에 처했다.

이로 인해 선제후의 불허에도 불구하고 루터는 바르트부르크를 떠났고, 8개의 차분하면서도 강렬한 설교, 특히 1522년 유명한 사순절 첫 주일 설교(Invokavitpredigten)를 통해 불안한 백성들의 마음을 사로잡을 수 있었다. 그의 원칙은 새로운 제도를 도입할지라도 새로운 것을 내적으로 아직 수용치 못하는 형제를 배려하는 사랑은 유지되어야 한다는 것이었다.

열광주의를 대표하는 토마스 뮌처(Thomas Münzer)야말로 이 시대에 루

터의 적중의 적이었다. 그는 그의 사회윤리적인 행동 때문에 오늘날 종종 루터보다 더 진보적인 사람으로 간주되고 있다. 뮌처에 의하면 인간은 자기를 포기하는 극한적인 상황에서 인간이 들은 하나님의 말씀이 마음속에 떠오르게 되고, 이것으로 신앙이 시작되는 것이다. 성서는 물론 없어도 된다. 성서는 그러한 경험을 보도하기는 하나, 그것을 만들지는 못한다. 하나님의 영감에 의해 선택된 자들이 거룩한 자들의 공동체인 교회를 구성하며, 이들은 금욕적 삶을 영적인 삶으로서 추구한다. 여기서 윤리적인 것이 다시금 그리스도인의 척도가 된다. 열광주의자들이 흥분한 농민들과 함께 추구했던 공산주의적인 경향은 여기서 나온 결과다. 또한 때 묻지 않은 거룩한 자들의 공동체를 만들려는 노력이 이미 유아 때 받은 세례 대신 다시 세례를 받아야 한다고 주장한 재세례로 인도했다. 이에 대한 성서적이며 율법적인 근거는 발타자르 후프마이어(Balthasar Hubmaier)가 만들었다. 바로 지금인 이 종말의 시기에 손에 칼을 들고 깨끗한 하나님의 나라를 실현하는 것이 거룩한 자들의 의무라고 천명했다는 점에서 뮌처에게는 극단주의라는 특별한 형태도 보이고 있다. 이것이 그를 이 땅에서 절대적인 정의의 나라를 세우기를 원하는 농부들과 손을 잡게 했다.

루터는 종교개혁이 비역사적이고 개인주의적인 열광주의로 그리고 사회윤리적인 혁명으로 왜곡되는 것을 온 힘을 다해 정열적으로 대응했다. 그것은 복음의 순수성을 크게 위태롭게 하는 것이었기 때문이다. 그는 두 개의 전선에서 싸워야 했다. 그는 복음을 지키기 위해서는 비싼 대가를 지불해야만 했다. 열광주의를 유혈박해로 대응했다. 그러나 동시에 박해는 개신교에 커다란 내적 부담이었다. 산상수훈에 부응하여 무저항을 추구하는 사람도 열광주의일 경우 동일하게 처리했기 때문이다. 저항하지 않는 사람은 적어도 피가 아닌 영적으로 진압되어야만 했다.

(2) 농민운동과의 분리. 슈바벤(Schwaben) 농민운동 12개조는 복음이 세속적인 이득을 위해 일하는 농민들에게도 해당됨을 분명히 보여주고 있다. 이들은 1525년 봉기를 일으켰다. 루터는 농민들이 제시한 대부분의 사회적 요구가 타당하다고 인정했지만 두 가지 이유에서 그들과 거리를 유지했다. 생명의 위협에도 불구하고 그들을 제지하고자 하는 시도가 수포로 끝났을 때, 루터는 그들에 대한 강경 대응을 요구했다. 선제후의 승리 후 루터는 다시금 협상을

시작했지만, 결과는 마찬가지로 허사였다. 루터는 농민들에 대한 자신의 이러한 입장을 통해서 의심의 여지없이 복음이 사회적이며 정치적인 원리로 변하는 것을 막았다. 그러나 그는 이 일로 인해 다시금 종교개혁에 대한 대중의 지지를 잃어버리는 비싼 대가를 지불해야만 했다. 그 외에도 남쪽의 많은 지역에서 농민들에 대한 선제후의 승리는 동시에 반종교개혁(Gegenreformation)의 첫 승리를 의미했다.

(3) 상당수의 인문주의자들 역시 이 해에 루터와 결별했다. 양편이 지향하는 기본적인 차이점에 근거하여 - 인문주의는 합리적, 인간 중심적, 세계 친화적이며, 반면에 루터는 비합리적, 신 중심적, 종말론적 - 위에 설명한 접촉점에도 불구하고, 인문주의자들이 멜란히톤과 다른 사람들처럼 루터에게 완전히 기울어지지 않는 한 이러한 결렬은 언젠가는 반드시 한번 일어나야만 했다. 1524년 에라스무스는 지도자로서 입장을 밝히라는 많은 사람들의 압박 끝에 그의 글 『자유의지론』(De libero arbitrio diatribe)에서 신학적 문제는 불확실하다고 제쳐두면서 인간의 도덕적 자유를 옹호했다.

루터는 1525년 가을에서야 비로소 『노예의지론』(De servo arbitrio)으로 답변했다(1526년 인쇄). 성서는 형식이 아닌, 내용적으로 볼 때, 루터가 말하는 하나님의 단독행위(Alleinwirksamkeit)와 은총의 무저항성에 대해 가장 잘 짜여진 설명을 담고 있다. 이 싸움은 인문주의를 최종적으로 갈라놓았다. 인문주의자들 중 일부는 루터 곁에 남았다. 그러나 다른 사람들은 반종교개혁 진영의 선제후의 중요한 측근으로 활동했다. 복음을 깨끗이 지키고자 한 루터의 내적인 노력의 결과는 여기서도 역시 중요하고 힘 있는 동료들의 손실이었다.

(4) 게다가 프로테스탄트도 두 진영으로 분열되었다. 이것은 첫 성만찬 논쟁이 가져온 결과였다. 츠빙글리는 그리스도가 골고다에서 구원을 이룩했다고 한다. 즉 하나님은 이제 화해하였다. 이 점에서 그는 성례전은 더 이상 구원을 매개하는 힘이 없다고 본다. 그것은 단지 각자가 성찬을 행함으로 자신의 신앙을 강하게 해준 그리스도의 행위를 기억하는 행사다. 성찬식에서 인간은 자신의 구원자를 고백한다. 이러한 관점은 특별히 성만찬 말씀의 상징적인 이해와 유사하다. 츠빙글리는 네덜란드의 변호사 코르넬리우스 호엔(Hoen)이 이러한 개념을 구상한 것을 알자마자, 그것을 그대로 수용했다. 츠빙글리의 직접적인 연설이 루터로 하여금 그의 교리에 대해 언급하도록 자극

했다. 츠빙글리는 성례전의 구원의 능력을 부인한 반면, 루터는 제정의 말씀 가운데 있는 "-이다"(est)는 그리스도의 몸과 피의 실재적 현존임을 강조했다. 성만찬 논쟁은 루터가 후에 "당신들은 다른 영을 가지고 있다"는 말로 표현한 상호간에 점점 더 깊어가는 대결의 표현일 뿐이다.

(5) 위기는 같은 해인 1525년 루터의 결혼으로 인해 더 심각해졌다. 그것은 한편으로는 개신교 역사와 문화사에 지고의 중요성을 갖고 있다고 할지라도, 다른 한편 종교개혁의 확장에는 하나의 장애로 작용했다. 왜냐하면 결혼은 가톨릭적이든, 열광주의적이든, 금욕적인 삶이 성취한 모든 것을 무너뜨렸기 때문이며, 동시에 상대편에게 그들이 오랫동안 갈망하던 루터의 행동의 동기를 의심할 수 있는 가능성을 제공해주었다.

그러므로 1525년은 민중의 운동으로서의 종교개혁이 잠정적인 종결을 맞는 해였다. 황제와 교황의 적의가 효력을 미칠 수 없었던 세력인 독일 민족은 다시금 가톨릭이 되고자 하지는 않았지만, 루터에게 비판적으로 마주섰다.

4) 그러나 이것은 종교개혁의 몰락을 의미하지 않았다. 왜냐하면 같은 해인 1525년에 새로운 세력이 종교개혁을 추진하고자 등장했다. 곧 지역 영주(Landesfürstentum)들이다. 민중운동에서 국가가 장려하는 운동으로의 국면의 전환은 많은 점에서 중요하다. 1525년 독일 수도원 최고 책임자인 알브레히트 폰 프로이센(Albrecht von Preußen)이 처음으로 종교개혁에 동조했고, 자신의 영적인 통치지역을 국유화했다. 같은 해 프리드리히 현제의 계승자인 선제후령의 존엄자 요한이 종교개혁의 도입을 시작했다. 헤센에서는 용감한 필립이 같은 길에 들어섰다. 브라운쉬바익-뤼네부르크의 고백자 에른스트(Ernst der Bekenner)와 같은 독일 북부와 중부지역의 몇몇 작은 영주들도 제국도시들처럼 종교개혁을 추진했다. 종교개혁이 민중 대신에 영주들에 의해 계속 추진되었다는 것은 다음을 뜻하는 것이다.

(1) 종교개혁의 정치화다. 내용적으로는 아니나, 그러나 종교개혁의 운명이 그것을 수행하는 영주들의 운명과 밀접하게 연관되었다는 의미에서다. 따라서 이것은 정치적임이 명백한 것이었다.

(2) 종교개혁의 정치화를 통해 이미 이전에 시작된 일들이 더 강하게 추진되었다. 우선 1521년 보름스와 1522/23년 뉘른베르크 국회에서 종교적인 문제를 제국법에 맞게 합법적으로 조정하고자 하는 시도들이 일어났다. 뉘른

베르크에서 교황 하드리안 6세(1522-1523)는 그의 대변인을 통해 교황청이 엄청난 죄를 범했음을 인정했다. 이러한 정직한 고백이 1518년에 있었다면 아마도 교회의 분열을 막았을 것이다. 그러나 이제는 너무 늦었다. 제국의원들은 공의회를 소집하라는 루터의 요구를 수용했고, 1년 안에 독일에서 자유롭고도 보편적인 공의회를 소집할 것을 요구했다. 그 결과 1524년 뉘른베르크에서 새로운 제국회의가 열렸고, 종교문제를 해결할 과제를 가을 스파이어(Speyer)에서 열린 국가회의에 위임했다. 이것이 제국 전체에 적절히 적용될 수 있는 통일된 원칙을 가져올 것이라고 기대했다. 그러한 사상은 1648년까지도 완전히 시들지 않았다. 그러나 이미 1524년에 종교적인 분열로 지역 영주들의 충돌이 시작되고 있었다. 그것은 가톨릭 측이 먼저 개시했다. 1524년 뉘른베르크 제국회의에서 제국은 루터적인 이단에 대해 아무런 조처도 취하지 않을 것임을 명확히 했을 때, 메디치가(Mediceer)의 새 교황인 클레멘스 7세(1523-1534)는 교황청 대사인 캄페기(Campegi)를 파견했고, 몇몇 독일 남부 지역 영주들에게 동맹을 맺어 보름스 칙령을 관철시키도록 사주했다. 이렇게 하여 레겐스부르크 동맹(Regensburger Bund)이 이루어졌다. 레겐스부르크 동맹은 1525년 데사우 동맹(Dessauer Bund)의 형태로 확산되었다. 그리고 1525년 개신교 영주들이 종교개혁의 외적인 수행자가 되었을 때, 그들도 즉시(1526) 대립동맹(Gegenbund)인 고타-토르가우(Gotha-Torgauer) 동맹을 결성했다. 그 이후 가톨릭을 따르는 영주 그룹과 개신교를 따르는 영주 그룹이 정치적인 연맹을 결성해 서로 대립했다. 이것으로 통일된 원칙을 세우고자 한 가능성은 완전히 사라졌고, 독일 민족의 교파적인 분열은 기정사실이 되었다. 가톨릭 측의 연맹결성이 화근이 된 이러한 분열은 독일 내 지역 세력의 강화와 더불어 황제의 중앙집권력의 약화를 가져왔다.

5) 1526년 스파이어 제국의회에서 교황의 주도로 새로운 반합스부르크 연맹인 거룩한 코냑 리그(Liga von Cognac)가 교황과 프랑스 사이에 결성되었다. 프랑스와의 전쟁에서 황제가 승리하여 종교적인 문제에 더욱 긴밀히 간섭할 것 같은 이러한 어려운 상황에서 독일의 종교개혁은 특별히 교황청에 역설적인 도움을 빚지고 있다. 황제는 이탈리아에 대한 정책 때문에 교회적인 문제에 개입할 수가 없었다. 독일 영주들은 황제에게 새로운 근심거리였다. 내적인 소요가 다시 일어날 수도 있었기 때문이다. 황제는 보름스 칙령의 적용

을 유보시켰고, 새로운 제국회의가 열리기까지 제후들과 도시는 신앙의 자유를 갖는다고 선포했다. 개신교 영주들은 보름스 칙령을 적법한 복음의 해방이라고 평했다.

2. 1526년 스파이어 국회부터 1532년 뉘른베르크 휴회까지

1) 정치는 계속해서 종교개혁의 외적인 상황에 영향을 주었다. 코냑 리그에 대한 황제의 전쟁은 1527년 결국 로마의 정복으로 이어졌다. 르네상스 교황청의 막을 내렸다는 점에서 획기적인 의미가 그에게 있었다. 로마의 정복에도 불구하고 평화조약은 1529년에야 체결되었다. 1529년 제2차 스파이어 제국의회는 완전히 승리한 황제의 압력 하에 있었고, 게다가 프랑스와 교황은 평화조약의 체결로 이단을 박멸하는 데 협조할 의무가 있었다. 400명의 제국의원 가운데 단지 19명만이 제국의회에서 복음을 고백했다. 1526년의 제국의회 결의는 다시금 무효화되었고, "가능한 곳에서는 어디서나"라는 추가적인 문구와 함께 보름스 칙령의 강행을 명령했다. 특별히 미사는 어디서도 폐지되어서는 안 되었다. 이러한 결정에 대해 복음주의적인 제국의원들은 항의(Protest)를 제기했고, 여기서 "항의하는 자들"(Protestanten)이라는 이름을 얻었다. 이러한 행동은 법률적인 의미에서 "항의"(Protest)라는 뜻을 내포하고 있지만, 동시에 명확하고도 공개적인 복음의 고백을 담고 있다. "하나님의 영광과 모든 영혼이 구원과 축복을 받기를 원하는 사람은 양심에 거리낌이 없이 하나님 앞에 서야 하며, 해명을 해야 한다. 이곳에서 어느 누구도 타인에게 많든 적든 권력 혹은 결정을 강요할 수 있는 사람은 없다." 19명의 제국의원들은 루터가 보름스에서 홀로 천명했던 양심의 자유를 요구했다. 1529년의 항거는 적극적인 내용을 담고 있었다.

순교의 용기를 가진 사람은 두 손을 무릎 위에 놓고 기다려서는 안 된다. 상황은 고타-토루가우 연맹(Gotha-Torgauer)을 포괄하는 지역적으로 더 큰 복음주의 측의 연합을 필요로 했다. 그러나 루터 대(對) 츠빙글리라는 종교개혁 진영 내부의 대립이 커다란 장애가 되어 이러한 연합의 길을 막고 있었다. 1529년 헤센의 필립이 개최한 마르부르크 종교평화회담의 목적은 이러한 장애를 제거하기 위한 것이었다. 그러나 양자의 대립에 다리를 놓는 것은 성공하지 못했고, 복음주의 총 연합과 같은 반합스부르크 동맹을 결성하려는 정치적 계획은 좌초되었다. 이로 인해 츠빙글리가 빠지게 된 고립은 자신의 정책의 좌초로 이어졌고, 1531년 죽음을 겪는 패배를 가져왔다. 동시에 취리히 종교개혁의 확산도 커다란 어려움에 직면하게 되었다.

1530년 2월 마지막 독일 황제로서 교황에게 제수를 받은 황제는 1530년 여름 새로운 제국의회를 아우구스부르크에 소집 공고했고, 개인적으로 본인도 참여하여 가능한 평화롭게 종교문제를 조정하고자 했다. 대부분의 개신교 진영 의원들도 의회의 규정에 따라 각자의 신앙고백을 가지고 참여했다. 그들 가운데 비교적 통일성이 이루어지게 된 것은 작센 선제후의 공로였다. 대다수는 황제에게 자신들의 신앙고백인 아우구스부르크 신앙고백(Confessio Augustana)을 공동으로 제출했다. 다만 스트라스부르, 콘스탄츠, 멤밍겐 그리고 린다우만이 제3의 정치적 신앙고백(Confessio Tetrapolitana)으로 따로 남았다. 왜냐하면 그들은 츠빙글리의 성찬론의 영향을 받았기 때문이다. 차이점을 가능한 한 약화시키고, 심지어 침묵해버린 아우구스부르크 신앙고백의 화해적인 태도는 그것을 집필한 멜란히톤의 개인적인 성향과 마찬가지로 그 상황에 잘 어울렸다. 이러한 소극적인 입장에도 불구하고 이 신앙고백은 오직 예수 그리스도의 은총에 의한 칭의라는 종교개혁의 중심 사상을 잘 대변해 주고 있다. 츠빙글리 측의 제출은 받아들여지지 않았다. 그러나 서로 간에 갈등을 조정하는 데에는 성공하지 못했다. 조정을 추구한 황제의 뜻에도 불구하고 제국회의는 보름스 칙령을 다시 소생시켰고, 모든 새로운 것들을 금지시켰다.

아우구스부르크 제국회의는 프로테스탄트의 일치를 상당히 촉진시켰다. 제국회의의 의결도 동일한 영향을 끼쳤다. 1531년 개신교 진영은 슈말칼텐 동맹(Schmalkaldischen Bund)을 체결했다. 1532년 독일 남부지역도 아우구스부르크 신앙고백(Confessio Augustana)에 서명했고, 이후 이것은 개신교 연합체의 통일된 신앙고백이 되었다.

그러나 아우구스부르크 제국회의 의결에 담긴 위협이 다시금 황제의 행동을 초래하지는 못했다. 이유는

(1) 슈말칼텐 동맹의 존재에 있다. 그것은 실제로 프로테스탄트를 위한 가장 확실한 안전요소임이 여기서 처음으로 입증되었다.

(2) 황제도 자신의 상속계획을 위해 개신교인들이 필요했다는 사실에 있다. 실제도 개신교도들은 페르디난트의 신성로마 제국 황제 승계를 동의했다.

(3) 결정적인 것은 이번에도 터키의 위협이었다. 슐레이만은 1529년에도 빈에서 격퇴되었지만, 여전히 그의 위협은 계속되었다. 1532년 그는 새로이 공격을 감행하고 있었다. 황제는 이들과 싸우는 데 개신교인들의 도움이 긴급히 필요했다. 이러한 사실이 개신교에 대한 유화정책을 펴도록 그를 강요했다. 그 결과 1532년 7월 23일에 뉘른베르크 화의(Nürnberger Anstand)가 이루어졌다. 그는 공의회가 열리기까지 혹은 새로운 협정이 성사되기까지 개신교에 평화를 보장했다.

그러므로 종교개혁사의 두 번째 국면은 평범한 방법, 즉 이단법으로 종교개혁을 무산시키기는 불가능함을 입증한 것이다. 두 번째 국면은 결국 휴전으로 막을 내렸다.

2) 개신교회의 내적인 발전에서 중요한 것은 1526-1532년 기간에 만들어진 프로테스탄트 각주(州)교회(Landeskirchentum)의 형성을 말할 수 있다.

영적 정부와 세속적 정부에 대한 루터의 구분과 교회 원칙에 대한 강조는 이루어지고 있는 새로운 독립적인 교회의 창립을 추측케 했다. 주(州) 단위 개신교회의 형성은, 그 자체로 보아서는, 사실 하나의 수수께끼다. 서로 다른 두 개의 노선이 그를 안내했고, 어떻게 그것이 일어났는지를 알게 해주고 있다.

(1) 국가 차원에서 볼 때 15세기와 16세기는 그들의 권력에 반항하는 내부의 개별적인 모든 세력을 제압하여 영역을 견고히 하려는 시도가 그 특징이다. 이와 함께 중요한 것은 그 지역에 있는 교회를 실제로 자신의 손아귀에 넣는 것이었다. 비록 정도의 차이가 있다고 할지라도 이것은 계속 이루어졌다. "클리비에의 지도자가 그 땅의 교황이다"(Dux Cliviae papa in territorio suo)라는 말은 종교개혁 이전의 그것을 의미하는 것이다. 자기 지역 내에 있는 교회를 통치할 권한을 인정함으로 캄페기(Campegi) 역시 1524년 레겐스부르크(Regensburg)에서 가톨릭 제후가 되었다. 중세 후기의 주(州) 단위 교회의 고위성직자는 종교개혁기에도 계속 영향을 행사했다.

종교개혁은 구가톨릭 법이나 독일 국가법에 의하면 하나의 범죄를 의미했다. 그 때문에 제후들은 가장 높은 자리에 있는 결정권자로서 종교개혁에 벌을 가해야 할지 혹은 그것을 올바른 하나님의 뜻으로 인정하고 허용해야 할지를 결정해야만 했다. 어쨌든 그들은 입법자로서 공적인 법의 무력화를 통해 나타난 법의 결함을 메워야만 했다.

(2) 교회적인 측면에서 볼 때 루터는 그의 선제후에게 1525년 이미 자기 지역에 있는 교회를 시찰해 줄 것을 제안했다. 이것은 프로테스탄트의 주(州) 단위 교회 형성의 기초가 되었다. 이러한 요청 배후에는 우선 정치적인 판단이 있다. 즉 루터는 그의 모든 동료들과 마찬가지로 신앙고백이 통일되지 않은 나라를 통치하는 것은 기술적으로 불가능하다고 생각했다. 게다가 공개적으로 일어나는 하나님 비방이라고 그가 직접 평가한 미사로 인해 영주들에게 위임된 국가의 평안이 위협받고 있다고 보았다. 신앙이 다른 사람들은 양심의 자유를 보장하여 다른 지역으로 이주토록 해야 한다고 그는 제안했다. "이단자를 화형시키는 것은 성령의 뜻을 거스르는 것이다"는 말은 자신을 위협한 파문교서(Bannandrohungsbulle)를 정죄한 루터의 말이다. 감찰(Die Visitation)은 본래 감독의 과제다. 감독은 그러나 종교개혁에 동조하지 않았다. 그 결과 독일에서는 아니지만, 스칸디나비아와 같은 곳에서는 개신교 감독교회가 이루어졌다. 직임을 자기 것으로 삼는 것(Amtsanmaßung)은 하나님이 금한 것이다. 그러므로 루터도 마찬가지지만, 아무나 감찰을 할 수는 없다. 다른 한편, 상황에 대한 새로운 규정이 긴급히 필요했다. 루터는 선제후에게 교회의 탁월한 한 회원(praecipuum membrum ecclesiae)으로서 그리스도인의 사랑으로 감찰을 제도화해줄 것을 요청했다. 긴급한 필요성에서 요구된 것이기는 하나, 그것이 항구적인 제도가 된 것은 루터가 본래 의도한 것이 아니다. 지배적인 상황을 고려할 때 – 농민전쟁 이후 – 아래로부터의 교회의 형성은, 비록 그것이 원칙이기는 하나, 극도의 어려움을 초래했을 것이다. 역사적으로 볼 때 제후적인 주(州) 단위 교회의 형성은 어쨌든 진행되고 있는 개신교회에 상당한 지원을 제공했고, 그들의 과제를 매우 경감해 주었다. 그 결과 생긴 100개가 넘는 독립교회로의 분열은 확실히 좋은 것은 아니었다. 특히 새로운 현상인 권력과 부와의 교회의 연합은 치유할 수 없는 것이었다.

38. 독일 종교개혁 Ⅲ

- 종교전쟁과 종교평화(1532-1555) -

1. 뉘른베르크 화의부터 슈말칼텐 전쟁까지(1532-1546) 이 기간은 신학적인 문제보다 정치적인 문제들이 더 많이 제기된 기간이다. 하지만 이때의 정치적인 문제들은 전체 개신교의 존립에 해당하는 중요성을 지니고 있었다.

1) 정치적 상황은 우선 1532년 체결된 평화에 유리하게 작용했다. 터키족은, 비록 또 다시 격퇴당하기는 했으나, 여전히 위험한 요소였다. 그 외에도 1533년 영국이 프랑스를 둘러싼 세력에서 떨어져 나갔다. 1536-1538년에 황제는 제3차 프랑스 전쟁을 치러야만 했다. 네덜란드에 대한 빌헬름 폰 클레베(Wilhelm von Cleve)의 위협은 프랑스와의 전쟁에서 승리한 이후에도 칼 5세를 불안하게 했다. 터키족은 1540년 다시 진격해 왔다. 1542-1544년에 황제는 제4차 프랑스 전쟁을 수행해야 했다. 수많은 적들이 그를 거의 십년간 위협했고, 개신교와의 잠정적인 평화는 위태롭지 않았다. 이것은 1539년 프랑크푸르트에서 새로이 갱신되었고, 더군다나 확대되었다. 황제는 화해 시도를 근본적으로 기피하지 않았다. 게다가 정치적인 상황 역시 그것을 권하자, 그는 적극적으로 화해를 지지했다. 그러므로 1530년대 말 이후의 시기는 가톨릭과 개신교 사이에 진지한 화해협상의 징조가 그 특징이다. 교황청이 진지하게 받아들이지 않았기 때문에 독일과 황제가 요구한 공의회가 개최될 수 없었다는 사실이 이러한 화해 시도의 강화에 기여했다. 교회의 다양성에 대한 사상은 당시에는 완전히 실현될 수 없었다. 개신교를 이단법의 도움으로 근절시키는 것은 실패했다. 역으로 개신교는 커다란 정치적인 세력으로 더 견고해 질 수 있었다. 다른 한편 복음을 통한 교황청의 완전한 승리는 결코 기대될 수 없었다. 그러므로 많은 사람들의 의견에 의하면 화해가 시도되어야만 했다. 양편에서 제후나 신학자나 할 것 없이 중재하고자 손을 내밀었다. 1539년의 프랑크푸르트 화의는 처음으로 종교회담을 예견했다. 독일은 보편적인 공의회를 개최하려는 생각을 접었고, 독자적인 방법으로 종파 분열의 해결을 시도했다.

하게나우(1540), 보름스(1540/41), 레겐스부르크(1541) 종교회담은 1541년 역시 멜란히톤과 이탈리아 개혁신학자인 추기경 가스파로 콘타리니(Gasparo

Contarini) 사이에 칭의론에 있어서 완전한 일치를 가져왔다. 그러나 이로 인해 일어난 희망은 성만찬 문제에서 깨어졌다. 콘타리니는 화체설을 버릴 수 없었고, 멜란히톤은 그것을 인정할 수 없었다. 여기서도 역시 성만찬은 교회의 운명이 되었다. 교황과 루터는 칭의론에서의 합의 역시 인정하지 않았다. 회담은 아무런 결과를 가져오지 못했다. 타협하고자 하는 선한 뜻을 가진 남자들에 의해 추진된 일치를 위한 회담이 아무런 결과를 가져오지 못했다는 사실에서 기독교 교회를 갈라놓은 것은 부차적인 신학적 문제가 아닌 기독교 신앙의 개념에 대한 중요한 차이점임을 누구나 분명히 알 수 있다.

실패로 끝난 화해 시도는 대립을 심화시킨다. 여기서도 역시 마찬가지였다. 슈말칼텐 전쟁은 실패한 연합시도의 피할 수 없는 결과다. 1546년의 레겐스부르크 회담은 더 이상 중요하게 생각되지 않았고, 슈말칼텐 동맹에 대한 황제의 기만술책이라고 여겨졌다.

2) 이 외에도 재세례파(Täufertum)와의 커다란 싸움이 그 시대의 전면에 있었다. 재세례파는 거기에 깊이 물든 농민의 패배를 통해서도 결코 사라지지 않았다. 오히려 그 반대로 세 곳을 중심으로 힘찬 재기를 시작했다.

(1) 스위스를 중심으로: 티롤(Tirol)과 함께 경계를 이루고 있는 독일과 오스트리아 지역, 남쪽으로는 베네딕(Venedig)까지 포함하고 있다.

(2) 독일 남부에서는 아우구스부르크와 스트라스부르가 중심이다. 1527년 이미 스위스의 재세례파와 독일 남부의 재세례파 사이에 란덴에 있는 쉬라트에서 공동회의가 개최되었다. 남부 독일에서부터 네덜란드 지역으로 확산되었다.

(3) 세 번째 중심지는 뫼렌(Mähren)이다. 이곳에서 재세례파는 야콥 후터(Jacob Hutter)의 지도 하에 부분적으로 공산주의적인 경향을 갖게 되었다.

내적인 면에서 보면 재세례파는 종교적 열정에 사로잡혀 있다는 점에서 열광주의와 일치한다. 모든 그리스도인은 성령을 통해 직접적인 영감을 받아야 한다. 재세례 운동은 농민전쟁 이후 이미 여러 번 제기된 무저항이 세속적 힘에 대한 근본적인 거부로 전개되자 급속히 확산되었다. 그리스도인은 그 때문에 정부의 공직을 담당해서는 안 된다. 재세례 운동에서 가장 중요한 것은 그러나 온전한 신앙만으로 교회를 세우려고 시도했다는 점이다. 거룩한 자들의 교회가 실제로 이루어져야만 했다. 최고상태를 유지하기 위해 엄격한 교회규율이 마련되었다. 시민적 공동체와 교회 공동체의 일치는 그로 인해 사라졌고, 국가와 교회의 일치도 사라졌다. 이것은 개신교 역사에서 결코 완전히 차단되지 않았으며, 국가와 교회의 분리라는 새로운 원리로 드러나고 있는 사상이다. 개인적인 영감 사상에서 관용의 절대적 필요성이 나왔다. 그 결과 다양한 재세례파들 사이에 여러 가지 차이점들이 생겨났다. 교회규율에 대한 척도는 주기도문의 첫 중보 기도에 대한 루터의 설명과는 달리 단지 도덕일 뿐이다.

독일 제후들에게, 그가 가톨릭이든 혹은 개신교이든 상관없이, 재세례파를 무력으로 진압해야 할 이유는 충분했다. 재세례파가 내적인 국가의 일치를 새롭게 문제시했기 때문이다. 1528년 오스트리아는 그들에 대해 이단법을 적용하기 시작했다. 개신교를 택한 귀족들은 1529년 스파이어 국회와 1530년 아우구스부르크 국회에서 이단법 적용에 동의했다.

박해는 재세례 운동에 묵시적 경향을 다시 소생케 해주었다. 주동 인물인 멜키오르 호프만은 1533년에 세상종말이 올 것을 기대했다. 그는 특별히 네덜란드에서 많은 호응을 얻었다. 얀 마티이스의 지휘로 재세례 운동은 그곳에서 더 공격적이 되었다. 토마스 뮌처가 말했듯이, 불경건한 자들의 나라를 검으로 쳐 멸망시키고, 주의 재림을 예비하는 것은 성도의 과제다. 이들은 뮌스터로 모여들었다. 뮌스터는 이제 하늘의 예루살렘이 지상에 건립되는 장소여야 했다. 하나님의 나라는 사도행전 2장 44절 이하와 같이 공산주의와 게다가 특이하게도 일부다처를 요구했다. 초기의 기독교-민주주의적 공산주의는 뮌스터에서 야만스런 절대주의로 돌변했다. 1535년 감독의 도시 재탈환은 재세례파들이 시행했을 공포통치에 고통스런 최후를 안겨주었다.

뮌스터 사건의 영향은

① 재세례파에 대한 박해의 강도가 점점 더 극단으로 치닫게 했다. 그들은 거의 도처에서 완전히 도태되었다. 뫼렌에서만이 유지할 수 있었다.

② 뮌스터 사건은 살아남은 재세례파에게 새로운 자기 성찰을 갖게 해주었다. 이러한 자각은 멘노 시몬스(Menno Simons, 1496-1561)의 공헌이다. 그는 재세례파를 초기의 형태, 즉 고난당하며, 절대적 무저항과 어떤 형태의 폭력이든 부인하는 단계로 복귀시켰다. 이것은 긍정적으로 말하면 사랑의 성향과 사랑의 행위를 실천하는 재세례 운동이다. 멘노 시몬스는 남은 재세례파를 재조직하여 하나로 통합했다. 그 결과 메노나이트 교회(die mennonitische

Kirche)가, 종종 어려운 상황에 직면한 경우도 있었지만, 오늘날까지 유지될 수 있었다.

3) 루터파는 긴 평화기간을 통해 복음을 계속 확장시켰다. 1540년 직후에는 개신교가 전 독일을 정복하는 듯이 보였다. 독일 북부에서는, 성직자가 통치한 지역은 제외하고라도, 브라운쉬바익(Braunschweig)만이 포함되지 않았다. 이곳은 1568년에야 비로소 개신교 지역이 되었다(시는 이미 1528년). 서쪽에서는 쾰른의 대주교인 헤르만 폰 비트와 뮌스터, 민덴 그리고 오스나브뤽의 감독인 프란츠 폰 발덱이 종교개혁적인 조처를 단행했다. 마인츠의 새 대주교 세바스티안 폰 호이젠스탐 역시 이러한 전례를 따르는 경향을 보여주었다. 서쪽에서는 그러므로 하나로 연결된 개신교 지역이 될 전망이 보였고, 이것은 남쪽의 개신교 지역, 팔츠와 뷔르템부르크와 직접 연결되었다. 단지 오늘날보다 훨씬 작았던 바이에른과 오스트리아만이 포함되지 않았다. 이 두 나라의 귀족들은 개신교적인 설교의 포기를 강력하게 요구했다. 쾰른과 마인츠 대주교의 전향은 선제후로 이루어진 내각에서 개신교가 다수를 차지하도록 만들었다. 이로 인해 새로운 황제 선출에 있어서 예측할 수 없는 전망이 나오게 되었다.

4) 복음의 계속적인 확산을 기대한 전망들은 그러나 유감스럽게도 실현되지 못했다. 왜냐하면 먼저 양분된 작센의 정치적인 대립이 작센의 모리츠(Moritz von Sachsen)로 하여금 슈말칼텐 동맹에서 탈퇴하게끔 했고, 그와 함께 당시 영주들에게는 흔했던 축첩 대신에 필립 폰 헤센이 저지른 이중결혼이 –루터와 멜란히톤도 이것을 알고 있었다 – 개신교 진영에서 상당히 적극적으로 활약했던 이 사람을 황제 편에 서게 만들었기 때문이다. 사형언도를 받은 그에게 아래와 같은 조건하에서 사면이 허락되었다. 즉 그는,

(1) 슈말칼텐 동맹이 프랑스 혹은 영국과 도모하는 모든 연합을 방해한다. 이것은 슈말칼텐 동맹의 고립을 의미했다.

(2) 빌헬름 폰 클레베(Wilhelm von Cleve)의 동맹 가입을 방해한다. 혼자가 된 빌헬름 폰 클레베는 1543년 황제에 의해 쉽게 굴복당했고, 자신의 지역에서 종교개혁을 억압하도록 강요당했다. 돈도 다 빼앗겼다. 성직자가 통치했던 이웃 지역인 쾰른과 뮌스터에서는 그 결과 종교개혁적인 조처들이 즉시 중지되었다.

필립의 이중결혼이 가져온 첫 결과는 그러므로 독일 서북지역이 가톨릭이 되었다는 것이다. 선제후로 구성된 내각에서도 동시에 가톨릭이 다수를 차지했다. 그 외에도 황제는 클레베와의 전쟁에서 슈말칼텐 동맹의 내적인 약화를 인지했다. 그래서 그는 슈말칼텐 동맹과의 전쟁 계획을 수립했으며, 바로 이것은 필립의 그릇된 처신이 가져온 두 번째 결과였다. 화해 시도의 무산은 루터적인 이단의 도시 작센에서 최후의 가능성(ultima ratio)인 전쟁에 대한 명분을 만들어주었다. 프란츠 1세를 1544년에 굴복시켰고, 1545년 가을 터키와의 1년 반(半) 동안의 휴전협정을 체결했으며, 교황과 동맹을 체결한 후, 개신교와 전쟁을 벌일 여건은 칼 5세에게 완전히 열려 있었다.

그러므로 1532년 가득한 기대를 가지고 시작된 평화기간은 복음의 본질에 대한 심각한 위협으로 이렇게 끝났다.

2. 종교전쟁과 종교평화

황제는 이 전쟁으로 두 가지 목적을 이루려 했다.

1) 종교개혁의 제거와

2) 독일 내 지방분권주의의 제압이다. 후자가 지닌 정치적 의미는 슈말칼텐 동맹에서 드러났었다.

황제는 이 두 가지를 다 이루려 했기 때문에 둘 다 이룰 수가 없었다. 천재적인 외교적 재능을 가진 황제는 개신교 진영에 내재해 있는 정치적 긴장을 이용한 결과 작센의 모리츠, 퀴스트린의 한스 그리고 몇몇 개신교 제후들을 끌어들이는 일은 성공할 수 있었다. 그가 직면한 몇 가지 위험스런 상황에도 불구하고 1546/47년 슈말칼텐 전쟁에서 슈말칼텐 동맹에 대해 완전한 승리를 거두었다. 그러나 교황의 반황제 견제는 그가 승리의 열매를 거두지 못하도록 방해했다. 바오로 3세(Paul III, 1534-1549)는 황제에게 피러스의 승리(Pyrrhus-Sieg)[79]가 되기를 원했다. 전쟁이 실제로 벌어지자, 교황은 1547년 1월 자신의 원군을 철수시켰고, 이로 인해 황제가 곤경에 처할 것이 분명한 군비 조달의 의무도 이행하지 않았다. 게다가 교황은 승리한 황제의 영향을 받지 않기 위해 1545년 말에 시작된 공의회를 1547년 3월에는 트리엔트

79) 기원전 280/279에 로마를 공격한 Pyrrhus von Epirus(319-272) 왕의 손실이 큰 승리에 따라 붙여진 이름. 많은 희생으로 얻은 유명무실한 승리를 비꼬는 말.

(Trient)에서 볼로냐(Bologna)로 옮겼다. 이탈리아에서 일어난 반황제 폭동으로 가톨릭 진영 내에 두 수장 사이의 긴장이 절정에 이르렀다. 사람들은 교황의 아들 피에르지 파르네제(Pierluigi Farnese)에게 그 죄를 물었고, 그는 결국 살해당했으며, 그 모든 것을 사주한 인물을 교황은 칼 5세라고 생각했다. 그러므로 프로테스탄트는 또 다시 교황청에 구명의 빚을 지고 있다. 가톨릭교회의 가장 신실한 아들인 황제가 독일 내 교회문제의 조정을 직접 담당하는 것이 필요했다. 그 결과 이루어진 1548년의 아우구스부르크 잠정협약(Augsburger Internim)은 대부분 토마스적이며 트리엔트적인 칭의론을 담고 있다. 그렇지만 교회의 외적 개혁의 필연성은 인정되었고, 그와 더불어 사제의 결혼 그리고 평신도가 성찬에서 잔을 받는 것도 허용되었다.

그러나 승리에도 불구하고 황제의 힘은 프로테스탄트를 잠정협약으로 강요하기에는 역부족이었다. 아버지 프란츠 1세를 계승하여 1547년 프랑스의 왕이 된 앙리 2세(Heinrich II)는 1551년 칼을 대항하여 전쟁을 다시 시작했다. 터키도 같은 해 또 다시 헝가리를 공략했다. 결정적인 것은 이제 독일내 반황제 세력인 소위 '영주들의 반란' 이었고, 퀴스트린의 한스와 작센의 모리츠가 주도했다. 이 두 사람은 슈말칼텐 전쟁에서 비록 개신교였지만 황제 편에서 싸웠다. 그러나 황제가 교회에 관한 자신의 계획을 발표했을 때 이 둘은 당혹해 했다. 게다가 슈말칼텐 전쟁에서 포로로 잡힌 영주인 요한 프리드리히 폰 작센과 필립 폰 헤센에게 황제가 가한 처사는 그들을 분노케 했다. 대부분의 독일 영주들과 가톨릭 영주들도 동일한 느낌을 가졌다. 이런 방식으로 이루어진 반황제 대결은 칼 5세가 같은 해에 추진한 새로운 후계자 계승 순위 규정을 통해 절정에 도달했다. 친프로테스탄트적인 페르디난트의 큰아들 막시밀리안의 황제 승계를 막기 위해 황제는 합스부르크 가문의 스페인적인 계열과 오스트리아적인 계열의 교체를 제안했다. 이것으로 필립 2세가 페르디난트의 후계자로서 독일 황제가 될 것이며, 막시밀리안 2세는 실제로 배제될 것이었다. 이러한 계획은 아래 두 가지를 의미했다.

(1) 독일과 스페인의 지속적인 결탁이다.

(2) 독일 황제는 세습되는 것으로 변하게 되고 그와 함께 적어도 선제후들의 선거권이 완전히 제거되는 것이다.

이 두 가지는 거센 반발을 불러일으켰다. 모반자들이 공격을 개시하자,

황제는 커다란 충격을 받았다. 1552년 파사우 협약(Passauer Vertrag)을 맺어 싸움을 끝내야 했고, 황제는 잠정협약(Interim)을 다시금 폐지해야 했다. 프로테스탄트가 점유한 교회재산은 그들의 소유로 인정되었고, 1547년 이후 포로로 잡힌 제후들은 석방되었으며, 그들에 대한 모든 송사도 폐기되었고, 그들의 땅도 되돌려주었다. 그 외에도 다음 제국회의가 개최되기까지 프로테스탄트에게 평화를 보장했다.

새로운 반개신교 연맹을 조직하려는 황제의 노력은 이루어지지 못했다. 평화적인 합의나 전쟁을 통한 방법이나 그 어느 것을 통해서도 독일 프로테스탄트를 제거하는 것은 불가능했다. 이단 심문의 방법도 이미 효력이 없음이 입증되었다. 제국법에 따른 합법적인 인정만이 단 하나 남아 있는 유일한 가능성이었다. 그렇지만 황제는 개인적으로 이것을 승낙할 수 없었기에 그의 동생 페르디난트에게 독일 문제의 처리와 1556년의 황제 승계를 위임했고, 스페인의 산 조세(San Juste)로 돌아가버렸다.

7개월 이상이 소요된 긴 협상 끝에 1555년 9월 25일 타결된 아우구스부르크 종교평화는 아우구스부르크 신앙고백을 따르는 사람 - 단지 이 사람들에게만 - 과 앞으로 여기에 가입할 사람들에게 완전하며 항구적인 종교의 자유를 보장했다. 그렇지만 제국회의 의원들만이 자유로운 종교선택권을 갖고 있었고, 그 백성들에게는 없었다. 그의 지역이 곧 그의 종교가 되었다(Cuius regio, eius religio!). 종교의 자유를 일반 백성에게까지 확대하려던 뷔르템베르크와 팔츠의 시도는 무산되었다. 일반 백성에게는 그 대신에 오히려 동의를 조건으로 이주의 가능성이 인정되었다(11조). 제국과 직접 관계가 있는 성직자 제후들은 소위 "교회적 유보"(reservatum ecclesiasticum)로 인해 종교 선택의 자유에서 제외되었다(6조). 이들은 자신에게도 역시 허용되어 있는 아우구스부르크 신앙고백 쪽으로 전향하여 그들의 직임을 반납했고, 성당위원회로부터 자유롭게 새로이 선택할 수 있는 권한을 부여받았다. 이렇게 개신교 측을 선택했을 경우, 그들이 무엇이 되어야 하는지는 설명되지 않았기에 이것이 후에 논쟁의 요인이 되었다. 교회적 유보는 개신교에게는 의심의 여지없이 종교를 선택할 권한을 제한하는 것이다. 그러나 성직자 신분의 제후를 종교개혁 진영으로 전향할 권한과 연관짓는 것은 그들의 모든 조직을 와해시키겠다고 위협하는 것과 같다. 그러므로 평화는 프로테스탄트가 이러한 제한을 받아들일 경우에만 이룩할 수 있었다. 1555년을 기준으로 그 이전에 종교적 영역이 되지 않은 지역은 계속 세속적인 지역으로 남는다(7조). 두 개의 교파가 있는 제국도시에서 이러한 이중성은 그대로 유지된다(14조). 성직자 신분 제후의 통치를 받는 도시와 귀족들은 그들이 이미 개신교라면 그대로 개신교로 유지된다. 그러나 이러한 결정은 제국회의 의결에서 받아들여질 수 없었다. 그것은 페르디난트가 그 자신의 '페르디난트의 선언'(declaratio Fernandea)에 대한 특별한 설명에서 한 것이다. 그로 인해 후에 어려움이 발생한다.

제국회의 의결은 불명료한 점들을 담고 있다. 결정한 문제의 사안을 볼 때 그 점은 피할 수 없었다. 이미 언급한 것처럼, 반종교개혁 시대의 정치적 싸움은 그 문제에서 발생했다.

그렇지만 종교평화안의 본질적인 중요성은 그 내용이 지닌 불명료성에 있지 않고, 교황교회의 일인통치가 그로 인해 와해되었다는 사실에 있다. "cuius regio eius religio"(그의 지역이 곧 그의 종교)는 종교자유의 원칙을 방해했다. 그러나 선제후는 다른 신앙을 가진 백성들의 양심을 더 이상 박해해서는 안 된다. 이것으로 이단법은 독일 전체에서 실제적인 효력을 상실했고, 독일 전체를 프로테스탄트화하려는 시도는 이제 아우구스부르크 종교평화안을 지키는 한 계속될 수 있었다. 종교개혁 진영으로 전향할 권한(ius reformandi)은 장래에도 계속 유효했다. 종교개혁 시대의 결과를 출발할 때와 비교해 본다면, 종교평화안은 엄청난 개신교의 승리를 그 자체에 담고 있다는 결론이 나온다. 유일하게 잃은 자는 가톨릭교회다.

제국회의 결의안이 신학적으로 볼 때 당혹스런 해결이었다는 것은 그 본문에 "교회"라는 말이 없다는 사실에서 알 수 있다. 이 단어를 모든 그룹이 아전인수격으로 사용했다. 제국은 그러나 신학적인 논쟁을 결정할 수는 없었다. 사람들은 이 단어를 회피했고 "옛 종교의 추종자들" "아우구스부르크 신앙고백 측근들" 혹은 이와 유사한 말을 썼다. 신학적으로 상반되는 교리는 단호하게 이단이라고 보았다. 그러나 제국법적으로는 상호간에 평화를 보장해야 했다. 그것이 사실임을 부인할 수 없었기 때문에 이러한 사실은 물론 신학적으로 중요하게 되었다.

"그의 지역이 그의 종교"가 된다는 원칙은 독일의 교파적 분리를 영속화시켰다. 세 명 혹은 네 명의 목사만을 가진 개신교 주단위교회(Landeskirchen)

가 얼마나 있었는지는 알 수 없다. 그러나 백 이상이었다는 것은 확실하다. 교파를 명시한 독일 지도는 어쨌든 "그의 지역이 그의 종교"라는 원리를 이해할 때 비로소 납득할 수 있다. 지도는 왕조로 제한되어 있고 혈통의 특성과는 아무런 상관이 없다. 가톨릭교회가 1524년 지역화를 추진했고, 종교개혁은 더 나아가 지역 제후의 도움으로만이 관철될 수 있었기 때문에 종교개혁사는 동시에 독일의 지방 분권주의(Partikularismus)의 강화를 이끌었다. 같은 시기에 스페인, 프랑스 그리고 영국은 모든 권력이 왕 개인에게 집중된다. 여기서 독일, 곧 유럽의 역사에 중요한 영향을 주는 서구와 독일의 차이점이 생겨났다.

제후들과 종교개혁의 결합은 상당히 많은 새로운 과제를 제후들에게 제시해주었고, 이들은 대부분 온 힘을 다해 거들어주었다. 독일의 많은 문화중심지는 이러한 사실과 연관이 있다.

더 나아가서 종교개혁은 모든 문화영역만큼이나 좋은 영향을 주었고 풍성하게 했다. 이것을 상세히 다 언급할 수는 없다. 교회사적으로는 복음의 재발견과 복음이 있는 그대로 그 안에서 선포되는 교회의 창조가 가장 중요하다.

개신교는 언제나 치명적인 위협이었던 종교전쟁에서의 막대한 손실 이후 이러한 승리를 선물로 받았다. 전쟁 동안에는 이러한 결과를 전혀 예견치 못했다. 아우구스부르크 종교평화 이전 10년은 그들에게는 가장 어려운 시기였다. 그러나 그들 자신 앞에는 고백하듯이 복음을 위해 전력투구해야 한다는 필연성이 있었다. 그러므로 종교개혁사는 역사적으로 하나님은 교회에 10년 동안의 안전이 아닌 그날의 양식과 그날의 생존 능력을 선물하신다는 고전적인 견해를 제공하고 있다.

39. 정통주의로의 루터 신학의 발전

루터교회는 그의 사후 정신적으로 그리고 영적으로 수많은 사람들이 추종하게 만든 살아있는 원천인 루터의 신앙에서 곧바로 정통주의(Orthodoxie)로 발전했다. 경직화로 흐르게 된 그 뿌리는 어디에 있는가?

전제는 우선 가톨릭교회에 대항한 루터의 싸움은 복음을 위한 싸움, 즉 "순수한 교리"(reine Lehre)를 위한 싸움이었다는 것이다. 이러한 순수한 교리가 정통주의에서 완전히 교회의 보물이 된다. 정통주의 유래에는 두 가지 동인이 있다.

1. 1530년의 아우구스부르크 신앙고백(Confessio Augustana)은 본래 개신교 제후들과 신학자들이 그들의 생명과 나라를 바쳐 만들어낸 개인적인 고백이었다. 자신들 진영의 통일과 신학적 청결을 확보할 목적으로 아우구스부르크 신앙고백은 이미 1532년 첫 시작과 그리고 결국 1535년 슈말칼텐 동맹의 신앙고백이 되었다. 1534년 뷔르템베르크가 여기에 합류했고, 성직자뿐만 아니라 정치가도 그것을 지킬 의무가 부여되었다. 폼메른(Pommern)은 1535년 그 실천에 가세했다. 1546년 이후 비텐베르크 대학의 모든 박사들도 그것을 맹세해야만 했다. 그러므로 이미 교회의 교리는 모든 영적인 삶의 중심이 된 것이고, 이것이 정통주의 시대의 커다란 첫 특징이다.

이 모든 것을 통해 아우구스부르크 신앙고백(CA)은 개인적인 하나의 신앙고백 차원에서 고백이라는 의미로 국가적이고 교회적으로 지켜야 할 하나의 척도가 되었다. 바로 그것으로 신앙은, 적어도 실천적인 차원에서, 다시금 새로운 의미를 획득했다. 즉, 신앙은 특정한 교리를 인정한다는 의미에서 하나의 교리에 대한 외적인 긍정이 되었다. 다시 말하면 신앙은 지식과 동의(notitia et assensus)가 된 것이다.

"순수 루터파 논쟁"(die gnesiolutherischen Streitigkeiten)이라고 일컫는 루터교 2세대들이 벌인 신학적 논쟁은 순수 교리에 대한 경향을 더욱 강화시켰다. 신학자들의 난폭한 행동(rabies theologorum)인 이 싸움을 단번에 해결할 수 있다고 믿는 사람은 그 안에 기독교신앙의 핵심적인 문제들이 우글거리고 있음을 보지 못하고 하는 소리다. 그 안에는 율법과 복음의 관계, 예정과 자유의지의 문제, 칭의 획득에 있어서 인간의 능력, 성만찬 등의 문제가 있다. 그리고 만약 문자로 된 교리에 지나치게 집착했다면, 객관적 진리를 사상적이며 개념적으로 올바로 표현하고자 하는 생생한 관심이 그 배후에 있었다. 이것을 볼 수 있다면, 이 싸움을 바르게 이해하는 것이다. 그러나 그럼에도 불구하고 그들의 결과는 광범위하게 영향을 끼쳤다.

1) 여기서 시작된 루터파 사이의 대립은 루터 교회를 상당히 약화시켰다. 그것이 부분적으로 정치적 대립(에르네스트가 통치하는 작센과 알베르트가 통치하

는 작센의 대립)과 맞물리자, 내재해 있던 갈등은 더욱 증폭되었다.

2) 이외에도 논쟁이 진행되면서 너무나 협소해진 교리적 순수성에 대한 경향이 강화되었다.

논쟁은 부분적으로 아우구스부르크 신앙고백(CA)으로는 답변할 수 없는 문제들도 다루었다. 이러한 상황에서 두 가지 방법을 사용했다.

1) 새로운 신앙고백들이 작성되었다. 그 가운데 하나로서 일치를 위한 신앙고백만을 염두에 두고 작성하여 그 목적을 성취한 1577년의 일치신조(Konkordienformel)는 독일 루터교 신앙고백의 대부분을 그대로 수용했다.

2) 여러 가지 책들을 소위 교리전집(corpora doctrinae)이라는 제목으로 함께 묶었다. 그 가운데는 루터의 교리문답처럼 본래 신앙고백이 아닌 것도 있다. 상당히 많은 다양한 전집은 이렇게 이루어졌고, 그에 대한 역사는 아직 쓰여지지 않았다.

결국 일치신조를 이미 기존한 교리전집에 흡수시킴으로 이 두 가지 방법을 합했다. 그 결과 이루어진 1580년의 『일치서』(Konkordienbuch; 신앙고백총서)는 오늘날까지도 대부분의 독일 루터교의 공식적인 기본교리로 사용되고 있다. 그것은 장차 독일 루터교의 통일을 지켜주었으나, 그러나 동시에 문제를 해결하고자 더 이상의 노력이 진행되지 않았기에 정체성을 가져오기도 했다.

2. 그러나 일률적으로 통일된 신앙고백서들을 묶어 교리화한 것이 정통주의의 유일한 특징은 아니다. 이와 함께 내용적인 특징이 있다. 즉 거의 모두가 멜란히톤이 시작한 것을 더 발전시켰다는 점이다. 그러므로 정통주의의 두 번째 뿌리는 멜란히톤에게 있다.

루터는 자신의 신학을 조직적으로 집필하지 않았다. 루터파 교회의 첫 조직신학자는 『신학총론』(Loci communes rerum theologicarum)을 쓴 멜란히톤이 되었다. 이 책은 세 번 출판되었으며, 그때마다 크게 개정해야만 했다(1521년; 1535년; 1543년 이후). 젊은 멜란히톤은 루터의 말을 루터 그 자신보다도 더 날카롭게 전개시켰다. 그러나 후에 그의 인문주의적인 재능, 강렬한 교육적인 경향 그리고 개성은 현저하게 느낄 수 있을 정도로 그를 루터에게서 멀어지게 했다. 루터는 이 사실을 알았지만 그 때문에 그에 대한 자신의 우정을 버리지는 않았다. 츠빙글리와 달리 루터는 "다른 영"(anderen Geist)을 알지 못했다. 그러므로 정통주의는 자연스럽게 멜란히톤과 연결되었고, 그 특징은 그에게서부터 발전할 수 있었다. 역사적으로 볼 때 멜란히톤의 제자들이 새로운 개정판에 등장하는 사상들을 수용하고 일방적으로 계속 발전시켰다는 점에서 후에 개정된 그의 책(Loci)은 지속적으로 영향을 주었다. 그러므로 이러한 점들을 여기서 고찰하고자 한다.

1) 루터가 자신의 신학을 오직 은총(sola gratia) 위에 세워나갔다면, 멜란히톤은, 그의 책 후기 개정판을 볼 때, 복음을 보편적인 사고와 연관시키는 데에서 출발하고 있다. 과학적이고 체계적이며, 인식론적인 숙고가 처음에 자리하고 있다. 멜란히톤이 이것을 가지고 거의 200년 동안 개신교 대학의 정신적 토대를 삼을 정도로 그것은 중요했다. 그 내용은 무엇인가? 멜란히톤에 의하면 모든 인식은 공리(원리 principia; 제일인식 primae notitiae) 또는 경험이 논리적으로 사용되는 것과 연관이 있다(논증 demonstrationes). 신학에서는 성경이 공리의 자리를 차지한다. 멜란히톤은 인문주의의 관점에서 성경을 영감으로 쓰인 하나님의 말씀이라고 보았다. 이러한 생각은 몇 가지 중요한 결과를 가져왔다.

(1) 신학도, 모든 학문처럼, 확고한 공리를 논리적으로 사용하고 있기 때문에 신학의 학문적인 성격을 확실히 인정할 수 있다.

(2) 논리적 귀결은 새로운 인식을 얻는 수단이기에 체계적인 철학은 반드시 필요한 신학의 보조도구다. 그 결과 종종 철학이 시녀에서 여주인으로 승격되기도 했다. 보통의 철학자(Normalphilosoph)는 그러나 다시금 루터가 "엉터리이며, 교만하고, 교활한 이교도"라고 격렬하게 거부했던 아리스토텔레스(Aristoteles)가 되고 있다. 그러므로 루터적인 정통주의 신학은 개념적으로 다시 날카로운 스콜라 방식을 취하고 있고, 이것은 후기에 더욱 강렬해지고 있다.

(3) 신학은 논리적 해답을 가진 확고한 공리(Axiomen)에서 그 내용을 얻기 때문에 절대적으로 타당한 교리의 총체가 되며, 성서의 언급뿐만 아니라, 거기서 이끌어낸 결론도 옳다. 멜란히톤은 이렇게 새로운 스콜라신학의 창시자가 되고 있다. 이런 의미에서 절대적으로 무오한 교리체계인 스콜라 정통주의(die Orthodoxie Scholastik)는 토마스적인 사상보다 더 협소한 태도를 지양했다. 바로 이 점에서 후기에 정통주의를 이단의 소굴이라고 비난한 스페너

(Spener)를 이해할 수 있다.

그 결과 생긴 신학적 확실성은 유감스럽게도 멜란히톤의 본래 의도와는 달리 전체 개신교의 교회적 일치에 장애가 되었다. 루터 자신은 칼빈의 성찬론이 그를 자극한 몇 가지 생각이 있었음에도 불구하고 커다란 기대를 가지고 그를 보았고, 의식적으로 그와의 논쟁을 단념했다. 칼빈도 루터파에 의해 공격받지 않았다. 스위스 종교개혁, 즉 취리히 노선과 제네바 노선의 통합인 1549년의 "취리히 일치"(Consensus Tigurinus)[80]가 간접적일지라도 하나의 변화를 초래한 듯이 보인다. 칼빈은 1539년 프랑크푸르트에서 멜란히톤과의 개인적인 만남 이후로 그와 친밀하게 지냈고, 비록 착각이라고 할지라도, 그 두 사람은 성만찬에서 같은 의견을 가지고 있다고 믿었다. 그러므로 칼빈은 루터파를 자기편에 서게 했다고 생각했다. 왜냐하면 멜란히톤은 루터의 사망 이후 필립주의(Philippismus), 즉 멜란히톤의 제자들과 루터 2세대들(Gnesiolutheraner)의 싸움에도 불구하고 루터교 측의 지도자였기 때문이다. 만약 칼빈이 스위스 종교개혁의 취리히 노선과 제네바 노선의 차이점 역시 해결하는 데 성공했다면, 전체 프로테스탄트의 통합이라는 최고의 목적이 달성되었을 것임에 틀림없다. 이것은 칼빈의 커다란 희망이었고, 이러한 희망으로 그는 "취리히 일치"를 체결했다. 그러나 이것은 그 희망을 실현하는 대신 분열만을 더 심화시켰다. 왜냐하면 1551년 그 본문이 출판되었을 때, 함부르크의 목사인 요아킴 베스트팔(Joachim Westphal)이 그에게 대항했기 때문이다. 루터교의 계속적인 존립에 대한 진지하고도 정당한 염려가 그에게 반박하는 글을 쓰도록 직접 동기를 부여했다. 그는 독일 루터교는 칼빈주의의 개입으로 문제가 되고 있다고 보았다. 1552년 마그데부르크에서 출판된 『성례전적인 책에서 긁어모은 성찬에 대한 불명확하고 모순된 의견의 혼합』(Farrago confusanearum et inter se dissidentium opinionum de coena Domini, ex sacramentariorum libris congesta)이라는 글에서 그는 츠빙글리파의 책에서 발췌한 것과 나란히 "취리히 일치"(CT)와 칼빈의 글에서 인용한 것을 제시했다. 칼빈이 취리히의 이단과 일치할 수 있었다면, 그 역시 좀 더 "성례전적인 사람"(Sakramentierer)임에 틀림없었기 때문이다. 베스트팔은 그의 책으로 제

80) 불링거가 작성한 신앙고백서로 스위스 종교개혁 두 진영의 성만찬 문제를 다루고 있다. *

2의 성찬논쟁을 불러일으켰다. 칼빈은 그의 공격으로 자신이 착각을 했다고 보았으며, 그 때문에 그의 응답도 마찬가지로 날카로웠다. 논쟁은 매우 신속하게 확산되었다. 그 결과 칼빈주의자들은 잘못된 교사로서 루터파 교회에서 거부되었고, 이러한 사항은 일치신조(Konkordienformel)에 신앙고백 형식으로 확정되었다. 이러한 거부는 유감스럽게도 선제후령 작센이 칼빈주의자보다는 차라리 가톨릭과 정치적으로 연대하기를 원할 정도로 거센 것이었다. 30년 전쟁으로 나타난 독일 개신교의 정치적인 재난은 그와 결부된 교회적인 어려움은 제쳐두고라도 상당 부분이 내적인 분열의 결과다.

(4) 멜란히톤은 자신의 글로 정통주의적 성서론의 기초를 놓았다. 17세기 초 그의 글을 토대로 축자영감론이 발전했다. 실제로 성서는 신앙고백서보다 그 영향력이 크지 않았다. 그것은 신앙고백서가 성서의 내용을 이미 담고 있기 때문이었다.

(5) 마지막으로 멜란히톤은 이러한 논지로 이성과 계시의 관계를 오랫동안 확정지었다. 철학도 종교적 진술을 내포하고 있다. 자연적 빛(lumen naturale)은 세상을 지으셨고 선과 악을 나누신 옳고 영원하신 하나님의 존재를 이미 인식하고 있다. 기독교는 계시종교로서 삼위일체론, 구속론 등이 여기에 첨부된다. 이러한 점에서 멜란히톤은 루터와 일치하고 있다. 정통주의는 그러나 일반계시와 특별계시(revelatio generalis und specialis)를 구분했다. 자연적 빛에 대한 이러한 가르침은 루터교적인 토대에서 계몽주의가 시작되는 하나의 출발점이 되었다.

2) 칭의론에서도 역시 멜란히톤은 독자적인 길을 걸었다.

(1) 우선 목표가 다르다. 루터에게 하나님의 영광이 중요했다면, 멜란히톤에게는 겁에 질린 양심의 위로가 전면에 강하게 등장하고 있다. 양심의 두려움(terrores conscientiae)이 제거되고, 구원의 신앙, 곧 구원의 확신이 이루어진다는 사실에 모든 강조가 있다. 한편으로는 매우 루터적이나, 다른 한편으로는 루터와 비교해볼 때 인간 중심적이며 동시에 행복이 추구되고 있음이 분명하다.

칭의를 얻는 데 있어서 순수한 인간의 협력이 이것과 일치한다. 멜란히톤은 첫 번째 판에서 모순되는 논지를 포기하지 않은 채 두 번째 개정판에서 인간의 저항 가능성을, 그리고 세 번째 개정판에서는 은총에 적응할 수 있는 능력을 가르쳤다. 정통주의에서는 하나님과 인간의 협력 때문에 루터가 가르친 것과 같은 하나님의 독자적 활동(die Alleinwirksamkeit Gottes)은 완전히 사라진다. 하나님은 인간의 행동을 확실히 조종하신다. 그러나 그의 자유를 저촉하지는 않는다.

이러한 인간 중심적인 태도는 게오르크 칼릭스트(Georg Calixt)가 정통주의 말엽 개개의 주제들을 단순히 이어 나열한 멜란히톤의 종합적인 방법을 후기 정통주의가 수용한 분석적인 방법과 교체했을 때 완성되었다. 칼릭스트는 인간의 영원한 행복을 분석이 일어나는 최종목적으로 보았다. 그러나 그 점에서 하나님의 진노와 숨어 계신 하나님에 대한 루터의 생각은 일어날 수 없는 사상이 된다. 하나님은 인간을 구원하시는 일에 나타나신다. 계몽주의의 "사랑하는 하나님"(liebe Gott)은 이미 사전에 형성된 것이다. 동시에 이러한 토대에서는 실제로 풀 수 없는 문제인 신정론(Theodizee)도 나타나고 있다. 계몽주의 시대의 낙관주의도 여기서 이미 나타나고 있다.

(2) 멜란히톤은 루터처럼 하나님의 죄 용서와 동시에 인간의 마음을 새롭게 하는 성령의 활동도 역시 시작된다고 주장한다. 그러나 그는 칭의를 양심의 위로에서부터 시작하여 캔터베리의 안셀무스처럼 법정적인 의선고(forensische Gerechtsprechung)요, 전가적인 의선언(imputative Gerechterklärung)으로 이해한다. 인간의 실제적 구원을 가르치는 가톨릭과는 달리 그 점에 주된 강조점이 있다. 그러나 여기서 구원의 문제는 더욱 난해하게 되었다. 왜냐하면 루터에게서처럼 구원이 더 이상 칭의와 유기적으로 연결되어 있지 않기 때문이다. 즉 루터의 "우리 안에 계신 그리스도"(Christus in uns)는 사라지게 된다. 구원은 죄 용서를 믿음으로 일어나고, 하나님은 믿는 자에게 성령을 역시 약속하시기는 하나, 칭의와 구원은 다만 시간적으로 일어나는 것이며 더 이상 논리적으로 동시에 일어나지 않는다. 칭의를 단순한 죄 용서라고 보는 이러한 강조는 후기 정통주의 여러 곳에서 볼 수 있듯이 삶의 성화에 대한 노력을 경시하게 했고, 비윤리적인 부수현상(Begleiterscheinung)을 초래했다. 그리스도인의 윤리적 의무에 대한 진지한 강조는 가톨릭적인 행위의 의라고 하거나 혹은 칼빈주의적인 율법주의(Gesetzlichkeit)라는 의심을 받고 경멸을 당했다.

3) 멜란히톤의 교회 개념은 우선, 아우구스부르크 신앙고백을 볼 때, 루

터의 교회 이해와 일치하고 있다. 단지 한가지만이 초기에 이미 상당히 엇갈렸다. 멜란히톤은 만인사제직을 별로 강조하지 않았고, 대신 직제(Amt)를 중요시했다. 하나님의 말씀에 대한 사역(Der minister verbi divini)은 그에게 있어서 실제로 이미 교회에 대한 주의 직임을 대신하는 것이었다. 이것이 사제교회(Pastorenkirche)를 형성하게 된 출발점이 되었다. 정통주의 시대에 루터파 교회는 거의 운명적으로 사제교회가 되었다. 목사들은 교사들과 더불어 교회를 대표하며(ecclesia repraesentativa), 목회 여부와 상관없이 총회에 참석할 수 있다. 교회는 다시금, 후기에도 멜란히톤이 보여주듯이, 하나님 말씀을 선포하고 성례전을 바르게 집행하여 속한 자들의 구원을 위해 일하는 구원의 기관(Heilsanstalt)이 되었다. 이에 상응하여 모든 강조는 외적이며, 가시적인 교회에 있고, 교회의 참(Echtheit) 여부는 신앙고백의 진정성에서 입증된다. 교회가 무엇보다도 거룩한 자들의 교제(communio sanctorum)라는 것은 놀랍게도 사라져 버렸다.

4) 국가 역시 구원을 매개하는 이러한 활동에 참여하고 있다. 왜냐하면 루터와 달리 멜란히톤에 의하면, 이것 역시 인문주의적인 관점에서 발로된 것이지만, 국가는 두 개의 판에 넣어주신 모세 율법의 보호자이기 때문이다. 국가는 우상숭배를 막아야 할 뿐만 아니라, 전심을 다해 하나님을 바르게 예배하도록 힘써야 한다. 바로 그 점에 "cuius regio, eius religio"(그의 지역이 곧 그의 종교) 내지는 루터적인 토대에서 발전된 국가교회(Staatskirchentum)의 신학적 근거 또는 칭의의 본질이 있다. 멜란히톤에 의하면 국가는 교회적인 과제를 수행하는 데 있어서 공권력도 주어졌기 때문에 국가는 경찰력으로 예배 참석과 설교시 잠들지 못하게 깨웠다는 점도 이해할 수 있다. 국민에 대한 교회와 국가의 교육업무는 바로 그 점에서 가장 강렬한 외적인 형태를 얻고 있다. 루터적인 정부는 여기서 교사로서 고대교회 대신 등장한다. 그러나 당시 대부분을 이루고 있던 작은 지역 국가들이 그 틀을 형성하고 있었기 때문에 국가교회로의 이러한 발전은 독일에서는 운명적이었다.

3. 모든 발전의 결과는 의문의 여지없이 루터교의 경직화를 초래했다. 교회는 소국의 국가교회적인 형태로 좁혀졌고, 하나의 사제교회가 되었으며, 경우에 따라서는 경찰의 도움을 받을 수도 있고, 그들의 모든 것을 교리로서 제

시할 수 있어야 내적으로 의인이 된 줄 알고 있는 지적인 신학의 사슬에 갇혔다. 완전히 새로운 건축이 이루어지기까지 루터교회는 그들의 삶을 계속 이끌어주어야만 했다. 그렇지만 이러한 유감스러운 발전도 물론 긍정적인 측면을 갖고 있었다.

1) 종교개혁은 교회의 혁명이었다. 개교회의 시찰(Visitationen)은 모든 사안들이 얼마나 심하게 망가졌는지를 분명하게 보여주었다. 그 때문에 국가의 도움이 없이 새로운 시작은 거의 이루어질 수 없는 듯했다. 칼빈도 국가의 도움을 요청했다. 물론 이것의 성취 여부는 정부가 기독교적이기를 원하느냐에 달려 있었다.

2) 신학적 확신은 반종교개혁 시대에 결코 간과할 수 없는 확고한 교파 의식을 가져왔다. 모든 상대주의(Relativismus)는 당시 마치 저항력이 마비된 것처럼 운명적으로 작용했다.

3) 지성인들의 연구도 이러한 신학적 틀 안에서 이루어졌다. 그들의 작품은 경탄을 자아냈고 레싱(Lessing)과 같은 적의 솔직한 존경을 받아냈다. 역사적으로 가장 많은 영향을 끼친 작품은 레온하르트 후터의 1610년 『신학적 주제 요약』(Compendium locorum theologicorum), 요한 게르하르트의 『신학적 주제들』(Loci theologici, 9권, 1610-1622) 그리고 1686년 출판된 요한 빌헬름 바이어의 『긍정적 신학 요약』(Compendium theologiae positivae)이다.

위에서 논했던 경직화가 마치 이 시대에 어떤 진지한 마음의 경건도 없던 것처럼 오해해서는 안 된다. 마음의 경건이 얼마나 활발했는지는 이 시대의 찬송가와 교회 음악이 반박할 수 없을 정도로 잘 보여주고 있다. 파울 게어하르트와 요한 세바스챤 바흐 외에도 그 증거는 많다.

그럼에도 불구하고 정통주의가 루터교의 공격력을 잃게 했다는 것은 옳다. 거기에 큰 약점이 있다는 것은 의심의 여지가 없다.

| 참고문헌 | Edmund Schlink, Theologie der lutherischen Bekenntnisschriften, 1946[2]. Friedrich Brunstäd, Theologie der lutherischen Bekenntnisschriften, 1951. Otto Ritschl, Dogmengeschichte des Protestantismus, 4 Bde., 1908-1927. Hans Emil Weber, Reformation, Orthodoxie und Rationalismus, 3 Bde., 1937/51. Peter Petersen, Geschichte der aristotelischen Philosophie im protestantischen Deutschland, 1921. Werner Elert, Morphologie des Luthertums, 2 Bde., 1958[2].

40. 독일 외의 루터 신학의 확장

독일의 종교개혁은 초기에 이미 경계지역을 넘어 주변으로 확장되어 갔다. 서구의 거의 모든 나라에서 개인적이든 집단적이든 추종자를 얻었다. 그러나 북부와 북동쪽에서만 계속 확고한 기반을 잡았고, 더 많은 경우에는 정부의 강요로 가담한 지역들의 민족적인 부흥과 연관되어 있었다. 1513년 이후 스칸디나비아의 3개국을 그의 통치하에 통합시킨 덴마크의 크리스티안 2세(Christian II) 왕은 귀족과 성직계급에 항거하여 왕권을 강화하고자 시도했다. 그 때문에 그의 국가 개혁정책은 교회에도 깊이 영향력을 행사했다. 로마에 요청하는 모든 항소를 금했고, 교회의 부 축적은 제한했으며, 고위 성직자의 거만한 생활에 단호하게 대처했고, 수도원은 감독의 지도를 받게 했다. 또한 그는 교회를 자신의 세금 정책에 복종시키고자 했다. 1523년 혁명 이전에 그는 나라를 청소했음에 틀림없다.

프리드리히 1세 치하에서 루터의 설교는 덴마크에 받아들여졌다. 수상인 요한 폰 란트차우의 충고로 왕은 그것을 허용했다. 1533년 프리드리히 1세 사후 가톨릭 성직자들이 크리스티안 2세를 옹립했을 때, 프리드리히의 아들인 크리스티안 3세(Christian III)의 승리는 가톨릭의 재기 및 그와 결탁한 농민혁명에 대한 루터교의 승리를 의미했다. 코펜하겐 의회는 1536년 루터의 가르침을 국가 종교로 도입할 것을 결의했다. 요한네스 부겐하겐은 왕이 총감독(summus episcopus)으로서 통치하는 교회에 필요한 새 규정을 만들었다. 크리스티안 3세의 승리는 덴마크에서의 한자동맹을 차단시켰고, 종교개혁은 왕권을 정치적으로나 경제적으로 - 교회 재산의 회수를 통해 - 강화시켰기 때문에 그의 정부는 덴마크 권력의 본질적인 개선을 의미했다.

친 종교개혁으로의 덴마크의 결정은 남부 스웨덴, 노르웨이 그리고 아이슬란드도 함께 포함된 것이었다. 그것은 이들 나라도 덴마크의 일부분에 해당하는 국가였기 때문이다.

그에 비하여 스웨덴은 종교개혁의 도움으로 덴마크의 통치에서 벗어나는 데 성공했다. 이곳의 주교단은 대부분 친덴마크적인 인물이었고, 이러한 태도는 1517년 스텐 스투레(Sten Sture)가 스웨덴의 민족적 왕권을 세우고자 했을 때 확인할 수 있었다. 국가회의는 그 때문에 친외세적 태도를 이유로 1517년 웁살라의 주교를 파면시켰다. 그로 인해 교황은 스웨덴을 파문했고, 교황의 파문 집행을 덴마크의 크리스티안 2세에게 위임했다. 그러므로 스웨덴 내의 가톨릭 문제는 덴마크의 정치적 통치와 밀접한 관계를 맺고 있었다. 덴마크로부터 독립을 완성한 구스타프 바사(Gustav Wasa) 왕 치하에서 올라우스 페트리(Olaus Petri)는 1524년 이후 단계적으로 종교개혁을 도입할 수 있었다. 1527년에 열린 베스테라스 의회는 결정적이었다. 스웨덴은, 비록 그곳도 역시 국가교회가 세워졌다고 할지라도, 왕이 총감독(sumus episcopus)이 되지는 못했다. 감독들이 오히려 더 큰 독자적 권한을 가졌고, 교회 역시 목사를 선출하는 데 있어서 함께 결정할 수 있는 권한을 소유했다. 네덜란드에서처럼 스웨덴의 정치적, 경제적 그리고 영적인 번성은 새로운 변화의 결과다.

핀란드는 당시 스웨덴에 속했다. 그러므로 이곳의 종교개혁의 도입은 스웨덴의 역사적 발전과 연관되어 있다. 구스타프 바사 왕이 통치할 때에 미하엘 아그리콜라(Mikael Agricola)가 종교개혁을 승리로 이끌었다. 그는 번역자요, 작가로서의 활동을 통해 핀란드 문학의 아버지가 되었다.

프로이센에서는 1525년 이미 독일 수도회 최고 책임자인 알브레히트 폰 브란덴부르크가 루터를 추종했고, 그의 통치지역을 국유화했으며 종교개혁을 수용했다.

이 시대에 개신교 운동은 이미 리보니아(Livland)에서도 발견된다. 그러나 1554년에서야 많은 논쟁 끝에 "공의회가 열리기까지"(bis zum Konzil) 보편적인 종교 자유를 허용했다. 이것은 종교개혁의 승리를 의미했다. 곧바로 일어난 나라의 분할은 종교의 자유를 더 이상 문제 삼지 않았다. 종교개혁은 발틱해의 비독일어권 나라에 토착어로 된 예배와 성경을 가져오게 했다. 이것은 민족적인 특징을 보존하고 강화시키는 중요한 수단이 되었다. 만약 역사에 대한 하나님의 섭리를 생각한다면 발틱 민족들에게 커다란 고통을 가져와 엄청난 시련을 겪어야만 했던 구소련의 통치하에서도 복음의 열매가 계속 맺어지고, 민족성이 강화된 것은 하나의 수수께끼와 같은 섭리다. 헝가리와 지벤뷔르겐도 독일 루터교에 가세했다.

41. 츠빙글리, 칼빈 그리고 개혁파 프로테스탄트

1549년 "취리히 협약"(Consensus Tigurinus)으로 하나가 된 스위스 프로테스탄트는 츠빙글리와 칼빈에게 그 기원이 있다. 그들은 전체 개신교 역사에서 커다란 중요성을 지니고 있다.

1. 훌드리히 츠빙글리(Huldreich Zwingli, 1484-1531)는 인문주의자요, 에라스무스의 친구였고, 35세에 비로소 루터와 진지한 만남을 가졌다. 연방이라는 특별한 정치적 상황이 그로 하여금 루터와 다른 독특성을 갖게 했다. 인문주의에서 그는 다음과 같은 사상을 얻었다.

1) 성서론이다. 성서는 하나님이 직접 영감으로 기록한 것이기에 오류가 없는 책이며 모든 생명이 척도로 삼아야 하는 하나님의 법이다. 이러한 사상에서 이미 츠빙글리는 스콜라신학의 적이 되었다.

2) 반(反)계층구조적이며 반성직자적인 태도다. 이것은 처음부터 그를 가톨릭교회의 권위에서 내적으로 자유케 했다. 그는 특별히 가톨릭교회의 의식들을 중요하게 보지 않았다. 정치 역시 그로 하여금 반교황적 태도를 갖게 만들었다.

3) 토마스 아퀴나스와 르네상스의 신플라톤주의자들에게서 인간은 하나님께 이르는 내면적인 길을 결코 잃지 않았고, 그 때문에 자신의 이성을 통해서 하나님을 인식할 수 있다는 자연신학 사상을 전해 받았다. 또한 그는 역사의 흐름은 그 속에 있는 죄를 포함하여 본래 하나님이 계획한 바와 일치하고 있다는 가르침도 넘겨받았다.

츠빙글리는 루터에게서

1) 그의 친구 에라스무스와 함께 실천에 옮기기까지 숨겨두었던 실행방법을 배웠다.

2) 에라스무스도 이미 깨달았을 그리스도의 죽음에 근거한 죄 용서에 대한 새로운 강조를 배웠다. 그러나 츠빙글리는 이러한 사상을 즉시 활용하지는 않았다. 하나님의 진노는 이제 완전히 제거되었다. 이제 누구든지 자유롭게 그에게 나아갈 수 있다. 그리스도의 죽음에 대한 회상만이 언제나 필요하다.

3) 아우구스티누스와 루터에게서 자연적 인간은 선을 행하기에 무능력하다는 사상을 배웠다. 이러한 무능력은 그리스도를 통해서 극복되어야만 한다. 무기력하다는 본래의 느낌은 이제 하나님의 도구가 되는 그리스도를 통해 생생한 확신으로 변했다.

츠빙글리는 다음을 부인했다.

1) 참회와 죄 용서의 권한에 대한 루터의 교리. 그는 이것을 계층구조적 잔재라고 생각했다. 그는 골고다를 언급하는 것으로 족하다고 보았다.

2) 1524년 이후 루터의 성례론. 그에게 성례는 개인이 신앙을 고백하고, 그리스도를 섬기도록 의무를 지우는 행위다. 성찬에서 중요한 것은 그리스도의 죽음에 대한 회상이다. 이러한 이해가 불가피하게 제정의 말씀을 상징적으로 해석하도록 인도했다. 그러나 성례는 루터에게 구원을 매개하는 중요성을 가지고 있었고, 그 결과 성례를 공허하게 만드는 츠빙글리의 이해를 그는 온 힘을 다해 반박해야만 했다. 게다가 츠빙글리는 신플라톤적인 인문주의자의 눈으로 영을 이해했고, 영이신 하나님 역시 물질과는 절대적으로 대립시켜 이해했다. 반면에 루터는 성령의 육화에 대하여 중요하게 생각했다. 성례전에 대한 상호대립은 필연적인 결과였다.

3) 국가와 교회관계에 대해서도 서로 차이가 났다. 츠빙글리에 의하면, 정부는 하나님의 뜻을 성서, 즉 하나님의 법에 맞도록 집행할 과제를 가지고 있다. 삶의 모든 질서의 도덕적 갱신은 정부의 주요 관심 중의 하나였다. 그 때문에 그는 공화제처럼 통치된 취리히에 일종의 신정정치가 반드시 필요하다고 생각했다. 그렇다면 종교개혁의 수행은 츠빙글리에 의하면 정부의 일이다. 그리스도의 법이 순수히 집행되도록 하기 위해 비기독교적인 정부에 대해서는 재세례파의 역사에서 중요하게 된 저항이 허락되었다고 여겼다. 츠빙글리가 정부의 일에 적극적으로 참여했기에, 발터 쾰러(W.Köhler)는 그를 취리히의 외무부 장관이라고 칭했다. 정치적인 일에 힘쓴 나머지 그는 전쟁터에서 죽었다.

츠빙글리의 사고에 있어서 장점인 동시에 약점은 커다란 합리적인 통찰이다. 이것과 상응하여 그의 주된 관심은 실제적인 것, 즉 교회적 삶을 복음을 토대로 해서 실제로 새롭게 구성하는 것이다. 그는 루터를 익명의 가톨릭인이라고 여겼다.

츠빙글리에 의해서 취리히는 내적으로뿐만 아니라 외적으로 새롭게 변모했다. 취리히에 새로운 법령이 반포되었다. 금, 은, 각종 보석, 비단으로 만든 사치스런 복장은 더 이상 입지 않거나 혹은 가난한 사람을 위해 팔았으며, 하나님 비방, 악담, 향락, 노름을 끊었고, 간음과 매음을 금했으며, 유곽(遊廓)을 폐쇄했다. 밤낮으로 춤추는 행위를 제한시켰고, 지옥으로 인도하는 교황과 그에 대한 추종을 막았다. 미사는 폐지되었고, 성상은 제거되었다. 죄로 유혹하는 의식들은 다 없앴다. 진리를 담대히, 그렇지만 거룩하고 정확하고 겸손하게, 무례하지 않고 신실하게 설교하며, 이 모든 것은 성직자와 정부가 명하기 때문이 아니라, 오히려 백성의 요구라고 츠빙글리 자신은 결론을 내리고 있다. 노예 신분의 폐지(1525), 교육 제도의 조정, 혼인법과 빈곤자에 대한 제도에 대해서 아직은 전혀 언급하지 않는다. 교회 개혁과 사회 개혁은 그에게서로 밀접하게 맞물려 있었다. 이 점이 그와 루터가 다른 점이다. 청교도적인 특징이 명백하게 나타나고 있으며, "모든 일에 최선을 다함"과 "진리의 가르침"에 대한 강조 역시 분명하게 나타나고 있다. 독일령 스위스의 상당 지역이, 물론 칸톤의 원형인, 루체른, 프라이부르크 그리고 쭉(Zug)은 포함되지 않았지만, 츠빙글리의 해석을 따라 복음을 이해했다. 칸톤과의 분리가 스위스가 오늘날까지 교파적으로 하나가 되지 못한 결과를 가져왔다. 독일 남부의 여러 제국도시들도 역시 츠빙글리에 가세했다.

2. 그러나 정말 중요한 사람은 요한네스 칼빈(Johannes Calvin, 1509-1564)**이다.** 그는 프랑스령 스위스, 즉 제네바를 종교개혁의 세 번째 중심지가 되게 했고, 새로운 개신교 형태를 그곳에서 만들었다.

오늘날 적지 않은 학자들이 츠빙글리보다는 칼빈에게서 루터의 진정한 제자다운 면모를 보는 경향이 있다. 진정한 제자라는 것이 기본사고의 약화가 아닌 강화를 의미한다면 이것은 옳다. 칼빈이 루터의 제자였고, 그의 사상이 본질적으로 루터 덕분이라는 것은 어쨌든 확실하며, 칼빈 자신도 이 점을 결코 부인하지 않았다. 그러나 종교개혁의 임무를 알기 전에 그는 츠빙글리처럼 존경받는 인문주의자였고, 게다가 노련한 법률가였다. 그 때문에 그는 루터에게서 넘겨받은 것을 다양한 방면으로 발전시켰다.

그 역시 루터처럼 사상의 파열이라는 회심을 경험했다는 사실에서 츠빙글리와 구분된다. 그것이 1527/28년인지 혹은 1533년인지는 여전히 논의가 다양하다. 자신의 회심에 대한 언급은 루터의 경우처럼 매우 불확실하다. 이러한 회심이 결국 칼빈으로 하여금 츠빙글리보다 더 강렬하게 인문주의에서 벗어나게 했다. 그의 삶은 계속해서 복음에 속했다. 1536년 신학적 처녀작인 개혁신앙의 고전적 저술 『기독교강요』(Institutio religionis christianae)가 나왔다. 이것은 멜란히톤의 『신학총론』에 이어 개신교 교리를 조직신학적으로 집약한 두 번째 저서가 되었으며, 칼빈을 단번에 유명하게 만들어주었다. 『기독교강요』는 비록 루터의 교리문답의 구조를 따르고 있지만, 동시에 어떤 점에서 칼빈과 루터가 서로 다른지를 잘 보여주고 있다.

1) 첫 번째 차이점은 성서론의 영역에서 생겼다. 칼빈도 루터처럼 하나님이 자신을 스스로 계시하지 않는 한, 인간은 하나님을 바르게 인식할 수 없다고 생각했다. 하나님의 이러한 계시는 어디에서 일어나는가 하는 질문에 대해 그 역시 루터처럼 성서에서 홀로 우리에게 말씀하시는 그리스도를 가리켜 답변한다. 그러나 칼빈은 루터보다 더 강하게 구약과 신약을 하나의 차원에서 보고 있다. 성서가 다양한 것은 실체(Substanz)에 따른 것이 아니라 하나님의 관할(Administration Gottes)에 따른 것이다. 그러므로 성서는 어느 부분이든지 우리에게 엄밀한 규범이며, 신앙에 절대적으로 중요한 내용을 포함하고 있고, 중요하지 않은 것은 아무것도 없다. 개혁파 프로테스탄트의 특징이 된 강력한 법률적인 성서해석은 칼빈의 이러한 사상 속에 그 뿌리가 있다. 성서에는 천문학, 물리학 및 그와 유사한 영역에 대한 진술도 있기 때문에 이러한 것들은 "근본주의적 입장에서" 영감된 것임에 틀림없었다. 개혁파 신학의 보편적 특징은 바로 이러한 이해의 결과다. 하늘과 땅 사이에 있는 것 중 그들이 관심을 기울이지 않는 것은 아무것도 없다. 그 점에 북아메리카 교회의 근본주의적 논쟁이 보여주는 협소함(Verengung)의 위험이 있다. 구약적인 화상금지 주장과 전통적인 교회 축일에 대한 반대는 칼빈에게서도 이러한 협소함이 있음을 보여주는 것이다.

2) 두 번째 차이점은 하나님에 대한 사고에서 나왔다. 루터에게 있어서는 스스로를 알리는 사랑이 신적인 행동의 궁극적 이유인 동시에 하나님의 영광이다. 칼빈에게 있어서는 하나님의 영광이 결정적인 것이며, 하나님이 만드시는 사랑의 왕국은 이러한 그의 영광을 돕는 것이다. 그러므로 사랑은 여기서

영광에 종속되어 있다. 이것은 물론 하나님의 영광을 지나칠 정도로 강조한 루터에 비해서 다만 강조점을 달리한 것일 뿐이다. 이 점은 무척 중요하다. 하나님께 영광을 돌린다는 것은 루터에게 있어서는 하나님의 사랑을 전적으로 신뢰하면서 자신을 드리는 것이다. 그러나 칼빈에게 있어서는 피조물이 창조자에게 하듯이, 그에게 순종하며 섬기는 것을 말한다. 칼빈은 그러므로 하나님께 복종할 것을 힘주어 강조한다. 목표 지향적인 하나님의 권능과 활동의 강조는 이것과 일치한다. 순종으로 하나님을 섬긴다는 것은 그에 의하면 최선의 활동을 하도록 부름 받았음을 의미한다. 루터교 정통주의에 앞서 개혁파 프로테스탄트가 보여준 커다란 실행력은 바로 여기에 그 신학적 뿌리가 있다.

비단 인간만이 아니라, 모든 피조물은 하나님께 영광을 돌려야 한다. 세상은 그들이 하나님을 섬길 수 있도록 되어 있어야 한다. 사회적이며 경제적인 삶에 일치하도록 세상을 만들어가야 한다는 요구와 동시에 그 필연성이 여기서 생겼다. 이러한 생각은 세상이 하나님의 나라가 되어야 한다는 요구에까지 도달했다. 서구 사회의 사회적 에너지는 그들의 정신적 구조의 특징처럼 바로 여기에 그 뿌리가 있다.

무엇보다도 교회는 당연히 하나님께 영광을 돌려야 한다. 교회는 전심을 다하여 그에 상응하는 삶에 힘써야 한다. 엄격한 교회 교육의 실행은 그러므로 불가피한 것이다.

3) 칼빈은 루터의 예정론을 더 발전시켜 이중예정론(gemina praedestinatio)을 주장했다. 바울, 아우구스티누스 그리고 루터도 감히 그렇게까지 말하지 못했지만, 칼빈은 잃어버린 사람의 정죄를 바꿀 수 없는 하나님의 뜻으로 돌렸다. 루터에게서도 가끔 들을 수 있었던 이러한 결론을 내림으로 그는 예정론의 진리를 지킬 수 있다고 믿었다.

루터 사상의 강화는 다음과 같은 결과를 가져왔다. 우선 루터가 가르쳤던 구원의 확신이 칼빈에게서는 예정의 확신이 되고 있다. 게다가 선택된 자라는 사실은 하나님의 영광을 위해 살려는, 특히 하나님의 계명을 잘 지키려는 인간의 능력에서 나타나고 있다. 적극적 행동에 대한 새로운 강조는 여기서 나온 결과다. 이것으로 동시에 이중예정에 심리적으로 숨어 있는 무관심이 제지되었다. 예정의 확신이 위협하는 또 다른 위험은 하나님의 결정을 우선 개인이 아닌 교회와 연결시키고 있다는 사실이다. 다만 교회의 회원으로서 개

인은 선택된 것이다. 그 결과:

(1) 교회에 등록하는 것이 가장 중요한 의무가 되었다. 개혁파 교회를 특징짓는 강한 공동체 의식, 교제에 대한 열심은 그것이 가져온 필연적 결과다.

(2) 만일 교회에 은혜가 없음이 입증되면, 교회를 떠나 예정된 자라는 증거를 제시할 수 있는 사람들로 구성된 새로운 교회를 세우고자 하는 생각도 역시 여기서 나온 것으로 추측된다. 개혁교회에 만연되어 있는 분리주의(Separatismus) 경향은 바로 이 점에서부터 이해가 된다.

(3) 결국 예정의 확신은 교파적인 확신을 가져왔다. 종교개혁의 냉혹한 반가톨릭적인 태도는 거기에 그 뿌리가 있다.

(4) 칼빈의 성찬론은 성만찬이 신자의 구원에 중요한 의미를 갖고 있다는 점에서는 루터와 일치한다. 그러나 그는 그리스도가 하늘에 하나님의 보좌 우편에 앉아 있다는 츠빙글리의 주장을 또한 지지한다. 이것은 성찬의 요소에 임하는 그리스도의 육체의 실제적 현존이라는 루터의 성찬론을 반대하는 것이다. 그리스도는 성찬에 참여하는 신자에게 자신의 몸을 영적으로 즐기도록 내어준다. 그래서 두 가지가 병행하여 일어난다. 떡과 포도주를 육적으로 먹지만, 그것은 곧 그리스도의 몸과 피의 영적인 식사(manducatio spiritualis)가 된다. 다시 말하면 이것은 죄를 용서하고 그리스도와 성도 사이에 혹은 성도 상호간에 교제를 강화시킬 목적으로 그리스도의 몸과 피를 먹는 영적인 식사인 것이다. 그리스도의 현존의 방법을 루터와는 다르게 말하고 있다는 점에서 칼빈은 루터와 구분된다. 칼빈의 이러한 차이점의 이유는 분명히 그리스도론(Christologie)에 있다. 칼빈은 인격의 통일성에도 불구하고 본성의 구분을 상당히 강하게 강조한다. 그와 더불어 영과 육의 상호 적대성에 대한 츠빙글리의 사상을 지지했다.

(5) 칼빈의 교회론은 루터의 교회론을 따르고 있다. 그러나 교회 구성과 관련하여 한 가지 차이점이 나타나고 있으며, 이것은 칼빈의 성서론에서 온 것이다. 에베소서 4장 11절에서 복음을 선포해야 하는 목사직과 교사직이 나왔으며, 성서의 다른 곳에서 교회의 규율을 위임받은 장로직이 나왔다. 제네바의 장로는 특별히 시의회에서 선출했다. 마지막으로 집사직이 있다. 이 네 가지 직임의 소유자가 교회를 인도하는 간부회(Konsistorium)를 구성한다. 커다란 문제가 발생할 경우, 프랑스에서 처음 시도된 예로, 교회 대표들이 지방

회나 혹은 국가 총회로 모인다. 사도행전 15장은 그 좋은 예다. 이러한 교회 구성은 역사적으로 세 가지 중요한 의미를 갖고 있다.

(1) 칼빈주의 역시 조직적으로 통일되지 못하고, 자기 영역에서 독자적인 주단위 지역 교회(Landeskirchen)를 이루고 있다는 점이다.

(2) 교회는, 특히 국가의 외적인 경계와 관련해 어떤 간섭도 없이 외적인 규정을 직접 만들었다. 만약 문제가 발생했을 경우, 국가에 반대할 수 있는 교회의 커다란 독자성도 바로 이 점에서 나온 것이다. 프랑스에서는 심지어 저항할 수 있는 권리가 선포되었다. 이 점에서 역시 정교분리 사상도 나왔다.

(3) 교회는 아래로부터, 즉 공동체로부터 구성되는 것이다. 이러한 구성 원리를 국가에 적용한 것이 민주주의적인 제도의 요구다. 이러한 언급은 칼빈의 국가관으로 연결된다.

6) 칼빈의 국가관. 그는 루터처럼 당연히 국가를 하나님의 질서로 보았다. 이 질서를 통해 국민의 외적인 평안이 보장되고, 더 증가되어야 하며, 무엇보다도 국민들의 자유가 가장 우선적으로 보장되어야 한다. 이 자유는 거의 "전체적"(total)이란 인상을 주는 정부에 극명하게 대립하는 자유이며, 제네바에서 실현되었다. 그러나 국가도 교회적인 그리고 도덕적인 삶을 배려해야 한다. 왜냐하면 국가는 이스라엘의 지도자처럼 두 십계명 돌판의 수호자이기 때문이다. 이것은 궁극적으로 국가가 교회적인 영역에 관여하는 것이 필요함을 보여준 것이며, 제네바에서 그것은 오늘날 권위 있고 소신 있는 국가를 연상케 하는 형태가 되었다. 칼빈은 본래 국가와 교회의 밀접한 결합을 머리에 떠올렸다. 그렇지만 그에게서는 루터교와 달리 국가교회가 발전하지 않았다. 제네바의 경우 칼빈의 커다란 영향이 이것을 제지했다. 칼빈의 경우를 사람들은 일종의 신정정치라고 말한다. 그러나 제네바에서는 칼빈이 생각한 그대로 실현되지 않았다. 제네바의 예는 계속 영향을 끼쳤고, 그 결과 선제후가 가부장적으로 통치하는 국가교회는 개혁된 지역에서, 즉 개혁파를 따르는 독일 지역에서만 발전할 수 있었다.

칼빈은 제네바에서 뛰어난 후계자들을 발견했다. 그 가운데서 가장 뛰어난 사람은 테오도르 베자(Theodor Beza, 1519-1605)였다. 그로 인하여 도시는 개혁파 프로테스탄트의 대학으로 그대로 남았고, 또 그것을 통해서 어느 정도 통일성을 유지했다. 논쟁의 중심에는 1618년 도르트 공의회에서 (항변하는 자들이라고도 일컫는) 알미니안주의자들의 공격으로 다시 한번 강력하게 확정한 예정론이 항상 등장했다.

3. 칼빈주의의 확장 여러 가지 어려움을 극복한 후에 1549년 하인리히 불링거를 위시한 츠빙글리의 후계자들과 칼빈 사이에 하나의 협의가 이루어졌다. 이것은 위에서 이미 언급한 제네바 협약(Consensus Tigurinus)이며, 이 협약을 통해 스위스 프로테스탄트는 압도적인 칼빈주의적인 특징으로 연합했다. 독일은 여전히 루터교로 남아 있었던 반면, 칼빈주의는 스위스에서 시작하여 헝가리의 마자르족(magyarischen Volksteil)에게까지 침투했다. 그러나 결정적인 것은 서쪽으로의 그들의 진입이었다.

프랑스는 이미 중세 후기에 군주와 가톨릭교회가 긴밀하게 결탁하고 있었다. 이것은 종교개혁이 영향을 미치기 시작했을 때 피할 수 없는 숙명적인 것이 되었다. “하나의 왕, 하나의 법, 하나의 신앙”(Un roi, une loi, une foi)은 왕실의 구호였다. 그에 비하여 이곳의 종교개혁 운동은 거의 불가피하게 반국가적인 성격을 지니고 있었다. “관용”은 프로테스탄트에게는 만약 그들이 국민과 국가를 완전히 정복했을 때만이 희망할 수 있는 것이었다. 그러므로 이것을 그들의 목적으로 삼아야 했다. 참담했던 시민전쟁 후 1598년 앙리 4세(Heinrich IV)가 낭트 칙령(Edikt von Nantes)을 선포했고, 이것으로 칼빈주의는 관용을 얻게 되었다. 앙리 4세는 발로이 가문의 종말로 왕권이 혼란한 가운데서 칼빈주의에서 가톨릭으로 전향하는 대가로 프랑스의 권력을 거머쥘 수 있었다. 그러나 그는 과거 자신의 동지와 신앙의 동료들에게 계속적인 특권을 부여하여 자유로운 신앙생활을 허용했고, 완전한 시민의 평등과 교회의 구성원이 될 자유, 교회의 세법, 교회에 대한 왕의 보조, 더 나아가서 200여 곳의 안전 위수지역을 만들었다. 이것이 프랑스의 일치를 계속 위협하긴 했으나, 전체적으로 보면, 왕과 시민을 하나의 신앙에만 절대적으로 매여 놓는 데에서 자유케 하려는 미래를 대비하는 시도였다. 즉 그것은 국가는 교파적으로 통일되어야 한다는 원리를 포기한 첫 시도였다.

네덜란드에서는 루터의 종교개혁이 이미 1520년도에 자리를 잡았다. 그러나 거듭되는 박해로 많은 시련을 겪어야 했다. 제네바에서 칼빈의 사상을 좇았던 프랑스 난민들과 이주자들은 1550년 이후 그곳에 칼빈주의 영향을 끼쳤고, 1561년 내지는 1562년 네덜란드 신앙고백(Confessio Belgica)을 중심으로 집결했다.

스코틀랜드는 칼빈주의가 완전히 장악했다. 그곳에서는 인문주의가 그 가교였다. 그곳에서 추방된 사람은 제네바의 칼빈에게 왔다. 그 가운데 존 낙스(John Knox, 1514-1572)는 특별히 언급할 가치가 있다. 그는 강력한 설교자요 굽힐 줄 모르는 성격의 소유자였고, 고통스런 투쟁 끝에 칼빈주의만을 스코틀랜드에 정착시킨 사람이다.

독일 서부의 칼빈주의는 우선 1560년대 이후 네덜란드에서 시작되어 인접해 있는 지역으로 확산된 결과다. 팔츠의 영향 아래 있던 클레베, 율리히 그리고 베르크에도 칼빈주의가 전해졌다. 이곳에서는 개별적인 교회도 세워졌다. 엄청난 고난을 겪어야 했기에 그 때문에 이름도 "십자가 아래 있는 교회들"(Gemeinden unter dem Kreuz)이라고 불렀다. 오스트프리에스란트와 벤트하임의 칼빈주의는 이 지역들이 네덜란드와 결합되어 있었기 때문에 생긴 결과다. 반면 독일 브레멘에서는 필립주의(Philippismus)가 칼빈주의를 끌어들인 가교가 되었다.

독일 남부에서는 팔츠의 선제후인 경건자 프리드리히가 1561년 개인적으로 칼빈주의를 받아들였고, 자신의 지역을 개방한 것이 결정적이었다. 그 후 팔츠 선제후 지역에서 이웃지역으로 펴져 나갔다. 나싸우-딜렌부르크는 제2의 중심지가 되었고, 마인과 직(Sieg) 사이에 있는 이웃지역으로 확산되었다. 팔츠의 프리드리히의 요청으로 하이델베르크 교리문답(Heidelberger Katechismus)이 1563년 멜란히톤의 제자인 우르지누스, 올레비아누스 그리고 다른 신학자들에 의해 작성되었다. 이것은 보기 좋게 세 부분(1. 인간의 비참에 대하여, 2. 인간의 구원에 대하여, 3. 감사에 대하여)으로 나누어 집필했고, 연관된 많은 사항들을 다루었다. 교리문답은 예정론에 없는 것을 서술한 하나의 혼합물(Mischbildung)이다. 그럼에도 불구하고 이것은 독일 개혁파의 통일된 교리문답이 되었고, 독일 외에 특히, 네덜란드와 오스트리아-헝가리로 확산되었다. 여기서 특별히 예정론을 강조한 제네바의 칼빈주의와 함께 칼빈주의의 두 번째 형태, 즉 필립주의적인 칼빈주의를 볼 수 있다.

개신교가 계속 존속했던 서쪽 지역을 전체적으로 보면, 영국과는 한번도 관계를 갖지 않은 고립된 칼빈 지역이 형성되었음을 알 수 있다. 칼빈주의는 스페인과 단절 후에 서구에서 커다란 지위를 획득한 나라들과 동시에 해상권을 장악하여 왕성하게 식민지 활동을 전개한 나라들을 점령했다. 개혁주의 정신은 그러므로 비록 부분적으로는 앵글로색슨적으로 변형된 형태일지언정 북아메리카에도 역시 영향을 줄 수 있었다. 오늘에까지 이르고 있는 칼빈주의의 중요성은 그의 이러한 확장에 근거하고 있다. 우선 칼빈주의에서 가톨릭과 싸우고자 하는 단호한 투쟁의지로 가득 찬 교회가 형성되었다는 것은 전체 교회사에 특별히 중요한 것이었다. 그들이 없이 반종교개혁의 대응은 생각할 수 없는 것이다. 개신교인은 그 점에서 하나님이 칼빈 교회에 주신 선물을 보아야만 한다. 아마도 이 점에서 개신교의 분열이 갖고 있는 의미가 빛나기 시작한다.

| 참고문헌 | Oskar Farner, Huldrych Zwingli, 4 Bde., 1943/60. Walter Köhler, Huldrych Zwingli, 1952[2]. A. Lang, Johannes Calvin, 1909. Wilhelm Niesel, Die Theologie Calvins, 1957[2].

42. 영국 교회의 형성과 공고화

1. 영국 교회의 시작 영국 교회의 시작은 새로운 신학적 인식이나 혹은 새로운 종류의 경건이 아니라, 교회 정치적 이유에서 단행된 로마와의 결렬에 있다. 영국 국왕인 헨리 8세의 이혼을 교황이 허락하지 않았고, 그 결과 왕은 1534년 교황과 단절했다. 그는 의회의 지지를 얻어 자신을 "교회의 최고 수장"(obersten irdischen Haupt der Kirche)이 되게 했다. 영국 교회의 이러한 형성 방식은 교회에 계속 깊은 영향을 미쳤다. 만약 영국의 중세 후기적인 발전이 사전에 이미 준비되지 않았더라면, 헨리 8세의 분리는 성공하지 못했을 것이다. 이미 영국에서는 왕이 상당한 영향력을 교회에 행사하고 있었다. 1515(!)년 이미 헨리 8세는 영국 왕은 하나님 외에 더 높은 자를 결코 가지고 있지 않다고 선언했다.

중세 후기에 존 위클리프(John Wyclif, 1324/1329-1384)는 지배적인 가톨릭교회를 신학적으로 반박했고, 그의 사상은 롤라드파(Lollarden)에 의해 계속 전개되었다. 교회의 사도적 청빈을 위한 그의 투쟁은 계층 구조적인 교회,

일곱 가지의 성례전 그리고 화체설을 반대했다. 그에게 교회는 예정된 자의 공동체다. 이 공동체의 삶의 법(Goddis lawe)이 있다면 그것은 성서뿐이다. 위클리프는 모든 사람이 성서를 알기를 원했고, 그 때문에 성서를 영어로 번역했다.

롤라드파와 더불어 인문주의 역시 영국에서 활동했고, 교회개혁을 위한 성서적 토대를 제공했다. 틴데일(1490-1536)의 성서번역이, 그 개정판이 오늘날에도 영국에서 사용되고 있지만, 그 시발점이 되었다. 루터 사상도 영국에서 큰 호응을 얻었다.

이러한 영적인 움직임들은 영국이 단순히 분리 차원에서만 머물지 않고, 종교개혁적인 사상들이 그곳에서 실현되도록 모든 조건을 마련해주었다. 나이 어린 에드워드 6세(Eduard VI, 1547-1553)의 섭정인 소머셋(Somerset) 공은 헨리 8세가 세워놓은 영국의 "가톨릭적"인 국교회를 교리에서 명백한 개신교회로 발전시켰다. 이 점은 대륙의 종교개혁, 특히 루터 사상을 토대로 만든 42개조가 증명하고 있다. 루터의 사상은 가끔 간단하게 칼빈주의로 방향을 선회했으며, 특히 성만찬과 기독론이 그 예다. 그러나 왕의 수위권은 유지되었고, 개교회의 규정에 따라 개개인은 예전에 참여해야 할 의무가 있음을 강조했다. 오늘날 공식적으로 사용하는 신앙고백인 1562년의 39개 조항은(1571년 확정되었다) 42개 논제를 약간 수정하여 개정한 것이다. 예배에 있어서 영국 교회는 에드워드 6세 치하에서와는 달리 매우 보수적으로, 즉 매우 가톨릭적인 형식을 유지했다. 1549년 의회에 의해 승인되고, 교회의 모든 예배를 규정하고 있는 공동기도서(Das Book of Common Prayer)는 로마 가톨릭적인 예배의식과 함께 과거 영국의 예전 의식 및 거기다 종교개혁적인 예배 규정까지 모든 것을 하나로 묶은 것이다. 매일 진행되는 예배에서 시편은 매달, 구약 전체는 매년, 신약은 일년에 두 번 읽을 수 있도록 짜여졌다. 공동기도서는 신앙고백보다 영국 교회에 더 중요한 것이 되었고, 이를 통해 예전 중심의 교회로 발전했다.

이러한 예전적인 특징은 그러나 고통스런 싸움 후에 굳게 자리를 잡을 수 있었다. 피의 메리(der Blutigen)라고 불리운 튜더 메리(Maria Tudor)의 가톨릭 복귀 시도는 개신교 사상을 가진 수많은 영국인들을 대륙으로 몰아냈고, 일부는 제네바에 도달했다. 이곳에서 그들은 엄격한 개혁 교회의 생활 원칙을 배웠고, 엘리자베스의 통치 때 귀환하여 조국에서 그 원칙대로 살고자 시도했다. 즉 그들은 영국 교회에서 가톨릭적인 잔재를 씻어내고자 했다. 여기서 그들은 "청교도"(Puritaner)라는 이름을 얻었다.

청교도주의는 아래와 같은 점에 차례로 관심을 가졌다. 즉

1) 설교 중심적 예배인 개혁파의 간단한 예배 형태를 영국에 도입하고, 동시에 미사복(Meßkleidung)을 폐지하고자 하는 의도로 예배 분야에 관심을 기울였다. 그 때문에 이것을 "의복전쟁"(Kleiderkrieg)이라고 불렀다.

2) 셰익스피어의 극이 우리에게 잘 보여주듯이 영국의 관능적인 쾌락과 세상의 즐거움을 반대했다. 인생의 향락을 싫어하고, 직업을 힘들지만 진지하게 여기는 단순 소박한 삶을 추구했던 청교도주의의 이러한 도덕적인 측면은 평신도 모임의 출구를 만들어주었다. 안식일 계명을 포함하여(늦어도 1583년 이후) 하나님의 계명에 따라 엄격한 삶을 사는 것이 하나님께 영광이 된다. 청교도의 스파르타적이며 단순하면서도 열심히 사는 삶의 자세가 엘리자베스 시대에 좋은 경제적 조건하에서 잘 사는 나라가 되게 했다. 모은 돈은 경제에만(향락이 아닌) 다시 재투자될 수 있었다. 그러므로 청교도주의는 본의 아니게 근대 자본주의 형성에 일조를 했다. 또한 사람들은 늦어도 17세기 시작 이후 성공을 하나님이 복을 주신 표시라고 평가하기 시작했으며, 이러한 관점은 오늘날까지도 영국과 미국인의 삶에 다양한 방식으로 영향을 끼쳤다.

3) 토마스 카트라이트(Thomas Cartwright, 1535-1603)를 통해 영국의 청교도주의는 장로교주의(Presbyterianismus)로 발전했다. 그는 영국 국교회의 제도를 스코틀랜드처럼 바꾸고자 했다. 그는 장로 제도가 성서에 제시된 제도라고 여겼고, 따라서 그에게 감독 제도적인 교회는 모든 수단을 동원하여 대항해야 할 거짓된 교회였다.

엘리자베스(Elisabeth, 1558-1603) 여왕은 비록 가톨릭은 아니었지만, 공동기도서를 중요하게 여겼고, 나라의 통일을 위해 교회의 일치를 유지해야만 한다고 믿었다. 그러나 그녀에게 교회의 일치란 곧 예전과 통일령(Konformität)의 일치를 의미했다(신앙고백 34조항에 따라서). 그녀는 이러한 일치를 유지하고자 강경하게 대응했다. 그러므로 불가피하게 일어난 논쟁이 진행되면서 감독 원리라는 새로운 형태가 나왔다. 리차드 밴크롭트(Richard Bancroft)는 1589년 행한 첫 설교에서 감독제도는 리차드 후커(Richard Hooker, 1554-1600)가 가

르쳤던 것처럼 목적에 부합하기 때문이 아니라, 하나님이 교회에 부여해준 것이라는 이론을 주창했다. 캔터베리의 라우드(Laud) 주교는 이러한 관점을 더 확장했다. 그러나 이것을 통해서도 청교도들과 감독주의자들 사이의 대립을 해결할 수는 없었다. 왜냐하면 둘 다, 그들이 생각하듯이, 하나님이 주신 교회제도를 위해 싸웠기 때문이다.

교회에 대한 왕의 권한과 관련하여 청교도들이 싸운 세 번째 것은 교회구성 문제와 교회생활에 대한 서로 상반적인 대립과 결부되어 있다.

2. 영국에서 일어난 새로운 영적인 운동들

1) 회중주의와 독립주의로의 청교도주의의 계속적 발전. 엘리자베스 시대에 이미 청교도주의는 계속 발전했으며, 그 뿌리는 여전히 해결되지 않은 문제다. 아마도 1579년 카트라이트의 제자인 로버트 브라운이 장로교적인 교회제도에 이의를 제기했고, 게다가 카트라이트가 츠빙글리와 칼빈과 함께 주장한 시민공동체와 교회공동체를 동일하게 취급하는 것을 반대했다. 브라운은 또한 교회를 감독할 수 있는 상위 교회기관의 임명을 비난했다. 모든 모임은 오히려 자율적(독립적)이다. 그것은 성인들이 자발적으로 거기에 가입함으로써 형성된다. 이러한 사상의 배후에는 시민의 모임에는 기독교적인 성격이 없다는 회의적인 판단이 있다. 하나님이 선택한 사람만이 교회 공동체의 회원이 될 수 있다. 하나님이 선택한 자인 그들을 죽음(massa perditionis)에서 끌어내시듯이, 개인은 자신이 직접 하나님과 계약을 체결함으로써 연합한다. 이것은 동시에 역사성이 없는, 즉 교회를 어머니로서 갖지 않는 것을 의미한다. 재세례파의 경우처럼 이들 회중교회도 역시 철저히 인정받지 못했다. 모두가 동시에 선택된 자들이기에 그들 모두는 동일한 권리와 동일한 의무를 갖는다. 죄를 사할 수 있는 권세의 소유자는 공동체다. 그 외에도 이 회중교회에서는 자유가 지배한다. 그는 예전(Liturgie)에 대해 성령을 속박하는 것으로 간주했다.

독립적인 토대에서 이제 두 가지 계속적인 발전이 가능했다.

(1) 첫 번째 길은 회중주의(Kongregationalismus)로의 발전이다. 개별적인 교회의 자율권도 배제되지 않았기에, 이들은 공동의 경험을 서로 나누고, 공동으로 상의하기 위해 서로 모였다. 게다가 독립적인 개교회가 서로 연합하기도 했으며, 이것이 곧 회중교회가 되었다.

(2) 두 번째 길은 이러한 형태로 교회가 이루어지는 것 역시 거부되었기에 순수한 독립주의(Independentismus)로 남는 것이었다. 순수하고 거룩한 교회로서 "거룩한 자들의 교회"(Gemeinde der Heiligen)가 되기를 원했다. 여기서는 누구나가 하나님과 직접적인 경험을 가지고 있다고 믿기 때문에 이러한 개인적인 성령주의(Spiritualismus)에서 개혁자들을 항상 부당하게 비난하는 주관주의(Subjektivismus)가 발생했다. 동시에 이러한 토대에서 새로이 관용의 사상이 나왔다. 이것이 혁명시기의 영국에서 이단이 형성된 뿌리다. 크롬웰 자신을 포함하여 크롬웰 군대의 "거룩한 자들"(Heiligen) 역시 이 형태에 속한다.

2) 침례교 역시 독립주의적인 모임에서 발생했다. 이들은 성서적 계율을 엄격하게 지켰고, 신약성서의 율법적인 형태를 공동체 삶의 목표로 삼고자 했다. 존 스미스는 1608년 런던에서 처음으로 유아세례를 의심했다. 그는 네덜란드의 메노나이트와 연결을 시도했다. 다른 사람도, 가령 북아메리카의 섬나라인 로데(Rhode) 국가의 창립자인 로저 윌리암스도 스미스와는 상관없이 같은 생각을 했던 것처럼 보인다.

3) 영국 의회는 17세기 초 청교도가 다수를 차지했다. 그 결과 1643년 감독직과 영국적인 예배형식이 폐지되었다. 총회, 즉 웨스트민스트 총회는 새로운 교회 규정을 마련해야 했고, 그것을 스코틀랜드와 연합하는 토대로 삼아야 했다. 1648년 스코틀랜드와 함께 결정한 신앙고백을 통해 그것은 성사되었다. 이 신앙고백은 순수한 칼빈주의 교리를 반영한 31개조로 구성되어 있고 칼빈주의 안에 있는 논쟁에 대해서는 특별한 결정이 없었다. 그것은 오늘날까지도 영미 장로교, 회중교회 그리고 침례교회의 신앙고백으로 쓰이고 있다.

4) 1642년 발발한 시민전쟁이 종교적 흐름에 가져다준 자유는 칼빈주의적 특성을 가진 독립주의를 "자유로운 예언자"(freien Prophetie)로 발전케 했고, 어떤 얽매임도 거부한 일종의 열광주의와 같은 열정주의가 되게 했다. 왜냐하면 독립주의는 자신의 내적 경험만을 인정했고, 하나님의 내적 음성만을 기다렸기 때문이다. 이러한 기다림 때문에 이들을 "구도자"(Seeker)라고 일컬었다. 그 결과 구도자의 예배는 침묵하며 성령의 고지를 기다리는 모임의 형식을 띠었다.

다른 한편 여기서도 역시 다시금 불가피한 경우에 한 손에 칼을 들고 선취해야만 하는 임박한 하나님의 나라를 생각하기도 했다. 선지자 다니엘의 계산에 따라 네 번째 왕국의 종말 이후 다섯 번째 왕국이 가까이 왔다고 믿었기 때문에, 이러한 사상을 추종한 사람을 "제5군주론자들"(Quintomonarchisten)이라고 불렀다. 어쨌든 그들에 의하면 그리스도의 요구, 즉 산상수훈을 결연한 자세로 지키는 것이 중요한 것이었다. 그 점에서 그들은 구도자들과 원칙적으로 일치했으나, 실제로는 상당한 차이점이 드러났다.

5) 구도자는 조지 폭스(George Fox, 1624-1691)에 의해 퀘이커로 발전했다. 그는 구도자들이 갈망한 하늘의 전권을 받았다고 주장하면서 세상에 등장했고, 그가 선포한 모든 것이 정말로 그에게 부여한 하나님의 계시라는 것을 모든 사람들로 하여금 믿게 하는 데 성공했다. 폭스의 이러한 성령 확신은 영적인 천년설이라는 특별한 형태를 갖고 있다. 하나님은 그의 백성 안에 현존하시며 이제 시작된 종말을 주도하시고, 그리스도는 사람들 가운데 계신다. 그 때문에 삶의 어중간함이란 있을 수 없다. 사랑은 온전해야만 한다. 또한 그 때문에 교리규정, 예전도 더 이상 있을 수 없다. 규칙적으로 개최한 친구들의 회합 역시, 그들의 조언에도 불구하고 표결을 통해서는 아무런 결론을 얻지 못했다. 형제애에서 우러난 일치에 도달할 때 사람들은 그것을 좇았다. 폭스는 윤리적 엄정주의(Rigorismus)라는 점에서 청교도와 의견을 같이하지만, 내적인 빛에 관한 그의 가르침은 제쳐두고라도 예정론을 포기하고 있다는 점에서 청교도와 구분이 되고 있다.

3. 올리버 크롬웰의 승리를 통해 영국의 권력은 의회에서 거룩한 자들의 군대에로 넘어갔다. 1653년 의회는 해산되었고, "임명받은"(ernanntes), "거룩한 자들의 의회"(Parlament der Heiligen)가 그 자리를 대신했다. 교회적이며-민주적인 혁명에서 제5군주론자와 그와 유사한 다른 단체의 생각과 일치하는 사회적 혁명을 막 일으키고자 했을 때, 크롬웰은 그에 반대했고, 의회를 해산했으며, 호민관(Lordprotektor)으로서 직접 정부를 넘겨받았다. 호민관으로서 그는 영국의 힘을 무력으로 강화시켰고, 동시에 반종교개혁을 방어하고자 모든 개신교 연합에 힘썼다. 영국의 종교문제와 관련하여 그는 민족과 국가의 개신교적인 성격을 확신했고, 이러한 틀 안에서 관용을 허용했다. 그의 행위는 그의 인격에서 온 것이다. 그의 죽음은 그 때문에 1658년 새로운

변혁을 초래했다.

4. 영국 교회문제의 공고화 크롬웰의 사후 그로 인해 과거에 정부에서 쫓겨난 왕당파가 전면에 등장했다. 왕권과 함께 감독교회가 다시 회복되었다. 스튜어트 왕조의 찰스 2세(Karl II)와 특히 제임스 2세(Jakob II)의 가톨릭 복귀 시도는 영국 국민 대다수가 어느덧 개신교적으로 사고하는 것을 배웠음을 분명히 보여주었다. 네덜란드의 빌헬름 3세(Wilhelm III von Oranien)하에 1689년 영국 교회는 특권을 누리는 국가교회로서 인정되었다. 영국 전역으로부터 십일조를 거두었고, 세례와 혼인의 권한을 자체 소유했다. 중심에는 고교회적인 것이 아니라, 중도적인 "초교파적"(latitudinarische) 경향이 흐르고 있다. 청교도적인 영향이 그 안에서 작용하고 있다. 설교가 예식 못지않은 중요성을 획득했다. 청교도주의는 영국 교회를 특징짓는 종교 서적에도 영향을 주었다. 루이스 베일리의 『경건의 실천』, 리차드 박스터(Richard Baxter)의 『성도의 영원한 쉼』, 그리고 존 번연의 『천로역정』 등을 언급할 수 있으며, 이 모든 것은 이미 1688년 영광스러운 혁명 이전에 쓰인 것이다.

감독교회를 거부하여 이의자(Die Dissenter), 또한 불일치자(Nonkonformisten)라고 일컬어진 사람들은 자신들의 예배와 교회를 조직할 권한을 얻었다. 그렇지만 그들의 성직자들은, 물론 퀘이커 교도는 예외지만, 39개 조항을 준수했다. 이렇게 사람들은 신앙의 자유와 동시에 국가의 통일을 유지하고 노력했다.

여기서 중요한 것은 영국 국교회와 청교도주의가 함께 새로운 형태의 기독교 삶을 발전시켰다는 것이다. 이러한 신앙의 삶은 어떤 기독교 교파이건 상관없이 모든 앵글로색슨 세계가 통일적으로 만든 것이다. 이와 함께 사람들은 높은 자의식을 갖고 있었고, 이러한 자의식은 엘리자베스 시대에 영국과 하나님의 나라를 동일시하는 사상으로까지 고조되었다. 앵글로색슨적인 요소가 갖고 있는 중요성과 연관해 볼 때 이러한 형태의 기독교적 삶이 가져온 중요성은 결코 간과할 수 없다.

| 참고문헌 | A History of the English Church ed. by W.R.W. Stephans and W.Hunt, Vol. IV-VI, 1903/04. J.M. Moorman, A History of the Church in England, 1953.

43. 반종교개혁의 토대인 가톨릭교회의 내적 갱신

루터교는, 우리가 보았듯이, 정부가 통치한 주단위교회(Landeskirchen)에 고정되고, 당시 독일의 작은 국가에 밀착하고, 더 나아가서 아우구스부르크 종교평화 회담의 제한에 얽매여 그들의 기동력을 상실했다. 내적인 불일치는 자체 내에 싸움을 유발시켰고, 루터교의 계속적인 확산을 마비시켰다. 만약 1555년 이후에도 새로운 지역을 끌어들이는 데 성공했다면, 그것은 다만 선제후의 정치 덕분이었다. 루터교의 내적인 약화는 곧바로 반종교개혁의 전제로 작용했다. 그러나 가톨릭교회 측에서도 영적이며 정치적인 새로운 세력들이 등장하지 않았다면, 반종교개혁도 있을 수 없다. 요셉 로르츠(Joseph Lortz)의 『종교개혁사』는 루터의 종교개혁에 불안과 무능력으로 대처했던 가톨릭교회의 생생한 모습을 전해준다. 가톨릭교회의 내적 갱신은 그 때문에 16세기와 17세기 후반 가톨릭교회가 개신교와 한 번 더 벌여야 할 그리고 유럽의 영적인 미래가 달려 있는 중요한 싸움에 없어서는 안 될 두 번째 전제다.

1. 가톨릭 개혁운동의 시초 가톨릭교회를 개혁한 단체들이 어디서 생겨났는가에 대한 물음에 다양한 답변들이 제시되었다. 비교적 신생어인 "반종교개혁"(Gegenreformation)이란 이름은 확고한 하나의 관점을 말해준다. 그에 따르면, 100여 년에 걸친 이 기간 중 종교개혁에 대응한 활동뿐만 아니라, 그것을 수행한 단체들 역시 대립적인 방식을 취했다는 점이 중요하다. 반종교개혁은 가톨릭교회의 중심을 강타한 개신교의 위협에 대응할 수 있는 모든 가능성들의 집약이라고 할 수 있다.

이러한 입장과 달리 특별히 가톨릭 사가인 요한네스 얀센(Johannes Janssen)은 그의 『중세 말기 이후의 독일 민족사』(Geschichte des deutschen Volkes seit dem Ausgang des Mittelalters, 1876ff.)에서 가톨릭교회는 15세기에 이미 큰 개혁단체들을 갖고 있었고, 루터의 등장은 이러한 단체의 활동에 상당히 큰 방해가 되었으며, 그래서 16세기 후반기에 그들이 등장하여 그 역할을 할 수 있었다는 논지를 주장했다. 얀센은 반종교개혁이 아니라, 독특한 가톨릭의 자체적인 개혁이 여기서 중요하다고 주장했다. 이러한 상반된 의견에 대해 대부분의 연구자들은 그들이 속한 교파에 근거하여 각기 입장을 취했다. 근자에 새로운 공동연구도 시작되고 있다. 위의 두 입장은 어쨌든 사실적인 요소를 담고 있다. 가톨릭 측의 종교개혁이 교회를 개혁하려는 경향을 상당히 강조했다는 것은 논의의 여지가 없는 사실이다. 개혁단체들은 루터의 등장 이전에도 이미 존재했고 부분적으로 개혁을 함께 수행했다는 것도 사실이다.

그러나 다시금 논란이 되는 것은 이러한 개혁단체들의 본래 고향이다. 수십 년 동안 사람들은 그것을 스페인에서 찾았다. 그곳에는 이미 15세기 말 페르디난트(Ferdinand, 1479-1516) 왕과 추기경 히메네스(Ximénes, 1436-1517)가 주도하는 성직자 사이에 긴밀한 공동노력으로 개혁된 가톨릭교회가 세워졌다. 예수회(Jesuitenorden) 역시 이베리아 반도에서 생겨났기 때문에 사람들은 오랫동안 반종교개혁을 가톨릭교회의 스페인화로 보아야만 한다고 생각했다. 그러나 이러한 주장은 받아들이기에는 한쪽으로 치우쳐져 있다. 무엇보다도 예수회는 그들이 추구하는 이상이 스페인적인 출처가 없음을 구분해야 한다. 스페인 밖에서 일어난 영적인 단체들은 추기경 히메네스가 수행한 개혁을 위해서도 역시 결정적인 역할을 했다. 칼 브란디(Karl Brandi)는 이탈리아에 관심을 기울였다. 근대적 경건(devotio moderna)의 고향인 네덜란드도 역시 지적될 수 있다. 가톨릭교회의 내적인 갱신을 가져온 단체들을 일반적인 서술이 아니라 구체적으로 언급하는 것이 좋을 것이다.

2. 1) 가톨릭교회를 갱신시킨 단체들은 모두 세 개의 영적인 뿌리에서 싹이 텄다. 먼저 오랜 교단 규정 속에 있었고, 적지 않은 수도원과 교단총회를 자체 개혁하도록 이끈 개혁단체를 지적해야 한다. 이들 개혁단체들은 정말로 가톨릭교회의 개혁을 수행한 두 개의 영적인 운동, 즉 독일 신비주의의 후기 형태인 근대적 경건과 인문주의를 통해 강화되었다. 이 둘이 서로 합류되어 그들의 중요성을 더욱 고양시켰다.

뿌리를 보면 비교적 일치가 되는 이 두 운동도 그렇지만 각각의 나라에서 저마다 독특한 특징을 지니게 되었다.

네덜란드와 스페인의 연관성은 근대적 경건의 글뿐만 아니라, 에라스무스의 글이 스페인으로 유입되게 했다. 추기경 히메네스의 대학 설립과 옛 콤플루툼(Complutum)인 알칼라(Alcalá)에서 출판한 콤플루툼 대조성서(die komplutensische Polyglotte)에서 인문주의적인 영향을 강하게 느낄 수 있다. 그러나 국가교회적인 성격이 당시 스페인 내 여러 문제에 작용했고, 이슬람과 전쟁을 치르면서 그 땅에 생긴 반이교적 열정도 물론 함께 작용했다. 프란시스 수도회의 본래 이념 역시 마찬가지였다. 히메네스도 열성적인 프란시스파였다. 16세기 말엽 영적으로 중요한 신스콜라신학(Neuscholastik)이 이루어진 근거가 여기에 있다. 도미니크회에서는 프란츠 폰 비토리아와 바네츠가 대표자였고, 다른 한편 예수회에서는 프란츠 폰 스와레즈와 루이스 몰리나가 중심 인물이었다.

이탈리아의 인문주의는, 특히 델리오 칸티모리가 보여주었듯이, 기존 종교에 접목되면서 세 개의 그룹으로 나누어졌다.

(1) 지나치게 이성적 경향을 추구하여 교회로부터 이단이라고 정죄당한 인문주의다. 칼빈도 처형을 동의한 반삼위일체론자인 세르벳이 여기에 속했다. 또한 소시니안주의의 창시자인 파우스토 소치니가 여기에 속했으며, 그는 만족설(Satisfaktionslehre)의 가장 날카로운 적대자였다.

(2) 프로테스탄트에 가까운 인문주의로 페르미글리 또는 오치니가 대표다.

(3) 에지디오 폰 비테르보(Egidio von Viterbo)가 라테란 공의회에서 말했듯이, 교회에 의한 인간 개혁을 통해서건 혹은 인간에 의한 교회 개혁을 통해서건 가톨릭교회를 개혁하고자 노력한 그룹이다. 여러 도시에서 두 그룹으로 나뉘어 있었고, 야코보 사돌레토와 교구개혁을 통해 유명하게 된 베로나의 주교 기안 마테오 지베르디(1495-1543) 같은 사람들이 속했던 하나님의 사랑을 전하는 신애회(das Oratorium der gottlichen Liebe)도 중요했다. 나폴리에서는 유안 발데스가 지도자였고, 베네딕에서는 가스파로 콘타리니가 지도자였다. 미하엘 안젤로와 그의 여자 친구인 비토리아 콜로나도 로마에서 같은 회원이었다. 비스콜라적인 긍정적 신학을 대변했고, 아우구스티누스를 추종한 모든 사람들은 의욕적으로 교회의 내외적인 타락을 바로잡고자 하는 정신으로 충만했다. 그들이 루터에게서 자극을 받았을 것이라는 사실도 배제할 수 없다. 교황 바오로 3세(Paul III, 1534-1549)는 대부분의 사람들을 추기경으로 임명하거나 혹은 영향력 있는 주교자리를 내어주어 그들의 활동이 적어도 몇몇 곳에서는 실제적으로 중요한 것이 되도록 했다.

2) 새로 활발하게 꽃피고 있는 수도승 제도(Mönchtum)는 일어나고 있는

개혁들이 성공하고 있다는 증거다. 16세기에 새로 만들어진 종단들은 다음과 같다.

(1) 테아틴 종단(Die Theatiner). 신애회에서 나와 이루어졌고, 1524년 수도원에 속한 종단으로서 성직자와 백성을 개혁하고자 가에타노(Gaetano di Thiene)가 창설했다. 그들의 목적은 남자들을 모아 엄격한 금욕적인 삶을 실천하고, 모든 직무를 성실히 이행하며, 어떤 형태든 이단에 대항하는 것이었다. 아마도 이그나티우스 폰 로욜라(Ignatius von Loyola, 1491-1556)가 베네딕에서 이들로부터 중요한 자극을 받은 듯하다.

(2) 카푸친 종단(Die Kapuziner). 프란시스회에서 나왔다. 이들의 시작은 1525년까지 거슬러 올라간다. 그들은 과거 교단의 엄격함을 새로 적용하고자 했다. 그들의 원장인 오치니(Occhini)가 종교개혁 진영으로 전향하여 상당기간 동안 어려움을 겪었다. 그러나 반종교개혁에는 순회설교 외에도 여러 가지 중요한 역할을 했다.

(3) 우르술리넨 종단(Die Ursulinen). 1535년 안젤라 메리치가 창설했다. 가톨릭교회의 가장 큰 여성 종단이며, 교육과 강의에 힘을 기울였고, 오늘날에도 전 세계에서 활동하고 있다.

이 모든 종단들은 역사적인 중요성을 갖고 있다. 그러나 반종교개혁에 끼친 그들의 활동은 예수회와 함께 확실히 미미하게 평가되었다.

(4) 예수회(der Jesuitenorden)는 그러나 계속된 역사에서 엄청난 중요성을 획득했다. 설립자 이그나티우스 폰 로욜라는 라틴명이며, 그의 본명은 "Don Inigo de Onaz y Loyola"다. 그는 스페인 사람이 아니었으며, 스페인 북부의 바스크인(Baske)이었다는 사실이 우선 중요하다. 그는 영적인 정복자로서 이 민족이 배출한 위대한 장군과 정복자들 가운데 인정받는 한 사람이었다. 이와 함께 그는 자신의 내적인 삶에 대해서 독일 신비주의에 감사하고 있다는 사실도 알아야만 한다. 무엇보다도 토마스 폰 켐펜의 『그리스도를 본받아』는 영적으로 그에게 커다란 영향을 주었다. 하나님의 영광을 위해 살고자 하는 이그나티우스의 관심은 그의 독특한 복종이해처럼 바로 거기서 온 것이다. 그에 의하면 인간은 하나님의 뜻을 성취함으로 하나님께 영광을 드리는 것이다. 그것을 할 수 있는 능력이 인간에게 주어져 있다. 이것은 신비주의적인 의도에 일치하고 있다. 그렇지만 아래와 같은 점에서 이그나티우스는 독일

신비주의와 구분이 된다.

① 본래의 신비적 체험인 하나님과의 황홀한 일치가 행위에 비하여 덜 강조되고 있다는 점에서 에크하르트와 유사하다.

② 독일 신비주의가 지옥으로의 자기포기(abrenuntiatio in infernum)를 요구한 반면, 그는 하나님 뜻의 성취를 자신의 구원과 동일시하고 있다. 여기에 의심의 여지없이 행복주의적인 경향이 놓여 있다.

③ 그는 불타오르는 선교 열정을 가졌고, 그의 동료들에게도 이것을 요구했다.

하나님께 봉사하도록 영혼을 무장시키는 주요수단은 이그나티우스에게 피정/영적훈련(Exercitia spiritualia)이었고, 그는 이것을 신비주의적인 사고에서 발전시켰다. 종단에 가입하지 않은 비회원이나 사제 혹은 평신도에게 가장 깊은 영향을 줄 가능성이 거기에 있었다는 점에서 예수회는 그 시대의 다른 단체들과 구별된다. 피정은 본래의 형식에 의하면 약 4주간의 자유시간이 주어지고, 그 기간에 지도자는 명상적인 관찰을 하도록 구체적인 과제를 제시한다. 이것은 환상을 통해 감각적인 생각을 일깨우고(지옥에서 타는 유황의 냄새는 그리스도의 십자가를 직접 체험케 한다), 이러한 과정을 통해 영적시련을 해소하며, 의지적 결단을 이끌어내는 데 목적이 있다. 순수한 자발성의 형태로 피정자는 하나님께 대한 완전한 헌신에서 절정에 이르는 외부로부터 그에게 주어진 목적에 이르게 된다. 이러한 목적이 정말로 달성될지 혹은 중간에 멈추지 않는지는 여전히 해결되지 않은 문제다. 어쨌든 확실한 것은 가톨릭적인 경건의 방식이 어디서도 포기되지 않고 있다는 점이다.

가톨릭교회에 가득 찬 보다 새로워진 그림들은 우선 환상적 모습 및 그와 연결된 영적시련을 일깨워주어야 한다. 그러므로 바로크(Barock)는 기독교 신앙과 감각적인 종교성이 결합되었다는 점에서 반종교개혁 시대의 전형적인 예술이다.[81)]

백 여 년 동안 수천 명의 사람들이 피정에 참여하였기 때문에, 이그나티우스는 그것을 통해 가톨릭교회에 결정적으로 영향을 미치게 되었다. 피정을 설명하고 있는 얇은 소책자는 세계문학서 가운데 가장 영향력을 준 서적들 가

81) Werner Weisbach, Der Barock als Kunst der Gegenreformation, 1921.

운데 하나다. 피정은 부분적으로 상당히 간략하고 교리적으로 가톨릭교회의 근본 교리를 내포하고 있다. 중요한 것은

① 피정수행자를 철저히 계층구조적인 교회에 예속시키는 것이다. "교회와 일치하는 규칙들"(regulae sentiendi cum ecclesia)은 만일 교회가 어떤 것을 희다고 하면, 검은 것일지라도 희게 여겨야만 한다는 것을 강조하여 규정하고 있다.

② 피정을 통해서 사람들은 영적인 삶에서 타인의 지도에 익숙하게 된다. 그러므로 참회는 범한 죄를 고백하는 장소이자, 동시에 장차 행해야 할 것에 대한 교회의 권고를 줄 수 있는 좋은 기회가 된다. 참회자의 변화는 예수회가 가장 본질적으로 장려한 것이다.

예수회 자체도 피정과 비슷한 방향으로 활동했다. 특징적인 것은

① 그리스도의 대사(vicarius Christi)인 교황에게 철저히 복종하는 것이다. 이것은 특별한 서원을 통해 표현되고 있다.

② 가톨릭교회 안팎의 이단과의 철저한 싸움이다.

③ 하나님 나라의 확장을 위한 끝없는 활동이다. 개신교 활동과 함께 이미 첫 해에 외적인 선교가 시작되었다. 선교는 때때로 큰 성공을 거두었고, 아메리카, 중국 그리고 일본에서 특히 두드러졌지만, 또 다른 시대에는 이교적인 도덕과 관습에 잘 적응하는 그들의 활동으로 의구심을 일으키기도 했다.

교육수단은 변화가 심했다. 자명한 것으로 항상 사용되었던 피정과 더불어 무엇보다도 설교와 유아교리가 있었다. 중 · 고등학교에서 대학에 이르기까지 명석한 아이들의 교육은 가장 중요한 것이었고, 그와 더불어 학문적인 신학과 고해신부로서 선제후궁에서 하는 사역도 중요한 것이었다. 계층구조적인 경로는 완전히 배제되고 있다.

가장 커다란 예수회의 업적은

① 피정을 통해 깨우친 봉사 준비 자세며,

② 받아들여진 후에도 계속해서 검증을 받아야 하는 극도로 엄격한 회원 선발이고,

③ 예수회의 풍부한 자료들이 가능케 한 모든 개별회원들의 철저한 기본 교육이며, 이그나티우스 자신도 인문주의적 연구 방식을 사용함으로, 종단이 '현대화'(modern)되도록 힘을 기울였다.

④ 양심의 동요까지도 검토하는 종단 회원들에 대한 확고한 감독이며, 마지막으로

⑤ 상위기관과 하위기관의 엄격한 체제다. 이러한 체제는 개개인 모두를 상위 기관에 완전히 순종하도록 철저히 예속시킬 뿐만 아니라, 상위기관의 뜻과 내적 일치를 유지하게 했다. 그러므로 모든 사람들은 결국 실제로 절대적 권한을 가진 수도회 총장(General)에게 예속했다.

예수회는 그러므로 죽기까지 전력을 다할 회원으로 구성되었다. 총장을 구심점으로 연합하고 일사불란하게 행동했다. 예수회의 위대한 활동과 능력의 이유가 여기에 있다. 과도한 그들의 활동은 가끔 가톨릭교회의 내적 평화를 위태롭게 했고 민족국가와 적지 않은 갈등을 야기시켰다.

3. 트리엔트 공의회(Das Konzil von Trient, 1545-1563) 트리엔트 공의회는 반종교개혁과 무엇보다도 아래와 같은 사항으로 인해 특별히 중요한 의미를 갖고 있다.

1) 논쟁에 휘말렸던 교리들을 교의적으로 정리했다. 그것은 특별히 교리의 근원(세시오 4세: 성서와 사도적 전통을 동일하게 취급했으며, 교회의 전통 역시 교리의 근원이다)과 칭의(세시오 6세) 및 성례에 관한 교리다. 교회론은 결정하지 않은 채 남겨두었다. 내용적으로 보면 종교개혁과 함께 이중진리로 진부한 것이 된 유명론(Nominalismus)을 배격했고, 토마스 아퀴나스에게로 완전히 복귀했다. 은총을 받을 때, 비록 미미하기는 하지만, 인간의 능력이 함께 작용한다는 점에서 하나님과 인간의 협력(cooperatio hominis cum Deo)에 관한 가톨릭의 교리가 유지되고 있다. 원칙적으로 본다면, 인간에게는 하나님의 은총의 계명을 거부하고, 스스로 완고하게 될 부정적인 가능성만이 있다. 종교개혁적인 오직 은총만으로(sola gratia)가 거부된 것은 바로 그 점에 있다. 연약한 인간은 칭의와 관련된 두 요소(믿음과 사랑) 중에 한 가지를 가지고 있기 때문에 구원의 확신에 이를 수 없다. 그것은 강력하게 거부되고 있다. 칭의는 실제로 의롭다는 것이요, 새로운 질(Qualität)을 부여해주는 것이며, 이것은 성례전을 통해서 일어난다. 그러므로 칭의는 성례전에 달려 있다. 트리엔트적인 개념에는 확실히 그 이전과 비교해 볼 때 사상적인 심화가 있다. 그것을 논박하는 것은 개신교 신학자들의 필연적 의무에 속하는 것이다. 트리엔트에서 결정된 신

학적 협소함은 스콜라신학에 매여 있는데서 온 결과다. 교리를 반개신교적인 의미의 도그마로 고착시킨 것은 가톨릭교회의 실제적인 개혁 가능성을 박탈시켰다. 트리엔트 공의회가 가져온 가장 강력한 협소함은 바로 여기에 있다. 시대적으로 볼 때 가톨릭교회는 한 기간 안에 트리엔트 공의회의 도움으로 교리적인 결속과 교리적인 통일을 회복했다는 점이 중요했다. 같은 시기에 개신교는 자체적으로 그리고 루터파는 내부적인 교리논쟁을 통해 분열되었기 때문이다. 이러한 결속과 통일은 무엇보다도 가톨릭교회의 힘의 원천이 되었다. 교황청은 트리엔트 공의회의 기본 사상을 "트리엔트 신앙고백"(professio fidei Tridentinae)으로 집약시켰고, 더 나아가서 모든 사제들로 하여금 그것에 맹세하게 함으로써 가톨릭교회는 하나의 "고백"-교회 성격을 띠게 되었다.

2) 이와 함께 트리엔트 공의회는 비록 총회(Synode)를 서구 기독교 전체의 개혁 공의회가 되게 하려는 칼 5세(Karl V)의 계획이 실현되지는 않았다고 할지라도, 반드시 필요한 교회의 외적 개혁을 위해 중요한 일들을 수행했다. 교황청은 회의 규정(Geschäftsordnung)이 정한 바에 따라 회의의 주도권을 언제나 한 손에 굳게 쥐고 있었다. 교황의 권한은 트리엔트 공의회를 통해 약화되기보다는 오히려 더 강화되었다. 마지막에는 항상 그에게 결정을 요청했다는 것이 그에 대한 전형적인 표시다. 담당 교구에 대한 감독의 감독권도 강화되었다. 직책의 중복은 금지되었고, 직책을 사고파는 일도 제한되었다. 성직자에게 좀 더 좋은 교육을 배려하기 위하여 신학교 설립도 추진했다. 종교개혁의 외적인 동기를 제공한 금전 모금을 위한 면죄부는 완전히 폐지되었다. 그러나 기도를 위한 것이라는 다분히 불분명한 면죄부 등은 그대로 잔재했다. 비록 이러한 개혁의 수행이 많은 나라, 특히 프랑스에서 국가적 측면에서 거센 반발에 부딪혔음에도 불구하고 주교단과 교황청의 협력으로 목회적인 영역에서 계속 관철시켜 나갔다. 가톨릭교회는 일사불란한 지도 하에 상실했던 내외적인 단합을 다시 회복했다. 교황과 그리고 칼 5세처럼 세속 선제후가 아닌 사람이 그 이후 다시 교회를 이끌어 나갔다. 그러나 실제로 교회를 이끌고 간 지도자는 16세기와 17세기의 교황들이 아니었다. 그럼에도 불구하고 가톨릭교회는 다시 강해져서 상대의 공격을 극복하고, 행동의 법을 마련하여 수백 년 동안의 특징을 마련할 수 있었다.

개신교 측에서 판단해 보면 가톨릭의 개혁은 다만 하나의 복고(eine

Restauration) 운동이라고 평할 수 있다.

| 참고문헌 | Hubert Jedin, Katholische Reformation oder Gegenreformation? 1946. ders, Geschichte des Konzils zu Trient, 2 Bde. I, 1952², II, 1957. Heinrich Böhmer, Ignatius von Loyola, 1951³. ders., Die Jesuiten. Neu hrsg. von K. D. Schmidt, 1957.

44. 반종교개혁의 싸움

종교개혁에 가담한 거의 모든 나라들이 반종교개혁적인 싸움을 보았고, 가톨릭교회는 한편으로는 성공과 다른 한편으로는 실패를 경험해야 했다. 실제로 서구의 한 부분은 이와는 전혀 접촉되지 않은 채 남기도 했다. 나라마다 싸움은 그러나 각기 처해진 특별한 조건에 따라 독특하게 형성되었다. 또한 그 싸움은 다양한 시기에 각 나라로 확장되었다. 각 나라의 역사를 고찰하고, 그의 고립을 알아챈 사람은 이 모든 싸움을 개별적인 현상으로 보도록 잘못 유혹될 수 있다. 그러나 사실은 그렇지 않다. 1560-1680년의 기간을 전체적으로 살피면 그것은 거대한 덩어리 중 한 부분, 즉 가톨릭교회가 서구 민족을 다시 가톨릭 신앙으로 – 이것은 교황 밑에 다시 예속되는 것을 의미하는데 – 통일하고자 일으킨 커다란 전쟁의 한 국면임을 보여준다. 권력투쟁인 이 싸움이 군사적인 수단을 동원하여 결판이 나기까지 벌어졌다는 것은 당시에 여전히 지배적인 가톨릭의 기본사고와 시대적 문제에 일치하는 것이다. 이 싸움이 정치적인 시각 및 목적과, 또한 더 나아가 당시 선제후국의 절대주의적 경향과 밀접하게 결합된 것은 바로 거기서 나온 결과다. 이들의 상호관계는 너무 밀접하여 종교적인 목적이 중요했는지 아니면 정치적인 목적이 중요했는지 결정하기가 너무 어려웠다. 이러한 싸움은 특별히 세상에서 패권을 잡으려는 합스부르크 가문의 노력과 서로 연결되었다. 정치와 종교가 역사적으로 볼 때 여기서처럼 잘 혼합된 적이 없다.

1. 각 국에서의 싸움들 스페인과 이탈리아에는 비교적 작은 개신교 지역이 있었다. 그러나 그나마 교회가 설치한 종교재판을 통해 급격하게 붕괴되

었다. 1542년 바오로 3세는 차후에 교황 바오로 4세가 되는 피에트로 카파라스(Pietro Caraffas)의 독촉으로 콘타리니적인 중재신학을 중단했고, 스페인의 예를 쫓아 교황의 종교재판을 새로 신설해 추기경회가 담당하게 만들었다. 이것은 얼마 후 거룩한 직임(Sanctum offcium)이라고 불리었다. 가톨릭의 잔혹한 이단 박멸 사상은 그것으로 또 다시 승리를 거두었고, 이탈리아와 스페인에서 철저히 시행되었다. 스페인의 필립 2세(Philipp II, 1556-1598)는 구교회의 후견인이자 서구에서 가톨릭주의의 선구자가 되었다. 그는 교황청으로부터 대부분 지원을 받았고, 그의 아버지처럼 싸우지는 않았다. 그는 항상 새로운 제도를 시행하여 스페인에 경제적으로나(40년 동안 세 번의 경제파탄을 가져왔다: 1556년, 1575년, 1596년) 정치적으로 지나친 부담을 안겨주었고, 그로 인해 권력을 상실했다. 스페인은 왕실의 보편적이며-가톨릭적인 사상의 희생물이 되었다. 이탈리아는 이미 종교개혁 시대에 정치적으로 차단된 상태였다.

프랑스에서는 두 개의 종교 정당의 싸움으로 유혈 시민전쟁이 발발했다. 왜냐하면 종교개혁이 왕권의 거센 저항에 부딪혔기 때문이다. 그렇지만 부분적으로 고위 귀족들의 지원도 받았다. 교회의 전 역사를 통틀어 볼 때 가장 암울한 한 국면이었던 1572년 성 바톨로매우스(Bartholomäus) 축일 밤의 대학살조차도 위그노(Hugenotten) 정당을 없애버릴 수는 없었다. 앙리 4세(Heinrich IV)는 1598년 낭트 칙령(Edikt von Nantes)을 통해 프로테스탄트에게 관용을 허용했다. 그러나 루이 14세(Ludwig XIV)의 절대주의는 다양한 종교를 허용하지 않았다. 혹독한 고통을 주고, 그 결과 프랑스에서 개신교를 박멸시킬 목적으로 프로테스탄트에 대한 일련의 사전 억압조치를 시행한 후, 1686년 낭트 칙령을 폐지해 버렸다. 정말로 무시무시한 이러한 역사는 프랑스에서 꽃피고 있는 칼빈주의 교회를 없애고자 하는 역사였다. 이것은 결국 그 나라에서 중요한 인물들을 한편으로는 죽음으로, 또 다른 한편으로는 고국을 등지는 이주로 내몰았고 여러 가지 점에서 프랑스 혁명을 예비해 주었다,

필립 2세의 부인인 마리아 튜더의 통치하에 영국에서의 가톨릭주의의 재도입을 위한 싸움은 이 땅을 스페인-합스부르크가의 세계 통치 체제와 재연관시키려는 노력과 밀접하게 연관되었다. 이러한 시도는 구교가 누리던 모든 것을 완전히 복고하려는 교황청의 요구를 좌초시켰다. 영국과의 싸움

에서 스페인의 패배는 권력추구뿐만 아니라, 반종교개혁의 싸움에도 결정적이었다. 그런 점에서 1588년 영국 해안에서의 스페인의 무적함대의 격퇴와 그것을 가능케 한 엘리자베스의 총명한 정치에 보편사적인 의미가 부여되고 있다.

네덜란드에서도 역시 신앙의 자유를 위한 투쟁은 곧 스페인 합스부르크가의 통치에서 자유를 얻고자 하는 싸움이었다. 스페인이 일으킨 많은 전쟁을 틈타 네덜란드는 많은 시련 끝에 칼빈주의자들의 결사항쟁의 투지가 승리를 거두었다. 이것은 무엇보다도 신앙의 능력에 대한 장엄한 증명이었다. 더 나아가서 이 나라는 해상권과 식민지 보유국이 되었다. 16세기에는 정신적으로 활발했으나, 지금은 완전히 위축된 독일과는 달리 개신교가 압도적인 북쪽 지역에서는 문화도 놀라울 정도로 발전했다. 가톨릭적인 남부지역은 큰 발전은 없었다. 개신교를 관용하는 국가가 형성되었고, 현대 시민 자유주의의 근원이 되는 나라가 되었다(Ritter).

스웨덴과 폴란드에서의 개신교 투쟁은 독일 수도회의 쇠퇴 이후 발트해 통치문제와 밀접하게 연관되었다. 폴란드에서 그것은 정복된 낯선 이민족을 폴란드화하는 일에서 동시에 생겨났다. 지기스문트 3세(Sigismund III) 치하에서 가톨릭 신자인 스웨덴 여왕 카타리나(Katharina)의 아들과 폴란드 공주의 결혼이 결정적이 되었다. 지기스문트는 폴란드에서 경제적으로 압박받고, 교리적으로 서로 분열되어 있는 개신교를 거의 완전히 뿌리 뽑는 데 성공했다. 스웨덴에서는 그의 반종교개혁 정책이 거센 반발을 불러일으켰다. 그는 1598년 스웨덴의 왕권을 상실했다. 그의 적이자 후계자인 칼 9세(Karl IX)는 스웨덴을 북유럽의 강대국으로 만들었고, 동시에 개신교의 본고장이 되게 했다.

스웨덴에서 종교개혁의 이러한 승리는 구스타프 아돌프(Gustav Adolf)의 공격에 힘입어 독일에서 프랑스-합스부르크의 대립과 함께 결정적인 투쟁의 출구가 되었다. 독일은 그 당시에 가장 많은 민족을 가진 나라였으나, 이미 언급했듯이, 16세기 후반기에 정치, 경제 그리고 정신적으로 침체되어 있었다.

1) 그것은 종교개혁사의 발전으로 그들의 독자성이 견고하게 된 작은 지역 국가들의 대립으로 인한 마비였다.

2) 그것은 세 개 종파의 대립으로 인한 마비였다. 이것은 종종 선제후국의 상호대립과 결합되었고, 제국의회가 아무런 결론도 내리지 못하게 만들었다.

3) 마지막으로 루터 측 선제후들의 애매모호한 태도로 인한 마비였다. 이들은 개신교 정책의 국제적 연합에 감히 개입하고자 하지 않았고, 신앙을 위한 전쟁 계획도 세우지 않았으며, 싸움에 말려들었을 때 단호히 그 싸움을 이끌기보다는 위축된 사람들이었다. 다른 한편 이들은 그것을 완전히 거절할 만큼 신앙의 강도도 충분치 못했다.

이 시대에 루터교의 외적인 성장은 그들 자신의 공격정신이 아닌 선제후의 정책 덕분이다. 종교개혁이 독일에서 승리할 것이라는 명백한 기대는 개신교 선제후들의 우유부단과 걱정 때문에 좌초되었다(예를 들어 1557년 보름스 제국회의와 종교회담; 1566년 아우구스부르크; 1575년 거의 개신교인이나 다름없는 황제 막시밀리안 2세의 후계자 선출; 1582년 쾰른에서 등등). 루터교와 독일에는 이 시기에 선제후와 통치자 가운데 서유럽의 콜리그니, 빌헬름 폰 나싸우-오라니엔, 엘리자베스 1세, 올리버 크롬웰, 그리고 북유럽에서 칼 9세 및 구스타프 아돌프와 견줄 만한 선견지명을 가진 정치가가 없었다. 가부장주의적인 루터교가 포괄적인 계획을 수행하거나 교역정책상 때가 무르익은 세계를 포괄한 새로운 과제를 처리하지 못한 무능력은 더 연구되어야 한다. 30년 전쟁 후 스타데(Stade)와 같은 도시를 통해 분열이 정말 치명적이었음을 알 수 있다. 서유럽의 칼빈과 그의 후계자인 테오도르 베자 및 존 낙스와 견줄 만한 교회지도자 내지는 신학자가 루터교에는 없었다.

교황청의 지원이 보장된 곳에서는 반종교개혁 역시 성공을 거둘 수 있었다. 그것은 종교개혁처럼 결코 시민운동으로 확대되지는 않았고, 전적으로 성직자 제후와 세속적 제후의 일이었다. 세상의 물질에 대한 이들의 관심과 내외적인 정치적 동기가 반종교개혁에서 교회적인 것과 밀접하게 결합되었다.

분열로 인해 결국 교파간 갈등 시대의 가혹한 최종 결과로서 1618년 일어난 전쟁은 정치적으로 독일제국이 거의 완전히 배제된 가운데 끝이 났다. 전쟁 기간에 이미 독일은 낯선 군인들에 의해 잿더미가 되었다. 1648년의 평화협정은 각 나라에 외교적 힘과 함께 동맹을 맺을 권리를 부여했다. 300개가 넘는 독일의 제후국들이 실제로 고유한 정치를 추진한다는 것은 불가능했기 때문에 인접해 있는 좀 더 작은 지역들의 희생으로 좀 더 큰 지역들이 강해진 것은 필연적인 것이었다. 오스트리아와 프로이센의 반목은 정치적인 동시에 교파적인 방식으로 시작되었다. 독일 지역의 커다란 손실도 발생했고, 인구도 전쟁 이전보다 3분의 1 정도 감소했다. 전쟁으로 발생한 독일 내부의 정치적 지도의 변화는 여기서 상세히 다루지는 않을 것이다. 교파적으로 볼 때 종교평화 회담은 칼빈주의자들을 확장시켰으나, 모든 다른 기독교 단체들은 "이단"(Sekten)으로 규정하여 여전히 관용을 베풀지 않았다. 교회 재산의 소유에 관하여는 1624년 1월 1일이 기준이 되었고, 그 결과 독일 북부에서는 가톨릭 주교구인 오스나부뤼크, 파더본, 뮌스터 그리고 쾰른이 그대로 유지되었고, 서쪽에서는 모든 지역이 가톨릭으로 남았다. 종교개혁 진영은 승리가 예상되었던 지역인 합스부르크 땅을 결국 상실했다. 흔들렸던 가톨릭교회는 다시 굳건히 재기했다. 새로운 논쟁을 불러온 부(富)를 가진 교파분열이 독일과 유럽의 운명이다.

2. 반종교개혁 시대의 결산 반종교개혁은 정치적으로 프랑스가 대륙의 패권을 쥐는 결과를 가져다주었다. 그러나 그와 함께 네덜란드, 스웨덴, 그리고 특히 영국 역시 강대국의 위치에 올랐다. 이것은 가톨릭에게는 간과할 수 없는 손실이다. 가톨릭 국인 이탈리아, 큰 지역들이 다시 가톨릭이 된 독일 북부, 여기에 스페인은 여태까지 그들이 누렸던 세계에서의 그 중요성을 상실했다. 남아있던 몇몇 가톨릭 세력들과 함께 프랑스는 여러 개의 개신교가 만들어졌고, 그들 가운데에는 반종교개혁 시대 초기에는 개신교가 단 하나도 없었던 나라도 있었다. 여기에 그 명백한 결과들이 있다.

교파적인 구도를 본다면, 가톨릭교회는 모든 개신교의 박멸이라는 본래의 투쟁 목적을 이루지 못했다. 이탈리아와 스페인은 모든 개신교적인 움직임을 억압했고, 폴란드와 오스트리아도 마찬가지였으며, 프랑스에서는 꽃피고 있던 교회가 그 작은 부분에 이르기까지 치욕적인 방식으로 완전히 전멸되었다. 가톨릭주의는 이렇게 몇몇 나라에서만 성공을 거두었다. 독일에서는 상황이 호전되도록 계속 노력했고, 개신교가 전 유럽으로 확장되지 못하도록 문빗장을 걸어두었고, 이것은 오늘날까지도 유지되고 있다. 두 교파의 공식적 출발인 1555년과 비교해볼 때 이것은 의문의 여지없는 가톨릭교회의 부분적 성과를 의미한다.

교회 정치적으로 볼 때 그 결과는 결코 명백하지 않다. 프랑스에서는 위그노와 가톨릭교도의 싸움에 대해, 칼빈주의자가 프랑스의 왕이 될 수 있는지의 문제에 대해 다루어졌고, 국가와 교회의 관계에 대해서 가톨릭 측에서 새로운 견해에 도달했다. 사람들은 교황에게 세속 군주를 해임하고 다른 사람에게 영적인 벌을 판결할 권한을 인정하지 않았다. 그것은 그리스도의 나라는 이 세상과 다르기 때문이라는 것이다. 미래는 교회의 성직제도에 대한 이러한 관점에 속한 것이다. 또한 그것은 실제적 의미가 없는 것이 아니었다. 그에 대한 정신적인 지지를 얻어 1605년 베네치아(Venezianer)는 교황청과 싸워 이겼다. 그들의 도움 때문에 교황은 이미 1595년 이단자였던 나바라의 앙리 4세를 다시금 프랑스의 왕으로 인정해야만 했다. 이로 인해서 교황청은 스페인과 단절하고 정치적으로 프랑스와 교섭을 맺었다. 그러나 프랑스는 자유로이 교황의 우정을 선택했다. 옛 갈리인의 이념(die alten gallikanischen Ideen)은 여전히 효력을 발휘했고, 더 강해져서 1682년 공식적으로 프랑스의 가톨릭교회로부터 인정을 받았다. 그 첫 번째 항은 교황이 기독교의 영적인 주인이기는 하나, 결코 국가적 그리고 세속적 힘은 가지고 있지 않다고 말한다. 두 번째 항은 공의회가 교황보다 높다고 천명하고 있다. 세 번째 항은 프랑스 교회를 통치함에 있어서 교황을 지역의 관례에다 묶고 있고, 네 번째 항은 교황의 무오류성과 최고 주교권을 부인한다. 가톨릭교회는 그러므로 프랑스에서 절대민족국가의 시녀가 되고, 프랑스 혁명에 이르기까지 이 국가의 운명을 따랐다. 이것은 교황이 가톨릭 교인에게도 역시 제한을 가진 주인으로 인정되고 있다는 점을 말하는 것이다. 이러한 내적 중요성의 상실은 곧 개신교의 이탈을 가져왔고, 가톨릭교회의 위치를 근본적으로 흔들어 놓았다.

이러한 연약성으로 인해 결국 교황청은 내적으로 붕괴한다. 17세기 이후로 반종교개혁이 가져온 교황청의 절정도 역시 무너져 내린다. 족벌주의(Nepotismus)가 새롭게 등장했다. 교황은 실제로 이탈리아 내의 한 지역 군주로 그 격이 낮아졌다. 이러한 손실과 달리 이득도 있었다. 폴란드, 독일과 같은 반종교개혁의 나라에서는 교회가 이전보다 더 강하게 로마에 밀착되었다. 이곳에서도 역시 교황은 국가에 개입할 권한을 상실했다. 그러나 그의 교회는 오히려 더 확장되었다.

신학적으로도 가톨릭교회는 그들의 새로운 힘이 보여준 상태를 유지할 수 없었다. 스페인에서 16세기 후반기에 인문주의에 의해 채색된 새로운 언어를 도입하고 새로운 문제들을 스스로 해결하고자 노력함으로 스콜라신학이 새로 꽃피었다는 것은 커다란 의미가 있다. 그러나 이시기에도 예수회 회원인 로버트 벨라민(Robert Bellarmin)의 『이 시대의 이교에 대한 신앙논쟁에 대한 토론』(Disputationes de controversiis christianae fidei adversus huius temporis Haereticos, 9권. Ingolstadt 1587ff.)이 주요저서를 이루듯이 논박이 전면에 등장하고 있다. 중요한 부분에서는 적의 협상방법을 설명하고 있다. 이와 함께 오늘날까지 결정되지 않은 토마스주의자들과 몰리니스텐(Molinisten)들 사이의 자유의지 논쟁도 있었다. 이것은 많은 가톨릭교회에서 칭의를 위해 은총이 중요하다고 하는 트리엔트 교리를 다시 약화시키는 결과를 가져왔다. 뢰벤에서 코르넬리우스 얀센(Cornelius Jansen)의 주도로 시도된 아우구스티누스주의의 재생 역시 프랑스의 압력으로 교황에 의해 정죄되었다. 도덕 신학적인 방법을 통한 교회의 윤리적인 원칙도 상당히 약화되었다. 그 때문에 가톨릭교회의 내적 수준이 반종교개혁의 시대가 흘러가면서 현저하게 떨어졌고, 특별히 그것은 프랑스에서 두드러졌다.

마지막으로 이 시대의 영적인 결과를 언급해야 한다. 프랑스, 네덜란드, 영국 그리고 독일에서 반종교개혁 싸움이 수반한 비인간적 잔인함은 사람들에게 깊은 충격을 가져다주었고, 교파일치를 강조하는 목소리에 대해 커다란 환멸을 불러일으켰다. 이것은 곧 기독교에 대한 회의였다. 왜냐하면 그 속에서 모든 도덕적 틀이 붕괴되는 비인간성이 초래되었기 때문이다.

> "루터, 교황 그리고 칼빈, 물론 이 셋 모두에게 신앙이 있다. 그러나 무엇이 진정한 기독교인지 모르겠다."(프리드리히 폰 로가우)

그러므로 반종교개혁은 계몽시대를 여는 중요한 전제를 만들어주었다. 돌이켜 결산해보면 반종교개혁은 정치권력의 수단으로 교회의 대립을 해결하려는 것에 대한 경고라고 평가할 수 있다. 그러한 행동의 실패, 아니 그에 대한 하나님의 심판은 명백하다. 양쪽 다! 그럼에도 불구하고 유럽을 재 가톨릭화하려는 싸움의 시작으로 서구의 영적인 미래에 대한 결정이 이루어졌다는 것은 옳다. 서구가 얽매이지 않은 채 자유로이 발전할 수 있는 길이 결국 열린 것이다.

이제 교회는 교파주의 시대에 진입했다. 루터에게는 예수 그리스도의 교회의 개혁이 가장 중요했으며, 오직 그것만이 전부였음은 다시 한번 더 강조해야 한다. 개혁파들(Die Reformierten)은 스스로를 "하나님의 말씀에 따라 개혁된 교회"라고 알고 있고, 칭하고 있다. 가톨릭 역시 부인할 수 없이 일어난 개혁 속에서 가톨릭교회의 개혁을 보고 있다. 신학적으로 볼 때 반종교개혁의 시대에는 교파를 생각할 수 없었다. 교파는 경건주의의 강력한 사전 준비가 없지는 않지만, 계몽주의가 가능케 한 것이다. 16세기와 17세기 초에는 어디에서나 단 하나의 하나님의 교회를 알고 있었고, 다른 생각은 분명히 이단이라고 정죄했다. 신학적으로 아직 교파가 없다. 그러나 실제로 반종교개혁 시대에 교파가 형성되었고, 그러므로 체덴(E.W.Zeeden)이 이전에 일어났던 일보다 이러한 요인, 곧 교파형성 과정에 더 주목해야 한다고 지적하는 것은 옳은 것이다. 그는 무엇보다도 결코 종교적 토대에서 내려진 것이 아니라, 정치적, 경제적, 윤리적, 문화적, 개인적 동기가 커다란 역할을 한 지역적 결정들을 생각하고 있다. 지역적으로 각각 형성된 이러한 모자이크화를 간략히 설명할 수 없다는 것은 분명하다. 집중적인 지역 연구에서 보편사적인 관점이 나올 것으로 기대도 된다. 그러나 양교파의 교회사가와 역사가가 1958년 트리어 역사가 대회(Trierer Historikertag)에서 보여준 생동감 넘치는 대화는 교회일치가 더 이상 보존될 수 없을 정도로 가톨릭주의와 개신교주의가 언제부터 그렇게 나누어졌는가 하는 문제에 대해 명백히 답할 수 없다는 것을 보여주고 있다. 1540년대에 종교대화를 이끌었던 당사자들은 어쨌든 분리를 아직은 궁극적인 것으로 보지 않았다. 로마도 1548년 그렇게 보았다. 후버트 예딘(Hubert Jedin)의 설명에 의하면 황제 편에서 교회의 분열을 막아보고자 최선을 다한 황제의 종교정책에 대한 교황청의 최종 거부를 의미하는 볼로냐(Bologna)로의 트리엔트 공의회의 장소변경은 이러한 판단과 연관된다. 무엇이 중요하고, 언제 루터교회가 생겼느냐는 물음에 역사적으로 답하는 것이 교파형성에 대해서 묻는 질문보다 훨씬 더 쉽다. 아우구스부르크 종교평화회담이 두 개의 동등한 권한을 가진 교파를 만들었다는 것은 교파형성과정에 지극히 중요하다. 반종교개혁 시대에 이러한 사실을 다시 제거할 수 없었고, 1648년의 조약을 개혁파들 역시 인정한 것이 유럽대륙에서 교파를 영속적인 제도로 굳혀주었다. 영국 성공회 역시 인정함으로 이것은 전 유럽에 해당되었다. 그 이후로 신학은 이러한 사실을 교리적으로 체계화하고자 노력하고 있으나,

그것은 실제로 여전히 이루어지지 않았다.

|참고문헌| Moritz Ritter, Deutsche Geschichte im Zeitalter der Gegenreformation und des Dreißigjährigen Krieges, 3 Bde., 1889 ff. Ernst Walter Zeeden, Das Zeitalter der Glaubenskämpfe, in: Gebhardts Handbuch der deutschen Geschichte, Bd. Ⅱ8, 1955, S. 105ff. ders., Die Entstehung der Konfessionen. Grundlagen und Formen der Konfessionsbildung in Deutschland im Zeitalter der Glaubenskämpfe, 1965. Ludwig Lambinet, Das Wesen des katholisch-protestantischen Gegensätzes, 1946 (mit Schilderung der verschiedenen Deutungsversuche).

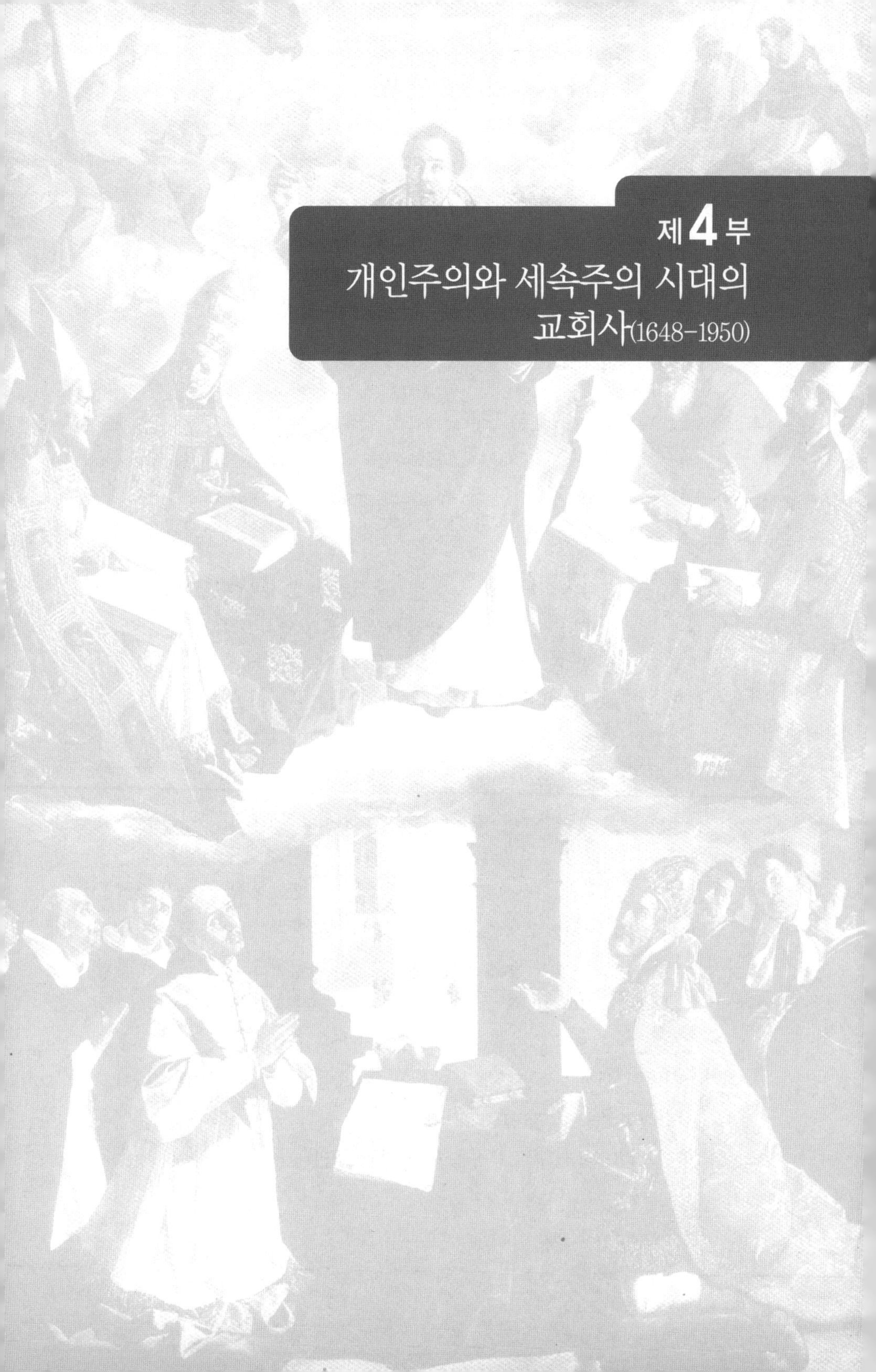

제 4 부
개인주의와 세속주의 시대의 교회사(1648-1950)

제4부
개인주의와 세속주의 시대의 교회사(1648-1950)

45. 이 시대의 특징과 주요 문제

1. 특징 근대는 여러 가지 상황을 창출시켰고, 그것을 기초로 우리는 오늘날 삶을 살아가고 있다. 근대는 가장 활력이 넘쳤던 역사적 시기였으므로 근대를 바로 알고 그 시대의 특징을 이해하는 것은 매우 중요하다. 그러나 근대에 대한 바른 인식과 이해가 간단하지만은 않다. 하인리히 보른캄은 "교회사의 근대는 세속사의 근대보다 더 당혹스런 개념이다. 근대를 통일된 시대라고 보기는 어려우며, 그것을 서술하는 것은 더욱 어렵다"고 말하고 있다.[82]

그러나 에른스트 트뢸취와 같은 뛰어난 학자는 1906년 근대를 통일된 시대로 보고자 커다란 노력을 기울였다. 그는 근대정신의 해방에서 이러한 통일성을 찾을 수 있다고 믿었다. "중세의 이념", 즉 교회 위에 세워진 문화적 통일성이 끝났다는 증거로서 그는 국가와 교회의 분리, 세속적인 문화와 종교적 이념의 구분 그리고 기독교 교회가 여러 개의 다양한 교파와 교리로 분열했다는 사실을 들었다. 그에 의하면 하나였던 종교적 유기체뿐만 아니라, 통일된 모든 문화 조직이 종말을 맞았다. 교회가 아닌 일반적인 세속 문화가 새로운 정신적인 발전을 주도했음은 의심의 여지없이 옳다. 세속문화는 해방되었고, 자율적이었으며, 게다가 심지어 기독교와 교회, 곧 종교 자체와 투쟁을 시작했다. 그러므로 근대의 특징은 무엇보다도 자율(Autonomie)이며, 이것은

82) Grundrißzum Studium der Kirchengeschichte, 1949, S.66f.

동시에 세속주의(Säkularismus)를 뜻한다.

이 둘과 더불어 근대의 또 하나의 특징은 개인주의(Individualismus)다. 17세기와 18세기의 각 개인은 자신의 삶의 양식을 직접 결정할 수 있는 자유를 얻기 위해 투쟁했고, 19세기에 의사결정의 자유를 획득했다. 이것은 이전의 인류 역사에 전례가 없던 실제적이고 진정한 의사결정의 자유였다. 근대를 개인주의 시대라고 보는 것에 대해 그렇다면 중세는 대중이 특징이라고 주장할 수는 없다. 개인주의와 대중은 밀접한 연관이 있기 때문이다. 대중은 공동체가 아니다. 공동체가 있는 곳에는 구속성도 있다. 공동체와 개인주의는 서로 적이다. 개인주의는 구속성이 없는 대다수인 대중에 속한다.

로마노 가르디니(Romano Guardini)는 "자율적인 인격의 주체"(=개인주의), "자신에게서 비롯되는 문화"(=세속주의)와 더불어 근대의 세 번째 특징으로서 "스스로 존재하는 자연"을 들고 있다. 자연은 이제 더 이상 하나님의 피조물로서 규정되고 통치되지 않으며, 스스로 존재한다고 인식되었다. 이전에 하나님이 했던 역할을 이제는 규범(die Norm)이 대행했다. "자연적"이라는 말은 이제 "기본적인 규범에 맞는 것"을 의미했고, 자연 신학, 자연 윤리, 자연 경제, 자연 법 등등의 말이 생겨났다. 하나님을 이전에 아버지라고 말했듯이, 이제는 자연을 개인화시켜 어머니라고 불렀다. 어머니에게 부여하는 모든 경외심을 이제 자연에게 부여한 것이다.

이 모든 것들이 근대의 정신적 삶의 특징이다. 마틴 슈미트(Martin Schmidt)는 한 가지 특징을 더 보충하고 있다. 그는 세속화(Säkularisierung)의 과정이 거의 모든 분야에서 종교화(Sakralisierung)의 과정과 병행했음을 보여주었다. 그러나 이 모든 특징들은 교회 밖의 환경에서 나온 결과이며, 교회 자체의 역사에서 나온 특징은 아니다. 그 때문에 이 시대를 나타낼 수 있는 교회 내부의 특징은 없었는지에 대한 질문이 제기되고 있다. 물론 교회 안에 근대를 표시할 만한 특별한 특징은 없다. 우선 18세기의 경건주의와 계몽주의를 통해서 교회를 보고 심각한 내적 대립(이상주의와 부흥운동의 대립, 자유주의, 독일 그리스도인, 고백교회 등)으로 완전히 분열된 19세기와 20세기의 교회를 생각해보면, 근대 전체를 다른 시대와 구분하여 오로지 그 시대만을 나타낼 수 있는 공통점은 없다는 결론이 나온다. 이 시대의 교회사가 주는 특징은 개인주의이며, 그것은 우선 교회 내부의 경건주의에서 싹이 텄다. 그 시대 이후 교파교회는 그들의 내적인 통일성을 상실했고, 그것은 오늘날까지도 회복되지 않고 있다. 그러므로 근대는 교파주의의 시대다. 교파주의 사상을 뛰어넘어 유럽에서는 특별한 형태의 교회, 즉 국가교회도 설립되었다. 그것은 교회의 분리를 거의 불가능하게 만들었다.

문화 속에 나타난 자율정신은 교회로 하여금 근대의 선구자라는 감격에서 벗어나 계속 싸우도록 강요했다. 그것은 교회가 강력한 개척정신에 사로잡혀 있었기 때문이다. 근대교회사는 바로 거기서 제목을 얻었다. 따라서 새 시대의 교회사를 개인주의와 세속주의 시대의 교회사라고 정해야만 한다.

근대교회가 교회 밖 문화와의 투쟁으로 그 특징을 얻었다는 점은 고대교회와 공통된 점이다. 그러나 커다란 차이점은 고대교회는 자초해서 극도의 고통을 당했고, 고통이 가중될수록 더욱 성장했다는 점이다. 이와는 달리 근대에는 세속적인 문화의 선구자들이 고통을 당해야만 했고, 교회는 그 영역이 점점 좁혀져서 궤토화(Ghetto)되어 갔다. 근대교회는 외적인 교회성 역시 상실했다.

2. 주요 문제 근대교회사가 우리에게 제시한 커다란 첫 문제는 바로 그 점에서 온 것이다. 우리는 새로운 세속적 사고의 형성만을 연구해서는 안 되며, 오히려 여기 나타난 교회의 약화는 어디에 그 이유가 있는지를 질문해야만 한다. 이 문제를 명확히 답변할 수 있는 사람만이 새로운 이해에 접근할 수 있다. 여기서도 역시 진단은 치료의 전제다.

그러나 교회의 약화는 특이하게도 교회의 강화와 마주하고 있다. 근대의 지리적 발견과 새로운 교통수단은 선교에 대한 거대한 의지와 함께 전례 없는 신속한 속도로 기독교 확장의 초석이 되었다. 북아메리카에서는 독자적인 교회가 형성되었다. 물론 그 뿌리는 유럽에서 유래했으나 그것은 독자적으로 발전했고, 오늘날에는 엄청나게 성장하여 거의 전역에서 세계의 프로테스탄티즘을 주도하고 있다. 게다가 지구의 다른 지역에서도 새로운 교회들이 설립되었고, 에큐메니컬 회의에서 이들은 커다란 영향력을 행사하고 있다. 거대한 선교적 역량은 의심의 여지없이 기독교의 내적이며 외적인 능력을 말해주는 것이다. 이로 인해 근대가 제기하고 있는 문제는 엄청나게 복잡한 양상을 보여준다. 왜냐하면 선교적 대과업을 성공적으로 완성한 기독교가 여기 본토에서는 약화된 기독교와 동일하기 때문이다. 여기서는 폐쇄된 집단으로 위축된 반면에 밖에서는 승리의 연속이었다. 이러한 복합적 성격을 알아야 근대가 갖고 있는 교회사적인 문제를 정확히 안다고 할 수 있다. 그렇게 본다면 근대의 문제는 여전히 전혀 진지하게 다루어지지 않은 것이다.

3. 특별한 문제들은 무엇보다도 19세기에 발생했다. 세기말에 집필된 『교회사』(R.Seeberg)들은 가령 "우리가 얼마나 멀리 왔는가?"라는 구호 아래 써졌다. 이와 달리 새로운 저서(Ullmann, Müller-Armack)들은 19세기 교회가 걸어온 길을 몰락의 길이라고 적고 있다. 그들은 19세기를 "대체"-종교 내지는 종교대체의 세기 그리고 "하나님 없는 세기"라고 본다. 여기서 나타나는 연구사적인 문제에 항상 주목해야만 한다. 19세기의 낙관주의적 시각 역시 20세기가 이제까지의 교회사에서 가장 피를 많이 흘린 박해의 세기가 될 것임을 예측하지 못했다.

이 외에도 19세기를 규정한 일반적인 사건들도 교회사에 매우 중요하다. 다음을 주목해야 한다.

1) 기술이 초래한 생활여건의 근본적인 변화다. 기술의 발전은 세계의 교통망을 획기적으로 개선시켰다. 교회적으로 볼 때 그것은 선교 사역의 확장에 큰 기여를 했지만, 선교지 교회의 문제 역시 발생시켰다. 그 외에도 법적으로 보장된 관용으로 교파 혼합을 가져왔다. 이러한 교파 혼합은 독일에서 일어나 1945년 이후 난민 문제로 인해 더욱 가중되었다.

게다가 기계화는 심각한 사회 문제를 가져왔다. 모든 수공업자를 전멸시켰고, 대신에 기계적이며 철저히 합리화된 임금노동자 중심의 대기업이 생겨났다. 기계화된 작업방식에서 생겨난 것과 같은 인간성에 대한 문제들은 오늘날까지도 해결되지 않고 남아 있다. 기계화가 가져온 엄청난 생산증가와 가격할인이 없이는 폭발적으로 증가하는 인구의 생필품 공급이 어려웠을 것이다. 유럽의 인구는 1800년과 1925년 사이에 17억에서 47억으로 증가했고, 독일의 인구는 같은 시기에 2,500만에서 6,300만으로 오늘날에는 8,000만 명이 되었다. 엄청난 성장은 우선 산업인구의 증대를 가져왔다. 산업인구를 인구 전체에 융화시키는 것은 커다란 어려움을 가져왔다. 그에 대한 노력은 20세기에 들어 비로소 긍정적인 결과를 보여주고 있다.

대기업은 동시에 대도시가 이루어지는 발단이 되었고, 대도시는 "대중"(Masse)이라는 사회학적이며 신학적인 문제를 발생시켰다. 게다가 대교회라는 교회문제도 가져와 당연히 요구되는 세심한 목회상담은 실제로 불가능하게 되었다.

그러나 근대의 교통과 방송매체는 강대국에서 완전한 민주적 정부형태를 가능케 했다. 강대국은 이 세상에 토대를 둔 국가 이념에 따라 전체주의가 되고 싶은 유혹을 자체에 지니고 있다. 민족주의와의 밀접한 연관을 통해 보여주듯이 전체주의적 국가는 교회에 위험의 원천이다.

2) 또 하나는 나폴레옹 시대에 독일의 정치지도가 겪은 엄청난 변화다. 그것은 특히 1803년 레겐스부르크에서 열린 제국 토론회 주요 결의사항과 1815년 빈 협약의 등장으로 가시화되었다. 성직자 제후 제도가 폐지되었다는 것은 가톨릭교회의 확장 및 그들의 정치적 중요성과 직결된 것이다. 교회에 대한 국가의 지역적 원리 적용은 프로이센, 바이에른, 뷔르템부르크, 바덴, 헤센, 나사우 그리고 하노버와 같은 큰 지역들로 하여금 통일된 개신교 지역교회를 형성하게 해주었다. 이렇게 해서 오늘날의 독일개신교연맹(Evangelischen Kirche in Deutschland)이 19세기 초기에 이루어졌다. 많은 지역들이 교파적인 통일성을 상실했고 동등하게 되었으며, 나폴레옹 시대의 교회의 삶에 주어진 중요성은 더욱 고조되었다.

4. 마지막은 근대의 시작과 끝을 묻는 시대 구분의 문제다. 한스 로이베(Hans Leube)와 하인리히 보른캄은 근세의 시작과 끝에 대해 회의적이다. 그렇지만 우리는 다르게 생각한다. 독일에서 벌어진 30년 전쟁이나 영국의 시민혁명은 새로운 시대의 시작이라고 할 수 있을 정도로 획기적인 중요성을 지니고 있다. 17세기의 사람은 확실히 현대인보다는 느리게 살았다. 영적인 운동들도 천천히 가라앉았다. 새로운 것들은 오늘날처럼 그렇게 신속하게 발전하지 못했다. 이러한 것을 주목해보면, 정통주의의 영향은 1648년 이후에 그다지 높게 평가할 수 없으며, 시작되고 있는 새로운 움직임에 대해 말해야만 한다.

근대의 끝에 대한 문제는 물론 난제다. 각기 제기한 날짜 중 우연에 의해서로 일치하는 결론이라도 있는가? 아니면 1918년 내지는 1945년 이후의 시간이 한 시대의 끝이자 새 시대의 시작이라는 의미에서 시대의 획을 긋는 지점인가? 로마노 가르디니는 그의 책 『근대의 종결』에서 그것을 힘주어 강조했으며, 많은 학자들이 그의 주장에 동의했다. 그는 자연에 대한 관계에서 하나의 변화를 확신하고 있다. 그에 의하면 현대인은 자연을 더 이상 신비한 나라, 조화를 이루고 있는 광활한 곳, 질서 그리고 신뢰하는 이에게 호의를 베푼다고 느끼지 않는다. 현대인은 더 이상 자연을 어머니라고 말하지 않는 듯하다. 오히려 자연은 현대인에게 믿지 못할 것이요, 위험한 것이며, 추상적인 것이요, 관계가 복잡한 그림이다. 인간은 자연을 더 이상 경외하지 않으며, 기술적으로 지배하고 이용한다. 그러나 이와 같은 자연 통치는 양극적이다. 인간은 자연을 선하게 사용할 수도 있으며 악하게 남용할 수도 있다. 인간은 이제 자연을 파멸시킬 수 있는 가능성을 갖고 있다. 절대적인 새로운 상황이 그로 인해 만들어졌다. 이것이 어떻게 일어날지 아직은 알 수 없다.

상응하는 변화를 "개인주의"라는 말이 쓰이는 영역에서도 볼 수 있다고 가르디니는 생각한다. 자신이 주인인 인간은 자유를 원했고, 그의 자율은 자신의 개성을 펼치고 형성하려는 노력에서처럼 정치적이건 세계적이건 모든 영역에서 실현될 수 있다. 이러한 이상은 오늘날의 대중 속에서는 더 이상 실현할 수 없다. "대중"(Masse)은 "개성 없는 인간"을 뜻한다. 이러한 인간 구조의 본능은 바로 고유한 개인을 강조하는 것이 아니라 익명으로 감춰져 있다는 점에 있다. 고유존재는 모든 불의의 기본형태며 모든 위험의 시작이다. 가르디니는 이러한 대중화에 대해서 불평하지 않으며, 우선 근대의 일은 협력이 없이는 전혀 가능하지 않음을 강조한다. 팀 사역(Team-work)은 시대의 표지다. 무엇보다도 그는 "대중"이라는 말에는 비록 개성은 사라질지라도 하나님이 불렀고 그 앞에서 책임 있는 존재라는 의미에서 개인주의 시대에서 보다 개인존재가 활발할 수 있었다고 생각한다. 열광적으로 환영했던 인간 문화는 결국 모든 영역에서 전체적으로 위험에 빠졌다. 새로운 방법을 찾고자 하는 열망은 이제 더 이상 문화적 측면에 있지 않다. 그러므로 근대의 표지였던 모든 것은 가르디니에 의하면 다 사라졌다. 이것은 곧 근대의 끝을 뜻한다. 경계선이 희미해진 것이 아니라, 분명한 획기적인 시기가 20세기 세계대전으로 등장했다. 사실 오늘날 모든 학문분야에서, 특별히 자연과학과 인문분야의 지도적인 사람들이 탈세속화에 대한 노력을 기울이고 있다. 실제로 유명한 시인들이 그리스도에게 향하는 길을 다시 발견했다는 사실도 분명하다. 물론 이러한 새로운 시도는 외부에서 오는 강압적인 행위를 통해 아무런 결실을 못 얻을 수 있다. 우리는 결코 확신할 수 없다. 그러나 더 전개할 수 있다면 현대는 정해지지 않은 경계가 아니라, 정말로 획기적인 중요성을 갖게 된다. 최선을 다해서 적극적으로 그것을 연구하고 그것을 확인하는 것도 가치가 있다.

| 근대 참고문헌 | Martin Schmidt, Die Interpretation der neuzeitlichen Kirchengeschichte (Zeitschrift f. Theol. u. Kirche 54, 1957, S. 174-212). Ernst Troeltsch, Protestantisches Christentum und Kirche in der Neuzeit, 1902[2]. Horst Stephan und Hans Leube, Die Neuzeit, 1931[2] (=Handbuch der Kirchengeschichte, hrsg. v. G. Krüger, Tl.4). Emanuel Hirsch, Geschichte der neuern evangelischen Theologie im Zusammenhang mit den allgemeinen Bewegungen des europäischen Denkens, 5 Bde., 1964[3]. Romano Guardini, Das Ende der Neuzeit, 1950.

| 19세기 참고문헌 | Reinhold Seeberg, Die Kirche Deutschlands im 19. Jahrhunder, 1910[3]. Werner Elert, Der Kampf um das Christentum seit Schleiermacher und Hegel, 1921. Hermann Ullmann, Der Weg des 19. Jahrhunderts. Am Abgrund der Ersatzreligion, 1949[2]. Alfred Müller-Armack, Das Jahrhundert ohne Gott, 1948. Franz Schnabel, Deutsche Geschichte im 19. Jahrhundert, 5 Bde., 1948-1952[2] (insbesondere Bd.4). Heinrich Hermelink, Das Christentum in der Menschheitsgeschichte von der französischen Revolution bis zur Gegenwart (3 Bde., 1789-1914), 1951-1955. Karl Kupisch, Zwischen Idealimus und Massendemokratie. Eine Geschichte der evangelischen Kirche von 1815-1945, 1955.

46. 1648년부터 현재까지의 가톨릭교회

1. 가톨릭교회와 계몽주의 가톨릭교회 역시 시대정신의 저항을 견디지 못했다. 아우구스티누스적 경향을 가진 얀센니즘의 압박과 프랑스에서 일어난 신비주의적인 갱신 운동의 압박에 대응할 수 있는 중요한 방어력을 상실했다. 계몽주의(참고 48)는 여기서도 역시 큰 영향을 주었다.

1) 교황청과 분리되어 국가교회를 만들려는 움직임에서 그것을 볼 수 있으며, 여러 나라에서 동조자를 얻었다.

프랑스에서는 고대 갈리인의 독립이념이 새로 되살아났고, 1682년 "프랑스 성직자 선언"(Declaratio cleri gallicani)을 통해 법으로 확정되었다.

성직자는 네 가지 조항을 선언했다.

① 교황은 영적인 존재로 시정에 관여할 권한이 없으며, 특히 왕과 제후에 대한 통치권도 없다.

② 교회를 이끌 때에 공의회에 복종해야 한다.

③ 프랑스 교회를 이끌 때에는 프랑스의 옛 관습에 따른다.

④ 교황의 신앙적 결정은 전체 교회의 수용 여부에 그 적법성이 달려 있다.

1785년 교황이 두 번째 대사를 독일, 특히 뮌헨에 파견했을 때 독일도 비슷한 경향을 보여주었다. 독일의 대주교들은 독일 교회에 대한 교황의 개입에 대해 그것은 명백한 간섭이라며 대항했다. 1786년 엠저 가협약(Emser Punktation)이 체결되었다. 독일의 대주교들은 자기 교구에 대해 완전한 고유권한을 주장하며, 황제에게 민족공의회 소집을 요구했다. 그들은 다만 교황을 교회의 수장, 즉 명예수장의 소유자요 그리고 교회 일치의 중심으로만 인정했다. 그들은 트리어 보좌주교 니콜라우스 폰 혼트하임이 그의 책 『교회법과 로마 감독의 적법한 권한에 관하여』(De statu ecclesiae et legitima potestate Romani pontificis)에서 페브로니우스(Febronius)라는 익명을 사용하여 강연한 사상을 지지했다. 따라서 교황청과 상관없이 국가교회로 독립하려는 독일의 운동은 페브로니안주의(Febronianismus)라는 이름을 얻었다. 엠저 가협약은 감독들의 반발로 실패했다. 대주교들이 먼저 감독들을 이해시키는 일을 소홀히 했기 때문이다. 그러나 국가교회를 향한 뜻은 여전히 강해서 독일 교회 의장이자 마인츠 대주교인 달베르크는 보좌주교인 베센베르크의 프라이헤른과 빈 의회(Wiener Kongreß)를 통해 독일 가톨릭 국가교회를 창설할 것을 요구했다.

오스트리아에서는 황제 요세프 2세가 계몽주의 정신으로 절대주의의 틀에서 벗어나고자 교회 개혁에 힘을 쏟았다. 얀센의 사상이 그에게 영향을 주었다. 그는 법적인 문제에 왕을 개입시켜 교회의 사법적 성격을 제한시켰다. 수도원 감옥을 폐쇄하고, 많은 공휴일도 폐지했다. 교황청에서 나오는 것은 출판에 앞서 국가의 승인을 받도록 했다. 교황 피우스 6세(Pius VI, 1775-1799)가 빈을 직접 방문했지만 황제의 행보를 가로막을 수는 없었다. 이때를 오스트리아에서는 요세핀주의(Josefinismus) 시대라고 말한다.

토스타나에서는 레오폴트(Leopold) 대공이 오스트리아의 예를 따르고자 했고, 바이에른에서도 역시 막시밀리안 3세가 교회개혁을 위해 노력했다. 독일의 성직자 제후계층에서도 부분적이지만 포괄적인 개혁시도가 진행되고 있었다.

2) 국가교회를 세우려는 노력은 많은 곳에서 분열된 교회를 다시 하나로 회복하려는 운동과 결합되었다. 페브로니우스의 책은 "분리된 것을 다시 하나로 합하기 위하여"(ad reuniendos dissidentes)라는 부제를 달고 있다. 라이프니츠가 모(Meaux)의 뛰어난 감독인 부쉬에(Bossuet)와 재통합에 대해 논한 협상은 영적으로 의미 있는 일이었다. 그들은 황제 레오폴트 1세의 명으로 빈 노이스타트의 감독이 된 스페인 태생 스피놀라의 지원을 받았다. 그는 재통합의 조건으로 개신교에 엠저 가협약의 의미에서 교황의 인정만을 요구했다.

직위 협상에서 상호 대표에 이르기까지 양 교파 성직자들에 의해 계속된 공동 노력은 교파적 차이에 대한 명백한 무지가 가톨릭교회에도 역시 얼마나 깊었는지를 보여주고 있다.

3) 세속국가들의 압력에 시달려 교황 클레멘스 14세(1769-1774)는 1773년 가톨릭교회의 평화로운 공존에 방해가 되는 예수회를 해체시켜야만 했다.

4) 프랑스 혁명이 가져온 민족주의 운동은 가톨릭교회에 대한 깊은 증오로 가득했다. 1790년 국가회의는 교회 십일조를 폐지하고 교회 재산을 회수하며 국가가 성직자에게 보수를 지급할 것과 본래 맹세한 교회법에 의거해 성직자가 로마 교회에 절대적으로 복종해야 한다는 것을 없애기로 가결했다. 가톨릭은 국가교회가 되었다(종교자유는 이미 1787년 선포되었다). 그러나 성직자는 국가가 세우는 것이 아니라, 교회가 직접 선거를 통해서 임명해야 했다. 이러한 결정은 많은 반발을 샀다. 심지어 벤디(Vendée)에서 무장봉기까지 일어난 성직자의 저항은 즉시 박해를 가져왔다. 기독교를 없애겠다고 선포되었다. 그러나 1795년 다시 종교자유가 선포되었다.

나폴레옹은 전반적으로 진행되던 가톨릭교회의 약화를 한 단계 더 진행시켰다. 그는 교황에게서 아비뇽과 베니스를 빼앗았고, 게다가 1798년에는 교회국가인 로마도 빼앗아 버렸다. 교황 피우스 6세는 감금되었으며, 1799년 발렌스에서 죽었다. 후임자인 피우스 7세(1800-1823) 역시 1809년 사로잡혀 로마에서 포로로 압송되었다. 로마는 빈 의회(Wiener Kongreß)에 의해 작은 규모로 재조정되었으나 1870년 이탈리아의 민족통일이 일어나면서 로마의 점령이 해제되었다. 1803년 독일의 성직자 제후들 역시 레겐스부르크에서 열린 제국토론 주요결의에 의해 그들의 권리를 상실했다.

5) 가톨릭교회는 계몽주의 시대를 거치면서 모든 직접적인 정치력과 엄청난 재산 그리고 수많은 특권을 상실했다. 게다가 국가교회를 세우려는 움직임과 특히 프랑스 혁명에서 소용돌이 친 정신적 흐름에서 그들이 얼마나 많은 신자들의 마음을 내적으로 잃어버렸는지를 보여주었다. 그러므로 18세기는 가톨릭교회가 엄청날 정도로 약화되어 끝이 난다. 그러나 19세기에는 다시 그러한 상황을 극복하고 눈부신 재기에 성공한다.

2. 19세기 가톨릭교회의 발전 1) 모든 직접적인 정치력의 손실인 방금 위에 언급한 상실의 순간은 가톨릭교회의 발전에는 엄청나게 유익하게 작용했다. 그것은 지난 역사에서 종교적 소임을 수행하는 데 장애가 되었던 모든 조건을 벗겨주었지만, 19세기에도 여전히 엄청난 어려움들은 이 조건들로부터 싹터 나왔다. 가톨릭은 계속해서 인간의 마음에 영적인 영향력을 주고 있었다. 19세기에 잠깐 다시 회복한 커다란 정치적 영향력도 이러한 영적 영향의 일시적인 효과였을 뿐이며, 간접적인 방식의 것이었다. 초기에는 교황청이 거부했지만 교황 레오 13세(Leo XIII, 1878-1903) 이후로 긍정한 민주적인 국가형태는 가톨릭교회에 매우 좋은 것임이 입증되었다. 많은 나라에서 가톨릭은 크고 때로는 결정적인 영향력을 얻었다. 19세기 가톨릭교회는 그들 자신의 영적인 능력 위에 서 있었다.

2) 혁명의 혼란은 프랑스의 정신적 지도자들이 교회 내지 세상의 구원은 교황에게 달려 있다고 판단케 한 결과를 가져왔다. 국가교회를 만들려는 사상은 혁명으로 인해 명분을 잃었다. 교황에 대한 무례한 행동과 고통스러운 그들의 인내는 많은 인간적인 동정을 얻었다. 낭만파 문학의 선구자 샤토브리앙, 드 보나드, 라멘나이스, 조세프 드 메스트르와 같은 영향력 있는 문학가는 끊임없이 교황주의 프로그램을 전개했다. "교황이 없이는 기독교도 없으며, 사회질서는 반드시 심각한 상처를 입을 것이다"고 메스트르의 책 『교황』(Du Päpe, 1819)의 독일 발행인은 자신의 생각을 적고 있다. 교황지상주의(Ultramontanismus)[83] 계획은 이렇게 프랑스에서 구상되었다. 나폴레옹

83) '알프스 산 너머'를 뜻하는 'ultra-montane'에서 유래된 말이다. *

도 프랑스 교회의 개편을 위해 모든 프랑스 감독들을 해임하고, 만일 그들이 거부할 경우 가차없이 새로운 감독을 임명하라고 교황에게 요구하며 그에게 큰 도움을 베풀었다. 그들을 해임하는 것은 교회적으로 아무런 잘못이 없으며, 오히려 그들이 교황의 명에 불복하여 스스로 큰 고통을 짊어진 것이라고 나폴레옹은 조언했다. 이때처럼 교황이 주교에게 무한대의 권력을 행사한 예가 없었다.

낭만주의와 복고주의는 다른 곳에서 교황 지상주의 사상이 수용될 터전을 마련했다. 가톨릭의 경건한 사람들이 이러한 사상을 반겼고, 더 넓게 확산시켰다. 교황 피우스 7세는 이러한 시대적 흐름을 포착해 1814년 "만인의 염려"(Sollicitudo omnium)라는 칙령을 반포했고, 예수회를 재건할 수 있었다. 교황 피우스 9세(1846-1878)도 이 경향을 놓치지 않았다. 그는 1854년 공의회의 협력없이 자신의 권위로 마리아의 무흠수태(immaculata conceptio Mariae)를 교리로 확정지을 수 있었다. 그것은 마리아가 성 안나로부터 임신했다는 소식을 들은 그 순간에 성령의 놀라운 역사를 통해 원죄로 인한 모든 불결함에서 자유케 되었음을 뜻한다. 교회가 교황의 조치를 이의 없이 받아들이자 피우스 9세는 바티칸 공의회(Vatikanisches Konzil)를 소집했고 1870년 결정을 위해 두 개의 교황 교리를 공의회에 제시했다.

(1) 첫째는 교황의 무오류성에 관한 교리다. 직무상(ex cathedra) 전체 교회의 교사로서 신조나 혹은 윤리적 가르침이 보편적으로 옳다고 그가 선언할 때, 그는 하나님의 도움으로 무오류성을 지니고 있으며, 그리스도의 뜻에 따르면 이러한 무오류성은 교회와 동일하다. 그러므로 교황은 전적으로 교회를 대표한다.

(2) 둘째는 교황의 최고주교권이다. 바티칸 공의회는 교황권 지상주의가 가톨릭이즘의 본질로서 모든 시대에 타당하다고 결정했고, 동시에 이러한 결정으로 분열된 교회의 재통합을 거의 불가능하게 한 차단막을 설치한 꼴이 되었다. 이것은 동방교회에도 역시 해당한다.

3) 감독들과 신자들은 교황의 새 교리를 즉시 수용한 반면, 교회사가인 이그나츠 폰 될링거(1799-1890)를 중심으로 가톨릭 내에서 반대기류가 형성되었다. 그들은 천년 동안 내려온 고대교회의 가르침과 원리뿐만 아니라 공의회와 주교들이 남겨준 고귀한 유산도 지켜야 한다고 느꼈다. 반대기류는 로마

의 중앙집권을 반대했던 기존의 세력과 국가교회를 세우려는 측과 연대했다. 이들은 이미 1724년 우트레히트 주교구에 로마와 상관없는 자율적인 교회를 설립했다. 반대파는 1873년 브레슬라우의 신학교수인 라인켄스(J.H.Reinkens)를 감독으로 선출했고 이듬해에 "독일 구가톨릭의 가톨릭교구"(Katholische Bistum der Alt-Katholiken in Deutschland)를 세웠다. 유사한 움직임이 오스트리아와 스위스에서도 발생했다. 우트레히트에서는 1889년 5명의 구가톨릭 감독들이 우트레히트 "구가톨릭교회 연합"을 결성했다. 오늘날 네덜란드, 독일, 스위스, 오스트리아, 체코, 폴란드, 유고슬라비아 그리고 미국과 캐나다에 있는 폴란드계 가톨릭국교회 등 8개의 독립국가 내지 지역교회가 여기에 가입해 있고, 프랑스, 이탈리아, 스웨덴 그리고 브라질 등 4개의 선교지역이 여기에 속해 있다. 민족적 자율이 보장된 가운데 영국 국교회와 같은 완전한 교회 공동체는 1931년 이후 형성되고, 동방정교회와 같은 동일한 종류의 교회 공동체는 1973년 이후 이루어졌다.

4) 내적으로 갱신된 가톨릭교회에 충만했던 강한 자의식은 교황권 지상주의 사상이 가져온 협소성처럼 이탈리아와 스페인 등 많은 곳에서 근대적이며 자유로운 민족국가와 심각한 충돌을 일으켰다. 독일에서도 1813년 해방전쟁 후 새 국가와 가톨릭교회의 관계를 새로 정립하는 것이 불가피했다. 그 결과 여러 개의 일치문과 임시조문(Circumscriptionsbullen)이 나왔다(바이에른은 1817년, 프로이센은 1821년, 서남부독일(라인강 상류의 교회지역)은 1821년, 하노버는 1824년). 그럼에도 불구하고 양측은 프로이센에서 종교가 서로 다른 사람의 혼인(Mischehe)의 문제에서 격돌했다. 가톨릭교회는 즉시 교파의식을 강화시키고 많은 곳에서 모든 아이들에게 실시하는 가톨릭교육을 새로 재정비했다. 루터의 종교개혁은 가톨릭인과 개신교인이 서로 결혼할 개연성을 가져왔고, 가톨릭의 트리엔트 공의회는 그 경우에 생긴 자녀는 가톨릭 신자로 양육해야 한다고 결정했었다. 그러나 프로이센 정부는 부모의 종교가 서로 다를 경우 아버지의 종교를 따르라고 지시했다. 교황청은 이 문제를 해결하고자 프로이센 정부와 외교적 타협을 모색했지만 양자 사이에 대립만 격화되었다. 실제로 프로이센 정부와 쾰른교회 사이에 이 문제에 대한 논쟁이 발생했고, 논쟁이 진행되면서 양심상 왕의 지시를 따를 수 없다고 밝힌 쾰른 대주교 드로스테-비세링은 결국 구금당했다(1836). 동부 포젠(Posen)의 대주교 드닌

(Dunin) 역시 1839년 감옥에 수감되었다. 1840년 프리드리히 빌헬름 4세는 새 왕이 된 후 가톨릭교회에 양보하여 이 논쟁을 종식시켰다.

"문화투쟁"(Kulturkampf)이라고 이름이 붙여진 비스마르크와 가톨릭교회의 갈등은 상황이 더 좋지 않았다. 프로이센의 독일 제국은 대다수가 개신교였다. 역시 개신교인 프로이센의 호헨촐렌 황가에 대한 두려움에서 가톨릭파도 1869년 프로이센 주의회에서 체제를 재정비했다. 비스마르크는 자신에게 주어진 요구(가령, 교회국가가 회복되도록 그가 협력해야 한다는 것)와 새 제국에 대한 가톨릭연합의 생각이 얼마나 위협적인가를 느꼈다. 비스마르크는 자유주의와 연대해서 일련의 프로이센 특별법을 반포했다(1873년 5월 법). 정부가 신학교를 통제했고, 성직자 임명을 주관했다. 교회에 대한 정부보조를 차단하고, 예수회를 해산시켰다. 이것은 제국에서 가톨릭교회를 반대하는 것과 같았다(1875년의 투쟁법). 다른 국가도 프로이센 정부의 방침을 그대로 모방했기 때문이다. 감독들과 성직자들은 이에 불복했고, 결국 모든 감독들이 해임되고, 2천이 넘는 성직자들이 투옥당했다. 가톨릭 측의 저항이 점차 격해졌다는 것은 중앙당의 갑작스러운 수적 증가(1871: 58, 1890: 106 대의원), 교황권 지상주의적인 인쇄물의 증가(1865: 20, 1912: 446 가톨릭신문들) 그리고 번창하고 있는 가톨릭연합이 잘 보여준다. 비스마르크는 결국 가톨릭교회와 평화를 추구하는 것이 절대적으로 필요하다고 깨달았다. 당시 새로운 교황이던 레오 13세(1878-1903)도 기꺼이 원하던 바였다. 그 결과 1918년에야 비로소 사라진 예수회 금지조항에 이르기까지 특별법의 모든 조항이 다시 철회되었다. 수동적인 저항에서 자신의 힘과 고통의 능력을 입증한 가톨릭교회의 힘은 문화투쟁이 가져다준 주요결과였다.

프랑스에서는 자유주의(Liberalismus)가 사회주의(Sozialismus)와 연대하여 1905년 국가와 교회의 엄격한 분리를 관철시켰다. 교회에 문화단체의 성격만을 허용했고, 자선단체와 같은 교단들만 프랑스에서의 활동을 허용했다. 많은 재산들은 차압당했고(1907), 국가의 교회지원도 중단되었다. 인구의 적은 부분만을 점하고 있던 프랑스 교회는 놀라우리만큼 풍부한 영적인 삶을 전개했다. 여기서도 역시 고난은 영적인 촉진제로 작용했음을 보여주고 있다.

5) 교황 피우스 9세(1846-1878)가 그 시대의 『오류목록』(Syllabus erorum, 1864)에 그것을 명시했듯이 쇄도하는 모든 근대정신(범신론, 합리주의 등의 근대

사조)의 계속된 가톨릭 거부는 19세기 가톨릭교회에 많은 어려움을 초래했다. 그렇지만 지속적인 가톨릭 거부는 역설적으로 열매도 가져왔다. 많은 이들은 이러한 정신적인 대립이 지나치다고 느꼈고, 권위 있는 지도자를 동경하게 되었다. 교회는 그들에게 선과 질서의 피난처로 등장했다. 이어 가톨릭교회는 신토미즘(Newthomismus)으로 – 1879년 교황 레오 13세(1878-1903)는 토마스 아퀴나스를 모든 가톨릭 사상을 대변하는 표준신학자(Normaltheologen)로 인정했다 – 모든 삶의 영역을 아우르는 통일된 세계관과 인생관을 전해주었다. 이것은 그 시대에 가장 매혹적으로 작용했다.

사회문제의 중요성을 인식한 사람은 교파간의 화해를 위해서도 활동했던 첫 가톨릭 사상가인 프란츠 폰 바아더(Franz von Baader, †1841)였다. 그는 생애 말엽에 사회문제에 깊이 관여했고 임금 노동자의 열악한 상황을 해결하고자 매진했다. 사회를 보는 그의 관점은 후에 칼 마르크스(Karl Marx)의 관점과 일치했다(인권으로서의 정당한 임금, 노동자 연합단체 결성). 그는 동일한 계급으로 구성된 국가조직의 틀에서 노동자 문제를 풀고자 했고, 기독교의 사랑에 궁극적이며 가장 심오한 삶의 원리가 있다고 보았다. 비헤른(Wichern)의 내적선교에 비교되는 조직적인 애호활동으로 가톨릭교회는 1897년 독일 카리타스 연맹(Deutscher Caritasverband)을 시작했다. 인간은 모두 동일한 종교, 가족 그리고 민족적 뿌리를 갖고 있다고 보고 직업에 따른 사회건설을 목표로 삼은 것은 "도제공의 대부"(Gesellenvater)라고 칭한 콜핑(A.Kolping, †1865)이다.[84] 그는 신부로서 1845년 첫 "가톨릭 장인 연맹"(Katholischen Gesellenverein)을 창립했고, 그것을 통해 사회에 신선한 자극을 주었다.

바아더가 시작한 일들을 마인츠의 감독인 빌헬름 에마누엘 폰 케텔러(†1877)가 이어받는다. 그는 마인츠 성당에서 한 사회적 설교와 독일 가톨릭 연맹(1848년 이후)에서의 활동을 통해 독일의 모든 가톨릭이 사회적 문제의 중요성에 관심을 갖도록 하는 데 성공했다. 노동조합만이 아닌 정치적 수단으로

84) 그는 근면, 성실 그리고 장인정신에 입각한 투철한 직업의식을 일깨워 오늘의 독일이 있게 한 사회개혁 운동가였다. 현재 그의 이름을 따라 "콜핑 운동"이 각 나라에서 전개되고 있다. 기독교정신을 가진 신앙인들이 사랑과 신뢰를 바탕으로 한 가족정신으로 교육과 자기실천을 통하여 개개인의 심성을 변화시킴으로써 개혁하고, 보다 나은 삶터를 스스로 건설하기 위한 일종의 신앙 실천운동이다. *

그들의 상황을 개선할 목적으로 노동자의 현실에 뛰어든 후, 케텔러는 교회 역시 사회 문제를 해결하기 위해 정치의 길을 가야 한다고 인식했다. 그 후 1891년 레오 13세(1878-1903)는 사회정의 회칙인 "새로운 사태"(Rerum novarum)[85]에서 노동자 문제를 취급했고, 그로 인해 노동자 문제는 전(全) 가톨릭교회의 문제가 되었다. 노동조합은 인정되었으나, 이와 달리 사회주의는 배격되었다. 가족 부양에 적합한 임금의 책정과 사유재산의 축적도 추구되어야만 했다. 교황의 목표는 사회 평화의 회복이었다.

그 후 교황 피우스 11세(1922-1939)는 회칙 "새로운 사태" 반포 40주년을 기념하는 사회질서 재건에 관한 회칙 "40주년"(Quadragesimo anno)을 펴냈다. 그는 "새로운 사태"에 들어있는 레오 13세의 관점을 다 수용하고 보완했으며, 사회학적이며 사회철학적인 관점의 도움으로 그것을 전개했다. 그는 모두가 받아들일 수 있는 사회질서의 인식근원으로 계시의 진리와 이성(자연법)을 통한 존재의 성찰을 주장한다. 기독교 정신에 입각한 도덕적 갱신을 통해서만 작금에 전개되는 사회질서의 혼란은 제거될 수 있다. 국가 사회주의와 공산주의를 비판하는 1937년에 나온 회람(Divini Redemptoris, "하나님이신 구세주")에서 그는 교회를 위해 노동계의 회복에 힘썼음을 보여주었다. 그의 후임자인 피우스 12세(1939-1958) 역시 기회가 될 때마다 가톨릭의 사회적 가르침을 설명하고 그 시대에 적용하는 것을 의무로 여겼다. 신자에게는 기본원칙을 실천하고, 변호하고 그리고 확산시키라고 호소했다.

요한 23세(1958-1963)는 1961년 교서 "어머니요 스승"(Mater et Magistra)을 통해 새로운 전망을 열었다. 그는 여기서 선진산업국보다는 개발도상국의 문제를 더 깊이 다루었다. 회칙 "새로운 사태"는 새롭게 숙고되어야 하며, 경제사회문제 및 인권과 연관해서 계속 적용되어야 한다. 1963년에 쓴 "지상의 평화"(Pacem in terris)에서 그는 진리, 정의, 사랑 그리고 자유를 토대로 한 모든 민족의 평화라는 가톨릭의 사회원리를 천명했다. 2차 바티칸공의회는 "기쁨과 희망"(Gaudium et spes)이라는 사목헌장을 통해 가톨릭의 사회강령을 전세계의 여러 가지 사회문제와 연관시켜 다양한 방법으로 주장했고, 바오로 6

85) 레오 13세는 여기서 다섯 가지 사회악을 고발한다. 인간성의 상실로 인한 혼란, 비참한 현실로 인한 사회경제적인 갈등, 새로운 형태의 노예제도인 무산계급의 출현, 거짓예언자들, 상당히 많은 가톨릭신자들의 배신 등이다. *

세(1963-1978) 역시 "민족들의 발전"(Populorum Progressio, 1967)이라는 사회문제를 다룬 회람에서 그 문제를 언급했다. 그는 전임자들처럼 사회문제가 범세계적 차원의 문제가 되었음을 분명히 드러내고자 했다. 그는 가톨릭교회의 사회원리를 어떤 이념과도 비교할 수 없다고 극찬했다.

1981년 요한 바오로 2세(1978-현재)는 회칙 "노동하는 인간"(Laborem exercens)를 반포했고, "새로운 사태" 반포 90주년을 지금까지 나온 교리적 언급을 조직화할 계기로 삼았다. 주요 요지는 인간과 인간 노동의 존엄성이다. 가톨릭의 사회강령이 인간론에 포함된 것이다.

3. 20세기로 가는 길목에서

1) 20세기로의 진입은 지체 없이 이루어졌다. 제1차 바티칸 공의회(1869-1870)[86]는 "교의 결정"에서 가톨릭교회의 자명함을 한 문장으로 요약했다. "오직 가톨릭교회만이 기독교 교리의 신실성을 비추어주는 하나님이 주신 신비로운 표지를 가지고 있다." 이러한 확신으로 근대 사고와 문화에 경계를 그었고, 교황 무오류를 선포했으며, 신토미즘을 시대를 포괄하는 세계관과 인생관으로 소개했고, 사회질서에 대한 계명과 교리는 변할 수 없다고 주장했다. "변증의 해"(Jahrhundert der Apologetik)에서 천명한 방법이 가톨릭교회를 위해 성공적으로 완결되었다. 교회의 구조화와 교리적 토대가 구축된 듯이 보였다. 세계교회의 중심에 있는 오류를 범할 수 없는 교황권은 모든 것을 통제하고 조정하고 그리고 심판의 기능을 가진 최상의 상위기관이었다. 교황권은 힘과 이념으로 교회의 욕구를 충족시켜주는 통로여야만 했고, 그들의 능력과 견고한 체제를 약화시키고자 위협하는 모든 것에 대응해야만 했다. 이러한 경향은 이후 계속 이어졌다.

2) 교황 피우스 10세(1903-1914)의 개혁 작업(교황 선출의 새 원칙 채택, 추기경 개편, 1909년 교황청 공식기관인 교황관보 "Acta Apostolicae Sedis"의 창립)과 가톨릭교회가 독자적인 법체계를 새로 정비한 1918년 베네딕트 15세(1914-1922)의 가톨릭 교회법전(Codex Iuris Canonici) 성문화로 교황권은 더 확고하게 경직되어 갔다. 계속된 법적인 발전과 제2차 바티칸 공의회가 제시한 추가

86) 교황 피우스 9세(1846-78)가 소집했다. 교황 무오류성을 교의로 확립했고, 역대 최장 재임 기록을 세웠다. *

규범들은 1983년 1월 25일 공포되어 1983년 첫 강림절(11월 27일) 이후 시행된 교회법전 개정판에 첨부되었다. 가톨릭의 교회론을 폭넓게 다룬 "신비로운 그리스도의 몸에 대하여"(Mystici Corporis Christi)라는 교황 피우스 12세(1939-1958)의 회칙에 이르기까지 19세기 후반 이후로 나온 교황의 교서는 기존의 자의식을 더 강화시키고 부여된 사명을 확인시키고자 한 노력의 일환이었다. 하나님 나라의 확장은 교회를 통해 그리고 교회 안에서 계속 추진되어야만 했다(피우스 11세). 세계선교는 새로운 자극제였다(베네딕트 15세). 평신도들을 "가톨릭운동"(Katholischen Aktion)에 동참하게 했고, 경건에 힘쓰도록 가르쳤다(피우스 11세). 정치 분야에서도 여러 나라들과 협약을 체결하여 교회의 법적인 안전을 보장받았다(1933년 피우스 11세가 독일제국과 체결한 협약 등). 이렇게 보호되고 강화된 가톨릭이즘은 경건과 신자의 영적 삶을 증진시키고 교회의 잠재력과 명성을 전 세계에 증대시키는 전제가 되었다. 그러나 근대의 주변 환경을 볼 때 많은 공격과 반대기류가 없지는 않았다. 긴장된 상황은 여전했다.

3) 20세기로의 전환기는 근대사고의 유입을 막는 데에도 절정을 이루었던 때였다. 교회 내 자유주의는 로마의 중심주의를 거부했고, 동시대의 문화와 학문과 연계하여 교회법의 완화, 평신도의 활동, 예전의 다양성 그리고 근대정신에 대한 신학의 개방을 목표로 한 개혁을 호소했다. 개혁 가톨릭주의는 신학의 근대화에서 절정에 달했다. 한편으로는 교회사와 교리사 분야에서도 근본적인 성서비평과 그들의 연구 결과를 수용했고(Alfred Loisy, 1857-1940), 다른 한편으로는 교리보다 종교적 경험을 우선시했다(George Tyrell, 1861-1909). 교황 피우스 10세는 단호하게 여기에 대처했다. 근대주의자들은 정죄를 당했고 표현을 금지당했다(1907). 반근대주의 선서(Anti-Modernisteneid)가 사제와 신학자들을 통제했다. 통제에도 불구하고 근대주의는 더 전염되었다. 제2차 바티칸 공의회(1962-1965)가 열리기까지 수십 년 동안 근대주의는 개혁운동과 새로운 신학사상에 강렬한 자극을 주었다.

교리청(Lehramt)은 정치 및 사회에도 동일한 태도를 가졌다. 인간 삶의 모든 영역을 교회의 관리와 도덕적 권위 아래 예속시킨 통합주의(Integralismus)가 세계에 대한 태도를 결정했다. "교회의 영적 성장"과 "신 서구"라는 목표가 여기서 이용되었다. 그러나 교리청은 스콜라 개념에 근거한 옛 전통을 해체시키는 그 시대의 정신적 흐름에 합류한 신학적 사고는 가차 없이 박해했다. 에큐메니컬적인 시대적 경향에 대해서는 신앙무차별론을 말했고, 비로마적 교회와도 분명한 경계를 그었다. 가톨릭의 교회사 서술이 과거의 평가를 수정하기 시작했음에도 불구하고, 종교개혁은 여전히 악한 근대적 발전의 배양소로 간주되었다.

4) 가톨릭교회의 내적인 생동성은 다양한 운동을 촉발시켰다. 예전운동은 초기에는 역사성을 강조하는 특징을 지녔다. 그 결과 과거의 예전들이 재발견되었다. 이 운동은 처음에는 학자들을 중심으로 전개되었으나, 나중에는 사제와 평신도 계층으로 확대되었다. 교리청은 예전에 대한 이들의 활동이 정도를 넘을까 염려했고, 1947년 회칙 "하나님의 중개자"(Mediator Dei)를 반포해 조정하듯이 개입했다. 1950년대에야 비로소 예전을 갱신해야 한다는 데 모두가 동의했고, 제2차 바티칸 공의회가 특별 예전 기구를 설치해 이를 수행했다. 이것은 특별히 르페브르 주교가 대표인 중도주의자 및 전통옹호주의 운동의 항의를 받기도 했다. 성서운동은 레오 13세 이후 교리청이 특별히 장려한 것이다. 신자를 대상으로 한 많은 성서 번역과 비평서가 출판되었다. 성서 보급과 성서 연구는 매우 유익한 것으로 인식되었다. 교리청은 올바른 번역에 관심을 기울였고, 1979년 이후 독일 주교단과 독일개신교연맹(EKD)이 공동으로 발행한 『공동번역』(Einheitsübersetzung)이 등장했다. 교황들은 더욱 집중적으로 마리아 숭배(Marienverehrung)를 장려했다. 무흠수태(1854)를 교리로 정한 이후, 더욱 증가된 마리아현상은 특히 프랑스의 이베리 지역(Lourdes, Fatima)에서 가장 활발했다. 마리아의 육체적 승천 교리(1950)는 그녀에게 특별한 강조점을 두고 있다. 현재의 교황인 요한 바오로 2세는 전임자들처럼 마리아 숭배에 특별한 관심을 기울였다. 그는 17세기에 시작했으나 1856년 이후(전교회에 예수성심축제를 명령했다)에 비로소 확산된 예수성심숭배(Herz-Jesu-Verehrung)를 회상했다. 그 때문에 지나간 세기에 시작되어 옛 수도회의 폭발적인 복원과 수없이 많은 새로운 수도회 창립으로 이어졌던 금욕주의 운동은 점차 침체되는 듯이 보였다. 금욕주의 삶을 자청하는 후진의 부족문제에 직면한 것이다.

5) 가톨릭 개혁주의가 가져온 자극과 청소년운동의 경험, 신자의 직접적인 참여를 목표로 한 예전 운동의 노력과 계속된 성서에 대한 관심은 가톨릭

평신도 활동에 영향을 주었다. 19세기 이후 특별히 독일과 다른 여러 나라에서 셀 수 없을 정도로 많은 가톨릭 협회가 생겨났다. 그들의 형성은 자유로운 연합이 정치적으로 가능하게 된 이후 한편으로는 사회, 문화 그리고 교파적인 이익 추구 때문이기도 하고, 다른 한편으로는 민중 경건의 소생과 새로 눈을 뜬 교회의 신앙 때문이기도 하다. 독일에서 열린 "가톨릭 전체회의"(1868)는 거의 모든 협회의 집결체가 되었다. 그것이 오늘날 "독일 가톨릭의 날" 대회를 주관하고 사회정치적인 문제에 대해 입장을 표명하며 교회의 여론 형성에 기여하는 독일 가톨릭 중앙위원회다(1952년 창립).

세기가 전환될 무렵 평신도 해방에 대한 첫 움직임이 나타났다. 그들은 영적인 경험도 했고, 사회에서 독자적인 활동을 하듯이 교회에서 독자적인 동역자로서 활동할 의지도 보여주었다. 피우스 11세는 1925년 이후로 그러한 경향을 "가톨릭 활동"(Katholische Aktion)을 통해 수용하고자 했다. "가톨릭 활동"은 오늘날까지 많은 나라에서 다양한 형태로 일하고 있고 성직자의 지시를 따라 인간의 복음화를 목표로 삼고 있다. 평신도와 성직자의 협력은 긴장감이 돌았다. 2차 세계 대전 이후 제2차 바티칸 공의회의 자극을 받아 새로운 운동과 단체들이 형성되었다. 이들 가운데는 한편으로는 교회의 사도적 직임에 충실해야 한다는 의무감을 느낀 단체와 또한 공동생활을 근대의 삶의 방식과 적응시키고자 노력한 단체 그리고 다른 한편으로는 과거에 전해 받은 전통적인 교리와 기구적인 교회에 비판적인 단체도 있었다(비판적인 가톨릭주의). 제2차 바티칸공의회는 평신도의 달라진 의식을 교회에서 바르게 활용하고 조직화된 평신도 기구를 통해 그들의 활동을 유용하고자 애를 썼다. 그 결과 1967년에는 교황의 평신도 자문기구가 만들어졌고 1976년에는 교황청기구가 되었다. 그러나 다양한 삶의 방식을 가진 가톨릭 연맹과 협의체의 역사는 장점만 가져다준 것은 아니었다. 평신도의 참여, 그들의 영적인 각성 그리고 교회 안팎에서의 개인과 공동체의 활동은 양면성을 띠고 진행되었다.

4. 제2차 바티칸공의회와 공의회 이후의 발전 1) 20세기 중엽에 피우스 12세는 회칙 "인간의 기원"(Humani generis, 1950)에서 거의 모든 인류는 그리스도를 위하거나 혹은 그리스도를 반대하는 두 개의 적대적인 진영으로 나누어져 있다고 진단했다. 그는 인류가 커다란 위험에 직면해 있다고 보았

다. 종말에는 그리스도의 구원을 얻거나 아니면 가장 무서운 멸망을 당할 것이다. 그 때문에 그는 지금까지의 성공적인 방어 전략에 더욱 치중해 가톨릭 교리를 시대에 맞게 현대철학의 개념으로 표현하고자 시도한 그 시대의 신학에 대응했다. 그는 잘못된 관점과 오류가 무엇인지 조목조목 지적했고, 가톨릭 신앙의 진리를 사수하기 위한 경계를 설정했다. 1950년대에는 세상이 얼마나 급속하게 변화되고 있으며, 상황은 얼마나 더 심각해졌는지가 더욱 분명해졌다. 가톨릭교회는 다음과 같은 사실에 직면해 있었다.

(1) 아시아와 아프리카 민족은 강대국의 정치, 경제 그리고 문화에 걸친 식민지 확장을 제지시켰고, 독립을 선언했다. 그들은 백인의 학문과 기술, 경제와 문명을 활용했고, 서구민족과 동등한 권리를 가진 민족으로 등장했으며 세계사에 영향을 끼쳤다.

(2) 민족의 자주권을 갈망하면서 사람들은 자신들의 역사와 고대 문화를 깊이 음미했고, 그와 함께 토착종교를 회상했다. 정치와 기술의 진보가 새로운 시대를 열면서 종파간의 선교활동도 함께 병행했다(이슬람, 불교). 이로 인해 교회는 종파간의 경쟁이라는 새로운 상황에 직면했다.

(3) 이전의 선교분야뿐만 아니라, 서구의 고대 문화영역에서도 이미 오랫동안 변화가 계속되었다. 자유주의, 인문주의, 공산주의, 물질주의, 실존주의, 무신론 등에 직면하여 교회는 다양한 세계관과 인생관이라는 다원론적 상황에 사로잡혀 있다고 보았다.

(4) 기독교 안에서도 가톨릭교회는 변화된 상황에 놓여 있었다. 에큐메니컬 운동에서 나타나고 있는 비로마권 교회의 대화는 주목할 만한 형태를 갖추었다. 그것이 과거에는 개별적인 교회 혹은 교단의 세계연맹이었다면, 이제 기독교의 40% 이상을 하나로 묶은 하나의 조직체로서 가톨릭교회와 마주서 있다.

(5) 가톨릭 신자들의 사고와 행동은 달라진 환경조건과 세계 도처에서 벌어지는 혁명에 의한 내외적인 변화에 영향을 받았다. 그와 함께 수십 년 전부터 이미 정신적 흐름이 가톨릭 신학에 영향을 주어서 부분적으로 과거를 반성하고 자신을 검토할 수 있게 해주었으며 새로운 사상을 배양시켰다. 교회 밖에서 온 영향이 교리적인 토대와 교회의 구조를 파괴하지는 않았다고 할지라도 가톨릭교회를 현대 세계에 적극적으로 참여케 해 주었다.

2) 가톨릭교회는 이러한 상황을 하나의 도전으로 받아들였다. 종교개혁 이후 트리엔트 공의회로 시작된 신비적 몸인 가톨릭교회의 회복을 다시금 굳게 강화시켜야만 한다는 확신 속에서 몇 가지 과제에 더 착수할 수 있었다. 교회에 주어진 파송의 임무를 성취하는 것이 중요했다. 우선 교황청 체제를 내외적으로 강화시킨 후, "생동감이 넘치는 교회"(요한 23세)를 세상과 전 인류에게 개방시켰다. 피우스 12세의 후임으로 1958년 베드로의 자리를 이어받은 요한 23세는 이러한 과제를 예언자적 관점에서 보았다. 그의 죽음 후(1963) 바울 6세는 사제와 목자로서의 직임에 대한 확신 속에서 그것을 공식화했다. 교회분열과 많은 교파로 인해 형성된 "교회론적인 공백"은 다시 메워져야만 한다. 단 하나의 그리스도의 교회만이 중요하다. 그것은 베드로의 자리를 이어받은 가톨릭교회 안에 구체적인 존재 형태를 가지고 있다. 또한 하나님과 내적으로 하나가 되고 전 인류를 하나로 묶는 도구가 되는 것이 중요하다. 다음의 계획을 추진할 만큼 시대가 무르익은 듯이 보였다.

(1) 교리적으로 우선 하나요 유일한 예수 그리스도의 교회라는 당연성과 개념이 중요했다. 교회는 자신에 대해 무엇을 생각하며, 무엇이 교리와 삶의 진정한 토대고, 구원의 사명은 어디에 그 본질이 있으며, 무슨 목적을 추구하는지를 언급해야만 했다. 신비로운 그리스도의 몸인 가시적 교회와 비가시적 교회의 구성은 명백하며 싸우고 순례하는 하나님 백성의 모습을 확신케 해야만 한다.

(2) 목회적으로 교회 내 갱신운동(renovatio)이라는 실천적 과제를 신학적 노력과 함께 추구해 갔다. 살아있는 교회는 살아계신 그리스도와 일치해야 하고, 낡고 어울리지 않는 형식들은 버려야 했다. 살아있는 교회는 신앙과 사랑을 교회생활의 토대로 재발견하고, 인간이 연약하여 범한 죄를 씻어주며, 온전히 되고자 하는 사역에 헌신한다. 하나님 말씀을 연구하고 그것을 경외하며 예전을 집행할 때에 영적인 힘들이 나타날 수 있다. 법과 예전의 형식을 규정하는 척도들은 그것이 본래 가지고 있는 가치에 일치시켜야 한다.

(3) 에큐메니컬. 내적인 교회갱신은 기독교의 분열과 반목을 극복하는 온전하고도 포괄적인 에큐메니컬 운동의 기초요 시작이다. 기독교에서 찾아볼 수 있는 다양한 언어, 예식, 전통, 법, 영적인 흐름, 교회제도 그리고 삶의 방식들은 신비적이며 동시에 가시적인 교회의 일치 속에서 조화를 이루어야

한다. 교회의 일치는 가톨릭신앙 속에서 가톨릭의 성례전에 참여하고 유일한 교회통수권자(교황)와 연합될 때 실현된다. 가톨릭교회 그리고 다른 기독교 교회와 공동체 사이의 일치는 사랑과 진리의 대화를 통해 성취해야 한다.

(4) 선교. 교회는 전승된 교리와 내적 갱신을 통해 선교의 사명을 새로 발견하고 다짐함으로써 인류에게 복음을 선포하는 것을 최고의 과제로 인식한다. 교회는 학문, 기술 그리고 경제 발전에도 불구하고 비극적인 상황에 처해 있는 세상을 향해야 하며, 교회만이 생명을 주는 효소요 구원의 도구임을 인간 사회에 입증해야 한다. 인류의 통일은 보편 교회의 목표다.

3) 제2차 바티칸공의회(1962-1965)의 16개 문헌(4개의 헌장, 9개의 교령 그리고 3개의 선언)은 이러한 행동강령을 채택했다. 교황 요한 23세는 그 시대의 어려운 문제들을 보았고, 내적인 교회 발전은 끝났으며, 세계 역사에 새로운 시기가 대두하고 있음을 직시했고 로마에서 에큐메니컬 공의회를 소집했다. 이 공의회는 바울 6세 때에 끝이 났다. 성 베드로 성당 공의회장에서 열린 많은 연구와 격렬한 토론에서 2,500명의 감독들은 그들이 인식한 과제에 정당성을 부여하고자 했다. 로마교회 소속이 아닌 참관자와 세계 여론이 이 회의를 주목하고 있었다. 그 결과 아래와 같은 다양한 결론에 이르렀다.

- 교회의 전통적 교리를 포기할 수 없는 토대로서 수용하고 확정했다(삼위일체, 그리스도론, 마리아론)
- 이전에 만들어진 논지를 계속 사용하거나 보강했다(교황의 수위권, 감독협의체)
- 잊혀진 사상을 재수용하고 새로운 숙고의 출발점으로 삼았다(구원사, 하나님의 백성인 교회)
- 몇 가지 교리를 새로 강조했다(성령론, 종교이해, 교회의 경계, 교회적 요소들)
- 신학연구와 숙고에서는 유연성을 허용했다(성서학, 역사비평적 연구, 시대에 적합한 교리해석)
- 미해결인 채 간직해오던 신조는 그대로 두고(예를 들어 성서와 전통의 관계) 권위적인 교리결정은 피했다.
- 교회생활의 정립을 위해 인간과 민족, 문화와 생활방식의 다양성을 인정했

다(다양한 의식과 경건).

- 부, 은사, 그리스도의 교회의 가치와 재물의 성격을 상기시키고, 모든 사람에게 기도와 성결, 겸손과 참회를 호소했다.
- 평신도에게 예전에 적극적으로 참여하는 것을 허용했고(자국어 사용, 성서 낭독, 설교 등), 다원화된 사회에서 교회가 사도적 직임을 수행함에 있어서 그들의 책임 있는 협력을 격려했다.
- 비로마교회와 공동체에 개방적 태도를 보여주고(종교자유, 에큐메니즘) 현대세계의 문제들을 다루었다(전쟁과 평화, 결혼과 산아제한, 사회정치 등).

16개의 공의회 문서에는 피우스 12세(1939-1958)가 범했던 반종교개혁적이며 반근대주의적인 대립이 많이 희박해졌다. 세상을 더 이상 적대자의 역할로 보지 않았다. 세속 질서와 영역에도 자율성이 있음을 인정했다(사목헌장 "기쁨과 희망").[87] 그 결과 "상호대화"와 "협력"에 대한 소망이 싹텄다. 이제까지의 전략의 약화는 대화제의와 함께 가톨릭교회에 진리가 있다는 요구와 사도로 부르심을 받았음을 분명하고 명백하게 강조하는 것으로 보상되었다(교회헌장 "인류의 빛").[88] 신학은 시대적 조건을 고려해 교회의 현재와 활동을 깊이 숙고하고 현재의 상황과 발전의 가능성을 하나님의 구속적인 경륜에 비추어 해석하라는 소임이 주어졌다. "쇄신과 적응"(aggiornamento)이라는 구호 아래 교회의 내적 갱신과 진정한 증인이 되어야 한다는 사도로서의 활동 그리고 역사적 경험과 부합하는 계시된 진리의 전달을 목표로 삼았다.

4) 제2차 바티칸 공의회는 많은 자극을 주었다. 끈질기고 진취적인 사람들이 등장해 권위에 맞서고, 교회의 교리와 실천에 대해 중요한 이견들이 속출했다. 그것은 평신도 해방 움직임을 자극했고, 구조적이고 목회적인 수많은 개혁을 불러왔다. 격류와도 같던 개혁의 첫 국면이 지나자 어느 정도 경직

87) Gaudium et spes: 1965년 12월 7일에 반포된 이 문헌에서는 주교들이 현대세계에서 교회의 본성과 사명에 관하여 성찰하고 있다. 공의회는 교회와 세상이 상호 협력 관계에 있다고 보고 있다. 이 문헌은 모든 사람들의 존엄성을 천명하고, 혼인과 가정의 품위를 재확인하며, 문화, 사회, 경제, 정치, 평화에 관련된 문제들을 세세하게 논하고 있다. *

88) Lumen gentium: 교회의 신비, 하느님 백성으로서 교회, 교회의 위계적 구조, 평신도, 보편적 성덕으로 부르심, 수도 공동체들, 나그네로서 교회의 본질, 그리스도와 교회의 신비에 속하는 복되신 동정녀 마리아 등과 같은 주제들을 다루는 8개장으로 구성된 문헌. 이 문헌은 1964년 11월 21일에 반포되었다. *

화가 일어났다. 예전(禮典)에 대한 개혁을 반대했던 전통주의자들의 움직임은 상당한 영향을 주었지만 계속되는 개혁에 결정적인 타격을 가할 정도는 아니었다. 공의회의 개혁 시도에 만족하지 못했던 진보주의자들은 영향력을 상실했다. 그들은 교회의 민주화와 더 강도 높고 직접적인 교회의 정치참여와 사회참여를 소망했다. 정치적이고 사회적인 변화과정과 달라진 환경조건을 통해 제기된 문제들이 그들의 교회에 현존하고 있다고 여기자 더 큰 비중이 그들에게 부여되었다. 그 때문에 교회의 권위는 진보적인 실험을 반대하고 이론과 실천을 주장한 듯이 보인다(한스 킹의 교수자격 박탈, 독신의무 조항 강조. 예전과 사목규정 반포 등). 평신도의 해방 운동도 마찬가지로 반대했다. 그들은 교회에서 평신도의 동등한 자격과 권리를 요구하고 계층구조적인 체제를 바꾸고자 했다. 물론 비판이 완전히 가라앉은 것은 아니지만 평신도의 요구는 관철되었다(가령 "아래로부터"의 가톨릭의 날). 에큐메니컬 대화와 관련해서도 경직화를 말할 수 있다. 그것은 기구화되었고, 분위기는 일반적으로 우호적이었다. 전문위원회의 수많은 대화에서 얻게 된 신학적 유사점은 물론 교회가 공식적으로 수용하지는 않았다.

공의회 이후 교회는 개혁과 갱신을 상당히 허용했다. 그것은 교회의 존재와 파송된 사도의 직임을 수행하는 데 불가피하다고 보았기 때문이다. 따라서 현재의 상황을 단순히 경직화로만 표시할 수는 없다. 공의회가 신중하게 인정한 교회 내 근대 세계의 현존은 자신의 원칙에 따라 일반적인 영향을 주었다. 신학에서는 다원주의의 경향이 뚜렷했다. 교리청이 이러한 경향을 바로 잡으려고 했지만, 다른 학문의 문제제기와 통찰을 인정하지 않고 싸잡아 금기시하는 한 완전히 통제할 수는 없었다. 다원주의는 특수한 문화적 상황을 고려하는 신학의 지역화를 통해 더 강화되고 조직화되었다(라틴아메리카, 아시아, 아프리카. 토착신학). 탈교회적인 종교적 현상도 불가피한 듯이 보인다. 일부 신자는 자신의 확신과 생활방식에 일치되는 한에서만 교회를 수용했다. 또 다른 요인은 지속적인 사제 부족을 언급할 수 있다. 후진 양성의 등한시와 성직자의 고령화가 교회의 존립을 위협한다고 보았다.

5) 바오로 6세(1963-1978)는 우선 교회의 공고화에 힘을 기울였다. 교리에 대한 자신의 직권을 이용해 일련의 회칙을 공포했다. 교회의 신비, 전승된 교리 그리고 교리청을 그는 "이성주의의 독"에서 제시했듯이 프로테스탄트에

의해 성직자와 평신도 안에 등장한 교회적 원리처럼 중요하게 보지 않고자 했다. 그의 관심은 가톨릭교회의 내외적인 일치와 함께 사랑과 진리의 대화였다. 이러한 대화는 단 하나인 그리스도의 교회와 조화를 이루기 위해 한편으로는 비로마교회를 향했고, 다른 한편으로는 하나님의 진리를 증거하기 위해 전 인류를 향했다. 콘스탄티노플(1964), 뉴욕의 UNO(1964), 제네바의 에큐메닉 위원회(1969), 인도(1964), 파티마(1967), 터키(1967), 라틴아메리카(1968), 아프리카(1969) 그리고 필리핀(1970)을 방문한 대 여정에서 그는 로마가톨릭교회의 요구와 파송의 확신을 강조했다.

바오로 6세의 후임은 단지 33일의 직무시간을 가졌을 뿐이다. 요한 바오로 1세는 1978년 8월 26일에 선출되어 9월 28일 심장마비로 사망했다. 그를 이어 크라카우어 대주교인 카롤 보이티야(Karol Wojtyla)가 교황으로 선출되었다. 그는 폴란드 태생으로 1523년 이후 다시 비이탈리아 출신이 교황좌에 올랐다. 요한 바오로 2세라는 이름으로 선출된 그는 전임자의 일을 계속 추진하고 제2차 바티칸 공의회의 결의를 실현하는 것을 과제로 삼았다. 그는 성령이 공의회를 통해 교회에 말한 것을 모든 교회와 더 나아가서 전 인류에게 전하고자 했다. 그는 이러한 선교적 역동성을 가시적으로 전개했고 친선방식으로 여러 나라를 방문했다. 그는 인류가 핵무기 개발 등 물질문명으로 인한 도덕적인 타락과 재앙의 위협에 직면해 있으며, 3천 년대로의 인류 역사의 전환기 속에 자신의 교황 임기가 있다고 전망했다. 교서를 통해 그는 인간 존엄의 기본가치와 모든 방면에 걸쳐 완전한 정의가 실현되도록 교회의 사회적 책임을 언제나 상기시키고 있다. 그의 계획과 목표는 하나님의 비밀의 선포와 고백이며 게다가 불안스러운 상황에서 인간에게 하나님의 자비를 요청하는 기도다.

| 참고문헌 | Walter von Loewenich, Der moderne Katholizismus, 1970[8]. Gottfried Maron, Doe römisch-katholische Kirche von 1870-1970, 1972 (Die Kirche in ihrer Geschichte, Bd.4, Lfg. N2). Hans-Walter Krumwiede, Geschichte des Christentums III Neuzeit: 17.†20. Jahrhundert, 1977. Hubert Jedin (Hg.), Handbuch der Kirchengeschichte Bd. VI/1: Die Kirche zwischen Revolution und Restauration, 1971 - Bd. VI/2: Die Kirche zwischen Anpassung und Widerstand, 1973 - Bd. VII: Die Weltkirche im 20. Jahrhundert.

| 제2차바티칸공의회 참고문헌 | Das Zweite Vatikanische Konzil. Dokumente und

Kommentare, 3 Bände, 1966-68 (Ergänzungsbände zum "Lexikon für Theologie und Kirche"). K. Rahner/ H. Vorgrimler, Kleines Konzilkompendium, 1966 (herder bücherei 270-273). Gottfried Maron, Evangelischer Bericht vom Konzil, 4 Hefte, 1963-66. Manfred Plate, Weltereignis Konzil. Darstellung-Sinn-Ergebnis, 1966 (kath. Wertung)

| 근대가톨릭교회 참고문헌 | Erwin Fahlbusch, Kirchenkunde der Gegenwart, 1979 (Theologische Wissenschaft Band 9).

47. 경건주의

1. 개요 정통주의는 16세기와 17세기에 루터파와 개혁파 교회의 한 경향이었으며, 교회의 삶 전체에 영향을 주었다. 정통주의 체계는 교리에 대한 확고한 신뢰가 특징이다. 당시의 국가 역시 교리의 자유를 알지 못했다. 국가 내부에는 교파적 일치만이 있었다. 바로 이 점에서

1) 개신교회가 그때까지 개개인의 양심의 자유와 얼마나 격리되어 있었는지를 알 수 있다. 영국의 혁명과 네덜란드의 독립운동이 비로소 그 양심의 자유를 위해 싸웠다.

2) 프로테스탄트적인 토대에서 등장한 전례 없던 새로운 경건형태는 무엇을 의미했으며, 그것이 관철되기까지 어떤 어려움이 있었는지를 알 수 있다.

우리는 오늘날 정해진 규정으로 경건주의자들을 박해한 교파와 추밀고문관에 대해 쉽게 정죄를 내리곤 한다. 하지만 당시의 국가이해나 정통주의 관점에서 보면 그것은 당연한 것이다. 기껏해야 새로운 경향들이 신속히 무르익어 갔다는 사실에 놀라움을 드러낼 뿐이다.

새로운 경향인 경건주의와 계몽주의는 결코 교회 전체를 정복하지 못했다. 개개인도, 전체도 사로잡지 못했다. 정통주의는 그들과 더불어 계속 존속했다. 그렇지만 교회는 근대에 이르러 내적인 통일성을 상실했고 현재까지도 그것을 회복하지 못했다. 각자가 가진 신앙적 노선에 따른 교회의 다양성 시대가 그로 인해 시작된 것이다. 미국의 경우가 보여주듯이, 이러한 영적인 분열이 유럽대륙에서 특별한 교회의 형성으로 이어지지 않은 것은, 유럽에서만 형성된 주(州)단위교회(Landeskirchentum)에 그 원인이 있다. 주단위교회는 특별한 교회의 태동을 어렵게 했다.

2. 경건주의 연구사

경건주의의 태동, 본질 그리고 의미는 매우 다르게 설명되고 평가되었다. 경건주의의 모든 것을 포괄적으로 집필한 알브레히트 리츨은 경건주의를 부분적으로 종교개혁 시대의 영성운동에 귀결시켰다.[89] 그는 그것을 가톨릭교회로의 복귀라고 평했고, 가톨릭 신비주의의 직접적인 영향을 받았다고 보았다. 그 때문에 그는 경건주의를 하나의 퇴보라고 이해한다. 하인리히 슈미트는 이와 달리 경건주의에서 루터파 교회에 끼친 개혁교회적인 영향을 보았고, 이러한 이유로 리츨의 의견을 반대했다.[90] 경건주의를 신학과 교회의 발전이라고 본 첫 사람은 칼 미르프트(Carl Mirbt)였고,[91] 호르스트 스테판(Horst Stephan)도 그의 의견을 따랐다.[92]

긍정적인 분명한 평가와는 달리 칼 바르트[93]와 그의 학파는 경건주의를 격렬하게 거부했다. 바르트는 경건주의와 계몽주의를 한 본질의 두 모습이라고 본다. "급진적인" 경건주의를 "필연적인 결과"로 보며, 인본주의 신학의 새로운 첫 형식인 경건주의에 대해 단호히 아니다(Nein)라고 말한다. 그러나 에마누엘 히어쉬는 경건주의를 긍정적으로 평가한다. 경건주의가 용납할 수 없는 정통주의 신학의 독재에 대항하는 대혈투를 벌였기 때문이다.[94]

이러한 다양한 평가는 경건주의의 본질을 바라보는 관점이 다양하기 때문이다. 가령 베르너 엘러트는 경건주의를 주로 감성을 강조한 감정의 운동이라고 이해한다. 반면에 에른스트 트뢸취는 경건의 모임으로 이루어진 엄격한 민족교회의 형성, 즉 교회론에서 중요한 요소를 보았다. 바르트와 히어쉬가 이와 달리 신학적 요소를 강조한 것은 당연한 것이었다. 따라서 경건주의의 본질규정은 한계를 지니고 있다. 베르너 엘러트처럼 소위 17세기의 개혁신학을 경건적이라고 평가하는 사람은 루터적 토대를 가진 경건주의의 시작을 스페너에게서 보는 에른스트 트뢸취와는 다른 결론에 도달할 것임에 틀림없다.

먼저 정통주의가 파헤친 문제들을 명확히 안다면 경건주의의 연구에서

89) Geschichte des Pietismus, 3 Bde., 1880–1886.
90) Die Geschichte des Pietismus, 1863.
91) RE, 3.Aufl. Bd. 15, 1904, S.774–815.
92) Der Pietismus als Tr?ger des Fortschritts in Kirche, Theologie und allgemeiner Geistesbildung, 1908.
93) Vgl. "Die protestantische Theologie im 19. Jahrhundert", 1952², 16ff.
94) Geschichte der neuern evangelischen Theologie, Bd. 2, 1951, 91ff.

의견의 양분으로 생겨난 문제에 좀 더 가까이 다가서게 될 것이다. 루터는 개인적인 구원의 확신을 객관적인 구원의 근거와 확고히 결합시켰다. 구원은 신자의 주관(Subjekt) 밖에서 일어난다. 그것은 역사적으로 볼 때 그리스도의 고난과 구속의 행위에서, 그리고 현재적으로는 설교와 개인적인 용서 내지는 성례전을 통한 구원의 말씀 속에서 일어난다. 정통주의는 루터가 불가불 하나로 묶은 이 두 개의 기둥, 즉 객관적인 구원의 근거를 너무 지나치게 강조한 나머지 독선적이 되었고 그것을 공고히 하고자 순수교리를 지나치게 강조했다. 이 모든 것을 하나님의 기적, 즉 성서의 영감에 근거시켰다. 그 결과 정통주의는 교리적이고 지적이라는 특징을 갖게 되었다.

정통주의 반박운동은 개인의 신앙경험을 다시금 전면에 내세워야만 했다. 그와 동시에 정통주의의 지성주의가 충분히 만족시키지 못한 인간의 정서적인 측면을 강조해야만 했다. 경건주의 역시 이 두 가지를 다 강조했다. 경건주의는 이 점에서부터 역사적으로 정리하고 이해해야 한다.

경건주의 연구가 제기한 문제에 답변하기 위해서는 개혁교회 경건주의와 루터란 경건주의를 분명히 구분하는 것이 좋다. 이 둘 사이에 연관성도 물론 존재하지만 서로를 구분하는 것이 바람직하다.

"경건주의자"라는 이름 자체는 우선 스페너의 추종자를 일컫는 말이다. 사람들은 그것으로 열정적이나 가식적인 경건을 추구하는 사람들을 표시하고자 했었다. 이 말이 갖고 있는 취향은 오늘날까지도 일부 그대로 남아 있다. 그러나 차츰 새로운 경향에 대한 학문적인 지칭으로서 사용되기 시작했다. 그러므로 우리는 "경건주의"를 신앙생활의 갱신을 추구하는 운동이요 그것을 가능하게 해주는 교회의 개혁운동이라고 이해한다(히어쉬). 그것은 새로운 윤리적인 경건형태를 만들어냈고, 신학분야만이 아니라 사회영역에도 영향을 끼쳤다. 물론 새로운 심리적인 태도가 내포되어 있는 것도 사실이다. 그것은 지역과 사람에 따라 다양하게 일어났다.

3. 개혁파 경건주의 17세기 네덜란드는 개혁교회가 영적인 주도권을 갖고 있었다. 그곳에서 먼저 경건적이라고 말할 수 있는 사상들이 태동했다. 그 사상들은 비록 네덜란드에서 즉흥적으로 일어났다고 해도 영국의 혁명적 경건운동인 청교도주의 및 독립주의와 서로 관련이 있다.

1) 신학적으로는 코케이우스(Cocceius)라고 불렀던 독일의 요한네스 코흐(1603-1669)가 자신의 연방신학(Föderaltheologie)으로 개혁교회 정통주의를 처음으로 타개했다. 그는 통합적 지역방법론을 성서에서 하나님이 인간과 맺은 다양한 계약에 따라 신학을 세분화하는 것으로 대체했다. 하나님의 나라는 이러한 단계를 통해 점차로 역사 내에서 이루어진다. 코케이우스는 계약과 하나님 나라 사상을 그의 신학의 중심에 세움으로써 이제까지의 개혁된 스콜라 신학에서 해방됨과 동시에

(1) 단순히 몇몇 구절과 잠언만이 아닌 성서 전체가 활용되도록 했고,

(2) 구속사와 인류의 교육 사상도 전개했다. 왜냐하면 하나님은 교육의 표시 하에 진행되는 역사에서 구원을 실현하기 때문이다.

(3) 그는 종말론적인 긴장을 경건으로 갱신시켰다. 그는 하나님의 나라가 미래에 완성될 것으로 기대했고, 동시에 강한 선교적 동기를 불어넣어주었다. 왜냐하면 하나님의 나라는 이교도와 유대인이 먼저 회심한 후에 이루어지기 때문이다.

이것들은 거의 모든 경건주의가 중요하게 여긴 사상들이다.

2) 교회생활에서는 네덜란드에서 생겨난 새로운 일들이 중요하다. 스페인으로부터 독립한 후 그 땅을 휩쓴 부와 눈부신 경제적 발전은 커다란 사치를 초래했다. 칼빈주의라는 신앙적 토대에서 볼 때 그것은 두 배나 강렬하게 느껴졌음에 틀림없다. 게다가 당시 네덜란드인들은 오늘날처럼 모든 강요문화를 철저히 거부했다. 영적으로 하나가 되려는 의지가 이곳에는 없었다. 인문주의적이고 이신론적인 사상이 발전했고, 경박한 회의주의도 나타났다. 교회는 하나님을 영화롭게 해야 한다는 칼빈주의의 교회적 이념은 이 모든 것을 악한 오류라고 느꼈을 것임에 틀림없다. 그 외에도 1618-1619년 네덜란드에서 열린 도르트레히트 회의는 예정교리를 확정하여 개혁교회 교리정통주의의 근거로 삼았다. 루터교회와 비슷하게 지성적이 된 것이다. 물론 이에 대한 반대도 있었다. 죽은 교리정통주의라는 비판과 다른 한편 회의(懷疑)라는 두 가지 현상이 교회가 상처를 입었음을 여실히 보여주었다. 그러므로 개혁운동의 내용은

(1) 개인의 경건한 삶을 일깨우고

(2) 거기서 동시에 윤리적인 결과를 이끌어내는 데 그 본질이 있었다.

몇몇 개혁신학자들이 이러한 목적을 이루고자 한 방법은 매우 다양했다. 그러면서도 볼 수 있는 윤리적인 행동으로 그리스도인의 삶을 증명해야 한다는 칼빈주의적 관점에서 그들 모두는 일치했다. 지도적인 역할을 했던 푸치우스(Gisbert Voetius, 1589-1676)는 그리스도인이 금해야 할 몇 가지 "엄숙한" 방식을 - 여기서 엄숙주의(Präzisismus)라는 말이 나왔다 - 정했다(부정적 진술이 눈에 띌 정도로 강하게 강조되고 있다). 즉 하나님 이름의 남용, 안식일 모독, 춤, 무용, 연극, 고리대금과 물물교환, 연회와 만취, 도박과 화려한 의상의 착용 등이다. 목사의 흡연, 남성의 가발, 특히 여관출입에 관해서도 푸치우스는 엄격한 금지령을 내렸다. 엄숙주의! 자연과 초자연을 날카롭게 구분한 점에서 모두가 일치했다. 모든 철학은 거부되고 자연신학(theologia naturalis) 역시 배격되었다. 모든 것은 오직 초월적 세계의 계시인 성서에 근거하고 있어야만 했다. 그 계시를 이해할 수 있는 것은 자연적 재능을 가진 자연인이 아니라, 오직 하나님이 깨우쳐준 중생한 자다. 중생한 자들의 신학(Theologia regenitorum)! 독자적인 원칙에 따라 모든 민족교회를 세우려는 것을 포기한 점에서도 일치했다. 그들은 그러나 민족교회를 이탈한 사람들이 아니다. 그 안에 존재하면서도 특별히 모인 사람들로 한정된다. 기도와 찬양, 성서해석 그리고 이어서 개개인이 자신의 간증을 설명하고 듣는 데 시간을 할애했다. 교회 안의 작은 교회(Ecclesiolae)! 이러한 특별모임은 교회 내에서 주관주의라는 첫 벽을 허물었다. 주관주의가 보여준 상처와 관련해 볼 때 당시 새로운 운동은 진정한 해방을 의미했고 커다란 힘을 발휘했다.

푸치우스와 그의 제자들이 엄격한 윤리적 설교를 가장 중요하게 여겼다면, 빌렘 텔린크(Willem Teellinck)는 감정을 강조했다. 새로운 삶은 그에 의하면 아름다움, 우정, 주의 사랑의 느낌을 통해 결정된다. 텔린크에 의하면 회심의 내용은 주님과 감성적 연합을 이루는 것이다. 작은 종교집회(Konventikel)의 과제는 그것을 계속해서 새롭게 일깨우는 것이다.

장 드 라바디(Jean de Labadie, 1610-1674)도 언급할 수 있다. 그는 프랑스 태생으로 처음에는 예수회에 가입하여 가톨릭교회의 교구신부가 되었으나, 1650년 칼빈의 『기독교강요』를 읽고 칼빈주의로 개종했다. 그는 청교도적인 열정에 매료된 사람이자 또한 신비주의자이기도 했다. 그는 이 두 가지 요소를 네덜란드의 개혁에 결합시켰다. 그 외에도 그는 목회에도 특출했으며, 첫 전도주간을 실시하기도 했다. 그러나 그의 활동은 반발에 부딪혔다. 그는 결국 교회에서 추방당했다. 거룩한 자들의 모임이 그에게는 유일한 교회 공동체였다. 네덜란드 개혁교회는 분리주의적인 라바디의 방식을 수용할 수 없었다. 그는 예정에 만족하는 대신에 회개를 부르짖었다. 회심하지 못한 자들 중에서 회심한 자들을 모으는 것이 그들 종교집회의 과제가 되었다.

3) 개혁교회 경건주의는 네덜란드와 독일 개혁교회 사이에 형성된 밀접한 관계 덕분에 신속하게 독일로 유입되었다. 독일의 첫 경건주의자는 1600년 루르지방 뮐하임의 테오도르 운데어아익(Theodor Untereyck, 1635-1693)이다. 경건주의는 개혁교회가 있는 모든 지역으로 확대되었고, 헤센 남부에서는 열광주의 경향을 띠었다. 그러나 그것은 실제로 두 명의 찬송작사가에게서 역사적인 중요성을 얻었다. 하나는 운데어아익의 제자인 네안더(Joachim Neander, 1650-1680)요, 다른 한명은 게어하르트 테어스테겐(Gerhard Tersteegen, 1697-1769)이다. 테어스테겐은 네덜란드 경건주의, 특히 라바디에 의해 영적인 영향을 받았다. 또한 가톨릭교회의 신비주의자에게서도 영향을 입었다. 가톨릭교회의 영향을 여기서 직접 입증할 수 있다. 그에 의하면 영적인 삶의 목적은 하나님 곁에 있다는 느낌, 가장 달콤한 예수의 관찰, 그리고 그가 신자에게 허용한 상호교제 등이었다. 테어스테겐은 확실히 그의 찬송에서 의미 없는 교회성 대신에 가장 진지한 신앙의 확신을 일깨우는 데 적합한 개인적인 신앙의 색체를 강조했다. 그렇지만 바로 여기서 복음적인 토대에서는 하나의 위험이 될 만한 특징들이 나타났다. 그는 찬송에서 우리에게 행하신 하나님의 위대한 행위가 아닌 우리 안에 일어난 감정과 그로 인해 얻게 된 충동을 주로 노래한다. 그의 찬송의 중심에는 하나님이 용서한 죄인이 아니라, 하나님이 자신의 영광으로 끌어올린 불행하고 사라질 가엾은 인간이 있다.

이것은 테어스테겐이 양심 대신에 감정을 핵심으로 여긴 결과다. 죄를 용서해주신 하나님의 사랑에 대한 신뢰 대신에 하나님 혹은 그리스도와의 신비적 일치가 신앙인에게 가장 중요한 것이 되고 있다. 신과의 합일을 위해서는 영혼은 세속에서 자유해야 하며, 자기를 버리고, 내적 평정에 깊이 몰입해야 한다. 완전히 빈 그릇이 될 때에만 예수께서 들어온다.

루터가 말한 소명사상은 그 때문에 거부되고 있다. 일은 의지가 평정을 갖고 모든 충동에서 벗어나는 데 있어서 하나의 장애가 된다. 육신, 감정, 감성, 욕정 그리고 의지의 사멸은 하나님을 통한 영혼의 깨우침에 중요한 전제다. 다시금 인간적으로 만들어진 조건이 구원을 얻는 데 중요한 전제로 등장했다. 그 외에도 벌레만도 못한 인간이지만 하나님과 신실한 교제가 가능하고, 여기서 하나님의 위엄하심에 대한 느낌은 완전히 사라진다. 요구가 지나친 개혁교회의 기본원칙은 감정적 신비주의로 인해 여기서 다시 거부되고 있다.

4. 루터파 경건주의 루터파 경건주의는 비루터적인 사고에 역사적 뿌리를 가지고 있다. 창시자인 필립 야콥 스페너(Philipp Jakob Spener, 1635-1705)는 청소년기에 영국의 신앙서적을 읽고 이미 영향을 받았다. 그는 또한 라바디의 글들을 정독했을 뿐만 아니라, 인쇄하고자 번역도 했다. 그가 라인하류 지역에서 일어난 개혁파 경건주의의 전개 과정을 알고 있었다는 것은 어느 정도 가능성이 있다. 때문에 루터파 경건주의를 개혁파의 자극에 대한 수용이라고 보는 견해도 있다.

그러나 이러한 관점은 경건주의의 성립을 루터교의 틀에서 독자적으로 결코 이해하지 못하게 만든다. 개혁파에서 유래한 사상과 함께 16세기 열광주의, 적어도 그 대표 가운데 몇몇의 견해와 의외로 일치되는 점이 있다. 열광주의가 간접적으로 영향을 주었을 가능성은 대단히 높다. 그러나 그것을 전달한 중간 고리에 대한 연구가 없다. 새로운 연구결과는 열광주의자들이 가톨릭 단체가 아니며, 루터의 사상을 잘못 발전시켜 생겨났음을 명백하게 입증했다.

마지막으로 루터파 경건주의에는 정통주의 신학 내의 한 단체가 매우 중요하다. 그들은 "정통 개혁신학"이라는 이름이 붙어 있다. 우선 그것부터 자세히 살펴보아야만 한다.

1) 정통개혁신학. 이 신학은 교회 안에 있는 어떤 폐단을 개혁하고자 했는가? 첫 자극제는 국가와 국가의 삶에 관한 새로운 이해였다. 30년 전쟁 이후로 쉬지 않고 독일을 점령한 것은 바로 계몽된 절대주의였으며, 이것은 행동의 최고 요체로서 국시(國是)만을 허용했다. 그러나 사람들은 국정 수행 시에 도덕적인 기본원칙을 고려해 줄 것을 요구했다. 세속 지향적인 국가가 오래전부터 누려오던 교회에 대한 권한을 포기하지 않은 것이 어려움을 가중시켰다. 국가는 경찰력을 이용해 예배참석을 강요했고, 물리적으로 교회생활을 유지시켰다.

이와 함께 교회 안에서 도덕적 삶에 대한 한탄이 끊임없이 일어났다. 한스 로이베(Hans Leube)는 그것을 청교도의 영향을 받은 염세주의라고 평가했다.[95] 청교도 서적이 당시 독일 내에 상당히 넓게 보급되었음도 사실이다. 그러나 지역사(地域史) 연구는 한탄을 하게 만든 더 많은 다른 동기들이 있었음을 보여주고 있다.

활기를 띤 개혁계획은 거의 모두가 요한 아른트(Johann Arndt, 1555-1621)의 6권으로 된 『진정한 기독교』(Sechs Bücher vom wahren Christentum)에서 나왔다(1605년부터 1609년까지 발행되었다). 아른트는 가톨릭적이고 신비주의적인 신앙작가를 양편 다 상세하게 소개했고, 그로 인해 가톨릭교회의 사상이 루터교회로 역류하게 된다. 그는 단순한 교회성보다는 개인적인 신앙 경험의 절대성을 강조했다. 신앙은 삶의 회심과 역동적인 구원 속에서 드러나야 한다고 가르쳤다. 바로 여기에 겁에 질린 양심의 위로만을 강조했던 그 시대와의 대립이 있다. 그 외에도 그는 가톨릭신앙 서적의 영향을 받아 참된 기독교의 표지는 본질적으로 금욕적인 생활에 있다고 보았다. 반문화적 경향이 스페너 이전에 이미 루터교 안에 자리하고 있었다.

테오필 그로스게바우어(Theophil Großgebauer)는 목사교회를 공격했다. 그는 만인사제직의 실제적인 재건을 요구했다. 동시에 그는 교리적이고 목회상담적인 목사의 활동을 요구했다. 그 외에도 그는 영국의 예를 좇아 엄격한 주일성수와 루터교회 안에 장로직의 도입을 요구했다. 그에게 중요한 것은 교회가 실제로 다시금 신앙 공동체가 되어야만 한다는 것이었다. 그가 제시한 모든 상세한 개혁들은 그 공동체 안에서 비로소 확고한 토대를 얻었다.

로스톡 출신의 하인리히 뮐러(Heinrich Müller, †1675)도 언급해야만 한다. 그 역시 그로스게바우어처럼 진지하고도 확신에 찬 그리스도인의 삶을 일깨우고자 했다. 그것은 사람의 마음을 하나님 사랑의 달콤함과 위대함으로 제어할 때 가장 성공할 수 있다고 그는 생각했다. 그래서 그는 이미 요한 아른트가 주창했던 베른하르트(Bernhard von Clairvaux)의 감성적인 예수 사랑과 아가서의 음조를 다시 수용했다. 이러한 것들이 루터교회로 쇄도했다. 동시대

95) Die Reformideen in der deutschen lutherischen Kirche zur Zeit der Orthodoxie, 1924.

의 목동의 시(Schäferpoesie)도 교회를 그 같은 방향으로 이끄는 데 제2의 자극제가 되었다.

마지막으로 30년 전쟁의 고통 속에서 종말론적이고 묵시적인 경향이 다시 등장했다. 존 번연의 『천로역정』과 같은 신앙서적으로 그 같은 경향을 더욱 강해졌다. 사람들은 세상의 종말이 임박해 있다고 믿었다. 요한 마이파르트[96]의 『예루살렘, 높이 세워진 도시여』는 바로 종말론적이고 묵시적인 풍조의 산물이다.

17세기 중엽에 나타난 모든 경향을 아는 사람은 루터파 경건주의가 외부적 요인뿐만 아니라 바로 자체 공간에서 준비된 것임을 보게 된다. 엘러트나 칼 홀이 원한 것처럼 이 모든 것 자체가 다 경건적이었다고 평가할 수는 없다. 이미 언급했듯이 동시대인들도 평가는 다양했다.

2) 필립 야콥 스페너가 1675년 그의 『경건한 열망』(Pia desideria)에서 예배 때에 규칙적인 성서읽기나 혹은 만인사제직의 재건을 요구했고, 그리스도인의 삶은 실천과 사랑에서 이루어지며 지식에서 이루어지는 것이 아님을 강조했지만, 이 모든 것이 새로운 것은 아니다. 게다가 그의 글의 제목 역시 로스톡의 하인리히 쿠이스토르프(Heinrich Quistorp)에 의해서 이미 전에 사용된 것이다. 신학수업의 개혁안이나 혹은 학문적이고 수사학적인 설교 대신 영적 각성을 외친 그의 요구는 모두 차용한 것들이다. 루터교회의 토대에서 볼 때 새로운 점은 작은 종교집회인 '경건의 모임'(collegia pietatis)을 운영해야 한다는 제안이다. 그렇지만 이러한 모임이 분리주의를 조장했다고 느꼈을 때 그 모임을 다시 해체했다. 스페너의 작은 책이 불러일으킨 관심은 사상의 신선함에 있는 것이 아니라, 적절한 비판과 개혁제안의 신중함에 있다. 그는 단 한 가지가 아닌 실현 가능한 여러 가지를 종합적으로 제시했다.

스페너적 색채를 가진 경건주의의 중요성은 다음과 같은 점에 있다.

(1) 그는 신학적 문제를 다시금 성서의 근본 가르침에 귀결시켰다. 이 부분에 있어서 그는 정통주의자와 일치했다. 성서만이 그에게 중요했다. 정통주의 체계는 꼭 필요한 것은 아니었으며, 실제로 제거되고 단순화되었다. 성서의 진리는 단순한 인간의 이성적 힘으로는 알 수가 없으며, 하나님을 깨우친

---

96) 1590-1642. 1616년 코부르크 대학의 교수, 1633년부터는 에어푸르트대학 교수 역임. *

자만이 알 수 있다. 그러므로 스페너 역시 중생의 신학(theologia regenitorum)을 가르쳤다.

(2) 남아 있는 교리들 역시 재평가되었다. 중요한 것은 교리에 대한 동의가 아니라, 신앙적 내용을 가진 개인의 종교적 경험이다. 성서가 가르치는 근본적인 가르침에 대해 잘못 이해했다고 해서 신앙인에게 구원이 사라지는 것이 아니다. 이것으로 "사고의 칭의 사상"이 처음으로 등장했다(Hirsch).

(3) 성서는 신학적 인식의 원천이 아니며, 인간을 깨우치는 성령의 내적 증거요, 역동적인 힘을 발하는 신앙의 원천으로 이해했다.

(4) 경건의 모임(collegia pietatis)은 평신도들에게 다시금 함께 활동할 수 있는 첫 가능성을 제공해주었다.

(5) 칭의와 성화는 루터에게서처럼 다시금 긴밀한 관계를 갖고 있다. 왜냐하면 스페너는 의롭게 하는 신앙을 하나님의 능력(δύναμις θεοῦ)으로 이해하기 때문이다. 그 능력이 그리스도와 함께 사는 이생에서 죄에 대해서 죽고 죄책에서 자유케 한다.

동시에 바로 이 점에서 루터와 다른 차이점도 있다. 이것은 비록 강조점의 차이라고 할지라도, 복음에 위험한 것이다.

(1) 스페너는 용서보다는 성화를 더 강조했고, 용서가 무효가 되지 않도록 죽음의 죄를 피해야 한다고 가르쳤다. 이것으로 죄가 신자들에게 엄청난 중요성을 갖게 되었다. 죄에 대한 두려움이 그 결과로 나타났음에 틀림없다. 더 이상 그리스도인의 기쁨은 나타나지 않았다. 오늘날 독일의 현대 개신교가 소심하고, 겁 많고 무기력한 것은 바로 여기에 그 신학적 뿌리가 있다.

(2) 스페너는 비록 끊임없는 싸움을 할지라도 신자가 하나님의 계명을 잘 지킬 수 있다고 생각했다. 그는 구원을 칭의에 의해 시작된 어떤 활동에 긍정적으로 종속시켰다. 그로 인해 자신이 구원을 받았는지 직접 관찰할 수 있다는 피할 수 없는 결과가 생겨났다. 스페너는 게다가 직접 구원의 검증을 추천했다. 그러나 이것은 인간 중심적인 방법이다. 시선이 더 이상 하나님을 향하지 않고 인간 자신을 향하고 있다. 인간은 연약하기 때문에 구원의 확신을 잃을 수 있다고 보는 것이 이러한 견해의 첫 결과다. 두 번째는 일정한 율법성이 내포되어 있다. 계속 반복된 명령으로 이루어진 "하나님의 은총이 너를 이끌어 회개한다면 바르게 살도록 힘써라"라는 노래가 뚜렷한 인상을 준다. 비

록 그것이 스페너에게서 오지 않았다고 할지라도 지배적인 분위기였다.

(3) 교파에 대한 견해 역시 근본적인 것만을 강조하는 사람들과 달랐다. 스페너는 물론 루터파 교회가 참된 교리를 가진 교회요 그 때문에 옳다고 여겼다. 그러나 그는 늘 하나님의 가시적 교회(ecclesia invisibilis)에 소속할 것을 강조했고, 그 때문에 생애 말엽 개혁파 교회와 연대를 모색했다. 왜냐하면 그는 교회를 가톨릭과는 근본적으로 다르게 판단했기 때문이다. 이러한 움직임이 독일 교회사에 준 중요성은 뒤에 밝힐 것이다.

종합적으로 볼 때 스페너는 생애 말엽에 정통주의 체제와 관계가 유화되고, 개개인의 개인적 신앙이 그에게는 교회 활동의 목표였으며, 많은 점에서 중요한 발전을 가져왔지만, 새로운 것으로의 진보는 동시에 새로운 위험도 내포하고 있었다고 요약할 수 있다. 그 위험들은 스페너 자신보다도 그를 따른 추종자들에게서 더 강렬하게 표명되었다.

3) 아우구스트 헤르만 프랑케(August Hermann Franke, 1663-1727)와 할레의 경건주의. 프랑케는 스페너의 초기 추종자였지만, 그가 겪은 독특한 회심에서 그를 이해해야만 한다. 1687년 뤼네부르크에서 해야 했던 믿음 없는 도마(요 20장)에 대한 설교 준비는 그를 하나님의 실존을 묻는 중대한 영적 시련에 빠지게 했다. 그의 영적 시련은 자신이 믿지 못한 하나님께 기도를 함으로 해결되었고, 동시에 말로 표현할 수 없는 축복의 감정으로 자신의 전 생애를 바꿔주신 하나님을 확신하게 되었다. 프랑케의 영적 시련의 중심에는 신앙의 확신 문제가 있다. 그것은 구원의 확신 문제로 영적 시련을 겪은 루터와는 달랐다. 이러한 회심이 프랑케의 후기 삶을 결정했다.

(1) 그는 자신의 회심을 근거로 우선 기존의 모든 정적인 기독교를 경시했다. 비록 절대적인 전제요건(conditio sine qua non)은 아니지만 그는 모든 신자에게 참회의 싸움과 회심을 요구했다. 그 결과 경건주의에는 스페너적 경향의 조용한 행동방식과 더불어 프랑케의 신앙각성적인 경향이 새로 등장했고, 이것은 형제 공동체와 영국의 감리교에도 깊은 영향을 주었다.

(2) 율법의 설교를 듣고 뉘우친 사람이 확고한 결심을 하지 않으면 하나님은 옛 존재를 완전히 일소하고 진지하게 새로운 삶을 시작할 신앙을 사람에게 선물하지 않으신다. 빙클러(Winkler)의 노래 "바르게 되고자 힘쓰라"는 프랑케식 경건주의의 이러한 측면을 잘 보여주는 것이다. 이것은 프랑케의 의지

와는 달리 '오직 은총만으로'(sola gratia)의 약화를 초래했다. 인간의 의지적 결단이 칭의에 결정적이 되기 때문이다.

(3) 프랑케의 회심과 결부된 말할 수 없는 축복의 느낌은 그에게 하인리히 뮐러가 말한 경건의 감성적 방식을 긍정케 하는 동기가 되었다.

(4) 프랑케는 하나님의 절대성을 확신하면서 동시에 세상과 분리되었다. 신앙적 확신으로 루터는 수도원에서 뛰쳐나왔으나, 프랑케는 금욕적인 삶 속으로 빠져들었다. 세상 도피라는 측면에서 프랑케는 스페너를 능가했다. 그것이 그에게는 곧 엄숙주의의 의미에서 경건의 표지가 되었다.

(5) 하나님의 실존에 대한 절대적 확신은 동시에 할레 경건운동의 특징인 사회문제에 대한 적극적인 성격을 유발시켰다. 독일의 첫 선교사업과 고아를 대상으로 한 프랑케의 활동은 오늘날까지도 그것이 특징이다.

외적으로 볼 때 프랑케와 그의 경건주의가 새로 설립된 할레 대학에서 행한 학문적 활동은 매우 중요했다. 그가 할레에서 시행한 성경공부를 핵심으로 삼은 신학수업의 새규정은 전 독일에 모범적 사례가 되었다. 그곳에서 공부한 수많은 사람들이 새로운 정신을 지방으로 이식시켰다. 이곳에서 목사가 양성되었고, 이들은 모든 강력한 활동과 영적인 삶의 근거로서 회심을 일으키는 활동의 핵심이었다(히어쉬). 신학자뿐만 아니라 프로이센 귀족의 상당수가 할레 경건운동 출신이다.

프랑케는 보편적인 그 시대문화와의 대립을 거부했고, 그의 탈세상적인 방식이 계몽주의로의 길을 더 심화시켰기 때문에 할레는 그곳에서 계몽주의가 싹튼 독일의 첫 대학이 되었다.

4) 슈바벤의 경건주의. 할레의 경건운동이 이루지 못한 평신도의 적극적인 참여는 뷔르템베르크에서 이루어졌다. 슈바벤의 경건주의는 스페너에게로 직접 거슬러 올라간다. 그는 이곳에서 민중과 교회의 폭넓은 호응을 받았다. 요한 알브레히트 벵엘(Johann Albrecht Bengel, 1687-1752)과 프리드리히 크리스토프 외팅어(Friedrich Christoph Oetinger, 1702-1782)가 스페너적인 경건운동에 고유한 특징 몇 가지를 추가했다. 벵엘은 모든 신학적 진술을 변증 없이 성서에서 직접 이끌어내는 경건주의 성서 연구의 기본입장을 더 확대했고, 그의 저서 『신약성경지침』(Gnomon novi testamenti, 1742)에서 자신이 성경을 이해하는 데 중요한 자료가 된 헬라어 신약성경을 정리하자 많은 독자를

확보했다. 그의 강점은 직접 본문을 연구하도록 독자를 자극시켜준다는 점에 있다. 성경에 있는 모든 것은 그에게 매우 중요해서 숫자를 포함한 종말론적인 진술 역시 진지하게 수용했고, 그 결과 1836년에 그리스도의 재림이 있을 것이라고 기대했다. 외팅어는 벵엘의 제자요 추종자였다. 그는 야콥 뵈머(Jakob Böhme)의 영향도 상당히 입었다. 노년에는 스베덴보르크(Swedenborg)의 영향으로 자연과학, 특히 화학을 계속 연구했다. 외팅어는 하나님으로부터 세상을 파악하고자 하는 거룩한 철학(philosophia sacra)인 신지학의 체계를 발전시켰다. 그는 하나님의 지혜를 세상지혜의 원천으로 보았다. 외팅어는 친첸도르프처럼 지혜의 근거가 오로지 예수 그리스도에게만 귀결될 수 없고 인류의 보편적 진리에 고정되어야 한다는 의견을 가졌음에도 불구하고 그의 사상은 동시대의 계몽주의와는 정면 대립하는 것이었다. 그는 하나님에게서 나온 모든 것은 다시 그에게로 되돌아가야 한다고 생각했고, 하나님을 영육적(geistleiblich)으로 이해했다. 왜냐하면 물질 없는 영적인 것은 없기 때문이다. "육체성은 하나님께 가는 길들의 끝이다." 외팅어는 모든 것의 회복을 분명히 가르친다. 그는 특히 뷔르템베르크의 한센공동체에서 계속 활동했고, 독일 관념철학자인 셸링(Schelling)에게 영향을 주었다.

5. 형제 공동체는 헤른후트(Herrnhut)[97] 형제교회 창립자이자 제국백작이던 친첸도르프(Zinzendorf, 1700-1760)의 활동으로 이루어졌다. 어린 시절 아버지를 잃은 그는 어머니의 재가로 인해 할머니의 양육을 받으면서 가정에서는 스페너적인 경건주의의 영향을 그리고 할레에서는 프랑케의 영향을 받았다. 그는 초기에 할레 경건주의의 특징인 참회와 회개 강조를 수용했으나, 여기서 얻어진 것들이 지속성을 보장해주지 못함을 알았기에 나중에는 이러한 경향을 포기했다. 친첸도르프의 특징은

(1) 그의 공동체 설립 노력이다. 그는 헤른후트 교회를 성가대의 이름으로 분류했다(어린이 성가대, 청소년 성가대, 부부성가대 등등). 그는 공동체를 가족보다 우위에 두었다. 또한 모든 참된 신자를 물론 그들의 소속교회에서 나오지 않고도 교파의 구분 없이 헤른후트를 중심으로 모이게 하려는 초교회적 목

97) "주의 보호"라는 뜻. *

적을 가졌다.

(2) 하나님과의 관계의 토대는 오직 감정에 있다. 이러한 사상의 위험성은 그 자신에게서 볼 수 있다. 친첸도르프에 의하면 신앙이라고 일컫는 신적인 것에 대한 인식은 죽은 것이며, 마귀도 가지고 있는 것이다. 이것은 모든 경건주의가 지니고 있는 반정통주의적 정서다. 이와는 달리 신약성서가 말하는 신앙은 항상 사랑과 동일시된다. 그리스도의 현존에 대한 기쁨과 결합된 "단순하지만 마음속에 있는 기쁜 신앙"인 그러한 사랑만이 가장 중요하다. 그리스도께 대한 감성적 사랑을 얻게 하고, 새로 일으키는 것이 예배의 주요 과제다. 친첸도르프는 이러한 목적으로 새로운 형식들을 도입했다.

그리스도와 함께 연합된 사람만이 신적인 일을 바로 알도록 그의 눈이 열린다. 그러나 친첸도르프가 신앙의 개인적 사실 여부에 대한 문제를 제기할수록 교리의 참 여부에 대한 문제에는 흥미가 없었다. 거기에 그의 사상의 약점이 있다.

(3) 할레 경건운동이 가르친 하나님과 인간의 연합(cooperatio hominis cum Deo)을 친첸도르프는 거부했다. 구원에 이르는 첫 단계는 그리스도에 대한 사랑이다. 이것은 성령이 일으키며, 인간은 다만 수동적일 뿐이다. 사랑만이 성서를 바로 인식하게 해준다. 그는 사랑에서 출발하여 말씀을 통해 인식에 이르는 길을 가르쳤다. 이것만이 확신을 가져다준다. 이것은 자신의 경험에 달려 있다. 외적인 말씀을 통한 하나님의 약속은 친첸도르프에 의하면 확신을 주는 데는 충분치 못하다. 이것은 루터의 사상과 분명히 모순된다. 루터 신학에 있어서는 하나님의 말씀, 신앙, 사랑의 순서가 지배적이며, 친첸도르프는 이러한 순서를 완전히 벗어나 있다.

(4) 성화론에 있어서도 친첸도르프는 루터와 구별된다. 스페너의 기본사상이 그에 의해서 더 강조되어 그리스도와의 마음의 연합이 인간을 죄에 대해서 죽게 한다고 가르쳤다. 게다가 죄의 유혹성도 그로 인해 없어진다. 유혹들은 인간이 마음으로 구원에 이르지 못했다는 표지다. 친첸도르프는 완전주의(Perfektionismus)를 가르쳤다. 그러나 이러한 구원 역시 하나님의 선물이며, 우리에게 전가된 그리스도의 의다. 물론 전가라는 말은 루터와 정통주의가 사용한 의미와는 완전히 다른 것을 의미했다. 그 때문에 친첸도르프는 율법의 설교를 거부했다. 감리교의 완전주의는 여기에 그 뿌리가 있다.

(5) 친첸도르프는 할레 경건운동과 분명히 구분되지만, 지속적으로 활동을 공유했고, 특별히 형제 공동체의 선교활동에서 탁월한 일들을 전개했다.

형제공동체는 친첸도르프가 계획적으로 창립한 것은 아니다. 1722년 그는 크리스티안 다비드(Christian David, 1691-1751)를 지도자로 세워 반종교개혁의 여파로 인해 이주를 원한 보헤미아와 뫼렌의 형제단 계통의 사람들에게 후트베르크에 있는 베텔 마을에 정착하도록 거주를 허락했다. 그들을 중심으로 작은 교회(ecclesiola)를 세우려는 시도는 헤른후트의 모든 주민들이 가입했을 때 실패로 끝났다. 작은교회와 공동체가 하나로 합해졌다. 독자적인 직임을 갖고 고유의 재정 기관을 갖는 것을 불가피하게 만든 선교의 성공은 작센 주교회에서의 헤른후트의 분리를 초래했다. 특별한 중요성은 없었지만 구 형제 공동체로부터 감독직을 넘겨받았다. 이러한 분리는 공동체와 교회의 관계를 오랜 기간 방해하지는 않았다. 선교활동과 함께 친첸도르프와 헤른후트의 중요성은 슐라이어마허에 의하면 반이성주의적 사고의 성립과 계몽주의 시대 동안 활발한 디아스포라적 경향으로 그리스도에 대한 신앙의 요약 속에 그 본질이 있다. 또한 존 웨슬리에게 미친 영향도 과소평가할 수 없다.

6. 열광주의적 경건주의는, 히어쉬(E.Hirsch)가 최근 새롭게 보여준 바와 같이, 야콥 뵈머(Jakob Böhme, †1624)에 의해 전적으로 영향을 받았다. 그는 직접 루터, 쉬벵크펠트, 파라켈수스 그리고 발렌틴 바이겔(†1588)의 사상을 신비적이고 영적인 체계로 만들었고, 1) 모든 신비주의처럼 결국 개인주의적이고, 2) 교회 비판으로 분리주의적 경향을 추구했다. 진리가 자신 속에서 사는 것을 알고 축복의 근원인 하나님을 소유한 사람은 잘못된 문자 기독교인 교회의 무상함을 결과로서 알게 된다. 왜냐하면 교회는 도덕적으로 갱신해야 할 필요성도 실제로 없고, 성례전도 영적이지 못하기 때문이다. 교회는 참된 영적인 기독교로 변하든지 아니면 없어져야 할 커다란 바벨이다.

교회성이 아니라 개인의 마음의 신앙을 중요하게 여기는 경건주의의 영향으로 몇몇 단체가 비슷하게 교회비판적인 태도를 갖게 되었다. 뵈머와의 연결은 당연한 것이었다. 성령을 통한 개인적인 각성의 강조는 종교개혁 시대에서처럼 개인의 영감을 수용하게 만들었다. "급진적인" 경건주의는 거기에 속한 단지 몇몇의 특별한 사람들로 인해 중요한 것이 되었다. 피터슨(Petersen)

부부는 스페너적인 각성사상을 개인의 영감이나 개인의 계시로 격상시켰다. 그리스도인들을 복되게 하는 "내적인 빛"은 유대인이나 이방인에게도 나타날 수 있다고 말해 야콥 뵈머와 동일하게 가르쳤다. 바로 여기서 모든 인간이 구원을 얻는다는 만인구원론 사상이 나왔다. "내적인 빛"의 강조는 동시에 계몽주의를 예비했다. 『비편파적 교회사와 이단사』라는 책의 유명한 저자인 아놀드(Gottfried Arnold, 1666-1714) 역시 조직화된 교회를 열정적으로 거부했다는 점에서 뵈머로부터 깊은 영향을 받았다. 그의 교회 비판은 독일의 모든 세대에 영향을 주었으며, 괴테는 물론이고 오늘날까지도 지속되고 있다.

요한 콘라트 딥펠은 정통주의 보상설에 대한 뵈머의 비판을 수용했고, 거기서부터 시작하여 교회생활뿐만 아니라 - 이것은 모든 경건주의자들이 행했다 - 교회의 선포를 공격했다. 하나님은 사랑이시며 때문에 그리스도의 보상에 대한 가르침은 의미가 없다는 것이다.

7. 요약. 경건주의의 공헌 모든 경건주의의 공통된 특징은 그러므로 다음과 같다.

1) 단순한 지적인 지식의 거부와 개인적으로 경험하고 체험한 살아있는 신앙의 강조다. 그것을 일깨우고자 하는 모든 노력은 다 중요하다. 단순한 역사적 사건에 대한 신앙(fides historica)은 사실 가치가 없다. 그러나 경건주의가 신앙의 확신을 주로 경험, 개인적 체험, 마음의 종교에 근거를 두기에 그것은 구원의 확신을 가장 어렵게 만들 위험이 있으며, 동시에 신학적으로 불분명한 요소를 말씀의 선포 속으로 끌어들였다.

2) 교리내용이 성서의 근본적 사상으로 대폭 축소된 것이 특징이다. 아리스토텔레스 철학의 도움으로 파악된 결과들은 사라진다. 아리스토텔레스 철학 자체도 배제되고 있다. 이것은 신학사와 정신사적으로 중요한 것이었으며, 새로운 사상은 불가피한 것이었다.

3) 마지막으로 스페너에게는 해당되지 않으나 대부분의 경건주의 그룹은 대신(對神)관계의 출발점으로 머리 대신에 기분, 마음을 강조했다.

개혁신학자들은 이 모든 것을 이미 다루었다. 따라서 그들 속에서 이미 경건의 새날이 동텄다. 그 때문에 베르너 엘러트나 칼 홀처럼 개혁신학자에게서 경건주의를 시작하는 것도 좋은 생각이다.

스페너와 그의 추종자들에게서 볼 수 있는 새로운 것은 소그룹 모임이다. 작은 종교집회는 스페너가 말한 "진지하게 그리스도인이 되고자 원하는 사람들", 프랑케가 말한 "회심자들", 친첸도르프가 말한 "주를 사랑하는 자들", 열광적이고 분리주의적인 경건주의자들이 원한 "성령에 충만한 자들"이 참여자였다. 작은 종교집회는 개개인의 구원을 돕고 공동체를 보살피며, 많은 장소에서 갱신과 감성적인 마음의 종교를 심화시키는 사역을 했다. 거기서부터 경건주의는 개인주의의 선구자가 되었다.

그렇지만 신학적 진리에 대한 문제와 세상과 하나님의 관계, 곧 문화에 대한 하나님의 관계 문제는 여전히 해결되지 않은 채 남아 있다.

경건주의가 차지하는 신학사적 의미가 무척 중요하다는 것을 다시 강조해야만 한다. 그러나 그것은 신학운동은 아니었으며, 실천적인 개혁운동이었고, 이러한 개혁운동이 가져온 자극들을 비루터파 교회에서도 역시 수용했다. 경건주의의 역사적 이해를 위해서는 시선을 교회와 교회적인 단체에 돌리는 것이 필요하다. 경건주의는 고백교회의 자기 확신으로 이어졌다. 경건주의는 정통주의의 교리체계를 약화시키고 삶을 잣대로, 더 나아가서 열광주의적 경건주의는 "내적인 빛"이라는 교리로 경건한 사람에 대한 판단을 내림으로 계몽주의를 예비했다. 경건주의가 계몽주의로 가는 과도기적 현상이라고 보는 점은 신학적 입장이 서로 다른 칼 바르트와 히어쉬조차도 서로 일치하고 있다.

그러나 오로지 이것으로만 경건주의를 평가해서는 안 되며, 경건주의가 가져온 실천적인 업적들을 분명히 고려해야만 한다. 경건주의로 인해 교리적이고 교육적인 연구가 완전히 새로 시작되었다. 설교는 경건주의가 제시한 신앙의 각성이라는 과제를 통해 새로운 자극을 받았다. 성서의 보급으로 경건주의는 엄청난 일들을 수행했다. 성서협회의 창립으로 참고도서가 계속 공급되었다. 신앙서적 역시 경건주의를 통해 루터교회적인 토대로 더 많이 확산되었다. 교회의 사회사업과 선교사업은 경건주의로 인해 실제적인 시작이 이루어졌다. 신학수업에서도 논쟁과 조직신학 대신에 성서가 중심을 차지했고, 그와 더불어 교회사도 중요한 위치로 부상되었다. 사제계급에서도 중요한 도덕적인 결함들이 개선되고, 귀족(프로이센)과 대중(슈바벤, 라인란트)에게로 좋은 영향들이 확산되었다.

경건주의가 교회에 가져온 간과할 수 없는 긍정적인 차원들은 또한 위험도 동반하고 있었다. 개인주의를 예배로 끌어들임으로 예전을 허무는 데 일조했다. 성서해석에서도 개인주의는 가끔 고삐가 풀렸다고 언급되는 경향을 띠었다. 작은 종교집회는 확실히 교회생활을 위태롭게 했다. 개인의 해방을 문화적으로 지나치게 평가해서는 안 되며, 18세기 독일 문학의 발전 역시 경건주의적인 경건이 길러준 확고한 자기 관찰이 없이는, 그리고 그것이 말씀 안에서 살아있도록 경건주의가 가져다준 능력이 없이는, 생각할 수 없다는 사실은 교회사적으로 중요한 것은 아니다. 그러나 교회사적으로 볼 때 새로운 학문을 통해 제기된 문제들에 전혀 답변할 수 없었던 경직된 정통주의 체계의 돌파는 꼭 필요했다. 정통주의가 지닌 편협성의 극복도 반드시 필요한 것이었다. 경건주의는 새로운 시작을 가져왔고, 그 때문에 교회사적으로 볼 때 하나의 진보로 평가되어야만 한다. 확실히 그늘 없는 빛은 없다.

48. 계몽주의

1. 계몽주의의 본질과 형성 정통주의는 새로운 시대가 가져온 문제에 답변하지 못했다. 특히 새로운 자연과학적 통찰에서 싹튼 세계와 하나님의 관계 문제에 대해 이렇다 할 답변을 줄 수 없었다. 경건주의가 추구한 금욕적으로 채색된 기독교와 세상에 몰두하는 새로운 사상 사이에 깊은 간격이 생겼다. 경건주의는 하나님과 나를 재차 밀접하게 연결시킴으로 하나님과 세계를 서로 갈라놓았지만, 계몽주의는 고대 희랍시대 이후 이미 사상가들이 하나님신앙과 자연인식을 결합한 합리적 사상에 전혀 의심을 제기하지 않은 채 하나님과 세계에 대한 문제에 집착했다.

세계를 인식하고 세계를 구현할 수 있는 자신의 능력을 잘 아는 인간의 위치에 대한 문제도 동시에 등장했다. 심각한 인간론적 문제가 하나님의 문제와 결합했다.

경건주의를 불가피한 시대적 산물로 보듯이, 계몽주의 역시 동일한 차원에서 이해했다. 누구도 정통주의를 제거하지 못했듯이, 새로운 정신적인 운동 역시 이미 기존의 두 단체인 정통주의 및 경건주의와 더불어 제3의 단체로서 형성되었다. 개신교회의 내적 해체는 계속되었다. 신학적으로나 경건의 형태에서나 동일한 모습을 갖고 있지 못했기 때문이다.

계몽주의는 상당히 심각한 전환점을 뜻했다. 경건주의에 이르기까지 모든 영적인 삶은, 개신교에서도 마찬가지지만, 철저히 교회 내적인 것이었다. 모든 영적인 삶은 기독교와 밀접하게 연관되어 있었다. 그러므로 비록 교파 간에 날카로운 대립이 있었음에도 불구하고 서구의 영적인 통일성은 유지되었다. 이러한 통일성은 계몽주의에 의해 처음으로 파괴되었다. 새로운 문화가 교회와 상관없이 발생했다. 그것은 교회와 전혀 접촉 없이 발전했고 교회처럼 독자적임을 주장했다. 근대적 사고는 교회와의 투쟁에서만 존재권한을 성취할 수 있기 때문에 교회에 대한 강렬한 반대가 언제나 그의 특징이다. 이러한 엄청난 변화가 18세기 전유럽을 지배했다. 그것은 유럽의 역사에도 심각한 영향을 끼쳤다. 현재에 계속되는 영적인 싸움은 이렇게 이루어진 토대에서만이 이해될 수 있다. 교회의 역사 역시 그로 인해 깊은 영향을 입었다. 그 때문에 보편적인 인문사상의 발전에 대한 인식이 없이는 교회를 이해할 수 없다.

이러한 변화는 어떻게 일어났는가? 우선 그것을 물어야만 한다. 이 문제에 대한 연구는 의견이 매우 다양하다. 구가톨릭 신학자들은 엄청난 편협성을 가지고 오직 한 가지, 바로 종교개혁에 그 책임을 돌렸다. 개신교 신학자들은 풍부한 근거를 들어 계몽주의가 일어난 것은 15세기와 16세기의 인문주의 때문이라고 한결같이 응답했다. 최근 가톨릭과 개신교 신학자들은 가톨릭이즘이 계몽주의의 형성에 기여한 몫을 새롭게 지적했다. 토마스주의가 라이프니츠와 볼프에게 영향을 주었다. 데카르트는 신스콜라 사고의 계승자다(에쉬바일러). 그러므로 위의 세 사람은 계몽주의의 뿌리라고 언급할 수 있다. 개신교 내에서 최근 다른 의견이 제기되었다. 대부분은 지금까지 세계관의 변화를 가장 우선적이며 중요한 것으로 보았다. 히어쉬는 최근 새롭게 계몽주의자들을 "사고와 지식에 있어서 근대적 진실의 영웅들"이라고 설명했고, 그들의 태도가 우리에게 좋은 모범이 된다고 평가했다. 이에 비하여 칼 바르트는 칼 아너(Karl Aner)처럼 계몽주의를 대단히 상세하게 설명하면서 시민의 도덕주의가 핵심적 내용이며, 교리에 대한 비판은 다만 인문주의적 자세의 부수현상 내지는 결과적 현상이라고 이해했다. 그러므로 문제는 제기된 이성과 계시의 분열에 대한 이의가 더 중요한지 아니면 삶을 초월한 초자연적 계시의 지배에 대한 이의가 더 우선적인지 하는 것이다. 계몽주의에 대한 판단도 계몽주의의 영적 토대에 대한 관점만큼이나 의견이 다양하다. 그들 사고의 방향에 대한 완전한 동의와 함께 - 상세한 결과들은 물론 더 이상 다루지 않았다. - 열렬한 반대도 있다. 그 속에서 서구의 쇠퇴와 오랜 기간 동안 지속된 교회의 최악의 위험을 보게 된다. 그것이 어떻게 되든지 - 물론 성급한 판단은 피해야만 한다 - 계몽주의는 오래전부터 예비된 것이다. 전시대의 모든 정신 사조가 이러한 준비에 동참했다.

정통주의, 경건주의 그리고 특별히 반종교개혁이라는 종교전쟁에서 계몽주의를 예비한 특징을 찾을 수 있다는 것은 이미 언급했다. 그와 더불어 15세기와 16세기의 인문주의도 대단히 중요한 역할을 했다(참고 32). 비록 몇 가지 분야지만 인문주의에서 이미 인간 위에 군림하는 권위에 대한 인간의 속박이 파괴되었다. 개성이 독재자로 등장하기 시작했다. 종교개혁은 확실히 하나님 앞에서 각기 개인의 책임을 강조함으로 개인주의로의 경향을 촉진시켰다. 물론 그 외에는 반인문주의를 지향했다. 칼 에쉬바일러는 데카르트의 사고가 인간론적 특징을 가진 신스콜라주의적인 가톨릭 신학, 즉 반종교개혁의 시대에 얼마나 강하게 형성되어졌는지를 이미 보여주었다.[98] 그러므로 반종교개혁의 시대도 계몽주의를 예비한 요인 중에 하나다. 라이프니츠도 계몽주의의 영향을 입었다.

임마누엘 칸트는 "계몽주의란 무엇인가?"라는 질문에 대해 1784년 아래와 같이 답했다. "계몽주의란 스스로 짊어진 미성숙에서의 인간 해방이다. 미성숙이란 타인의 도움이 없이는 자신의 오성을 사용치 못하는 무능이다. 아는 일에 담대하라!(Sapere aude!) 용기를 갖고 너 자신의 이성을 사용하라. 이것이 바로 계몽주의의 모토다." 계몽주의의 본질은 이러한 모토에 의해 규명되어, 그 결과 이성이 모든 것을 통치하는 기관이 되었으며, 의지나 감정은 이성에 복종하게 되었다. 사람들은 이성의 도움으로 모든 삶을 제어할 수 있고 행복이라는 목표에 도달할 수 있다고 희망했다. 그러므로 계몽주의란 "인간능력의 전능함이라는 신앙적인 전제에 토대를 둔 삶의 체계다"(Barth). 이성은 여기서 최고의 통치자다. 윤리적인 영역에서도 이성의 고유한 결정에 따랐

98) 그의 책 『Die zwei Wege der katholischen Theologie』, 1926.

다. 칸트는 1798년 프랑스 혁명에 대하여 "그러한 현상은 인류사에서 영원히 잊혀지지 않을 것이다. 왜냐하면 그것은 인간의 본성 속에 있는 나아지고자 하는 성향과 능력을 벗겨주었기 때문이다." 지나온 역사에서 능력과 의지, 세상과 생활여건, 심지어 그것을 지닌 인간 자체를 자신의 뜻대로 구성하고 만들 수 있음을 깊이 숙고한 정치가는 한 명도 없었다. 사람들은 사실 계몽주의를 통해 이러한 능력을 처음으로 확신했다. 사람들은 세상과 삶을 하나님이 주신다고 더 이상 여기지 않았다. 그 자체는 좋은 것이라고 전적으로 신뢰했고, 직접 삶을 계획해 나갔다. 칼 바르트는 이러한 형성의지가 건축과 18세기의 정원예술에, 언어와 음악에, 의상과 역사연구에, 교육과 사회에 어떤 영향을 주었는지를 다시금 섬세하게 묘사하고 있다. 물론 경제 분야도 더 추가될 수 있다.

그러나 계몽주의의 원리들이 모두가 일순간에 그리고 전체적으로 나타난 것은 아니며, 개별적인 삶의 영역에서 독자적이고 독립적으로 전개되었다.

1) 국가 분야에서는 휴고 그로티우스(Hugo Grotius, 1583-1645)[99]가 선구자가 되었다. 그에 의하면 모든 인간은 본질적으로 자유롭고 독립적인 존재며 아무에게도 예속하지 않고, 구속당하지 않는다. 모든 공동체는 오히려 소위 공동계약을 체결한 자유로운 개개인의 자유로운 계약에 근거하고 있다. 공동체 안에서의 모든 주권은 자유 계약인 소위 주권계약에 근거하고 있다. 이 두 가지 계약의 의미는 비관적이든 혹은 낙관적이든 각자가 가진 기본 입장에 따라서 공동체를 통해 개인주의가 더 촉진된다고 보거나(Grotius) 혹은 계약이 없을 때 일어날 수 있는 서로에 대한 싸움이 가져올 혼란을 막을 수 있다고 보는 점이다(Hobbes). 시민공동체인 국가는 모든 권한의 소유자이며, 이러한 권한을 지닌 개별적인 사람들과는 무관하다. 자연법적인 국가이론이 의회주의가 지닌 이중의 계약과 가지고 있는 연관성을 간과해서는 안 된다. 개별적인 것들은 물론 많은 변화의 가능성이 있다. 게다가 절대주의는 계약이론의 도움으로 정당화되었다. 그러나 민주주의는 이러한 사상이 지닌 가장 논리 정연한

---

99) 네덜란드 델프트 출신으로 국제법의 아버지 혹은 자연법의 아버지라고 칭한다. 근대 자연법의 원리에 입각한 국제법의 기초를 확립한 인물로서 3권으로 되어 있는 『전쟁과 평화의 법』(De Jure Belli ac Pacis, 1625)에서 전쟁의 권리, 원인 그리고 방법에 대하여 논했으며 국제법 전반을 체계적으로 서술한 최초의 저작으로 평가받고 있다. *

국가형태다. 그 속에 항상 새로운 구성의지가 가장 분명하게 표현되고 있다. 이것은 그러나 절대주의의 통치형태를 명백하게 결정했고, 여기서부터 그것은 바로 이해할 수 있다.

새로운 국가이념에 대해 신학적 판단을 내리고자 할 때 중요한 것은

(1) 국가의 기본 토대가 전적으로 인간적으로 보인다는 점이다. 국가의 이념이 하나님의 질서가 아닌 인간의 의지 속에 그 뿌리를 두고 있다(롬 13장).

(2) 또한 국가의 목적과 과제가 전적으로 세속적으로 결정되고 있다는 점이다. 국시(Staatsraison)만이 전적으로 중요하다. 그 결과 각각의 국가이념이 선과 악의 척도가 된다. 교회를 국가보다 높은 하나님의 힘(가톨릭적 입장)이라고 보거나 혹은 교회를 하나님 뜻의 전달자(개신교적 입장)로 보는 것은 어쨌든 배제된다. 경건주의적 세상배척은 국가가 취한 교회의 배제를 개신교 측에서 자체 차단으로 맞대응한 것이다.

(3) 새로운 국가는 영적인 삶의 영역을 자신의 통치영역 안으로 끌어들였다. 그러므로 오직 법과 정의 유지에 그 과제가 있다고 본 루터의 법치국가에서 푸펜도르프(Pufendorf, 1632-1694)가 포괄적으로 서술한 근대의 문화국가가 탄생했다. 개신교 주단위교회(Landeskirchentum)는 이러한 발전에 큰 밑거름이 되었다.

(4) 그 이념에 의하면, 관용은 본래적이면서도 실제로 민주주의의 불가피한 부수현상이다. 그것은 사람들에게 큰 영적인 자유를 안겨주었고, 종교의 자유만큼이나 교회에도 유익했다. 관용은 확실히 서방의 해체에 기여했다. 역사가 진행되면서 본질상 다수에게 제한받지 않는 통치권을 보장하는 민주주의는 이미 프랑스 혁명에서 드러난 것처럼 자유에 대한 심각한 위협을 초래했다. 국가의 통치와 과제를 수행하는 데 국민이 직접 참여함으로써 이전에는 사장되어 있던 엄청난 힘들이 발산되었다.

(5) 근대국가와 교회의 관계에 대해서 우선 둘의 분리 가능성이 나왔다. 그 결과 국가는 자신의 과제를 세상에 속한 세속적인 일로 제한했다. 이와 함께 전제국가는 사안이 가시적 교회(ecclesia visibilis)에 해당된다고 생각되는 한, 교회 곧 종교적인 문제에도 역시 관여했다. 토마스 홉스(Thomas Hobbes, 1588-1679)는 주이신 그리스도의 인정만을 국가의 개입에서 분리시키고, 다른 모든 교회적인 결정은 국가적인 영역에 귀속시켰다. 휴고 그로티우스는 그

렇게까지는 생각하지 않았다. 그는 국가의 권한을 거룩한 것을 둘러싸고 있는 일(res circa sacra)로 제한시키고자 했다. 그렇지만 껍질과 핵 사이의 경계는 어디에 있는가? 누가 그것을 결정하는가? 이것을 토대로 어쨌든 크리스티안 토마지우스(Christian Thomasius, 1665-1728)는 독일에 지배적이었고 19세기, 더 나아가서 20세기까지도 두드러졌던 국가교회법적인 지역주의의 원리를 세웠다. 모든 종류의 강제수단은 토마지우스에 의하면 국가만이 제정할 수 있다. 이러한 원리에 의해 그는 국가, 오직 국가에게만 모든 교회통치적인 일들을 위임했다: 교리결정, 예전의 규칙, 목사임명 등등. 선제후는 교회의 구성원이 아닌 선제후라는 고유의 특성을 가지고 이 모든 것을 시행했다. 이로써 교회는 실제로 모든 것을 국가에 위임했고, 교회는 "국가최고기구"가 되었다. 주교구가 사라졌고, 최고의 국가 기관이 교회 업무를 넘겨받은 것은 당연한 결과였다. 프로이센의 국가법은 교회의 질서를 위한 규범을 제시했다. 프리드리히 빌헬름 1세는 교수형을 집행하는 데 있어서 크리스티안 볼프[100]를 24시간 이내에 할레대학에서 추방했고, 프리드리히 대왕(1740-1786)은 그를 여섯 필의 말이 이끄는 마차에 태워 되돌아오게 했으며, 프리드리히 빌헬름 2세가 목사들에게 신앙고백과 어긋나는 교리를 설교하지 말라고 요구했고, 프리드리히 빌헬름 3세가 연합체(Union)를 도입했을 때, 이것들은 이러한 원리가 가져온 실제적인 영향들이다. 다른 지역도 유사한 예들을 보여주고 있다. 이것이 절대주의의 등장이다.

2) 경제생활과 사회생활은 국가적인 것과 밀접한 연관이 있다. 귀족 상호간의 실제적인 경제발전은 결국 네덜란드와 영국에서 불가피하게 새로운 경제이론과 사회이론으로 이어졌다. 그렇지만 국가의 자연법이론과 병행한 "자연 경제"는 유명했던 국가경제학자 아담 스미스(Adam Smith, 1727-1790)에게는 제한된 노동 및 자본의 자유를 뜻했다. 그는 자연경제를 양도할 수 없는 인권의 일부라고 평가했다. 이러한 원리가 얼마나 강하게 세계를 구성하고 감싸고 있었는지가 명백하다.

3) 새로운 자연과학적 세계관은 이제까지 언급했던 것들보다 더 강하게

100) 계몽주의 철학자. 할레대학에서 쫓겨났다가 1740년 프리드리히 대왕이 취임하자 다시 복귀되었다. *

교회와 마찰을 빚었다. 새로운 세계관이 자체에 함축되었기 때문이다. 1534년 코페르니쿠스(1473-1543)는 이미 잘 알다시피 천동설적인 세계관을 지동설적인 세계관으로 바꾸었다. 지오다노 부르노(1548-1600)는 고정되어 있는 천체는 태양임을 인정했다. 이로써 천동설적인 세계관은 파괴되었다. 케플러(1571-1630)는 우주의 수학적 구조를 발견했고 갈릴레이(1564-1642)는 이미 우주의 수학적 질서를 인식하는 과제를 모든 자연과학의 목적으로 제시했다. 모든 자연적 신비나 혹은 자연에 영혼이 있다는 등의 교리와 결부된 모든 세계관은 이로써 거부되었다. 동시에 갈릴레이는 그의 연구에서 새로운 세계관에 결정적으로 중요한 역할을 한 엄격한 인과사상을 발견했다. 뉴턴(1642-1727)은 이러한 기본사상을 기계주의로 확대했다. 새로운 자연인식은 철학에 의해 신속하게 수용되었다. 베이컨(1561-1626)은 유일한 인식근원인 실험을 이용하여

(1) 학문은 이러한 방식으로 형이상학적인 원리를 연구할 수 있음을 인식했고,

(2) 동시에 그 학문만이 이 세상 내에서 진리를 결정하는 유일한 선생이라고 주장했다. 신학은 초자연적인 세계에만 그 영역이 있다.

땅과 인간을 우주의 중심에서 밀쳐낸 새로운 세계관은 우선 심각한 영적인 충격, 곧 비관적 허무주의를 불러일으켰다. 계몽주의는 이러한 비관주의를 낙관주의로 극복하는 기초를 닦아주었고, 인간에 대해 새로운 강한 확신을 갖게 해주었다. 인간의 학문적 능력은 영적인 위엄의 밑거름이 되었고, 이것은 거의 마술적인 매력으로 확산되어, 엄청난 성과를 가져다주었다. 이러한 결과는 교회적으로 볼 때 물론 후기에 나타났다. 그러나 새로운 자연과학적 인식의 결과는 성서와 새로운 긴장관계에 놓이게 되었다. 성서는 오직 과거의 지구 중심적인 세계관만을 알고 있었기 때문이다. 정통주의의 성서영감설을 기초로 해서 볼 때 이러한 변화는 이중의 비판을 일으켰음에 틀림없다. 우선 신에 대한 사유가 새로운 기계적 이해로 인해 가장 크게 문제가 되었고, 우주의 주관자에 대한 신앙과 하나님이 인도하신다는 개개인의 삶의 운명에 대한 신앙도 문제가 되었다. 자연과학과 기독교 신앙은 다시금 긴장관계에 빠졌고, 서구는 교파적으로 새롭게 분열되었다. 이미 계몽주의 시대가 시작되기 전에 그리고 그 후 자연과학은 개별적인 동식물의 관찰에서 하나님의 존재와

성격을 입증하고 그를 경배하도록 자극하고자 노력한 물리신학에 답하고자 적극적으로 노력했다. 요아킴 네안더가 "주를 찬양하라, 전능하신 왕께 영광을"이라는 성가로 하나님의 섭리를 크게 강조한 것 역시 이와 같은 맥락에 속한다. 이것은 새로운 세계관을 분해시킨 허무주의적 충격에 대한 반제이다.

4) 철학 분야에서는 데카르트(1596-1650)가 계몽주의의 창시자가 되었다. 그는 계몽주의를 경험의 학문(베이컨)에서 다시금 이성의 학문이 되게 했다. 그는 분명하고도 명백한 답을 보여주는 수학적 방법을 철학에 적용하여 한 가지 확실한 점에서부터 모든 개별적인 언급을 확인하고 그렇게 하여, 몽테귀에게서 볼 수 있듯이, 일어난 회의주의를 극복할 수 있는 일치된 체계를 구성하고자 했다. 모든 의심에도 불구하고 데카르트에게 이제 가장 근본적인 것은 이성이다. "나는 생각한다. 고로 나는 존재한다(cogito, sum)." 그러므로 이성은 모든 지식의 기초이며, 합리성은 만물의 비판적 척도다. 이로써 데카르트는 철학적으로 계몽주의를 위한 기초, 즉 학문의 완전한 자율을 세웠다.

데카르트는 신(神) 개념과 안셀무스의 존재론적인 신 존재 증명을 수용했고 하나님 인식을 이성적으로 연구할 수 있다고 믿었다. 그러므로 초자연적 계시가 아니라, 내재적으로 인식할 수 있는 이성이 여기서는 신학의 인식원리이다. 이러한 신학은 유신론적 철학과 연관되어 특히 네덜란드에서 활발하게 일어났다. 비록 데카르트가 인간을 악한 존재로 이해했을지라도 인간은 그에게 여전히 발전 가능한 악한 존재였기에, 이러한 개념에는 인간의 자연적 능력과 자연적 힘에 대한 큰 신뢰가 기초하고 있음을 간과할 수 없다. 그러므로 여기서 하나님의 도움을 의지할 때만이 실제로 최고의 능력이 가능하다고 믿었던 원시-비관주의(Ur-Pessimismus) 대신에 인간에게 모든 것을 기대하는 낙관주의가 등장했다.

그러나 철학이 교회적인 매임, 곧 교회와 내적 결합에서 자유하고 더 나아가 국가와 사회, 경제와 예술에서 벗어났다면, 이것은 문화가 전체적으로 세속화되고 있음을 뜻했다. 이것이 바로 17세기와 18세기에 일어난 엄청난 변혁이다. 물론 교회는 변함없이 그대로 유지했다. 더 나아가, 뒤에서 언급하겠지만, 특히 독일의 경우 기독교 신앙에서 어느 정도 강한 충동이 나오고 있다. 그러나 기독교적인 자극의 수용은 이제 완전히 자유롭게 일어났다. 그리스도인이라는 존재는 더 이상 모든 삶과 사고의 당연한 전제가 아니다. 사람들은 삶의 질서를 오히려 주권자가 된 이성에서 기대했다. 즉 모든 행동은 이성의 결정에 의존했다. 사람들은 이성의 도움으로 새롭고 평화로운 질서의 세기와 찬란한 정신문화 및 경제적인 안락을 이룰 수 있다고 희망했다. 당시 아프리카에서 횡횡했던 노예사냥은 이러한 의지와 희망과는 대조를 이루고 있다. 그것들은 그러한 추구가 가져올 최후의 결과, 곧 인간성의 파괴에 대한 하나의 전조다.

계몽주의는 강하고, 낙관적이며, 인간적인 운동이다. 그것은 우선 아무도 예견하지 못한 엄청난 힘을 발산했다. 법을 집행하는 과정에서 고문의 폐지와 이단 심문의 종결 등 견디기 어려운 상황과의 싸움에서 계몽주의가 해낸 것은 환영할 만하다. 고문의 사용을 다시 배운 우리야말로 그것이 의미하는 바를 분명히 알 수 있다.

교회사적으로 그것을 어떻게 정리해야 하는가?

정통주의와 경건주의에서 비롯된 문제는 위에서 이미 설명했다. 정통주의와 경건주의, 그리고 당시의 신학이 교회 밖에서 일어난 새로운 사상이 제기한 문제에 답변하지 못함으로 지성의 포기로만 새로운 사상가들에게 가능했던 영감으로 주어진 계시의 권위에 대한 복종과 "금욕적이고 열광주의적인 완고함" 사이에 선택만이 있는 듯 보였다. 이러한 분열로 인해 신학은 종교의 영역에서조차 영적인 지도력을 상실했다. 그도 그럴 것이 새로운 사상은 우주의 연구와 그 연구결과를 가지고 하나님을 직접 위협한 것이 아니라, 다만 하나님에 관한 잘못된 교리를 위협했기 때문이다(Gerhard Fricke). 새로운 사상은 교회가 포기한 종교문제 역시 직접 답변하고자 노력했다. 어떻게 그것이 수행되었는지를 우리는 계속 질문해야만 한다.

5) 종교문제. 제기된 논의의 결과는

(1) 교회 개념의 상대화다. 전에는 교회를 참된 그리스도의 교회와 동일하게 여겼지만 – 실제로 서구 기독교는 교파 분열로 인해 이미 붕괴가 일어났고, 사람들은 낯선 종파를 이단, 즉 비교회로 정죄했으며, 가능한 한, 교회라는 말을 교파적인 조직에 사용하기를 꺼려서 그것을 "종파"(Religionsparteien) 라고 불렀다 – 이제는 교회만이 옳고 정당하다는 독점권에 대한 신앙은 깨졌다. 자연법적인 계약 이론은 국가의 경우처럼 교회에도 적용되었다. 그라티우스와 홉스는 가시적 교회(ecclesiae visibiles)를 종교육성단체로 간주했다.

하나님의 비가시적 교회(ecclesia invisibilis)만이 실제적인 가치를 가지고 있다. 그 때문에 교회의 소관사항들은 소리 없이 국가에 위임되었고, 그 때문에 다양하기는 하나 원칙적으로 본다면 서로 다른 종교적 이해를 보존하기 위한 동일한 단체로서 교회라고 말할 수 있었다. "교회"라는 개념의 상대화는 이로써 완성되었다.

(2) 종교의 개념 역시 커다란 변화를 겪었다. 신학에서 나와 이제 학문적 방법으로 종교학을 언급했다. 종교 현상을 연구하는 새로운 학문이 등장했다. 그것을 평가하는 교회의 판단과는 전혀 무관했다. 인문주의가 그 속에서 다시 등장했다. 인문주의는 오로지 고대의 종교에만 거의 관심을 기울였다. 지리상의 발견은 "원시적인" 종교형태와 함께 극동 지역의 문화종교를 시야에 가져왔다.

사람들이 종교에 대해 취한 입장은 이제 매우 다양했다. 16세기 후반기에 오늘날까지도 밝혀지지 않은 익명의 저자는 『대중적인 위선자에 관하여』(De tribus impostoribus)라는 책에서 10세기 이슬람에서 유래한 종교 창시자인 예수는 폐쇄적이고 사기꾼이었다는 관점을 되풀이했다. 이 관점은 계속 영향을 주었다. 그러나 결정적인 것은 허버트(Herbert von Cherbury, 1583-1648)의 교리였다. 그는 자신의 책 『진리론』(De veritate)에서 자연종교와 이성종교에 대한 근거를 제시했다. 그것은 그로티우스가 국가법에 대해 그리고 데카르트가 철학에 대해 한 것과 같은 의미였다. 허버트에 의하면 종교와 도덕의 진리들은 다른 진리들처럼 인간의 이성 속에 있다. 그러므로 모든 종교적 사고가 근거하고 있는 타고난 원리는 평범한 인간본성을 존속시키는 데 속한 이념들이다. 허버트는 그것을 증명하고자 종교적인 기본원리의 보편타당성과 확장을 들었다. 그는 실제로 다섯 가지의 근본진리를 제시했다.

① 하나님은 존재한다.

② 그는 예배를 받기에 합당하며(예배의 절대적 필요성),

③ 덕은 예배의 가장 중요한 내용이며,

④ 인간은 자신의 죄를 회개해야 하고(회개의 불가피성),

⑤ 내세에 상벌이 있다.

위의 다섯 가지 원리에서 계몽주의가 추구했던 세 가지 이상을 찾아내는 것은 어렵지 않다. 그것은 곧 하나님, 덕성, 불멸이다. 낙관적인 종교들이 이러한 근본진리와 더불어 가르친 것은 사제의 거짓 또는 미신이다. 이러한 것들은 영혼의 구원과는 아무런 관련이 없으며, 이성의 비판적 성찰과 모순되기 때문에 이성적 인간이 극복할 수 있다. 결과는 자명하다. 계시에 의존하는 것은 불필요하다. 이러한 것들은 종교의 "학문화"가 가져온 결과다. 종교는 더 이상 인간에게 필요한 것이 아니며, 스스로 제기한 것을 냉철하고, 객관적이고, 비판적으로 숙고하고 평가할 수 있는 그 무엇이다. 종교는 이제 철학적으로 관찰되고 연구되고 있다.

(3) 종교와 교회의 출현과 함께 새로운 비판적 정신은 즉시 성서로 향했다. 교리 – 논쟁적이고 역사 – 철학적인 인식이 서로 협력을 했다. 교리 비평은 신약에서 발견된 구약적 표현의 적용에 대해 격렬한 논쟁을 불러일으켰다. 언어비평은 오경과 공관복음서 등 성서본문을 집중해서 다뤘다. 경건주의의 중생신학(theologia regenitorum)이 성령의 전제에 결부시켰던 해석학은 이제 완전히 별개의 것이 되고 말았다. 언어적 능력과 논리적인 사고력만이 중요하다. 그러므로 성서는 "정경적인" 즉 예외적인 위치를 가지고 있으면서도 일반 세계문학에 포함되었다. 그 결과 성서 기자들의 인물과 시대는 더 이상 교회 전통이 결정하지 않고, 역사적 자료가 결정했다. 사람들은 일치된 하나의 관점이 성서 속에 흐르고 있다고 보지 않고, 개별적인 책들과 기자들의 특성을 연구하고자 시도했다. 제믈러(Johann Salomo Semler, 1725-1791)가 정경의 형성사를 서술했을 때 정경의 개념은 완전히 흔들렸다. 이미 그 이전인 1672년 마르샴(Marsham)은 구약의 종교와 다른 동방 문화와의 연관성을 발견했으며, 구약종교의 계시적 성격에 심각한 공격을 가했다. 이러한 역사비평은 당시 모든 교회가 수용했던 축자영감교리에 심각한 타격을 가했다. 공격은 개신교에 더 거세었다. 그것은 개신교가 오직 성서만을 토대로 했기 때문이다.

6) 자연종교와 거의 같은 시기에 자연윤리에 대한 토대 역시 이루어졌다. 영국의 베이컨과 프랑스의 샤론(Charron, 1541-1605)이 이 부분의 선두주자였다. 그러나 자연윤리와 관련해 특별히 중요한 사람은 『역사와 비평』(historique et critique, 1695-1697) 발행인인 프랑스의 유명한 피에르 베일(Pierre Bayle, 1647-1706)이다. 그는 계시된 하나님의 법과는 전혀 무관한 어디에서나 동일하며 선천적인 윤리의 존재를 주장했다. 반종교개혁은 수많은 사람들의 신앙을 파괴했고, 부정적으로 작용하여 기독교를 윤리적으로 갱신

시키려는 새로운 운동이 일어나게 했다. 자연법사상이 만연하게 된 것은 물론 베일의 입장에 그 본질이 있다. 윤리적으로 볼 때 여기서 제기되는 주요 문제는 전체를 위하는 보편적 목적과 자신을 우선시하는 개별적 목적 중에 무엇을 더 중요시 여길 것인가 하는 점이다. 이것은 곧 자기사랑과 이웃사랑의 조화의 문제다(Shaftesbury).

위에서 설명한 사상들은 약간의 변화는 있지만 어디에서나 쉽게 볼 수 있는 계몽주의의 본질적인 특징들이다. 그와 더불어 역사적으로 중요하면서도 특징적인 차이점들이 각 나라에서 생겨났다.

2. 각국의 계몽주의

1) 영국. 영국의 이신론은 하나님이 세상의 창조주라는 사상을 견지했다. 이신론은 무엇보다도 세상의 목적성과 아름다움을 이유로 신에 몰입했다. 인과적-기계적 자연개념 역시 이신론에 있는 듯 보인다. 당시 사람들이 알고 있듯이, 하나님의 세상에 대한 인간의 관계를 보여준다. 즉 인간이 세계를 다스리듯이, 하나님은 우주를 다스리신다. 그러나 창조를 통해 이루어진 원인과 작용의 법칙성이 이제 하나님을 통한 세계의 통치와 섭리적 보존을 불필요하고 불가능하게 만들었다. 세계는 시계가 가듯이 진행하고 있다. 하나님 사상이 이러한 생각 속에 있다면, 개인의 삶 역시 역사의 진행처럼 하나님과 별개의 것이 되며, 순수한 숭배가 아닌 기도는 무의미한 것이 된다. 여기서 생겨나는 신앙의 공허함은 감당키 어려울 정도로 크다.

이신론의 윤리개념은 세상에 대한 칼빈의 사상이 여기서 새로운 자연법적인 진보신념과 사회적 삶의 영역에도 역시 관련된 세계 구현 의지와 조우하여 이루어졌다. 계몽주의는 칼빈의 사상을 종종 하나의 성공 추구로 변색시켰고, 성공을 하나님이 축복하신 표지라고 여겼으며, 윤리를 행복론자들의 행복 추구나 무미건조한 실용윤리로 그 가치를 추락시켰다. 그러나 영국의 이신론은 비교적 신속하게 극복되었고 기독교는 그곳에서 금세기에 이르기까지 모든 공적인 삶에서 실제적인 영향을 끼치고 있다.

2) 프랑스. 이와는 달리 프랑스에서는 루이 14세의 위그노와의 싸움이 국가 내 경건의 아성을 파괴시켰다. 그는 가톨릭교도의 마음에 종교적 회의를 불러일으키는 이러한 종류의 행동에는 반대해야 한다는 심각한 생각을 일깨워주었다. 더 나아가서 얀세니즘에서 아우구스티누스 사상으로 복귀를 통해

가톨릭적인 삶을 심화시키려는 시도가 일어났으나, 곧 진정되었다. 그러나 외적으로 경건한 체하면서, 실제로 경박한 왕실의 태도는 프랑스의 종교적 삶을 더 힘들게 했다. 아주 명백한 거짓보다 더 위험한 것은 없었다. 루이 14세 치하에서도 이미 싹텄지만, 왕권에 대한 심각한 사회적 반대가 일어났다. 새로운 사상들이 부정적인 급진주의로 변할 수 있는 토대가 마련되어 있었다. 그들은 실제로 교회 및 기독교와 격렬한 싸움을 일으켰고, 결국 프랑스 혁명으로 끝이 났다. 앞에서 그의 사전을 언급한 적이 있는 피에르 베일은 인식론적인 감각주의에서 종교 회의주의에 이르렀다. 라메트리(Lamettrie)는 그 입장을 "인간은 기계다"(l' homme machine)라고 말하는 물질주의와 무신론주의로 확대했다. 인간이 강조한 그 길이 얼마나 그 자신을 실제로 낮추어 놓았는지를 여기서 분명히 볼 수 있다. 볼테르는 무신론자는 아니었으나, 교회와 성직자에 대한 그의 미움은 극도로 강했다. 영감이 풍부한 그의 풍자는 라메트리의 재치 없는 직격탄보다 파괴력이 훨씬 강했다. 프랑스 혁명의회는 1793년 먼저 기독교적인 시간계산을 폐지했고, 같은 해에 기독교 자체를 금지했다. 창녀의 모습으로 이성이라는 여신이 다시 숭배되었으나, 그리 오래가지는 않았다.

3) 독일. 독일에는 라이프니츠(1646-1716)와 같은 위대하고도 경건한 사상가가 결정적으로 계몽주의 앞에 서 있었다. 그는 기계주의를 거부하고 이상주의와 하나님에 대한 신앙을 확신했다. 데카르트처럼 라이프니츠에게도 논리적 사고는 진술을 참이라고 하기에 충분한 것이다. 논리적으로 설명되고 그 때문에 "영원"하다고 판결된 진리들과 더불어 라이프니츠는 경험으로만 알 수 있는 진리들을 "개연적"이라고 제시한다(그들도 논리적으로 하나님을 설명한다). 그러므로 라이프니츠는 우선 합리주의 및 경험주의와 화해했다. 참인 것은 반드시 존재해야만 한다. 영원한 진리에는 우선적인 존재가 부여된다. 이것은 라이프니츠의 이상주의의 토대다. 원자론을 쓰면서 그는 세계의 존재를 가장 작고, 힘이 있으며, 영혼이 담긴 작은 부분이라고 소개한다. 그는 이것을 단자(Monaden)라고 칭했다. 단자들은 각각 독립적이며 서로 관계가 없다. 모든 단자는 자체에 우주의 모습을 갖고 있으며, 그로 인해 그들의 독립성에도 불구하고 전체와 조화되기 위해 미리 확정되어 있다. 그러므로 세계는 한가지 목적을 향해 조화로운 항진을 하고 있다는 결론이 나온다. 최고의 단자는 하

나님이며, 미리 확정된 단자들의 조화 역시 그가 만든 것이다. 단자론은 라이프니츠 사고의 독특한 특징이다. 그 속에 표현되고 있는 조화로운 사고는 루터의 숨어계신 하나님과 계시된 하나님이 주는 심판의 진지함보다는 토마스 아퀴나스에게 더 가깝다. 라이프니츠와 더불어 독일 계몽주의가 시작된다. 빌헬름 딜타이가 본 것처럼, 전통적 기독교에 대한 모든 비판에도 불구하고 독일 계몽주의는 "경건한"이라는 수식어가 붙는다.

3. 독일 신학에 나타난 계몽주의 세계관의 근본적인 변화로 신학은 극도로 어려운 문제에 직면했다. 대부분의 경건주의자들이 했던 것처럼 그러한 세계관을 단순히 부정해버리는 것은 불가능했다. 자신을 인정해줄 것을 요구하는 학문적 사고와 성서의 계시 사이에 균형이 어떻게 이루어질 수 있는가 하는 문제는 그것을 해결할 수 없었기 때문에 발생한 것이다. 이것은 오늘날도 우리가 여전히 씨름하고 있는 문제다. 이러한 문제를 처리하는 데 있어서 모든 계몽주의 신학자들은 한결같이 정통주의 체제를 거부했다.

1) 토룩크(Tholuck)의 『합리주의의 역사』(1865) 이후 볼프주의(Wolffianismus)는 독일 신학 내에서 계몽주의의 첫 단계로 인정되고 있다. 게다가 그 창시자는 크리스티안 볼프(1679-1754)며, 그는 라이프니츠의 제자요, 계몽주의를 조직화했고 대중화시켰다고 알려졌다. 이것이 옳지 않다는 것을 보여준 사람은 허버트 쇠플러(Herbert Schäffler)였다. 그에 의하면 볼프는 하나님 역시 수학적으로 계산할 수 있다고 믿은 수학적 방법의 일관된 추종자요, 원자론자 및 기계론자였다. 지구를 파악하는 지성은 우리의 혹성체계를 마치 '1:92483305005195264' 라고 파악하는 지성과 관계가 있다. 이것은 가시적인 천체가 마치 '1:47860110341088549120000037' 라고 파악하는 지성과 같다. 하나님도 그에 못지않고 크신 분이다(Philipp). 세계는 하나님의 지혜가 고안한 하나의 기계다. 인간의 사고는 존재의 법칙과 본질을 논리정연하게 이해할 수 있다. 그런 점에서 볼프는 분명히 이성주의자 내지는 합리주의자며, 많은 점에서 스콜라신학에 의존하고 있다. 그 외에도 그는 물리신학의 아버지라고 여겨졌다. 이것이 잘못되었다는 것을 명확히 밝힌 사람은 볼프강 필립(Wolfgang Philipp)이다. 볼프주의는 18세기로 접어드는 문턱에서 이미 영국과 독일에 상당히 확산되어 있었고, 후기 정통주의 신학자

들을 그들의 대열에 끌어들였다. 그들은 허버트(Herbert von Cherbury)가 한 것처럼 선험적인(a priori) 인간 이성이 아닌 후천성(a posteriori), 즉 창조를 근거로 하나님을 강조했다. 그것에 대한 전형적인 예가 "위대하신 하나님께 마땅한 영광을 돌리고 당연히 그를 예배하도록 독려할 목적으로 달팽이와 조개에 대한 자연적이고 영적인 관찰을 통해 신적 본질이 지닌 가장 완전한 특징과 그 현존재에 대한 근본적인 증명"이라고 부제를 갖고 있는 레서(Fr. Chr. Lesser)의 『Testaceo- Theologia』이다. 그에 따르면 모든 동식물계도 나름대로의 신학을 갖고 있다. 그러나 필립이 보여준 것처럼, 여기서 가장 중요한 것은 인간이다. 인간이 원자의 우연적 집합체인지 아니면 여타의 자연에 나타나듯이 인간 안에 하나님의 기적적인 영광이 계시되는지에 대한 문제가 중요하다. 그것이 전체 자연에 타당할 경우에만 인간에게도 역시 타당하다. 만일 인간이 피조된 존재라면, 이 사실은 그에게 의미, 가치와 안정감을 준다. 왜냐하면 그는 하나님의 영광의 반영이기 때문이다. 당시 찬송가에는 빛과 관련된 노래들이 만들어졌다. "영원한 아침의 빛, 꺼지지 않는 빛 중의 빛, 그리고 바로 여기서 그 시대는 계몽(enlightenment, Aufklärung)이라는 이름을 갖게 되었다. 그러나 전체적으로는 새로운 자연기계론으로 인해 본질적으로 불가피해진 하나의 반작용이라고 이해해야만 하며, 그것이 가져온 허무주의적인 충격과 인간은 실종되었다고 믿는 우주적 허무주의에 대한 방어라고 이해해야만 한다.

이러한 분위기의 급변은 세계의 불완전성 때문에 하나님을 보호자로 삼아야 한다는 사실과 연관이 있다. 리사본(Lissabon, 1755)의 해일과 같은 자연재해가 그에 대한 동기를 주었다.

필립이 발견한 사물에 대한 이러한 새로운 관점으로 인해 계몽주의의 모든 내용이, 독일신학과 연관되는 한, 회의적이 되었고, 새로 연구되어야만 했다.

2) 니올로기(Neologie, 신지학)라고 일컬어지는 독일 계몽주의의 또 하나의 국면은 자연으로부터 역사, 특히 성서 역사로 관심을 기울인 것이 특징이다.

그러나 그것은 철저히 비평적이며 결코 경외심으로 가득한 역사 접근은 아니다. 사람들은 여기에 대응하지도 않고, 그들이 말한 것을 듣지도 않았으며, 자신이 한 것이 최고라는 확신 속에서 선생티를 냈다. 그와 함께 성서의 도움으로 “자연” 신학의 근거를 대고, 이성과 계시의 조화를 찾고자 시도했다. 이러한 조정은 자연신학을 위해서 필요했으며, 이로 인해 자연신학은 전면에 등장했다. 가령 제믈러에게 성서에 등장하는 신적인 근원은 “도덕적 개선에 도움이 되는 것”일 뿐이다. 레싱(Lessing, 1729-1781)도 그가 쓴 『현자 나단』(Nathan der Weise, 1779)에서 내용적으로 동일한 결정을 하고 있으며, 이것으로 볼 때 그도 신신학자였다. 지나간 과거가 역사비평적 관찰의 대상이 되게 함으로써 신학의 역사화가 도입되었고, 칼 바르트의 집요한 노력에도 불구하고 그것은 사라지지 않았다.

신지학이 가져온 직접적인 첫 결과는 기독교의 급진적인 도덕주의화였다. 당시 사람들에게는 경건의 실천(praxis pietatis)이 큰 당면과제였다. 신학적 이론은 그들에게 비생산적인 것처럼 보였다. 삶은 변해야만 했고 재구성되어야만 했다. 이것이 기독교의 본래적인 뜻이었다. 노동과 성실, 이웃사랑과 정의, 정직과 진리는 그 때문에 찬양되어야 할 기독교인의 의무이자 덕성이었다. 자연적으로 주어진 자아사랑 역시 이러한 의무사항에 속했다. 사람들이 영생을 덕성에 대한 보답으로 희망하자 행복론의 기본특징을 도덕적 태도에로 끌어들였다. 이 둘에서 루터와 루터파 교회의 거리감을 분명히 파악할 수 있다.

두 번째 결과는 “종교”와 “교회”, 즉 본래 기독교라고 생각했던 것과 그 속에 있던 형식들을 구분해야만 했다는 것이다. 기독교의 본질에 대한 물음도 거침없이 제기되었다. 사람들은 기독교의 본질을 도덕적이며 실제적인 것이라고 보았다. 이러한 관점으로 칭의론을 보고 원죄와 구원, 삼위일체와 두 본성론 등 기독교의 기본 교리에 제기된 비판을 설명하면서 이제 다시금 “죽은 가르침”이라고 열정적으로 거부했던 이론에 빠져들었다.

추구했던 이성과 계시의 조정은 이러한 방식으로는 실제로 찾을 수가 없었다. 증가하는 급진적인 경향만을 그 결과로 얻었을 뿐이다. 헤르만 사무엘 라이마루스(Hermann Samuel Reimarus, 1694-1768)는 계시를 철저히 부인했다. 그는 기독교가 거짓에 근거하고 있다고 극단적인 주장을 했다.

3) 니올로기는 합리주의에 의해 해체되었다. 이성(ratio)이 이제 모든 비평의 토대가 되고 이성에 의해 성립되지 않는 것은 모두 거부되었다. 그러나 합리주의자들 역시 그들이 지닌 도덕적이거나 혹은 실제적으로 가치가 있는

진리들을 끌어낼 목적으로 성경을 인정하고자 했다. 그러므로 합리주의는 교회 내 단체로 발전할 수 있었다. 그러나 여기서 주기도문을 새로운 정신으로 번역하거나 혹은 성탄절에 소나 당나귀 등과 관련하여 가내 사육의 최고 방법을 가르치는 설교가 등장하는 등 통속적인 것들이 되고 말았다. 설교단은 국민을 계몽시키고, 교육과 윤리를 개선하는 데 쓰이는 강연대가 되었다.

4. 계몽주의의 의의 하나의 정신사적인 현상인 계몽주의의 중요성이 여기서 논할 주제다. 만일 그것이 정말로 "담대히 알라"는 것이었다면, 어쨌든 그것은 인간에게 제시된 꼭 필요한 길이었고, 인간은 그것을 성취했다(창 1:28). 계몽주의는 커다란 성과를 얻었고 더 큰일도 착수했다. 그러나 이 방식에는 교만에 빠질 위험이 엄청나게 크다는 것도 물론 간과해서는 안 된다.

교회생활에 끼친 계몽주의의 중요성은 그것이 준 긍정적인 업적 때문에 파악하기가 어렵다. 계몽주의는 교회의 공간 안에서도 불가피한 문제를 제기했음은 이미 위에서 언급했다. 여기서 어쨌든 중요한 것은 마지막에 설명한 기독교의 지속적인 도덕화다. 경건주의의 사전작업이 없었다면 이것은 성취될 수 없었다. 그 도덕화는 오늘날까지도 계속 영향을 주고 있으며, 오직 믿음과 오직 은총을 선포하는 데 가장 강력한 장애물이다. 이미 언급했지만 또 하나의 중요한 점은 학문적으로 새롭게 설명된 세계관이다. 왜냐하면 그것은 모든 교회들로 하여금, 물론 그들의 반응도 다양했지만, 오늘날까지도 지속적인 대응을 불가피하게 했기 때문이며, 그 세계관의 진정한 깊이는 오늘날에서야 분명히 드러나고 있다. 그것은 교회로 하여금 교회의 메시지가 가지고 있는 핵심이 진정 무엇인가에 대한 연구를 불가피하게 만들었고, 변화된 시대와 변화된 삶의 느낌을 갖고 있는 사람들에게 어떻게 이것을 전달해야 하는지에 대한 문제와 씨름하게 만들었다. 그것은 결국 하나님과 세상의 관계, 곧 하나님과 문화에 대한 문제에 몰두하게 만들었다. 교회가 이러한 과제를 인식하고 그 문제를 처리하기 시작했다는 것은 영적으로 살아있다는 증거다. 그러나 교회는 그런 문제와 씨름하는 것을 구습의 표지로 여겼다. 히어쉬(E.Hirsch)가 분명히 보여주었듯이, 특정한 한 세대가 열정적으로 지켜온 입장을 그 뒤를 이른 세대는 종종 긍정했지만, 대신에 그 동안 연구된 학문적인 논지들을 강하게 거부했다. 그런 "변증"으로는 과거에도 승리하지 못했고 앞으로는 승리할 수 없다. 개신교의 토대에서 볼 때 19세기에 확연히 느낄 수 있었던 "엄청난 혼란"이 그 결과였다. 계몽주의 신학 자체가 준 답변들은 – 여기서 우선 그것을 다루어야 한다 – 불충분했을 뿐만 아니라, 위험의 정도가 높은 공허함과 기독교의 손상을 의미했다는 것은 의심의 여지가 없다. 레싱도 이것을 보았고, 그로 인해 니올로기와 정통주의(Goeze)에 대한 양면전이 발생했다. 18세기의 사람들이 기독교의 속을 파헤치기를 원한 것이 아님을 한번 더 생각해야만 한다. 그것이 이루어질 것이라고 그들은 진지하게 믿었지만, 그것은 그들에게 일어나지 않았다. 왜냐하면 그들은 복음의 메시지에 순종하지 않았고 그것이 그들의 개인적인 판단척도에 상응하는 한, 즉 모든 인간은 어쨌든 제한적이기에 복음이 그가 사는 당시의 척도에 일치되는 한에서만 인정하려고 했기 때문이다. 사람들은 단지 상대적으로만 매이기를 원했다. "완전히 신비한 주권으로 그것을 긍정했다"고 바르트가 말했듯이, 사람들은 기독교를 인정했다. 기독교에 대한 그러한 태도나 독단성은 사실 자체로만 본다면, 기독교에 종종 있어 왔다. 새로운 점은 비판이 여기서 확고하게 적용되고 있어서 의구심이 원리로 고양되고, 상대적 긍정이 방법이 되었다는 점이다. 이것은 여기서 일어난 커다란 붕괴다. 하나님 말씀의 절대성은 상실되었다. "교회는 인간에게 정말로 하나님의 집이거나 혹은 쉴러가 말하는 전혀 아무것도 아닌 무의미함"이거나 했다(Halfmann). 여기서 생긴 상대화가 이제 교회 안에서 발생했고, 교회 스스로가 부름 받은 유기체라는 그들이 지닌 성격을 통해 상대화를 완성했다. 경건하게 되고자 하는 의지로 그것은 수행되었다. 그 점에 계몽주의가 교회적으로 초래한 어려움이 있다.

순수한 하나님 말씀의 교회가 얼마나 이단에 물들었는지를 보고 모든 개신교인들이 영적 시련을 겪었을 것임에 틀림없다. 자부심은 철저히 사라졌을 것임에 틀림없고, 대신에 항상 새롭고, 진지하고 다양한 문제들이 시작되었음에 틀림없다. 이제 도대체 참된 교회의 연속성은 어디에 있는가? 칼 바르트는 계몽주의 신학을 설명하는 초두에서 "교회의 모든 기간은 실제로 교회의 기간, 즉 기독교의 한 진리에 대한 계시, 인식 그리고 고백의 시대로서, 그렇지만 그러한 계시, 인식과 고백의 시대는 특별한 시대로 이해되어야만 한다"고 말하고 있다. 그렇지만 계몽주의가 어떻게 계시의 시대로서 또는 기독교 진리의 인식으로서 이해되고 몰락으로 평가되지 않아야만 하는지는 그에게 분명치 않다. 하나인 교회와 하나인 진리의 연속성은 도대체 어디에 있는가? 다시 한번 되물어야만 한다. 그것은 다만 이 시대 옛 신앙의 잔재 속에만 있는 것인가? 19세기 계몽주의를 열정적으로 거부했던 사람들 중에서 아무도 그것을 보지 못했다. 교회는 참된 신자들의 총체 그 이상이다. 하나님의 말씀과 고백이 있기 때문인가? 그렇지만 이 두 가지는 사실 형식적인 것이다. 말씀과 신앙고백이 교회에서 일으킨 놀라운 일들은 방해할 수 없다. 기독교를 시대정신에 맞추어 인간화하려는 계속적인 시도를 방해한 그곳에 교회의 연속성이 있는가? 이것은 물음의 여지없이 중요하다. 그러나 그것으로 충분한가? 교회의 연속성 문제는 중세시대보다도 이단이 창궐할 때 더 뜨겁다. 교회의 연속성은 한 가지가 더 추가될 때 완전한 중요성을 갖게 된다. 하나님은 역사의 하나님이며 그리스도는 교회의 머리라는 것이다. 교회가 역사적으로 이러한 시험과 깊은 오류에 빠진 것은 어떤 의미를 갖는가? 그 깊은 오류는 오늘날까지도 지속되고 있다. 우리 모두는 계몽주의의 영향 하에 있다. 기술을 생각해볼 때, 그것이 없이 우리는 삶을 지속시킬 수 없다. 계몽주의의 역사적 영향에서 벗어났다는 것은 착각일 수 있다. 역사는 후퇴를 모른다. 어느 누구도 계몽주의 이전으로 거슬러 갈 수 없다. 우리 모두는 어떤 의미에서 계몽주의의 자녀들이다. 하나님이 우리, 곧 교회를 이러한 길로 인도하신 것은 무슨 의미인가? 계몽주의가 성취한 몇 가지를 우리가 기뻐한다고 해도 진보 신념을 가진 낙관주의를 가지고서는 결코 이러한 질문에 답할 수 없다. 트뢸취는 그것을 알지 못했다. 멸망을 가정한 비관주의로도 우리는 그것을 답할 수 없다. 그것은 결국 인간의 모든 죄에도 불구하고 역사를 인도하고 교회를 친히 자신의 손으로 붙들고 계시는 하나님께 대한 불신앙이다. 이 두 가지 가능성을 분리한다면 어떻게 하겠는가? 교회사와 관련하여 계몽주의가 어떤 의미를 가지고 있는가 하는 문제는 아직 연구되지 않았고 그 때문에 답변도 할 수 없다. 하나님이 역사의 모든 시기를 직접 준비하기에 하나님과 세계 내지는 하나님과 문화의 관계 문제가 중요한가? 유물론과 이신론의 관찰에 의하면 하나님은 세계와 직접적인 관계를 하지 않고, 나(Ich)와도 직접 관계하지 않는다. 이 문제에 답하기 위해서는 새로운 출발점에서 시작해야 한다는 것이 분명하다. 하나님의 인도에 대한 의미를 묻는 기본적인 질문은 아직도 해결되지 않았다. 그러므로 저자는 하나님이 교회사의 이러한 국면 배후에서 일하고 있음을 믿지만 무슨 목적으로 역사를 사용하는지 알 수 없다고 고백할 수 있다.

| 참고문헌 | Herbert Schöffler, Deutsches Geistesleben zwischen Reformation und Aufklärung. Von Martin Optiz zu Christian Wolff, 1956. Wolfgang Philipp, Das Werden der Aufklärung in theologiegeschichtlicher Sicht, 1957. Karl Barth, Die protestantische Theologie im 19. Jahrhundert, 1952[2], S.16-152. Emanuel Hirsch, vgl. S.400. Paul Hazard, Die Krise des europäischen Denkens 1680-1715. Deutsche Übersetzung 1939. Ders., Die Herrschaft der Vernunft. Das europäische Denken im 18. Jahrhundert. Deutsche Übersetzung 1949.

49. 관념론

18세기 말엽의 정신세계는 계몽주의가 던져주었으나 해결하지 못했던 문제들과 씨름해야 하는 커다란 과제 앞에 직면해 있었다. 물론 계몽주의가 우리에게 남겨준 정신적 과제와 역사적으로 17세기와 18세기에 있던 사상들을 연구하는 것과는 구분해야만 한다. 우리는 우선 독일로 제한하여 후자의 문제를 다루고자 한다.

계몽주의를 거부하는 첫 사조로 관념론이 등장했다.

1. 새로운 문제제기 계몽주의는 "하나님과 세계"라는 두 개의 기둥에 지나치게 골몰한 나머지 "하나님과 나"의 문제를 완전히 소홀히 했다. 이신론적 사고에서 보면 이러한 문제에 대한 만족할 만한 답변 가능성은 전혀 없었다. 계몽주의의 유물론적 그룹은 "나"라는 존재를 완전히 위협했다. 그것은 살아있는 개인은 전혀 인정치 않았다. 그 때문에 자유의 문제가 뜨거운 화두가 되었을 것임에 틀림없다. 동시에 자유로운 나와 하나님과의 관계의 문제가 제기되었다.

계몽주의의 이성적 편협성은 게다가 인간 존재의 모든 영역을 위축시켰다. 그 결과 완전하고 온전한 인간 존재의 문제와 보람 있는 완전한 삶과 인간성의 문제가 제기되었다. 이것은 이상주의가 얻은 중요한 문제들이다. 그것을 풀고자 하는 시도에서 성서의 역사적 토대와 교회 및 그 발전에 대한 계몽주의의 비판적 사상은 상당히 유지되었다.

2. "관념론"의 개념은 에른스트 트뢸취에 의해 일반의 인식에 부각되었다. 그렇지만 그 개념이 어디서나 명백하게 사용된 것은 아니다. 적지 않은 학자들은 그것을 19세기 초의 비판철학에 제한시켰다. 그렇지만 이제 그 개념은 18세기 중엽 "질풍노도"(Sturm und Drang)로 시작한 모든 정신과 18세기 말엽 한편으로는 헤겔 철학에서 그리고 다른 한편으로는 후기 낭만주의에서 찾을 수 있는 모든 정신 운동으로 그것을 확대했다. 시, 음악(모차르트, 하이든, 베토벤), 미술(카스파르 다비드 프리드리히) 그리고 철학 분야에서 동시에 최고의 작품들을 가져온 하나의 운동은 이제까지의 인류사에서 매우 드문 독일 민족의 정신적 창조의 풍요요, 정신적 능력들의 분출이었다.

이상주의는 계몽주의를 경계했다. 그에 대해 분명한 거리감을 가졌다. 그러나 1835년에 생긴 새로운 운동인 낙관주의, 사회주의 등에 대해서도 분명한 경계를 설정했다. 이상주의의 통일성은 우선 영을 "초지성적인 힘"으로 본 점에 있다. 더 나아가서 세계관과 문화가 초감각을 통한 내적 인간의 창조적인 접촉에 근거하고 있다고 본다. 초감각적인 것이 무엇인가는 매우 다양하게 규명되고 있다.

3. 낭만파 단체 1) 이상주의 운동의 첫 국면인 질풍노도파에서는 분석적 사고 대신에 감정이 중요한 삶의 기능을 했다. 이 운동의 아버지인 루소(Jean Jacques Rousseau)에 이어 독일에서 클롭슈톡, 하만, 헤르더(1744-1803) 등이 지도자로 등장했다. 헤르더에게는 느낌에서 이루어지는 신앙이 가장 중요한 것이었으며, 신앙인에게 이해시키는 작용은 신앙의 대상이 아니었다. 종교를 오직 감정, 느낌, 겪은 일, 체험에다 점점 더 근거시켰다. 경건주의 사상의 재수용으로 계몽주의와는 극과 극을 이루는 지점에 도달했다. 헤르더는 추종자를 얻었고, 헤르더가 없이는 19세기의 신학사를 이해할 수 없다는 칼 바르트의 판단은 옳다고 할 수 있다.

그러나 헤르더는 종교를 인간적 취지에 근거시킴으로 중요한 점에 있어서는 계몽주의와 뜻을 같이했다. 즉 종교의 인간 중심적인 근거가 여기서 포기되는 것이 아니라, 그 반대로 인간이 왕으로 추대되고 있다. 아래와 같은 구절에 나타난 것보다 더 강한 것은 없다. 인간이 그 안에서 언급되고 있다.

"자아의 협소함은 제쳐두고라도
너의 영이 모든 영혼 속에 살고,
너의 마음이 수천의 마음을 제압했다면,
너는 영원하며 전능한 한 분 하나님이며
또한 하나님처럼 보이지 않는 분이다. - 익명."

우리는 신격화의 아름다운 전제, 자아의 공동체 극복을 물론 잘못 들어서는 안 된다. 결과는 그렇지만, "너는 하나님이다"는 것이다. "창조"라는 시에서 원본과 교체되듯이, 피조물이 창조자와 교체되고 있다. 무엇 때문에 "하나님과 같은 나"인가? 나(das Ich)는 하나님과 마찬가지로 창조적이기 때문이다. 뮐러 아르막은 천재의 문화가 19세기의 대체신앙을 알리는 첫 형태였음을 보여주었다. 천재의 문화는 천재적인 인간의 창조력에 그 토대를 갖고 있다. 이러한 대체신앙은 여기 신학 한가운데서 사무총장과 선임 설교자에 의해 정당화되었다. 무엇 때문에 교회는 19세기에도 문제를 제기하는 시대정신에 전혀 대응하지 못했는지가 이로써 명확해진다. 교회의 지도자들조차도 너무나도 종종 이러한 시대정신에 자신을 잃어버렸다.

특이한 것은 헤르더에게서 볼 수 있는 이러한 천재신격화가 정통주의가 말하고 있는 기독교 신앙과 한 쌍을 이루고 있다는 점이다. 이러한 이중성이 헤르더의 수수께끼다. 그렇지만 그것은 헤르더뿐만 아니라 노발리스와 같은 전형적인 낭만주의의 대표자에게서도 찾을 수 있다. 당시에 나타난 이중성을 우선 상세히 연구하는 것이 필요한 듯하다.

2) 좁은 의미의 낭만주의. 낭만주의가 무엇인가에 대한 정확한 정의는 없다. 그것이 어려운 이유는 아마도 불이해, 불명료, 무한, 기분, 처벌, "푸른 동경의 꽃" 등이 그것의 성격이기 때문이다. 그렇지만 그들의 세계관이 계몽주의 세계관과 대립하고 있다는 점에서는 모두가 일치하고 있다. 그들의 세계관은 오직 인간의 영에서 시작되는, 즉 내면으로의 은밀한 방식에 의한 세계관이다. 이 방식으로만 현실의 의미를 알 수 있다. 그 때문에 환상은 마술에서처럼 예측할 수 없는 체험 가능성을 알 수 있는 수단이 된다. 이것은 낭만주의에 있어서 자아(das Ich)가 지탱하는 극이다. 피히테에게서와 마찬가지로 노발리스에게 이 자아는 비자아(das Nicht-Ich)요, 우주와 상반된 것이다. 두 개의

극인 자아와 비자아를 도는 중심이 노발리스에 의하면 삶이다. 신비에 가득 찬 삶의 저편은 아무도 알 수 없다. 그 때문에 동경은 그것을 이해할 수 있는 가장 심오한 수단이다.

자아와 비자아의 팽팽한 긴장이 가져온 일들을 시, 예술, 역사, 자연과학 분야에서 다 알 수는 없다. 현상은 남자와 여자의 사랑처럼 다만 잠간 스쳐가는 것일 뿐이다.

사랑은 비자아를 낯선 것이 아니라 사랑하고 사랑받는 너(Du)로 이해하며, 그 때문에 사랑은 최고의 현실, 근원, 우주의 긍정, 낙원의 중심이다. 거기서 나오는 절대적 사랑은 종교다. 신격화되고 대체종교가 된 두 번째로 중요한 것은 사랑이다. 이러한 사랑의 문화 속에 머문 사람은 노발리스만이 아니다.

그러나 그에게도 역시 그는 동일한 열정으로 연인을 대하듯 그리스도를 경배하고자 한 커다란 모순이 있다. 왜냐하면 죽음의 문제를 다루는 그의 글에서 그리스도는 그에게 영생의 확신이 되었기 때문이다. "그가 사셨음을 모든 이에게 말하노니"라는 그의 부활절 노래는 실제로 그에 대한 좋은 증거다. 그는 그 확신과 사랑의 종교를 조화시키지는 못했다.

3) 괴테. 교회사적으로 볼 때 괴테 역시 삶을 이렇게 이해하는 그룹에 속한다. 그의 풍부한 사상을 여기서 추적해 가는 것은 물론 불가능하다. 그는 노년이 되어서도 정신적으로 젊었고, 그가 접한 모든 사조들, 계몽주의, 경건주의, 스피노자와 같은 질풍노도, 칸트와 피히테, 하만과 헤르더, 고대 사상 및 성서와 내적으로 대립했다. 평생에 걸친 작품 모두가 이와 관련되어 있다. 이탈리아를 여행하는 중에 고대에 깊이 빠져 스스로를 "단호한 비그리스도인"이라고 칭했다면, 그만의 독특한 방식으로 그리스도와 성서에 대한 경외심을 증명한 것이다.

괴테가 관념론 사상에 기여한 새로운 것은 종교적 자연이해다. 그 배후에는 아마도 계몽주의 신 개념에 대한 반대가 있다. 괴테에게 있어서 하나님은 이념(Idee)이 아니라, 존재(Sein)다. "하나님은 존재다"는 것은 하나님은 생명이라는 것을 의미하며, "창조적 능력의 비창조성, 끝없는 심연의 측량할 수 없는 깊이와 넓이"를 뜻한다(Leese). "비록 일억분의 일만이 삶 속에 등장한다고 해도 나는 그러한 생산력을 세상에 제공하신 분을 경배한다. 세상은 피조물로 가득 차 있다. 이것이 나의 하나님이다"(Eckermann, 20.2.1831). 그 때문에 우리는 "열정적으로 신을 숭배하는 삶 자체가 살아있는 의복"이라고 이해한다. "얼마나 자주 나는 나를 실은 두루미의 날개로, 거품이 이는 무한의 잔에서 흘러내리는 벅찬 삶의 기쁨을 마시고, 한순간만이라도 제한된 내 가슴의 힘으로 모든 것을 직접 일으키는 존재를 구원하는 물방울을 느끼고자, 측량할 수 없는 대양의 언덕에 도달하기를 열망했는가"라고 괴테는 베르테르에게 말한다. 그 자신이 직접 이것을 열망했을 것이다.

그러한 사상과 함께 괴테에게 그리스도 역시 등장한다. "그리스도를 경배하는 경외심이 나의 본성에 속하는지를 증명할 수 있는지 나에게 묻는다면, 물론이라고 말할 수 있다. 태양을 숭배하는 것이 나의 본성에 속하는지의 여부를 묻는다면, 이번에도 역시 물론이라고 말한다. 그것도 역시 마찬가지로 지존자요, 게다가 우리 같은 이 땅의 자녀들에게 알게 하신 전능자의 계시이기 때문이다. 나는 그 가운데 있는 빛과 하나님의 생산적인 능력을 경배한다. 오직 그 힘을 통해서만 우리는 살고, 움직이며 그리고 존재한다. 우리와 함께 모든 동식물도"(Eckermann, 11.3.1832).

계몽주의의 극복! 이것은 곧 하나님과 세상을 서로 나누는 이신론의 극복이다. 반면에 "신의 살아있는 옷"인 자연이 하나님을 알리는 모든 것이 되고 있는 점에서 그들은 내적으로 서로 결합되고 있다. 자연숭배에서 오늘날까지도 수없이 많은 사람들이 괴테를 추종했다. 그러나 괴테 자신에게 이것은 도덕적인 노력의 높은 교육과 연관시킨 그를 좇은 추종자들과는 매우 달랐다. 괴테는 이러한 길의 모범으로 그리스도를 바라본다. 종교개혁의 오직 믿음, 오직 은혜에 대해 괴테는 이해할 수 없었다. 다만 루터를 한 인간으로 알고 있을 따름이다. 괴테 역시 기독교 사고의 변형을 시도하지 않았다.

4) 셸링. 괴테의 자연종교성은 셸링(1775-1854)을 통해 철학의 영역에 수용되었다. 그는 자연은 무기물과 유기물의 여러 단계를 통해 인간이 그것을 의식하게 될 때까지 발전하게 된다고 믿었다. 그렇지만 그 발전의 원리는 셸링에 의하면 윤리적인 이념일 수는 없다(피히테!). 왜냐하면 무생물적 본성이 거기에 관계되어 있기 때문이다. 셸링은 오히려 미에 대한 욕구가 발전을 일으키는 요인이라고 보았다. 그 결과 그는 미학적 이상주의자가 되었다. 미학적 이성은 그에게 절대적인 것이다. 그들의 토양은 무의식이고 느낌이다. 바로 이 점에 계몽주의에 대한 셸링의 반대가 있다. 동시에 그가 낭만주의를 대

표하는 진정한 철학자가 되었음도 알 수 있다.

왜냐하면 자연은 이제 가장 완전한 작품이요 동시에 가장 완벽한 유기체이기 때문에 그것은 셸링에게 하나님과 동일했다. 그렇게 해서 그는 미학에서 종교적 사유로의 길을 찾는다. 기독교와의 조화는 다시금 그의 변형을 통해서 가능하게 되었다.

4. 철학적 관념론 1) 칸트. 그는 어떤 의미에서 계몽주의의 완성자로 인정되어야만 한다. 왜냐하면 계몽주의의 신앙에 따르면 이성이 법, 도덕 그리고 종교의 유일한 척도가 되는데, 그는 결코 이성을 제거하지 않으며, 이성의 성격과 능력을 비판적으로 정하기 때문이다. "이성 비판은 자신에 대한 이성의 이해를 뜻한다"(바르트).

이러한 비판적 사상 외에도 그는 경험과 이성의 조정에 힘을 기울여 계몽주의의 극복자가 되고 있다. 경험은 공간과 시간 내에서만 가능하다. 거기에 주어진 것은 이성의 영역 안에서만 우리에게 파악되고, 거기서 우리는 본 것과 경험한 것을 사고하려고 시도한다. 그러므로 한 존재의 인식은 관조와 개념의 구체적인 통일에서만 완성된다. 결과는 자명하다. 즉 관조가 없는 곳에서의 인식은 환상이다. 그러므로 신, 자유, 불멸과 같은 이념들은 이론적 인식의 대상이 될 수 없다. 그것들은 순수이성으로는 파악할 수 없다. 이로써 계몽주의는 그 토대를 잃었다. 그것으로 동시에 참된 계시신앙에 이르는 길도 열어두었다. 계시신앙은 인간의 형이상학적인 능력에 달린 것이 아니라, 하나님의 계시의 행위에 달려 있다. "하나님이 존재한다는 것을 성서신학자는 성서가 그것을 말하고 있다는 사실로 입증한다"고 칸트는 직접 말하고 있다.

자신의 『실천이성비판』에서 칸트는 계몽주의의 행복론적인 도덕주의를 극복했다. 윤리적이라는 것은 그에 의하면 규범적, 즉 무조건 타당한 계명에 대한 자발적인 순종에서 나오는 행동일 뿐이다. 규범적인 명령은 자유가 있는 곳에서만 의미를 가진다. 더 나아가서 지구는 완전한 윤리를 알지 못하기 때문에, 도덕의 이념이 사라지지 않는다면, 윤리적인 삶은 이 세상에서 불멸을 요구해야 한다. 결국 행복의 가치와 행복의 경험을 조정하는 하나님은 존재해야만 한다. 세상은 그것을 할 수 없기 때문이다. 그러므로 칸트는 실천이성에 근거해서 "하나님, 자유, 불멸"의 요구를 철학적으로 연구했다. 이것으로 칸트 자신은 다시금 계몽주의의 공간에 머물고 있다. 왜냐하면 이성은, 철학적으로 볼 때 그것이 아무리 실천적이라고 해도, 그에게는 모든 종교적 가능성의 척도가 되기 때문이다. 칸트가 신앙을 다루는 성서신학에 대한 공간도 허용했음을 한 번 더 언급해야만 한다. 급진적인 인간의 악한 원리에 대한 가르침에서 성서적 신앙을 추측해 볼 수 있다. 이것으로 그는 계몽주의가 지향한 인간론적인 낙관주의를 반대하고 있으며, 동시에 라이프니츠의 일원론적인 세계 해석을 포기했다.

그러나 칸트 역시 ① 칭의론을 인간의 도덕적 삶에 영향을 주는 상당히 효율적인 것으로 이해했고, ② 은총을 얻기 위해 덕성을 쌓도록 인간에게 요구함으로써 개신교 사상을 우회적으로 해석했다.

2) 쉴러는 칸트를 계속 계승했다. 그는 율법의 자유로운 경향에서 나온 의무성취를 선호함으로써 칸트의 사상을 계속 사유했다. 의무성취는 종교가 대중에게 그리고 좋은 취향이 교양있는 사람들에게 하듯이, 어려운 위협의 순간에도 안전을 보장해준다. 여기서 교양인에게는 예술이라는 네 번째 형태의 대체종교가 등장한다. 쉴러 역시 거기서부터 미학적 종교라는 기독교의 의미에 도달했다. 이것은 의무와 경향의 대립을 재료와 사상, 의미와 정신, 이 땅과 하늘, 율법과 자유가 결혼하는 예술에서처럼 극복하게 해준다(Schuster).

3) 피히테는 그가 윤리적인 뜻에서 형이상학으로의 진출을 감행했다면, 또 다른 의미에서 칸트를 계승했지만, 이제는 거기서부터 다시금 이상적이고 일원론적인 체계에 도달함으로써 칸트를 벗어났다. 순수한 자아, 윤리적 의지가 세계 자체, 비자아를 만들어낼 때에만 자유를 위해 희생되어야 할 종속 앞에서 보존된다고 믿었다. 그로 인해 세계는 상대자로서 자신의 성격을 상실했다. 세계가 만들어내는 순수 자아는 절대 자아인 하나님과 너무나 유사해서 그가 해결할 수 없었다. 그 결과 피히테는 무신론의 책임을 피할 수 없게 되었다.

스피노자와 셸링의 영향으로 1804년 이후 피히테는 영적 존재를 신적인 존재와 삶의 경험에서 설명함으로 새로운 사상을 갖게 되었다. 이러한 신적인 삶은 인간 안에서 일어나고 그 안에서 행위를 통해 제공된 당연성보다 먼저 성취된다. 모든 사람에게서 하나님과의 일치는 너무나 밀접해서 균열은 생각할 수가 없다. 인간은 항상 균열만을 생각한다. 그 점에서 피히테는 바울과 루터를 철저히 거부했다. 라가르디(Paul de Lagarde, †1891)와 알프레드 로젠베르크를 통해 이러한 관점은 독일 교회에 전달되고, 수용되었다.

4) 철학적 관념론은 헤겔(1770-1831)에 의해 전성기를 맞았다. 그는 칸트가 해결하지 못한 개념과 현상의 관계에 대한 문제를 현실로서 결합하여 해결할 수 있다고 믿었다.

헤겔에게 있어서 현실은 본래 이념이다. 단지 그 개념 안에만 어떤 현실이 있다. 유명한 변증법적 방법을 통해 그는 이념에서 현상을 얻었다. 그도 그럴 것이 사고행위를 통해 논제는 언제나 반제를 내포하고 있기 때문이다. 이 둘의 긴장에서 그에 대한 조정으로서 더 높은 일치, 곧 종합이 나온다. 종합은 생생한 긴장을 자체에 포함하고 있으며, 변증법적 발전을 유발한다. 이념에 대한 반제는 자연이며, 이 둘의 종합은 영이다. 논리, 자연철학 그리고 정신철학 전체가 모든 철학적 체계를 이루고 있다.

정신철학에 대해서는 조금 더 언급해야만 한다. 가족, 사회 그리고 국가 속에서 이루어지는 객관적 정신은 주관적 정신보다 상위에 있다. 국가 안에서의 삶은 절대적 인륜이다. 국가는 절대적 권위를 요구할 수 있다. 그러므로 헤겔 철학은 많은 불만을 가져온 독일의 굴종주의(Servilismus)의 토대가 되었다.

객관적인 정신 위에 "절대적" 정신이 있다. 절대적 정신은 역사 속에서 발전한다. 거기에 기초되어 있는 이념은 자기연출이며 동시에 19세기와 20세기에 많이 수용된 사상인 하나님의 계시다. 절대적 정신은 이제 예술에서 구체화되고, 종교에서는 관조로서, 철학에서는 개념으로서 실현된다. 종교, 즉 기독교의 최고 단계는 철학과 동일하다. 그러므로 헤겔은 가장 높은 철학적 차원에서 신앙과 지식, 신앙과 사고의 융합을 완성하고 있다. 베르너 엘러트가 말하듯이, "기독교와 학문의 가장 눈부신 마지막 종합"이라고 할 수 있다. 여기서 그의 넓이와 동시에 동일한 생동성을 추구하는 하나의 세계관이 생겼다. 이 세계관은 관념론적인 일신론에도 불구하고 삶의 모든 상반성을 파악할 수 있으며, 그 속에 본래적인 발전의 추진기가 있다고 보아야만 한다.

그러나 계몽주의의 이러한 극복은 인간 정신의 능력에 대한 현저한 신뢰를 동반했다. 이러한 능력은 현실을 객관적이고 의미적절하게 파악할 수 있다. 왜냐하면 세계 현실의 핵 자체가 이성적이기 때문이다.

5. 관념론의 공헌 관념론은 직접 자신을 밖으로 내몰았기에 그 번영은 오래가지 않았다. 그러나 반은 감추어진 요소이자 사조인 관념론적인 사고는 19세기 내내 존재했고, 오늘날도 아직 남아 있다. 그러므로 그것은 과소평가해서는 안 된다.

칼 바르트는 무엇 때문에 헤겔이 지식과 신앙, 곧 신학과 철학, 더 나아가서 모든 학문의 완벽한 종합으로 토마스 아퀴나스가 가톨릭교회에 했던 것처럼 프로테스탄트 세계에 대해 그와 동일한 입장을 갖지 않았는지에 대한 문제를 제기한다. 바르트는 헤겔의 거절을 헤겔에게서 절정에 올랐던 계몽주의의 첫 완성과 극복이 이루어지지 않았고, 관념론과 낭만주의 뒤로 후퇴하면서 제2의 시작을 준비해야 했음에 대한 동의로 혹은 느낌으로 해석한다. 자유주의에서 일어난 것처럼 계몽주의의 유산을 한 번 더 수용함으로써 이것은 사실 가능해졌다. 바르트는 자신을 헤겔과 비교하는 새로운 시도를 의심스럽다고 냉혹하게 비판한다. 무엇 때문에 바르트는 헤겔에게서 돌아섰는가? 바르트는 그와의 단절 이유를 헤겔의 사상 속에는 몇 가지 문제와 관심사가 해결되지 않고 남아 있다는 점을 들고 있다. 헤겔의 사고는 결국 실패했다고 그는 자신의 영웅주의(Titanismus)에서 언급했다. 헤겔 철학이 지닌 자신에 대한 확신은 바르트에 의하면 곧 가장 참된 하나님에 대한 확신이다. 오로지 이것만이 하나님께 영광을 드리고 하나님 신뢰의 모든 위엄을 지켜준다. 이러한 하나님 신뢰는 이제 자기신뢰로서 구체화된다. 왜냐하면 인간 자아는 하나님과 하나님의 자기실현에 반드시 필요하기 때문이다. 그것이 하나님에게 반드시 필요하다는 사실에 하나님의 자유를 이해하는 본질이 있다. 프로메테우스적인 그의 오만함은 인간이 하나님에게 반드시 필요하다는 사실에 있다. 이것은 그 자신을 한편에서만 이해하려고 하는 모든 관념론자 - 헤르더, 괴테, 피히테, 셸링 그리고 노발리스 - 들의 특징이다. 이러한 형식의 계몽주의 극복은 신학적으로 적합지 않으며, 교회적으로도 수용할 수 없음은 자명한 것이다.

전체적으로 볼 때, 관념론자들이 역사적으로 종교개혁적인 기독교와 실제적인 관계를 갖지도 않았고, 개혁자들의 성서강의를 통해 타당한 성서적 기독교로 인도되지 못한 것은 엄청난 비극이다. 그들은 기독교 신앙에 대해 자의적 해석을 했고, 그것은 너무나 큰 편차를 보여주어 개신교가 전혀 받아들일 수 없었다.

계몽주의 역시 완전히 극복되지 않았다. 인간 내면에 있는 정신과 감정에 상치되는 곳에서는, 이 둘이 비록 초월적으로 고정되었다고 해도 자율적 이성이 실제로 제압되지 않았기 때문이다. 이 점에서 볼 때 새로운 시작은 불가피했다.

| 참고문헌 | Emanuel Hirsch, Die Umformung des christlichen Denkens in der Neuzeit, 1938. Kurt Leese, Krisis und Wende des christlichen Geistes, 1941[2]. Gerhard Fricke, Der religiöse Sinn der Klassik Schillers, 1927. Willhelm Flitner, Goethe im Spätwerk. Glaube, Weisheit, Ethos, 1957[2]. Emanuel Hirsch, vgl, S. 400.

50. 영적 각성운동

1. 서론 18세기의 시대적 상황. 경건주의는 불확실성을 초래했고, 구원의 확신 문제를 새롭게 제기했다. 계몽주의도 관념론도 새롭게 제기된 문제에 답을 주지 못했다. 계몽주의 시대에 그것은 아무런 문제가 되지 않았다. 관념론은 정언명령을 수행하는 양심의 확신을 지적했지만 결코 만족할 만한 답은 아니었다. 구원의 확신 문제는 이제 각성운동에서 다시금 전면에 등장했다.

각성운동은 그 동안 교회사에서 창피할 정도로 잘못 다루어졌다. 그와 관련된 인물들이 그들의 추종자에 의해서 전기로 남아 있지만, 이 전기들은 절대적 사랑으로 쓰였을 뿐, 객관성과 비평이 철저히 결여되었다. 특히 이러한 책들에는 신학사적인 연관성이 거의 질문되지 않았다. 비평적인 총서는 전혀 없다. 교과서들도 일부분에만 이러한 각성운동을 다루고 있을 뿐이다. 오늘날의 모든 교회의 삶은 그것이 없이는 거의 생각해볼 수가 없다. 내적인 선교와 외적인 선교 그리고 국가 사회주의 시대의 교회 투쟁도 마찬가지다. 여기서 새로운 해석과 새로운 평가가 불가피하게 되었다. 그에 대한 몇 가지 시도가 다행스럽게도 있었다.

각성운동의 구분에 대해서는 학계에 의견의 일치가 완전히 이루어지지 않았다. 칼 바르트는 브레멘 출신의 고트프리트 멩켄을 각성운동의 성서주의자라고 강조한다. 칼 홀과 그를 이어 에마뉴엘 히어쉬는 그를 모든 각성운동의 아버지라고 본다. 실제로 구분은 어려운 문제며, 무엇보다도 옛 경건주의의 영향과 구분하는 것은 더욱 어렵다.

계몽주의는 경건주의자들 및 정통주의자들과 같은 모든 교회 내 계층을 자체 내에 유입하는 데 실패했다. 두 단체와 계몽주의 기독교 사이의 대립은 너무나 깊어서 그때까지도 열정적인 적이었던 이들은 공동의 적을 갖게 되었다. 개신교 내부의 교파적인 갈등도 이들 적들에 직면하여 고유의 힘을 상실했다. 정통주의와 계몽주의 잔여그룹이 지닌 중요성은 무엇보다도 그들이 포기할 수 없는 사상을 생생하게 보유했다는 점에 있다. 지역적으로 볼 때 뷔르템베르크와 니더라인에서 계몽주의에 대한 반대가 일어났다. 거의 도처에 "평안히 땅에 거하는 자"(Stillen im Lande, 시편 35:20) 모임이 있었고, 소박한 성서적 기독교가 거기서 살았다. 그들의 모임과 강화를 통해 형제 공동체의 흩어진 신자 사역은 큰 위업을 남겼다. 조직적으로 볼 때 더 중요한 단체는 바젤에 소재했고, 사무엘 우를스페르거(Samuel Urlsperger)가 1780년 설립한 "독일 기독교협회"(Deutsche Christentumsgesellschaft)였다. 선교연합, 선교단체, 성서협회와 구제활동 등 19세기 초기의 거의 모든 소위 "하나님 나라 사역"은 거기에 그 뿌리가 있다.

이러한 단체들과 더불어 같은 방향에서 영향을 끼친 몇몇 개인도 언급해야만 한다. 세계적으로 유명한 스타인탈의 목사인 프리츠 오버린(†1826)은 자신이 담당한 교회의 경제적이고 사회적인 개선에 대한 계몽된 사역을 경건주의적인 내성과 결합시켰다. 뷔르템베르크에서는 최초의 시도자인 요한 프리드리히 플라티히(Johann Friedrich Flattich, †1797)를 언급하거나 혹은 한공동체(Hahnschen Gemeinschaften)의 창립자인 농부 미하엘 한(†1819)을 들 수 있다. 니더라인에서는 의사인 사무엘 콜렌부쉬(†1803)가 활동했다. 그는 이 땅에서 "우리 안에 있는 그리스도"의 힘에 의지해 완성에 이르기까지 7개의 성장 단계를 통해 인간의 독창적인 발전 가능성을 가르쳤다.

특히 요한 H. 융 – 후에 융–스틸링(†1817)이라고 일컬었다 – 과 요한 카스파르 나바테르의 괴테와의 교제는 잘 알려졌다. 그들의 중요성은 초기 관념주의 그룹에 끼친 그들의 영향에 있다.

이러한 틀에서 "반스베커의 사자"(Wandsbeker Boten)인 마티아스 클라디우스(†1815)를 생각해야만 한다. 그는 당시와 오늘날 그의 면밀하고 동시에 과단성 있는 경건으로 많은 사람들에게 조력자가 되었다.

가장 큰 영적인 인물은 "북쪽의 큰 자"(Magnus des Nordens)라고 일컬어진 요한 게오르크 하만(J.G.Hamann, 1730-1788)이었다. 그의 삶은 1785년 런던에서 열린 성서강의에서 체험한 전형적인 회심을 통해 완전히 재구성되었다. 거기서

(1) 그는 성서는 하나님의 살아있는 말씀이라고 확신했고, 그 때문에 존재론적인 해석만이 적절했다.

(2) 동시에 그는 자신의 삶에 하나님이 역사하심을 인식했고, 그 때문에 하나님의 가장 특별한 섭리(providentia specialissma Dei)를 강력하게 강조했다.

(3) 회심은 그에게 소명, 즉 자신의 모든 신적인 힘을 알게 된 진리를 전하는 데 사용해야 할 의무가 되었다.

(4) 그가 아는 한 자신의 죄를 인식하는 지옥행을 통해서만이 우리에게, 예수 그리스도가 크게 된다.

이러한 경험에서 하만은 루터의 성서를 중요하게 여겼다. 전무후무할 정도로 그는 루터에게 접근해갔다.

그러나 하만에게는 또 다른 특별한 경향이 나타나고 있다. 그것은 1785년 아우에스발트에서 "우리 모두의 어머니인 자연과 땅은 도서관이자 가장 좋아하는 과목이다"고 그가 썼을 때 나타났다. 그는 "열정"의 가치를 상당히 강조한다. 그것들은 추상으로 흐르는 이성에게 회개와 구원을 가능케 하는 것들이다. 종교의 근거 역시 우리의 전 존재에 있는 것이지, 우리를 다스리는 세상의 이성적 진리에 있는 것이 아니다.

하만에게 있는 성서적-종교개혁적 기독교와 함께 부차적인 강조가 무엇을 포함하고 있으며, 그것이 어떤 중요성을 지니고 있는지 학계에서는 아직 의견의 일치가 이루어지지 않았다. 헤르더와 그를 통해서 다시금 낭만주의에 준 영향, 더 나아가서 괴테에게 준 영향, 키에르케고르(1813-1855)와 그를 통해서 현대 실존주의에 미친 영향을 요한 나들러는 그의 전기에서 다루고 있다.

2. 시대사적 준비 세기 전환기에 커다란 역사적 사건이라고 할 수 있는 프랑스 혁명과 해방전쟁은 이러한 동기에서 일어난 것이다.

프랑스 혁명은 효시의 중요성을 지니고 있다. 우선 열광적으로 환영했으나, 그것은 곧이어 놀랍고도 깊은 각성을 일으켰다. 프랑스의 은총의 하나님

처럼 그 속에서 날뛰고 있는 무신론, 시녀의 모습으로 숭배된 이성, 유혈정부의 잔인함과 같은 성인이 된 왕에 대한 오판, 이 모든 것은 계몽주의 세대처럼 한 세대에 깊은 영향을 주었다. 인간이 그렇게 잔인한 능력의 소유자라면 인간의 타고난 선에 대한 기쁜 신앙이 어떻게 유지될 수 있겠는가? 만일 그 같은 잔인함이 용인된다면, 아버지처럼 자상한 하나님은 어디에 계신가? 인간이 종교를 통해 추구했던 밝은 마음의 평안과 영혼의 복은 사라졌다. 하나님과 인간에 대한 깊은 경악이 그 결과였다.

전쟁은 많은 사람들에게 도덕적 비관주의에 대한 경향을 더 증폭시켰다. 혁명이라는 역사적 결과가 이로 인해 일어났고, 사람들의 영혼은 긴장과 분열로 가득했다. 계몽주의가 하나님을 흔히 자연과 그곳에 있는 자연의 법칙성에서만 찾았다면, 이제 역사는 영적인 눈과 특별하고도 예외적이며 비이성적인 결과 앞에서 그 힘을 다시금 상실했다. 역사에 의해서 이제 하나님에 관한 물음이 제기되었다. 그와 더불어 전쟁은 독일국민의 민족정신을 일깨웠고, 게다가 강력한 공동체의식을 고무시켰다. "모든 독일인은 친구와 형제라고 불러야 한다." 개인이란 그가 속한 전체의 일원으로서만 그의 올바른 임무와 가치를 부여받음을 다시금 알게 되었다.

3. 각성운동의 본질 각성운동의 본질은 브레멘 출신의 고트프리트 멩켄(Gottfried Menken, †1831)의 사상에서 생생하게 그려낼 수 있다. 그는 1794/1795년 이미 언급한 성서주의를 토대로 라인강에서의 프랑스의 승전을 그들의 행위에 대한 하나님의 긍정이 아닌, 하나님의 심판이라고 평가했다. 하나님은 성공을 통해 그들의 불신앙을 더 고조시킨다는 것이다. 이 같은 평가는 동시대인에게 상당한 충격을 주었다. 멩켄은 이 같은 판단으로

1) 외적인 성공을 하나님 은혜의 증거라고 본 피상적인 계몽주의의 칭의 개념을 지적했으며,

2) 인간에 대한 거짓된 존경을 다루었다. 그것은 그에게는 파리(Paris)에서 벌어진 일처럼 잔인한 행동 속에 인간을 방치함으로써 하나님이 벌하시는 자기 오만일 뿐이었다.

3) 이것으로 멩켄은 죄의 심각함과 참회의 중심의미에 대해 이해했다. 계몽주의나 후에 피히테가 가르친 것처럼 하나님과의 직접적인 일치 대신에

하나님과 멀리 떨어져 있다는 느낌이 그에게 다시 나타났다.

이 모든 일에서 "어떻게 내가 은총의 하나님을 얻을 수 있는가?" 하는 종교개혁적 질문이 다시금 화두가 되었다. 칭의에 대한 물음이 다시 핵심이 되면서 경건주의 그룹은 중요한 사항에서 정통주의와 연대했다. 추종자들 역시 세워진 체계 중 개별적 교리에 집착하지 않았고, 중심이 되는 구원론을 강조했다. 성서 영감과 그리스도의 신성은 판단의 요추가 되었다. 경건주의는 이 두 가지를 다 가르쳤다. 이것으로 17세기와 18세기에 격렬하게 싸웠던 두 노선이 하나로 융합되는 길이 개방되었다. 각성운동이 오늘날도 역시 갖고 있는 커다란 흡입력은 이러한 융합에 그 뿌리가 있다. 융합은

1) 경건주의가 정통적이 되었음을 의미한다. 비록 모두는 아니었지만 경건주의는 순수한 교리와 신앙고백을 열망했다. 경건주의는 정통주의적인 체계를 자신의 기본적인 특징에 받아들였다. 각성운동이 학문적인 신학에 그다지 큰 중요성을 갖지 못한 것은 이러한 사실 때문이다.

2) 정통주의가 경건적이 되었음을 의미한다. 정통주의는 개인적인 회심의 갈망, 신앙고백을 지킬 의무와 더불어 고백의 강조 등을 받아들였다. 경건주의가 추구했던 역사적 기독교에 대한 긍정과 삶의 성화를 진지하게 수긍한다. 그렇지만 세상 도피적인 경향의 수용과 율법적인 협소함, 문화적대주의적인 태도 등도 경건주의에는 있다. 구원을 이루는 데 있어서 인간의 협력에 대한 경건주의적인 가르침 역시 수용되고 있다.

4. 각성운동에는 세 개의 특별한 그룹이 있다. 1) 성서주의적인 그룹이다. 대표자는 우리가 이미 다룬 고트프리트 멩켄이다. 그는 기독교를 성서로 만들고자 작정한 사람이라는 비난에 어울리는 사람이었다. 사실 그는 전통의 음성에 조금도 주의를 기울이지 않고 성서를 읽었고, 그로 인해 실제로 콜렌부쉬의 방법론에 빠졌다. 다만 그는 신앙이 하나님의 은사임을 강력하게 거부했고, 신앙에서 오히려 하나님을 대적하는 인간의 죄와 최고의 자만과 하나님 인식과 교제의 유일한 수단만을 보고 신앙의 종합적인 특징을 강조했다. 그의 성서주의가 그를 교파주의의 적으로 만들었다.

2) 좁은 의미의 정적인 각성운동 그룹은 프리드리히 아우구스트 토룩크(1799-1877)가 전형적인 대표자다. 새로운 경건은 체험에 뿌리를 두고 있다는

점이 그 특징이다. 이 체험은 죄책에 대한 깊은 경험이며, 은총에 대한 깊은 느낌이다. 칸트가 그것을 이성과 연관하여 다루었듯이, 이러한 감정에 대한 비판적 연구는 아무도 생각지를 못했다. 토룩크는 이것이 감행되지 않은 것을 다음과 같은 말로 정당화했다. "숙고하라고 존재하는 것이 아니라, 즐기라고 존재하는 하나의 진리가 있다. 그것을 즐긴 사람이 너에게 이것을 말해준다." 그러한 경험을 모든 사람이 갖도록 하는 것은 물론 모든 교회적인 노력의 목적이 되어야만 했다. 이러한 연구는 토룩크에 의하면 하나님께 가고자 각자가 지니고 있으며 기독교의 계시를 통해서만 일깨워지고, 옷 입혀지고, 성취되는 어떤 것과 연관시킬 수 있다. 여기서부터 전제된 깊은 죄성에 대한 의심이 생겨났다. 그것을 조정하는 것은 성공하지 못했다.

3) 교파주의로의 헌신은 각성운동의 결과 일어난 정통주의와 경건주의의 융합과 밀접한 관련이 있다. 어떻게 그리고 어디서 그것이 일어났는지는 아직 연관지어 연구되지 않았다. 각성운동이 교회분야에서 일어난 복귀라고 할 때 어쨌든 시대적으로 조건지어진 요소가 함께 작용했다. 1817년 종교개혁 기념은 루터 사상, 특히 1530년의 아우구스부르크 신앙고백(Confessio Augustana)으로 다시 귀착되었다. 프로이센에서의 연합을 위한 싸움은 여타의 일들을 수행했다.

신학적으로는 킬 출신의 클라우스 하름스(Klaus Harms, †1855)가 첫발을 내딛었다. 슐라이어마허의 『종교론』을 통해 그는 완전한 평화를 얻지는 못했지만 첫 내면적인 자극을 받았다. 그것이 그로 하여금 루터의 글과 성서강의를 하게 했다. 그렇게 해서 그는 루터의 신앙고백서들에 친숙해졌다. 1817년 종교개혁 기념일에 그는 루터의 95개 논제를 다시 출판했고, 거기에 95개에 해당하는 반이성적인 날카로운 자신의 논제를 덧붙였다. 거기서 그는 루터의 신앙고백과 루터교회가 다른 교회와 다른 점을 조용히 긍정했다. 이 논제들은 열광적인 동의와 함께 엄청난 분노의 물결을 일게 했다. 그러나 동시에 교파적인 확인을 더욱 강화시켰다.

루터교회 측에서는 프로이센 연합 때문에 큰 싸움이 일어났던 슐레지언과 바이에른이 새로운 중심지가 되었다. 이곳에서의 루터교 강조가 클라우스 하름스의 자극 때문이었는지(Leube), 아니면 갑작스럽게 "내부에서부터 자발적으로" 발생된 것인지(Thomasius)는 아직 밝혀지지 않았다. 어쨌든 바이에른에서의 각성운동은 우선 연합적인 차원에서 일어났다. 즉 헤른후터파, 경건주의자들, 루터란, 개혁파, 가톨릭이 서로 생각이 일치했고, 자비하신 한 분 주님을 기뻐했다. 사람들은 교파적인 차이점을 알지 못했다. "돌아온 신앙인들의 아름다운 시간이었다"(Thomasius). 그 후 사람들은 루터교회의 신앙고백이 독자적인 교리를 가지고 있음을 발견했고, 그 때문에 정말 기쁨으로 그것을 인정했다. 아돌프 할레스(Adolf Harneß, 1806-1879)와 토마지우스 역시 그랬다. 처음 신앙고백에 도달한 사람들과 더불어 바이에른에서는 정통주의를 처음부터 긍정한 사람들도 생겨났다. 봄하르트 형제, 하인리히 브란트 그리고 특히 각성운동에 가까웠던 빌헬름 뢰에(Wilhelm Löhe, 1808-1872) 등이다.

필립 스피타와 뤼네부르크 이교 각성자인 루드빅 하름스는 하노버에서 토마지우스와 비슷한 방법을 수행했다.

개혁파 가정에서 자란 헹스텐베르크(E.W. Hengstenberg) 역시 베를린에서 확고한 루터란이 되었다. 그는 1827년 이후 "개신교회 신문"(Evangelischen Kirchenzeitung)을 발간했고, 루터교를 옹호하고자 정열적인 싸움을 했다.

그러나 교파주의는 그 당시 루터교에만 제한되지는 않았다. 에어랑겐의 개혁파 특별교회의 설교자인 요한네스 크랍푸트(Joh. Krafft, †1845)는 - 에어랑겐의 각성운동은 그에게서 시작되었다 - 자신 때문에 신앙을 갖게 된 사람들에게 그들이 루터파였을 경우 결국 자신의 교회에서 성찬에 참여하는 것을 거부했다. 그의 후계자인 에브라르트(Ebrard) "개혁파 교회신문"(Reformierten Kirchenzeitung)의 창립자가 되었다. 브레멘에서 멩켄(Menken)은 개혁파 신앙고백에 가치를 두는 것을 엄격히 거부했다. 각성운동의 초기 세대, 즉 말레트, 트레베라누스, 크룸마허 등은 그것을 강하게 강조했다. 개혁파 교파주의의 지도자는 헤르만 프리드리히 콜부뤼게(Hermann Friedrich Kohlbrügge, †1875)가 되었다. 그는 네덜란드에서 루터주의로부터 칼빈주의로 전향했고, 그 후 엘버펠트(Elberfeld)에서 활동했다.

각성운동의 교파주의는 어디에서도 호전적이지 않았음을 주목해야만 한다. 뢰에(W. Löhe)는 그의 "교회에 관한 세권의 책"에서 교회연합적인 루터교를 대변했다. 하름스(L.Harms) 역시 "나는 루터교인으로서 모든 신자들에게 형제애의 손을 내밀 수 있고, 기쁨으로 그것을 행할 수 있다"고 말했다. 콜부뤼게에게 있어서 신앙고백의 길은 하름스에게서처럼 구원의 확신을 향한 길이었고, 이 구원의 확신은 외부로부터 객관적으로 옳다고 인정받은 용서로 위로받는 곳에서 성장한다.

5. 각성운동의 교회론은 큰 중요성을 갖고 있다. 당시의 특징적인 공동체 감정은 외적인 은총의 수단을 강조하듯이, 이 세상의 교회가 다시금 중요하게 되어야 한다는 것이었다. 그러나 이러한 교회가 무엇인가라는 문제는 오늘날까지도 많은 사람들에게 중요한 의미를 던져주었다. 그것은 신앙고백에 대한 새로운 강조와 교회를 하나의 종교단체로 보는 계몽주의 교회 개념이 끼친 영향이 서로 결합한 데서 유래했다. 종교단체는 정관으로 구성되고, 그것이 효력을 갖고 있는 한에서만 정체성이 유지된다. 이와 상응해서 뵐로우(Bölow)는 "교회는 인간 단체요, 공통된 종교 연맹체며, 그들의 결합, 상징, 신앙고백이 특정 종교 혹은 교리를 가진 단체를 이루게 한다. 공통된 개념이나 특정한 개념이 변경되거나 혹은 없어지는 경우에는 교회 역시 사라진다"고 쓰고 있다. "교회가 인간의 단체"라는 주장을 거부하는 곳에서는 교회를 오히려 그리스도가 세운 기관이라고 보았으며, 대체로 신앙고백이 교회를 이룬다고 생각했다. 프로이센의 구루터파나 빌헬름 뢰에에게 있어서 중요한 것은 신앙고백의 법적인 효용성이었다. 루터의 교회 이해와는 다른 네 가지 변화가 이 개념에 들어 있다.

1) 1530년에 나온 아우구스부르크 신앙고백(CA) 5장과 7장에는 교회를 구성하는 것이 말씀과 성례전으로 되어 있으나. 여기서는 그 대신에 신앙고백이 등장하고 있다. 물론 신앙고백은 순수한 복음의 가르침(pura doctrina evangelii)과 올바른 성례전 집행(recta administratio sacramentorum)을 보장해야 한다. 정관을 갖춘 법인 교회가 내적으로 해체되지 않기 위해서는 한 가지 척도가 필요하다. 그 척도가 여기서는 법인 교회를 구성하는 가장 중요한 요소가 된다. 그리스도의 몸인 교회는 언제나 하나님의 살아있는 말씀과 성례전으로만 구성될 수 있다.

2) 루터는 교회를 하나님의 백성, 곧 믿는 자들의 참된 모임(communio vere credentium)이라고 보았다. 여기서도 교회가 하나의 기관처럼 보인다. 기관은 신앙고백을 그들의 정관 속에만 둘 수 있다고 고백할 수 있다.

3) 이러한 기관, 곧 루터의 개체교회를 주의 신부인 예수 그리스도의 교회와 동일하게 여기자 많은 결론이 나왔다. 그리스도의 교회를 다시금 아우구

스티누스적이고 가톨릭적인 의미에서 "혼합된 몸"(corpus permixtum, S.119f.)으로 이해해야 한다는 것은 불가피한 결과였다. 이것은 루터가 줄곧 극복했던 것이었다. 뢰에, 델리취, 클리포트(Klifoth, 1810-1895), 필마(A.F.Chr.Vilmar, 1800-1868)도 역시 그리스도의 몸에는 죽고, 죄지은 지체도 있다고 주장하지만, 이것은 루터가 주에 대한 비방이라고 비난했던 것이다.

4) 여기에는 교파적인 교회 분열이 당연하듯이 잘못된 방식으로 전제되고 있다. 교회를 하나님 혹은 그리스도의 교회라는 범주에서 생각하지 않고, 고백교회와 같은 개체교회라는 범주에서 생각하고 있다. 물론 그 교회도 그리스도의 교회와 동일하다.

여기에 뿌리를 둔 교회이해는 국가 사회주의 시대의 교회투쟁에서 중요한 역할을 했고, 독일개신교연맹(EKD)의 내적인 삶에도 중요한 의미를 고취시켰다.

교회 직임의 문제를 놓고 심각한 분열이 각성운동 내부, 특히 루터적이고-교파적인 그룹 속에서 발생했다. 요한 빌헬름 회플링(Joh. Wilhelm Höfling)은 루터의 특정한 글을 토대삼아 교회의 직임을 교회 내의 기능으로 엄격하게 이해했다. 만인사제직이 중요했다. 공직자는 질서를 위해서 공적으로 자신의 직임을 수행할 수 있다. 오직 그러한 사유 때문에 직임은 반드시 있어야만 한다.

아우구스트 프리드리히 필마는 프리드리히 율리우스 스탈(Friedrich Julius Stahl, 1802-1861)과 테오도르 클리포트의 사상을 받아들이고 강조하면서 회플링의 사상을 반대했다. 그는 공의회를 강하게 거부하고, 그리스도를 통한 직임의 제정을 강조하면서 열정적으로 교회의 제도적 성격을 강조했다. 그리스도는 그 직임을 수행하는 사람을 통해 세상에 가시화된다. 필마는 성령의 안수를 통해 은사를 받은 직무자를 그리스도의 대사라고 이해했고, 가톨릭교회가 교황의 무오성을 인정하듯 동일한 의미에서 그를 인정했다.

필마의 과장된 관점에 대한 옹호자가 여전히 있다고 한다면 당시 일어난 직임의 본질과 전권에 대한 논란은 오늘날까지도 결말이 나지 않은 것이다.

6. 각성운동의 의미와 영향 볼켄닝, 뢰에, 호프아커, 하름스와 같은 인물들이 각성운동의 정신적 지주였음에는 틀림없다. 그들 모두는 높은 학식과

신학, 게다가 강철과 같은 열정에 사로잡혀 있었고, 그들의 영적인 활약은 두드러졌다. 그러나 모든 지역의 모습을 변화시킨 각성운동이 일어났다는 사실은 그들의 활동 때문이기도 하지만 동시에 시대적인 조건에 그 원인이 있다. 사람들은 당시 이성적 선포에 대단히 지쳐 있었고, 구원을 다시금 확신시켜줄 수 있는 음식에 굶주려 있었다. 이들에게 그것이 제공되었다.

1) 니더라인. 개혁파 가운데 크룸마허와 콜부뤼게가, 루터란 중에서는 잔더와 되링이 이곳에서 활동했다.

2) 민덴-라벤스베르크. 요한 하인리히 볼켄닝(†1877)이 이곳에서 지도적인 역할을 했다.

3) 뉘네부르크. 이곳은 루드빅 하름스가 각성시켰다.

4) 바덴. 이곳에서는 알로이스 헨회퍼가 성공적으로 활동했다.

5) 뷔르템베르크. 이곳에서는 루드빅 호프파커(†1828)가 후계자 요한 크리스토프 블룸하르트(†1880)를 찾은 곳이다.

6) 바이에른에서는 크랍프트, 뢰에, 할레스, 토마지우스 등이 이미 언급되었다. 호프만 역시 이들 가운데서 나왔다.

7) 베를린 역시 언급할 수 있다. 북동쪽의 중심지인 이곳에서는 요한네스 밥티스타 그로스너와 유명한 설교자인 테레민이 활동했다. 상당히 많은 귀족들도 이 가운데는 있어서 그들에 의해 비스마르크가 각성되었다는 사실은 정치적으로 중요하다.

도처에서 이 운동은 실제로 즉시 교회적인 일에 헌신했다. 외적인 선교와 마찬가지로 내적인 선교가 그들의 뿌리였다. 둘 다 오늘날까지도 당시 솟아오른 강물을 마시고 있다.

각성을 통해서 전교회가 아닌 단지 특정한 지역들만이 영향을 받는 것이 어떻게 가능했을까? 이러한 문제가 하나님의 비밀을 포함하고 있는지는 역사가가 제기해야만 한다.

한 가지 이유는 분명하다. 19세기 초에 모든 회복운동처럼 각성운동도 합리주의자들뿐만 아니라 관념론적 특징을 가진 신학자들의 심각한 도전을 받았다. 그러나 그들의 활동이 제한을 받은 약점은 자체에 있었다.

1) 사회적 문제에 대한 그들의 몰이해다. 복지를 위해 큰일을 수행했지만, 산업화가 대중에게 가져온 고난을 직시하지 못했다. 그들은 귀족, 시민 그리

고 농부에 대해서는 이해했지만, 노동자에 대해서는 아무런 이해가 없었다.

2) 그들은 당시 자유를 외치는 사람들이 가져온 민족운동을 거부했고 왕권과 법에 기초를 둔 보수주의를 강조했다. 이것은 결국 왕권과 제단의 밀접한 결탁을 가져왔고, 그로 인해 심리적 압박이 생겨났다.

3) 그들의 미미한 신학적 관심이다. 그들이 외친 선포에는 많은 모호한 점이 있었고, 그로 인해 독창적인 사상을 전개할 수 없었으며 정통주의에 의존했다. 합리성 대신에 성서적 객관성을 추구하려는 의도가 나타났다. 그러나 여기에도 성서가 말하는 신앙과 자신이 직접 겪은 체험과의 관계에 대한 문제는 설명되지 않고 있다. 역사적 방법의 정당성과 부당성에 대한 문제 역시 전혀 다루어지지 않았다. 깊은 역사적 발전을 단순하게 거부할 수 있는 사람은 아무도 없다. 슐라이어마허는 마지막에 교육은 결국 불신앙이 되고, 신앙은 그러나 야만으로 끝나지 않겠냐고 물었다면 그는 이러한 태도를 날카롭게 지적한 것이다.

4) 게다가 교회와 직임 혹은 내적 선교의 정당성 문제를 놓고 긴장이 일어났다. 이것은 결국 각성운동을 분열시켰고, 외적으로 쏟아야 할 힘을 내적으로 소모시켰다.

이러한 이유에서 각성운동의 내 · 외적인 성공이 실제보다 그다지 크지 않다는 것도 이해할 만하다.

각성운동은 오늘날 다시 많은 사람들에게 매력을 주고 있다. 영적인 권능을 가진 지도자들의 영향으로 놀라운 일들이 일어나고 있음도 이해할 수 있다. 각성운동은 프로테스탄트의 두 가지 특징인 정통주의와 경건주의를 통합했다. 이것 역시 그것을 매력적이게 만들었다. 그러나 이 모든 것에도 불구하고 각성운동은 확실히 결코 복원될 수 없고 또 되어서도 안 되는 시대적인 현상이다. 우리는 이러한 긴급한 문제들에 대해 나름대로 독자적인 답변을 찾아야만 한다.

| 참고문헌 | L. Tiesmeyer, Die Erweckungsbewegung in Deutschland während des 19. Jahrhundert, 4 Bde., 1905[2]. Martin Schmidt, Die innere Einheit der Erweckungsbewegung im Übergangsstadium zum lutherischen Konfessionalismus (Theol. Lit-Zeitung 74, 1949, Sp. 18-28). Holsten Fagerberg, Bekenntnis, Kirche und Amt in der deutschen konfessionellen Theologie des 19. Jahrhunderts, 1952.

51. 19세기의 갈등

전혀 다른 두 개의 커다란 정신운동이 19세기 초기 독일에서 계몽주의와 함께 일어났다. 그것은 관념론과 각성운동이다. 하나의 큰 계획 하에 계몽주의를 극복하는 것은 성공하지 못했다. 그러므로 개신교 내부를 들여다보면 19세기는 많은 개별적인 사건에 영향을 준 깊은 정신적 분열과 함께 시작했다. 가령 각성운동이 경건주의의 세상도피적인 정서를 다시 취했다면, 관념론자들은 이 둘을 다시 세상으로 데려갔다. 문화 역시 절대정신의 실현이기 때문에 특별한 문화우호가 그들의 특징이다. 애국 사상 또한 이들을 그 방향으로 이끌었다. 피히테와 그의 친구들은 정치적 자유와 더불어 그들이 싸웠던 인간에게 있는 가장 숭고한 신적 특성인 최고의 내적 자유를 잃어버리지 않을까 두려워했다. 조국을 위한 투쟁은 그들에게는 곧 하나님을 위한 투쟁이었다. 각성운동의 회원인 스톨베르크(Stolberg)는 자유를 위한 싸움의 한가운데서 국민의 내적 성숙을 위해 먼저 패배를 소망하기도 했다. 그것이 관념론자들에게는 완전한 회의에 이르는 동기가 되었다. 공의와 자유의 하나님 나라를 이 땅에 실현하려는 프랑스 혁명의 정치적 이상은 멩켄(Menken)에게는 신을 대적하는 시도인 교만이나 다름없었다. 인간은 전통을 통해 성별된 질서를 인정해야 한다. 각성운동은 적어도 독일 북부와 뷔르템베르크에서 군주국, 곧 전제주의를 인정했다. 이곳에서는 지방귀족들이 절대주의 시대에도 제거되지 않았고, 정부에 대한 국민의 참여는 이에 비하여 구태의연한 권한이었다. 그러므로 이곳의 각성운동자들은 민주적이고 자유적이었다. 그러나 만일 관념론적인 관점에 따라 자유가 인간 속에 있는 신적인 것이라면 거기에는 정치적인 공간이 부여되어야만 한다. 그러므로 관념론을 추구한 사람들이 정치적 자유주의의 선구자가 되었다. 그와 함께 정치적 관념론자들이 서로 대립하게 되었다. 왜냐하면 둘 다 그들의 정치적 이상을 거룩하고 하나님이 원하는 것으로 보았기 때문에, 상이성은 극복할 수 없으며, 독일의 정치적 길에 커다란 부담이 되었다.

정치적 대립은 유감스럽게도 사회적 대립이 되었다. 귀족과 농민이 각성운동에 사로잡혔고, 교육과 시민계층은 자유주의에 사로잡혔다. 그러므로 경건에 있어서 균열은 곧 민족의 균열이 되었다. 각성운동은 게다가 소시민적인 특징을 얻었지만, 어쨌든 거기에는 관념론의 특징인 문화적인 추진력은 없었다. 민족의 균열은 그러므로 문화에서의 균열을 포함하고 있다.

역사 이해에서 일어난 균열도 중요했다(신학에 대하여 아래를 보라). "하나님이 역사의 주인이다"라는 말을 각성운동 신학자들은 종교와 문화를 엄격히 구분하고, 자신의 힘으로 완성을 추구하는 인간의 능력을 거부한다는 의미로 이해했다. 역사의 발전은 하나님의 직접적인 개입이나 그의 계시 그리고 자연적 역사에 철저히 대항하는 그의 나라를 통해서만 촉진될 수 있다.

반면에 관념론자에게 "하나님이 역사의 주인이다"라는 말은 역사 전체를 하나님께 귀속시켜야 할 의무를 내포한 말이었다. 이렇게 함으로써

1) 역사의 목적이 세계내적으로 결정되었다.

2) 그러나 종교의 발전은 단지 전체 역사, 즉 보편적이고 정신적인 발전의 한부분일 뿐이다. 이것은 곧 종교와 문화가 동일함을 뜻한다. 문화발전 역시 하나님의 전개다. 결과는 이러한 이념에 헌신한 지성인들은 그것을 통해 탈기독교인이 되고자 원하지는 않았지만 탈교회적이 되었다는 것이다. 이것은 기독교와 교회의 동일화에 대한 커다란 첫 붕괴였다. 그도 그럴 것이 교회 밖의 경건주의는 다만 작은 그룹에 불과했기 때문이다.

이러한 분열에 대한 지속적인 고찰이 없이는 계속된 교회의 역사를 이해할 수 없다. 19세기는 이러한 분열과 함께 독일에서 그의 길을 시작했다.

| 참고문헌 | Karl Holl, Die Bedeutung der großen Kriege für das religiöse und kirchliche Leben innerhalb des deutschen Protestantismus (Gesammelte Aufsätze Bd. 3: Der Westen, 1928, S. 302-384, 특히 S. 347ff.).

52. 1835년 이후 독일의 새로운 영적 운동들

각성운동은 비교적 많은 계층을 살아있는 신앙으로 가득 채워주었다. 관념론 내지는 해방전쟁도 역시 종교적 분위기를 고조시켰다. 그러므로 1835년도의 독일은 1800년도와는 전혀 달랐다. 삶의 표면만을 본 사람은 독일이 계몽된 무신론주의의 위험에서 빠져나와 기독교적이라고 평가할 수 있는 길에

들어섰다고 생각할 수 있다. 그러나 그 기대는 사라졌고, 오히려 그 세기는 "하나님이 없는 세기"가 되었다.

지식인들의 삶은 새로 형성된 산업노동계층의 삶과는 확연히 달랐다. 여기서는 가장 중요한 인물로 한정하여 지식인의 삶을 먼저 고찰할 것이며, 부분적으로는 핵심적인 사상만을 언급하고 지나갈 것이다.

1. 철학의 세속화가 이루어졌다. 1) 이것은 관념론의 해체에서 이루어졌다. 즉 그 자신의 내적인 발전과 자체해체가 동시에 이루어졌다. 헤겔학파가 우파와 좌파로 갈라진 것은 헤겔의 변증법 자체를 통해서 이루어진 것이다. 프리드리히 엥겔스는 헤겔처럼 이것을 보수적으로가 아닌 영원한 변화의 원리로서, 그러니까 오늘날 러시아에서 여전히 일어나는 것처럼 혁명적으로 이해했다. 마찬가지로 체제는 유신론적이고 그리고 무신론적으로 계속 발전될 수 있다. 후자의 관점에서 데이빗 프리드리히 슈트라우스, 부르노 바우어, 루드빅 포이에르바하 그리고 칼 마르크스가 거기서 급진적인 결과들을 발전시켰다.

슈트라우스(David Friedrich Strauß, 1808-1874)는 헤겔에게서 신화는 곧 사고와 개념이라는 구분을 이끌어냈다. 슈트라우스에 의하면 헤겔 자신도 이미 역사적인 구원사건을 사고(思考), 그러니까 신화에 희생시켰다. 슈트라우스는 역사적 사건들에서 자유롭게 이루어졌고, 무의식적으로 만들어진 신화를 보았다. 성서에 신인에 대해 역사적으로 언급된 것을 슈트라우스는 종족으로서 인류라고 이해했다. 그 결과 기독교 신앙이 인문주의 안에서 해체되었다.

브루노 바우어(B.Bauer, 1809-1882) 역시 종교에 관한 헤겔의 이해는 사실 종교의 파괴였다는 논제에서 출발했다. 왜냐하면 그는 하나님의 자리에 인간의 자의식을 대체시켰기 때문이다. 그러므로 바우어에 의하면 종교는 인간의 자의식의 산물이다. 하나님은 없다. 복음의 내용은 신학적 예술품이나 다름없고, 멸망해가는 로마 제국의 혼란에서만 이해가 가능하다.

포이에르바하(Ludwig Feuerbach, 1804-1872) 역시 이러한 사고범주에 속한다. 그는 헤겔의 관념론을 감각주의로 더 발전시켰다. 영은 그 자체로는 설명할 수 없으며 자연은 영을 통해서 이루어지지 않는다. 감각적인 관점은 철학의 직접적인 전제다. 그의 반기독교적 태도는 이러한 사상에서 나온 결과다. 한때 그는 육(肉)적대주의를 비난했다. 그러나 그는 그 후에 불멸의 사상과 투쟁했다. 종교에 대한 그의 이해는 확실히 중요한 것이었다. 종교의 본질은 감정이다. 그러한 것은 본질적으로 우리 안에 있으며 동시에 우리를 초월해 있다. 즉 우리와는 철저히 구분되고 우리와 독립되어 있는 힘이다. 그것이 우리 고유의 본질이다. 그것이 우리에게 또 다른 본질인 우리의 하나님을 이해하게 해준다. 하나님의 초월성은 그 때문에 단지 현상이다. 하나님은 사실 구체적 본질이 아니다. 만약 주관적으로 감정이 종교의 주관심사라면 객관적으로 볼 때 하나님은 감정의 본질 외에 다른 아무것도 아님을 말한다. 종교는 그와 마찬가지로 인간과 하나님 인식의 본래적인 본질적 욕구의 대상화이며, 좀 더 바로 이해한다면, 그것이 있다는 것을 알지 못하는 자신에 대한 인식이다. "종교는 첫 번째이자 간접적인 인간의 자의식이며, 그 자신을 향한 인간의 우회로다."

이것은 포이에르바하의 악명 높은 환상주의다. 모든 형태의 신앙은 인간정신의 피조물이며, 객관화되고, 의인화된 소망이다. 하나님은 우상화된 인간의 본질이요, 모든 종류의 자연과 법칙으로부터 구제된 마음이다. 인간정신의 의식이 진보한다면 종교의 발전은 항상 하나님을 거부해야만 하며, 인간을 긍정해야만 한다. 이것은 칼 마르크스에도 불구하고 여태까지 시도된 것 중 가장 혹독한 기독교 공격이다.

칼 마르크스(Karl Marx, 1818-1883)의 사상은 비록 그가 헤겔의 제자였지만 포이에르바하의 사상과 직접 연결되어 있다. 헤겔의 이념과 현실의 화해는 칼 마르크스에 의하면 현실에서 완성되는 것이 아니며, 이념이 다만 현실과 화해할 뿐이다. 그러므로 새로운 자각이 필요하다. 잘 알다시피 마르크스는 그것을 극복하고 헤겔의 사상에서 돌아섰다. 영이 물질을 생성하는 것이 아니라, 물질이 영을 설정한다. 마르크스는 그러므로 물질주의로 종결지었다. 물질주의는 세계에 대한 인간의 모든 관계를 구성하고 있음에 틀림없다. 있는 그대로의 세계에 대한 헤겔의 긍정과 그의 보수주의의 뿌리는 칼 뢰비트가 보여준 것처럼, 기독교 신앙에서 온 것이다. 존재하는 것에 대한 마르크스의 급진적인 비판 뒤에는 기독교의 창조사상에 대한 프로메테우스와 같은 저항이 있다. 그 자신을 믿는 사람의 무신론만이 실제로 새로운 세계를 만들 수 있다. 그러므로 종교의 파괴는 인간 스스로가 주인인 세계의 전제다. 그러므로 불가피하게 된 종교비판에 있어서 철학적 전제는 마르크스 역시 포이에르바하의 경우처럼 신학을 인간론에 귀결시키는 것이다. 그러나 무엇 때문에 인간은 피안의 세계를 지향하고 있느냐고 마르크스는 거기서 더 묻고 있다. 포이에르바하는 그것이 인간의 본질에 속한 것임을 의미했다. 그러나 마르크스는 오직 인간의 자기모순에서 그 이유를 찾고 있다. 이러한 모순은 결국 경제적인 문제에 그 뿌리가 있다. 그것을 극복하고 그것을 사라지게 하기 위해서 사회적인 관계가 변화되어야만 한다. 마르크스의 사회비판은 여기서 싹트고 있다.

사회의 발전에서는 마르크스에 의하면 법이 최고의 질서로 군림한다. 상품생산을 위해 자연의 힘을 활용하고자 하는 인간의 능력, 곧 기술을 통해 생산관계가 형성된다. 생산관계의 모든 변화는 경영형태, 소유 질서, 법질서 그리고 그것을 통해서 사회구조의 변화가 초래된다. 그러나 이것이 인간의 정신적 태도를 형성한다. 그러므로 인간의 형성은 생산관계의 형태에 달려 있다. 생산관계는 그렇게 형성되면, 그 결과 인간의 자기소외가 중단되고, 자신의 노동력을 팔아 그것을 통해서 전체 인격이 아닌 자아의 일부분을 받아들인다. 마르크스는 그것을 통해서 이러한 분리를 극복하고자 소망했고, 그 결과 그는 노동자를 생산수단의 재산으로 만든 것이다.

좋은 삶의 여건을 위해 노동자들이 투쟁한다는 매혹적인 철학적 설명이 그 안에 있다. 그것이 수백만의 노동자들을 마르크스주의자가 되게 했고, 기독교와 교회에 철저한 적대자로 만들었다.

2) 헤겔을 이어받은 사람은 쇼펜하우어(Schopenhauer, 1788-1860)였다. 헤겔에게는 이념(die Idee)이 세계의 근거인 반면, 쇼펜하우어에게 있어서는 의지(der Wille)가 그 근거였다. 의지는 모든 현상이 기초하고 있는 진리다. "치아, 인두(咽頭), 장(腸)은 객관화된 배고픔이다." 의지는 무기물의 본성에서 다만 무의식적으로만 활동한다. 가장 높은 단계가 천재이다. 여기서 쇼펜하우어는 낭만주의의 천재제의(Geniekult)를 수용한다. 쇼펜하우어는 관념론을 의지론(Voluntarismus)으로 대체했다. 동시에 그는 관념론적인 낙관주의를 비관주의로 교체했다. 그도 그럴 것이 의지는 그에게 고통이었다. 왜냐하면 의지는 존재의 담지자나 원인처럼 모든 고난과 고통의 근원이기 때문이다. 쇼펜하우어에 의하면 행복이란 존재하지 않는다. 다만 고통이 이따금씩 멈출 뿐이다. 이러한 신음에서의 구원은 삶의 의지의 부정만이 제공해준다. 개개인의

삶에서 그것을 완전히 이룬다는 것은 불가능하다. 그러므로 쇼펜하우어는 붓다(Buddha)를 들어 영혼의 방랑을 주장하기도 한다.

쇼펜하우어는 기독교를 다만 합리주의적이거나 혹은 관념론적이자 지성적인 특징 속에서만 알았기 때문에, 모든 직접적인 감성을 만성적인 정신적 유약성에서 산출된 형이상학이라고 거부했다.

1848년 혁명의 좌초가 가져온 커다란 당혹 속에서 쇼펜하우어의 철학은 하나의 힘이 되었고, 이것은 기독교 신앙을 적지 않게 소외시켰다.

3) 쇼펜하우어의 영향이 없지는 않았지만 반기독교적인 의견을 같이한 사람은 프리드리히 니체(1844-1900)다. 기독교신앙의 소위 문화적대성이 니체를 자신이 기독교인이면서도 기독교의 날카로운 적대자로 만들었다. 기독교 윤리는 그에 의하면 군주도덕(Herrnemoral)인 미, 지혜, 힘, 화려함, 위험성을 부인한다. 그러므로 기독교신앙은 문화의 쇠퇴다. 이웃사랑은 몰염치한 것이며, 복종은 본성을 비방하는 것이다. 후회는 사람이 어떤 한 가지 일을 완전히 끝내지 못했다는 증명이다. 불멸신앙은 이기주의의 최고봉이다. 니체에 의하면 자유로운 삶의 포기는 본래 기독교 신앙의 결과였다. 그러나 그렇게 하기에는 기독교인들이 너무나 유약하다. 그 결과 기독교인들이 욕구에 따라(κατ' ἐξοχήν) 삶을 살고, 차원 높은 인간 배양과는 정반대되는 선택을 시도하면서 종족을 더 악화시켰다.

삶을 형성하는 데 최고의 원리는 니체에 의하면 힘에 의존하는 것이다. 힘은 오직 선이다. 왜냐하면 힘이 삶을 창출하고 유지하고 고양시키기 때문이다. 힘의 인간, 초인에 대한 열망으로 니체는 수백년의 위선을 극복하고자 했다. 그는 자신에게서 유럽 허무주의의 출처를 본다. 이것은 하나님과 도덕에 대한 기독교적 신앙의 몰락 후에 더 이상 아무것도 진리가 아니며 모든 것이 가능하다는 것을 의미한다.

그러나 니체는 이제 직접 그가 긍정했던 이러한 허무주의를 모든 사물의 영겁회귀 사상과 쇼펜하우어적인 변형의 계승에서 다시금 극복하고자 노력했다. 허무로의 자유는 그에게서 자유롭게 원한 동일한 것의 영겁회귀의 절대성으로 변했다. 시간적인 운명은 그러므로 니체에게 그가 긍정한 영원한 운명이 된다. 그가 그것을 긍정했기에 짜라투스트라는 하나님과 허무의 승리자가 되었다.

그러나 니체의 복귀론(Rekapitulationslehre)이 계속해서 알려지지 않고, 하나님에 대한 그의 투쟁만이 알려진 것은 결코 우연이 아니다. 니체는 직접 열정적인 말로 하나님께 대한 자신의 싸움이 갖고 있는 중요성을 찬양했다. 죄책이 아무런 의미가 없음을 증명하고 저 세상에서 선과 악에 관해 무죄함을 다시 얻음으로 모든 가치에 대한 평가는 달라진다.

야스퍼스는 1938년 자신의 책 『니체와 기독교』에서 이것을 당시의 경향보다 더 친기독교적으로 해석하고자 시도했다. 그 속에 나타난 그의 니체관이 옳다고 할지라도 니체가 끼친 역사적 영향은 기독교에 극도로 유해한 것이었음을 말해야만 한다.

4) 또 다른 소위 지식층은 앞에서 설명했듯이, 관념론으로 인해 교회에는 낯선 것이 되었다. 그들은 기독교에 개인적 특징으로 남았다. 그 후 이어진 관념론의 심각한 위기는 관련된 사람들을 기독교 신앙으로부터 멀어지게 했다. 이 같은 경향 중 19세기 후반에 나타난 가장 강력한 철학적 사조는 실증주의(Positivismus)였다. 실증주의는 1830과 1842년 사이 『실증철학강의』(Cours de philosophie positive)에서 자신의 사상을 발전시킨 프랑스의 콩트(Auguste Comte, 1798-1857)에게로 거슬러 올라간다. 학문이란 콩트에 의하면 단지 사실과 그들의 관계를 다루는 것이다. 학문의 능력은 충분치 않다. 학문이 이러한 과제를 정당화하여 제3의 가장 높은 정신적 발전, 곧 실증주의를 초래했다. 신들을 문제 삼는 신학적 분야가 첫 번째로 지나갔고, 이념을 내용으로 하는 형이상학이 그 뒤를 따랐다. 실증적 학문은 개별적 영역에서 일어나는 발전법칙을 경험적으로 연구하는 것이다. 철학의 문제는 콩트에 의하면 세계관에 대한 결과를 연구하는 것이다.

종교적으로는 실증주의에서 결과적으로 완벽한 불가지론(Agnostizismus)이 나왔다. 개별적인 것들은 학문적 연구의 대상이다. 그것들은 이러한 사고를 토대로 해서 작은 것에 이르기까지 열심과 사랑으로 상세히 설명되었다. 그것은 경탄할 만한 것이며, 놀라울 정도의 학문적 진보를 보여주었다. 그러나 이러한 그의 공헌은 동시에 실증주의의 한계를 내포하고 있다. 그것은 사물의 완전한 의미를 밝혀내지 못했다. 그 영향은, - 방법론의 정밀성에도 불구하고 - 니체가 이미 맹렬히 비난한 영이 없는 학문적 추구였다. 그에 의하면 세계내적으로 어떤 완전한 의미도 인식할 수 없듯이, 초월적인 것도 마찬가지다. 초월성은 우리에게 열려 있지 않다. 이것은 종교와 형이상학이 싸우듯이 서로 대립하는 이유는 아니다. 그들에 비하여 평등성, 방관성이 결과임에 틀림없다. 동시에 여기서 많은 신학자들 역시 문화영역의 자율을 긍정했을 때 엄청난 결과를 가져온 비기독교적이고 세속적인 문화가 생겨났다.

19세기 초반에서 중반으로의 시대적 변화는 엄청난 것이었다. 19세기 초반 모든 사람들은 사상과 신앙, 철학과 기독교 사이의 종합 추구를 선물로 받은 정말 위대한 사상가였다. 이제 그들 모두는, 그들 가운데 가장 중요한 사람들까지도 기독교를 거부하는 데 일치하고 있다. 키에르케고르만이 여기서 예외라고 언급할 수 있다. 그는 20세기에서야 비로소 영향을 끼쳤다. 비기독교적이고 반기독교적인 이러한 경향은 두 가지를 종합하려는 관념론에 대한 반제로서 이해해야만 한다. 그렇지만 그것은 동시에 각성운동이 일반적인 정신적 삶에 아무런 영향도 주지 못했다는 사실에 대한 새로운 증거다.

2. 세계관의 귀화(die Naturalisierung) 셸링은 오랫동안 마지막 자연철학자였다. 자연 문제에 대한 철학적 극복 대신에 경험적 지배를 다루려는 노력이 더 강하게 등장했다. 이러한 노력은 빈틈없는 인과고리의 공리, 곧 거시물리학적 현상을 실제로 결정하는 듯이 보이는 원인기계론(Kausalmechanismus)에 의해 점차 지배되었다. 그 점에 대한 장애는 반드시 인식해야만 했던 가시적인 목적론적 과정이었다. 그러나 다윈은 이러한 틈을 자신의 자연도태에 관한 이론으로 막아버렸다. 그것은 그때까지만 해도 목적론적으로 해석했던 사안의 인과적 이해를 가능케 했다. 왜냐하면 그의 체계는 발전과 진보의 사상을 동시에 내포하고 있었기 때문에 큰 동의를 얻었다. 인간 역시 이러한 발전 과정에 포함되었다. 인간이 특별한 창조행위의 작품이라는 신앙을 다윈은 자신의 가설과는 일치될 수 없는 것이라고 설명했다. 이와 함께 불멸의 신앙도 역시 사라졌다. 다윈은 신론의 문제를 다루지 않았다.

이러한 토대에서 순수히 내재적인 세계관을 구성하는 것이 불가피하게 시도되어야만 했다. 사람들은 사랑과 미움, 관용과 배신, 살인, 범죄 그리고 가식은 두뇌 속에서 특정한 물질들이 결합하여 나타난 불가피한 결과(Büchner)라는 라메트리와 같은 구유물론자들의 방식에 따라 영적인 삶을 부인하거나 혹은 영적인 삶을 흔히 일어나는 자연적인 발전의 산물이라고 이해했다.

결과는 어쨌든

1) 규범적인 윤리를 불가능하게 만든 철저한 결정론(Determinismus)이었다. 삶의 귀화(die Naturalisierung) 역시 불가피했다.

2) 하나님 신앙의 거부였다. 하나님이 우주를 일으키는 원인이라고 보는 유신론적인 창조신앙은 머물 자리가 없었다.

이 모든 이념의 철저한 대중화는 1899년 에른스트 헤켈(E. Häckel)의 책 『세상의 신비』(Die Welträtsel)를 통해 일어났다. 우주는 그에 의하면 변함이 없으며 끝없는 공간이고 영원하다. 인간은 도태된 원숭이 종에서 유래했다. 의식은 점차 정신플라스마(Psychoplasma)의 유연화 활동에서 발전했다. 하나님, 자유, 불멸, 계몽주의의 핵심사상 등은 인과관계에서 더 이상 수용될 수 없다.

헤켈이 가져온 끔직한 영향을 사람들은 그다지 크게 생각하지 않는다.

3. 삶의 미학화 한편으로는 자연과학을 통해 다른 한편으로는 포이에르바하, 니체와 같은 철학자들을 통해 그때까지도 당연한 것처럼 이해되었던 도덕적인 것 역시 하나의 문제가 되었다(Elert). 아마도 이것이 이들 철학자들이 미친 가장 큰 영향일 것이다. 그러나 일상적인 삶이 되어버린 몸에 밴 윤리적 원칙들을 인간은 쉽게 버리지 못했다. 그러므로 실천적 도덕으로 이어진 이론적 해체가 즉시 일어난 것은 아니다. 그러나 그 결과는 의구심을 갖게 했고, 이제 이것을 문제라고 느꼈다. 그에 대한 전형적인 예가 자연주의의 예술인 입센의 극들이다((Ibsens Dramen). 운명이 아닌 문제들이 무대에 오르거나 영화화되었다. 새로운 세계관은 선포되는 것이 아니라 추구되어야만 한다고 예술은 언제나 이해했다. 예술은 바로 이것을 했다. 결과는 삶의 미학화였다. 그도 그럴 것이 "예술적으로 참되고 바른 것은 바로 그 때문에 유행처럼 등장했기 때문이다. 진리의 이념은 윤리에서 미학으로 전이되고, 존재의 중요한 형태가 예술이 되었다"(Elert). 이러한 사실을 전형적으로 반영하고 있는 책이 파울 페히터(Paul Fechter)의 『인간과 시간』(Menschen und Zeiten) 그리고 『시간의 전환점에서』(An der Wende der Zeit)이다(1948/1949). 쉴러와 포이에르바하처럼 페히터도 비그리스도적인 미학화를 연구했다는 사실은 위에서 이미 언급했다.

그러나 모든 출판물은 기독교 신앙의 거부 내지는 경멸로 가득 찼다. 미학화에 있어서 신앙은 중요하지 않다. 실제로 위대한 예술가는 당시 교회에서 나오지 않았다. 그것을 문제시 삼는 것도 중요하지 않다. 왜냐하면 문화자율의 이념은 기독교적인 자극을 보편적인 숙고에 수용하는 데 방해가 되었기 때문이다. 그러므로 기독교 신앙은 세상에 전혀 흥미 없는 것이 되어 버렸다.

이러한 정신적 발전은 의심의 여지없이 개개인에게 세계사에서 유일하다고 할 수 있는 상당한 결정권, 정말로 실제적인 결정의 자유를 선물했다. 그것은 확실히 엄청난 정신적인 분열로도 이어졌다. 결정의 자유를 뜨겁게 갈망했고, 또 어렵게 성취했다. 그것은 커다란 힘을 발산시켰다. 그러나 그것은 동시에 개개인이 그것으로 과도한 부담을 갖게 되었음도 보여주었다. 그는 자신의 세계관을 직접 제조해야 한다. 그는 자신의 삶의 극대화를 위해 직접 수고해야 한다. 이 모든 것은 교회와 같은 공동체의 유용한 도움도, 결실을 가져오는 하나님의 말씀의 능력도 없다. 심리적인 맞대응을 권위욕구라고 부른다. 그러므로 자유를 통해 전제주의에 길이 열렸고, 또한 어느 정도는 가톨릭의 기본사상에 이르는 길이 트였다.

| 참고문헌 | Werner Elert, Der Kampf um das Christentum seit Schleiermacher und Hegel, 1921. Karl Löwith, Von Hegel zu Nietzsche. Der revolutionäre Bruch im Denken des 19. Jahrhunderts, 1964[5].

53. 19세기 독일 개신교회의 내적인 삶 I
– 신학적 발전 –

19세기 신학사상의 방향을 알고자 하는 목적으로 어떤 문제들이 우선적으로 다루어졌고 어떤 문제에서 의견이 엇갈렸는지 질문을 제기하면 현대의 복잡한 상황이나 다름없이 열정적으로 매어달린 주제가 고대나 종교개혁 시대처럼 두세 가지가 아니라, 한 다발의 문제였으며, 그 답변을 찾고자 씨름했음을 알 수 있다.

계몽주의는 계시가 어떻게 일어나며 어디에 주어지는가 하는 문제를 풀지 못했다. 칸트의 비판은 적어도 계몽주의의 신학 사상이 가능치 않음을 입증했지만, 동시에 이성에 의한 초자연주의 사상을 열어 놓았다. 왜냐하면 그는 계시 형이상학을 합리적으로 설명할 수 있다고 이해했기 때문이다. 낭만주의는 교리, 개념 혹은 의견으로 주어진 모든 종교개념을 거부했다. 그 결과 독일의 지성인들을 종교경멸가가 되라고 위협했다.

1. 여기에 대응하여 큰 족적을 남긴 첫 공로자는 프리드리히 다니엘 슐라이어마허(Friedrich Daniel Schleiermacher, 1768-1834)다. 그는 칸트에게서 비판정신을 얻었고 형제공동체를 긍정하고, 그 중심에서 교육을 받았다. 낭만주의와 스피노자로부터 그리고 에마뉴엘 히어쉬가 새롭게 보여준 것처럼 피히테로부터 계속적인 영향을 받으면서 칸트의 비판을 이겨낼 수 있는 종교에 대한 새롭고 독자적인 사상을 추구했다. 그는 종교에 대한 새로운 사상을 "사고"가 아닌 "감정"(Gefühl)과 "직관"(Anschauung)에서 찾았다. 이 점에서 헤르더 및 피히테와 유사하다. 슐라이어마허에 의하면 개별적 자아는 독자적인 성향을 갖고 있다. 무한에서 유한을 인식하며, 무한은 유한한 존재의 반사다. 게다가 감정과 직관을 수단으로 삼았다는 점에서 괴테와 아주 유사하다. 그에게 감정은 능동적인 것이며, 직관은 우주 내지는 하나님께 - 슐라이어마허에게 이 둘은 동일한 것이다 - 대한 몰두의 수용적인 측면이다. 『종교론』(1799)에서 그는 이러한 감정을 직접 말하듯이 더듬거리는 말로 쓰고 있다. "나는 무한세계의 품속에 누워 있다. 나는 이 순간 그들의 영혼이다. 왜냐하면 나는 그들의 모든 힘과 그들의 끝없는 삶을 나 자신의 것처럼 느끼기 때문이다. 그것은 이 순간 내 몸이다. 왜냐하면 나는 나 자신의 것처럼 그들의 근육과 몸에 파고들기 때문이다. 그들 내면의 신경은 나의 것처럼 내 뜻과 내 처벌에 따라 움직인다." 완전한 조화, 더 나아가서 무한과의 일치가 이러한 감정의 본질적 내용이라고 말해야만 한다.

『신앙론』에서 그는 "신앙이란 감정으로 표현된 기독교적이고 경건한 감정상태의 이해들이다"라고 더 정확하게 정의했다("직관"은 어느덧 사용되지 않고 있다). 여기서 다루고 있는 감정은 내용적으로 모든 숙고 저편에서 이루어지는 무한자에 대한 마음의 감동이어야만 한다. 그러므로 "절대의존"의 감정이다(이 표현은 친첸도르프에게서 온 것이다). 세상에는 상대적 의존도 있다. 다만 용서에 관해서는 절대 의존이다. 슐라이어마허는 이러한 정의로 하나님을 동시에 이해했다고 믿었다. 그러나 그것은 비인격적 이해다. 절대의존의 감정은 우주에 있는 하나님을 아는 인식의 근거다. 카텐부쉬가 한때 설명했듯이, 하나님 자신만이 이러한 감정의 참된 근거다.

하나님에 대한 절대의존의 감정은 이제 자연의 인관관계를 통한 인간의 정해짐(Bestimmtwerden)과 동일한 의미를 갖고 있다. 왜냐하면 하나님은 그것을 통해서 인간을 규정하기 때문이다. 이러한 방식에서 경건한 감정과 학문적인 세계관은 나누어질 수 없다. 계몽주의가 풀지 못하고 남겨준 하나님과 세계, 종교와 학문 그리고 하나님과 나의 관계에 대한 문제는 그러므로 이러한 사상에서 동시에 해결되었다.

슐라이어마허에게 있어서 종교의 고유 영역을 찾고자 하는 관심이 종교와 철학사상의 조화를 이루어내려는 열정적인 노력과 결합되었다는 사실은 이미 언급되었다. 이러한 그의 노력의 결과가 『신앙론』이다. 이 책은 두 가지 기본 주장을 담고 있다. 하나는 부정적인 것으로서 모든 형이상학적인 숙고의 거부다. 이로 인해 슐라이어마허는 헤겔의 적이 되었다. 다른 하나는 긍정적인 것으로서 인간에게 주어지는 신비로운 삶에 대한 확신이다. 이러한 삶은 학문의 인식으로 세워지는 것이 아니라, 마음 깊은 곳에서 느끼고, 객관적으로 "우리 안에 있는 하나님의 존재"라고 해석해야만 하는 경험으로 이루어진다. 반드시 만족시켜야 하는데도 불구하고 이것은 사고(思考)가 풀 수 없는 하나의 수수께끼다. 종교와 학문이라는 주어진 두 영역의 구분은 그러나 모순되는 것은 아니다. – 슐라이어마허는 처음에는 이렇게 이해했다. 왜냐하면 종교적 확신 역시 철학과 학문의 인식에 고개를 숙이기 때문이다. 간단히 말해서 종교는 학문적인 내용의 인식을 담고 있는 근원이 아니기 때문이다. 이것은 각성운동이 성취한 것과는 정반대의 태도다. 가령 초월적 인격체인 하나님과 사후에도 개인적 삶이 계속된다는 사상은 이미 금지된 신학의 경계이탈들이다.

슐라이어마허는 종교를 일치성과 전체성을 가진 감정이라고 서술하고 있고, 또 그 종교는 무한세계에 기초하고 있으며, 하나님은 오직 세상을 통해서만 우리에게 영향을 줄 수 있다고 보기에 후에 그는 모든 인식과 모든 행동을 종교적인 차원으로 여길 수 있었다. 왜냐하면 그 인식과 행동은 세상과 관계되어 있기 때문이다. 역으로 종교는 그에 의하면 하나님께 대한 관계만이 아니라, 항상 세상에 대한 관계를 포함하고 있다. 히어쉬는 그 점에서 "종교적 감정을 통해서만이 인식은 진정한 학문의 영역으로 고양되고 행동은 참되고 완벽한 윤리로 고양된다"고 쓰고 있다. 종교와 문화의 두 영역은 서로 독립적이지만, 이 둘이 최종적으로 감추어져 있는 모든 지식으로 근거인 하나님을 생각하지 않고, 연구와 행동에서 종교적 감정이 참여하지 않는다면 둘 다 궁극적 완성은 없다. 이 점에서 신학과 철학은 사실 밀접하게 연관되어 있다. 또한 이 점에서 칸트와는 전혀 다르게 신학과 윤리가 서로 밀접하게 연결되었다. "종교적 인간(homo religiosus)은 깊은 의미로 볼 때 교육에서 이해된 인간"(Barth)이라는 결과는 여기서 온 것이다. 그러므로 문화와 하나님 나라가 함께 조명되고, 문화의 발전은 마찬가지로 신학의 최대 관심이 된다. 여기서 문화개신교주의의 신학적 기본 토대가 이루어졌음을 분명히 알 수 있다.

이러한 사상에 의하면 종교에 있어서 가장 중요한 것은 영원한 진리를 중재하는 것이 아니라, – 종교는 결코 이것을 할 수 없다 – 종교적 직관과 감정들이 본래, 개인적으로 꼭 필요하고, 그러므로 사실이라는 것이다. 경건주의가 내놓은 하나님 관계의 진정성의 문제가 여기서 중요한 척도가 된다. 이 점에서 슐라이어마허는 보편타당성을 지닌 자연종교를 말하는 계몽주의 사상뿐만 아니라, 하나의 타당한 이성적 종교를 말하는 피히테의 사상을 철저히 거부했음에 틀림없다. 종교는 항상 개인적이며, 긍정적 의미를 가지고 있다. 교회론에 있어서 슐라이어마허는 그것이 사람들로 이루어진 공동체라는 사상을 항상 유지했다. 동시에 그는 이러한 관점으로 19세기 종교사뿐만 아니라 종교심리학 연구에 기초를 놓았다.

슐라이어마허는 역사적 종교들이 특정한 첫 근원적인 체험에서 그 창시자가 나왔다고 보았기 때문에 신학의 주된 업무는 이것을 연구하는 것이어야만 했다. 신학적 교리는 세속적인 종류의 것이다. 계시의 개념은 완전히 주관적으로 파악되어야만 한다는 사실도 동시에 주어졌다. 우주에 관한 본래적이고 참된 모든 직관은 계시로 간주해야만 한다. 슐라이어마허에 의하면 종교에 대한 인간의 본래 성향 역시 각성과 장려를 요구하듯이 그것은 역사적으로 계속 영향을 줄 수 있다. 계시와 역사의 연관성은 최소한 유지되었고 동시에 교회의 업무는 가능하고 꼭 필요한 것으로 입증되었다.

그는 기독교의 본질을 멸망에 역작용하고 이 목적을 달성하고자 유한의 세계에 기꺼이 그 자신을 내어준 신의 출현에서 본다. 그러므로 그는 기독교를 구원의 종교, 즉 "우리의 영적 정신적 인간성을 더 높이 고양시키고자 인간의 역사적인 삶에서 활동하는 중요한 힘"이라고 묘사하고 있다.

바로 거기서 커다란 문제인 구원자의 인성에 대한 문제가 나왔다. 그에 대해 말하는 교회의 증거만을 우리가 가지고 있다면 – 슐라이어마허는 우선 그것을 이렇게 본다 – 우리는 그에 대해서 매우 조금 아는 것이다. 여기서도 역시 구원의 감정은 중요한 것이 되고 있다. 감정은 우리로 하여금 그가 본래 하나님에게서 난 자요, 하나님의 말씀 안에서 육신이 되었다고 확신하게 해준다. 『종교론』 제1판에서부터 『신앙론』 제2판까지 "하나의 가능한 사례"라는 언급에서부터 "모든 중재의 중심"이라는 언급에 이르기까지 그리스도의 가치가 점차 더 강조되고 있음을 확인할 수 있다.

이 모든 점을 고려해볼 때 하나의 완전한 신학적 신축이 불가피해졌다. 바로 이것을 슐라이어마허는 이미 언급한 그의 책 『기독교 신앙』(Der christliche Glaube)에서 시도했다. 여기서 첫 번째 주요 문제는 언제나 개인적이라고 규정된 구원의 신앙이, 설명했듯이, 슐라이어마허가 전제하는 모든 것을 조건짓는 신적인 의지의 일치와 함께 생각될 수 있는지 여부다. 그러나 만약 죄가 개성의 개입과 함께 자존욕구로서, 자기주장으로서 그리고 무한자와의 불화로서 거의 피할 수 없이 형성되는 하나의 기정사실이라면, 죄는 불가피하게 자신을 넘어서 즉 전체 속으로의 편입이나 구원보다는 하나님께 대한 헌신을 지적하는 것이다. 모든 인간은 죄성을 가지고 있기 때문에 인간의 본래 성향을 완성시켜주는 구원 역시 모든 인류에게 해당한다. 그러므로 슐라이어마허는 모든 것을 되돌려 놓은 설교자가 되었다. 하나님의 분노에 대해서 그리고 하나님의 화해인 구원에 대해서는 그는 확실히 아무 말도 하지 않는다.

주요 교리와 관련해서 슐라이어마허는 교리적 형식의 신학적 주장을 거부하고 있다. 신앙은 성령의 힘으로 직접 형성된다. 성령은 구원자와 삶이 연합되도록 우리를 인도한다. 이것은 종교적 감정이 일어나고 발전되어야만 한다는 사상을 통해서는 결코 약화되지 않는 성령주의다. 이 점에서부터 슐라이어마허는 정통주의의 반대자가 되고 있다. 신앙은 교리로 증명되는 것이 아니라, 그 내적인 본질에 따라 전개되고 이해되는 것이다. 슐라이어마허는 이것을 엄격한 조직신학적인 틀에서 수행했다. 그러므로 그는 새 시대의 첫 위대한 조직신학자가 되었고, 칼 바르트 역시 그의 업적을 “단 하나뿐인 유일한 지적 업적”이라고 평가했다.

슐라이어마허의 특징은 하나님-세계의 관계를 이성적이 아닌, 종교적인 척도에서 비판적으로 성찰한 점이다.

비판적으로 본다면,

1) 종교의 근거를 절대의존의 감정에 둠으로써 인간론적인 출발을 선택했다는 점이다. 거기서 동시에

2) 주관주의가 결과로 주어졌다. 이것은 교회가 하나의 연합체로서 매우 강하게 전면에 등장시켜야만 했던 점이다.

3) 슐라이어마허는 종교를 오직 감정에 근거를 둠으로써 인간을 전체적으로가 아닌 인간의 심리적 영역만을 보았다. 종교가 그에 의해서 독립됨으로써 동시에 고립되고 있다. 사실 하나님의 인식은 느낌만이 아니다. 슐라이어마허 사상의 결과는 특정한 문화영역이 다시금 대립해야만 했다는 점이며, 여기서는 종교, 저기서는 철학, 게다가 모두가 완전한 독립과 자율에서 이루진 것이다.

어쨌든 슐라이어마허는 엄청난 과제를 제시했고 대단한 지구력과 힘으로 그 문제를 해결했음을 재차 강조해야만 한다. 그는 본래 학파를 구성하지 않았음에도 불구하고 자신의 연구로 19세기 신학을 계속 주도해 나갔다.

2. 신학적 노선의 분열 이어진 시대는 신학적 노력이 세 가지 방향으로 분열하고 있는 특징을 지녔다. 이러한 방향은 관념론과 슐라이어마허의 유산을 다양한 형태로 상속했고 부분적으로 논박을 통해 수정되었다. 주요 문제는 신앙과 학문의 관계, 여기에 계시의 문제였다. 후자는 동시에 신앙과 역사의 관계를 의미하기도 한다. 구원의 확신 문제도 열띤 논제가 되었다.

1) 우선 사변 신학(spekulative Theologie)을 말할 수 있으며, 주요 대표자는 칼 다웁(Karl Daub, †1836)과 필립 마르하이네케(†1846)였다. 마르하이네케는 척도인 성서와 규칙인 신앙고백 속에 놓여 있는 하나님의 계시를 설명하고자 했다는 점에서 계시신학자이기를 원했다. 그러나 그에게 있어서는 이러한 하나님 인식을 학문의 형태로 발전시키고자 한 열정적인 의지가 그것과 결합되었다. 헤겔 철학이 그에게 그 수단을 제공했다. 그에 의하면 기독교에서 표

현되는 이념은 신적이고 인간적인 진리다. 그러므로 그는 권위와 자유로운 이성의 활동을 화해시킬 수 있다고 믿었다.

2) 루터교 측에서는 우선 에어랑겐 학파가 만들어졌다. 주요 대표자는 호프만(J.C.K. Hofmann, †1877), 고트프리트 토마지우스(†1875) 그리고 프랑크(Fr. H. R. von Frank, 1894) 등이다. 에어랑겐 신학의 독특성은

(1) 궁극적 근거를 구체적이고 개인적인 체험에서 본다는 점에 있다. 이러한 체험이 그리스도인인 나는 신학자인 나에게 내 학문의 본래적인 재료임을 각인시켜 준다. 이러한 체험이 동시에 개인적이고 역사적인 하나님의 증인으로서 역사, 성서 그리고 신앙고백 속에서 인간을 믿게 한다. 그러므로 이 둘을 하나로 볼 수 있다. 여기서 나타나는 주요 문제는 구원의 확신문제다. 에어랑겐 신학은 루드빅 이멜(Ludwig Ihmel)에게서 끝이 나기까지 그것을 가지고 씨름했다. 칼 하임 역시 이 문제의 영향을 받았다.

(2) 에어랑겐 학파는 신학의 구속사적 기초를 추구한다는 점이며(Hofmann), 이에 따라 자체가 완결된 일이자 하나님이 직접 일으키는 역사인 초자연적인 하나님의 구원의 질서를 유일하고 비교불가능한 일로서 모든 자연적이며 인간적인 것에 대립해서 등장시키고 있다는 점이다. 하나님-세계의 문제는 거기서부터 대립적으로 해결되고 있다.

에어랑겐 학파와 더불어 베를린의 에른스트 빌헬름 헹스텐베르크(Ernst Wilhelm Hengstenberg, †1869)도 중요한 사람이다. 철학적인 방법으로는 하나님을 인식할 수 있는 길이 없다는 깨달음에서 그는 역사적 계시를 의존했다. 그는 성서적으로 생각하고, 자신의 이성과 대치되는 점에서 있어서도 성서말씀의 신적인 계시에 복종했다. 구약성서 역시 기독교 신앙이 토대를 두고 있는 성서에 속한다. 때문에 헹스텐베르크에 의하면 구약성서를 훼손하는 사람은 그리스도를 훼손하는 자다. 그 점에서 헹스텐베르크는 모든 자연적이고 철학적인 신인식의 열정적인 적이 되었음에 틀림없다. 동시에 그는 성서에 대한 역사 비평적 연구에 대해서도 강력한 반대자가 되었다. 성서의 저작성에 대한 판단은 그에게는 올바른 신앙을 재는 척도가 되었다. 그는 개혁파에서 루터파가 되게 한 자신의 철저한 체험을 토대로 성서의 핵심내용을 루터교의 신앙고백과 동일시했다. 그러므로 그는 동시에 신앙고백적인 루터란이 되었다. 그는 그럼에도 불구하고 프로이센 연합을 철저히 긍정했다.

3) 언급한 두 그룹과 더불어 마지막 그룹인 중재신학(Vermittlungstheologie)이 있다. 이것 역시 우선 현대 세계의 학문적인 자의식과 기독교 신앙, 더 정확히 말하자면, 기독교의 이상 사이에서 참된 중재를 모색하고자 했고, 그와 더불어 동시에 신학적 그룹들 사이에서 조정을 도모하고자 했다. 그 주요 대표자는 가끔 상당한 영향력을 미친 칼 임마누엘 니취(C.I.Nitzsch, 1787-1868), 칼 울만(†1865) 그리고 이삭 아우구스트 도르너(†1884)였다. 이들도 슐라이어마허를 인용하여 성서와 신앙고백문에 대한 교리법적인 구속을 거부했으나, 또한 그를 반대하여 종교적인 감정을 하나님에 관한 참되고 객관적인 인식의 근원으로 보았다. 그 때문에 이 인식은 성서 속에 있다고 믿어야만 한다. 기독교의 이념은 그러므로 신적이며 그들의 실현은 인간적이고 자연적이다. 성서의 객관적 타당성이 크게 긍정 받고 있음에도 불구하고 성서에 대한 역사비판은 가능하다. 도르너는 그와 더불어 새로운 역사적 철학적 인식을 가지고 삼위일체론과 기독교의 화해에 힘썼다. 즉 역사적 그리스도를 신앙의 그리스도와 함께 조망하고자 노력했다.

데이빗 프리드리히 스트라우스(1808-1874)는 1835/1836년 그의 첫 책 『예수의 생애』(Leben Jesu)에서 이러한 가능성을 철저히 부인했고, 그것으로 역사적 인간인 예수 안에 있는 신적인 의지의 인간성과의 원래의 완성을 부인함으로써 신학적인 한 측면을 허물었다. 역사의 예수와 이념의 그리스도는 그에 의하면 절대 일치하지 않는다. 그러나 다른 측면, 즉 감정, 마음의 체험, 경험에 근거하는 것을 포이에르바하는 단순한 인간론으로 이해해야만 한다고 생각했다. 공개적인 당혹의 시대는 이렇게 끝났다.

3. 이러한 어려움은 더 나아가서 새로운 사상에서도 극복될 수 없었다.

여러 사상으로의 분열은 오히려 사상의 교환이나 상호 영향이 전혀 없지는 않았다.

1) "사변적"인 경향에 이어 "자유신학"이 일어났다. 이 이름은 그들의 지도자인 비더만(Biedermann)이 직접 칭한 것이며, "자유"라는 것을 우선 교회의 전통에서 자유한 것으로 알고, 그 때문에 전통에 관한 모든 비판적 작업을 계속하면서 논리의 법칙성에 타당한 것만을 인정했다. 그들이 신앙과 지식은 서로 일치할 수 없다고 본 헤겔 좌파에 반대하여 기독교를 변호하고, 성서적-

신앙고백적 신학에 반대하여 자유로운 연구의 권한을 주장했을 때 양대 전선의 싸움에 직면했다. 자유신학은 물론 세부적으로 많은 오류도 있었지만 교회와 교리의 역사처럼 성서의 세계를 역사적으로 인식하는 데 큰 업적을 이루어냈다. 기독교를 포함하여 종교역사에 진화사상을 계속 적용하는 것이 정말로 세계와 인류사를 풀 수 있는 열쇠가 되는지에 관해서는 다시 연구되어야 한다. 모든 인간의 삶이 심지어 자연조차도 "역사적으로"만 존재한다는 통찰은 매우 중요한 것이었다. 역사를 일회적인 진행, 즉 반복되지 않고 돌이킬 수 없는 과정이라고 이해했다. 진화사상이 가져온 회의에도 불구하고 19세기에 이루어진 새로운 인식은 자유신학의 공로다. 조직신학적으로 볼 때 이미 언급한 비더만(A.E. Biedermann, †1885)은 중요한 사람이 되었다. 그는 기독교적이며 교회적이고자 했다. 그러나 기독교적이라고 함이 고대교회 교리와 일치한다는 것은 부인했다. 기독교의 원칙은 그에게 오히려 그리스도 자신이었다. 그에 관해서는 – 비판적으로 연구된 – 성서가 알려준다. 신학은 그에게 엄밀한 의미에서 학문이었다. 이 학문이 사변적 개념과 객관적 진리를 모순이 가득한 생각의 단계에서 좀 더 높은, 즉 모든 이해의 모순에서 정화된 단계로 고양시킬 수 있다. 그러므로 그에 대한 헤겔의 영향을 알 수 없다. 무엇보다도 종교적 인식에 대한 척도가 계몽주의와의 연관성을 분명히 보여주고 있다. 여기서 신학은 철학에 의존하고 있다. 비더만은 "기독교 원리"와 예수에 대한 기독교 신앙의 연관성 사이에 조화를 이룩하지 못했다.

2) 자유주의 신학과는 달리 "낙관적"(positive) 신학은 성서에 대한 비판적 연구를 계몽주의의 표지, 즉 하나님의 질서에 대한 반항이라고 거부했고, 현재에 적용해야만 하는 성서와 신앙고백과의 철저한 연관을 강조했다. 그들 역시 고대교회의 기독론을 현대의 탁월한 예수상과 조화하기 위해 역사적 연구가 필요했다. 이러한 과제를 실현하는 데 결정적인 자극은 고트프리트 토마지우스가 구프로테스탄트의 신성포기론(Kenosislehre)을 변형함으로 주었다. 이것은 상당히 수용되었다. 토마지우스에 의하면 하나님의 로고스는 인간이 되심으로 신적인 그의 존재 형태를 인간적인 존재 형태로 바꿨다. 이러한 주장으로 토마지우스는 예수의 완전한 삶에 자유를 얻었지만 물론 어려움도 발생했다. 즉 하나님 안에 있는 변화 자체도 직접 설명되어야만 했다.

낙관적 신학은 교회론의 문제에 대한 명확한 설명을 위해 힘을 기울였다. 테오도어 클리포트는 이것을 근대의 특수한 교리사적 과제라고 보았다. 이것은 역사와 신앙의 관계 문제와도 밀접한 연관을 가지고 있다. 클리포트는 역사의 모든 시기는 나름대로의 교리를 정신적 삶의 요체로서 가지고 있다고 생각했다. 고대교회는 기독론이, 어거스틴 시대에는 인간론이, 종교개혁 시대에는 구원론이 그리고 근대는 교회론이 그 중심에 있었다. 그는 근대적인 발전 사상과 교회의 전통에 대한 긍정 사이에 조화를 유도해내고자 시도했다. 그 역시 많은 추종자를 얻었다.

3) 중재신학(Vermittlungstheologie)에 대하여 호르스트 스테판은 그것이 좀 더 높은 차원에서 상반성의 극복을 시도한 것이 아니라, 다양한 동기들의 절충적인 인간연합을 형성했으며, 이것은 결코 참된 연합이 되지 못했다고 말한다. 로테(Richard Rothe, 1799-1867)는 중요한 사람이 되었으며, 그는 세계에 대한 하나님의 관계라는 진부한 문제와 기독교와 문화의 문제를 다시 다루었다. 헤겔의 영향을 받은 그는 교회는 국가 안에 있는 모든 것을 포괄하는 중요한 것으로 인식하고자 했다.

4. 알브레히트 리츨(1822-1889)은 참된 성공은 거두지 못했지만 새로운 시도를 했다. 그는 강력한 역사적 토대를 근거로 연구를 진행했고, 또한 특히 루터에게 귀결되었음에도 불구하고 칸트에게 밀착되었다. 그는 신학에 등장하는 모든 형태의 형이상학과 사변신학을 반대했다. 그는 계시신학을 위해 확신신학(Bewußtseinstheologie)을 극복하고자 했다. 리츨에 의하면 하나님은 우리에 대한 그의 관계에서, 우리를 향한 인식 가능한 그의 역사에서 우리를 만난다. 다른 대상은 리츨에 의하면 허무한 것이다. 그에게 있어서 종교의 출발은 체험이며, 윤리적 투쟁의 책임, 게다가 영과 본성의 분리의 극복이다. 그러므로 도덕적 과제인 하나님과 세계의 관계는 여기서 가장 중요하다. 하나님 자녀의 자유가 리츨에 의하면 사랑에서 비롯되는 행동을 이끈다. 이 행동은 도덕적인 인간의 조직에 목표를 둔 것이다. 그 때문에 리츨학파의 정간물이 "기독교 세계"라는 제목을 갖게 된 것이 이해가 된다. 이 점에서 이미 슐라이어마허가 만든 문화개신교적 태도의 강화가 빚어졌다. 리츨은 그가 신학을 교회 안에 있는 기능으로 규정했고, 강조하여 교회의 자유로운 하나의 기능으로 보았을 때 자유주의에 호의적이었다. 그것은 그에게 동시에 상당히 중요한 것이었다.

리츨이 얼마나 자유주의를 사전에 연구했는지는 종교사학에서 분명해졌다. 종교사학파는 리츨의 제자들에 의해 만들어졌고, 부분적으로는 라가르드의 영향을 받으면서, 그들 스승의 역사비판적 연구를 조직신학적으로 묶어 받아들였다. 그들은 직접 성서를 자유롭게 연구했으며, 여기에는 근대의 세계관이 이 비판에 중요한 척도를 제공해 주었다. 성서도 그 척도 아래 위치시켰다. 이것은 상당한 변화로 이어졌다. 그들은 성서의 종교사적인 배경을 밝히고자 했고, 보편적인 정신사의 한 단면이라는 이유로 그것을 특별히 종교역사라고 보았다. 그들은 발전사상을 단호히 성서에 적용했다. 그 결과 이러한 행동은 즉시 엄청난 역사화로 이어졌다. 역사는 모든 문제를 푸는 수단이다(하르낙). 그 점에서부터 그러므로 "역사와 계시"의 문제가 새롭게 부각되었고, 기독교의 절대성의 문제도 화두로 떠올랐다. 에른스트 트뢸취는 특별히 이러한 문제를 다루었다. 그가 종교를 마지막 이성절대성으로서 긍정하고 기독교 안에서 가장 발전된 종교형태를 보면 볼수록 순수한 역사적 방법만을 가지고는 이러한 문제를 해결할 수 없었다.

몇 가지 점에서 종교사학파는 후기 유대교를 기초로 성서적 종말론의 중요한 문제를 발견했다. 동시에 헤르만 궁켈을 통해 성서에서 신화의 문제가 다시금 제기되었다. 불트만이 그것을 다루었을 때, 그는 구종교사학파처럼 신화적인 것을 제거하고자 한 것이 아니라, 하이데거적인 존재철학의 형식적인 도움을 얻어 우리 시대에 유익하게 해석하고자 한 것이다.

5. "성서학파"(die biblische Schule)는 모든 신학의 성서적 근거를 강조하여 교회의 삶에서 큰 중요성을 얻었다. 이들은 호프만과 토비아스 벡(J.T.Beck, 1804-1878)으로부터 영향을 받은 마틴 켈러(1835-1912), 아돌프 슐라터(1852-1938), 율리우스 쉬니빈트 등이다. 할레에서 활동한 켈러의 연구는 신학 내부를 겨냥한 것이었다. 신앙의 확신을 설명하는 것과 그 확신을 강화시키는 것이 그에게 중요했다. 그는 사도들이 증언하고 있는 하나님이 보내신 그리스도 안에 역사적 사실의 일치와 영원한 의미가 주어졌다고 보았다. 역사적 예수는 우리가 더 이상 접근할 수 없다. 따라서 역사적 예수가 아니라 교회에서 설교되고 증언된 그리스도가 기독교 신앙의 근거다. 그러므로 그는 역사를 신앙으로 끌어들였고 역사와 계시 사이에 분열을 극복했다. 아돌프 슐라터도 이

와 유사하게 판단했다. 그렇지만 그는 세상을 하나님의 세계라고 긍정하는 큰 내적 자유를 갖고 있었고, 그 점에서 구각성운동과는 현저한 차이가 있었다.

6. 성서신학과 함께 루터에 대한 자각(칼 홀, 칼 스탕에 등)**은** 1917년 이후 새로운 신학 사상을 숙고하는 방향으로 영향을 주었다.

7. 변증법 신학은 1차대전 이후 점차 커다란 중요성을 갖게 되었다. 그들의 시작은 한편으로 보면 전쟁이 초래한 진보신앙의 위기이며, 모든 인류의 죄성에 대한 자각이다. 거기서부터 문화개신교주의에 대한 격렬한 거부가 나타났다. 그와 더불어 내가 무엇을 설교해야만 하는가 하는 불가피한 문제가 생겼고, 동시에 항상 새로운 완성을 요구하지만 결코 통계적으로 안전한 결과를 세울 수 없는 그의 "대상" 앞에서 어떤 신학적 사고를 지양해야 하는지에 대한 자세의 문제도 생겨났다.

모든 신학의 토대는 바르트에 의하면 밖에서 우리에게 주어진 그의 말씀 속에 있는 하나님의 계시다. 하나님이 한 번 말씀했기 때문에 우리에게 온다는 것이다. 그 말씀은 또한 "낯선" 말씀이며, 그러므로 우리 안에서 비롯되지 않는다. 이러한 인식에서 모든 신비주의를 날카롭게 거부했음에 틀림없다(트뢸취는 신비주의를 종교의 원현상으로 보았었다). 하나님께 이르는 직접적인 것은 없다. 모든 종교적 선험성, 모든 확신신학과 경험신학, 그리고 결국 종교에서 나온 기독교의 모든 유도들도 마찬가지다. 그러므로 종교사학파에 대한 거부가 그 결과로 나타났다. 하나님의 비제시성(Unverfügbarkeit)은 결국 성령에 크게 의존하는 조건이 되었다. 이것은 거의 새로운 것이며, 거기에는 종말론적인 태도인 "기다림"도 포함된다. 여기서부터 성서의 종말론에 대한 긍정이 언급되어야만 한다. 하나님은 무로부터의 창조자(creator ex nihilo)며, 모든 우연성 저편에 있는 큰 기적이다. 여기서 변증법적 신학은 새로운 물리적인 세계상과 만나게 되고, 그 외에도 반(反)물리적 특징을 지니게 되었다.

이러한 발전은 신학으로 하여금 부정적으로는 종교의 인간 내면적인 모든 근원과 목적을 부인케 했고, 또한 모든 형이상학적 토대를 극복하게 했으며, 긍정적으로는 종교개혁 신학에 바탕을 둔 성서의 계시를 더 높이 평가하도록 했다. 이것은 독일 교회가 그것을 가지고 내적으로 국가사회주의가 의존한 사상들을 거부하도록 이끌었을 때에 역사적으로 더 중요한 것이 되었다. 초기의 학파들이 보여준 많은 점들은 이러한 발전으로 신학의 일반상식이 되었다. 성서에 대한 역사적 연구의 긍정, 그 속에 있는 종말론적 사상의 진지한 수용, 하나님의 계시로서의 성서에 대한 긍정 등이 바로 그것이다. 기독교의 존립 문제로 국가사회주의 시대에 일어난 투쟁과 그 결과는 우선 상이한 모든 것들을 함께 다루었고, 모든 신학적 학파를 말소시켰다. 개개 신학자들 사이에도 상당한 차이점들이 있었음이 분명하게 되었다. 좀 더 명백한 학파 형성은 아직 일어나지 않았다.

| 참고문헌 | Werner Elert, Der Kampf um das Christentum seit Schleiermacher und Hegel, 1921. Horst Stephan, Geschichte der evangelischen Theologie seit dem deutschen Idealismus, 1960[2]. Karl Barth, Die protestantische Theologie im 19. Jahrhundert, 1960[3].

54. 19세기 독일 개신교회의 내적인 삶 II

- 신앙고백의 문제 -

계몽주의는 교파의 한계뿐만 아니라, 더 나아가 종교의 경계를 무디게 만들었다. 왜냐하면 특징과 독창성이 높이 평가된 것이 아니라, 일반적이기 때문에 타당하고 보편적 가치가 있다고 하는 보편성이 높게 인정되었기 때문이다. 교파는 곧 분리를 의미했다. 놀랍게도 교회 내 계몽주의의 이상은 그럼에도 불구하고 국가교회(Nationalkirche)를 세우는 것이었다. 보편적인 교황권이 가진 구습을 이미 경험한 사람들은 이것을 거부했고, 민족성 확립이라는 구실로 추구한 교회 중심주의를 반대했다. 개신교 내부에서 볼 때 국가교회는 교파와 지역분리의 극복을 의미했다. 17세기 말엽 라이프니츠(Leibniz), 스피놀라(Spinola) 그리고 부세트(W.Bossuet) 등이 이 문제에 대해 논한 협상에서 커다란 견해 차이가 있음이 드러났다. 가톨릭은 민족의 관습과 법을 보장해주고자 했고, 교황은 보편적 일치의 상징이자 보증인으로서 교리를 결정할 권한을 갖고자 했다. 라이프니츠는 이 점을 반대했고, 신앙의 자유뿐만 아니라 신앙의 자유를 위한 교리의 자유 역시 사수하고자 했다. 교황은 외적인 문제에 있어서 어느 정도 유기적인 통일성을 유지하고 싶어 했다. 이러한 문제 때문에 결국 협상은 결렬되었다.

교파적 차이를 평준화시킨 것은 계몽주의의 유산이다. 그 영향은 두 가지로 나타났다.

1. 직접적인 국가교회적 노력으로 그것은 곧 언급하게 될 것이지만, 헤르더, 피히테, 아른트 그리고 얀에게서 볼 수 있는 국가 종교적 요소를 통해 새로운 자양분을 얻었다. 피히테에 의하면 인류는 이상적 유기체이며, 민족단위로 구성되어 있다. 민족이라는 이상이 가장 순수하게 실현된 예가 그에게는 독일이었다. 개개인 역시 피히테에 의하면 민족 안에서만 영원성을 갖는다. 민족 안에는 하나의 종교가 있고, 그것은 산개해서는 안 된다. 그러므로 피히테는 1813년 국가론에 대해 강의하면서 "모두가 자발적이고 자유로운 생각에서 일치할 수 있는 하나의 종교는 계속 존속할 것이며, 이것이 곧 국가종교이다"라는 요구를 제기했다. 교파를 뛰어넘어 모든 교파 저편에 있는 하나의 새로운 독일 교회를 이 국가종교가 지고가야 했다.

독일 체조의 아버지 얀(Friedrich Ludwig Jahn, 1778-1852)의 의견도 같았다. 그는 "예수회라는 불청객이 없었더라면 종교개혁기에 자유롭게 믿는 통일된 독일 교회가 생겼을 것이고, 그 속에서 국가 예술, 민족 문화, 그리고 국민 종교의 모든 것이 활성화되었을 것이다"고 생각했다. 그러한 교회는 그에게 있어서 지금도 여전히 추구할 만한 가치가 있는 목표였다. 그는 국가의 이념은 왕, 백성, 군대 그리고 교회의 일치를 요구한다고 생각했다. 그에 상응하여 "독일 연맹"(Deutsche Bund)은 "조국에 대한 복종, 조국의 안녕과 교회의 일치를 포함한 조국의 일치 장려"를 요구했다. 1817년 종교개혁기념일에 예나에서 발표된 "바르트부르크 기념일의 원칙과 결의"에는 "가톨릭과 개신교로의 독일의 분열이론은 오류이자 잘못된 것이며 불행한 것이다"고 적고 있다. 비록 많은 독일인들이 가톨릭 신앙을 고백하고 다른 많은 사람들이 개신교의 신앙원칙을 따른다고 할지라도 동일한 조국을 통해 하나라고 믿는 독일인도 적지 않다. 우리 독일인 모두는 우리가 믿는 한 분 하나님이 계시며, 우리가 경배하는 한 분 구원자가 있듯이, 우리의 조국도 하나다. 우리가 이러한 뜻 안에서 살고 행동한다면, 우리는 자비로우신 하나님에게 다른 모든 것을 맡길 수 있다. 알프레드 아담은 이렇게 노래했다. "수백 년이 넘도록 이글거리는 아침의 태양이 매일 비추고 있다. 하나님과 백성이 하나라는 달콤한 노래를 들은 사람에게는 흥분된 감격이 그 마음속에 있다. 백성의 삶을 일치시키려는 국가의 노력은 교회도 역시 이러한 일치에 동참하지 않는 한 성취되지 않은 것이다."

국가교회를 실현하고자 하는 첫 시도는 독일 가톨릭이 했다. 1844년 트리어에서 열린 그리스도의 저고리 – 물론 진품은 아닌 것이 분명하다 – 전시는 강력한 반대운동을 불러일으켰고, 결국 계몽주의적인 경향과 함께 민족교회적인 특별한 목표를 추구하는 "독일 가톨릭교회"(1845년 설립)라는 독자적인 교회를 세우게 한 결과를 가져왔다. 그러나 그것은 본질적으로 가톨릭 사상을 부정하는 경향을 추구했기에 40년의 발효기간에만 실제로 대중적이었고, 자유사상이 되어 순식간에 가라앉았다. 독일 교회는 그러나 그 외에도 특별히 민족에 대한 긍정이 결코 루터 사상의 영향이 아님이 확실하다는 사실을 분명하게 보여주었다. 국가교회의 형성은 게다가 우선 가톨릭적인 토대에서 먼저 시도되었다. 그러나 선포된 메시지를 받아들이는 것은 가톨릭보다는 오히려 개신교가 훨씬 강했다.

개신교 측에서는 프리드리히 빌헬름 4세의 지도로 국가교회를 세우기 위한 실제적인 작업이 이루어졌다. 실천적인 사회활동을 전개한 중세 후기의 백조수도원을 새롭게 부흥시키려는 그의 소망 때문에 민족 공동체의 통일된 교회로서 실제적인 사랑을 전개하려는 생각을 가진 "제3의 교단"이 이루어졌다. 이것은 원칙적으로 볼 때 구체화되어가고 있는 스톡홀름의 이념이다. 그러나 그러한 시도는 곧 하나의 이상임이 입증되었다.

민족의 삶 혹은 민족정신이 강한 지도자를 중심으로, 대체로 피히테의 직접적인 영향이지만, 언제나 민족교회에 대한 사상이 다시 싹텄다. 칼 하제는 그 선구자였다. 그는 1848년 교리도 없고, 사제도 없는 "독일 경건"으로 가득한 만인사제적인 교회를 세우고자 노력했다. 라가르디의 경우와 동일했다. 그 후 이러한 것은 국가사회주의 시대에 더욱 두드러졌다(참고 58).

2. 개신교 민족교회 독일 전체를 종교적으로 하나로 묶으려는 노력과 개신교 내부의 일치가 주요 사안이었던 움직임과는 분명히 구분해야만 한다.

그것은 다시 두 개의 단체로 나눌 수 있다.

1) 우선은 지역 내 연합체를 구성하려는 모임이다. 이것은 물론 경건주의와 계몽주의를 통해 시작된 커다란 신학사적인 변화를 전제로 하고 있다. 1817년 나사우 총회의 과정이 이것을 분명히 보여주고 있다. 동일한 신앙고백을 하는 연합체를 형성하는 것이 하나의 외적인 과제였다. 사람들은 "중요한 신앙고백 안에서" 내적으로 이미 하나임을 알고 있었고, 의도했던 연합체도 형성되었다. 이것은 다른 지역에도 전제되어야만 했다.

그러나 이제 국가의 정치적 필요성이 교파적인 일치의식과 결합되었다. 이것이 19세기 초기 연합의 시기가 갖고 있는 특징이다. 당시 통용된 국가교회법적인 지역주의의 원리에 의하면 눈에 보이는 가시적 교회들은 국가의 부서였다. 당시 존재했던 새로운 큰 지역들은 통치영역 내에 있는 많은 지역교회들을 하나로 묶을 관심을 가졌을 것임에 틀림없다. 첫 번째 목적은 국가의 옛 모습과 새 모습을 가능한 한 서로 하나로 묶고자 함이었고, 두 번째는 행정의 간소화를 위해서였다. 문제는 그렇게 단순한 "행정연합체"(Verwaltungsunionen) 혹은 "동의연합체"(Konsensusunionen)가 실현될 것인가 하는 것이었다. 게다가 바이에른에서는 1808년부터 1849년까지 행정연합체가 생겨났다. 왜냐하면 그 지역의 개혁교회뿐만 아니라, 팔츠의 교회도 1849년까지 뮌헨에 있는 최고의회의 결정을 따랐기 때문이다. 하노버에서도 역시 1816년부터 1864년까지 그러한 행정연합체가 있었다. 공동신앙고백의 결성체인 즉 "동의연합체"는 1817년 나사우에서, 1818년에는 하나우에서, 마찬가지로 같은 해에 팔츠에서, 그리고 1821년에는 바덴에서 활동을 개시했다. 행정연합체도 1803년 이후 헤센-다름슈타트에서, 1821년 이후로는 쿠어헤센에서 그리고 특히 프로이센에서 이루어졌다.

알프레드 아담이 보여주었듯이, 나사우 총회는 프로이센에 상당히 자극적인 영향을 주었다. 자유를 위한 전쟁 이후 프로이센은 50만의 인구가 더 늘어났다. 국가 정치적으로 상당히 어려운 과제에 직면해 있었다. 게다가 왕실은 1613년 이후 개혁교회를 추종했다. 프로이센에서도 역시 연합시도를 다시 수용했다는 것은 전혀 이상한 일이 아니다. 1808년 지역주의적인 원칙에 따라 루터교회의 최고회의(Oberkonsistorium)와 개혁파의 교회지도부(Kirchendirektorium)가 해체되었고 그들의 과제는 내무부 내에 문화와 교육을 위해 새롭게 만들어진 부서에 이양되었다. 그것은 1817년 독자적인 부서로 독립되었다. 반발이 없지는 않았지만, 행정연합(Verwaltungsunion)이 도입되었다. 1817년 왕은 공식적으로 연합을 제안했다. 두개의 개신교회는 복음적이고 기독교적인 하나의 교회로 연합해야만 했다. 같은 형식의 예전이 이러한 일치를 가속화시켰다. 프리드리히 빌헬름 3세(1770-1840)의 뜻대로라면 거기서 동의연합체(Konsensusunion)가 이루어져야만 했다. 아우구스부르크 신앙고백(1530)을 기념하는 해인 1830년 그러한 것을 목적으로 하는 왕의 노력이 다시 등장했고, 특히 슐레지언에서 강력한 반발을 불러일으켰다. 이것은 그 사이에 각성운동이 교파적인 분리확신을 다시 강화시켰고, 게다가 슐레지언 교회는 반종교개혁에 대항하여 총력을 다해 그들의 루터교적인 신앙을 유지하고 있었기 때문이다. 그 결과 프로이센에는 예전적이고 행정법적인 연합체가 존재했다.

이러한 연합체를 통해 제3의 개신교적인 교회 형태가 만들어졌고, 이러한 교회 형태는 이전의 이미 겪었던 경우보다 개신교주의를 더 강하게 분열시켰다. 그것에 대한 반동으로 자유교회가 창립되었기 때문에 연합체를 이루려는 뜻은 머리에 구상했던 것과는 정반대로 이루어졌다.

2) 지역 내 연합체와 함께 세기가 흐르면서 독일의 모든 개신교회를 연합하려는 노력들이 등장했다. 국가적인 자극, 반교황권 지상주의적인 동기 그리고 공동체 의식이 여기서 개개인은 결코 할 수 없는 연합에 영향을 미쳤다. 우선 1846년 프리드리히 빌헬름 4세의 노력으로 실제 27개 지역에 해당하는 27개 교회의 대표들이 "1회 독일 개신교 회의"라는 이름으로 베를린에서 회합했다. 프로이센의 지령에 따르면 회의의 목적은 "상호 협력과 이해를 통해 교회의 동질성과 일치 의식을 회복하고, 세 가지 핵심사항인 신앙고백, 헌법 그리고 문화와 관련하여 어떻게 이러한 일치를 촉진시킬 수 있는가 하는 방법 역시 상의하는 것"이었다. 어쨌든 프로이센 측에서는 장차 "범독일 총회"(allgemeine deutsche Synode)를 제안해야만 했다. 이를 위해서 대표들은 이미 진정서를 확보했다. 비록 추진위원회가 유사한 종류의 회의가 아닌 새로운 회의를 계획했다고 할지라도 그들 지역의 독립을 두려워한 지방정부의 반발에 부딪혀 계속되지는 못했다. 1848년의 자극 역시 사실 계속 영향을 주지 못했다. 남아 있는 것은 다만 1852년 이후 아이제나흐에서의 교회의 꾸준한

접촉관계였고, 그 때문에 아이제나흐 교회총회라고 일컬어졌다.

그 속에 비친 동질감은 가령, 독일 내지 선교를 위한 중앙위원회, 구스타프 아돌프 협회 그리고 개신교 연합회와 같은 지역과 교파를 뛰어넘은 선교단체를 통해 점차적으로 짙어졌다. 어떤 구애도 받지 않는 연합운동이 대학생교회의 선구자들인 그들의 협력단체들과 더불어 같은 취지에서 일어났다. 군목과 해외 교회를 위한 대책도 마련되었다. 이러한 토대에서 1903년 고타 영주의 자극으로 독일개신교위원회(Deutschen Evangelischen Kirchen-ausschuß)가 발족되었다. 이것으로 독일 개신교회는 모든 것을 공동으로 대변할 수 있는 기관을 갖게 되었으며, 지역을 다스리는 총대주교회의 폐지 이후, 1922년 독일개신교위원회는 독일개신교연맹(Deutsch-Evangelischen Kirchenbund)이 되었다. 그것은 신앙고백적인 교회연맹으로서 국가사회주의 시대가 지나간 후에 "독일 개신교회"로 그들의 모습을 계속 이어갔다.

이름이 말해주듯이 무엇 때문에, 독일의 개신 "교회"가 아니라, "연맹"(Bund)이라고 했는가? 이것은 19세기의 특징이기도 한 분열적인 발전, 즉 갱신된 교파적 확신에 그 이유가 있다.

3. 교파적인 분리의식의 재생 가톨릭교회의 교황지상주의는 동시에 그 안에 배타의식을 다시금 되살아나게 만들었다. 교황지상주의는 동시에 반대운동인 반가톨릭 의식을 개신교 안에 불러일으켰다. 문화투쟁은 이것을 엄청나게 고조시켰다. 그 때문에 국가교회적인 계획들이 좌초되었음에 틀림없다. 각성운동은 그러나 위에서 이미 설명했듯이 루터 내지는 개혁파적인 분리의식을 다시 소생시켰다. 이것은 그러나 시간이 흐르면서 점차 굳혀져가는 모든 새로운 연합 계획에 넘어설 수 없는 장애물임이 입증되었다. 게다가 그것은 1830년 합스부르크가의 통치하에 루터신앙을 강력하게 추진했던 슐레지언에서 분리를 초래했다. 구프로이센 루터교회의 형성은 1873년에 이루어졌다. 연합에 반대하는 적의가 동기가 되어 필마(Vilmar) 사상의 영향으로 니더헤센의 회심자교회가 창립되었고, 1874년에는 "독립적인 헤센주 루터교 개신교회"가 창립되었다. 1878년에는 결국 하노버에서 "루터란 자유교회"가 창립되었다.

칼 바르트 신학의 거부가 독일에서 개혁교회와 루터란 사이의 간격을 더욱 심화시키는 작용을 했다는 사실 또한 간과되어서는 안 된다.

1868년 루터란은 루터교 전체회의를 열었고, 1948년에는 아이제나흐에서 뷔르템부르크나 올덴부르크가 참여하지 않은 채 루터교회는 "독일개신교 루터교연합"(Vereinigten Evangelisch-Lutherischen Kirche Deutschlands)을 결성했다.

이러한 대립은 국가사회주의 시대의 투쟁공동체와 반이교적인 바르멘 공동고백을 통해서도 역시 완전히 해결되지 않았고, 오히려 1936년 고백교회 안에서 심각한 긴장관계를 초래했다. 이것으로 단순히 연합적인 성격을 넘어 독일의 모든 개신교회를 하나로 묶으려는 여태까지의 모든 노력은 실패로 돌아갔다. 이러한 노력이 많은 단체들에게 독일개신교연맹(EKD)에 대한 싫증을 불러일으켰다.

| 참고문헌 | Alfred Adam, Nationalkirche und Volkskirche im deutschen Protestantismus, 1938. Ders., Die Nassauische Union von 1817 (Jahrbuch der Kirchengeschichtlichen Vereinigung in Hessen un Nassau 1, 1949, S.35-408). Erich Förster, Die Entstehung der preußischen Landeskirche, 2 Bde., 1905/1907.

55. 19세기 독일 개신교회의 내적인 삶 Ⅲ

- 교회의 헌법 -

여기서도 심각한 대립이 없지는 않았지만, 19세기와 20세기에 이 분야에서의 교회의 발전은 비교적 일직선으로 진행되었다.

지역주의는 교회의 완전한 독립을 빼앗아 갔고, 교회를 국가권력에 철저히 예속시켰다. 그에 비하여 크리스토프 마태우스 파프(Christoph Matthäus Pfaff, †1766)가 전개한 협회주의(Kollegialismus)라는 새로운 국가교회법적 체계는 매우 근본적이긴 하나, 실질적인 발전을 가져오지 못했다. 그 역시 교회를 하나의 협회(Verein)로 보았다. 그가 시작한 새로운 점은 그가 협회법(iura collegialia)을 확대했다는 점에 있다. 모든 중요한 사안들은 교회 자체가 직접 결정해야만 한다. 국가는 교회에 대해 일반적인 국가주권만을 행사한다. 그러나 파프에 의하면 교회는 그들에게 부여된 권한을 직접 선제후에게 넘겨주고 말았다. 그 결과 선제후들이 그 권한을 행사할 수 있는 권리를 갖게 되었다. 교회의 독립에 대한 이론적인 강조에도 불구하고 모든 것이 구습에 의존하고 있었다.

독일 교회 문제의 재구성이 19세기 초기에 국가적인 혁신에 따라 지역적인 토대에서 수행되었는지 혹은 아닌지는 구체적으로 더 연구되어야만 한다. 어쨌든 그것은 일방적인 국가적 차원을 좇아 언제나 수행되었다. 교회는 이제 절대주의 때보다 더 굳게 최고 감독인 선제후에게 의존하게 되었다. 이것이 당시의 교회정서였다는 것은 프랑켄의 개신교회가 바이에른에 소속된 후 최고 감독(summus episcopus)인 가톨릭 왕에게 복종했다는 사실이 잘 보여주고 있다.

1. 새로운 국가 관계는 하나의 변화를 강요했다. 새로운 세기가 시작된 후 첫 10년간 많은 나라에서 새로운 국가법이 도입되었고, 그것이 개개 교회와 국가 권력의 관계를 새롭게 생각하게 하고 그들의 권한을 정하게 하는 동기가 되었다. 게다가 거의 모든 나라가 가지고 있던 똑같은 성향은 특별히 교회와의 밀접한 관계를 의심스럽게 만들었다. 특별히 개신교회에 대한 지역 영주의 통치는 더 이상 지역영주로서의 위상에 근거한 것이 아니라, 그가 교회의 주요회원(praecipium membrum ecclesiae)이라는 사실에 근거하고 있다. 1850년대까지 본래 교회에 속했던 문제를 행정부가 맡아서 처리했고, 교회의 최고직도 넘어갔으며, 최고 감독인 지역영주의 직접적인 통치를 받았다.

2. 교회와 국가의 분리 프랑스 혁명이 교회와 국가의 분리 원칙을 제시했고, 독일의 자유주의자들(Liberalen)이 그것을 수용했다. 가톨릭 역시 당시에 이러한 원리의 도움을 받아 국가에서 자유롭게 되고자 그것을 수긍했다. 그러나 그 원칙은 1848년 독일에서 일어난 사건을 통해서 비로소 그 중요성을 얻게 되었다. 국가가 가톨릭을 자유롭게 해주었다면, 개신교 역시 동등한 원칙에서 그 자유를 보장해주어야만 했다. 1848년 프랑크푸르트 기본법 17항은 이렇게 정하고 있다. "모든 종교단체는 그들의 관심사를 직접 독자적으로 정하고 관리하나, 보편적인 국가법에 복종한다." 이러한 원리는 서서히 그 효력을 나타냈

다. 1870년 이후에야 비로소 개신교회는 부분적으로나마 어느 정도 자체행정을 펼쳤다. 거기서 독자적인 교회의 원칙이라는 사상은 찾아볼 수 없으며, 근대의 세속적 사상과 민주주의의 이념이 외부에서 교회에 침투하여 교회 안에서 작용했다는 사실이 처음부터 분명히 드러났다.

교회 측에서 볼 때 독립에 대한 의지는 각 지역교회와 교회 단체마다 매우 다양했다. 비교적 강한 곳이 라인-베스트팔렌 지역의 교회였다. 이곳에는 "십자가 공동체", 즉 개혁파 교회들이 가톨릭 통치자 밑에서 그들의 존속과 독립을 힘겹게 유지했던 곳이다. 왜냐하면 첫 교회법(Kirchenordnung)이 장로교 노회법과 더불어 1835년 이곳에서 이미 반포되었기 때문이다. 그에 따르면 교회는 당회가 치리하는 공동체로 이루어지고, 지역노회가 지방노회가 되며, 그 의장이 항구적인 치리권을 소유했다. 그러나 교회의 일반적인 치리는 기대할 수 없었다. 왜냐하면 왕이 구성한 종교청(Konsistorium)을 대표하는 왕의 총감독(Generalsuperintendent)이 그 직임을 수행했기 때문이다. 이러한 형태는 19세기 후반기에 전형적인 것이었다. 지역주의가 과거 국가 절대주의와 상응했던 것처럼 그것은 당시의 국가구성의 원칙과도 일치했다. 프로이센의 예를 보면, 최고 대주교(summus episcopus)인 왕이 개신교 최고위원회와 왕실기관인 종교국, 그리고 총감독을 세웠다. 이것은 내각, 지방의 상원, 지방의회와 일치했다. 왕의 행정과 더불어 자체 행정도 실시되었다. 국가의 경우, 교회는 피선된 시장을, 그러나 지방의회는 왕실의 군수를 의장으로, 선출된 지역협의회는 자체 의장과 지역 행정 책임자로 지방자치정부의 장을 갖고 있었다. 내각은 지방의회와 병행했다. 교회의 경우, 교회의회(노회, 당회 등)는 선출된 목사가 통솔했으나, 지역교회 회의는 왕의 총감독관을 의장으로 세웠고, 지역공의회는 고유의 의장이 있었다(그러나 종교청과 더불어). 지역총회는 자체 의장이 있었고, 개신교 최고회의와 병행했다. 모든 상세한 것에 이르기까지 병행제도가 도입되었다. 전체적으로 볼 때 1918년까지 위로부터의 행정이 자체행정보다 훨씬 더 강했으며, 라인지역만은 예외였다. 바이마르 헌법이 교회에 비교적 독립성을 선사했다. 비밀직접선거는 교회 관리를 선출할 때도 계속 적용되었으며, 그 결과 선출된 사람은 교회에만 관여된 사람일 뿐 국가나 지역의 기관과는 무관했다. 여태까지 민족 혹은 지역교회의 관리업무의 대상이었던 신자들을 교회구성원칙의 주체로 삼는 것이 의미 있는지의 문제는 교회 측에서 1918년 이후 거의 의도적으로 외면했다. 교회는 그 결과들을 1933년에야 느끼기 시작했다. 교회에 지도원칙을 강요하려는 시도는 성공하지 못했다. 헌법의 발전이라는 측면에서 본다면, 1933년부터 1945년까지의 기간은 하나의 중간기였다. 경미한 변화로 1945년 대체로 1933년 이전에 적용했던 원칙을 사용했다. 19세기와 20세기 초기 일반적이고 매우 눈부신 발전을 한 결과 순수한 국가교회가 완전한 독립을 가진 지역교회가 되었다. 바이마르 시대와 국가사회주의의 억압은 교회에서 엄청난 독립심을 불러일으켰다. 이러한 결과는 오늘날 대부분의 교회 신자들이 다 긍정했다.

다만 작은 단체들만이 배제되었다. 한때 민주주의에 반대하여 전제주의를 위해 투쟁했던 프리드리히 율리우스 스탈은 국가와 교회의 분리를 반대했고, 1918년까지 비교적 많은 추종자를 얻었다. 그는 교회를 그리스도가 시작하신 제도라고 평가하면서 노회원리(Synodalprinzip)에 저항했고, 권위적인 성공회 헌법에 맞섰다. 이것은 특별히 테오도르 클리포트와 아우구스트 프리드리히 필마에 의하여 수용되었다. 이러한 관점은 오늘날까지도 계속 영향을 주고 있다. 그것은 아마도 20세기에 더욱 중요성을 얻게 된다.

| 참고문헌 | Carl Rieker, Die rechtliche Stellung der evangelischen Kirche Deutschlands in ihrer geschichtlichen Entwicklung bis zur Gegenwart, 1893. Kurt Dietrich Schmidt, Staat und evangelische Kirche seit der Reformation, 1947. Walter Göbell, Die rheinische-westfälische Kirchenordnung, 2 Bde., 1948/1954.

56. 19세기 독일 개신교회의 내적인 삶 Ⅳ

- 사회적 문제 -

공장 노동자로 구성된 제4계급의 형성이 교회도 여기에 대처하도록 만든 심각한 사회문제를 내포하고 있음을 본 첫 번째 독일인은 프리드리히 슐라이어마허인 듯이 보인다. 그는 어쨌든 구체적인 대책을 요구했다(Predigten, Bd. 7, S.487f. Bd. 10, S.136). 헤겔 역시 이 문제점을 알고 있었다. 이와 같은 연관성에서 볼 때 칼 마르크스는 그의 제자다. 이 두 사람의 위대한 사상가는 그들의 혜안을 가지고도 교회 내에 아무런 자극을 주지 못했다. 교회는 일반적으로 개인적인 자선을 긍정하고 실행한 보수적인 가부장주의와 보수적인 계급사상을 갖고 있었다. 산업 노동자의 1세대가 갖고 있던 커다란 불행이 교회의 보수성을 각성시키지 못했다. 사회문제를 해결하기 위한 교회의 행동은 20년 후에야 비로소 일어났다. 두 사람이 이 일에 중추적인 역할을 했다.

1. 빅토르 아이메 후버(Victor Aimé Huber, †1869) 후버의 최고 목표는 "무산 노동자를 노동유산자로 바꾸는 것"이었다. 부유층에 적극적인 사회구제를 호소하면서 노동자의 고통을 제거하기 위해 그가 제안한 두 가지는 매우 특징적이다. 첫째는 노동자 계급을 고양시키려는 노력이다. 그리고 두 번째는 노동조합과 조직적인 활동(협동조합)을 위해 노동자를 교육시키고 노동계급을 독립시키는 것이다. 후버는 공동체 의식이 내포되어 있던 자본주의 이전과 같은 노동형태의 시대는 지나갔다고 본다. 계급의식에서 수백만의 고립된 노동자가 생겨났지만 그것이 순기능을 하도록 인정하고 도와야 한다. 물질적인 원조와 사회기간시설의 확충은 모두 여기에 속한다. 후버 사상의 핵심은 여기에 있다. 라스잘레(Lassalle)와 비스마르크의 사회정책은 후버 없이는 생각할 수 없다.

2. 요한 힌리히 비헤른(Johann Hinrich Wichern, †1881) 어린 시절에 고아가 된 비헤른은 유 · 초년 시절부터 가난을 겪었다. 그렇지만 그는 경건했던 모친에게서 어떻게 고난을 살아있는 신앙으로 감내할 수 있는지를 보았다. 이 두 가지 경험이 그의 삶을 형성시켰다. 전자로 인해 그의 삶은 가난한 자와 고통당하는 자를 도와야 한다는 열렬한 충동으로 가득 찼다. 만일 내적으로 사람들을 돕지 않는다면 물질적인 도움은 필요하긴 하지만, 불충분하다는 깨달음은 후자로 인해 얻게 되었다. 네안더(Neander)의 영향을 받아 그는 자신의 이중 노력을 신학적으로는 하나님의 나라를 실현하고자 하는 일이라고 보았다. 기독교 국가의 복지와 독일민족의 통일에 대한 국가적 관심이 교회적인 동기와 결합한 것을 그에게서 볼 수 있다.

비헤른은 병이나 사고로 인한 자연적 가난과 사회 혹은 기술 혁명의 결과로 생긴 인위적 가난을 용어상으로 구분한다. 그의 우선적 관심은 자연적 가난에 있다. 그 때문에 그는 "내적 선교"(Inneren Mission)의 아버지가 되었고, 선교를 통해 수많은 사람들에게 엄청난 도움을 제공했다. 그가 "내적 선교"라는 말을 처음 사용했을 때, 그것은 단순한 돌봄이 아니라, 포괄적인 복음적 활동을 통한 불신과의 투쟁이 그 전면에 있었다. 그 당시에는 아무도 이해하지 못했던 의욕이었다.

1848년은 비헤른이 노동계의 사회문제에 관심을 기울이게 한 해였다. 후버의 사상을 수용하면서 그는 무신론적인 사회주의에 "기독교적 사회주의"를 제시했다(이 개념은 그가 만든 것이다). 그것은 교회와 독일에 중대한 것이었지만, 비헤른의 이 개념은 성공을 거두지 못했다. 그 이유는 아래와 같다.

1) 비헤른 자신이 기독교 사회주의 사상을 임금문제, 노동시간, 환자관리, 사고관리 그리고 노후관리와 관련한 구체적인 요구로 확대시키지 못했다.

2) 보수적 국가관과의 비헤른의 유사성이다. 노동자의 기독교적 귀향은 그에게 있어서 동시에 보수적 국가원리에 대한 봉사이며, 이것은 위험한 혼합이다.

3) 상황의 시급함에 대한 대다수 사람들의 이해 부족에 있다.

비헤른의 기독교 사회주의는 무산자계급에 실제로 아무것도 가져다주지 못했다. 이것이 그의 영향이 준 우울한 결과다.

3. 아돌프 슈퇴커(Adolf Stöcker, †1909)는 젊은 목사로서 슈투트가르트 교회주간 행사에서 비헤른에 매혹되었고, 그 결과 한 세대 후 창업시대(1871년 이후 독일의 경제 호황기)의 혼란기에 기독교 사회주의를 새롭게 시도한 사람이다. 그 외에도 각성운동의 지류들이 그에게 영적인 영향을 주었다. 그에게도 역시 군주적 사상은 거역할 수 없는 것으로 나타나고 있다. "기독교적인 것과 군주적인 것은 동일한 것이다"고 스탈이 말한 바를 스퇴커 역시 말했을 것이다. 가난한 백성에 대한 그의 절망과 그가 구원코자 한 영혼들에 대한 사랑이 그를 충동질했다. – 여기 그 순서가 특징적이다. 스퇴커는 일반적인 배교를 노동자 문제에서 본다. 악마와도 같은 노동자 문제의 심각함이 우리 세기의 심장부를 강타하고 있다. 그 문제를 처리하기 위해서는 두 가지가 필수적이다.

1) 사회문제에 대한 연구다. 그 때문에 슈퇴커는 1890년 "개신교사회협회"(Evangelisch-sozialen Kongress)의 창립자가 되었고, 1897년에는 "교회사회협회"(Kirchlich-sozialen Konferenz)에 맞섰다. 개신교사회협회는 특히 경

제적 자유주의에 대항하여 해고법 제정, 노동 시간과 노동의 종류에 관한 법적 조처, 노동자와 경영자의 공동결정 제도, 노동자 숙소 건립에 대한 기업 의무 등을 제안했다.

2) 아무도 그 문제에 관여하지 않을 경우, 교회가 직접 시작해야만 한다는 것이다. 그 결과 스퇴커는 1878년 "기독교사회노동당"(Christlich-soziale Arbeiterpartei)을 만들었다. 물론 기독교 사회 노동당은 곧 해체되었다. 무엇 때문이었는가?

그 이유는 부분적으로는 스퇴커 자신의 약점에 있고, 부분적으로는 다른 이유가 있다.

1) 그가 원한 정치는 전인을 요구했다. 정치와 궁정 설교직 사이의 갈등에서 슈퇴커는 궁정 설교직을 택했다. 이것은 노동자를 위해 자신의 삶의 지위를 포기한 마르크스와는 확연히 다른 것이었다.

2) 베를린 신문의 문화 볼셰비키즘을 통해 초래한 슈퇴커의 반유태주의는 치명적인 영향을 불러일으켰다. 여기서 그에게 생겨난 적대감 때문에 그는 성장하지 못했다.

3) 교회 계층의 저항이 방해가 되었고,

4) 또한 국가 지도부가 계속 교체되었고, 그때마다 저항을 받았다. 교회 지도부 역시 마찬가지의 변화를 겪었다. 1879년 교회최고회의(Oberkirchenrat)는 초기에는 배제되었으나, 점차 조심스럽게 개입했고, 1889년에는 황제 프리드리히(†1888)의 영향으로 다시 배제되었고, 1890년에는 황제 빌헬름 2세의 사회문제 위촉으로 새로운 지지를 얻었으며, 1896년 황제와 함께 새로운 반대에 직면했다. 이러한 불안정한 과정은 비판적으로 고찰한 사회민주주의에 물론 감추어지지 않는다. 그는 직접적이고 근거 있는 교회의 불신을 초래했다.

4. 프리드리히 나우만(Friedrich Naumann, †1919) 역시 아무런 실제적인 변화를 초래할 수 없었다. 그는 내적 선교(Inneren Mission)에서 그의 연구를 시작했고, 그 때문에 "개신교사회협회"의 열렬한 회원이 되었고, 그의 지도는 슈퇴커와는 전혀 달리 완전히 자유주의자의 눈에 띄었다. 슈퇴커의 노력에서 후견인의 정신을 보면서, 나우만은 "투쟁하고, 분노하고, 부지런한 형제"에 대

한 주의를 일깨우고자 했다. 그러나 이것이 자신의 입장을 위험하게 만들었다. 또한 그는 정치와 경제의 자율성에 관한 논제에서 종교와 정치의 분리를 이루고자 했다. 그것 역시 그를 슈퇴커와 분리시켰다. 나우만은 위험한 독일 내부의 상황과 관련하여 힘의 정치에 대해 긍정하는 분명한 입장을 취했다. 그의 생각에 의하면 국가 사회주의는 국제적인 사회주의를 대신해야만 했다. 그러므로 슈퇴커의 기독교 사회주의는 나우만에게 사회자유주의가 되었다. 지성인들만이 나우만의 생각에 동조했다.

5. 결과 후버, 비헤른, 슈퇴커 그리고 나우만은 19세기 개신교회가 사회문제에 대해 이해하지 못했음을 증명했다. 교회는 이들과 같은 선견지명이 있고 예언적인 경고자들이 있었지만, 그들의 말에 귀 기울이지 않았다. 그러므로 교회는 당시 마르크스적인 경향을 띤 사회민주주의와 그들과 밀접하게 협력한 자유로운 노동조합 운동에 관심을 기울인 노동자들을 상실했고, 교회는 내적으로 완전히 이질화되었다. 그들이 교회에 외적으로 등을 돌리지 않은 것이 기적이다. 이것이 19세기 개신교 사회정책의 비극적인 종말이다. 개신교가 이렇게 성공을 거두지 못하고 있을 때에 가톨릭교회의 방법은 전혀 다르게 진행되었다.

| 참고문헌 | Werner Bredendiek, Christliche Sozialreformer des 19. Jahrhunderts, 1953. Erich Thier, Die Kirche und die soziale Frage, 1950.

57. 19세기 독일 개신교회의 내적인 삶 V

– 교회와 민족주의 –

근대 민족주의는 프랑스 혁명에 그 뿌리가 있다. 민족주의는 고조된 민족 감정으로서 이해했을 뿐만 아니라, 모든 삶의 영역에 대한 국가적 통치라고 이해했다. 혁명기인 1792년 프랑스에서는 모든 교회가 조국을 위한 제단을 쌓아야 한다고 결정했고, 거기에 "시민은 조국을 위해서 태어나 살고 그리고 죽는다"는 문자를 새겨 넣어야 했다. 19세기와 20세기에 상당히 폭넓게 번진 위험한 대체종교의 발생 이유가 여기에 있다.

자유전쟁은 독일 민족주의의 탄생시간이었다. 독일 민족주의는 관념론과 결합했고, 독일의 많은 사람들에게 대체종교의 가치를 얻게 되었다. 이러한 대체종교는 개개인을 포용하고 자신을 극복하며 하나님 곁에 있다는 느낌을 각자에게 주었다. 에른스트 모리츠 아른트(Ernst Moritz Arndt)의 말은 이에 대한 전형적인 예다. "한민족이라는 것, 피 묻은 복수의 칼을 가지고 함께 달려야 할 한 가지 일에 대해 하나의 느낌을 갖는다는 것, 이것이 우리 시대의 종교다." 그렇다. 아른트는 하나님이 직접 말하게 한다. "너희는 유럽의 심장이어야 하기 때문에, 나의 마음처럼 내게는 사랑스럽고, 나에게 영원히 사랑받을 것이다." 이러한 독일 민족주의는 대중이 관심의 대상이었고, 프랑스처럼 국가 지향적이 아니었다.

메테르니히(Metternich, 1773-1859)[101]는 그의 정치사상을 볼 때 이러한 민족주의의 적은 아니었다. 왜냐하면 그는 유럽에 대한 과제를 상당히 높게 생각한 오스트리아 도나우 군주시대의 종말을 의미했기 때문이다. 우리가 오늘날 잘 알고 있듯이 이것은 옳다. 메테르니히는 민족주의가 프랑스혁명으로 시작된 민주주의적인 경향과 근원적인 연관이 있다고 보았다. 독일의 경우 두 개의 경향, 즉 민주주의와 민족주의가 서로 대립되어 몰아쳤다는 것이 큰 부담이 되었다. 19세기와 20세기에 혁명적이고 위험한 독일의 발전이 그 결과였다. 그러나 여기서는 이제 교회와 민족주의의 관계가 더욱 중요하다.

교회는 프로이센에서 지역주의적 원리에 맞게 국가의 한 부분이었기 때문에 전쟁기간에 당연히 국가에 봉사를 했다. 그러나 "이상주의적"인 사상에 의해서도 전쟁은 하나의 "성전"으로 받아들였고, 그 때문에 "하나님과 함께" 왕과 조국을 위해서 투쟁한다는 전쟁에 대한 미화된 관점을 갖고 있었다. 이러한 전쟁관은 1939년까지 독일을 온통 덮고 있었다. 그러므로 당시 새롭게 만들어진 "국민성" "민족정신"과 같은 말들이 설교 속에 등장했다. 이것은 부

101) 오스트리아의 정치가. 본래 이름은 "Klemens Wenzel Nepomuk Lothar von Metternich"이다. 명문 귀족의 집안에서 태어나, 1801년부터 작센, 프로이센 그리고 프랑스 공사를 지냈고, 1809년에는 외상이 되었다. 나폴레옹의 팽창주의에 맞서 능란한 외교 수완을 떨쳤다. 해방전쟁에 참가하여 나폴레옹을 실각시킨 뒤에는 빈 회의의 의장직을 맡아 유럽 외교의 주도권을 잡았다. 그의 정치 외교의 이념은, 빈 회의에서 확립된 세력의 균형을 굳게 지키고 모든 자유주의 운동과 혁명 운동을 억압하는 데 있었다. 1821년부터 30년 가까이 오스트리아의 재상으로서 그는 그 이념을 실천하기 위하여 온갖 노력을 다하였으나, 1848년에 유럽 전 지역을 휩쓴 자유주의와 혁명운동의 소용돌이 속에 실각하여 영국으로 망명했다. *

분적이지만 하나님의 백성인 독일 민족을 영광으로 인도했다. 후에 마그데부르크의 사무장이 된 드레제케(Dräseke)는 1813년 "우리 독일은 가시적인 예루살렘이다. 진정한 독일 혼의 연합은 비가시적이며 하늘에 있는 우리 민족의 예루살렘이다"고까지 말했다. 1815년에는 "우리는 정결하고, 마음의 피로 씻음 받았으며, 그로 인해 새로운 성(姓)이요, 거룩한 백성이요, 소유된 백성이 되었다." 여기서 보듯이 많은 성서적 개념들이 민족적인 내용으로 새롭게 해석이 되었다. 슐라이어마허 역시 이 점에서 매우 진보적이었다. 자유 전쟁에서 이루어진 종교적, 민족적 그리고 민주적 이념의 융합은 대학생 학우회(Burschenschaft)에 의해 계속 계승되었고, 신앙적이고 민족적인 노력으로 진심으로 하나가 되었으며(Karl Follen), 그로 인해 상당수의 사제계급이 형성되었다. 여기에 게르만 문화와 기독교 사이에 예정된 조화가 있으며, 외설과 불신은 더 이상 독일적인 특성이 아니라는 의견도 등장했다(Pfizer, 1831).

복음과 독일 문화, 하나님과 하나님의 나라에 대한 이러한 획일화된 관점은 한계를 몰랐고, 1843년 왕 프리드리히 빌헬름 4세에 의해 시작된 독일 제국 천년의 축제에서 다시 재현되었다. 각성운동의 인물인 빌헬름 뢰에(Wilhelm Löhe)는 1845년 "진실로, 독일인이 아닌 독일인은 지상에서 형벌 받은 사람이다. 왜냐하면 – 그 이유가 여기서 결정적이다! – 하나님이 은혜로 민족 앞에서 그에게 준 모든 특권이 그에게서 사라지고, 어느 것으로도 보상되지 않기 때문이다." 그런 이유에서 민족의 이념은 국가 도덕의 수단으로 간주되었을 뿐만 아니라, 개개인의 최고의 도덕적 힘이 그것을 통해서 호소되었다고 알았음이 분명하다.

민족 사상의 공로로 독일 개신교 연합을 위해 많은 일을 한 초교회적인 협의체가 만들어졌다. 1832년에 세워진 구스타프 아돌프 재단(Gustav-Adolf-Stiftung)은 창시자의 뜻에 따라 "독일 통일의 거룩한 본부"로 사용해야 했다. 1846년 27개의 독일 교회정부 대표들이 베를린에서 제1차 독일 교회회의를 열고자 모였을 때, 그것은 결국 민족적 동기에서 이루어진 것이다. 그것이 실패했을 때, 개개인들은 독일 국가교회를 만들어야 한다는 관심을 갖게 되었고, "독일 개신교의 날"을 호소했으며, 내지 선교(Innere Mission)에 대한 비헤른의 호소로 이 첫 행사는 유명하게 되었다. 비헤른은 교회주간에 대한 국가적 과제를 분명히 긍정했다. 그에 의하면 "기독교보다 더 애국적인 것은 없다. 왜냐하면 민족성을 내적으로 완성시킬 수 있는 핵과 힘이 그 안에 있기 때문이다. 이것은 민족성을 파괴하는 것이 아니라, 신성케 하는 것이다"(1847). 정의를 위해서 그는 이상주의적인 국가의 과도한 긴장에 대하여 분명히 경계를 정했다는 사실도 언급되어야만 한다.

국가와 하나님 나라의 혼합에 대한 관할 감독은 물론 각성운동의 몫이었다. 각성운동은 왕조의 정통성을 애호했기 때문에 독일 제국을 창건하려는 경향을 거부했음에 틀림없다. 1848년의 혁명이 정통성에 대한 그들의 수구적 자세를 더욱 강화시켰다. 토루크조차도, 비록 그가 하나의 통일된 독일을 환영했을지라도, "독일 민족이여! 너 역시 지난 시절에 너의 드높은 이상을 너의 우상으로 만들었고, 살아계신 하나님으로부터 멀어져갔다. 살아계신 하나님 외에 희망에 두는 모든 것이 다 우상이다. 조국과 자유, 독일의 통일과 국민대표는 표어처럼, 우상은 너희가 너희의 희망을 살아계신 하나님 밖에 두는 순간 만들어진다"고 경고했다. 그러나 각성운동의 회원인 프리드리히 율리우스 스탈은 종교와 정치의 혼합에 매혹되었다. 그는 1850년 슐레스빅-홀스타인에서 자유전쟁이 발생했을 때, "하나님의 질서(왕조에 대한 복종)를 유지하기 위한 전쟁은 세속적인 일이 아니다. 그것은 십자군이다"라고 말했다. 그러나 그것은 다른 차원의 문제다. 일반적으로 각성운동은 그들의 비판과 경고의 음성으로 교회가 민족적 운동에 도움이 되지 못했다는 결론을 얻었다. 각성운동은 이것으로 동시에 개신교회의 완전한 정치화를 막았다.

1870년과 1871년의 전쟁은 1813년의 감동을 다시 일깨우지는 못했다. 어쨌든 그것은 일치를 이루지 못했고, 그 이후에도 역시 마찬가지였다. 그러나 비스마르크 시대에 민족적인 정서가 모든 교회 영역에서 다시 생겨났다. 제후들이 독일 제국을 위해 연합했기 때문에 적법성에 의해 어떤 반대도 제기될 수 없었다. 자유주의는 문화투쟁을 통해서 그의 민족주의가 더욱 강화되었다.

가끔 과도한 긴장이 없지는 않았다. 쾨팅겐의 동양전문가인 파울 데 라가르디는 출판된 그의 연구에서 열정적으로 독일 종교를 옹호했다. 그를 이어 아더 보누스(Arthur Bonus)는 세기 전환기에 기독교의 게르만화를 요구했다. 그러한 생각들이 1918년 이후 독일 교회 운동으로 압축되었고, 1924년 바이마르에서 "독일기독교노동연합"으로 결성되었다. "독일교회연합", 가입했다가 곧 다시 탈퇴한 철모단,[102] 베어볼프(Wehrwolf), 독일전령, 바르텔스협회(Bartelsbund), 독일연맹, 독일 헬레라우 농업대학, 자유 국민공동체, 국민교사연맹, 독일사법주간(der deutschen Richtwoche) 등이 그 회원이었다. 이들은 독일 교회 운동이 1924년 어떤 힘을 가지고 있었는지를 보여준다. 사람들은 이제까지 무의식적으로 추구한 하나의 교회, 예수회정신 그리고 셈족의 변화를 요구한 것이 아니라, 이 둘과 싸우고, 더 나아가서 "이교적인 세계관, 빛을 동경하는 북유럽의 종교"를 위해 적극적으로 힘써줄 것을 요구했다. 주요 목적은 "하나님이 주신 민족문화의 보존과 하나님이 보내신 예언자인 하나님의 사람들에게 대한 우리 백성의 지식, 구약성서의 거부, 그러나 동포에 대한 긍정적 자세" 등이다. 국가 사회주의 시대의 독일 기독교 운동은 바로 여기에 직접 연계되었다.

민족적이고 기독교적인 그러한 혼합종교는 1918년 이후처럼 비스마르크 시대에 거센 저항을 받았다. 그러나 반대하는 편에서도 오늘날 우리를 놀라게 하는 점들을 발견할 수 있다. 궁정최고목사이자 교회법 학자인 루돌프 쾨겔(Rudolf Kögel)은 루터를 국가성인으로 보는 것을 거부했지만, 그는 프로이센 국가의 토대를 "왕관, 총검, 교리" - 순서주의! - 라고 주장했다. 중도의 인물인 베이쉴락(W. Beyschlag)은 그것을 당연하게 보았고, 개신교회는 종교개혁의 아들인 개신교 국가와 처음부터 형제관계였다고 이해했다. 슈퇴커 역시 "종교개혁과 독일의 성스런 결혼"을 말했다. 국경일의 예배에서 기독교 사상이 종종 애국주의 그늘에 가려졌다는 것은 놀라운 일이 아니다. 당시의 설교는 독일 민족성을 찬양하고, 군주적인 국가 형태와 왕권 소유자를 미화하며, 민족적 자부심을 고조하는 내용으로 가득했다. 물론 왕권과 제단의 결탁을 반대하는 입장과 불신앙과 매국노를 반대하는 입장 사이에 논쟁이 없지는 않았다.

국가 권력의 문제와 독일 개신교의 연관 관계를 설명하려는 노력은 프리드리히 나우만(Friedrich Naumann, 1860-1919)에게서 하나의 특별한 형태를

102) 鐵帽團(Bund der Frontsoldaten Stahlhelm). 1918년 12월 독일의 우익 준군사단체로 출범해 1920년대에는 주요 정치적 국방단체로 존속한 기관이다. 설립 당시에는 재향군인만으로 이루어졌으나 1924년 이후에는 비종군자의 가입도 받아들여 1920년대 중반에는 40만 명에 달하는 단원을 보유하였다. *

취했다. 그는 국민적 이상의 영향을 받고 자랐고, 국가적인 것을 사회적인 것과 결합하고자 시도했다. 그 결과 그는 국가 사회주의당의 창건자가 되었다. 그는 국가의 사안과 교회의 사안을 엄격히 분리하고자 했다. "정치권력인가 아니면 선교인가? 아마도 위기의 상황에서는 둘 모두 있어야겠지만, 결코 이 둘이 하나로 용해되어서는 안 된다." 그러한 이유에서 그는 1896년 황제가 내건 구호인 "한 제국, 한 민족, 한 하나님"을 반대했다. 나우만 자신의 삶에서는 이 두 영역의 엄격한 분리에도 불구하고 국가적인 것 혹은 적어도 정치적인 것이 언제나 우선권을 가졌다.

1914년의 전쟁은 우선 민족의 물결을 매우 거세게 만들어주었다. 전쟁설교는 민족의 소망과 하나님 나라의 요구를 동일하게 여기고, 군사적 의무와 기독교인의 덕을 동일시하는 내용을 담고 있어 사람들을 놀라게 했다. 프로이센의 군종신부가 1916년 초 "전쟁에서 단축되지 않은 복음의 제시는 목회의 주요과제다"라고 말한 것은 근거 없이 나온 말은 아니다. 나우만은 전쟁설교를 "베를린과 포츠담의 혼합"이라고 칭했고, 전시에는 "전쟁의 신 마아스(Mars)가 시간을 지배"하기 때문에 국민보다도 엄격한 신자들에게 더 창피한 일이라고 했다. 목사들이 1917년 이후 직접 조국의 계몽작업에 개입한 것이 이 상황을 더 어렵게 만들었다.

그러한 상황에서 전쟁의 패배는 많은 사람들, 특히 많은 목사들을 심각한 회의에 빠져들게 했다. 다른 한편 "국수주의의 패배"라는 말이 생겨났다. 국수주의적인 이념의 지배는 사라졌거나 혹은 퇴색된 개념이나 이상이 되었고, 전시 상황이 지나자 어떤 동의도 얻지 못했다. 바이마르 공화국은 의식 있는 개신교인들의 적대적인 방관적 자세에 기초하고 있다고 생각했다. 물론 가톨릭도 여기에 함께 참여했다. 이러한 평가는 편견이다. 목사들이 가진 민족정신의 강도를 볼 때 1933년의 국수주의적인 혁명은 개신교에는 엄청난 시련이었음을 쉽게 이해할 수 있다. 적극적인 호응으로 저항운동에 참여함으로써 10년 동안 어떤 커다란 영적인 변화가 일어났는지를 거기서 분명히 알 수 있다.

많은 반대에도 불구하고 계속해서 일어난 민족적인 사상과 기독교적인 사상, 하나님 나라와 세상의 혼합은 – "이 나라는 물론 유지되어야만 한다" – 독일 개신교에 엄청난 부담을 주었다.

1. 성직자들의 국수주의(Nationalismus)는 유물론(Materialismus)이 했던 것보다 더 강렬하게 노동과 분리되었다. 유물론은 시민계층에도 충분히 있었다. 이것은 중요하지 않았다. 사회적인 정서가 적지 않은 성직자들을 깨워놓았다. 물론 교회의 마르크스 사상 거부가 이것을 했다. 그렇지만 무엇 때문에 그들을 잘못된 형제로 보고자 노력을 기울이지 않았는가? 무엇 때문에 처음부터 감정적인 거절을 하지 않았는가? 조국애가 없는 사람들에 대한 미움, 왕, 제단 그리고 국제적인 것에 대한 적의가 장애물이었다. 확실히 국수주의는 그 관계를 악화시킨 유일한 요인은 아니었다. 그러나 그것은 교회연맹이 반사회적 권력을 휘두르고 찢어진 간격을 더 심화시키는 데 큰 기여를 했다. 우리는 오늘날까지도 그 고통을 받고 있고, 여기에 깨어 있어야 할 모든 동기가 있다. "교회의 가치는 그러므로 복음과는 어울리지 않는 동기가 그들의 태도를 결정하는 곳에서는 늘 위험에 처한다."

2. 강한 민족 정서는 1928년부터 지도적인 개신교 단체에 국가사회주의적인 정부가 교회적으로 의미하는 것이 무엇인지를 바로 볼 수 있는 분명한 시각을 빼앗아가 버렸다. 경고의 소리를 몇몇 개인이 드높였지만 들리지 않았다. 이유는 무엇인가? 국수주의가 눈멀게 했기 때문이다. 거기에 국수주의에 대한 개신교의 가장 큰 책임이 있다. 교회는 영을 분별할 은사를 상실했었다. 가톨릭 교회는 자신들의 역사의 덕택을 여기서 분명히 보았다.

3. 그러나 이 두 가지 외적인 결과보다 더 심각한 것은 설교의 순수성이 위험에 처했고, 더 나아가서 상실되게 되었다는 것이다. 나우만은 한때 "교회적이고 종교적인 추진력이 국가-종교적인 추진력으로 인해 억제될 수 있는가?" 하고 질문했다. 성서적인 표현을 빌어 하나님과 국가라는 두 주인을 섬기려는 시도가 있었다고 말해야만 한다. 독일-개신교에서 '독일' 이란 말이 앞에 있음을 보라!

그러므로 국수주의는, 그것이 대체종교가 되는 한, 심각한 교회의 외적 손실을 뜻했다. 그것이 교회 설교의 순수성에 저촉되는 한 심각한 내적 마비, 영적인 무능을 내포했다. 그도 그럴 것이 복음은 교회의 유일한 실제적 힘이기 때문이다.

다른 나라들의 경우 교회가 국가의 이질적인 것에 위협당한 것이 – 미국, 영국, 덴마크를 언급할 수 있다 – 우리 독일에 책임이 있는 것은 아니다. 항상 깨어 있어야 한다는 것은 우리에게도 여전히 필요하다. 지나온 자국들을 교훈으로 삼아야 한다(Vestigia terrent!).

이 모든 것에도 불구하고 진정한 조국애는 경시되지 않았음을 강조해야 할 필요가 있다.

| 참고문헌 | Adolf Heger, Evangelische Verkündigung und deutsches Nationalbewußtsein, 1939. Reinhard Wittram, Kirche und Nationalismus in der Geschichte des deutschen Protestantismus im 19. Jahrhundert (enthalten in R. Wittram, Das Nationale als europäisches Problem, 1954). Rolf Kramer, Nation und Theologie bei J.H.Wichern, 1959.

58. 국가사회주의와 교회

1. 역사적 전제 1) 19세기와 20세기의 독일 역사, 특별히 1차 세계대전 이후의 상황에서 어떻게 국가사회주의가 출현했는지를 여기서 설명할 수는 없다. 교회와 연관해서 살펴볼 때 국가사회주의의 특징은

(1) 우선 권력에의 의지다. 이러한 의지는 독일 민족 내지 나치에게 헌신했지만, 곧 절대적인 것이 되었고, "생생한 권력의 독단론"이 되었다(콘라트). 니체의 영향도 분명히 알 수 있다.

(2) 두 번째는 그의 전체주의적 권력요구다. 모든 사람과 기관들은 국가에 봉사해야만 한다. 그의 편에서 보면 국가는 정당의 도구일 뿐이다. 이것이 정당의 세계관이기 때문에 인간의 외적인 봉사가 요구될 뿐만 아니라, 정당의 세계관에 대한 내적인 동의도 요구된다. "정당은 전체주의적 권력을 독일 국민의 영혼을 대상으로 추구했다"(Ley). 사상의 자유는 더 이상 존재하지 않는다. 진정한 종교의 자유도 없다. 공익을 추구하는 순수한 "윤리"가 또 다른 결과였다. 그것은 니체의 사상과 일치했다.

(3) 국가사회주의의 세계관은 인종차별주의에 토대하고 있다. 그에 따르면, 인간의 최고 가치는 나치에 속한 자에게만 있다. 그 때문에 이것을 보존하

고 촉진하는 것이 절대적인 의무다. 정치와 문화의 지도자는 나치만이 신임을 받을 수 있다(히틀러 자신은 디나르족이었다). 야만적인 반유태주의는 이러한 이념의 후면이었다. 이러한 생물학적인 배양론도 챔버라인(H.St.Chamberlein)과 더불어 니체(Nietzsche)를 인용할 수 있다.

(4) 종교와 관련해서는 인간의 정신 속에 그 근원이 있다는 계몽주의 이론을 수용했다. 그러므로 그들은 그것을 만든 창시자와 대표자의 인종적인 특징에 의존하고 있다. 구약성서 및 바울과의 대립은 여기서 직접 나온 결과다. 예수와 더 나아가서 기독교와의 대립도 추측해 볼 수 있다. 국가사회주의의 세계관을 인정한 하나의 민족종교가 적극적으로 추구되었다. 이와 더불어 국가교회와 동일한 형태로 전통적인 기독교를 계속 이끌어나가는 것이 정치적으로도 유익하다고 여겨졌다. 그 결과 우선 교회와의 투쟁이 일어났다. 이것은 교회 자체에 대한 반대가 아니라, "한 민족, 한 국가, 한 교회"라는 획일화에 대한 반대였다. 투쟁에서 이긴다는 희망은 환상만은 아니었다. 왜냐하면 19세기의 역사는 많은 점에서 볼 때 그러한 승리가 예비되었기 때문이다. 기독교에 낯선 대다수 국민들에게 새로운 이념은 즉시 대체 종교가 될 수 있었다. 다양한 형태의 기독교 신앙운동(상세한 것은 아래 2)를 보라), 교회 내부의 단체들 역시 유혹되어 국가사회주의에 동조했다(다양한 그룹의 독일 기독교인들 – 상세한 것은 아래 3)을 보라). 이러한 상황은 동시에 심각한 반작용을 필요로 하게 되었다(다양한 형식의 교회의 반대에 대해서는 아래 4)를 보라).

2) 대체 종교가 된 국가사회주의는 1930년 처음 등장한 알프레드 로젠베르크의 『20세기의 신화』에서 가장 효과적인 특징을 찾았다. 로젠베르크는 독일 민족의 고통의 바위에 세워진 하나의 종교와 동시에 민족의 명예를 수행하는 하나의 종교를 추구했다. 이것은 그가 생각했듯이, 에크하르트의 하나님 개념과 일치했다. 즉 그가 섬기는 하나님은 우리의 영혼과 우리의 피가 없다면 존재하지 않는 것이다. 하나님 역시 그러므로 인종신화에 관여하고 있다. 그러므로 피를 가지고 인간이 신적 존재임을 방어하고 있다. 기독교가 게르만의 본질을 위임 받은 한, 그것은 영원한 현실에 대한 – 제한된 – 관계를 중재한다. 그것이 독일의 재건에 모순되는 한, 그것을 정신적으로 극복하고, 조직적으로 관리하고, 정치적으로 무기력하게 만들 의무가 있다(로젠베르크). 교회의 정복에 실패했지만, 여기에 그들 싸움의 근거가 놓여 있었다.

"독일 신앙운동"의 지도자인 야콥 빌헬름 하우어(Jakob Wilhelm Hauer)에 의하면 모든 종교는 "영원과 현실에 대한 관계"를 중재한다. 그러나 절대적으로 그렇게 하는 것은 아니다. 이러한 관계는 자신이 속한 백성의 방식과 일치하는 곳에서만 참으로 성립한다. 그러므로 독일 신앙은 오직 독일에만 본질적일 수 있다. 그의 특징은 첫째는 하나님의 초인격성이며, 둘째는 일회적인 중재자에 대한 부정이며, 그러나 되어가는 과정과 행동의 무한한 규칙성에 대한 긍정이다. 영원-현실에 대해서, 영원한 실재에서의 그의 고요함과 이러한 하나님이 주신 위엄에 대한 "겸손하고도 자부심 있는" 고백에 대한 결코 파괴적이 아닌 인간의 관계에 대해서도 긍정한다. 세계 역시 하나님의 작품이며, 인간이 진정으로 그리고 온전히 그 안에 있는 어디에서나 신성과 직접 결합되어 있다. 거기서부터 무한히 깊은 존재의 기쁨과 결코 쉬지 않는 활동욕구가 나온다.

다른 단체들은 "독일 신앙"을 다르게 규명하고자 시도했다. 적지 않은 사람들에게 그것은 독일인의 구세주로서 "지도자"에 대한 제의적인 숭배와 결합되어 있었다.

독일 신앙운동의 이러한 기본사상이 어떻게 19세기의 역사에서 이루어졌는지 상세하게 다룰 수는 없다. 사실 그 자체가 강조되어야만 한다.

3) 국가사회주의에 대한 교회 내부의 긍정 역시 19세기에만 완전히 이해할 수 있다. 헤르더 이후로 줄곧 민족종교와 특정 지역의 국가교회가 하나로 일치하기를 바라는 염원이 계속 흐르고 있었다. 그 외에도 18세기 이후 이미 일반적인 사상과 기독교 신앙, 즉 기독교와 이성, 현대문화, 국수주의, 사회주의, 그리고 이제 국가사회주의를 종종 조화시키곤 했다. 슈퇴커의 반유태주의는 국가사회주의 및 대부분의 교회가 가지고 있던 민족적인 정서와도 들어맞는 것이었다. 국가사회주의 노동당(NSDAP)이 공고한 사회 프로그램 역시 그것을 홍보했다. 특별히 의미 있는 것은 역사가 하나님의 계시라는 관점이다. 실제로 1933년의 사건들은 독일 민족에게 계시의 의미를 가졌고, 하나님이 즐겨 사용하시는 방법, 즉 "하나님은 지도자를 통해 우리에게 말씀하신다"는 것을 독일 민족에게 보여주었다고 이해했다.

신학은 당시 모든 삶, 즉 예술, 경제, 국가와 같은 삶의 영역에서 자율 사상을 긍정했기 때문에 국가의 새로운 제도에 대한 거부는 거의 불가능했다.

정당도 낙관적인 기독교를 토대로 하고 있다고 사칭한 것이 어려움을 더 가중시켰다.

"독일 그리스도인"(Deutschen Christen)이라는 단체는 1932년 프로이센 총회 대의원을 뽑는 선거에 즈음하여 교회 안에서 만들어진 국가사회주의자들의 연합이었다. 그들은 국가사회주의적인 세계관을 인정하고자 했고, 게다가 그것만이 적용되도록 했으며, 동시에 백성을 선교하는 커다란 각성이 그러한 획일화에서 일어나기를 희망했다.

4) 국가사회주의의 세계관에 대한 교회의 거부는 역사적으로 볼 때 대부분 1차 세계대전이 초래한 정신적인 전환기에 그 뿌리가 있다. 전쟁은 우선 세계의 피상적인 낙관주의와 중단 없는 진보 신념에 커다란 충격을 주었다. 특별히 문화개신교주의와 대립된 문화비판적 단체인 변증법 신학 역시 그들의 활동을 시작했다. 모든 인간의 죄성에 대한 새로운 의식작업은 죄인의 구원을 문제 삼은 종교개혁과 유사한 점을 내포하고 있었다. 1883년과 1917년의 루터 기념 해는 종교개혁의 메시지를 다시 다루도록 외적인 동기를 부여했다. 1918년의 국가적 불행은 루터 신학에서 가장 깊은 심연인 십자가 신학(theologia crucis)과 숨어계신 하나님(deus absconditus)을 향하게 했다. 그러므로 신학적으로 종교개혁의 메시지에 대한 진정한 내적 긍정은 교회 안에 상당히 확산되어 있었다. 신앙고백을 지키기 위한 투쟁도 일어났다. 게다가 1918년 이후의 시간은 국가와 상관없이 교회의 독립의식이 강렬하게 일고 있었다. 당시까지만 해도 이것은 자유주의 단체에만 있었던 것이다. 너무나 간단하게 생각하는 일치의욕에 비해 교파적 대립이 갖고 있는 의미에 대한 새로운 숙고도 일어났다. 게다가 종교개혁에 대한 새로운 긍정은 자율적이라고 천명한 문화 영역을 포함하여 삶의 전 분야에 대한 하나님의 전체적 요구를 새롭게 의식하게 해주었다. 여기서도 역시 물론 종교개혁의 정신에서 교회의 갱신을 위해 노력했다.

5) 그로부터 "교회 투쟁"이 지닌 여러 가지 갈등이 노출되었다.

여기서는 국가교회를 세우려는 일치의지가 –

저기서는 교파적인 분리의식이;

여기서는 교회까지도 포함하겠다는 국가의 통치요구가 –

저기서는 교회의 독립의식이;

여기서는 국가의 자율과 전체적인 요구가 –
저기서는 선포된 하나님의 전체적 요구가;
여기서는 역사를 하나님의 한 계시라고 보고 –
저기서는 성경만을 하나님의 계시라고 보며;
여기서는 국가사회주의적인 세계관에 대해 무조건적인 긍정을 하고 –
저기서는 종교개혁의 메시지에 엄격한 준수를 요구하며;
여기서는 인간에 대해 스스로 신뢰하는 데 반해–
저기서는 하나님의 만 가지 행위에 대해 새로운 지식을 요구했다.

그러므로 감히 이렇게 논제를 만들어볼 수 있다. 즉 19세기 내내 주고받으며 진행된 분열이 여기서 날카롭게 폭발하고 있다.

국가는 추구했던 종교통일(Einheitsreligion)을 먼저 "독일 그리스도인들"의 도움으로 실현하고자 했다. 이러한 희망에서 히틀러는 1933년 교회선거 전야에 모든 독일 방송을 통해 그들을 지지한다는 연설을 했다. 그 후 "독일 신앙운동"을 통해서 동일한 목적을 달성하고자 시도했다. 그것 역시 성공을 거두지 못했을 때, 당(Partei), 특히 에스에스(SS)가 직접 개입했다. "독일 그리스도인"과 "독일신앙운동"은 간단히 사라지지 않았고, 그들에게 부여된 과제를 성취할 수 없을 것임이 분명해지자, 교회의 반대는 전 기간에 걸쳐 ① "독일 그리스도인" ② 독일신앙운동, ③ 국가사회주의당, ④ 그들이 다스리는 국가를 대항하여 싸워야만 했다. 세 개 혹은 네 개의 적들과 싸운다는 것은 물론 다양한 강조점을 형성케 했다. 이러한 싸움은 내적인 긴장으로 더욱 어려움이 가중되었고, 비극적인 고통을 그 안에 초래했다.

2. 교회의 투쟁 과정 여기서는 개별적인 상세한 것들을 묘사할 수 없다. 다만 그 진행국면을 이해하고, 중요한 특징을 알고자 시도하는 것이 중요하다.

1) 첫 번째 국면. 히틀러의 권력 쟁취는 1933년 거의 모든 독일 국민에게 이제 모든 것이 새롭게 되어야만 한다는 분위기를 가져다주었다. 이미 그 이전에 몇몇 단체들이 낡았다고 느낀 교회의 갱신을 위해 노력했다. 베르노이켄너, 쉬도어 형제단, 헤르만 샤프트를 중심으로 한 모임, 노이베르크 운동 등이 그것이다. 이들 모두는 루터 르네상스나 혹은 변증법적인 신학의 특징을 가진 사람들로 구성되어 있으며, "젊은 개혁자들의 운동"(jungreformatorischen

Bewegung)과 연대했다. 그들이 추구한 "청년교회"(Junge Kirche)는 실천적인 단체였다. 그러므로 그들은 국가 감독직 후보자로 프리드리히 폰 보델쉬빙을 내세워 당선이 되었다. 그것으로 "독일 그리스도인들"(DC)에 대한 하나의 분명한 교회 내 반대세력이 이루어진 것이다. 그러나 1933년 6월 선거 이후 그것은 기관으로서는 다시 해체되었다. 국가가 개입했고 보델쉬빙은 강제로 그 자리에서 물러나야 했다. 히틀러의 선거원조에 힘입어 "독일 그리스도인들"은 지역교회 총회에서 다수 의석을 차지했고, 그것으로 지역교회를 통치했다. 독일 개신교회(Deutsche Evangelische Kirche, DEK)가 창립되었다. 아돌프 히틀러는 교회의 후원자로 그리고 군목인 루드빅 뮐러는 초대 국가 감독으로 뽑혔다. 그는 어느 모로 보나 그 직임에는 적합지 않았고, 어울리지도 않았다. 반대파는 독일개신교회(DEK) 헌장에 종교개혁적인 신앙고백에 대한 의무를 명시하는 데 성공했다. 이에 비하여 교회의 지도원칙의 도입은 막을 수 없었다.

새로운 교회정부가 초래한 법손상, 비아리아인 배척조항의 교회 도입과 신앙고백에 위배되는 많은 "독일 그리스도인" 지도자들의 언급 등이 마틴 니묄러(1892-1984)로 하여금 1933년 9월 목사긴급동맹(Pfarrer-Notbund)을 창립하도록 동기를 부여했다. 그는 관련 당사자들에게 형제애에서 나온 재정적인 도움을 주어야만 했다. 그 회원들은 가입을 선언하면서 종교개혁적인 신앙고백에 대한 그들의 동의를 새로 표명했고 세례 받은 유대인들을 직책과 교회에서 축출하는 데 대한 반대를 분명히 언급했다. "독일 그리스도인들"이 교회정부를 장악하거나 혹은 아직 성사되지 않은 곳에서 그것을 시도했기 때문에 첫 번째 국면에서의 투쟁은 무엇보다도 교회정부와 그의 재집권 내지는 바이에른, 뷔르템베르크 그리고 하노버에서 자신들의 뜻을 알리고자 투쟁했다. 후자는 성공했지만, 전자는 어느 곳에서도 성공하지 못했다. 그로 인해 반대파(Opposition)는 더 압박을 당했다.

1933년 11월 "독일 그리스도인들"은 베를린 체육관에서 모임을 가졌다. 그곳에서 발표된 성명서[103]는 많은 사람들을 이 모임에서 탈퇴하게 만들었

103) 그 요지는 다음과 같다: 우리는 교회가 독일 국민의 교회로서 예배와 신앙고백에서 다른 모든 비독일적인 교회, 특히 구약성서와 유대적인 보응 윤리에서 벗어나기를 원한다. 우리는 독일교회가 동양적으로 왜곡된 모든 요소를 청산하고 단순하고 기쁜 복음과 영웅적인 예수 상을 진정한 기독교의 기초로 선포하기를 요구한다. 이 기독교에서는 부끄러운 종의 영혼 대신에

고, 모임의 분열을 가져왔다. 그중의 하나는 민족교회적인 목적을 계속 추구하는 "튀링켄의 독일 그리스도인들" 모임이다. 또 다른 이들은 독일신앙운동으로 이적했다.

2) 두 번째 국면. 독일 그리스도인들(DC)로 인한 법과 신앙고백의 명백한 위반에 반대해 많은 지역의 단체들이 1934년 3월 "독일개신교 고백교회"(Bekenntnisgemeinschaft der DEK)를 결성했고, 그 지도를 제국형제위원회에 위임했다. 1934년 4월 22일 야당은 울름에서 구체적인 이유를 들어 그것을 합법적인 독일개신교회로 인정한다는 중요한 발표를 했다. 바르멘에서 열린 독일개신교(DEK) 첫 고백교회 총회는 – 루터란, 개혁파 그리고 통합교회 – 교리적인 내용을 담은 "신학선언"[104]을 통해 "독일 그리스도인들"이 표방하

하나님의 자녀로서 하나님과 그 백성에 대한 의무를 절감하는 자랑스러운 인간이 등장해야 한다. 우리는 참 예배가 우리 백성들에 대한 예배라고 고백하며, 투쟁의 교회로서 마틴 루터의 종교개혁을 완성한 것으로 볼 수 있는 오직 국가사회주의 국가의 절대적인 주장에 부합하는 진정한 국민의 교회를 세우라는 하나님의 뜻을 실현할 의무를 갖고 있음을 고백한다. *

---

104) 바르멘 신학선언의 내용은 다음과 같다.

1. "내가 곧 길이요 진리요 생명이니 나로 말미암지 않고는 아버지께로 올 자가 없느니라"(요 14:6). "내가 진실로 진실로 너희에게 이르노니 양의 우리에 문으로 들어가지 아니하고 다른 데로 넘어가는 자는 절도며 강도요 , 내가 문이니 누구든지 나로 말미암아 들어가면 구원을 받고…"(요 10:1,9)
   성서에서 우리에게 증언된 예수 그리스도는 우리가 들어야 하며, 사나 죽으나 신뢰하고 복종해야 할 하나님의 유일한 말씀이다.
   우리는 마치 교회가 그 선포의 원천으로서 이 하나님의 유일한 말씀 외에, 그리고 그것과 나란히 다른 사건들, 권세들, 형상들 및 진리들도 하나님의 계시로서 인정할 수 있고 인정해야 하는 것처럼 가르치는 잘못된 가르침을 배격한다.
2. "예수는 하나님으로부터 나와서 우리에게 지혜와 의로움과 거룩함과 구원함이 되셨으니"(고전 1:30).
   예수 그리스도는 우리의 모든 죄를 용서하는 하나님의 판결인 것처럼, 또한 그와 조금도 다름이 없이 우리의 온 생명을 요구하시는 하나님의 강력한 주장이기도 하다. 그분을 통하여 우리는 이 세상에 얽매인 불신앙적인 예속으로부터 기쁘게 해방되어, 그분의 피조물에게 자유스럽게, 감사하면서 봉사하게 된다.
   우리는 마치 우리의 삶에서 예수 그리스도가 아닌 다른 주(州)들에게 속하는 영역, 그분을 통한 칭의와 성화가 필요 없는 영역이 있는 것처럼 가르치는 잘못된 가르침을 배격한다.
3. "오직 사랑 안에서 참된 것을 하여 범사에 그에게까지 자랄지라. 그는 머리니 곧 그리스도라. 그에게서 온 몸이… 결합되어…"(엡 4:15-16)
   그리스도의 교회는 예수 그리스도가 말씀과 성례전 속에서 성령을 통하여 주님으로서 현존하면서 행동하시는 형제들의 공동체다. 그리스도의 교회가 은총을 입은 죄인들의 교회로서 죄 많은 세상의 한복판에서 그 신앙과 순종으로써, 그 사신(使信)과 직제로써 증거해야 할 것은, 자신은 오직 그분의 소유이며, 그분의 오심을 기다리면서 오직 그분의 위로와 교훈으로 살고 있고, 또 살기를 원한다는 사실이다.
   우리는 마치 교회가 그 사신과 직제의 형태를 자신의 기호에, 혹은 때때로 지배하는 세계관적, 정치적인 확신들의 변화에 내맡겨도 되는 것처럼 가르치는 잘못된 가르침을 배격한다.

는 신학에 대한 거부입장을 밝혔고, 가을에 다렘(Dahlem)에서는 교회의 특별법에 근거하여 독자적인 교회지도부를 "임시 독일개신교 교회지도부"(VKL)라고 정했으며, 그 의장에 지역총감독인 마라렌스(Marahrens)를 임명했다. 이것으로 교회법에 의한 분열이 이루어졌다. 즉 독일의 교회는 국가의 지도를 받는 교회와 고백교회의 지도를 받는 두 파로 분리된 것이다. 그러나 국가감독 체제를 완전히 마비시키거나 혹은 제거하는 것은 성공하지 못했으며, 오히려 임시지도부(VKL)의 활동이 국가에 의해 통제되어 비상법의 도움으로 독자적인 교회정부를 세우려는 시도는 실제로 좌초되었다. 교회 투쟁의 두 번째 국면은 이러한 시도들이 그 특징이다.

3) 세 번째 국면은 국가의 화해시도가 그 특징이다. 통일 이데올로기에서 본다면 서로 반목하는 두 개의 교회정부로 나뉘어 누구나가 볼 수 있었던 개신교회의 분열은 국가에게 눈엣가시였음에 틀림없다. 1935년 9월 수상은 7월 이후 계속되던 교회문제로 인한 갈등을 종식시키고자 했고, 그가 소집한

---

4. "이방인의 집권자들이 그들을 임의로 주관하고 그 고관들이 그들에게 권세를 부리는 줄을 너희가 알거니와 너희 중에는 그렇지 않아야 하나니 너희 중에 누구든지 크고자 하는 자는 너희를 섬기는 자가 되고…"(마 20:25-26).
교회 안의 다양한 직책들은 어떤 직책들이 다른 직책들을 지배하기 위한 것이 아니라 온 공동체에 위탁되고 명령된 봉사를 수행하기 위한 기초다.
우리는 마치 교회가 이 봉사를 떠나서 통치권을 부여받은 특별한 영도자들을 허용하거나 허용하게끔 할 수 있고 또 해도 되는 것처럼 가르치는 잘못된 가르침을 배격한다.
5. "하나님을 두려워하며 왕을 존대하라"(벧전 2:17).
성서는 우리에게 말한다. 국가는 하나님의 섭리에 따라 다음과 같은 과제, 즉 교회도 속해 있는 아직 구원받지 못한 세상에서 인간의 통찰과 능력의 분량에 따라 권력으로써 위협하고 권력을 행사하면서 정의와 평화를 보호할 과제를 가진다. 교회는 하나님께 감사하고 그분을 경외하면서 이러한 그분의 섭리의 은혜를 인정한다. 교회는 하나님의 나라, 하나님의 계명과 그분의 의, 그리고 통치자들과 피통치자들의 책임을 상기시킨다. 교회는 하나님께서 만물을 유지하시는 수단인 말씀의 능력을 신뢰하고 이에 복종한다.
우리는 마치 국가가 그 특별한 임무를 넘어서 인간 생활의 유일하고 전적인 조직이 되고, 그래서 교회의 사명까지 실현해야 하며 또 그렇게 할 수 있는 것처럼 가르치는 잘못된 가르침을 배격한다.
우리는 마치 교회가 그 특별한 임무를 넘어서 국가적인 형태, 국가의 과제와 국가의 위엄을 취하고, 또 그리하여 자신이 유일한 국가의 기관이 되어야 하며 또 그렇게 할 수 있는 것처럼 가르치는 잘못된 가르침을 배격한다.
6. "볼지어다 내가 세상 끝날까지 너희와 항상 함께 있으리라"(마 28:20). "하나님의 말씀은 매이지 아니하니라"(딤후 2:9).
교회의 자유의 근거이기도 한 교회의 임무는 그리스도 대신에, 그리고 설교와 성례전을 통하여 그분의 말씀과 사역에 봉사하면서, 모든 백성에게 하나님의 값없는 은총의 복음을 전파하는 데 있다.
우리는 마치 교회가 인간을 스스로 높이면서, 주님의 말씀과 사역을 인간들이 임의로 선택한 어떤 소원, 목적 및 계획에 이용할 수 있는 것처럼 가르치는 잘못된 가르침을 배격한다.

교회회의는 독일개신교회의 지도를 위임받았다. 그는 "파괴된" 지역교회에도 그러한 회의를 주문했다. 최고 의장에는 전에 베스트팔렌의 총감독이던 유명한 쵤러(D. Zöllner)를 기용했다. "전혀 손상을 입지 않은" 바이에른, 뷔르템베르크, 바덴, 하노버교회는 이 위원회의 개입에 의해서도 영향을 입지 않았다. 고백교회는 이 위원회와의 협력에 있어 합의를 보지 못했고, 어려운 갈등에 빠졌다. 그로 인해 분열된 고백교회는, 몇몇은 "독일 개신교 루터교 위원회"(Rat der Evangelisch- Lutherischen Kirche Deutschlands)라는 이름으로, 다른 몇몇은 "임시 지도부"(Vorläufige Leitung)라는 이름을 사용했고, 이들은 제3제국 시대에 많은 어려움을 용감한 데모로 맞섰다.

제국교회위원회는 "독일 그리스도인들"이 통제한 교회에 개입하는 것이 불가능했기 때문에 1937년 2월에 시들고 말았다. 국가의 조정시도는 실패로 돌아갔다.

4) 네 번째 국면은 외적으로 점차 증대되는 국가의 개입이 그 특징이다. 우선 모든 교회정부의 권한은 현재 진행되는 사업의 수행에만 제한되었다. 게다가 많은 교회에 국가적인 재정부가 만들어졌고, 그의 승인이 없이는 지출도 할 수 없고, 모금도 허용되지 않았다. 결과는 재정적인 분야와 교회의 분리였다. 목사 양성을 위한 신학교육은 고백교회로 인해 금지되었다. 교회를 영적으로 그리고 조직적으로 관리하라는 로젠베르크의 원리가 정확히 준수되었다. 전쟁을 구실로 대책은 더욱 강화되었고, 특히 교회에서 나오는 모든 글들은 금지되었으며, 교회를 벗어난 일은 매우 어려워졌다. 실제로 교회는 완전히 개별적인 공동체로 축소되었다. 그들의 태도와 그들의 의연함에 모든 것이 달려 있었다.

새로 점령한 지역, 특히 바르테가우(Warthegau)에서는 이미 새로운 규정이 시도되고 있었다. 교회들은 공공법인 단체라는 국가의 인정을 빼앗겼고, 협회규정에 종속되었다. 지역의 경계선을 벗어난 연합활동은 금지되었으며, 교회에서의 회원자격만이 허용되었다. 교회의 소유권을 박탈했고 목사로서 부수적인 활동만을 허용했다. 물론 이러한 규정이 완전히 실행된 것은 아니다. 그러나 그것은 국가정책의 목적을 분명히 보여주고 있다. 전쟁에서 승리했다면 독일에서 유혈 기독교 박해가 일어났을지도 모른다는 것은 거의 의심하지 않는다. 순교자가 없는 투쟁은 어쨌든 없기 때문이다.

증대되는 교회 억압은 교회 문제를 중요하게 여기는 모든 단체들을 필연적으로 결속시켜주었다. 용감한 등장으로 커다란 존경을 얻은 뷔르템베르크 지역 주교인 부름(Wurm)은 1941년 이후 지속적이면서도 성공적으로 고백교회 단체들을 재연합하고자 시도했고, 더 나아가서 여태까지는 중도적 입장에 있었지만 고백교회 편에 서고자 하는 모든 사람들을 다시 하나로 통일시키기 위해 노력했다. 그러나 전쟁으로 인해 생긴 차이점을 완전히 제거하는 것은 성공을 거두지 못했다. 피해를 입지 않은 교회들은 전쟁 동안 의회의 정쟁중지를 찬성했으나, 임시지도부(VKL)는 그 반대였다. 한편으로는 이 모든 것에도 불구하고 국가에 대한 신뢰가 유지되었으나, 다른 사람들은 저항운동에 공개적으로 참여하면서까지 히틀러에 대하여 단호히 정치적인 거부를 했다.

종전은 물론 "독일 그리스도인들"을 무력화시켰고, 고백교회에 통치를 위임했다. 이것은 외부로부터 그들에게 주어진 승리였고, 단지 내적인 권한을 통해서만 쟁취한 것은 아니었다.

이 싸움으로 상당히 많은 문제들이 얽히게 되었고, 그것의 해결도 동시에 이루어져야만 했다.

1) 그것은 신앙과 민족의 관계 문제였다. 이것은 "고대와 기독교"의 문제로서 이미 르네상스에서 발생했다. 그것은 당시 끝까지 설명되지 않았다. 왜냐하면 종교개혁은 새롭고 중요한 논제를 제시했기 때문이다. 지금도 역시 궁극적인 해답을 찾지는 못했다. 왜냐하면 여전히 객관적인 해답을 찾는 과정에 있으며, 단순히 관계만으로 설명이 되는 것은 아니기 때문이다.

2) 그것은 계시의 근원에 대한 문제다. 바르멘 총회는 "자연신학"의 모든 형태에 대해 분명한 거절을 했다. 물론 낙관적 신학을 주장하는 측으로부터 저항이 없지는 않았다. 그 설명은 오늘날까지도 끝나지 않았다.

3) 그것은 복음과 민족법(Volksnomos)의 관계다. 특히 빌헬름 스타펠(Wilhelm Stapel)은 모든 민족의 법은 복음으로 인도되는 길일 수 있지만, 유대법은 아니라는 논제를 대표했다. 민족법들은 자연을 통해 매개된 하나님의 계시이며, 그것은 복음을 통해 "성취"된다, 이러한 주장 결과 "세계"에 대한 모든 윤리가 국가에게로 옮겨갔다. 교회는 다만 하나님의 은총을 선포할 과제만 있었다. 특수한 문제는 자연신학의 문제였다. 실제로 그 논제는 해결된 것처럼 여겼음에 틀림없다.

4) 그것은 교회의 건설 문제다. 국가는 교회의 조직에 대해 개신교의 교리에 따라 – 루돌프 좀은 이렇게 가르쳤다 – 결정했는가? 아니면 조직과 통치의 문제들은 독립적인 교회의 영역에 속하는가? 근본적으로는 교회 통치 역시 고백교회에 의해야 한다는 것이 명백해졌다. 왜냐하면 고백교회는 설교에 참여하고 그 일을 행하기 때문이다. 독자적인 지도부의 제시는 이러한 요구와 일치되었다. 그러나 그러한 교회의 합법적 통치는 실제로 기능을 발휘하지는 못했다. 왜냐하면 국가가 그들의 합법성을 인정하지 않았기 때문이다.

5) 교회 내에서 선포한 통치원칙은 총회의 권한에 대한 문제와 동시에 교회에서 평신도의 권한에 대한 문제를 제기했다. 모든 고교회적인 직임에 대한 과장된 평가와 통치원리에 반대하여 만인사제직과 개별적인 교회의 중요성이 더 분명하게 인식되었다.

6) 국가에 대한 저항권 문제는 당시 해결되지 않았다.

7) 어느 곳에서도 제한을 받지 않는 전제국가인 하나의 국가와 교회 사이에 투쟁이 있을 수 있다는 것은 분명해졌다. 세속의 전체주의적 요구는 하나님의 전체주의적인 요구와는 조화될 수 없다.

4. 교회투쟁의 결과는 1) 부정적으로는 "민족교회"가 내적인 불신으로 폭로되었다는 점이다. 교회가 완전히 개별적 교회로 후퇴되어 그것이 얼마나 "해묵은 기독교를 관리하는 기구"가 되어버렸는지가 분명해졌다(G.Jacob). 특히 그때까지도 개신교회의 주요지지층이던 시민 역시 국가사회주의로 인해 교회를 외면했다. 하나의 갱신된 교회를 이루는 정말로 살아있는 교회를 회복하는 것이 성공할지 아니면 그렇게 남아 있을지 여부는 우리에게 커다란 문제다.

2) 교회가 고백교회의 투쟁을 통해 획일화를 피할 수 있었다는 점은 긍정적으로 평가해야만 한다. 획일화가 교회를 외적으로 더 강하고 견고하게 만들어주었다. 교회는 그러한 획일화로 선포의 자유를 상실했을 것이고, 받아들일 수 없는 조처에 대해 비판하는 대신 오히려 적극적으로 국가사회주의의 선전을 지지했을 것임에 틀림없다. 그렇게 될 경우, 결과는 교회 역시 군대에 의존하는 세속적 비중을 가진 하나의 기관이 되어 "독일 그리스도인들"처럼 종국을 맞았을 것이다. 교회투쟁의 첫 결과, 즉 교회의 영적인 자유의 사수는

그러므로 교회의 본질을 지킨 것이었다.

3) 투쟁은 폭넓은 계층에서 새로운 신뢰를 얻었다. 노동자들은 목사들이 그에 대한 대가를 지불하고 감옥, 강제수용소 그리고 다른 고통을 직접 받았다고 생각했다. 지식인들은 교회가 그들의 자유를 위해 싸운 것은 또한 영혼의 자유를 위해 싸운 것으로 인식했다. 만일 오늘날 적어도 개신교 학문에서 교회, 노동자계층과 학문 사이에 공개적인 대화가 이루어질 수 있다면, 그것은 교회투쟁의 값진 열매다.

4) 독일에서는 교파 상호간에 새로운 관계가 형성되었다. 똑같이 처한 어려운 상황에서 다른 쪽을 그리스도 안에서 형제로 인정했다. 교회 상호간의 관계가 근본적으로 의미한 바가 무엇인지는 아직 분명치 않다. 그러나 긴장해소는 확연히 느낄 수 있다.

5) 에큐메니컬 교회연합운동(참고 62)은 1차 세계대전의 경우와는 달리 전쟁이 발발했음에도 불구하고 중단되지 않았다. 역사적으로 1945년 이후 독일에 의미한 바를 지나치게 과대평가해서는 안 된다.

6) 가장 중요한 것은 그러나, 외적인 위협이 오히려 내적인 자각을 더 불러일으켰다는 점이다. 외적으로 볼 때 교회 내 삶으로 축소된 교회는 모든 세속적인 것들, 즉 돈, 법, 국가보조, 전통 등이 아무런 의미가 없음을 인식해야만 했다. 교회에는 하나만이 의미를 가졌다. 즉 주님 자신이다. 그리스도에게로만 집중하는 것은

(1) 하나님의 말씀에 대한 새로운 경청을 내포했다. 그 점에서부터 자연신학은 파괴되었다.

(2) 성례전에 대한 새로운 평가를 내포했다. 즉 성례전은 하나님이 직접 일하시고 그리스도가 생생하게 현존하는 곳이며 그의 현존과 그의 언약이 우리를 강하게 하는 장소였다.

(3) 거기에는 동시에 예배에 대한 새로운 평가가 내포되어 있었다. 말씀과 성례전을 중심으로 한 모임으로서 예배는 교회에서 가장 중요한 사건이다. 예배의 객관성은 하나님의 행동과 말씀이라는 의미에서 유지되어야만 한다. 그러므로 주관성을 버리고 예전에 대한 완전히 새로운 이해가 나오게 되었다.

(4) 말씀과 성례전을 중심으로 하는 신자들의 모임이라는 교회에 대한 새로운 이해가 내포되어 있었다. 이것은 곧 제도적인 교회 개념을 버렸음을

의미한다.

(5) 직임에 대한 새로운 이해를 내포하고 있었다. 직임은 전권을 가진 하나님의 이름으로 말하고 행동해야 한다는 것이다. 그러나 이러한 새로운 이해가 불가피하게 가져온 다양한 평신도 활동도 역시 인식해야만 했다.

(6) 평신도가 하나님의 말씀을 선포하는 일에 참여했고, 선포되는 곳에서도 동일한 전권을 가지고 직임자와 같이 그것을 했다.

하나님이 정말로 새로운 교회를 선물로 주셨다고 말한다 해도 틀린 것은 아니다. 교회투쟁이 일어나도록 그 토대를 만든 것이 인간의 실패였다면, 하나님은 여기서도 역시 늘 그렇듯이 죄를 축복으로 변화시켰다.

5. 새것 속에서 옛것의 영향 국가사회주의가 성서와 신앙고백을 굳게 신뢰하고자 한 이들에게 불가피하게 강요했던 공동투쟁 역시 역사가 분열이라고 평가한 전체적인 난관을 제거하지는 못했다.

1) 교파적인 문제가 해결되지 않은 채 남았다. "동의연합체"(Konsensus-Union)의 단호한 친구들과 함께 교파적인 대립이 결코 제거되었다고 보지 않는 사람들이 여전히 있었다. 1948년 체결된 독일 개신교기본법은 협력과 대립이라는 이러한 이중성을 고전적인 문장으로 표현하고 있다. "독일의 개신교회는 루터교, 개혁파 그리고 연합교회의 연맹이다." 마찬가지로 1948년 창립된 "독일 루터파 개신교 연합"과 "개혁파연맹"의 상호공존도 동일한 것을 말해주고 있다.

2) 재건의 의지 역시 완전히 일치하는 것은 아니다. 직임과 교회, 감독과 총회 사이에 긴장이 있었다.

3) 교회 전통의 중요성이 교회투쟁이 가져온 열매였던 교회를 갱신하려는 시도들을 위협했고, 확산되지 못하게 했다. 독일의 분열, 피난민의 참상, 재무장의 문제, 핵전쟁을 통해 새로운 심각한 문제들이 발생했다는 사실을 마찬가지로 간과해서는 안 된다. 성취에 대한 안도감이 교회에는 없었다.

그러나 중요한 것은 이러한 개별적인 것들이 아니다. 더 중요한 것은 1910년경 독일에서 완전히 달라진 영적인 상황이다. 즉 실증주의가 끝이 나고, 인과관계의 해결로 새롭게 가능케 된 기독교와 교회에 대한 자연과학의 긍정과 도처에서 싹이 튼 인간론적인 의미 추구다. 여기서부터 독일 교회는 아주 좋은 전혀 다른 새로운 상황에 직면한다. 그 상황을 영적이고 정신적으로 옳게 만들 수 있는 힘을 독일 교회가 가지고 있는지가 큰 문제다.

| 참고문헌 | Kurt Dietrich Schmidt, Die Bekenntnisse und grundsätzlichen Äußerungen zur Kirchenfrage 1933-1935, 3 Bde., 1934-1936. Kirchliches Jahrbuch 1933-1944, 1945-1948, 2 Bde., hrsg. von Joachim Beckmann, 1948/49. Heinrich Hermelink, Die Kirche im Kampf, 1950. Joachim Gauger, Chronik der Kirchenwirren, 3 Bde., 1934/35 (=Gotthardbriefe 138-158). Wilhelm Niemöller, Kampf und Zeugnis der Bekennenden Kirche, 1948. Paul Fleisch, Erlebte Kirchengeschichte, 1952. Hans Buchheim, Glaubenskrise im Dritten Reich, 1953. Ernst Loycke, Die rechtliche Entwicklung in der Evangelischen Kirche der altpreußischen Union von 1937-1945 (Zeitschr. für ev. Kirchenrecht Jg.2, 1952/1953, S.64-83, 169-185, 270-311). Ernst Wolf, Barmen. Kirche zwischen Versuchung und Gnade, 1957. Edmund Schlink, Der Ertrag des Kirchenkampfes, 1947. (kath.) Joh. Neuhäusler, Kreuz und Hakenkreuz, 2 Bde., 1946. Arbeiten zur Geschichte des Kirchenkampfes (Quellen und monographische Darstellung), hrsg. in Verbindung mit H. Brunotte und E. Wolf von K. D. Schmidt, 1958ff.

59. 명예혁명 이후 영국 교회

영국 교회는 전체 기독교에 의미 있는 발전을 경험했다. 그 때문에 여기 제공된 지면에 간단하게나마 언급해야만 한다.

1. 이신론(Deismus)의 토대 이미 "거룩한 자들의 의회"(Parlament der Heiligen)에서 자연법사상이 개진되었다. 그러나 "거룩한 자들의 의회"는 하나님 나라의 규정을 국가의 토대로 만들고자 했고, 그래서 평등주의자들과 자연법자들은 무조건적인 세계성의 원칙과 두 힘의 분리를 주장했다. 이 두 단체는 같은 구체적인 목적을 추구했기에 일정기간 연대할 수 있었지만, 곧이어 분리했다. 그들은 두 개의 서로 다른 세계에 속했다. 우선 미래는 계몽주의자들에게 속했다. 영국 혁명시대를 가득 채웠던 종교적 열광주의의 긴장에 이어 가장 중요한 것들이 상호대립 속에서 전혀 다른 의미를 가져오는 반작용의 시대가 이어졌다. 향락을 추구하는 청교도적인 진지함과 자신의 이성적인 판단을 신뢰하면서 직접적인 하나님의 조명을 믿고, 무관심주의에 대한 종교적 열정주의의

시대가 이어진 것이다. 정치적 자유주의와 계몽된 이신론은 그러므로 역사적으로는 영국의 산업혁명의 혼란 결과 나타난 현상으로서 이해할 수 있다. 이어진 시대 역시 하나만은 긍정했다. 즉 사회적 관계의 형성에 대한 정열적인 관심이다. 계몽주의의 도덕주의와 혁명시대의 유산은 여기서 잘 조화를 이루고 있다. 영국은 다른 나라들이 전혀 하지 못한 실제적이고 확신을 가지고 활동하는 기독교에 대한 지속적인 자극을 갖고 있었다.

2. 교회문제의 새로운 규정 외적으로 볼 때 교회문제는 1689년 권리장전(Bill of Rights)을 통해 조정이 되었다. 권리장전은 교회문제에 있어서 왕은 독자적인 권리를 행사하지 못하며 의회와 협력해야 한다고 못 박았다. 같은 해에 반포된 관용령(Die Toleranzakte)은 영국 성공회를 믿지 않는 비국교도에 대한 모든 교회적인 강요와 종교적 박해법령을 제거시켰다. 소시니안(Sozinianer)과 같은 기독교인이 아니라고 여긴 단체만이 관용령에서 배제되었다. 그러나 비국교도들 역시 1828년까지는 국가와 지방의 모든 공직에서 배제되었고, 모든 학교, 대학 내지는 국교회에서 제외되었다. 영국이 이런 국가교회적인 성격을 유지했다고 할지라도, 국가와 교회의 무조건적인 일치원리는 관용령으로 사라졌고, 다양한 교회의 모습들이 영국에서 형성되었다. 영국 교회 내에서 자신의 교회를 위해 싸웠던 반대파들은 독립된 조직체를 갖추어야만 했다. 퀘이커, 침례교, 회중파 그리고 장로회파들은 즉시 이러한 기회를 사용했다.

국가교회 역시 변화와 상관없이 남을 수는 없었다. 찰스 1세가 통치할 당시 윌리엄 로드(William Laud, 1573-1645)[105]의 고교회적 경향이 아무런 제재도 받지 않고 주도권을 잡았다면, 이제는 관용파(Latitudinarier)가 주도권을 행사했다. 이들은 주교의 헌법에도 그리고 예전 형태에도 특별한 가치를 두지 않았다. 이 둘 모두 보수적이었지만 엄격한 주일성수와 설교를 높이 존중하는 것과 같은 청교도적인 영향을 개방한 사람들이다. 관용파는 윌리엄 3세

105) 옥스퍼드 대학에서 공부했다. 1625년 찰스 1세가 즉위하자 중용되어 1628년에 런던 주교, 1633년에는 캔터베리 대주교가 되어, 영국 교회의 수장(首長)으로서 교회 발전에 힘썼다. 그 동안 왕의 측근으로서 의회를 무시하는 친정정치(親政政治)의 보좌역으로, 국교(國教)의 강제와 비국교도 탄압을 강행했다. 그 결과 청교도혁명을 유발, 1640년 말 장기의회(長期議會)에서 탄핵을 받고 런던탑에 감금당했으며 1645년에 처형되었다. 저서에는 『신학논문집』이 있다.

(William III, 1650-1702) 치하에서 영국 주교에게 강력한 영향력을 행사했다. 그 같은 형태의 문제들이 하나님 나라를 초래할 수 있다는 의견을 고수했다. 이 나라는 그러므로 과거나 지금이나 여전히 세속적이고 사회적인 모습에서 이루어지는 나라로 여겼다. 여기서 영국 그리고 영국으로부터 영향을 받은 북아메리카의 하나님 나라 사상과 루터교의 하나님 나라 사상 사이에 엄청난 차이점이 발생했다. 정치적인 자유주의와 영국의 제국주의가 거기서 함께 결합하여 그 긴장이 더욱 커졌다.

3. 감리교회의 형성 감리교는 본래 영국의 국가교회에서 일어난 하나의 각성운동이었다. 부정적으로는 이신론, 언급한 향략 추구 그리고 시작된 산업화의 결과 생겨난 모순들과 싸웠고, 긍정적으로는 개인적이며, 따뜻하고 행동하는 기독교를 추구했다. 그것은 존 웨슬리(John Wesley, 1703-1791)와 찰스 웨슬리(Charles Wesley, 1707-1788) 형제, 그리고 존 웨슬리에게 큰 감명을 준 조지 휘필드(George Whitefield, 1714-1770)에게 그 기원이 있다. 학창 시절부터 그는 이미 기도와 이웃사랑을 실천할 뿐만 아니라 공부하기 위한 클럽을 만들었다. 그를 따르는 사람들을 조소하는 이름으로 "메소디스트"(Methodisten)란 별명을 얻게 되었다. 그럼에도 불구하고 웨슬리는 1738년에야 공동생활 형제단과 교제를 가졌고, 루터의 로마서 서문의 직접적인 영향을 받고 내적인 평안을 얻었다. 경건주의적인 방식의 전형적인 체험을 겪으면서 그것이 자신의 모든 사고와 활동을 지배하도록 했다. 그로 인해서 감리교는 우선 각성운동이 되었다. 사람들이 설교단에서 하는 설교를 거부했을 때, 즉시 자유로운 설교로 전환했다.

그 외에도 그는 대단한 명망을 가진 조직가였다. "하나님의 방법으로 각성한 자의 모임과 그 각성자의 교육이 없는 사도적 설교는 어린이들을 살인자로 만드는 것과 같다." 이러한 경험을 근거로 그는 자신의 설교를 듣고 회심한 사람들을 모두 모으고, 헤른후트(Herrnhuter)의 경우보다 더 작은 종교모임(religious societies)인 속회(Klassen)라고 부르는 소그룹 단위로 나누었다. 그 결과 각각의 회심자는 고독으로부터 벗어났다. 그러나 그들 안에는 엄격한 규율로 회원의 생활을 규제하는 통제도 있었다. 웨슬리는 그것을 통해 두 가지 목적을 성취했다. 소그룹 지도자를 통해 처음부터 활동적인 평신도 사역을 얻을 수 있었다. 이미 1742년 이후부터 평신도 설교자가 감리교 안에 일반화되었다.

웨슬리는 온 힘을 다하여 매우 신속하게 확산되고 있는 운동이 영국 교회 내에서 계속 유지되도록 애를 썼다. 영국 국교회의 감독들이 감리교도들에게 목사안수를 거부했기 때문에 성례전 문제가 점점 어려워졌다. 우선 북아메리카와 스코틀랜드에서 독자적인 감리교회가 형성되었다. 늦어도 1797년 이후 영국에서도 역시 그러한 움직임이 일어났다고 말할 수 있다. 영국의 헌법 역시 그것을 19세기 초 이후에 다루고 있다.

교리에서 웨슬리는 알미니안적이었으며, 게다가 예정론을 철저히 거부했다. 그에 비하여 구원의 확신을 매우 강조했다. 게다가 그는 인간이 성령의 은사를 통해 이 땅에서 모든 죄로부터 실제로 자유할 수 있다는 친첸도르프적인 신앙을 가졌다. 웨슬리는 그러므로 적어도 가끔은 완전(Perfektionismus)을 가르쳤다. 감리교인들도 가끔은 이러한 기대를 그들 교리의 핵심으로 인정했다.

그러나 감리교의 중요 활동은 회심을 위한 활동이었다. 그렇지만 이들은 독일 경건주의처럼 개개인의 회심에 만족하지 않았고 집단, 즉 오류에 빠진 대중의 회심을 추구했다. 구세군이 거기서부터 나왔다는 것은 결코 우연이 아니다. 감리교는 회심이 가져오는 결과를 이론적으로도 깊게 연구하고자 노력했다. 현대의 종교심리학의 원리는 감리교 안에 그 뿌리가 있다. 그 외에도 종교적으로나 사회적으로 영국 노동자 계층에 대한 그들의 공로는 지극히 크다, 만일 영국의 노동당이 독일 노동자와는 달리 기독교와 전혀 다른 관계를 갖고 있다면, 그것은 감리교 때문이다.

감리교는 오늘날 영국에 비교적 강하다. 북아메리카에서는 게다가 가장 복음적인 개신교 단체를 형성했다. 모든 감리교회는 1887년 이후로 감리교 세계위원회로 결합되었다.

연합운동을 넘어 감리교는 우리의 교회 생활에, 특히 연합체에 깊이 관여했다.

영국 국교회는 감리교를 인정해주지 않음으로 큰 수확을 얻었다. 감리교 정신이 가득한 작은 단체만이 저교회파(Low Church Party)로서 그 안에 남아 있다. 감리교의 분리로 고교회파 역시 19세기에 실제로 큰 중요성을 갖게 되었다.

영국 전체를 보면, 감리교는 최고의 복된 것임을 알 수 있다. 중요한 것은 영국의 경건주의적 운동인 감리교는 이신론 이전이 아닌 이신론 이후에 그 시대를 열었다는 점이다. 그러므로 영국의 계몽주의는, 독일과는 정반대로 커다란 각성운동을 통해서 해소되었고, 그 때문에 우리의 경우처럼 국민 모두에게 그렇게 강력한 영향을 줄 수 없었다.

4. 영국 가톨릭운동(옥스퍼드 운동) 이 새로운 운동에 대한 자극은 시대적 상황으로 인해 발생했다. 1828년 모든 영국인들은 의회를 선택할 권한을 얻었다. 영국 국교회는 국가적으로 인정된 교회라는 입지를 잃지는 않았다. 이제까지 교파가 없는 의회 역시 그것을 정했다.

게다가 19세기까지 지식인들은 이신론에 사로잡혔다. 왜냐하면 감리교는 그 시대의 사고경향과 결합을 결코 수용하고자 시도하지 않았기 때문이다. 이신론의 극복은 영국에서도 역시 낭만주의의 몫이었다. 자유를 향한 거의 무제한적인 욕망에서 낭만주의는 다시금 가장 강력한 권위를 추구했고, 사해동포주의적인 개인주의에서 국민의 가치를 추구했으며, 역사 없는 합리주의에서 고대로의 심화를 추구했다. 이러한 정신적 태도는 고대교회적인 것들이 다시금 새로운 조명을 받게 했다.

교회정치적인 요소들이 그에 추가되었다. 자유주의자들이 다수를 차지한 의회는 1830년 영적인 권력 싸움에서 왕에게 최고의 권한을 주고자 시도했다. 성직자들로 이루어진 법정에서 한 사람의 세속 권력자에게 영국 교회에 대한 입법과 사법의 최고 권한을 주기로 결정했다.

고대교회적인 경향을 반대하고 시대의 손실을 반대하는 개혁운동으로서 새로운 운동이 등장했다. 그러나 일반적인 영적 상태는 구원을 고대 이상의 재건에서 보도록 이끌었다.

옥스퍼드 운동은 세 국면으로 진행되었다.

1) 첫째는 소책자주의(Traktarianismus)다. 수많은 소책자를 써서 – 그 때문에 이렇게 칭했다 – 존 키블(1792–1866), 하렐 프루드(1803–1836), 부버리 퓨지(1800–1882) 그리고 로마 추기경으로 죽은 존 헨리 뉴먼(1801–1890)은 정부의 교회적대적인 정책에 대항했다. 그들은 고대교회의 형태로 복고를 위해 싸웠고, 사도를 본받아 그리스도와 연합한다는 사도적 순종을 위해서, 빈번

한 성찬거행과 옛 형식의 일반기도서 사용을 위해서 싸웠다.

2) 옥스퍼드 운동의 제2국면은 퓨지주의(Puseyismus)를 형성했다. 그것은 가령 세례를 통한 중생과 성찬에서의 그리스도의 현재와 같은 일련의 교리 논쟁으로 점철되었다. 대주교의 판결은 39개항의 가톨릭해석을 거부했다. 왜냐하면 국가가 이미 이전에 교회의 독립성을 거부했기 때문에, 옥스퍼드 신학을 교회에 관철시키려는 시도는 성공을 거두지 못했다.

3) 세 번째 국면은 옥스퍼드 운동이 제의영역에 전력을 기울였던 단계다. 때문에 그것을 예전주의(Ritualismus)의 국면이라고 부른다. 영국 국교회의 예전을 가능한 한 로마 가톨릭교회의 예전과 조화시키려고 시도했다. 마리아 제단을 교회에 설치하고 수도회에 정결서약을 의무화시켰다. 이러한 가톨릭적인 관습은 거의 오늘날까지도 영국 교회 안에 남아 있다.

놀라운 것은 예전적인 옥스퍼드 운동이 정말로 영국 교회의 각성을 불러왔다는 사실이다. 이것은 간과해서는 안 된다. 예배를 드리고 성례전을 집례하는 경외심이 감명 깊었지만 그렇다고 예전적인 노력을 통해서만 그것이 일어난 것은 아니다. 오히려 영국가톨릭을 사로잡은 커다란 열정을 통해서 일어난 것이다. 그들은 영국 성공회의 39개 조항이 가톨릭적인 성격을 가졌다고 보았다. "오직 성서"(sola scriptura) 역시 교부해석과 교리를 위해 포기했다.

성공회의 두 번째 성격은 그들의 내면적인 폭이다. 가장 큰 단체인 앵글로 가톨릭과 더불어 개신교뿐만 아니라, 이제는 중요한 의미를 지닌 1830년 콜러리지(Coleridge)가 창립한 현대주의자들, 곧 자유주의자들도 있었다. 모두가 형제애를 가지고 공존했고, 작은 규모로 에큐메니컬적인 공동체를 구성했다. 앵글로 가톨릭교회가 직접 그들 교회의 이러한 성격을 "변증법"(Dialektik)이라고 불렀다.

성공회는 그로 인해 스스로를 중도적 교파로 이해했고, 그 때문에 특히 "신앙과 직제"(faith and order)운동에서 교회연합운동의 촉매제가 되었다. 영국의 영향 덕분에 교회는 거의 모든 땅으로 확장되었다. 남인도에서처럼 지역적인 연합체에 참여하는 곳에서는 한 가지가 전제되었다. 즉 최소한 미래를 위해 사도적 복종을 지키는 것이다. 앵글로 가톨릭교회는 이것을 예수 그리스도의 교회를 구성하는 본질적인 것으로 간주했고, 개신교는 어쨌든 좋은 유산으로 여겼다. 물론 성공회가 개신교적인 기독교에 서 있는가 하는 문제의 본질은 거기에 있다.

세계의 성공회는 1867년 이후 하나의 회의를 통해 연합했다. 회의장소인 캔터베리 대주교의 런던 궁에 따라 람베트 회의(Lambeth-Conference)라고 일컬었다. 그것은 10년마다 개최되었다. 법적인 구속력은 없어도 매우 구체적인 삶의 문제에 대한 그들의 결정은 커다란 중요성을 가지고 있다.

| 참고문헌 | J.M. Moorman, A History of the Church in England, 1953. Martin Schmidt, John Wesley, 2 Bde., 1953/1959. Yngve Brilioth, The Anglican Revival. Studies in the Oxford Movement, 1925.

60. 북아메리카 교회

아메리카를 발견한 후 기독교가 비록 가톨릭교회의 형태로 그곳에 들어갔고, - 종종 좋지 않은 방법을 동원해 - 거의 모든 남아메리카와 중부아메리카가 피상적으로나마 기독교화했지만, 아메리카는 근대에 이르러 게다가 북아메리카부터 실제로 교회적인 중요성을 얻게 되었다. 아메리카의 중요성은 이제는 너무나 크기에 세계에서 일어나는 모든 교회적인 사안들은 아메리카의 협력이 없이는 거의 생각할 수 없다. 아메리카의 협력이 없는 연합과 선교는 회의적인 것이 되었다. 이것은 재정적인 협조에만 제한된 것이 아니며, 이러한 점은 유감스럽게도 유럽에서 강조되어야만 한다.

북아메리카 기독교의 기초는 선교가 아니라, 이주다. 그것은 동시에 미국의 특징인 커다란 교파 혹은 교단적 분열의 시작이었다. 왜냐하면 유럽에서 온 이주자들은 그들의 교파를 그대로 가져왔고, 교파를 유지한 채 자유롭게 살고자 종종 새로운 땅을 찾았기 때문이다. 영국에서 청교도, 회중교인, 침례교 그리고 퀘이커가 왔고, 스코틀랜드와 북아일랜드에서 장로교와 프랑스에서 위그노가 왔다. 오늘날의 뉴욕인 뉴암스테르담에는 네덜란드 이주민들이 왔다. 그러므로 북아메리카 교회는 칼빈주의적인 요소가 처음부터 매우 강하게 나타났다. 독일과 스칸디나비아는 루터교 형성에 기여했다. 독일에서는 그 외에도 슈벵크펠디안들, 메노나이트 그리고 헤른후트인들이 왔다. 서유럽과 남동부유럽, 거기에다 독일로부터 오늘날 미국에 있는 약 300만 가톨릭의 선조들이 왔다. 물론 동방정교회 신자들 역시 없지는 않다.

다양한 교파의 전제인 종교적 자유는 물론 처음부터 이루어진 것은 아니다. 영국의 새로운 몇몇 식민지와 국가가 국가교회라는 영국 교회의 원칙을 유지하려고 시도했지만, 물론 여기서도 여러 교파가 그 중심에 있었다. 식민지교회는 대부분 급진적인 요소들로 세워졌고, 이러한 종교적 급진주의는 새로운 사회질서를 추구한 정치적이고 민주적인 요소들과 함께 나타난 것이 특징이다.

영국 성공회는 17세기에 버지니아와 카롤리나에서 먼저 청교도적인 성격을 가진 국가교회가 되었고, 관용의 시작 이후에는 메릴랜드(Maryland)도 국가교회가 되었다. 매사추세츠에는 "순례자의 아버지"라고 할 수 있는 회중파들이 상륙했다. 이들은 청교도들과 연대하여 그곳에서 국가교회와 비슷한 헌법을 도입했다. 왜냐하면 교회의 회원만이 법이 인정하는 모임에서 선거권을 가질 수 있었기 때문이다. 교회 건물은 동시에 정치적인 모임장소가 되었고, 국가가 신율적인 형태를 부여받았기 때문에, "민주주의는 국가와 교회에 대한 그리스도의 통치다"(John Wise 1717)라는 정의가 가능했다. 코네티컷에서도 비슷한 일이 일어났다. 그러나 거기서는 결국 장로주의가 회중주의를 이겼다.

그러나 다른 주에서는 계속된 종교적 관용주의가 관철되었고, 완전한 신앙의 자유가 보장되었다. 침례교인 로저 윌리암스가 로데 섬(Rhode Island)에서 그리고 퀘이커인 윌리엄 펜이 펜실베이니아에서, 영국에서 고문이 무엇을 의미하는지를 경험한 가톨릭의 로드 발티모어에 의해서 메릴랜드가 그렇게 되었다. 이러한 원리가 전 지역에서 시행되었다. 그 결과 북아메리카에서는 한 교회 내에서 교회 설립의 방향이 결정된 것이 아니라, 새로운 영적인 흐름이 거의 새로운 교회를 만들도록 선도했다는 점이다. 인종과 사회적 신분 차이(노예문제)가 마찬가지로 구별된 교회 설립의 근거가 되었다. 이주자들의 언어와 민족적인 차이도 동일하게 작용했다. 그러므로 심각한 분열이 북아메리카 기독교의 첫 특징이다. 대략 250개가 넘는 교파들이 난립했으며, 그 가운데 적지 않은 수가 단체를 형성하고 있다(감리교, 침례교, 루터교, 개혁파). 주민이 2만이 넘는 도시에는 평균 15-20개의 서로 다른 교회들이 존재했다. 이러한 분열은 북아메리카가 가지고 있는 커다란 종교적 자유의 뒷면이기도 하다. 그것은 130(단위: 백만)이 넘는 미국(1790: 4백만)의 인구 중에 단지 약 70(단위:

백만)의 인구만이 교인이라는 결과를 가져왔다. 이들 대부분은 강한 확신을 가지고 교회에 소속되었기에, 이것은 유럽의 경우보다 더 강력한 교회성을 의미했다. 그러므로 교회는 큰 공적인 힘이며, 정부도 그 점에 대해서 결코 지나칠 수 없다.

국가와 교회의 완전한 독립은 동시에 모든 교회가 재정적으로 자신의 능력에 의존해야 함을 내포하고 있다. 그 외에도 교회는 위로부터 세워지지 않았고, 아래로부터, 즉 공동체 스스로가 세웠다. 이것은 중요한 삶의 요소이고, 침례교회를 포함하여 회중교회에서 교리와 관련해서도 역시 교회의 중심이다, 근본주의는 성서비판에 대항한 교회의 직접적인 반대운동이며, 성서비판에 대해 가령 축자영감, 동정녀탄생, 그리스도의 피에 의한 화해 및 이와 유사한 근본적인 것을 확고하게 붙들고자 시도했다. 1909년 이후 근본주의는 주목할 만한 세력을 얻었다. 교회는 개개인들을 교회에 참여하고 스스로 책임질 수 있는 일에 활용했다. 청소년에 대한 종교교육, 교회의 행정업무 역시 평신도의 꾸준한 협력이 없이는 결코 가능치 않았을 것이다. 국가와 교회의 분리는 공립학교에서 종교교육을 없애는 결과를 가져왔다. 모든 종교교육은 다만 교회의 일이다. 종교교육을 모두가 받게 하고 꾸준하게 영향을 받도록 하는 것은 진정한 문제가 되었다.

그러나 북아메리카의 기독교는 엄청난 교회분열이 초래한 난제와 무기력을 계속적으로 심각하게 의식하게 되었다. 이미 일치운동이 19세기 전체를 사로잡았다. 독일의 경우처럼 선교와 성서보급 그리고 19세기 중엽 이후 청소년 선도와 같은 실제적인 일에서 초교파적인 연합활동이 일어났다(YMCA 1850, YWCA 1858). 1872년 주일학교협의회가 발족했고, 1886년 기독교 학생운동이 형성되었다. 그와 더불어 동일한 신앙고백 혹은 같은 기본교리를 가진 교회연합회도 일어났다. 1939년에는 여러 개의 감리교회가 연합했고, 이것은 그 이후 미국의 가장 큰 개신교회를 이루었다. 1918년에는 총회(Generalsynode), 위원회(Generalrat) 그리고 남부의 연합교회가 가장 큰 북아메리카 루터교회인 루터란 연합교회를 결성했다. 1931년에는 오하이오, 이오바 그리고 버팔로 총회가 미국 루터교회를 만들었다. 더 많은 루터교회의 연합이 계속 진행되고 있었다. 많은 루터란 교회가 루터란 민족회의로 연합했다. 이것은 물론 아직 루터파총회(미조리와 위스콘신 회의)와는 서로 상관이 없었다. 1846년 이후 개신교 연합회(Evangelische Allianz)는 교회의 연합을 순수한 영적인 토대에서 이루고자 시도했다. 그러나 연합을 하는 데 있어서 중요한 것은 1886년 이후 개신교 감독교회(영국 성공회)의 행동이었다. 그들의 노력으로 1908년 26개의 교회가 미국 그리스도교의 교회 연합회로 모였다. 이것은 1950년 민족회의(National Council)로 변모했고 지금은 30개 이상 되는 교회가 회원을 이루고 있다. 그들과 대립되는 남부 감리교회, 루터란 미조리 총회와 몇몇 작은 교회들도 있다. 연합의 목적은 다음과 같다.

1) 교제와 가톨릭적인 교회의 일치를 표현하고

2) 교회를 공동 봉사로 이해하고,

3) 상호간에 영적으로 권면하고,

4) 공적인 삶에 대한 좀 더 큰 교회의 영향력을 확보하려는 것이다.

지역 위원회들은 교회들을 연합하는 목적을 추구했다. 교회 사이의 협력은 오늘날은 매우 밀접하게 되어, 미국을 방문하는 유럽인을 항상 놀라게 했으며, 그들에게 연합된 교회와 맞서야 한다는 느낌을 준다. "엄청난 수의 교회가 함께 살고, 믿고, 사랑하고, 싸우고, 일한다"는 아돌프 켈러(Adolf Keller)의 말은 옳다. 미국 개신교의 강한 일치성은 그러므로 그의 두 번째 특징이다. 다른 한편 그리스도의 제자와 그리스도의 연합형제와 같은 연합교회가 성공적으로 탄생해서, 일치운동 역시 또 다른 교파적인 분열을 촉진시켰다.

미국 교회의 특징은 미국적 상황에서 성장한 내용적으로 독특한 특징을 통해 더 강해졌다. 모든 북아메리카 기독교는 우선 일련의 큰 각성운동을 통해 깨우치는 특징을 갖게 되었다. 그것과 어울리고 무엇보다도 생생하고, 확고하며, 준비된 신앙에 있다는 장점이 있으나, 각성운동 자체에 내포된 심리적인 위험도 있다. 영적이고 경건적인 성격을 지닌 급진파들이 첫 이주세대를 구성하고 있었기 때문에, 그러한 운동의 등장이 좋은 것은 아니었다. 미국 역사 전체에 중요하게 된 첫 물결은 1734년 요나단 에드워드의 지도로 시작되었고, 그 후 그는 강력한 감리교 설교자인 조지 휘필드와 협력했다. 이러한 물결은 나라 전체에 걸쳐 일어났고, 다양한 영역의 연합활동을 위한 토대를 제공해 주었다. 감리교와 침례교는 각성운동으로부터 가장 큰 영향을 받았다. 이들은 수적으로 가장 커서 전형적인 미국교회가 되었다. 첫 각성운동은 계속해서 일어난 몇몇 큰 물결처럼(1797-1803; 1826-1832; 1857/58, 1890) 여타의 특별한 교회들을 형성시켜 주었다.

몇 가지 독특한 특징이 미국교회가 직면한 역사적 과제에서 나왔다. 우선 대륙의 쇄도다. 광활한 대륙을 넘어 서쪽으로 진출한 백인들은 이러한 전진에 보조를 맞추어 줄 교회가 필요했다. 감리교가 개발한 여행설교자 체계는 이에 엄청나게 효율적임이 입증되었다. 순회목사(circuit-rider)의 전적인 헌신은 감리교회가 미국의 개신교 중에서 수적으로 가장 크게 발전하는 데 일조했다.

국경에 살았던 사람들이 가진 많은 어려움은 그들이 연합할 때만이 해결할 수 있었다. 그 결과 그들은 미국적 삶의 특징인 강한 공동체 정신을 보여주었다. 공동체 형성은 칼빈주의와 감리교의 노력으로 더욱 강해졌다. 강한 공동체를 이루는 것이 그 때문에 미국 교육의 주요 목적이 되었다. 국경에서는 종종 이단들이 나타났고, 이것은 미국의 몇몇 교파가 종종 한 도시에서 특정 사회계층으로 구성되어 있는 것과 연관이 있다. 이것은 유럽 교회에는 아주 낯선 현상이다. 이 문제들은 2차 세계대전 이후에 변화가 일어난 듯 보인다.

게다가 프레리(북아메리카의 대초원)와 사바나 그리고 서부 산지에서의 개척 작업은 영웅적이고 헌신적인 정신을 요구했다. 이러한 정신은 각성운동의 경건성을 통해 강화되어 오늘날에 이르기까지 미국 기독교에 큰 공헌을 했다. 그것은 적극적이고 역동적인 특징을 보여준다. 그것은 "전적인 의지, 주어진 목표에 대한 헌신, 희생, 그러한 믿음이 산을 옮길 수 있다는 예수의 말씀을 문자 그대로 좇는 신앙의 삶"이다(Keller). 세계의 많은 지역이 진한 감사를 느낀 미국의 엄청난 구호활동에서 이러한 지원태세는 새로이 아름다운 것으로 표현되었다. 그러한 활동은 동시에 커다란 이주능력을 내포하고 있고, 한번 성취한 사람에게는 더 이상의 지체를 허용치 않았다. 그것은 순수한 실천적인 과제에 집착한 나머지 기독교 신앙의 또 다른 시작과 목적을 상실할 위험을 안고 있었다. 신학적 진리문제를 진지하게 다루어야 한다는 중요성은 실천적인 과제에 헌신한 나머지 너무나 쉽게 상실되었다. 경계에 있는 교회가 겪은 고통과 인디안들과의 접촉은 커다란 선교 정신을 일깨워주었으며, 이것 역시 미국 기독교의 한 특징이 되었다. 각성은 여전히 강렬했다.

노예문제는 반대자나 혹은 찬성자가 그 문제를 성서에 귀결시켰기 때문에 교회 밖이나 혹은 교회 안에서 커다란 위기를 가져왔다. 노예가 지닌 경제적 중요성에도 불구하고 이러한 분열은 대단히 위험했다. 그러나 반노예제도의 성공은 신앙의 승리였다. 그도 그럴 것이 그것은 상당 부분이 복음에서 온 깨달음에 뿌리를 두었기 때문이다. 1차대전 후 미국의 "금주령" 역시 유사한 승리를 의미했다. 왜냐하면 반(反)알코올운동은 누구보다도 교회가 추진했기 때문이다. 기독교적 정신을 가지고 세계를 통치하고자 하는 시도가 무엇을 의미하는지 알고자 하는 사람은 여기서 좋은 예를 찾게 된다. 이러한 시도는 많은 단체들로 하여금 무(無)법성을 초래했고, 교회는 곧 관련된 법의 폐지에 착수해야 했다.

19세기 말과 20세기 초는 무엇보다도 사회복음(social gospel)이 그 특징이다. 미국은 초기부터 사회적이고 또 다른 적나라한 직접적인 삶의 문제들이 사상의 문제보다 더 강하게 쇄도했었다. 가령 노예문제는 그중의 하나였다. 70년대와 80년대의 심각한 경제적 갈등은 사회적 이론에 특별한 주목을 하도록 해주었다. 교회들은 언제나 부자의 손에서 엄청난 액수를 얻어냈기 때문에 자본주의의 도구라는 비난을 받았다. 중산층은 파업을 통해 노동평화를 해치는 장애와 대립했다. 다른 한편 교회들은 국민의 대다수가 겪고 있는 고충을 지나칠 수 없었다. 그래서 교회들은 사회적 문제에 점차 더 커다란 관심을 기울였다. 연방회의(Federal Council)의 창립총회는 교회사에서 첫 사례가 되는 사회적 신조(soziales Credo)를 채택했다.[106] 1932년 날카로운 비판으로 그

106) 그 내용은 다음과 같다: 우리는 경제와 산업이 가져온 실제적인 문제를 아는 것이 모든 그리스도인들의 의무라고 생각한다. 교회는 이러한 문제에 대해서 아래와 같은 입장이다.

1. 삶의 조건을 떠나 법과 정의가 모든 사람에게 평등하게 적용되어야 한다.
2. 남녀 모두가 지켜야 하는 순결을 토대로 가정을 보호해야 하며, 통일된 이혼 법, 합당한 혼인규정 그리고 주거문제를 해결해야 한다.
3. 교육과 자유문제에 관해 모든 자녀들을 잘 양육하고, 최대의 성장 환경을 조성해야 한다.
4. 아동 근로의 폐지.
5. 공동체에서 육체적 도덕적 건강을 지킬 수 있도록 가능한 여성 근로자를 돌보아야 한다.
6. 가난의 방지와 제거.
7. 알콜중독이 가져오는 사회, 경제 그리고 도덕적인 위험에서 노동자를 보호해야 한다.
8. 건강의 유지와 보호.
9. 기계와 직업병 그리고 사망을 유발하는 여러 원인으로부터 노동자를 보호해야 한다.
10. 모든 인간이 자신을 지키고 강요에 항거할 수 있는 권리를 인정한다. 또한 부당한 해고에 대해서 노동자를 보호해야 한다.
11. 고령 노동자와 사고로 인해 일할 수 없게 된 노동자에 대한 적절한 보호.
12. 산업 분쟁 시 법적인 소송을 제기할 수 있는 고용자와 피고용자의 권리.
13. 주 1일 휴무.
14. 향상된 삶의 조건이 되는 적절한 자유와 가능한 낮은 수준의 노동시간 확정.

것은 수정되었다.

켈러(Keller)는 사회적 신조 자체가 지닌 중요성과는 상관없이 그 속에서 미국 기독교의 전형적인 현상을 본다. 즉 도전이자 역동적인 능력의 성과인 실용적인 사상이다. 이러한 사상은 더 강해져서 사회복음의 신학은 1918년 이후 미국 기독교의 엄청난 부분을 지배했다. 그의 힘은 자유주의와 젊은 미국의 진보적 정신과의 연합을 통해 더욱 커졌다. 이들은 "기독교의 이상은 순수한 민주의의와 동일하다"고 여겼다. 이미 윌리엄 펜(William Penn)은 "우리는 권력을 국민에게 둔다"는 원칙을 세웠었다. 1791년의 헌법 역시 인권사상을 담고 있고 민주주의를 통해서 그것을 보장하고 있다. 사람들은 공격적인 낙관주의에서 게다가 가장 짧은 기간 안에 하나님 나라로의 세상의 전체적인 변화의 가능성을 예상했다. 개개인에게 이러한 확신은 본격적인 메시아주의로 고조되었다. 모든 교파는 부분적으로 미국의 민족정신에 관여하고 있다. 많은 교회에 국기가 놓여 있다. 시민전쟁 이후 북부에 있는 교회에서 국가에 대한 충성은 거의 신앙고백의 핵심이 되었다고 스위트(Sweet)는 말하고 있다. 여기서 그것은 보냄을 받았다는 확신으로 확장했다. 사람들이 추구했던 목적들을 정치적 수단을 통해 초래하고자 했던 것은 칼빈적인 기본태도와 일치하고 있다. 이미 1639년 청교도적인 코네티컷 정부는 모든 분야의 사람을 어떻게 통솔해야 하고 다스려야 하는지 성서가 완벽한 지침을 준다고 천명했고, 1차 세계대전 후에는 연방회의(Federal Council)의 위원회가 국민연합(Völkerbund)을 "하나님 나라의 국제적 형태"라고 언급했다. 1차 세계대전 역시 "거룩한" 전쟁으로서 수행되었다. 그러나 미국 교회 역시 커다란 사회적 의욕에도 불구하고 이 땅에 이루어진 하나님의 나라의 모습으로 열망한 적법하고, 정의롭고, 전쟁 없는 세계를 만들어 내지는 못했다. 오늘날은 이러한 의욕의 실패가 분명할 뿐만 아니라, 사회복음이 종종 평준화의 위험, 곧 교회 자체의 세속화를 뜻했음도 분명해졌다. 그 결과 부분적으로는 칼 바르트의 주장에 도움을 준 깊은 자성이 시작되었다. "낙관적이고 자신감 있고, 유쾌한 민족"이 세상을 도울 것이라는 것을 의심하는 단체도 있다. 그들은 깊은 참회와

15. 모든 산업에서 최저 임금을 정하고, 모든 산업은 지불할 수 있는 최고의 임금을 주어야 한다.
16. 재산을 획득하고 소비하는 데 있어서 기독교적인 정신을 적용하고, 생산품을 가장 저렴하게 공급해야 한다.

고통가운데서 얻은 힘으로만 풍요로운 새것이 싹터 나올 것이라고 믿는다. 그것은 미국 기독교를 그 끝을 아직 볼 수 없는 깊은 자각으로 이끌었다. 그의 중요성은 이러한 자각을 더 고양시킬 뿐이다.

| 참고문헌 | Joseph Höffner, Christentum und Menschenwürde. Das Anliegen der spanischen Kolonialethik im Goldenen Zeitalter, 1947. William Warren Sweet, Der Weg des Glaubens in den USA (1930). Adolf Keller, Amerikanisches Christentum heute, 1943.

61. 16세기 이후 기독교의 확장

다른 한편 같은 시기에 기독교 신앙이 서구민족의 대부분에게서 눈을 돌려 거대한 홍보력을 외부로 전개한 놀라운 확산을 확인할 수 있다. 이렇게 엄청난 선교적 업적이 이루어지게 된 토대를 묻는다면, 우선 그 전제가 되는

1. 지리상의 발견을 먼저 언급해야 한다. 15세기와 16세기 아메리카와 인도로 통하는 해로가 발견되었다. 콜럼버스는 그의 첫 항해 보고서에서 이렇게 말했다. "이전에 잃어버린 수많은 백성의 영혼이 구원된 것을 그리스도께서 보신다면, 하늘에서 찬양하듯이, 그리스도께서 이 땅에서도 환호하실 것이다." 그는 신대륙 발견 결과로서 기독교가 확장될 것을 기대했고, 이러한 기대는 환상이 아니었다. 당시의 국가들 중 스페인과 포르투갈만이 선교에 참여했고, 교황 알렉산더 6세는 1493년 스페인과 포르투갈의 관심 영역을 제한시켰다. 리켈리우스 바이트블릭(Richelieus Weitblick)은 프랑스 역시 선교에 나서도록 힘썼다. 어쨌든 신대륙 발견은 가톨릭교회에게는 전례 없는 선교적 동기가 되었다. 모든 수도회들이 이 일에 동참했다. 예수회가 단연 돋보였다. 그들은 선교에 큰 가치를 부여했고, 선교를 제4의 서원으로 인정했다. 프란시스 사비에르(Franz Xavér, 1506-1552)는 선교를 위해 철저히 헌신하고 능력이 뛰어난 이그나티우스(Ignatius)를 발견했다.

아메리카 남부와 중부에서는 선교에 있어서 여전히 중세기에 발전된 강제 회심의 방식이 사용되었다. 그러나 어느덧 성장한 인문주의 정신의 저항에

부딪혔다. 그 선구자로서는 커다란 명성을 얻은 에라스무스를 지적할 수 있다. 아메리카 남부와 중부에서의 선교 결과는 물론 피상적인 기독교화였고, 북아메리카에서의 선교는 다만 일시적인 성공이었을 뿐이다.

특히 예수회는 식민지 땅의 경계를 넘어 진출해 나갔고, 사비에르의 지도 아래 동인도, 중국 그리고 일본에서 오늘날까지 잊혀지지 않는 선교를 시작했으며, 커다란 성공을 거두었다. 그러나 1614년 이후 일본에서는 유혈박해가 일어나 약 35만 명 이상의 그리스도인들이 목숨을 잃거나 교살되었다. 중국에서는 경쟁관계에 있는 수도회 사이에 이교적인 관습과 사고에 어느 정도까지 적응이 허용되는가를 놓고 큰 싸움이 일어났다. 그 속에서 예수회는 더 깊이 침투해 들어갔다.

어쨌든 엄청난 비용과 참된 순교자세로 수행한 선교의 총체적인 결과는 가톨릭교회가 16세기에 이미 유럽의 한 교회가 아니라 실제로 세계교회가 되었다는 사실이었다. 가톨릭교회는 그러나 그 성취에 안주하지 않고, 오늘날까지 그리스도를 세상에 증거하고자 강력하게 선교에 참여하고 있다.

가톨릭의 선교는 신속한 세례와 기독교 신앙과 삶에 뿌리를 내리도록 바로 이어지는 교육이 특징이다. 이러한 방식에 대한 개신교의 비판이 항상 정당했는지는 신중하게 새로 검토되어야 한다. 조직적으로는 가톨릭의 모든 선교업무는 1622년 교황청에 신설된 "선전국"(Propaganda)이라고 부른 추기경회의인 "신앙의 선전에 관하여"(De propaganda fide)가 관장한 것이 특징이다. 그것이 총체적인 지휘권을 가졌고, 가톨릭교회의 선교사들을 계획적으로 파송했다. 그것이 가톨릭의 선교가 지속성을 지니도록 해주었다.

2. 1) 세계 선교에 있어서 개신교 협력의 실제적인 전제는 극동에서의 가톨릭의 예가 보여주듯이 개신교 통치자 휘하의 식민지 건설이 아니라, 해상교통에 있어서 개신교적인 세력의 등장이었다. 그간의 연구가 17세기 이전에 개신교 측에서도 선교적 의지가 존재했다는 것을 의심했다면, 이것은 오류임이 명백히 입증된 것이다. 이 문제에서 선교사상에 대해 몇몇 반박자가 있었다는 사실만은 옳다. 게다가 선교의지는 유대선교의 형식으로 이루어졌다. 네덜란드가 바다 건너 점령지를 획득했을 때, 선교의지는 이미 있는 것으로 증명되었다. 같은 해인 1598년 네덜란드-인도 식민지선교가 탄생했다.

엄청난 방법들이 이 일에 제공되었다. "그의 지역이 곧 그의 종교"(cuius regio eius religio)라는 원칙에 상응하여 이러한 선교는 네덜란드 점령지에서 독점권을 얻었다.

북아메리카에서 청교도들은 구약의 예처럼 인디언들을 박멸하고자 "거룩한 도태전쟁"(heiligen Ausrottungskrieg)을 일으켰다. 존 엘리엇(John Eliot, †1690)에 이르러 그들을 멸절시키지 말고, 이미 시작된 기독교 신앙으로 변화시키라는 사상을 가졌다. 그는 그것으로 동시에 첫 선교협회에 대한 정신적 기초를 놓았다. 선교협회는 영국에서 17세기 중엽 이후로 등장했다. 협회의 형태를 택한 것은 공식적인 교회는 실패했기 때문이다.

2) 선교 사역에 결정적으로 중요한 것은 커다란 각성운동이었다. 이것은 경건주의 이후 개신교에 언제나 있어 왔다. 그들의 열정과 그 특징인 경건 및 내재되어 있는 복음적 충동으로 그들은 폭넓은 선교사역을 시작했고, 이것은 오늘날까지도 중단되지 않고 있다.

첫 번째 시도는 확실히 식민지와 순수히 깨우치는 복음적인 동기가 함께 하고 있음을 보여주고 있다. 덴마크와 노르웨이의 왕 프리드리히 4세는 인도 점령지에서 복음을 전할 선교사를 구했다. 그는 결국 1706년 할레의 아우구스트 헤르만 프랑케를 통해 그것을 찾게 되었다. 1721년 한스 에게데(Hans Egede)는 그린랜드(Grönland)에서 선교사역을 시작했다.

프랑케와 한스 에게데를 통해 친첸도르프(Zinzendorf) 역시 선교에 참여했고, 선교가 의무라는 사상이 공동생활형제단에게 계속 전수되었다. 친첸도르프는 개신교적 토대에서 선교의 식민지적 전제를 극복한 첫 사례가 되었고, 그의 활동의 범위와 상관없이 중요한 의미를 획득했다. 그 외에도 선교는 그를 통해 교회 전체의 일이 되었다. 즉 선교는 단순히 협회의 일이 아니라, 교회의 과제가 된 것이다. 선교사역이 실제적인 가능성과 더불어 그에 상응하는 신학적 전제들 및 개인적인 동기가 있는 곳에서만 시작되었다는 것을 여기서 분명히 알 수 있다. 더 나아가서 선교역사는 그러므로 신학사와 병행했다.

3) 지구의 모든 부분을 다 개척한 현대의 교통수단과 그것을 가능케 한 광범위한 교역관계가 19세기에 광대한 지역으로의 선교 확산을 가져왔다. 모든 교회들이 이에 참여했다. 그것은 종종 많은 방법과 수많은 사람들이 참여한 가운데 이루어졌다.

4) 다른 한편 거의 모든 지역에서 외쳐지고 있던 종교의 자유도 일어났다. 여기에다 새로운 동기로서

(1) 주의 명령에 대한 순종이 신학적으로 생겼다. 그것은 오늘날까지도 선교를 일으키는 가장 큰 동기다. 놀랍게도 율법적인 특징이 현저하게 되었다.

(2) 심리적으로 이교도들에게 자비를 베푼다는 동기가 일어났다. 각성한 자들이 은사로 받아 충만하다고 여긴 축복을 나눠줘야 한다는 것이다.

(3) 제국주의적인 특징이 동기로 작용했다. 영국에서는 1901년 SPG의 기념서적에 "제국의 영적인 확장"이라는 제목이 붙었다. 그 배경에는 오늘날에는 결코 일어날 수 없지만, 전에는 종종 일어났던 하나님의 나라와 영국 제국의 동일화가 있다. 물론 독일 선교단체 역시 국가적이고 식민지적-제국주의적인 부차적 동기와 독립되어 실행되지는 못했다.

(4) 문화적인 충동. 서구 문화의 우월성을 토착민들에게 전수하는 것을 중요하게 여겼다.

(5) 복구사상. 서구와의 접촉으로 토착민들이 갖게 된 파괴적인 결과들을 서구가 가지고 있던 최상의 것을 제공함으로 무마시킨다는 것이다. 이러한 동기에서 나온 특수한 예가 의료선교였으며, 18세기 중엽 이후로 존재해 왔다. 그러나 토착민 억압, 노예사냥 그리고 노예매매에 대항한 싸움에서 선교가 직접 행한 것을 여기서 상세히 설명할 수는 없다.

이 모든 동기들은 그때 그때 사용된 선교 방법에 중요한 영향을 주었다.

5) 선교사역의 수행자는 우선 도처에서 "각성자" 단체였으며, 협회로 조직되었다. 새로운 각성은 또한 특별히 살아 있는 영을 확신한 새로운 협회가 되게 했다. 그와 상응하여 선교의 목적은 모든 민족의 기독교화가 아니라, 개개 영혼을 얻는 것이며, 그들을 작은 공동체 단위로 묶어주는 것이었다. 그러기 위해서는 세례의 전제조건인 개인의 진정한 회심이 필수적이었다. 개신교 선교가 토착민들의 공동체 사상과는 결코 일치하지 않는 강력한 개인적인 특징을 갖게 된 것은 이것 때문이다. 그로 인해 불필요한 많은 어려움을 초래했다. 독일 동아시아 선교에서처럼 문화적인 동기가 지배적인 곳에서는 선교의 목적이 즉시 달라지기도 했다. 19세기의 민족교회적인 사상 역시 선교를 통한 민족 교회의 창립을 그 목적으로 정했다.

3. 결과는 1) 시작은 가장 미미했으나, 선교는 개신교회가 추진한 가장 큰 일이 되었다. 그것은 완전히 자발성에 근거하기 때문에, 교회가 이룬 가장 순수한 일이었다.

2) 그리스도의 교회가 정말 세계적인 중요성을 얻었다는 사실이다. 자국에서의 선교뿐만 아니라, 선교지에서 수행된 사역을 다룬 모든 책들은 지역교회적인 사고가 교회의 현실에 오늘날 더 이상 어울리지 않다는 것을 분명히 드러내고 있다. 예수 그리스도의 교회를 전체적으로 보아야 할 모든 동기를 우리는 가지고 있다.

3) 그것은 이미 선교사역을 통해 "외부에도" 크고 의존적이지 않은 완전한 조직을 갖춘 독립적인 교회가 세워졌음을 시사해주었다. 그것을 "지교회"(junge Kirchen)라고 불렀고, 이들은 계속된 그 지역의 선교를 위해 더 많은 책임을 졌다. 그들이 없이 오늘날 에큐메니컬 대화는 생각할 수가 없다.

4. 개신교 선교는 자연스럽게 개신교회의 분열에 한 몫을 했다. 협회라는 조직형태로 인해 이러한 분열은 더욱 가열되었다. 이러한 공존과 대립의 어려움은 이교와의 갈등에서처럼 그렇게 일찍 그리고 강렬하게 느껴지지는 않았다. 이러한 상황을 해결하려는 새로운 노력도 있었다. 1810년 "선교의 친구"(Freunde der Mission)가 이미 미국에서 외국 선교를 위한 미국위원회(American Board of Commissioners for foreign missions)와 협약을 체결했다. 많은 시도가 있은 직후 1866년 대륙선교협의회(die kontinentale Missionskonferenz)가 발족했다. 선교는 그러므로 에큐메니컬 사상의 핵이 되었고, 개신교주의를 하나로 만들어가는 가장 중요한 힘임이 입증된 것이다(Schlunk).

선교지에서 일치에 대한 의지가 특별히 눈에 띄었다. 1912/1913년 인도에서는 민족선교위원회가 발족되었다. 1927년 중국에서는 그리스도의 교회가 창립되었다. 1941년 강요없이 일치된 개신교회가 일본에 생겼고, 1947년 남인도교회가 생겼다. 신학적으로 이러한 교회 창립은 현지와 전체적인 선교활동에서도 많은 문제를 가져왔지만, 상세히 다룰 수는 없다.

결과는 어쨌든 놀라운 것이다.

20세기는 충격을 가져왔고, 그것은 여전히 위협적임을 간과해서는 안 된다.

| 참고문헌 | K.S. Latourette, A History of the Expansion of Christianity, 7 Bde., 1937 bis 1945. deutsch in 1 Bd. 1956. Martin Schlunk, Die Weltmission der Kirche Christi. Ein Gang durch 19 Jahrhunderte, 1951[2]. Joseph Höffner, Christentum und Menschenwürde. Das Anliegen der spanischen Kolonialethik im Goldenen Zeitalter, 1947. Wilhelm Oehler, Geschichte der deutschen evangelischen Mission, 2 Bde., 1949/1951.

62. 20세기의 교회연합운동

지난 400년과 특히 지난 150년간의 교회의 역사는 분열의 역사라고 말할 수 있다. 분열이 가져온 갈등은 교회의 일치라는 성서적 요구와도 모순된다.

19세기는 당시 발전된 교통수단을 통해 세계의 기독교인들을 결합했다. 더 나아가서 세계의 기독교인들은 특히 선교분야에서 자신들의 분열을 먼저 의식했고, 어떻게 이러한 분열을 극복할 수 있는지에 대해 진지하게 숙고하기 시작했다. 그 결과 20세기는 교회일치를 위해 노력한 세기가 되었다.

1. 교회일치운동에 대한 로마의 태도는 우선 교황 피우스 11세(1922-1939)가 1928년 선포한 회칙 "인간적 관념"(Mortalium animos)을 통해 정해졌다. 가톨릭교회는 교회일치회의에 적극적으로 참여하지 않겠다고 거부했고, 개개의 가톨릭 신자들 또한 교회일치운동에 참여하는 것을 금지시켰다.

그러나 다른 한편 로마가톨릭교회는 연합활동의 중심이었다. 즉 모든 비가톨릭 신자들은 교황교회의 회원이 되어야 했다. 이 목적을 달성하고자 하는 노력들은 교회의 성격에 따라서 다양하게 이루어졌다. 주요업무는 동방교회에 대한 것이었다. 로마교회는 그들과 유사하다고 느꼈다. 로마교회는 동방의 예전과 영적인 전통에서 서로가 공통으로 지니고 있는 풍부한 자원을 발견했다. 사도의 계승자인 사제, 성례전, 마리아 숭배와 성인 숭배, 수도승의 금욕적 영성 등이 그것이다. 동방에 노력을 기울인 결과 우선 16개의 교회 단체와 약 7백만에 이르는 사람들을 로마와 다시 하나가 되게 하는 데 성공했다. 오랜 민족적 관습에 대해서는 그들 모두에게 큰 호의가 베풀어졌다. 즉 민족의 예배언어, 옛 예전, 양종성찬(communio sub utraque), 사제의 결혼 등이다. 로마교회는 이들 단체를 얻고자 하는 의도에서 예전과 법적인 일치를 관철시키려고

하지 않았다. 1917년 시작된 동유럽과의 관계 개선을 위해 예전과 법적인 문제를 희생물로 삼은 것이다(참고 63). 제2차 바티칸 회의에서 동방을 얻으려는 노력은 더욱 새롭고 강력하게 추진되었다. 동방교회의가 파견한 공식적인 참관인이 참여한 공의회는 동방정교회가 서방교회의 친족임을 "동방교회에 대한 교령"(Dekret über den die orientalischen Kirchen)에 표명했고, 동방에 대해 "특별한 관심"을 불러일으킨 "교회일치운동에 대한 교령".(Dekret über den Ökumenismus)에도 역시 기록했다. 교황 바오로 6세(1963-1978)는 1964년 팔레스타인을 방문하면서 콘스탄티노플의 총주교인 아테나고라스 1세(Athenagoras I)를 예루살렘에서 만났고, 그와 평화의 입맞춤을 나눴다. 1965년 12월 공의회 마지막에 콘스탄티노플과 로마에서 축하행사를 열어 1054년 동방과 서방의 결렬을 가져온 서로에 대한 파문을 취소했다. 동방교회에 대한 접근은 로마 가톨릭 교회일치운동의 당면목표였다. 그러나 교황의 수위권 교리는 동방교회에 여전히 중요한 장애가 되었다. 여기에 내적인, 가령 정치적인 어려움과 신중함이 더해졌지만, 지난 시대에는 공식적인 성격의 상호방문과 대화가 집중적으로 이루어졌다. 요한 바오로 2세(1978-2005)는 1979년 콘스탄티노플의 신임총주교인 디미트로스 1세(Dimitros I)를 예방했다. 가톨릭과 동방정교회 양측의 대표로 위원회가 구성되었고, 1980년 일치의 회복을 목표로 신학적 대화를 위한 연구를 공식적으로 시작했다.

이와는 달리 개신교에 대한 노력은 그다지 집중적으로 이루어지지 않았다. 다만 영국 국교회와 1921-1926년에 메켈른(벨기에)에서 진지한 협상이 진행되었다. 그러나 로마 가톨릭은 그 협상에서 그들이 동방정교회에 보여준 것과 같은 동일한 아량을 보여주지는 않았다. 어쨌든 그것은 성사되지 못했다. 그러나 제2차 바티칸공의회는 이 점에 대해서도 어느 정도의 변화를 가져왔다. 1960년 교황 요한 23세(1958-1963)가 설치한 "기독교 일치 추진위원회"(Sekretariat zur Förderung)는 다양한 활동을 펼쳤고 로마 가톨릭교회의 에큐메니컬 노력에 대한 가시적인 표현이 되었다. 1960년 이후 위원회(Sekretariat)는 참관인을 커다란 에큐메니컬 회의와 교파적인 세계연합회에 파견했다. 로마와 제네바 사이에는 사상의 교환도 이루어졌고, 그것은 공동의 실천적 과제에 대한 꾸준한 연구단체를 만들어주었다. 이와는 달리 신학적 대화는 교파적인 세계연합회 내지는 개별적인 교회와 더불어 이루어졌다. 논쟁의 여지가 있는 교리적인 문제와 교회구조(가령, 교황직) 문제를 다룬 그러한 양면적인 대화가 1967년 이후 로마 가톨릭교회와 세계 루터교 연맹 사이에서 이루어졌다. 감리교세계위원회와는 1967년 이후, 영국 국교회와는 1970년 이후, 개혁교회세계연맹과는 1970년 이후 그리고 오순절 운동의 대표자들과는 1976년 이후 실현되었다. 지역적인 차원에서 일어난 것은 무엇보다도 1965년 이후 미국에서 루터교와 가톨릭교회의 대화를 언급할 수 있다. 이 대화는 일련의 합의문을 가져왔다. 독일에서는 1966년 독일개신교회(EKD)와 독일주교회가 서로 접촉하여 대화를 시작했다. 비록 몇몇 지역교회와 개신교 루터교 연합회와의 대화였다고 할지라도 그것은 이제 어느덧 지속적인 제도가 되었다. 신학적인 대화에서 참여자들은 대체로 접근을 보았고 상반된 문제에 대해서 토론한 후 합의에 도달했다. 그러나 그렇게 제시된 대화의 결과는 오늘날까지도 교회에 의해 공식적으로 수용되지 않았다.

"모든 그리스도인들의 일치의 회복"은 로마 가톨릭교회가 선언한 전략적인 목적이었다. 이러한 말로 시작되는 공의회의 교령은 "교회일치운동"의 원리를 결정하고 있고, 그것을 교회에 관한 교리적 약관과 연관하여 제시하고 있다(Lumen Gentium). 거기에 제시된 로마가톨릭교회의 설명을 배경으로 그리고 제2차 바티칸회의에서 전개된 행동계획의 틀에서 볼 때 "교회일치운동"은

1) 모든 사람이 하나님의 도구인 교회를 통해서 구원을 받아야 한다는 하나님의 보편적 은총의 완성을 의미한다(구속사적인 측면).

2) 비로마교회의 영적인 좋은 점과 교회적인 요소를 수용한 가운데 "하나이자 유일한 그리스도의 교회" 안에서의 교회일치의 실현을 뜻한다. 이 교회는 로마 가톨릭교회 속에 그 구체적 존재 형태를 지니고 있다(교회론적 측면).

3) 다양성을 지닌 모든 민족과 백성들을 교회가 지닌 보편성과 공교회성으로 통합함을 의미한다. 이것이 인류를 조화와 통일로 인도할 것이다(종말론적인 측면).

4) 교회의 내적 갱신을 통해 신앙의 증인이 되려는 사도의 활동을 의미한다(목회적 측면).

5) 모든 사람이나 모든 종교와 하듯이 "분리된 형제" 및 그들 교회와의 대화(이단과 분리주의자에 대한 논박을 피한다) 속에서 계시의 진리를 증거함을 의미한다(선교적 측면).

여타의 기독교와 더 나아가서 인류와 로마 가톨릭교회의 관계는 동심원 사상으로 표현된다. 로마 가톨릭을 중심으로 동방정교회가 인접해 있으며, 그 다음에 개혁교회가 위치해 있다. 개혁교회 중에서도 영국 국교회는 특별한 위치를 차지했다. 다른 종교들과 불신자들은 그 다음의 원을 구성하고 있다. 그들과의 대화를 위해 1964년 내지 1965년 "비기독교인들을 위한 위원회"(Sekretariat für die Nichtchristen, 추기경 마르멜라)와 "불신자들을 위한 위원회"(Sekretariat für die Ungläubigen, 추기경 쾨익)가 설치되었다.

2. 비가톨릭권 기독교의 연합활동 매우 다양한 노력과 수고들을 여기서 관찰할 수 있다.

1) 교파별, 그러나 초국가적 연합이 이루어졌다. 동일한 신앙고백을 가진 교회들의 연대감은 특별히 더 큰 것이었고, 그 때문에 그들은 상당히 이른 시기에 연합을 이룰 수 있었다. 이러한 연합은 그들이 서로에 대해 기대했던 것보다 더 강하게 이루어졌다. 1881년 이후 회의가 열린 감리교세계연합회, 1905년 이후 모임을 가진 침례교세계연합회, 1875년 세계장로교연합회로부터 탈퇴해 나온 1921년의 개혁파세계연합회, 람베트 앵글리칸회의, 1947년 룬트에서 창립된 루터교세계연합회 등을 언급할 수 있다. 루터교 세계연합회의 전신인 루터교세계모임은 1923년 아이제나흐에서 처음 모임을 가졌었다. 26개국 61개 교회의 모임으로 1924년 창립된 개신교세계연합은 로마 가톨릭의 공격에 대응하여 개신교주의를 강화하고자 시도했고, 1945년 후에는 더 이상 새롭게 구성되지 못했다.

2) 이와 함께 초교파적이면서 국가적인 연합도 이루어졌다. 광범위한 남인도교회의 연합회가 여기에 속한다. 이들은 영국 성공회의 주도로 1947년 이후 루터란 외에 남인도의 거의 모든 개신교회를 하나로 엮었다. 비슷한 연합회가 1941년 일본에서 이루어졌다. 42개의 각기 다른 교파 소속 단체들이 국가법의 압력으로 연합했다. 캐나다에서는 1925년 감리교, 장로교, 회중교회가 국가적인 통합에 대한 대응단체로서 하나의 연합회를 만들었다. 미국에서는 1957년 다양한 출처를 가진 교회들이 오랫동안 협의를 진행한 후에 미국의 연합그리스도의 교회를 만들었다. 특히 아프리카와 아시아 교회들이 초교파적 연합을 이루려는 노력들은 지나간 해에 더 강렬했고, 부분적으로 이미

성공을 거두었다. 영국(1895년 이후 자유교회 국가연합)과 프랑스(1905년 이후 프랑스 프로테스탄트연합)에서 몇몇 교회가 자유연합으로 하나가 되었고, 여기에 감리교와 침례교가 회원이 되었으며, 미합중국(1950년 이후 그리스도의 교회 국가회의)과 스위스(1950년 이후 스위스개신교 연합)도 이와 같았다. 독일개신교회 역시 신앙고백에 따라 이루어진 연합체다.

3) 초교파적 혹은 초국가적 연합회는 구체적인 목적이나 혹은 특정한 사람들을 대상으로 공동으로 연합사업을 하기 위해 이루어졌다. 세계기독교학생연맹, 기독교청소년연맹 내지는 부인회(YMCA와 YWCA), 전세계주일학교협회 내지는 기독교금주(禁酒)협의회 등이 그것이다. 세 가지 사업은 특별히 강조해야만 한다.

(1) 교회친목을 위한 세계협회. 이것은 본래 국민권리를 위한 정치적인 활동과 나란히 시작했다. 하거(Haager) 중재소의 창립은 그리스도인들로 하여금 민족의 평화와 화해를 위해 힘쓰도록 일깨워주었다. 1914년 이러한 노력은 구체화되고 강화되어 콘스탄츠에서 세계협회의 창립이 가결될 수 있었다. 여기에는 프리드리히 지그문트 - 슐체가 지도적인 역할을 했다. 협회는 종교적 자유와 소수의 권익을 위해 일했고 기독교의 에큐메니컬적인 연합사업을 촉진시키고자 노력했다. 교회일치협의회와 국제선교협의회가 1948년 공동위원회에서 이러한 과제를 수용했을 때, 교회의 친목을 위한 세계협회는 공식적으로 해산되었다.

(2) 국제선교협의회. 선교분야에서 교파간의 대립은 가장 큰 아픔을 가져왔다. 그 결과 선교영역에서 제일 먼저 연합이 이루어졌다. 유럽대륙에서 이미 1837년 다양한 선교협의회의 대표가 공동으로 모여 협의를 했다. 1866년 이후로 3-4년을 주기로 모임을 가진 "대륙선교협의회"는 더 중요했다. 그것이 독일선교협의회의 통일을 위해 일해 왔던 독일개신교선교협회(1885)의 토대가 되었다. 세계선교협의회가 1879년과 1888년 런던에서 열렸고, 제3차 대회는 1890년 뉴욕에서 개최되었다. 제4차 대회는 1910년의 유명한 에든버러 대회다. 이것은 개신교 전체의 회의가 되었고, 그것을 통해 현대 에큐메니컬 운동에 대한 임무가 주어졌다. 왜냐하면 에든버러 회의는 사람들이 알고 있던 것보다 기독교가 신앙으로 더 강하게 연합되어 있다는 인상을 남겼기 때문이다. 우선 선출된 계속위원회(Continuation Committee)는 1921년 국제선교

위원회가 되었다. 독일 빌링겐에서 열린 1952년 세계대회에서 국제선교위원회는 선교를 초국가적인 "일치선교"로서 교회의 일치문제와 연관해서 보고 새롭게 규명하고자 노력했다. 에큐메니컬 운동과의 긴밀한 공동협력은 1958년 아키모타(가나) 총회에서, 물론 1961년에야 관철되었지만, 국제선교위원회를 세계교회협의회에 융합시키려는 결정을 가져왔다.

(3) 실천적 기독교(삶과 봉사)를 위한 세계회의는 1차 세계대전이 진행되는 동안에 미국 및 영국의 그리스도인들과 스칸디나비아 주교들(특히 나단 죄더블롬, 1866-1931)의 평화노력에 그 뿌리가 있다. 사회적이고 국제적인 교회의 평화사업을 알릴 계획은 1925년 스톡홀름에서 열린 회의로 실현될 수 있었다. 사회적인 문제를 다루면서 교파적이고 민족적인 대립도 나타났고, 게다가 이 회의는 직접적인 성공도 거두지 못했다. 그러나 교회가 교리는 서로 달라도 실천적인 과제에 있어서는 서로 연합할 수 있다는 기본 사상은 교회일치운동을 가속화시키는 동기가 되었다. 스톡홀름 회의는 1937년 옥스퍼드로 이어졌다. 1948년 암스테르담에서는 신앙과 직제(Faith and Order) 운동과 공동회의를 열어 교회일치위원회와 연합하는 데 성공했다.

4) 교회의 직접적인 결합을 목적한 초교파적, 초국가적 운동들.

(1) 개신교 연맹. 이것은 스코틀랜드 자유교회에 그 시작이 있다. 사회적인 활동을 통해 유명하게 된 토마스 칼머(Thomas Chalmer)의 주도로 1845년 리버플(Liverpool)에서 20여 개의 개신교 단체가 참여한 예비회의가 열렸다. 그들은 개신교 연맹의 창설을 결성했다. 이것은 교회연합이 아니라, 믿는 그리스도인들의 연합체로서 그들 상호간에 이해를 도모하고, 오류와 불신을 대적하기 위한 것이었다. 연맹은 1846년 런던에서 실현되었다. 회원은 성서영감에 대한 고백, 오직 신앙에 의한 칭의 그리고 성령을 통한 회심에 대해 일치했다. 그것은 예수의 모든 참된 제자들의 연합을 보여주고자 했다. 1860년대에 전성기를 맞은 그들은 오늘날도 동일한 뜻 가운데서 활동하고 있다. 그들은 매년 1월의 첫 주간을 연맹기도주간으로 지키고 있다.

(2) 신앙과 직제를 위한 세계회의는 영국에 그 시작이 있다. 교회의 연합은 신앙과 직제의 일치를 전제해야 하고 교리와 구조적 문제도 장기적으로 배제될 수는 없다는 확신에서 생겨났다(1910년 에든버러에서처럼). 실제적인 연합활동이 "참된 기독교"를 전하고자 하는 노력과 그리스도의 뜻에 일치하는 교

회의 건설을 대신할 수는 없다. 오랜 세월의 준비 끝에 첫 회의가 로잔(Lausanne)에서 열렸고, 1937년 2차 회의가 에든버러에서 개최되었다. 이 두 회의는 적어도 교회들 사이에 존재하는 차이점이 무엇인지를 더 잘 알게 해주었고, 그것으로 후에 교회일치위원회의 신앙과 직제를 위한 위원회에서 각 교파의 입장에 어느 정도 접근을 가져온 대화를 준비하게 해주었다.

5) 1948년 암스테르담 세계대회에는 44개국에서 온 147개 교회의 공식적인 대표들이 함께 모였다. 그들은 주 예수 그리스도를 하나님과 구원으로 고백하는 교회 공동체로서 "세계교회협의회"(Ökumenischen Rat der Kirchen)를 구성했다(기초가 되는 1조항은 나중에 추가되었다). 옥스퍼드와 에든버러에서 두 개의 세계대회가 열린 이후로 사람들은 그 창립을 준비했지만, 2차 세계대전으로 인해 그 계획은 1948년에서야 비로소 실현될 수 있었다. 에큐메니컬적인 연대의식은 전쟁을 통해서도 아무런 손상을 입지 않았다. 이 회의는 에큐메니컬 노력에 있어서 커다란 진보를 의미했다. 이 회의는 당시까지도 나뉘어 있던 기독교 실천운동(삶과 봉사)과 신앙과 직제운동을 결합시켜주었다. 진지하게 일치의 목소리를 드높였던 선교지의 신생교회들도 여기에 참여했다.

그것은 법적인 혹은 행정적인 자격은 없었을지라도 비로마기독교에 그들을 대변할 수 있는 기관이 되었고, 게다가 교회간의 협조를 조직하거나 혹은 교리와 삶에 있어서 에큐메니컬적인 연합을 촉진시켜주었다.

6) 세계교회협의회와 함께 국가적 혹은 지역적 차원에서 교회일치를 추구하는 단체들이 생겨났다.

(1) 국가교회협의회(National Councils of Churches)는 지역적인 차원에서 일어나 세계교회협의회에 대응을 이루었고, 많은 나라에서 다자대화와 교회간 연합활동의 장이 되었다. 이러한 모임에는 가끔 로마 가톨릭교회도 참여했다. 특별히 잘 알려진 국가교회협의회는 미국의 그리스도의 교회협의회(1908년 창립된 미국교회협회에서 1950년 이루어졌다), 영국 교회협의회(1942년 창립), 그리고 1945년 창립된 네덜란드 교회협의회가 있다. 독일과 서베를린에서는 1948년 이후 기독교 노동협회가 만들어졌고, 1974년 이후부터 로마 가톨릭교회도 여기에 참여하고 있다. 국가교회협의회는 보통 세계교회협의회의 "기초"를 자신들의 연합활동의 토대로서 받아들였다.

(2) 국가기독교연합회(Die National Christenräte/ National Christian

Council)는 이전의 선교지에서 선교와 토착교회의 교파 내 연합체다. 첫 기독교연합회는 에든버러 세계선교대회의 민족적인 계속위원회에서 발전했다. 국제선교협의회(1921)가 창립됨에 따라 많은 기독교연합회가 이 기관의 회원이 되었고, 1961년 이후에는 "세계선교와 복음화회의"와 통합했다. 서방에서는 선교협의회가 독립적인 선교단체 내지는 교회의 선교분과의 교파 내 연합체로서 국가기독교연합회에 해당되었다. 독일에서는 개신교의 선교사역을 언급할 수 있다.

(3) 지역회의들은 거의 모두가 세계교회협의회 지원으로 창립되었다. 유럽교회회의(1959), 아시아기독교회의(1959), 전아프리카교회회의(1963), 극동교회위원회(1974), 그리고 라틴아메리카교회위원회가 그것이다. 이 모든 회의들은 지역 내지는 대륙적인 관점에서 교회의 연합활동을 촉진하는 것을 과제로 삼았다. 물론 여기서 문화적인 관점도 중요한 역할을 했다. 이러한 회의에서 지역적인 요소가 교회일치 속에서 발전할 수도 있다. 이것은 – 제3세계에서는 – 교파의 관심과 상반되게 등장했다. 지역적으로 특별한 문제들은 어쨌든 중요한 의미를 가지고 있다. 제3세계 교회에서 그것은 주로 인종과 사회적 불의의 문제, 그리고 토착신학의 발전에 관한 문제들이다. 반면에 유럽교회회의에서 동–서간의 대화는 중요한 역할을 했다.

(4) 기독교평화회의(CFK)는 1958년 과거에 기독교인들이 세계평화에 대한 책임을 경시했고 그 때문에 그에 대한 역사적 짐을 스스로 져야 한다는 확신에서 생겼다. 창시자들(J.Hromádka, H.J.Iwand, B.Pospišil)은 다양한 교파, 이념 그리고 사회구조의 경계를 넘어 정의롭고 평화로운 세계를 이룩하는 데 기여해야 한다는 의욕에 사로잡혀 있었다. 예비회의를 거쳐 1961년 제1차 전(全)그리스도인 평화회의가 소집되었다. 그 다음해에는 제2차 회의가 개최되었다(마지막은 1978). 여기서는 아시아, 아프리카, 라틴아메리카와 카리빅에서의 업무에 새로운 주안점을 두었다. 세상의 평화에 대해 공동대처하는 동과 서 그리고 남과 북 그리스도인들의 만남의 장소로서 기독교평화회의의 전체 모습 속에는 화해, 종교 – 사회적 확신, 이념적이고–선전적인 의도, 그리고 사회적 – 무신론적 환경에서 교회의 존속 여부에 대한 관심 등이 혼합되어 있다.

3. 세계교회협의회의 300이 넘는 계속적인 교회 통합(1983년에 약 400만 신자)은 또 다른 세계대회를 예고했다. 구가톨릭교회와 로마와 통합치 못한 동방정교회 역시 여기에 일조했다(소련의 동방정교회는 1961년 이후).

1) 세계교회협의회의 목적과 본질은 소위 토론토 선언(Toronto-Erklrung)이 잘 말해준다. 이것은 90명의 회원들로 구성된 중앙위원회가 1950년 캐나다 토론토 회의에서 회원교회들에게 제시한 것이다. 신약성서에 근거하여 교회가 하나라는 전제에서 출발하여 협의회는 교회의 살아있는 영적 교류에 힘쓰고, 그리스도께서 명하신 세계를 향한 증언을 공동으로 펼치며, 형제와 같은 관계로 고난 가운데 있을 때에 서로를 돕고 연대한다고 밝혔다. 그러므로 협의회는 그리스도 안에서 그들의 일치를 드러내고자 할 목적으로 교회를 돕고자 했다. 물론 협의회는 초교회(Über-Kirche)가 되어서는 안 되며, 연합행사만을 추진해야 한다. "회원이 되었다고 해서 자신의 교회론을 포기하거나 단축하거나 혹은 변화시키도록 압력을 받는 교회는 없다." 또한 "모든 다른 회원 교회들은 참되고 완전한 말씀에 비추어 교회로 인정하라고 강요하는 것도 아니다. 이것은 자신들이 갖고 있는 신앙고백을 근거로 다른 회원교회의 특정한 교리를 오류 혹은 이단이라고 보거나 특정한 그들의 관습을 오류라고 보는 교회가 세계교회협의회의 공동회원 됨을 위해 이러한 판단을 취소하거나 혹은 소극적으로 대처하는 동기가 되어서는 안 되며, 그들이 이러한 판단을 완전히 지탱하고 표현할 수 있으며, 더 나아가 해야 한다는 것을 의미한다." 면밀하게 작성된 토론토 선언문은 에큐메니컬 대화를 위해 로마 가톨릭의 교회론이 지닌 입장보다 더 큰 개방성을 보여주었다는 점에서 중요성을 얻게 되었다.

2) 암스테르담에 이어 열린 세계교회협의회 제2차 총회는 1954년 미국의 에반스톤(Evanston)에서 열렸으며, 지난 6년을 회고하며, "우리는 하나님께서 지난 6년간 우리 사업과 공동체에 부어주신 축복에 대해 감사를 드린다. 이제 우리는 제2 국면에 진입하고 있다. 이 상태에 머물러 있는 것은 충분치 않으며, 앞으로 더 전진해야만 한다. 그리스도 안에서 우리의 하나 됨을 인식하면 할수록 이러한 일치와는 모순되는 세상에 살고 있을 경우, 그 직임을 수행하기란 더욱 어렵기만 하다." 계속되는 설명은 협의회의 기본정책을 해석하고 있다. "기본정책은 삼중의 사역을 하는 것이다. 그것은 공동체의 본질을

표시해준다. … 그것은 사업의 지향점을 제공해준다. … 그것은 공동체의 영향력을 나타내준다."

3) 기본취지의 확대는 기존의 협의회 이념이 불충분하다고 여긴 동방교회의 노력으로 이루어졌다. 1960년 성 앤드류에서 열린 중앙협의회에서 만장일치로 아래와 같은 안을 가결했다. "세계교회협의회는 주 예수 그리스도를 성서에 의거하여 하나님으로서 그리고 구원으로서 인정하고 그 때문에 성부와 성자와 성령이신 하나님을 영화롭게 하고자 함께 부름 받은 사명을 성취하고자 애쓰는 교회의 연합이다." 1961년 뉴델리 총회에서 수용된 이러한 새로운 취지가 포괄적인 교회일치의 토대로서 이해되지는 않았다고 할지라도 세계교회협의회가 연합하고 추진하는 것이 무엇인지를 표현해 주었다.

4) 1961 제3차 인도 뉴-델리(New-Delhi) 대회는 공동의 소명을 성취하는 데서 교회의 참된 일치를 실현하고자 한 목표를 이전보다도 더 명확하게 세웠다. 그 일은 물론 전통적인 교회가 지체하거나 거부하면서 뉴델리 "일치선언"을 수용한 반면에 "교파의 죽음"에 대해서 말한 신생교회들이 더 거세게 촉구하여 이루어졌다. 내용은 다음과 같다. "우리는 그리스도의 이름으로 세례를 받고 그를 주(主)요 구원으로서 고백하는 도처에 모든 사람들을 성령을 통해 완전히 약속된 연합을 이루게 됨으로써 하나님의 뜻이자 교회에 주신 그의 은사인 일치가 가시화될 것이라고 믿는다. 이 공동체는 사도적 신앙을 고백하고 복음을 선포하며 빵을 나누고 공동의 기도로 연합하며 공동의 삶을 수행하여 모두에게 증인과 봉사의 삶을 추구한다. 직임과 회원이 모두에게 인정되고 모두가 공동으로 행동하고 말하는 방식으로 그들은 시대를 망라하여 전세계에 있는 모든 기독교와 동시에 하나를 이룬다."

5) 뉴-델리 대회 이후 정교회와 로마 가톨릭교회의 교회일치운동이 강해졌다. 정교회와 가톨릭 신학자들은 몬트리올(1963)에서 열린 신앙과 교회법을 위한 세계회의에서 교회, 성서 그리고 전통, 예배와 교회의 일치에 대한 연구에 집중적으로 참여했다. 그들은 제네바에서 열린 교회와 사회를 위한 세계회의에도 참여했다. 이 회의에서 전 세계에 퍼져 있는 사회윤리적인 문제, 기술과 학문의 혁명, 그리고 열방의 평화로운 공동의 삶이 토론되었다. 제4차 대회는 1968년 스웨덴 웁살라(Uppsala)에서 개최되었고, 235개의 회원교회가 대표를 파견했다. 세상의 구원이라는 근본이념 하에 선교의 갱신과 인종차

별주의에 대한 투쟁계획이 논의의 중심이었다. "우리 안에 있는 희망에 대한 해명"과 "일치와 연합의 모델"에 대한 연구도 진행되었다.

6) 1975년 제5차 나이로비 대회는 "예수 그리스도는 해방하시고 하나 되게 하신다"는 주제 하에 열렸다. 그것은 이중의 과제, 즉 세상에 대한 봉사와 일치에 대한 봉사를 시사해준다. 그렇지만 세계참여와 일치를 이루려는 노력 사이의 경쟁에서 불가피하게 발생하는 긴장이 팽배한 대립을 보여주기도 한다. 모든 교회일치운동에서 교회가 추구한 일치가 실제적이고 구체적으로 어떤 모습을 띠어야 하는지는 여전히 해결되지 않은 문제다. "가시적인 일치"와 "공의회적인 공동체" 개념이 나이로비 대회에서 추구한 목적이었다. 당시 대두된 여러 이견에는 세 가지 모델이 제시되었다. 교회의 단체적인 재통합, 공의회적인 공동체 그리고 화해한 다양성 등이다.

7) 1983년 제6차 밴쿠버 대회 역시 나이로비 총회 주요의제가 시사했던 이중의 과제를 다루었다. 다양한 부속프로그램을 가진 가장 방대했던 이 회의에는 304개의 회원교회에서 847명의 대표자와 326명의 공식적인 방문자(자문인과 참관인 등)가 약 100여 국에서 참가했다. 그들은 65개의 분과로 나뉘어 활동했고 예배와 총회를 위해서만 전체가 모였다. 양적인 성장, 더 많아진 여성(참가자의 30%)과 청소년의 참여(13%), 언어와 표현방식의 다양성 등으로 여러 가지 관심과 기대가 나타났다. 그러나 이러한 것들은 이해와 결속을 다지려는 노력을 어렵게 했다. "예수 그리스도-세상의 생명"이라는 회의 주제는 기독교적인 삶의 실현을 구체적으로 달성하자는 하나의 호소였다. 이러한 호소는 성찬, 기도 그리고 찬송에서 공동의 찬양으로 수용되었다. 토론의 주제는 "성장하는 일치"에서 "성례전의 비전"으로 바뀌었다. 그 때문에 그것은 오늘날 삶의 "문제영역"에 대한 대립에서 논쟁적인 구호가 되었다. 그 결과 이 회의는 마지막에 다만 지속적인 "의무들"만을 상기시킬 수 있었다. 총회보고서에서 교회일치, 선교와 복음화 그리고 정의와 평화를 위한 의무를 새롭게 강조했다.

4. 계속적인 통합에 따라 세계교회협의회의 오늘날의 상황은 양극화라는 말로 나타낼 수 있다. 회원교회들을 결합시키고 그들 모두가 표명한 일치와 연합활동을 하자는 의지와 더불어 그 자신의 관심이 더 다양하게 각인된 교회들

도 있었다. 그들은 한편으로는 주로 전통에서 그들의 존재를 규명하고자 했고, 다른 한편으로는 상황에서 자신의 존재를 규명하고자 했다. 그 결과 교회일치운동이 추구한 목적에 영향을 주고, 세계교회협의회의 프로그램과 주도적인 일을 결정하고 계속적인 발전에 영향을 미치는 긴장이 생겨났다.

1) 교회일치운동의 시작은 그리스도 안에서 통일된 공동의 노력과 선교(삶과 봉사, 신앙과 직제)로 그리스도, "예수는 주"라는 신앙고백을 위해 다양하고 개인적이며 복합적인 신앙결단의 실천을 실현하고자 한 의도가 특징이다. 동방정교회의 가입과 다중적이고 양면적인 교리대화에 대한 로마 가톨릭교회의 참여는 교회의 가시적 일치를 에큐메니컬 운동의 목적으로 삼으려는 기존의 경향을 더욱 강화시켰다. 둘 사이에 이의가 없음에는 틀림없으나. 그리스도 안에 있는 신자들의 일치는 그리스도인들이 조직한 교회의 일치와 동일한 것은 아니다. 교회론의 문제는 여전히 남아 있는 과제다.

이와 함께 특히 제3세계의 교회에서 경제, 사회, 정치적 불의, 억압 등 시대적인 경험을 통해 조건지어진 또 다른 경향들도 생겨났다. 그 결과 그리스도(구속, 하나님 나라)를 통한 구원을 선포하는 데 있어서 세상에 대한 봉사는 더 큰 주목을 받았다. 이것은 곧 인간의 미래에 대한 책임과 정의롭고 생명력 있으며, 분배하는 사회(사회적 측면에서의 세상의 구원)에 대한 의무와 같은 것들이다. 연합된 공동체로 사회적 경제적 정치적 오류와 투쟁해야 하고 다양한 종교와 이념을 가진 사람들과 대화에 나서야 한다는 것이 지금까지는 한 교회의 과제였지만 이제 그것은 인류의 과제로 전개되고 있다. 여기에 어려운 사회적 문제들이 나열되어 있다.

2) 세계교회협의회의 노력과 활동들이 어느 방향을 목적했는지는 그의 프로그램과 우선적인 일들이 잘 보여준다. 수년 후 세례, 성찬 그리고 직임에 대한 신학적 동의 노력이 페루에서 열린 리마총회(1982)의 신앙과 직제위원회에서 하나의 합의 성명을 만들어냄으로 끝이 났다. 소위 리마선언(Lima-Text)은 1985년 말까지 교회의 공식적인 입장으로 수용회의가 개최되기까지 교회에 송부되었다. 아직 완성되지 않은 "오늘날 사도적 신앙을 공동으로 표현할 수 있는 방법에 대하여"라는 연구계획에서처럼 완전하고도 신앙적인 일치의 실현이 중요하다. 교회들이 "결정과 구속력 있는 가르침의 공동형식"에 대해서도 서로 타협을 보았다는 점도 여기에 속한다. 계속되는 교회론적 프로젝트

로서 1983년 밴쿠버 총회는 “인간 일치의 표지로서의 교회”에 대해 연구할 것을 제안했다(“예언적 공동체인 교회이며, 이것을 통해 세상이 변화될 수 있다.” 제2차 바티칸회의: 교회를 세상의 성례전이라고 말했다). 이러한 연구는 “교회의 일치와 인간 공동체의 갱신”에 대한 프로그램에서 가장 핵심적인 사항이다.

교회가 억압당하는 자 편에 서서 인종차별주의적 구조에 맞서 싸울 것이라는 반인종차별주의 프로그램은 오늘의 삶이 심각하게 여기는 “문제영역”과 연관되어 있다. 인권, 정의와 평화, 여성의 기회균등, 여성과 남성이 함께 이루어가는 공동체에 대한 참여, 갈등의 잠재력을 제거하는 것이 관건인 반군국주의와 반군비경쟁 프로그램, 세계의 미래에 대한 학자 및 기술자들과의 대화, 다양한 종교 및 이념을 가진 사람들과의 대화, 이것은 “우리가 그리스도 안에서 경험한” “사랑의 표현”이다. 교회나 세계교회협의회의 회의에서 인류의 갱신과 일치 사이에 분열이 있을 수 없음을 밴쿠버 총회가 선언했다고 할지라도 다양한 관심은 극복되지 않았다. 한편으로는 일치와 성례전적 공동체에 대한 신학적 노력에 우선권을 두어야 한다고 인정한 반면, 다른 한편으로는 평화, 정의 그리고 인간의 존엄성을 위한 정치적 참여를 더 시급한 과제로 보았다.

3) 교회론적이고 사회윤리적인 문제에서 위의 경우에는 두 가지 상황이 아주 중요하다. (1) 소위 신학적 사고와 교회적인 행동의 상황화와 (2) 세계에 넓게 퍼져 있는 기독교 공동체의 역할이다(이전에는 “교파적 세계연합체”와 “교파가족”이라고 표기했다. 거기에는 정교회와 로마가톨릭교회도 포함된다). 첫 번째 경우에 있어서는 “본문”(복음에 따른 신앙과 기독교의 임무)에 대한 논쟁적인 해석이 문제다. 이것은 교회가 살아가고 있는 다양한 상황에서 나와 자란 것이다. 즉 교회의 구체적 상황은 다양한 정치, 사회, 경제 그리고 문화적 관계 속에 있다. 두 번째 경우에는 세계 기독교 공동체의 중요성이 점차 증대하고 있다는 점이다. 그들은 세계교회협의회의 확실한 파트너로서 독자적인 활동과 대화프로그램을 추진하고 그것으로 교회일치 노력에 영향을 주고자 했다.

그러나 세계교회협의회의 미래는 여타의 교회일치운동처럼 교회협의회와 전 세계 공동체 사이의 관계에 있어서 “상황화”와 “증대되는 동반자 관계 및 상호신뢰”에 의해서 정해지는 것만은 아니다. 여기에는 완전히 서로 다른 복음적, 은사적 그리고 정치-사회적인 운동에서 언급되는 것과 같은 비판과 반발도 있다. 그들은 한편으로는 기독교를 반대하고, 다른 한편으로는 사회경제적이고 이념적인 통치구조와 발전경향을 반대한다. 그 시대의 형태와 근거에서처럼 기독교는 전통에 이끌려가는 삶의 형식과 구조로 예수 그리스도의 복음에는 어울리지 않은 듯이 보였기 때문이고, 그 시대의 통치구조와 발전경향은 하나님이 원하는 인간존재의 전개와는 상반되었기 때문이다. 교회론 중심의 해석과 복음에 대한 지배적인 서구의 관점에서 무시되고, 위축되거나 혹은 낯선 것이 무엇인지에 대한 이의가 여기서 제기되고 있다.

| 참고문헌 | Ruth Rouse/ Stephen Neill, Geschichte der ökumenischen Bewegung 1517-1948, 2 Bde, 1957-1958. H. E. Fey(Hg), Die ökumenische Bewegung 1948-1968, 1974. Hanfried Krüger, Ökumenische Bewegung 1969-1972, 1974. Ders., Ökumenische Bewegung 1973-1974, 1975. W. Müller-Romheld, Zueinander - Miteinander. Kirchliche Zusammenarbeit im 20. Jahrhundert, 1971. Lukas Vischer, Veränderung der Welt - Bekehrung der Kirchen, 1976. Erwin Fajlbusch, Kirchenkunde der Gegenwart, 1979 (zusammenfassende Darstellung und umfangreiche Literaturhinweise).

| 문서들 | H.L. Althaus, Ökumenische Dokumente. Quellenstucke über die Einheit der Kirche, 1962. H.J. Marguell, Zur Sendung der Kirche. Material der ökumenischen Bewegung, 1963. L. Vischer, Die Einheit der Kirche. Material der ökumenischen Bewegung, 1965. H. Meyer/ H. J. Urban/ L. Vischer (Hg.), Dokumente wachsender Übereinstimmung. Sämtliche Berichte und Konsenstexte interkonfessioneller Gespräche auf Weltebene 1931-1982, 1983.

| 세계교회협의회 세계대회 | (Amsterdam) F. Lüpsen, Amsterdamer Dokumente, 1948. St. C. Neill, Amsterdamer Studienbuch, 1948. (Evanston) F. Lüpsen, Evanston-Dokumente, 1954[2] / H. Gruber/ G. Brennecke, Christus-die Hoffnung der Welt, 1955. (Neu-Dehli) Evanston-New Dejli, 1954-1961. Bericht des Zentralausschusses an die Dritte Vollversammlung des Ökumenischen Rates der Kirchen, 1961. W.A.Vissert' t Hooft, Neu-Dehli 1961. Dokumentarbericht, 1962[2]. (Montreal) P.C.Rodger/ L. Vischer, Montreal 1963, 1963. (Genf, Kirche und Gesellschaft) H. Krüger, Apell and die Kirchen, 1968[3] / (Uppsala) N. Goodall, Bericht aus Uppsala 1968, 1968. (Nairobi)H. Krüger/ W. Müller-Romheld, Bericht aus Nairobi 1975, 1976. P. Beyerhaus/ U.Betz, Ökumene im Spiegel von Nairobi' 75, 1976. P.W. Scheele, Nairobi-Gelf-Rom. Die Weltchristenheit vor und nach der Fünften Vollversammlung des Ökumenischen Rates der Kirchen, 1976 (röm.-kath.Würdigung). (Vancouver) W. Müller-Romheld (Hg), Bericht aus Vancouver 1983. Offizieller Bericht, 1983.

| 상황, 문제들 | G. Gassmann, Die Zukunft des Ökumenismus, 1972. Ph. Potter, Das Heil der Welt heute, 1973. L. Vischer, Theologie im Entstehen. Beiträge zum ökumenischen Gespräch im Spannungsfeld kirchlicher Situationen, 1976.

R. Boeckler, Welche Ökumene meinen wir? Eine Bilanz der Ökumene seit Naorobi, 1978.

63. 20세기의 교회 박해

19세기에 기독교신앙이 경험한 점증하는 적의는 다만 교회에 대한 억압이나 자유로운 활동가능성을 제한하는 것에 불과했다. 이것은 20세기에 들어 전혀 다른 양상을 띠었다. 도처에서 직접적인 유혈 박해가 엄청나게 일어났고, 그 정도는 이전 역사의 모든 박해를 능가했다. 20세기는 모든 교회사에서 가장 피로 얼룩진 세기가 되었다.

여기서 박해에 관해 말할 때, 그것은 교회에 적대적인 법률을 제정하여 – 많은 곳에 그러한 법이 존재했다 – 교회활동을 제한하는 것을 뜻할 뿐만 아니라, 그리스도인의 삶을 위협하는 조처를 의미한다. 박해의 정신적 근거가 된 매우 다양한 동기들이 거기에 있었다.

1. 무엇보다도 이슬람의 적의를 언급할 수 있다. 그것은 우리 시대에 대대적인 반기독교전쟁에서 새롭게 폭발한 것이다.

1) 아르메니아. 1894년 가을 사쑨(Sassun)의 산악지대에서 아르메니아인들이 세금지불을 거부하자, 살육이 자행되었다. 그들은 쿠르드족에 의해 억압을 당했지만, 터키 정부에 의해 아무런 보호도 받을 수 없자, 세금을 거부했다. 아르메니아인들이 1895년 이스탄불에서 억압에 항거해 직접 데모를 벌이자, 터키의 거의 모든 지역에서 여기저기 흩어져 살고 있는 아르메니아인들에 대해 특별조치가 단행되었고, 모든 계층과 연령을 망라해 88,243명의 아르메니아인들이 희생을 당했다. 328개의 교회가 회교사원이 되었고, 많은 그리스도인들이 고통을 당하거나 이슬람으로 개종했다. 이슬람 신앙고백을 하는 사람만이 살아남을 수 있었다. 아무리 부인한다고 해도 그것은 종교적인 성격의 박해였다. 1896년에는 또 다시 약 2만여 구의 사체가 발견되었다. 약탈에 이어 발생한 기근과 병은 또 다시 만여 명의 목숨을 앗아갔다. 여성들은 가혹한 운명을 겪어야만 했다. 10만여 명의 여성들이 하렘(Harem: 터키의 규방)으로

강제로 끌려갔다. 1909년 박해의 물결이 새롭게 일어났다. 1차 세계대전 기간인 1916년 민족을 "죽음의 길"(Todesgang)로 내친 결정적인 반아르메니아 조처가 단행되었다. 해당 지역의 남자들은 대부분 즉시 처형되었고, 여성과 아이들은 추방되었다. 그러나 대부분은 추위와 배고픔, 갈증으로 죽은 채 발견되었다고 한다. 아르메니아인들은 군대에도 받아들여지지 않았다. 이슬람으로 개종하는 자만이 아무런 해를 당하지 않았다. 당시 믿을 만한 조사에 의하면 1,396,350명의 아르메니아인들이 추방당했고, 대부분은 목숨을 잃었다. 렙시우스(Lepsius)는 사망자의 수를 약 백만으로 추정했다. 민족 전체가, 이주해서 사는 소수에 이르기까지 전멸을 당하거나 강압에 못 이겨 이슬람으로 개종했다.

2) 15만 명의 작은 단위로서 쿠르드 산지에 살던 아시리어(Assyrer)인들 역시 1895년 박해에 직면했다. 메소포타미아로 피했던 나머지도 1933년 박해를 당했다. 3만 명만이 살아남을 수 있었다. 여기 아시리어인의 경우도 종교적 대립이 민족적인 요인과 결합되었다. 그들은 민족의 자치권을 세울 꿈에 고무되어 서방의 나라들과 연대했고, 지중해와 페르시아 걸프해 사이에 독립국가를 세워 그 속에서 동방기독교를 다시 재건하고자 시도했다. 이것은 터키가 보기에 대반역이었다. 여기에 비극적인 책임의 단서가 있다. 여기서도 역시 박해라고 말할 수 있다. 왜냐하면 종교적이지 않은 국가법이라도 그에 반하는 행동은 거의 모든 시대에 박해의 공식적인 이유가 되었기 때문이다. 공식적인 이유 이상의 것을 찾는다면, 그것은 기독교인에 대한 적의의 문제가 그 배후에 있었다고 할 수 있다.

3) 터키 북동부 지역과 페르시아 북서에 거주했던 시리아 기독교인들 역시 전쟁 기간 동안 박해의 고통을 받았다.

4) 새로운 재난은 1921년과 1922년 동방의 기독교에서 일어났다. 터키와 그리스의 전쟁이 일어나자 이번에는 수십만 명의 그리스도인들이 목숨을 잃었다. 1920년 세브레스(Sevres) 평화조약에서 그리스에 대한 스미르나(Smyrna)의 영토 이양이 스미르나에서 최악의 유혈사태를 가져온 항거의 주요 이유였다. 대부분의 그리스인들은 물론 자국으로 이주해 왔다.

5) 극도로 비극적이면서도 교회사적으로 중요한 박해와 이주의 결과는 오늘날 소아시아 전역에 그리스도인들이 더 이상 살지 않는다는 것이다. 굳게

닫힌 그곳의 기독교인의 이주는 이슬람의 통치로 더는 계속될 수 없었다. 우리 시대에 이르러 기독교의 발원지였던 소아시아는 완전히 비기독교화되었다. 정말로 진지하게 생각해 보아야 할 징후다.

6) 네덜란드 통치 이후, 그러니까 2차 세계대전 직후에 미나하사와 현재 체레베(Celebes)의 남쪽인 체레베의 기독교가 당한 고난은 이슬람의 광신주의에 그 원인이 있다. 그것은 아직도 계속되고 있기에 그 끝에 대해서는 아무것도 말할 수 없다.

2. 볼셰비키 시대에 일어난 박해들은 잘 알려져 있다. 1) 러시아의 기독교 박해는 두 개의 뿌리를 가지고 있다. 첫째는 러시아 역사에 그 이유가 있다. 19세기 러시아에서 교회와 국가의 관계는 상당히 커다란 변화를 겪었다. 그 시대에 교회와 국가의 관계는 매우 밀접하게 연관되어 있었다. 게다가 정교회는 국가에 예속된 관계였다. 러시아 민족주의의 의미에서 러시아 안에 하나인 가톨릭과 다른 그리스도인들(루터란, 아르메니아인)을 많든 적든 강압적으로 정교회로 포섭하고자 하는 시도가 동시에 이루어졌다. 이 일을 추진하면서 일어난 폭력은 당사자들에게 국가에 대한 미움과 반교회적 감정만을 불러일으켰다. 한 권력에 대한 모든 저항은 당연히 나머지 둘의 굳센 결속을 가져왔을 것이고, 뭉친 힘으로 다른 상대에 대항했을 것임에 틀림없다. 국가 혁명은 즉시 정교회를 강타했다.

두 번째 뿌리는 모든 종교를 거부하는 혁명적인 마르크스 사상에 있다. 마르크스의 원리에 의하면 경제관계의 변화가 종교사상 자체를 사라지게 할 것이라고 말하고 있다. 그 점에서 본다면 교회의 영향을 제한하는 것이 의미가 있으며, 반종교적인 선전이나 박해는 의미가 없다. 러시아에서 즉시 그것이 일어났다는 것은 그곳의 정황에 그 이유가 있다. 마르크스 역시 엄청난 억압을 생각했을지 모른다.

박해는 네 단계 혹은 국면으로 진행되었다.

(1) 첫 번째 국면은 1917년부터 대략 1920년까지 혁명시대에 일어났다. 볼셰비키 정부 역시 우선 모든 교파가 가진 특권의 폐지, 학교에서의 종교 강의 금지, 국가와 교회의 분리, 교회에 내는 모든 기부의 중지, 수도원에 대한 억압 등등 교회의 억압만을 담은 대책을 가지고 시작했다. 성직자들은 "비노

동자"이기에 식료품을 받을 카드를 얻지 못했다. 이 시대에 이미 많은 성직자들이 증오의 희생이 되었고, 재판의 과정도 없이 죽임을 당했다. 다른 사람들은 반혁명론자라는 이름으로 처형되거나 죽음과 다름없는 추방 판결을 받았다. 그렇다고 해도 첫 번째 국면에서는 조직적이고 주도면밀한 박해가 진행된 것은 아니다.

교회의 해체는 파괴 사업의 완성이었다. 1920년 감독의 모든 활동은 불법이라고 선언했고, 오직 교회만이 남았다. 게다가 정교회의 파괴를 목적으로 자유교회와 이단들이 우선 적극적으로 장려되었다. 소위 "생동적인 교회"와 마찬가지로 정교회와의 분리는 즉시 볼셰비키의 호의를 받았다. 증오의 폭풍이 이 시대에 과거의 국가교회였던 정교회에 몰아쳤다.

(2) 두 번째 국면은 1922년 교회 재산의 압류에 즈음하여 시작했다. 국가 중앙관원이 직접 주도한 이러한 조처에 교회는 강하게 항거했다. 러시아에서 추방당한 사람들이 러시아 군주정치의 회복은 종교적 이유에서도 절대적으로 필요하다고 선언하고(1921년 11월 카를로비츠에서), 유럽의 민족들이 반볼셰비키 십자군을 일으켜야 한다(1922년 초 게누아에서)고 촉구함으로써 그러한 상황에 참여한 듯이 보인다. 폭넓게 번져 있는 종교적 확신을 제거하기 위하여 반교회운동을 적극적으로 시작한다는 국민위원회의 결정이 그 결과였다.

(3) 세 번째 국면은 1927년에 기독교가 정교회일 뿐만 아니라, 쿨라켄툼(독립농민층)과 동일하게 여겨졌을 때 시작되었다. 1929년 한 해에만 1,440개의 교회가 폐쇄되었고 일요일 공휴일 제도가 폐지되었다. 많은 성직자들이 다시금 처형을 당했고, 신앙을 가진 농민 계층이 목숨을 잃은 숫자는 이보다 더 크다. 전체적으로 대농민 투쟁에 의해 죽은 사람은 대략 5백만 명에 해당되었다.

(4) 1937년 인구조사에서 여전히 많은 소비에트 시민들이 신앙을 고백하자, 가장 처참했던 네 번째 박해가 시작되었다. 이것은 1939년까지 지속되었다.

1943년 소비에트 정부는 종교적 관용을 베풀었다. 러시아 전체의 대주교구가 재건되었고, 수도원들도 다시 세워질 수 있었다. 성직자의 수는 집사(Diakone)를 포함하여 1947년 52,000명으로 집계되었다(1914년에는 203,500명).

새로운 국가에 대한 정교회의 태도는 어느 정도의 변화를 수락해야만 했다. 1923년 이후(대주교 티콘) 어쨌든 살아남고자 국가와 더불어 생존의 방식을 추구했다. “생동하는 교회”의 친소비에트적 경향의 포기는 국가적인 지지에도 불구하고 유지될 수 없었다. 러시아-민족적인 표지 하에서 오늘날 오히려 정교회, 즉 모스크바 총주교청과 협력하고 있다. 총주교청은 세계의 모든 정교회를 하나로 묶고자 힘쓰고 있다.

정교회가 이러한 연합활동을 넘어 그들의 통합을 유지할 수 있을지 없을지에 대해서 제삼자가 판단할 수는 없다. 우리는 다만 러시아에서 일어난 엄청난 기독교 박해 후에도 그곳에서 다시금 그의 말씀이 강하게 증거되기를 하나님께 바랄 뿐이다. 오늘날 러시아에 있는 정교회외의 모든 교회는 아직도 그 잔재가 남아 있는 침례교에 이르기까지 실제로 다 없어졌다. 그들도 역시 가지고 있던 생존의 방식은 아무것도 알려지지 않았다. 특별히 계속된 로마가톨릭교회의 적의가 중요하다.

2) 레텐(Letten), 에스텐(Esten) 그리고 리타우어(Litauer) 등 발틱 민족들 역시 1944-1945년 아르메니아 민족이 겪어야만 했던 민족말살의 참상과 유사한 상황에 처했다. 발틱해의 민족은 1919-1920년 이미 공산주의의 첫 번째 박해의 물결이 일어났을 때 고통을 당한 적이 있었다. 에트차르트 샤페르(Edzard Schaper)의 충격적인 보고[107]에 의하면 러시아 제국에 있는 백러시아, 폴란드, 우크라이나 그리고 루테넨(카르파토-우크라이나) 등이 여기에 관련되었다. 수백만의 사람들이 직접 목숨을 잃거나 혹은 정부의 사형언도로 대피했다. 박해의 일차적 이유는 관련자들에 대한 민족적 적대감에서 나온 소비에트 정부의 정책이다. 그러나 교회는 함께 관련시키지 않기로 생각했다. 이것은 1950년 에스트란트에 150명의 루터파 목사 대신에 약 30명이 더 활동했고 2명의 가톨릭 사제도 있었다는 사실이 보여준다. 가톨릭인 리타우엔에는 감독이 없었고, 두 개의 사제학교는 해체되었다. “발틱 국가에 있던 8백년의 기독교 문화는 완전히 무신론적인 유물론의 비역사성 속에 사라졌다”(Schaper). 이러한 사건이 제시하는 진지한 역사신학적인 문제는 이미 위에서 지적했다.

107) Edzard Schaper, Kyrie...! Die Not baltischen Völker (Civitas Jg.5, 1950, S. 434-439); Wilhelm Neander, Das Martyrium der baltischen Kirchen, in: Baltische Kirchengeschichte, hrsg. von R. Wittram, 1956.

3) 반교회 투쟁은 서쪽으로 더 확장했다. 비록 강도는 달랐을지라도 헝가리, 체코 그리고 폴란드에서처럼 발칸의 공산화된 국가(루마니아, 불가리아, 알바니아) 등에서도 반교회 투쟁이 일어났다. 루마니아에서 그것은 우선 동방의 의식을 따르는 1,500만의 가톨릭을 대상으로 삼았다.[108] 그들은 어쨌든 불가피하게 다시금 루마니아 정교회 회원이 되었다. 우크라이나와 갈리치아(Galizien)에서 통일된 교회에 발생했던 것과 동일하다.

4) 유고슬라비아에서는 크로아티아 민족 일부에 있던 가톨릭교회가 2차 세계대전과 그 이후에 심각한 고통을 당했다. 정교회적인 세르비아와 가톨릭인 크로아티아의 민족적인 대립이 물론 큰 역할을 했다. 티토(Tito)가 권력을 장악했을 때 세르비아 정교회 역시 힘든 상황이 되었다. 그렇지만 그곳에서 교회는 – 제한된 것이기는 하나 – 영향 가능성을 다시 얻었다. 교황청과의 외교적 관계는 단절되었다.

5) 공산주의의 기치 아래서도 역시 박해가 일어났다. 1925년과 1927년의 중국의 기독교에 대한 박해가 그 예다. 물론 이곳에서도 민족적인 동기가 작용했다. 1950년 이후 중국의 기독교는 다시금 무거운 억압 가운데 있다. 한때 일본의 민족주의에 의해 고통을 겪어야만 했던 북한의 기독교 역시 고통을 받았다.

3. 비기독교 민족의 민족주의는 언제나 박해의 토대가 되었다. 그것이 1925년 중국에서 박해의 동기로서 작용했다는 것은 이미 위에서 언급했다. 일본의 민족주의는 한국의 기독교인들과 태평양 점령지 및 뉴기니(Neuguineas)인들에게 무거운 혈세(血稅)를 요구했다. 기독교에 대한 동아프리카 케냐 마우마우 운동(Mau-Mau Bewegung)[109]의 적의도 마찬가지로 민족적인 요소를 담고 있다.

4. 가톨릭 국가에서는 대체로 프리메이슨 운동이라고 알려진 자유주의(Liberalismus)가 유혈박해를 초래했다. 자유주의는 공산주의 사고와도 결합

---

108) Vgl. Wilhelm de Vries, Die Kirchenverfolgung in Rumänien (Stimmen der Zeit Bd. 144, 1948/49, S.333-342, 443-450).
109) 아프리카의 영국령 케냐 주민인 키쿠유족(族)이 1950년경에 조직한 반(反)백인 테러집단. *

했다.

이미 1905년 프랑스에서 교회 적대적으로 의도된 교회와 국가의 분리가 이루어졌다. 그렇지만 그것은 다만 억압이었을 뿐, 스페인에서처럼 교회의 박해로 이어지지는 않았다.

1) 상당히 많은 스페인 노동자 계층의 격렬한 교회 거부는 긴 역사를 가지고 있다. 나폴레옹 시대 이후 절대주의의 재등장으로 인해 심각한 정치적 대립이 국가에 형성되었고, 이러한 정치적 대립의 진행은 1835년 이미 수도원 폭풍(Klostersturm)을 불러왔다. 왕은 1851년 맺은 종교협약에서 거의 제한 없는 보호법(Patronatsrecht)을 취소했다. 보수적인 경향을 더 강화하기 위해 왕이 그것을 이용함으로써 교회는 반대하는 국민과 공적인 대립에 빠졌다. 수도원들이 가진 커다란 특권이 엄청난 거부를 초래했고, 1909년 바르셀로나에서 수도원 방화를 불러일으켰다. 프리모 데 리베라(Primo de Rivera, 1870-1930) 치하에서 교회에 의존한 정부가 1930년까지 오랜 기간 지속된 사회적이고 경제적인 개혁을 실현하지 못한 채 스페인을 통치했다. 1931년 공화국이 세워지자, 특히 말라가(Malaga)에서 즉시 교회 및 수도원폭풍(Kirchen-und Klostersturm)이 재발되었다. 교회를 속박하는 입법이 마련되었다는 것은 자명한 일이다. 그 후 1936년의 혁명은 모든 교회에 대한 계획적인 파괴를 가져왔고, 모든 예배에 대한 억압과 6,700명이 넘는 사제의 참살로 이어졌다. 수녀들과 교회 형제단 회원들, 사찰과 교회의 일반 직원들도 좀처럼 드문 가혹한 고통 가운데서 죽음을 당했다. 프란코스(Francos) 장군의 승리로 이러한 고통의 시대는 끝이 났다. 1945년 헌법을 통해 처리된 것처럼 가톨릭교회가 전 역사를 비추어볼 때 과거의 권한과 특권을 다시 소유하는 것이 현명하게 처리된 것인지는 교회적인 관점에서 진지하게 되물어야만 한다.

2) 유사한 첫 박해가 특별히 1926-1938년에 멕시코에서 일어났다. 그곳 역시 19세기 전체가 정치집단간의 혼란한 싸움으로 점철되었다. 대부분이 스페인 국적의 성직자였던 교회에 대해 여러 차례 폭력이 발생했다. 1917년의 헌법은 학교에서 모든 종교 강의를 금지했고, 독신, 수도사 제도, 성직자의 서원, 성의(聖衣) 착용 그리고 교회건물 밖에서의 예배집례를 금지했다. 또한 교회가 재산을 소유하지 못하게 했다. 연방국가는 130조에 의거하여 활동하는 사제의 수를 결정할 수 있다(멕시코 25대 125만; 타바스코 1대 2만 5천 주민). 이러

한 결정으로 수백 명의 사제와 수천의 수녀들이 쫓겨났다. 칼레스(Calles) 대통령 당시 공산주의의 영향으로 상황은 더 악화되었고, 여기서도 역시 가톨릭교회와의 분리주의적인 분열이 정부에 의해 촉진되었다. 모든 성직자는 국가에 등록해야 했고, 감독들은 이에 반대했다. 사제가 불법이 되는 것을 막기 위해 그들은 모든 공적인 예배를 중지했다(1926). 그 결과 정부는 적법한 결정을 위반하는 일에 대해 가혹한 형벌로 대응했다. 교회는 완전히 지하로 밀려났다. 많은 사제와 수많은 사람들이 자신이 가진 신앙을 위해 죽음을 당했다(1935년까지 5천 명이 넘었다). 많은 곳에서 특히 1926년 곤잘레스 장군 치하에서 가톨릭의 무장 저항에 대한 조처가 단행되었다. 1938년 생존방식(modus vivendi)이 마련되었다. 대통령 카마초(Camacho, 1940-1942)는 교회와 국가를 완전히 화해시켰다. 구시대적인 정부와 교회의 지나친 밀착이 멕시코에서의 교회 박해에 원인을 제공했다.

5. 국가사회주의 치하에 독일과 점령지에서 발생한 박해의 토대는 민족적인 사상과 인종차별적인 사상의 혼합이다. 기독교를 유태인의 출처로 보기 때문에 국가사회주의가 기독교를 거부한 것은 위에서 이미 언급했다. 교회들이 드러낸 국가사회주의에 대한 저항은 격렬한 반감만을 더 강화시켜주었다. 그렇지만 독일의 경우 희생자의 수는 그리 크지 않았다.

특별히 더 무거운 고통을 당한 이들은 전쟁으로 점령된 지역의 성직자들이었다. 다카우 포로수용소에만 천 명이 넘는 폴란드 사제들이 구금되었다. 548명의 폴란드 성직자는 계엄법으로 처형이 되었으며, 1,283명은 수용소에서 죽었다. 이 수는 1939년 성직자의 18.1%에 해당한다.[110] 국가사회주의의 종말은 물론 박해의 종식을 의미했다. 짧은 지면에 간추린 보고가 보여주는 수많은 고통과 시련이 주는 의미를 다 말할 수는 없다.

6. 전체를 요약해보면, 처음에 언급한 판단이 완전히 옳음을 확인할 수 있다. 20세기는 이제까지의 교회사에서 가장 참혹했던 시대다. 고대교회의 박해, 반종교개혁의 박해, 17세기 일본의 가톨릭 박멸, 19세기 마다가스카

110) Vgl. Harald Kruska, Kirche und Staat in Polen (Materialdienst, S.21).

(Madagaskar)도 순교자의 숫자를 비교하면 오늘날의 박해에 미치지 못한다.

유감스럽지만 그러므로 주께서 그의 제자들에게 “내가 너희를 보냄이 양을 이리 가운데로 보냄과 같도다”(마 10:16)고 하셨다고 간단히 말해버릴 수는 없다. 기독교에 대한 세상의 당연한 적의가 오늘날 유혈박해를 불러일으키는 유일한 이유는 아니다. 2천년의 역사에서 기독교는 이념, 정치, 민족 그리고 경제적인 방식과 수많은 결탁을 도모했다. 그로 인해 초래된 모순은 많은 경우에 박해에 원인으로 작용했다. 이것을 간과해서는 안 된다. 박해에 대해 침묵하는 것이 우리에게 허용되지 않았다는 것은 위에서도 이미 언급했다. 이러한 사실은 교회에 단순한 경고 이상의 의미를 내포하고 있다. 그러한 결탁이 그들이 고난을 당해야만 한다면 주를 위해서이며, “비신학적 요인” 때문이 아니다라는 선포의 순수성을 불러올지에 대해 깊이 숙고해야 한다.

물론 20세기에 고난이 엄습함에도 자신의 신앙을 부인하지 않은 사람들도 있었다. 루터는 의미 없이 기도하지 않는다.

“적이 삶을 고소할 때에,

우리 안에 그 뜻이 용기를 잃지 않기를.”

고통을 당한 이들은 보통 그들이 신앙을 지켰고 죽기까지 신실했다고 칭찬받는다. 하나님이 엄청난 박해로 자신의 교회의 역사에 원한 것이 무엇인지는 여전히 우리 눈에 숨겨져 있다.

| 참고문헌 | Jacob Kunzler, Im Lande des Blutes und der Tränen, 1921. Johannes Lepsius, Der Todesgang des armenischen Volkes, 1930. Deutschland und Armenien 1914-1918. Eine Sammlung diplomatischer Aktenstücke, hrsg. von Johannes Lepsius, 1919. Rudolf Strothmann, Heutiges Orientchristentum und Schicksal der Assyrer (Zeitschr. für Kirchengeschichte 55, 1936, S.17-82). R.S. Staffoer, The Tragedy of the Assyrians, 1935. Bertodl Spuler, Die Gegenwartslage der Ostkirchen, 1948. Das Notbuch der russischen Christenheit, hrsg. von K.Kramer, 1930. Christentum in der Sowjetunion, hrsg. von Wilhelm de Vries S.J., 1950. J.S. Curius, Die Kirche in der Sowjetunion (1917-1956), 1957. Four Years Struggle of the Church in Hungary, 1949. Edmund Schramm, Über das Schicksal der spanischen Kirche (Stimmen der Zeit 34, 2, 1936/1937, S.265-277). Juan Estelrich, La persecuzione religiosa in Spagna, 1937. Charles S. Macfarland, Chaos in Mexico, 1935. Wilfried Parsons, Mexican Martyrdom, 1936. Bernhard H. Forck, …und folget ihrem Glauben nach, 1949. Religius Persecution. Report of Conditions in Occupied Territories No.3, 1943. J.G. H. Hoffmann, Die Kirche lebt und ergibt sich nicht, 1943 (Finnland-Norwegen).

결론

결론

64. 이중의 당혹감

1. 교회의 역사를 처음부터 우리 시대에 이르기까지 고찰했다. 정말로 그것이 그 교회의 역사였는가? 교회가 자신의 길을 시작했을 때 역사적으로 파악할 수 있는 모습을 가진 그 교회는 이제 수없이 많은 교회들 가운데 어디에 있는가? 이 질문은 유감스럽지만 해결을 미룬 채 남겨두어야만 한다. "교회와 교회들"이라는 문제는 조직신학적으로 아직 해결되지 않았고, 때문에 해답을 찾아가는 역사만이 어느 정도 언급될 수 있다. 비가톨릭 기독교인과 특별한 상황에서 죽은 이교도가 구원 받을 수 있다는 "보편성"(Katholizität)이라는 새로운 개념 규명을 따르는 로마 가톨릭교회의 시각도 "교회 밖에는 구원이 없다"(Extra ecclesiam nulla salus)는 가르침과 어긋나 있다. 실제적인 해답은 없다. 여기서도 역시 교회는 그들의 역사적 실체를 상실하고 영성화되고 있다. 이러한 당혹감에 대한 정직한 이해가 그 때문에 남아 있는 유일한 가능성이다. 이것은 신학적 당혹감이다.

2. 간략하게나마 설명했듯이, 교회는 수백 년을 지나오면서 그들의 능력을 입증했다. 19세기와 20세기에 세워진 수많은 "신생교회"(jungen Kirchen)들은 교회의 능력이 오늘날까지도 여전히 지속되고 있음을 보여준다. 그것은 고통과 박해 가운데서도 가장 아름다운 내적인 역동성의 꽃들을 보여주었고, 오늘날까지도 지속되고 있다. 그와 함께 현대의 영적인 삶에서는 장차 교회와 마

주치게 될 적지 않은 징후들도 있다. 많은 사람들이 삶과 사상의 문제를 신율(theonom)이 아닌 자율(autonom)로 제어하려다가 결국에는 새롭게 혹은 다시금 교회를 향한다. 그것은 믿음이 적은 것이며 동시에 감사할 줄 모르는 것이요, 그것이 볼 수없게 하고 가치를 인정치 못하게 하는 것이다.

그러나 그에 비해서 로마 가톨릭을 포함하여 전 세계의 교회들과 세례받은 수많은 사람들이 이 땅의 많은 지역에서 공개적인 적의에 직면해 있음을 내적으로 확신하지 못하고 있다는 것도 엄연한 사실이다. 게다가 이러한 적의는 교회를 파괴하기 위해서 적나라한 폭력도 불사한다는 것이다. 우리는 교회를 완전히 파괴하려는 이러한 폭력적 조처가 이슬람이 북아프리카에서 성공했듯이 적어도 특정한 지역에서 성공할 것인지, 혹은 박해가 이곳에서 또 한번 "신앙의 씨"로서 입증이 될는지 아직 알 수 없다. 적의와 박해는 어쨌든 방금 말한 것에도 불구하고 교회의 상황을 매우 진지하게 보아야 한다는 것을 말해준다. 강렬한 적의에 또는 점차적인 쇠약으로 교회가 죽는가? 선교사들 역시 오늘날 폐쇄된 수많은 문들에 대해 말해야만 한다.

주어진 상황의 모순을 불가피한 것이고 해결할 수 없는 이율배반이라고 볼 수는 없다. 그것은 객관적으로 잘못된 것이며 동시에 있어서는 안 되는 경시일 것이다. 여기서는 신앙과 불신앙의 적대적 상반성이 중요하다. 거기에 승리와 패배가 걸려 있고, 거기서는 이편이든 혹은 저편이든 어느 한편의 부분적인 승리도 중요하다. 고통과 박해라는 고난은 어쨌든 교회사의 고찰이 이끌어준 실제적인 두 번째 당혹감이다. 오늘날의 역사가는 하나님이 그것으로 무엇을 추구하는지 아직 알 수 없다. 그는 이곳이든 혹은 그곳이든 그 끝이 어떻게 끝나게 될지에 대해서도 예견할 수 없다. 그러므로 이제 역사가가 확신을 가지고 결론으로 "내가 이 반석 위에 내 교회를 세우리니 음부의 권세가 이기지 못하리라"(마 16:18)고 말한다면, 그것은 단순한 판단의 말이 아니라, 신앙이 신실한 교회사 관찰자의 말이다.

참고문헌

1. 교회사의 과제와 방법

Kurt Aland, Geschichte der Christenheit, 2 Bde., 1980/82.
Carl Andresen (Hg.), Handbuch der Dogmen-und Theologeigeschichte, 3 Bde., 1982/1984.
Gerhard Ebeling, Kirchengeschichte als Geschichte der Auslegung der Heiligen Schrift. In: Ders., Wort Gottes und Tradition, 1964.
Johannes Haller, Die Epochen der deutschen Geschichte, 1926.
Hubert Jedin (Hg.), Handbuch der Kirchengeschichte 1962-1973.
Kirchen-und Theologiegeschichte in Quellen, 4 Bde., 1980-1982.
Bernd Moeller, Geschichte des Christentums in Grundzügen, 1979[2].
Ernst Opgenoorth, Einführung in das Studium der neueren Geschichte. 1969.
Quellen zur Geschichte des Papsttums und des römischen Katholizismus, Bd.1 Vonden Anfängen bis zum Tridentinum (C. Mirbt), neubearb. v. K. Aland 1967[6]. Reihe 2, Die Kirche nach dem 2. Vatikanidchen Konzil, hg. v. K. Aland, Bd. 1(1966-1969), 1972.
Gerhard Rubbach, Kirchengeschichte, 1974.
Kurt D. Schmidt, Gerhard Rubbach, Chronologische Tabellen zur Kirchengeschichte, 1979[4].
K. D. Schmidt, E. Wolf, B. Möller (Hg.), Die Kirche in ihrer Geschichte (KiG). Ein Handbuch, 1961ff.
Kurt-Victor Selge, Einführung in das Studium der Kirchengeschichte, 1982.

3. 이 시대의 특징과 주요 문제

Carl Andresen, Geschichte des Christentums I, 1975.
Norbert Brox, Kirchengeschichte des Altertums, 1983.
Henry Chadwick, Die Kirche in der antiken Welt, 1972.
Leonhard Goppelt, Die Apostolische und Nachapostolische Zeit (Die Kirche in ihrer Geschichte I, A) 1966[2].
A. Heilmann, Hermann Kraft (Hg.), Texte der Kirchenväter, 4 Bde., Kirchenväterlexilon und Register, 1963-1966.
Reinhard Kottje, Bernd Moeller (Hg.), Oekumenische Kirchengeschichte. Bd. I, 1978[2].
Heinrich Kraft, Die Entstehung des Christentums, 1981.
Adolf M, Ritter (Hg.), Alte Kirche (Kirchen-und Theologiegeschichte in Quellen, Bd. I), 1982[2].

4. 로마 제국; 그리스-로마 문화

Heinzg. Frohes (Hg.), Kirchengeschichte als Missionsgeschichte, Bd, I, 1974.
O. Gigon, Die antike Kultur und das Christentum, 1969[2].
Werner Jaeger, Das frühe Christentum und die griechische Bildung, 1963.

5. 예수 당시의 유대교

Hans Conzelmann, Heiden, Juden, Christen. Auseinandersetzungen in der Literatur der hellenistisch-römischen Zeit, 1981.
K. E. Grözinger u. a. (Hg.), Qumran (Wege der Forschung, Bd. 410). 1981.
Martin Hengel, Juden, Griechen und Barbaren, 1976.
Martin Hengel, Judentum und Hellenismus, 19732.

6. 예수와 원시 기독교

Hans Conzelmann, Geschichte des Urchristentums, 1983[5].
Oskar Cullmann, Die Christologie des Neuen Testaments, 1975[5].
Martin Hengel, Nachfolge und Charisma, 1968.
Helmut Köster, Einführung in das Neue Testament ..., 1980.
Werner G. Kümmel, Einleitung in das NT, 1980[20].
Werner G Kümmel, Kirchenbegriff und Geschichtsbewußtsein in der Urgemeinde und bei Jesus, 1968[2].
Gerd Lüdemann, Paulus der Heidenapoetel, Bde I/II, 1980/83.
Wolfgang Schrage, Ethik des Neuen Testmants, 1982.
Gerd Theiß en, Soziologie der Jesusbewegung, 1977.
Theologien des Neuen Testaments: Hans Conzelmann. 1976[3]: Leonhard Goppelt, 1978[3]; Werner G. Kümmel, 19763; J. Jeremias, Bd, I, 1973[2].
Philipp Vielhauer, Geschichte der urchristlichen Literatur, 1975.

7. 기독교의 확장

Heinzgünter Frohnes u. a. (Hg.), Kirchengeschichte als Missionsgeschichte, Bd. I, 1974.
Dieter Georgi, Die Geschichte der Kollekte des Paulus für Jerusalem, 1964.
Gerhard Rosenkranz, Die Christliche Mission. Geschichte und Theologie, 1977.

8. 초기 기독교의 내적 위기

Barbara Aland (Hg.), Gnosis (Festchrift Hans Jonas), 1978.
Karlmann Beyschlag, Simon Magus und die christliche Gnosis, 1974.
Hans Jonas, Gnosis und spätantiker Geist, I, 19643, II, 1, 1966[2].
Hans Langerbeck, Aufsätze zur Gnosis, 1967.
Peter Nagel (Hg.), Von Nag Hammadi bis Zypern, 1972.
Kurt Rudolph, Die Gnosis, 1980[2].
Kurt Rudolph (Hg.), Gnosis und Gnostizismus (WdF 262), 1975.
Wilhelm Schneemelcher, Neutestamentliche Apokryphen in deutscher Übersetzung, 2 Bde., 1959-1964[3].
Robert M. Wilson, Gnosis und Neues Testament, Urban TB 118, 1971.
Robert M. Wilson, Nag Hammadi and Gnosis, 1978.

9. 교회의 제도적 공고화

Kurt Aland, Die Säuglingstaufe im Neuen Testament und in der alten Kirche, 1961.
Karlmann Beyschlag, Evangelium als Schicksal, 1979.
Hans Frhr. v. Campenhausen, Die Entstehung der christlichen Bibel. 1960.
Oskar Cullmann, Petrus, Jünger-Apostel-Märtyrer, 1960[2].
Joachim Jeremias, Die Kindertaufe in den ersten vier Jahrhunderten., 1958.

Josef A. Jungmann, Die Liturgie der christlichen Frühzeit, 1967.
Howard C. Kee, Das frühe Christentum in soziologischer Sicht, 1982.
John N. Kelly, Altchristliche Glaubensbekenntnisse, 1972[3].
Wayne A. Meeks (Hg.), Zur Soziologie des Urchristentums, 1979.
Peter Stockmeier, Glaube und Religion in der frühen Kirche. 1973.

10. 기독교와 로마 국가의 투쟁

Norbert Brox, Zeuge und Märtyrer, 1961.
Hans Frhr. v. Campenhausen, Die Idee des Martyriums in der alten Kirche, 1964[2].
Hans Frhr. v. Campenhausen, Aus der Frühzeit des Christentums, 1963.
Torben Christensen, Christus oder Jupiter, 1981.
K. M. Giradet, Kaisergericht und Bischofsgericht, 1975.
Robert M. Grant, Christen als Bürger im Römischen Reich, 1981.
Heinrich Karpp, Die Buße, 1969.
Max Kaser, Römische Rechtsgeschichte, 1982[3].
Rudolf Kmopf, Gustav Krüger, Gerhard Ruhbach, Ausgewählte Märtyrerakten, 1965.
Heinrich Kraft, Kaiser Konstantins religiöse Entwicklung, 1955.
Joachim Molthagen, Der römische Staat und die Christen im zweiten und dritten Jahrhundert, 1975[2].
Jaques Moreau, Die Christenverfolgung im römischen Reich, 1961.
Gerhard Ruhbach (Hg.), Die Kirche angesichts der Konstantinischen Wende (Wege der Forschung, Bd. 306). 1976.
Antonie Wlosok, Rom und die Christen, 1970.

11. 신앙, 신학 그리고 교의

Bertold Altaner, Alfred Stüber, Patrologie, 1980[9].
Carl Andresen (Hg.), Handbuch der Dogmen-und Theologiegeschichte, Bd. I, 1982.
Carl Andresen (Hg.), Zum Augustinus-Gespräch der Gegenwart 1, 1975[2].
Karlmann Beyschlag, Grundriß der Dogmengeschichte, Bd, 1, 1982.
Wolfgang A. Bienert, Dionysius von Alexandrien, 1972.
Hermann Dörries, Die Theologie des Makarios/Symeon, 1978.
Hermann Dörries, Wort und Stunde, Bd. I, 1966.
Arnold Gilg, Weg und Bedeutung der altkirchlichen Christologie, 1966[2].
Aloys Grillmeier, Das Konzil von Chalkedon, 1951.
Heinrich Karpp, Textbuch zur altkirchlichen Christologie, 1972.
John N. Kelly, Textbuch Glaubensbekenntnisse, 1972[3].
Heinrich Kraft, Clavis Patrum Apostolicorum, Konkordanz zu den Schriften der Apostolischen Väter, 1964.
Heinrich Kraft, Kirchenväterlexikon, 1966.
Rudolf Lorenz, Das vierte bis sechste Jahrhundert (KiG), 1970.
Adolf M. Ritter, Das Konzil von Konstantinopel und sein Symbol, 1965.
Michael Schmaus u. a. (Hg.). Handbuch der Dogmengeschichte, Bd. I Fasc. 1a, 1971, Fasc, 2a, 1974 ; Bd. III, Fasc, 2a, 1978, Fasc, 3a+b, 1974/70; Bd. IV, Fasc. 1a, 1980.
Lukas Vischer (Hg.), Geist Gottes-Geist Christi, 1981.
Friedhelm Winkelmann, Die östlichen Kirchen in der Epoche der christologischen Auseinandersetzungen, 1980.

12. 기독교인의 삶

Hans Frhr. v. Campenhausen, Kirchliches Amt und geistliche Vollmacht in den ersten drei Jahrhunderten, 1963[2].
Karl S, Frank, Askese und Mönchtum in der Alten Kirche (WdF 409), 1975.
Robert M. Grant, Christen als Bürger im Römischen Reich, 1981.
A. R. Hands, Charities and Social Aid in Greece and Rome, 1968.
Theodor Klauser, Christlicher Märtyrerkult, heidnischer Herrenkult und spätjüdische Heiligenverehrung, 1960.
Herbert Krimm, Quellen zur Geschichte der Diakonie 1, 1965.
Bernhard Lohse, Askese und Mönchtum in der Antike und in der alten Kriche, 1969.
Peter Nagel, Die Motivierung der Askese in der alten Kirche, 1966.
Bernhard Poschmann, Paenitentia Secunda, 1940.
Eduard Schweizer, Gemeinde und Gemeindeordnung im NT, 1959.

13. 예배의 삶

Joschim Beckmann, Quellen zur Geschichte des christlichen Gottesdienstes, 1956.
Oskar Cullmann, Urchristentum und Gottesdienst, 1962[4].
Ferdinand Hahn, Der urchristliche Gottesdienst, 1970.
Josef A. Jungmann, Liturgie der christlichen Frühzeit, 1967.
Theodor Kausner, Kleine abendländische Literaturgeschichte, 1965.
Hermann A. Wegmann, Geschichte der Liturgie im Westen und Osten, 1979.

14. 교황권의 태동

Kurt Aland, Quellen zur Geschichte des Papsttums und des römischen Katholizismus, 19676.
Georg Denzler (Hg.), Päpste und Papsttum, Bde. 1-7, 1971-1976.
H. E. Feine, Kirchliche Rechtsgeschichte, 1964[4].
Joseph Ludwig, Die Primatworte Mt 16:18-19 in der altkirchlichen Exegese, 1952.

15. 이슬람

Jes P. Asmussen u a. (Hg.), Handbuch der Religionsgeschichte, Bd.3, 1982.
Rudi Paret, Der Koran, 1971.
Rudi Paret, Mohammed und der Koran, Urban-TB 32, 1857.
Richard W. Southern, Das Islambild des Mittelalters, 1981.
Hermann Strägtecker, Die Glaubenslehren des Islam, 1959-1962.

17. 중세의 시대 구분과 주요 문제

Carl Andresen, Geschichte des Christentums I, 1975.
Hartmut Bockmann, Einführung in die Geschichte des Mittelalters, 1978.
Herbert Grundmann, Ketzergeschichte des Mittelalters (KiG), 1963.
Herbert Grundmann, Geschichtsschreibung im Mittelalter, 1965.
Gert Haendler, Geschichte des Frühmittelalters und der Germanenmission (KiG), 1961.
Paul E. Hübinger (Hg.), Zur Frage der Periodengrenze zwischen Altertum und Mittelalter, 1969.
Walther Lammers (Hg.), Geschichtsdenken und Geschichtsbild im Mittelalter, 1965.
Bernd Moeller, Spätmittelalter (KiG), 1966.

Reinhart Staats, Theologie der Reichskrone, 1976.
Günther Stökl, Geschichte der Slawenmission (KiG), 1976^{2}.
Harald Zimmermann, Das dunkle Jahrhundert, 1971.
Harald Zimmermann, Das Mittelalter, 2 Bde., 1975/79.

18. 게르만 문화와 종교

Jes P. Asmussen u. a. (Hg.), Handuch der Religionsgeschichte, Bd. I, 1971.
Herbert Jankuhn (Hg.), Vorgeschichtliche Heiligtümer und Opferplätze in Mittel- und Nordeuropa, 1968.
K. F. Stroheker, Germanentun und Spätantike, 1965.
Adolf W. Ziegler, Stimmen aus der Völkerwanderung, 1950.

19. 게르만의 기독교화

Ludwig Bieler. Irland-Wegbereiter des Mittelalters, 1961.
Gert Haendler, Geschichte des Frühmittelalters und der Germanenmission (KiG), 1976^{2}.
Wolfgang Lange, Texte zur germanischen Bekehrungsgeschichte, 1962.
Knut Schäferdiek, Die Kirche in den Reichen der Westgoten und Suewen bis zur Errichtung der Westgotischen katholischen Staatskirche, 1967.
Knut Schäferdiek (Hg.), Die Kirche des frühen Mittelalters, erster Halbband (Kirchengeschichte als Missionsgeschichte, Bd. II), 1978.
Erich Zöllner, Geschichte der Franken bis zur Mitte des 6. Jahrhunderts, 1970.

20. 슬라브 민족의 기독교화

Günther Stökl, Geschichte der Slawenmission (KiG), 1976^{2}.

21. 동 · 서방 교회의 분열

Hans G. Beck, Geschichte der orthodoxen Kirche im byzantinischen Reich (KiG), 1980.
Perikles P. Joannou, Die Ostkirche und die Cathedra Petri im 4. Jahrhundert (Päpste und Papsttum, Bd. 3), 1972.
Friedhelm Winkelmann, Die östliche Kirche in der Epoche der christologischen Auseinandersetzungen (Kirchengeschichte in Einzeldarstellungen 1/6), 1980.

22. 교회와 세상의 보편적 통치자가 된 교황권

Reinhold Mokrosch u. a.(Hg.), Kirhen-und Theologiegeschichte in Quellen, Bd, II, Mittelalter, 1980.
Richard W. Southern, Kirche und Gesellschaft im Abendland des Mittelalters, 1976.

23. 대립세력인 황제권의 발전

Wolfgang Braunfels, Karl der Große. Bde, 1-4, 1965-1968.
Erich Caspar, Das Papsttum unter fränkischer Herrschaft, 1956^{2}.
Josef Fleckenstein, Karl der Große, 1962.
Horst Fubrmann, Konstantinische Schenkung und abendländisches Kaisertum (Deutsches Archiv 22), 1966.
Horst Fubrmann, Einfluß und Verbreitung der pseudoisidorischen Fälschungen, Bde. 1-3, 1972-1976.

Gert Haendler, Epochen karolingischer Theologie, 1958.
Theodor Schieffer, Winfrid Bonifatius und die christliche Grundlegung Europas, 1954.
Gerd Tellenbach, Europas im Zeitalter der Karolinger (Historia Mundi 5), 1956.

24. 속권과 교권의 싸움

Josef Fleckenstein (Hg.), Investiturstreit und Reichsverfassung, 1973.
Hellmut Kämpff (Hg.), Canossa als Wende, 1963.
Gottfried Koch, Auf dem Wege zum Sacrum Imperium, 1972.
O. Santifaller, Zur Geschichte des Ottonisch-Salischen Reichskirchensystems, 1964[2].
Theodor Schieder (Hg.), Handbuch der europäischen Geschichte. Bd. 1: Europa im Wandel von der Antike zum Mittelalter, 1976.
Percy E. Schramm, Kaiser, Rom und Renovatio, 1962[3].
Harald Zimmermann (Hg.), Otto der Große, 1976.

25. 십자군

Martin Erbstößer, Die Kreuzzüge, 1977.
Hans-Eberhard Mayor, Geschichte der Kreuzzüge, Urban-TB 86, 1965.
Helmut Roscher, Papst Innozenz III. und die Kreuzzüge, 1969.
Steven Runciman, Geschichte der Kreuzzüge, I-III, 1978.

26. 구걸 승단

Ernst Benz, Ecclesia spiritualis, 1934.
David Brett-Evans (Hg.), Bonaventuras "Legenda Sancti Francisci" in der übersetzung der Sibilla von Bondorf (Texte des späten Mittelaters und der frühen Neuzeit 12). 1960.
Herbert Grundmann, Religiöse Bewegungen im Mittelalter, 1961[2].
Anton Potzetter u. a., Franz von Assisi. 1981.
Ambrosius Schneider (Hg.), Die Cistercienser, 1974.
Basilius Steidle, Die Regel des heiligen Benedikt, 1975, 13. Aufl. o. J.
Gerd Wendelborn, Franziskun von Assisi, 1982[2].

27. 서방의 학문과 교육

Marie D. Chenu, Das Werk des heiligen Thomas von Aquin, 1960[2].
Alois Dempf, Sacrum Imperium, Geschichts-und Staatsphilosophie des Mittelalters und der politischen Renaissance. 1962[3].
Willehard P. Echert (Hg.), Thomas von Aquino, Interpretation und Rezeption, 1974.
Herbert Grundmann, vom Ursprung der Universitätim Mittelalter, 1964[3].
Ulrich Köpf, Die Anfänge der theologischen Wissenschaftstheorie im 13. Jahrhundert, 1974.
Henri de Lubac, Exégèse Médiévale, 1959-1964.
Bery Smalley, The Study of the Bible in the Middle Ages, 1952.

28. 중세의 신비주의와 민중경건

Louis Cognet, Gottes Geburt in der Seele, Einführung in die deutsche Mystik. 1980.
Joachim Ehlers, Hugo von St. Viktor, 1973.
Theodor Filthaut (Hg.), Johannes Tauler, ein deutscher Mystiker, 1961.

Norman Foster, Die Pilger, 1982.
Kurt Goldammer, Kirchliche Kunst im Mittelalter, 1969.
Johan Huisinga, Herbst des Mittelaters, 1969[10].
Ulrich Köpf, Religiöse Erfahrung in der Theologie Bernhards von Clairvaux, 1980.
Udo M. Nix, Raphael Öchslin (Hg.), Meister Eckhart der Prediger, 1960.
Friedrich Prinz, Askese und Kultur, 1980.
Richard W. Southern, Gestaltende Kräfte des Mittelalters, 1960.

29. 이단과 그 대책

Gustav A. Benrath, Wyclifs Bibelkommentar, 1966.
Arno Borst, Die Katharer, 1953.
James Fearns (Hg.), Ketzer und Ketzerbekämpfung im Hochmittelalter, 1968.
Herbert Grundmann, Ketzergeschichte des Mittelalters (KiG), 1978[3].
Amedeo Molnar, Die Waldenser, 1980.
Kurt-Victor Selge, Die ersten Waldenser, Bd. 1-2, 1967.

30. 중세의 특징

Hans Blumenberg, Die Legitimität der Neuzeit, 1977.
Aaron J. Gurjewitsch, Das Weltbild des mittelalterlichen Menschen, 1980.
Wolfram von den Steinen, Menschen im Mittelalter, 1967.

31. 14 · 15세기의 교황권과 교회

Remigius Bäumer (Hg.), Das Konzil von Konstanz, 1976.
Remigius Bäumer, Konziliarismus, 1977.
August Franzen u. a. (Hg.), Das Konzil von Konstanz, 1964.
Bernd Moeller, Spätmittelalter (KiG), 1966.
Heiko A. Obermann, Spätscholastik und Reformation I, 1965.
Bernhard Poschmann, Der Ablaß im Lichte der Bußgeschichte, 1948.
B. Zaddach, Die Folgen des Schwarzen Todes für den Klerus Mitteleuropas, 1971.

32. 르네상스와 인문주의

August Buck (Hg.), Zu Begriff und Problem der Renaissance, 1969.
Hermann Heimpel, Deutschland im späten Mittelalter, 1957.
Johan Huizinga, Europäischer Humanismus: Erasmus, 1958.
R. R. Post, The Modern Devotion, 1968.

33. 이 시대의 특징과 주요 문제

Heinrich Bornkamm, Das Jahrhungdert der Reformation, 1966[2].
Geoffrey R, Elton, Europa im Zeitalter der Reformation, Bde. I, II, 1971.
Kirchen- und Theologiegeschichte in Quellen, Bd. III: Heiko A. Obermann (Hg.), Die Kirche im Zeitalter der Reformation, 1981.
Bernd Moeller, Deutschland im Zeitalter der Reformation, 1977.

34. 1517년까지 루터의 영적 성장

Martin Brecht, Martin Luther, 1983[2].
Gerhard Ebeling, Luther, 1981[4].

35. 루터의 신학적 사고

Heinrich Bornkamm, Martin Luther in der Mitte seine Lebens, 1979.
Ulrich Duchrow, Christenheit und Weltverantwortung, 1983[2].
Helmar Junghans (Hg.), Leben und Werk Martin Luthers von 1526–1546, Bd. 1–2, 1983.
Julius Köstlin, Luther Theologie in ihrer geschichtlichen Entwicklung und ihrem inneren Zusammenhange dargestelllt, 1968[3].
Marc Lienhard, Martin Luthers christologisches Zeugnis, 1979.
Walther v. Loewenich, Martin Luther, 1983[2].
Berhard Lohse, Martin Luther, 1982[2].
Gerhard Müller, Die Rechtfertigungslehre, 1977.
Heiko A. Obermann, Luther. Mensch zwischen Gott und Teufel, 1983.
Otto H. Pesch, Hinführung zu Luther, 1982.

36–38. 독일 종교개혁 I, II, III

Peter Blickle, Die Reformation im Reich, 1982.
Karl Brandi, Kaiser Karl V., 2 Bde. 1967[2]/1976[4].
Wolfgang Günter, Martin Luthers Vorstellung von der Reichsverfassung, 1976.
Hans J. Goertz, Die Täufer, 1980.
Franz Lau, Ernst Bizer, Reformationsgeschichte Deutschlands bis 1555 (KiG), 1969[2].
Bernd Moeller (Hg.), Stadt und Kirche im 16. Jahrhundert, 1978.
Gerhard Müller, Die römische Kurie und die Reformation 1523–34, 1969.
Stephan Skalweit, Reich und Reformation. 1967.
Rainer Wohlfeil, Einführung in die Geschichte der deutschen Reformation, 1982.
John H. Yoder, Täufertum und Reformation im Gespräch, 1968.

39. 정통주의로의 루터 신학의 발전

Carl Andresen (Hg.), Handbuch der Dogmen- und Theologiegeschichte, Bd. 2: Die Lehrentwicklung im Rahmen der Konfessionalität, 1980.
Holsten Fagerberg, Die Theologie der lutherischen Bekenntnischriften von 1529-1537, 1965.
Leif Grane, Die confessio Augustana, 1980[2].
Wilhelm Maurer, Der junge Melanchton, 2Bde., 1967/1969.
Paul Tschackert, Die Entstehung der lutherischen und der reformierten Kirchenlehre samt ihren innerprotestantischen Gegensätzen, 1979(=1910).
Ernst W. Zeeden, Die Entstehung der Konfessionen, 1965.

40. 독일 외의 루터 신학의 확장

Geoffrey F. Elton, Policy and Police, 1972.
Poul G. Lindhardt, Skandinavische Kirchengeschichte seit dem 16. Jahrhundert (KiG), 1982.
Georg Schwaiger, Die Reformation in den nordischen Ländern, 1962.

41. 츠빙글리, 칼빈 그리고 개혁파 프로테스탄트

Gordon Donaldson, The Scottish Reformation, 1960.
Gottfried W. Locher, Zwingli und die schweizerische Reformation(KiG), 1982.
Gottfried W. Locher, Die Zwinglische Reformation im Rahmen der europäischen

Kirchengeschichte, 1979.
Wilhelm Niesel, Die Theologie Calvins, 1957[2].
Joachim Staedtke, Reformation und Zeugnis der kirche, 1978.
Otto E. Strasser-Bertrand, Otto J. de jong, Die Geschichte des Protestantismus in den Niederlanden (KiG), 1975.
F. Wendel, Calvin. Ursprung und Entwicklung seiner Theologie, 1968.
T. H. L. Parker, John Calvin. A Biography, 1975.

42. 영국 교회의 형성과 공고화

Owen Chadwick, The Reformation, 1964.
P. Collinson, The Elizabethian Puritan Movement, 1967.
Hans H. Harms (Hg.), Die Kirche von England und die anglikanische Kirchengemeinschaft (Die Kirchen der Welt IV), 1966.
Stephen Neill, Anglicanism, 1965[3].
S. E. Prall, The Puritan Revolution, 1968.
N. Sykes, The English Religious Tradition, 1961[2].

43. 반종교개혁의 토대인 가톨릭교회의 내적 갱신

Remigius Bäumer (Hg.), Concilium (WdF 313), 1979.
Wilhelm Dantine, Das Dogma im tridentinischen katholizismus, In: C. Andresen (Hg.), Handbuch der Dogmen- und Theologiegeschichte, Bd. II, 1980.
Josef R. Geiselmann, Die Heilige Schrift und die Tradition, 1962.
Hugo Rahner, Ignatio von Loyola als Mensch und Theologe, 1964.
Kurt D. Schmidt, Die katholische Reform und die Gegenreformation(KiG), 1975.
Georg Söll, Dogma und Dogmenentwicklung (Handbuch der Dogmen-Geschichte, Bd, I 5), 1971.
Bonifacius A. Willems, Reinhold Weier, Soteriologie (Handbuch der Dogmen-Geschichte, Bd. III 26), 1972.
Ernst W. Zeeden (Hg.), Gegenreformation (WdF 331), 1973.

44. 반종교개혁의 싸움

Erwin Iserloh u. a., Reformation, Katholische Reform und Gegenreformation (Handbuch der Kirchengeschichte, Bd. 4), 1967.
Gerhard Müller, Die römische Kurie und die Reformation 1523-34, 1969.
Kurt Schmidt, Die katholische Reform und die Gegenreformation (KiG), 1975.
Ernst W. Zeeden, Das Zeitalter der Gegenreformation, 1967.

45. 이 시대의 특징과 주요 문제

Richard H. Grützmacher, Textbuch zur deutschen systematischen Theologie und ihrer Geschichte vom 16. bis 20. Jahrhundert, Bd. I, 19554, Bd. II. 1961.
Hans-Walter Krumwiede, Geschichte des Christentums III. 1977.
Hans-Walter Krumwiede u. a., Kirchen- und Theologiegeschichte in quellen, Bd. IV4, 1979.

46. 1648년부터 현재까지의 가톨릭교회

K. O. v. Aretin, Papsttum und moderne Welt, 1970.
Friedrich Heyer, Die katholische Kirche von 1648 bis 1870 (KiG), 1963.

Gottfried Maron, Die römisch-katholische Kirche von 1870-1970 (KiG), 1972.
Georg Schwaiger (Hg.), Kirche und Theologie im 19. Jahrhundert, 1975.

47. 경건주의

Kurt Aland, Pietismus und moderne Welt, 1974.
Corelis P. van Andel, Gerhard Tersteegen, 1973.
Erich Beyreuther, August Hermann Francke, 1957.
Erich Beyreuther, Studien zur Theologie Zinzendorfs, 1962.
Erich Beyreuther, Geschichte des Pietismus, 1978.
Erich Beyreuther, Frömmigkeit und Theologie, 1980.
Hermann Dörries, Geist und Geschichte bei Gottfried Arnold, 1963.
Martin Greschet (Hg.), Zur neueren Pietismusforschung (WdF 440), 1977.
Carl Hinrichs, Preußentum und Pietismus, 1971.
Matin Kruse, Speners Kritik am landesherrlichen Kirchenregiment und ihre Vorgeschichte, 1971.
August Langen, Der Wortschatz des deutschen Pietismus. 1968[2].
Gottfried Mälzer, Johann Albrecht Bengel, 1970.
Erhard Peschke, Studien zur Theologie August Hermann Franckes, Bd, I, 1964, Bd, II, 1966.
Martin Schmidt, Pietismus, 1978[2].
Johannes Wallmann, Philipp Jacob Spener und die Anfänge des Pietismus, 1970.

48. 계몽주의

Fritz Blanke, Hamann Studien, 1956.
Hartmut Lehmann, Das Zeitalter des Absolutismus, 1980.
Wolfgang Philipp, Die Anfänge der historisch-kritischen Theologie, 1961.
Fritz Rendtorff (Hg.), Glaube und Toleranz. Das theologische Erbe der Aufklärung, 1982.
Klaus Scholder, Ursprünge und Probleme der Bibelkritik im 17. Jahrhundert, 1966.
Theodor Siegfried, Luther und Kant, 1930.
Fritz Valjavec, Geschichte der abendländischen Aufklärung, 1961.

49. 관념론

Felix Flückiger, Wilhelm Anz, Theologie und Philosophie im 19. Jahrhundert (KiG), 1975.
Martin Redeker, Friedrich Schleiermacher (Göschen TB 1177/1177a), 1968.
Fredrich Schnabel, Deutsche Geschichte im 19. Jahrhundert, Bde. 1-4, 1959[5].
Hans Stephan, Martin Schmidt, Geschichte der deutschen evangelischen Theologie seit dem deutschen Idealismus, 1973[3].

50. 영적 각성운동

Erich Beyreuther, Die Erweckungsbewegung (KiG), 1977[2].
Martin Geiger, Aufklörung und Erweckung, 1963.
Karl Kupisch, Der deutsche CVJM, 1958.

52. 1835년 이후 독일의 새로운 영적 운동들

Klaus E. Bockmühl, Leiblichkeit und Gesellschaft. Studien zur Religionskritik und

Anthropologie im Frühwerk von L. Feuerbach und K. Mark, 1980[2].
Hermann Diem, Sören Kierkegaard, 1964.
Per Frostin, Materialismus, Ideologie, Religion. Die materialistische Religionskritik bei Karl Marx, 1978.
Helmut Gollwitzer, Die marxistische Religionskritik und der christlicht Glaube, 1981[7].
Heinrich Hermelink, Das Christentum in der Menschheitsgeschichte, Bd. II, 1953.
Günther Rohrmoser, Emanzipation und Freiheit, 1970.
Bernhard Welte, Nietzsches Atheismus und das Christentum, 1958.

53-57. 19세기 독일 개신교회의 내적인 삶 I, II, III, IV, V

Ernst Bammel, Die Reichsgründung und der deutsche Protestantismus, 1973.
Gerhard Besier, Preußische Kirchenpolitik in der Bismarckära, 1980.
Hans-Joachim Birkner, Spekulation und Heilsgeschichte, 1959.
Günther Brakelmann, Die soziale Frage des 19. Jahrhungderts, 1981[7].
Günther Brakelmann, Kirche und Sozialismus im 19. Jahrhungdert, 1966.
Carsten Colpe, Die religionsgeschichtliche Schule, Bd. 1, 1960.
Erich Foerster, Die Entstehung der preußischen Landeskirche, Bd. I, 1905, Bd. II, 1907.
Martin Greschat, Das Zeitalter der Industriellen Revolution, 1980.
Heiner Grote, Sozialdemokratie und Religion 1863-1875, 1968.
Friedrich W. Kantzenbach, Die Erlanger Theologie, 1960.
Gottfried Kretschmar, Der Evangelisch-soziale Kongreß, 1972.
Karl Kupsich, Die Deutschen Landeskirchen im 19. und 20, Jahrhungert (KiG), 1966.
Hans Maier, Revolution und Kirchen, 1965[2].
Klaus E. Pollmann, Landesherrliches Kiechenregimernt und soziale Frage, 1973.
Martin Redeker, Schleiermacher, 1968.
Werner Schultz, Schleiermache und der Protestantismus, 1957.
William O. Shanahan, Der deutsche Protestantismus vor der sozialen Frage 1815-1871, 1972.
Rudolf Sohm, Kirchenrecht, 1892.
Hans-Otto Wölber, Dogma und Ethos, Christentum und Humanismus von Ritschl bis Troeltsch, 1950.

58. 국가사회주의와 교회

Raimund Baumgärtner, Weltanschauungskampf im Dritten Reich, 1977.
Eberhard Bethge, Dietrich Bonhoeffer, 1983[5].
Alfred Burgsmüller, Rudolf Weth, Die Barmer Theologische Erklärung. 1984[2].
John S. Conway, Die nationalsozialistische Kirchenpolitik 1933-1945, 1969.
Georg Kretschmar, Dokumente zur Kirchenpolitik des Dritten Reiches, Bd. I, 1971, Bd. 2, 1975.
Kurt Meier, Der evangelische Kirchenkampf, Bd. II, 1984[2], Bd. II, 1984[2]. Bd. III, 1984.
Kurt Meier, Die deutschen Christen, 1964.
Kurt Meier, Kirche und Judentum, 1968.
Klaus Scholder, Die Kirchen und das Dritte Reich, Bd. I, 1977.

59. 명예혁명 이후 영국 교회

Joseph Fletcher, William Temple, 1963.

Hans H. Harms (Hg.), Die Kirche von England und die anglikanische Kirchengemeinschaft (Die Kirchen der Welt IV), 1966.
Martin Schmidt, John Wesley, Bd. 1, 1953, Bd. 2, 1966.

60. 북아메리카 교회

George Beagley (Hg.), Die Kirche der Jünger Christi (Disciples) (Die Kirchen der Welt, Bd. 16), 1977.
Ernst Benz, Der Heilige Geist in Amerika, 1970.
Fritz Buri, Gott in Amerika, 2 Bde., 1970/72.
Norman Goodall (Hg.), Der Kongregationalismus (Die Kirchen der Welt, Bd. 11, 1973.
Nolan B. Harmon (Hg.), The Encyclopedia of World Methodism, 2 Bde.
Peter Kawerau, Martin Begrich, Manfred Jacobs, Kirchengeschichte Nordamerikas, Kirchengeschichte Brasiliens, Kirchengeschichte Südamerikas spanischer Zunge (KiG), 1963.
B. E. Patterson, Reinhold Niebuhr, 1977.

61. 16세기 이후 기독교의 확장

Hans W. Gensichen, Missionsgeschichte der neueren Zeit (KiG), 1976[3].
Stephen C. Neill, Geschichte der christlichen Misssion, 1974.
Hans-Jürgen Prien, Die Geschichte des Christentums im Lateinamerika, 1977.
Karl Rennstich, Mission und wirtschaftliche Entwicklung, 1978.

62. 20세기의 교회연합운동

Günther Gassmann, Konzeptionen der Einheit in der Bewegung für Glauben und Kirchenverfassung 1910-1937, 1979.
Reinhard Groscurth (Hg.), Kirchenunionen und Kirchengemeinschaft, 1971.
Jean Meyendorff, Die orthodoxe Kirche gestern und heute, 1963.
Hans M. Moderaw, Matthias Sens, Orientierung Ökumene, 1980.

63. 20세기의 교회 박해

Hans-Jürgen Prien, Die Geschichte des Christentums in Lateinamerika, 1977.

인명 주제 색인

| ㄱ |

| ㄴ |

| ㄷ |

| ㄹ |

| ㅂ |

| ㅅ |

| ㅇ |

| ㅈ |

| ㅊ |

| ㅋ |

| ㅎ |

밀알 아카데미 04
살아있는 역사 교회사

발행일_ 2010년 9월 10일
2016년 3월 10일

지은이_ 쿠어트 디트리히 슈미트
옮긴이_ 정병식
펴낸이_ 최병천

디자인_ 강면실 윤진선
교정_ 김영옥
영업_ 김만선

발행처_신앙과지성사
출판등록 제9-136(88. 1. 13)
주소 | 서울시 서대문구 연희로 177 옥산빌딩 2층
전화 | 335-6579 · 323-9867 · 323-9866(F)
E-mail | miral87@hanmail.net
홈페이지 | http://www.miral.biz

ISBN 978-89-85602-59-4 94230
ISBN 978-89-85602-50-1 (세트)

값 28,000원